北京市金融年鉴

2017

ALMANAC OF BEIJING FINANCE AND BANKING

《北京市金融年鉴》编辑部

（总第31卷）

中国金融出版社

责任编辑：王慧荣
责任校对：孙 蕊
责任印制：裴 刚

图书在版编目（CIP）数据

北京市金融年鉴 2017（Beijingshi Jinrong Nianjian 2017）/《北京市金融年鉴》编辑部. —北京：中国金融出版社，2018.1
ISBN 978 - 7 - 5049 - 9239 - 0

Ⅰ.①北… Ⅱ.①北… Ⅲ.①金融事业—北京—2017—年鉴
Ⅳ.①F832.71 - 54

中国版本图书馆 CIP 数据核字（2017）第 244385 号

出版发行 中国金融出版社
社址 北京市丰台区益泽路 2 号
市场开发部 （010）63266347，63805472，63439533（传真）
网上书店 http：//www.chinafph.com
（010）63286832，63365686（传真）
读者服务部 （010）66070833，62568380
邮编 100071
经销 新华书店
印刷 北京市松源印刷有限公司
尺寸 185 毫米×260 毫米
印张 47.75
插页 10
字数 996 千
版次 2018 年 1 月第 1 版
印次 2018 年 1 月第 1 次印刷
定价 100.00 元
ISBN 978 - 7 - 5049 - 9239 - 0
如出现印装错误本社负责调换 联系电话（010）63263947
（内部发行）

2016年12月18日，中国工商银行北京市分行牵头京冀两地银行与北京金隅股份有限公司、冀东发展集团有限责任公司和唐山冀东水泥股份有限公司签署战略合作协议，以“并购贷款+债务优化银团+债转股”的一揽子金融服务，助力京津冀协同发展。

2016年12月19日，北京银行与内蒙古自治区人民政府签署全面战略合作协议。根据协议，北京银行将在5年内向内蒙古自治区提供1 000亿元授信，支持并参与内蒙古自治区PPP项目，为重点企业、重点项目、中小微企业提供金融支持。

2016年10月21日，中关村并购母基金正式成立。上海浦东发展银行北京分行、南京银行北京分行等与该基金签订协议，将在产业资源对接、资金渠道对接等方面开展战略协同，促进资金和资源向科技产业、实体经济流动。

2016年12月15日，中国银行北京市分行与三峡国际能源投资集团签署战略合作协议。

2016年6月1日，北京国际信托有限公司与四川省达州市人民政府签署战略合作协议。

2016年2月26日，中华联合财产保险公司与柬埔寨国家保险公司签订《全球再保共保框架及合作伙伴协议》。中华联合财产保险公司北京分公司将在车险、人身意外险、健康险和工程保险等领域与柬埔寨国家保险公司开展再保和共保合作。

2016年12月29日，北京农商银行与北京菜篮子集团有限公司签署银企全面战略合作协议，给予该集团300亿元的意向性授信额度。

2016年6月15日，广发银行北京分行与中国人寿保险股份有限公司北京市分公司签订全面合作协议。

2016年9月27日，中国建设银行北京市分行与中铁十九局集团有限公司签署战略合作协议。

2016年12月30日，中国铝业公司国企改革基金成立暨北京银铝融发基金合伙企业（有限合伙）揭牌仪式举行。上海浦东发展银行北京分行与中国铝业公司合作设立总金额为300亿元的国企改革发展基金。

2016年11月15日，北京银行正式启动“悦行国际”出国金融综合服务体系。“悦行国际”是北京银行围绕客户出国旅游、留学“全周期”需求，综合打造的“一站式”出国金融全流程服务体系。

中国农业银行北京市分行与平谷区人民政府签署战略合作协议，承诺在未来三年内给予平谷区80亿元的意向性授信额度，重点投向区内重大基础设施建设、棚户区改造、农村污水处理工程、生态环境监测网络建设等领域。

2016年11月25日，国家开发银行与北京仁创生态公司签订“投资+贷款”合同，并于当日实现投资、贷款各3 000万元同步到位，用于该企业科技绿色循环产品的设计研发。

2016年7月14日，中信银行总行营业部与中发集团签署战略合作协议。

2016年11月29日，中国进出口银行北京分行与国家工业与信息化部、北京市发展和改革委员会共同主办集成电路“十三五”重大项目融资对接会。

2016年3月29日，中国民生银行北京分行与石景山区人民政府就进一步加强在特色产业发展、基础设施建设、棚户区改造等领域的合作进行交流座谈。

2016年1月21日，华夏银行北京分行举办华夏银行北京中关村管理部揭牌仪式暨投贷联动服务方案发布会。

2016年4月27日，中国银行业监督管理委员会北京监管局主要领导赴首钢京唐钢铁联合有限责任公司走访调研。

2016年12月15日，中国银行北京市分行承办“一带一路”非洲投资与金融服务——走进摩洛哥卡萨布兰卡金融城活动。

2016年12月23日，北京农商银行举办代理农村中小金融机构个人收结汇业务启动仪式。

2016年6月6日，中国农业银行北京市分行在平谷区首发“北京通—居民健康卡”。该卡是为市民提供政府公共服务和个人信用管理等集合应用的多功能卡，是首张符合“北京通”标准的居民健康卡。

2016年7月27日，渤海银行首家智能化创新体验旗舰店——渤海银行北京通州支行举办媒体发布会。

2016年5月，中国邮政储蓄银行北京分行的智能机器人“上岗”，网点服务走近“e时代”。

2016年9月23日，北京银行举办“惠淘金”同业金融交易平台品牌发布会。

2016年3月，北京农商银行参展第四届北京农业嘉年华。

2016年7月20~22日，中国银行北京市分行参展第四届中国中小企业投融资交易会，展示“中银信贷工厂”“银税互动”“投贷联动”等特色产品和服务。

2016年10月27日，中国建设银行北京市分行参展第十二届北京国际金融博览会。

2016年7月3日，中国太平洋财产保险公司北京分公司参加北京保险业“7·8全国保险公众宣传日”现场咨询活动。

兴业银行北京分行营业部理财经理为客户介绍金融产品。

中国工商银行北京市分行开展“普及金融知识万里行”活动，向社会公众宣传金融知识。

上海银行北京分行业务人员走进社区开展反洗钱宣传活动。

泰康人寿保险有限责任公司北京分公司业务人员为客户讲解保险理赔知识。

中国银行北京市分行承办中国人民银行“金融知识进商圈”现场宣传活动。

2016年10月19日，宁波银行北京分行举办“创新·共赢”跨境融资服务推介会。

杭州银行北京分行员工走进居民家中普及银行卡支付安全知识。

2016年7月3日，华泰财产保险有限公司北京分公司参加由北京保险行业协会、北京保险学会主办的“保险公众宣传日”大型现场咨询活动。

中华联合财产保险股份有限公司北京分公司走进北京打工子弟小学开展2016交通安全公益活动。

2016年6月30日，北京区域性股权市场“大学生创业板”正式启动。

华夏银行北京分行冠名支持“华夏银行杯首届北京市文化创意创新创业大赛”。

华夏银行北京分行举办“真学实做当先锋　立足岗位做贡献”“两学一做”学习教育主题演讲比赛。

交通银行北京市分行组织党员干部赴“全国优秀基层党组织”——交通银行北京天坛支行第四党支部参观学习。

中国工商银行北京市分行开展“党员到社区报到”金融服务进社区活动。

北京农商银行开展"总支行结对党支部'两学一做'学习教育主题党课"活动。

中国保险监督管理委员会北京监管局组织党员干部参观北京市反腐倡廉法制教育基地。

中国太平洋人寿保险股份有限公司北京分公司举办纪念"九一八事变"85周年党员活动。

交通银行北京市分行举办员工风险合规知识竞赛。

上海银行北京分行举办第六届业务技能大赛。

上海浦东发展银行北京分行举办零售业务营销系列培训。

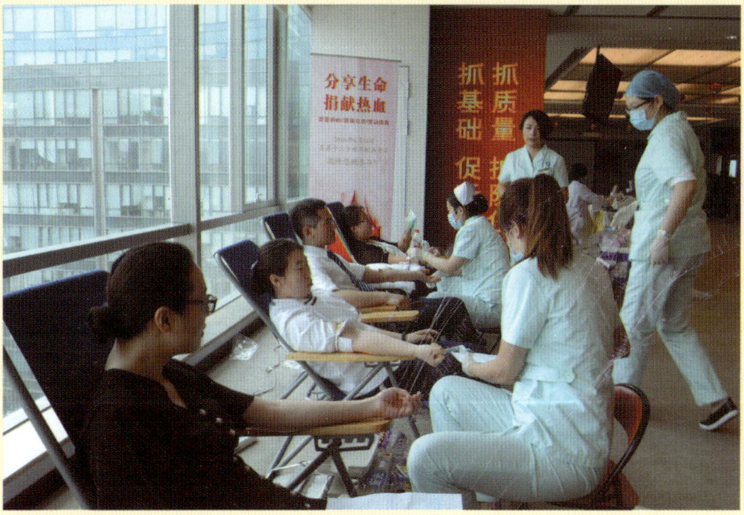

民生人寿保险股份有限公司北京分公司员工参加“我为民生”无偿献血公益活动。

平安银行北京分行举行“夏日送清凉”活动，为户外高温作业者送去一丝清凉。

中国农业发展银行北京市通州支行团支部举办“衣旧情深　让爱传递”学雷锋募捐活动。

宁波银行北京分行举办“宁聚京彩　逐梦未来”六周年行庆趣味运动会。

中国光大银行北京分行与驻京解放军某部举办“青春有缘　军地有爱”联谊活动，参观某部通信兵陈列馆。

江苏银行北京分行召开2016年度总结表彰大会暨2017年员工家属答谢会。

《北京市金融年鉴》编辑委员会

《北京市金融年鉴》编辑部

编辑说明

一、《北京市金融年鉴》（以下简称《年鉴》）是北京市金融行业年鉴，是全面反映北京市金融运行、发展情况的资料性工具书。由中国人民银行营业管理部牵头，北京银监局、北京证监局、北京保监局、北京市金融工作局，60多家银行业、证券业、保险业机构以及10余家协会、商会、学会共同参与编写，《北京市金融年鉴》编辑部组织编纂，逐年出版。

二、本卷《年鉴》为总第31卷，主要记述的是2016年北京市金融业运行与发展情况、重大事件、活动及各金融机构贯彻执行国家金融政策，依法合规经营，防范和化解金融风险，改进金融服务，加强精神文明建设，支持首都经济增长目标的实现等方面所做的大量工作和面临的问题。

三、本卷《年鉴》收录的北京主要经济社会指标摘自《北京市统计年鉴》，金融统计资料由中国人民银行营业管理部、北京银监局、北京证监局、北京保监局提供。在使用中请注意统计口径的差别和适用范围。

四、本卷《年鉴》中各金融机构的排列顺序名次无高低之分。

五、本卷《年鉴》在编纂过程中得到北京市金融系统各单位的大力支持，在此表示衷心的感谢。

六、由于编纂水平有限，书中难免有缺陷和疏漏之处，诚请广大读者批评指正。

《北京市金融年鉴》编辑部

2017年11月

目　录

一、形势综述

二、市场运行

三、发展与监管

四、服务与管理

五、机构业务综述

金融管理机构

金融机构

六、文件与规章

北京市人民政府办公厅

八、统计资料

（一）金融业务综合统计

(二) 金融机构业务统计

（三）机构、人员统计

九、大事记

十、附　　录

（一）北京市金融机构名录

(二) 机构简介

（三）协会、商会、学会、工会活动简介

（四）2016年度北京市金融系统先进集体、先进个人名录

一、形势综述

北京市金融运行报告

中国人民银行营业管理部　货币政策分析小组

一、金融运行情况

2016 年，北京市金融运行整体平稳，信贷增速保持较快水平，信贷结构持续优化，机构改革继续稳步推进，服务水平显著提高，金融生态环境建设取得新成效。

（一）银行业运行平稳，信贷保持较快增速

1. 银行业金融机构平稳发展，收益水平有所下降

2016 年，北京市银行业金融机构资产总额同比增长 9.8%，增速同比下降 3.7 个百分点；实现利润同比增长 15.6%，增速同比上升 6 个百分点，但剔除部分机构利润基数大幅波动等干扰因素后，银行业金融机构利润实际增速有所下降；银行业金融机构数量增势放缓，2016 年末机构网点总数同比增长 1.9%；法人金融机构数量较上年增加 1 家（见表 1）；银行支付业务快速发展，2016 年末银行卡发卡量累计达到 2.1 亿张，全年新增 2 595 万张。

表 1　2016 年北京市银行业金融机构情况

机构类别	营业网点			法人机构（个）
	机构个数（个）	从业人数（人）	资产总额（亿元）	
一、大型商业银行	1 827	53 326	78 829	0
二、国家开发银行和政策性银行	18	914	16 738	0
三、股份制商业银行	951	24 232	49 450	0
四、城市商业银行	378	11 440	23 326	1
五、城市信用社	—	—	—	—
六、小型农村金融机构	694	8 862	7 236	1
七、财务公司	72	4 662	25 972	71
八、信托公司	11	2 662	1 006	71
九、邮政储蓄	568	3 230	4 428	0
十、外资银行	122	4 406	3 757	9
十一、新型农村机构	38	761	249	11
十二、其他	12	4 088	4 961	12
合　计	4 691	118 583	215 952	116

注：营业网点机构数据不包括国家开发银行和政策性银行、大型商业银行、股份制银行金融机构总部；大型商业银行包括中国工商银行、中国农业银行、中国银行、中国建设银行和交通银行；小型农村金融机构指农村商业银行；新型农村金融机构包括村镇银行、贷款公司和农村资金互助社；“其他”包含金融租赁公司、汽车金融公司、货币经纪公司、消费金融公司等。

数据来源：中国人民银行营业管理部、中国银行业监督管理委员会北京监管局、北京市金融工作局。

2. 人民币存款增速先降后升，外币存款增速恢复增长

2016 年末，北京市金融机构人民币存款余额同比增长 7.3%，比全国低 3.7 个百分点，较上年同期低 6.4 个百分点（见图 1），其中，7 月增速仅为 0.7%，之后有所回升，全年新增额为近六年同期最低。2016 年以来，证券机构救市资金逐步回流，非银行金融机构存款大幅下降对人民币存款产生较强拉低效应。外币存款受汇率波动影响，前升后降。2016 年

末，北京市金融机构外币存款余额同比增长8.9%，而2015年下降7.3%。

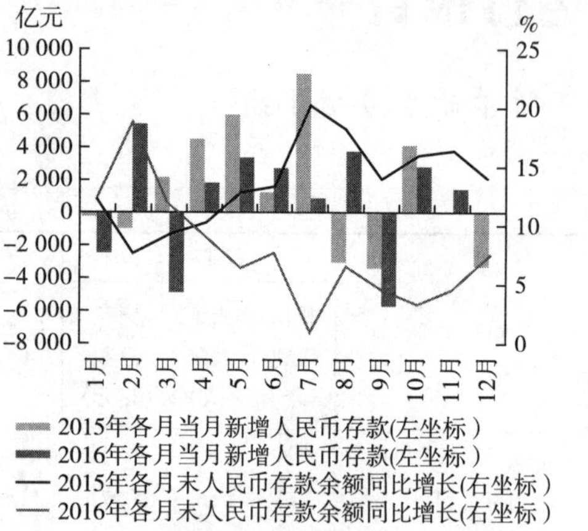

数据来源：中国人民银行营业管理部。

图1　2015～2016年北京市金融机构人民币存款增长

3. 本外币贷款增速有所回落，重点领域和薄弱环节金融支持持续加强

2016年末，北京市金融机构本外币贷款余额同比增长8.8%，较上年下降0.3个百分点，增速自年初的11.7%波动回落。其中，人民币贷款余额同比增长12%，比全国低1.5个百分点（见图2、

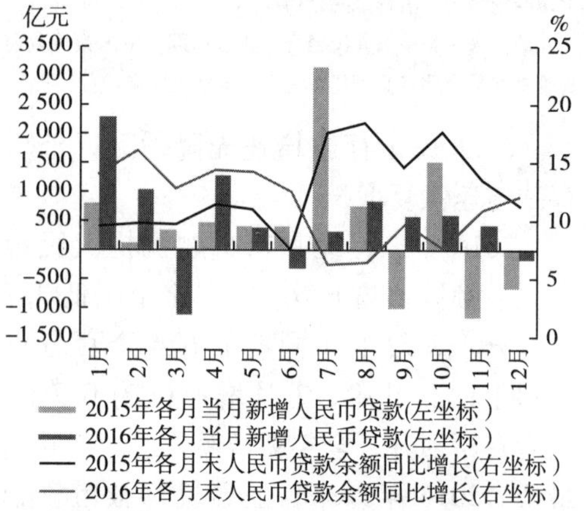

数据来源：中国人民银行营业管理部。

图2　2015～2016年北京市金融机构人民币贷款增长

图3）。2016年末，北京市金融机构外币贷款余额同比减少16.7%，较上年回落8.6个百分点。

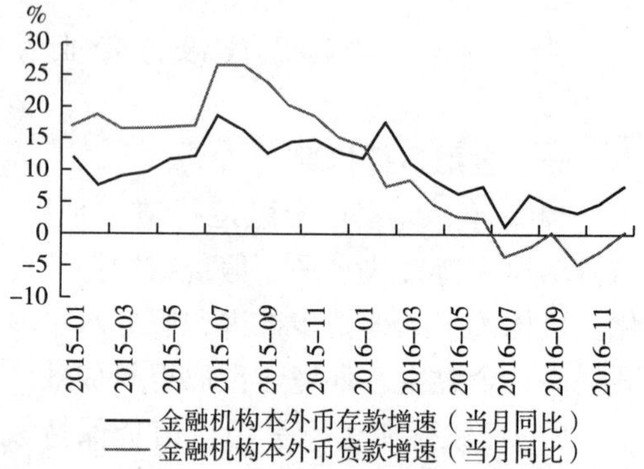

数据来源：中国人民银行营业管理部。

图3　2015～2016年北京市金融机构本外币存、贷款增速变化

重点领域贷款增长强劲。2016年末，北京市金融机构对租赁和商务服务业、信息传输软件和信息技术服务业、科学研究和技术服务业的人民币贷款余额分别同比增长43.6%、34.3%、26.6%。中资银行文化创意产业人民币贷款余额（不含票据融资，下同）同比增长36.9%，小微企业本外币贷款余额同比增长21.5%，比大型企业和中型企业分别高出19.9个和16.2个百分点。

4. 表外业务增长较快，托管资产业务和金融机构的委托贷款业务增速突出

2016年末，北京地区银行业金融机构表外业务余额同比增长21.9%，较表内资产增速高12个百分点。其中，托管资产业务余额占比提高25.4%；委托贷款余额同比增长7.5%，增速有所放缓，但金融机构作为委托人发放的委托贷款余额同比增长83.4%。表外理财资金稳步增长，2016年末，北京地区银行理财产品本外币资金余额同比增长54.8%，比全市本外币各项存款余额增速高47.1个

百分点。2016 年北京市银行理财产品累计募集资金占全国比重 11%，比上年增加 1.2 个百分点。

5. 人民币存贷款利率平稳运行，外币存贷款利率波动明显

2016 年，人民币一般贷款加权平均利率水平在4.8%上下30个基点幅度内波动运行。全年金融机构执行下浮利率的人民币贷款占比较2015年明显上升，2016年末升至2011年以来最高点，其中小微企业的该项占比从之前的20%提升至47.5%。人民币存款利率总体较为平稳，活期存款利率稳定，定期存款利率小幅上升。外币存款利率整体同比上升，外币贷款利率于年末冲高（见表2、图4）。北京地区市场利率定价自律机制有效运行，引导实体经济融资成本下降，2016年，北京辖内人民币贷款加权平均利率为4.83%，同比降低65个基点。

表 2　2016 年北京市金融机构人民币贷款各利率区间占比情况　　单位：%

月份		1月	2月	3月	4月	5月	6月	7月	8月	9月	10月	11月	12月
合计		100.0	100.0	100.0	100.0	100.0	100.0	100.0	100.0	100.0	100.0	100.0	100.0
下浮		54.9	57.6	51.2	58.9	55.2	52.5	51.7	50.7	49.1	53.8	53.8	64.6
基准		16.3	18.7	18.5	14.2	15.2	15.9	17.1	15.0	19.7	14.6	16.3	13.7
上浮	小计	28.8	23.7	30.3	26.9	29.7	31.6	31.2	34.4	31.2	31.7	29.9	21.7
上浮	(1.0，1.1]	6.9	5.5	7.5	8.6	6.8	8.4	5.6	7.4	7.4	7.0	6.9	5.6
上浮	(1.1，1.3]	7.7	6.3	8.6	6.9	8.1	10.1	9.7	9.6	7.7	6.7	7.8	7.3
上浮	(1.3，1.5]	3.8	3.1	2.9	2.1	3.9	3.9	4.2	4.9	4.8	6.1	5.0	2.9
上浮	(1.5，2.0]	6.3	6.1	8.4	6.8	8.2	6.9	8.7	9.3	8.3	8.1	7.2	4.4
上浮	2.0 以上	4.1	2.6	2.9	2.6	2.7	2.2	2.9	3.1	2.9	3.9	3.0	1.6

数据来源：中国人民银行营业管理部。

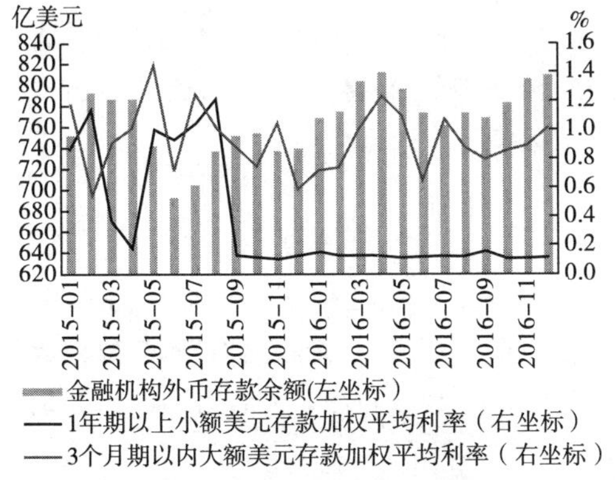

数据来源：中国人民银行营业管理部。

图 4　2015～2016 年北京市金融机构外币存款余额及外币存款利率

6. 信用风险抵补能力较强，各项指标保持稳定

受中钢集团债务重组影响，2016 年末，辖内银行业金融机构不良贷款率为 0.6%，同比下降 0.1 个百分点；法人银行类金融机构拨备覆盖率为 279.2%，远高于150%的监管要求，信用风险抵补能力较强。法人银行类金融机构资本充足率为 13.9%，同比上升 0.2 个百分点；流动性比例为 55.8%，同比上升 11.3 个百分点；累计外汇敞口头寸比例为 3.1%，同比下降 1.2 个百分点。

7. 银行业机构改革稳步推进，金融

服务能力不断提高

2016年，首家民营银行中关村银行筹建；服务于普惠金融的社区支行、小微支行发展较快；新设12家小额贷款公司。部分村镇银行增设监事会完善内部监督，同时压缩决策链条。国有企业改革促使财务公司重组整合，涉及北京辖内10家财务公司。

8. 使用人民币进行国际结算的能力不断增强

2016年，北京地区跨境人民币结算1万亿元，业务笔数11.5万笔。自2010年6月23日试点启动至2016年末，北京地区跨境人民币收付涉及的国家和地区已达197个。2016年，北京地区经常项目人民币收付5 495.8亿元，资本与金融项目人民币收付4 831.9亿元。2016年末，北京地区已有94家跨国企业集团开立人民币双向资金池专用账户，累计归集跨境收入869.9亿元，累计跨境支出885.3亿元；北京地区银行已经与境外74个国家和地区的648家银行建立了代理行关系，为境外机构开立人民币结算账户960个，北京地区银行与境外银行间的融资余额达到4.2万亿元。

专栏1　2016年北京辖内财务公司信贷资金运用情况

近年来，伴随着总部经济的兴起和产融结合的加快推进，财务公司数量快速增加，大型集团企业借助成立财务公司归集、使用资金的意愿和能力明显增强。北京作为中央企业、总部企业聚集地，财务公司数量占全国财务公司总量的1/3、资产规模占全国总资产的近六成。为了深入了解财务公司资金运用和支持实体经济情况，中国人民银行营业管理部（以下简称人民银行营业管理部）对辖内73家财务公司进行了全面调查。调查结果显示，财务公司大部分资金用于向大型企业成员单位发放低利率贷款，此外绝大部分资金以同业存款的形式存放银行，投向货币市场、债券市场、资本市场等领域的资金规模整体较小。

一、北京辖内财务公司整体情况

（一）公司数量快速增加

2016年末，北京地区共有财务公司73家（其中2家已被合并但尚未注销），占辖内地方法人金融机构数量超过六成，其中57%为中央企业财务公司。近三年新成立财务公司近20家，2016年以来新成立3家财务公司。

（二）资产用途以贷款和存放同业为主

2016年末，北京地区财务公司资产总额为2.6万亿元，增长了13.7%；负债总额为2.2万亿元，增长了13.1%。资产总额中，贷款余额和同业存放余额均为1.09万亿元，占比分别为42.2%、41.8%；债权投资、股权投资、买入返售资产和存放央行存款余额分别为406亿元、1 293.5亿元、376.9亿元和1 799.9亿元，占比分别为1.56%、5.0%、1.5%和6.9%。

（三）区域信贷规模占比上升

2016年末，北京地区财务公司（按接入统计系统机构口径）人民币贷款余额10 965.6亿元，全年新增人民币贷款1 975.3亿元，同比多增563.5亿元，占辖内法人金融机构新增贷款比重为69.8%，比上年提高8.8个百分点。

二、北京辖内财务公司信贷资金运用分析

（一）信贷资金占比提高

2016年以来，财务公司资金运用结构发生明显改变，信贷资产占比超过存放同业。各项贷款余额占全部资金运用比重从2013年的46%逐年降至2015年末的40%，但2016年以来迅速回升至6月末的近50%。2016年末，各项贷款余额占全部资金运用比重为42.8%，较上年略有提升。

财务公司对集团成员单位经营的信贷支持明显加大。2016年末，北京地区财务公司境内人民币单位经营贷款比年初增加1 268.1亿元，同比增加580.3亿元，占各项贷款新增额的比重从2015年末的48.8%上升至2016年末的64.2%。

（二）贷款利率低于银行业整体水平

财务公司作为企业集团内部金融机构，一般会向成员单位提供比外部金融机构更为优惠的贷款利率。2016年1～12月，辖内财务公司人民币贷款加权平均利率为4.1184%，比全辖金融机构贷款利率平均值低71个基点。

（三）委托贷款有向自营贷款转化的趋势

近年来，随着市场环境变化以及监管要求调整，财务公司委托贷款出现向自营贷款转化的趋势。2016年末，北京地区财务公司人民币委托贷款余额同比减少7.9%，明显低于同期自营贷款增速，委托贷款与各项贷款余额之比从2015年末的1.4:1降至2016年末的1.1:1。主要原因一是财务公司资金平台作用增强，存款集中度普遍提升，资金通过“存放财务公司→财务公司贷款”的方式进行配置，借助委托贷款进行资金配置的传统模式被逐步替代。二是金融监管部门通过窗口指导，要求部分委托贷款业务规模较大的财务公司减少委托贷款存量。

（二）证券业发展整体稳健，“新三板”及四板市场融资功能增强

1. 证券机构运行平稳，上市进程有序推进

2016年末，辖内法人证券公司18家，与上年相同；法人期货公司19家，较上年减少1家；期货分支机构95家，较上年增加1家；法人基金公司19家，较上年增加2家。法人证券公司资产总额7 593.9亿元，同比下降9.5%；法人基金公司管理基金年末资产净值1.6万亿元，同比下降8%。2016年，中信建投证券股份有限公司在香港上市，中国银河证券股份有限公司在上海交易所的首发申请获中国证券监督管理委员会（以下简称中国证监会）核准，国都证券有限责任公司在全国中小企业股份转让系统挂牌（见表3）。

2. 证券公司收入结构相对集中，期货基金业保持稳步增长

2016年，法人证券公司营业收入同比下降38.4%。证券公司收入的主要来源仍集中在证券经纪业务、投资收益和投资银行业务，分别为160.1亿元、134.8亿元和132.7亿元。期货公司资产总额同比增长20.7%；期货代理交易额48.3万亿元，利润总额11.2亿元。辖区法人基金公司管理基金514只，同比增长

33.9%。2016年，北京辖区法人基金公司新发基金171只，同比增长27.6%；新发基金首次募集金额同比增长4.6%。

3. “新三板”挂牌公司数量增长迅速，四板市场融资功能显著提高

2016年末，全国中小企业股份转让系统挂牌公司总数达10 163家，较上年增加5 034家；总股本和总市值同比分别增长97.7%和65%；挂牌公司共实现股票融资同比增长14.4%。北京四板市场挂牌企业90家，较上年增加13家；四板市场实现股权融资同比增长112.3%；债权融资45.1亿元，同比增长55.7%。

表3　2016年北京市证券业基本情况

单位：家，亿元

项　目	数量
总部设在辖内的证券公司数	18
总部设在辖内的基金公司数	31
总部设在辖内的期货公司数	19
年末国内上市公司数	281
当年国内股票（A股）筹资	1 504
当年发行H股筹资	
当年国内债券筹资	
其中：短期融资券筹资额	
中期票据筹资额	

注：国内股票（A股）筹资额指非金融企业境内股票融资。

数据来源：中国人民银行营业管理部、中国证券监督管理委员会北京监管局。

（三）保险市场实现较快发展，社会服务功能进一步加强

1. 行业实力稳步增强，市场秩序继续好转

2016年末，北京共有保险总公司45家（见表4），其中，财产险公司16家，人身险公司29家。保险分公司100家，外资保险公司代表处79家；保险专业中介法人机构404家，保险专业代理机构7 102家，保险销售从业人员13.2万人。全年原保险保费收入同比增长31%；累计赔付支出同比增长17.8%；保险深度7.4%，同比上升1.1个百分点。保险销售人员的队伍稳定性和素质专业程度进一步提高；人身险保单继续率指标由84%提升至86.9%，新单回访问题件率由9.2%下降至5.8%，新单销售品质投诉率由0.073%下降至0.005%，市场秩序继续好转。

2. 财产险业务平稳发展，人身险业务增速较快

2016年，北京地区财产险公司实现保费收入同比增长8.6%；累计赔款支出同比增长11.8%。其中，车险业务和非车险业务保费收入同比分别增长7.3%和11.4%。受利率下行、费改产品集中涌现和代理人队伍快速扩张的影响，2016年北京市人身险公司保费收入同比增长38.7%；非保险合同业务本年新增交费同比增长68.7%。

3. 保险业突出保障功能，社会服务功能进一步加强

2016年末，安全生产责任险已覆盖31个行业，累计投保企业2.1万家，提供风险保障895.5亿元。新农合“共保联办”已覆盖11个区，服务的参合人群达188.5万。全市政策性农业保险保费收入同比增长4.4%。医疗责任保险投保医疗机构1 288家次，提供风险保障11.3亿元，累计处理纠纷798件，赔款支出0.7亿元，对快速化解医患矛盾起到重要作用。

表4　2016年北京市保险业基本情况

项　目	数量
总部设在辖内的保险公司数（家）	45
其中：财产险经营主体（家）	16
寿险经营主体（家）	29
保险公司分支机构（家）	100
其中：财产险公司分支机构（家）	42

续表

项　　目	数量
寿险公司分支机构（家）	58
保费收入（中外资，亿元）	1 839
其中：财产险保费收入（中外资，亿元）	392
人身险保费收入（中外资，亿元）	1 447
各类赔款给付（中外资，亿元）	596.6
保险密度（元/人）	8 467.8
保险深度（%）	7.39

数据来源：中国保险监督管理委员会、中国保险监督管理委员会北京监管局。

（四）债券融资大幅增加，货币市场交易活跃，金融创新不断加快

1. 社会融资规模有所下降，人民币贷款占比显著提高

2016 年，北京地区非金融企业社会融资规模达 13 446.1 亿元，比上年同期少 1 922.8 亿元。其中，人民币贷款占社会融资规模的 40.1%，比上年提高 10.2 个百分点。委托贷款、信托贷款和未贴现银行承兑汇票合计占社会融资规模的 28.9%，比上年高 7.5 个百分点。2016 年，北京地区企业债券净融资占社会融资规模的 28%，较上年低 18.7 个百分点；非金融企业境内股票融资占社会融资规模的 10.9%（见图 5）。

2. 货币市场净融出处于历史高位，债券投资大幅增加，货币市场利率平稳上升

2016 年，北京地区金融机构同业拆借和债券回购累计净融出资金 239.3 万亿元，同比增长 22.3%；债券现券净买入 1.2 万亿元，同比增长 15.4 倍。2016 年，中国人民银行加强价格型货币政策工具运用，稳定市场利率，货币市场利率整体小幅上升，信用拆借、质押式回购和买断式回购平均利率比 2015 年分别上升 16.3 个、16.9 个和 21.2 个基点。

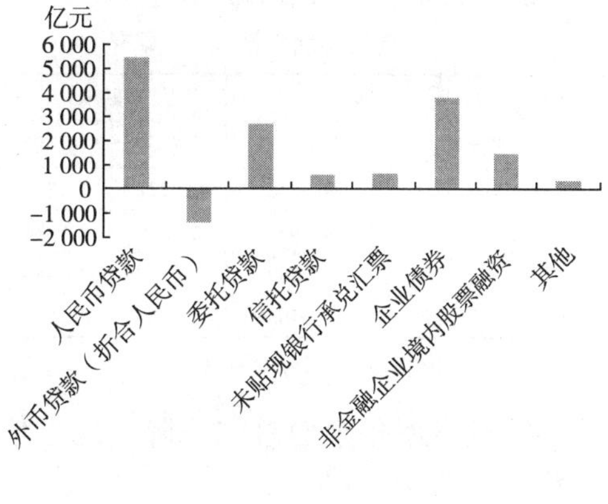

数据来源：中国人民银行营业管理部。

图 5　2016 年北京地区社会融资规模分布结构

3. 票据市场运行平稳，银行承兑汇票余额小幅增长，票据贴现余额有所下降

2016 年，北京市金融机构累计签发银行承兑汇票同比下降 3.2%，累计贴现票据金额同比增长 57.3%，回购式转贴现累计转入票据金额同比下降 85.5%。2016 年末，银行承兑汇票余额同比增长 9.7%，票据贴现余额同比下降 15.8%，回购式转贴现转入余额同比下降 95.3%。北京地区票据贴现利率年底大幅上扬（见表 5、表 6）。

表 5　2016 年北京市金融机构票据业务量统计情况

单位：亿元

季度	银行承兑汇票承兑		贴现			
			银行承兑汇票		商业承兑汇票	
	余额	累计发生额	余额	累计发生额	余额	累计发生额
一	2 879	1 373	2 495	33 992	141	235
二	2 856	1 577	2 272	27 995	138	199
三	3 720	1 782	2 213	19 990	141	175
四	3 413	1 708	1 998	10 348	129	213

数据来源：中国人民银行营业管理部。

表6 2016年北京市金融机构票据贴现、转贴现利率情况 单位:%

季度	贴现		转贴现	
	银行承兑汇票	商业承兑汇票	票据买断	票据回购
一	3.3571	4.4238	2.9227	3.2216
二	3.2770	4.3915	2.7368	2.9084
三	2.8722	4.6380	2.6775	2.7740
四	3.3159	4.3702	2.7764	3.2823

数据来源：中国人民银行营业管理部。

4. 政府债务余额总体下降，地方债券发行规模同比减少

2016年末，北京政府债务余额3 741.2亿元，同比下降34.7%。2016年，北京市政府增加地方债券发行额度，从原定全年计划发行债券金额964亿元增至1 166.4亿元，比2015年减少12亿元，其中，置换644.4亿元，新增522亿元；一般债券601.6亿元，专项债券564.8亿元。按区域分布，市级、区级置换债券额度分别为448.6、717.8亿元。债券发行方式分为定向发行和公开招标发行，额度分别为354亿元和812.4亿元①。

5. 金融科技不断推进金融业务创新

2016年，传统金融机构不断深化技术层面的创新应用，将移动支付、智能投顾、大数据风控等新技术与传统金融业务相结合，实现金融服务效率的大幅提升。互联网金融企业在监管政策引导下，积极向信息中介服务及销售服务转型，同时加快在传统金融业务领域布局，金融服务领域不断拓展。

（五）区域金融改革稳步推进，各项试点工作有序推进

金融改革稳步推进。积极推动北京市服务业扩大开放综合试点，服务业对外吸引力不断增强，中关村外债宏观审慎管理改革试点稳步推进，试点业务笔数和金额均居全国首位，参与试点业务企业一年可节约财务成本约7.7亿元。继续推进跨境电子商务外汇支付试点，为电子商务和服务贸易发展提供更多便利，北京市成为全国试点机构最多、试点业务范围最广的城市。扎实推进大兴区农村金融试验区改革，加大对都市型现代农业发展的金融支持力度，2016年共为22家农业企业及合作社贷款利息补贴467万元。有序推进农村承包土地经营权抵押贷款试点工作，2016年累计发放农村承包土地经营权抵押贷款1 357万元。

（六）金融生态环境持续优化，各项工作取得积极成效

探索将个人信用报告查询服务网点信息载入百度地图，便利个人征信服务。深入开展中关村示范区小微企业信用体系试验区建设，首都社会信用体系建设水平全面提升。大小额支付系统和网上支付跨行清算系统业务金额保持全国首位，北京城市处理中心“双活模式”同城备份中心全面投入运行，在全国率先开展城市处理中心全科目跨站点演练，支付体系建设走在全国前列。研究制订《北京农村支付环境建设经费补贴方案》，鼓励金融机构加大农村支付服务力度，着力消除农村金融服务短板。加快辖内金融IC卡受理环境非接建设，积极推广金融IC卡应用，截至2016年末，北京地区金融IC卡累计发卡8 430余万张，POS机终端非接受理支持率达92.9%。有效处置辖内机构客户信息泄露事件，优化“12363”呼叫中心系统，2016年累计受理各类咨询投诉1.9万余件。坚持金融知识宣传与打击违

① 采用《关于北京市政府债务管理情况及2016年预算调整方案的报告》中的数据。

法犯罪并举，开展防范电信网络欺诈、反假货币、征信、反洗钱等宣传活动，严厉打击电信网络新型违法犯罪活动及制贩假币、洗钱等各类违法违规行为，有力维护了首都金融市场秩序，提高了社会公众的金融意识。

二、经济运行情况

2016 年，北京市牢固树立创新、协调、绿色、开放、共享的发展理念，坚持稳中求进工作总基调，坚持首都城市战略定位，着力推进供给侧结构性改革，加快疏功能、转方式、治环境、补短板、促协同，全市经济运行呈现稳中有进、稳中向好、稳中提质的良好态势。初步核算，2016 年全市实现地区生产总值 24 899.3 亿元，按可比价格计算，同比增长 6.7%（见图 6）。

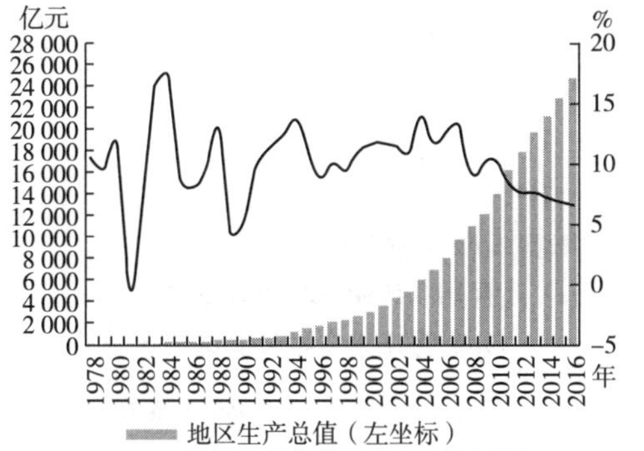

数据来源：北京市统计局。

图 6　1978～2016 年北京市地区生产总值及其增长率

（一）三大需求协调发展，经济在新常态下平稳运行

2016 年，北京市经济社会保持平稳健康发展，实现了“十三五”良好开局。四个季度的 GDP 累计同比增速分别为 6.9%、6.7%、6.7% 和 6.7%，全年 GDP 增速比上年回落 0.2 个百分点。从三大需求看，北京市投资稳步增长，消费增速平稳，进出口规模略有收缩。

1. 投资稳步增长，基础设施投资带动作用明显

2016 年，全年完成全社会固定资产投资 8 461.7 亿元，同比增长 5.9%（见图 7），增速比上年上升 0.2 个百分点。从结构看，民间投资下降 5.6%；房地产开发投资下降 4.3%；基础设施投资增长 10.3%，对投资增长的贡献率接近一半，投资继续向公共交通和民生领域倾斜。重点行业投资增势良好，租赁和商务服务业、高技术制造业、文体娱乐业等重点行业投资增速较高。分产业看，三大产业完成投资增速分别为 -10.1%，6.8% 和 6.1%，投资结构进一步优化。

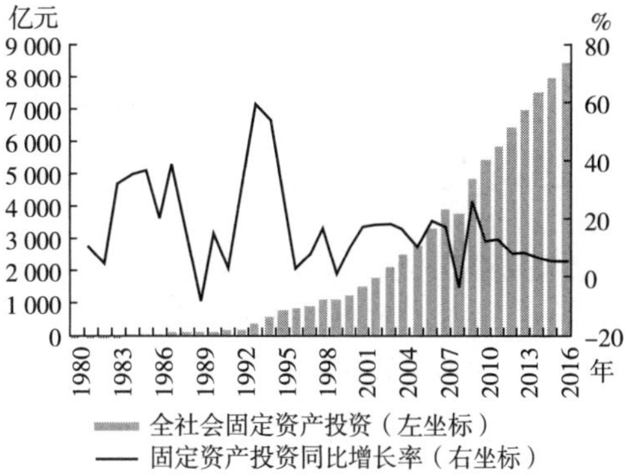

数据来源：北京市统计局。

图 7　1980～2016 年北京市固定资产投资（不含农户）及其增长率

2. 居民收入稳步增加，消费结构进一步升级

2016 年，全市城乡居民收入增长总体稳定，居民人均可支配收入实际增长 6.9%，快于经济增速 0.2 个百分点。按常住地分，城乡居民收入分别实际增长 6.9% 和 7.0%。全年实现市场总消费

19 926.2亿元，比上年增长8.1%。其中，服务性消费8 921.1亿元，增长10.1%；社会消费品零售总额11 005.1亿元，增长6.5%（见图8）。消费结构进一步升级。限额以上批发和零售企业中，汽车类，通信器材类，文化办公用品类，家用电器和音像器材类，以及体育、娱乐用品类实现零售额分别增长6.9%、8.8%、4.7%、19.4%和21.1%。服务性消费引领首都消费转型升级。2016年，全市实现服务性消费增长10.1%，占市场总消费的44.8%，成为带动消费增长的主要力量。

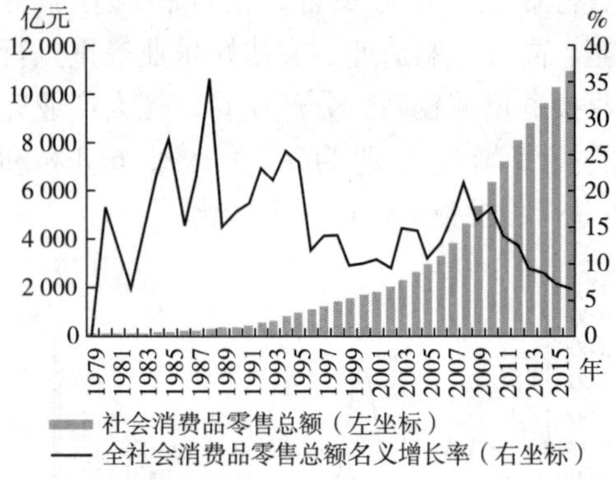

数据来源：北京市统计局。

图8 1979~2016年北京市社会消费品零售总额及其增长率

3. 进出口略有下降，利用外资稳健增长

受世界经济复苏乏力的影响，北京地区进出口规模有所收缩。2016年，北京地区进出口总值2 820.0亿美元，同比下降11.7%。其中，出口518.4亿美元，同比下降5.2%，进口2 301.6亿美元，同比下降13.1%（见图9）。2016年，北京市实际利用外资130.3亿美元，同比增长0.3%（见图10）。服务业扩大开放全面深化，新引进外资123.2亿美元，占全市实际利用外资的94.7%。

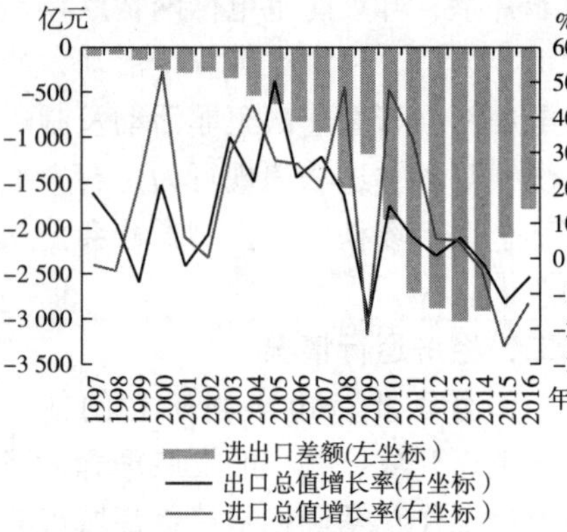

数据来源：北京市统计局。

图9 1997~2016年北京市外贸进出口变动情况

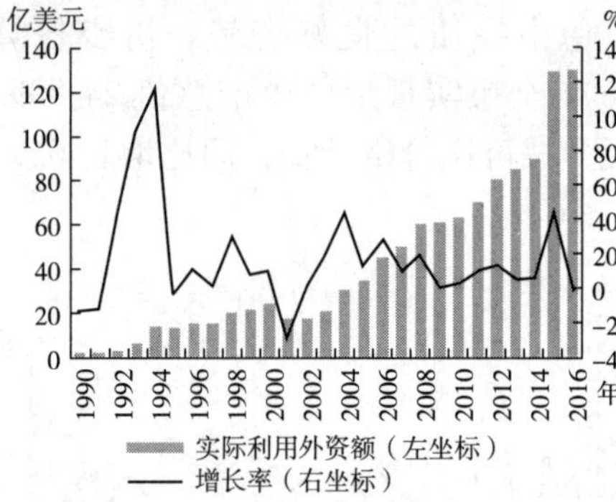

数据来源：北京市统计局。

图10 1990~2016年北京市外商直接投资额及其增长率

（二）产业结构调整深入推进，经济运行质量进一步提升

2016年，北京市持续促进产业结构优化升级，三次产业构成由2015年的0.6∶19.7∶79.7进一步调整为0.5∶19.2∶80.3。

1. 传统农业继续收缩，都市型农业稳步发展

2016年，全市继续推进农业转型升级，传统农业规模进一步收缩，观光休闲农业、设施农业等都市型现代农业实现了较快发展。农林牧渔业总产值338.1亿元，同比下降8.2%。休闲农业稳步增

长，全年观光园实现收入同比增长6.3%，民俗游实现收入同比增长11.7%。会展农业蓬勃发展，2016年举办的第四届北京农业嘉年华活动和世界月季洲际大会，接待人次和经济收入实现较高增长。设施农业效益提升，2016年设施农业亩均收入同比增长10.6%。

2. 工业生产稳中有进，结构优化升级

2016年，北京市围绕供给侧结构性改革，坚持推进结构改革和转型升级，实现工业增加值3 884.9亿元，比上年增长5.0%，其中规模以上工业增加值增长5.1%。制造业高端化加快发展，成为拉动工业增长的主要动力。高技术制造业、现代制造业、战略性新兴产业增加值分别增长3.4%、11.9%和3.8%。重点行业中，与消费领域紧密相连的行业稳步向好。汽车制造业增加值同比增长25.6%，计算机、通信和其他电子设备制造业增加值同比增长1%，医药制造业增加值同比增长8.5%。2016年，全市规模以上工业企业经济效益综合指数为323.3，比上年提高11.5个点，实现利润1 549.3亿元，比上年下降0.7%。

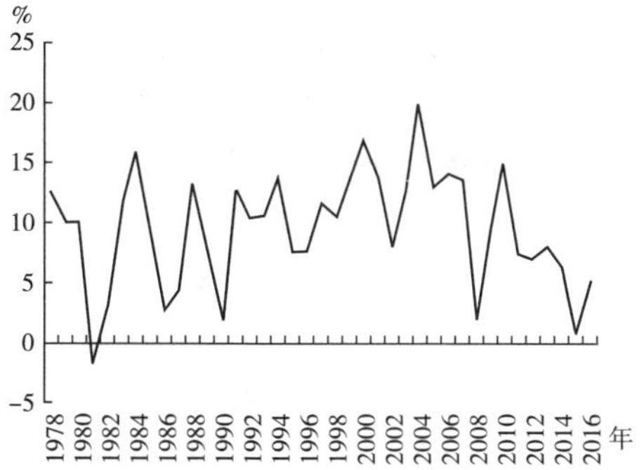

数据来源：北京市统计局。

图11　1978～2016年北京市工业增加值增长率

3. 服务业增势平稳，产业结构优化

2016年，北京市服务业发展向好，增加值增长7.1%。金融、信息、科技服务业等优势行业继续发挥支撑作用。金融业增长9.3%；信息传输、软件和信息技术服务业增长11.3%；科学研究和技术服务业增长10.2%。此外，生活性服务业增长加快为服务业发展注入新的动力，其中居民服务业、文体娱乐业增加值分别增长9.1%和7.8%。公共服务业增势较好，其中卫生和社会工作，水利、环境和公共设施管理业，以及教育增加值分别增长7.1%、8.7%和9.1%。

4. 加快推进供给侧结构性改革，非首都功能疏解有序推进

首先，经济发展新动能持续培育。北京市制订供给侧结构性改革实施方案，“三去一降一补”任务全面落实。提前完成国家下达化解煤炭产能180万吨的年度任务。“营改增”改革试点全面推开，新增减税175.7亿元。降低社会保险费率，减轻企业负担50亿元。2016年，全市新经济实现增加值8 132.4亿元，同比增长10.1%，占全市地区生产总值的比重为32.7%。高技术产业、战略性新兴产业等新产业，网上零售、互联网金融等新业态，新能源汽车、卫星导航定位接收机等新产品快速发展。其次，非首都功能疏解全面发力。2016年，全市规模以上法人单位减少250家，8成以上集中在制造业、批发零售业、住宿餐饮业和房地产业，控增量成效明显。疏存量进展顺利，关停退出一般制造业和污染企业335家，拆除和清退各类商品交易市场117家。最后，生态建设大力推进。2016年，规模以上工业综合能源消费量和单位增加值能耗同比分别下降6.5%和11%。能源品种结构继续优化，规模以上工业能耗中煤炭

占比下降6个百分点，天然气占比提高7.9个百分点。北京市细颗粒物（PM2.5）和可吸入颗粒物（PM10）年均浓度值分别比上年下降9.9%和9.8%。北京市森林覆盖率达到42.3%，提高0.7个百分点。

（三）价格涨幅基本稳定，工业生产者价格持续下降

1. 居民消费价格稳定，消费结构转变

2016年，全市居民消费价格总水平同比上涨1.4%，涨幅比上年回落0.4个百分点（见图12）。八大类商品和服务项目价格“五升三降”：食品烟酒类价格上涨3%，衣着类价格上涨0.2%，居住类价格上涨3.7%，医疗保健和个人用品类价格上涨2.6%，其他用品和服务类价格上涨4.3%，生活用品及服务类价格下降0.8%，娱乐教育文化用品及服务类价格下降1.7%，交通和通信类价格下降3.4%。

2. 工业生产价格进一步回落，降幅有所减小

2016年，北京市工业生产者出厂和购进价格延续了2015年的回落态势，工业生产者出厂价格指数同比下降1.9%，降幅比上年收窄1.2个百分点，降幅高于全国0.5个百分点。工业生产者购进价格指数同比下降1.5%，降幅比上年收窄4.8个百分点，降幅低于全国0.5个百分点（见图12）。

3. 劳动力成本增长平稳，社会保障水平进一步提高

2016年，北京市居民人均工资性收入33 114元，同比增长9.5%，其中城镇居民人均工资性收入35 701元，同比增长9.6%；农村居民人均工资性收入16 638元，同比增长7.4%。就业形势保持稳定，城镇新增就业42.8万人，比上年增加0.2万人，城镇登记失业率为1.41%，比上年末提高0.02个百分点。社会保障水平进一步提高，六项社会保险待遇标准联动调整：企业退休职工基本养老金平均水平从3 355元提高到3 573元，涨幅为6.5%；城乡居民基础养老金、福利养老金增幅分别为8.5%和10.4%；伤残津贴增幅9.8%；失业保险金每档增加90元；企业最低工资标准增幅9.9%。

数据来源：北京市统计局。

图12 2001~2016年北京市居民消费价格和生产者价格变动趋势

4. 资源性产品价格改革继续深化，利用价格杠杆促进资源节约

2016年，北京市继续在水、天然气等方面推进资源性产品价格改革，提升能源运行综合调节水平。首先，进一步实施居民阶梯水价。2016年5月1日起，非居民用水价格将从每立方米8.15元提高到城六区每立方米9.5元、其他地区每立方米9元。其次，实施阶梯气价。自2016年1月1日起正式实施居民生活用气阶梯价格制度，一年用气量不超过350立方米，气价维持原有2.28元/立方米的水平，350~500立方米以

上每立方米2.5元，500立方米以上每立方米3.9元，这也意味着北京市全面实现居民用水用电用气阶梯价格制度。

（四）财政收支平稳增长，财政支出结构进一步优化

2016年，北京市财政收入保持平稳增长。地方公共财政预算收入5 081.3亿元，比上年增长7.5%，财政收入运行保持在合理区间。随着经济结构不断优化，科技创新等因素成为财政收入稳定增长的新动力。全市高新技术企业财政收入增幅超过20%，总部企业贡献财政收入近四成，形成较强支撑力，规模以上现代制造业财政收入增长31%。全年地方公共财政预算支出6 406.7亿元，增长11.7%。公共服务重点领域投入力度加大，其中，用于住房保障、节能环保、交通运输、城乡社区的支出分别增长200%、19.8%、19.6%和12.5%。财政支出在疏解非首都功能、促进京津冀协同发展，推动创业创新、构建“高精尖”经济结构，加强生态环境建设、建设和谐宜居之都，加强城市精细化管理、破解城市发展难题，提升公共服务水平、推动公共事业发展等方面效果明显。

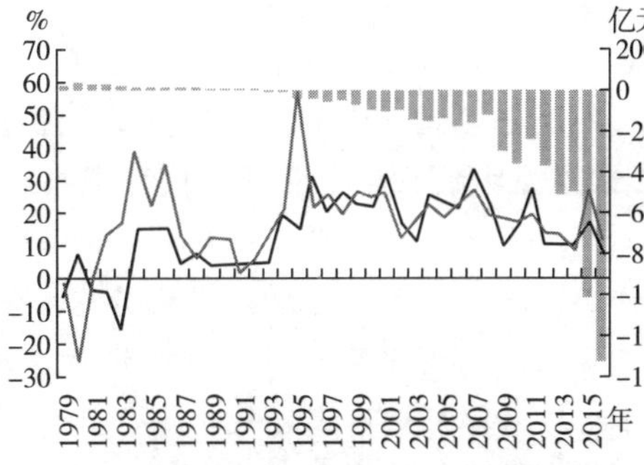

数据来源：北京市统计局。

图13　1979～2016年北京市财政收支状况

专栏2　北京辖内商业银行创新融资方式　积极推动金融支持京津冀协同发展

为了解北京地区金融机构支持京津冀协同发展情况，人民银行营业管理部对辖内中国工商银行北京市分行等5家商业银行进行调研。调查显示，北京地区商业银行不断创新融资模式，大力支持京津冀协同发展，但在实践中也面临融资期限错配、政府项目推进要求与银行风险管理要求存在差异等问题，建议放宽特定项目信贷投放约束、解决政策不统一矛盾、搭建项目信息发布平台，推动金融支持京津冀协同发展。

一、在京商业银行主动创新融资模式，积极服务京津冀协同发展

一是探索“全融资”模式，服务区域产业升级。为贯彻落实京津冀协同发展战略，推进“供给侧改革”，加强区域水泥市场整合，集中优质产能，淘汰低效产能，北京金隅股份有限公司和唐山市国有资产监督管理委员会对冀东水泥股份有限公司进行战略重组。中国工商银行北京市分行牵头各金融机构，对重组提供并购贷款债务重组和债转股等一揽子融资方案。其中，债转股采用有限合伙基金模式投入企业，置换企业存量融资，有效降低企业财务杠杆。

二是与产业基金联动撬动京津冀PPP市场。2016年4月成立的“京津冀城际铁路发展基金”主要投资于铁路工程建设及沿线综合开发，中国工商银行北京市分行、北京银行均计划投资该基金。北控水务集团发起的“北京通州水环境建设基金”主

要投向京津冀地区水环境治理项目以及全国水厂建设项目，中国工商银行北京市分行拟以理财资金投资参与其中。

三是跨行跨地区业务合作机制初步建成。商业银行加强了行际合作和地区间合作，组织银团贷款，支持交通建设、疏解项目等重大项目和重点领域。农业银行北京市分行牵头组织了北京新机场项目银团贷款和北京环球主题公园银团贷款项目。

二、主要工作难点和问题

一是政府项目推进工作要求与银行风险管理要求存在矛盾。2016 年 8 月，北京市人民政府（以下简称市政府）为加快城市副中心公共服务类建设项目落地，印发《北京市公共服务类建设项目投资审批改革试点实施方案》，将相关建设项目的开工审批手续优化为“一会三函”（一会指市政府召开会议集体审议决策，三函包括前期工作函、设计方案审查意见、施工意见登记书三份文件），其他各项法定审批手续在竣工验收前完成即可。而《商业银行房地产贷款风险管理指引》第十五条规定：商业银行对未取得国有土地使用证、建设用地规划许可证、建设工程规划许可证、建筑工程施工许可证的项目不得发放任何形式的贷款；第十六条规定：商业银行对申请贷款的房地产开发企业，应要求其开发项目资本金比例不低于 35%。目前，商业银行是否可以对已取得“一会三函”手续，但尚未办理其他行政审批手续，或项目公司资本金还未达到监管要求比例的项目提供融资，尚需监管部门明确指导意见。

二是政府主导项目融资利率要求偏低与银行资金成本走高存在矛盾。2017 年以来，金融市场利率水平不断走高，推高商业银行资金成本。而北京市各区县政府主导项目普遍要求利率下浮，造成项目融资盈利水平下降，个别由理财产品对接的项目融资已出现利率倒挂。目前，银行普遍预期未来资金面将保持较紧张的状态，资金成本上升和盈利能力下降可能会影响银行支持京津冀协同发展项目融资的积极性。

三是项目融资期限过长可能给银行带来流动性压力。从资金来源和用途看，京津冀协同发展项目期限相对于一般债权类投资较长，有的长达 20～30 年，银行资金存在较大错配压力。从收益兑现方式看，受期限及退出机制影响，产业投资类基金通常是在退出时统一清算收益，投资存续期内没有固定现金流支付，这给对接产业投资基金的短期理财资金带来了流动性管理压力。

（五）主要行业分析

1. 房地产市场止升回稳

2016 年，北京市坚决贯彻落实房地产调控部署，及时出台调控政策，政策效果明显，第四季度商品住房成交量价止升回稳，市场逐步回归理性。房地产贷款尤其是个人住房贷款仍保持较快增长，差别化住房信贷政策效果逐步显现。

（1）房地产开发投资同比负增长，开发企业资金来源同比继续增长。2016 年，北京市完成房地产开发投资同比减少 4.3%，2015 年为增长 8.1%，主要是由于土地购置价款同比减少 8.7%，而 2015 年为增长 37.0%；占全社会固定资产投资的比重为 47.8%，比 2015 年下降 5.1 个百分点。房地产开发企业项目到位资金同比增长 10.7%，比 2015 年提高 2.5 个百分点，其中金融贷款、定金及预收款同比增长 9.0%、42.5%，自筹资金、利用外资总额同比分别下降 13.1%、80.8%。

（2）商品住房未来供给指标整体呈下降趋势，积极推进住房保障工作。2016 年，商品房新开工面积同比增长 0.8%，其中住宅新开工面积同比增长 0.8%；商品房竣工面积同比减少 9.4%，其中住宅竣工面积同比减少 7.5%；累计出让居住用地规划建筑面积同比减少 75.0%，土地购置面积同比减少 31.6%。2016 年，保障性住房新开工 5.6 万套、竣工 6.4 万套、完成投资 658 亿元，均超额完成任务；截至 2016 年末，北京累计销售自住型商品住房项目 59 个、签约 5.6 万套，累计发放市场租房补贴 3.7 万余户、12.3 亿元。

（3）新建商品房销售额、销售面积同比保持正增长，待售面积同比有所减少。2016 年，商品房销售额同比增长 29.7%，比 2015 年提高 1.3 个百分点，其中住宅销售额同比增长 11.3%，比 2015 年下降 8.2 个百分点。商品房销售面积同比增长 7.7%，比 2015 年提高 1.1 个百分点，其中住宅销售面积同比减少 11.9%，降幅比 2015 年扩大 10.7 个百分点。2016 年末，商品房待售面积同比减少 0.3%，其中住宅待售面积同比减少 2.5%。2016 年 9 月 30 日，《北京市人民政府办公厅转发市住房城乡建设委等部门〈关于促进本市房地产市场平稳健康发展的若干措施〉的通知》（京政办发〔2016〕46 号）将首套房贷的最低首付比例从 30% 提高至普通住房 35%、非普通住房 40%；根据借款人申请住房贷款时拥有的房屋套数认定贷款套次，对于原来已经拥有一套住房并结清相应住房贷款的家庭，再次申请住房贷款的，从原来执行首付房贷政策调整为执行二套房贷政策。

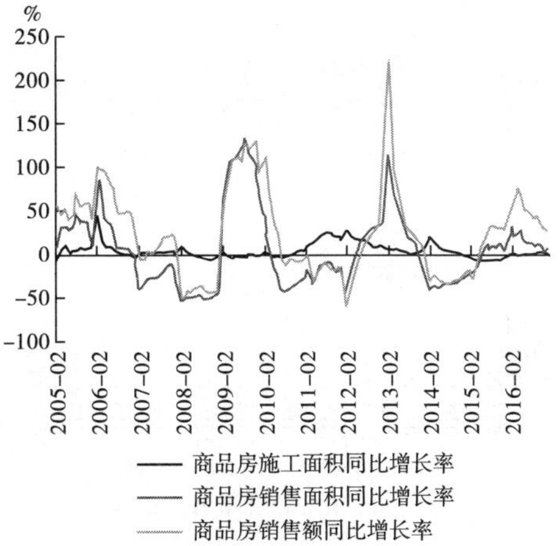

数据来源：北京市统计局。

图 14　2005～2016 年北京市商品房施工和销售变动趋势

（4）价格指数涨幅快速回落，租金水平涨幅扩大。北京市新建商品住房、二手住房价格指数分别由 1 月的环比上涨 1.1%、2.3% 扩大至 9 月的环比上涨 4.9%、5.7%；10 月大幅回落至环比上涨 0.6%、1.1%，11 月进一步收窄至环比上涨 0.0%、0.2%，12 月为环比下降 0.1%、上涨 0.2%。住房平均租金同比上涨 15.7%，比 2015 年提高 11.2 个百分点。

（5）购房贷款拉动房地产贷款快速增长，新建商品住房、二手房贷款月度新增额创历史新高。2016 年末，北京市金融机构本外币房地产贷款同比增长 24.0%，比 2015 年提高 6 个百分点。房地产开发贷款同比减少 0.2%，而 2015 年为增长 8.9%。个人住房贷款余额同比增长 41.3%，比 2015 年提高 11 个百分点；在二手房成交量大幅增长的带动下，银行二手房按揭贷款业务增速明显高于新建商品住房贷款，新建商品住房贷款、二手房贷款月度新增额分别在 2016 年 6 月（89.1 亿元）、11 月（194.5 亿元）创

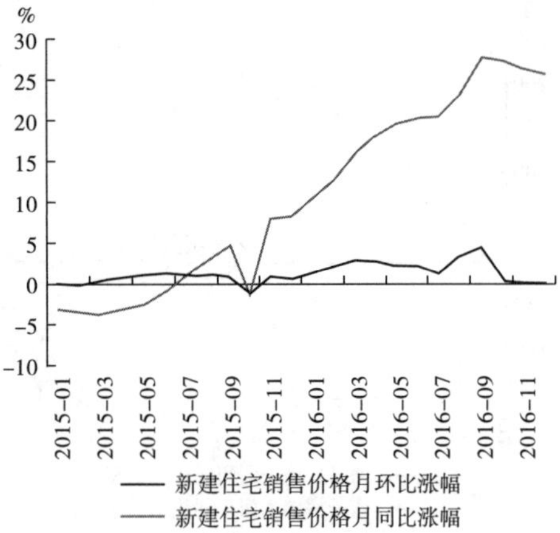

数据来源：北京市统计局。

图15　2015～2016年北京市新建住宅销售价格变动趋势

2010年以来的最高纪录。

2. 北京市文化创意产业发展呈现稳中有进态势

2016年，北京市共完成文化创意产业固定资产投资同比增长5.4%，占全社会固定资产投资的比重为4.4%；文化创意产业全年共实现增加值同比增长12.3%，占地区生产总值的14.3%，比上年提高0.5个百分点，对地区生产总值的贡献率达到20.3%，对带动经济增长和促进提质增效发挥了重要作用。文化金融发展稳步推进，金融对文化创意产业发展的促进作用不断提升。2016年末，北京市中资银行文化创意产业人民币贷款余额同比增长38.8%；1～12月累计发放贷款同比增长38.1%。其中，文化艺术、软件网络及计算机服务、广告会展、艺术品交易、旅游休闲娱乐等子行业贷款余额增速分别为18%、68.1%、13%、96%、83.7%。

3. 北京市科技创新中心建设取得显著进展

2016年末，北京市技术合同成交额占全国总量的1/3，科技进步对经济增长的贡献率超过60%，全市公民科学素养达标率达17%，成为全国创新资源最集聚、创新成果最多、创新创业最活跃的地区。中关村作为首个国家自主创新示范区，在推进创新创业和京津冀协同发展方面发挥了积极作用。2016年，中关村自主创新示范区新创办科技型企业24 607家，同比增长1.5%；新增上市公司20家，首次公开募股融资额近140亿元。2016年末，中关村企业已在天津市和河北省建立分支机构5 849家，其中，分公司2 709家，子公司3 140家。全市科技金融服务水平持续提升，科技金融服务体系不断完善。2016年末，北京市中资银行高新技术产业人民币贷款余额同比增长7.5%。其中，国家重点支持的高新技术领域中的电子信息技术、新材料技术、新能源及节能技术和高新技术改造传统产业余额增速分别为44.1%、67.5%、31.2%和50.7%。

三、预测与展望

2017年是实施“十三五”规划，推进供给侧结构性改革的关键一年，也是落实《京津冀协同发展规划纲要》的重要一年。首都经济发展面临着难得的历史机遇，也存在着诸多挑战。总体看，2017年北京市经济运行将延续2016年下半年以来缓中趋稳、稳中向好的态势。

从国际环境看，全球经济总体虽然呈现复苏态势，但强劲增长的动力依然不足，贸易和投资保护主义势力有所抬头，主要经济体政策不确定性较大，国际政治博弈的日趋加剧会对中国对外贸易产生较大影响。从国内环境看，经济运行保持在合理区间，随着供给侧结构性改革、简政放权和创新驱动战略不断深化实施，微观主体活力和经济增长新动能不断增强；货币政策总体保持稳健中性，也有利于引导更多的资金和资本流向实体经济，为首都经济发展提供有力的支撑。

从自身发展看，北京市牢固确立“四个中心”的首都城市战略定位，切实履行“四个服务”职责。以疏解非首都功能为重点的京津冀协同发展战略稳步实施，通过区域间优势互补，做好产业对接协作，加强区域生态环境保护，有助于缓解首都人口资源环境的突出矛盾，提升经济社会发展质量和可持续性。全国科技创新中心、文化中心建设已成为首都发展的新引擎。深化服务业扩大开放综合试点，有利于促进服务业转型升级和服务贸易发展，打造更有国际竞争力的投资环境。

从需求动力看，2017 年北京市固定资产投资需求仍然旺盛，深入推动京津冀协同发展、治理“大城市病”、构建“高精尖”经济结构等相关重点项目正在加快实施；城市副中心、冬季奥运会、世界园艺博览会等重大建设任务全面展开，对全市投资增长提供有效支撑；城市规划建设管理体制改革，落实促进民间投资的 27 条具体措施的深入推进，也为投资发展提供了内生动力。在消费方面，消费品标准升级和质量提升规划的实施，有助于满足传统消费升级需求，也为健康养老、文化体育、休闲旅游等新兴服务消费与传统商业消费的融合发展创造了有利条件，消费稳定增长的基础更加坚实。在对外贸易方面，“一带一路”战略推进、中蒙俄经济走廊沿线重点城市合作，以及服务业扩大开放综合试点的进一步实施，都为外资外贸稳中有进创造了积极条件，预计 2017 年北京市进出口额将有所回升。

从金融运行情况看，2017 年北京市金融业将进一步加大对首都特色产业和重点领域的支持力度，做好供给侧结构性改革金融服务工作，提高对实体经济的服务效率。亚洲基础设施投资银行、丝路基金和亚洲金融合作协会等国际金融组织选址北京，有助于优质金融资源加速集聚，巩固总部金融优势地位。京津冀协同发展和建设全国科技创新中心等国家重大战略的实施将为首都金融业发展提供更广阔的空间。严格落实房地产金融调控政策，房地产市场的价格和预期将更加稳定，有助于引导社会资金流向实体经济。

2017 年，人民银行营业管理部将全面贯彻中央经济工作会议、全国金融工作会议精神，认真落实中国人民银行工作会议的各项部署，坚持稳中求进工作总基调，适应把握引领经济发展新常态，加强预期引导，深化创新推动，认真贯彻落实稳健中性的货币政策，切实防范和化解区域性金融风险，着力提升金融服务和管理水平，支持经济发展方式转变和经济结构调整，促进首都经济金融提质增效、升级发展。

总　纂：周学东　贺同宝
统　稿：魏海滨　张　丹　王丝雨
执　笔：邓凯宏　韩睿玺　刘文权
张素敏　孙伊展　王　瑞
苏乃芳　谌春秋　赵　强
朱琳琳　张向军　吕潇潇
童怡华　单　方　卢　静
周　翔　朱　睿
提供材料的还有：李海辉
周　丹
黄美娟
赵晓英
唐　均
张　煜
张英男
卢　朋

北京市金融稳定报告（摘编）

中国人民银行营业管理部　金融稳定分析小组

2016年，北京市进一步适应经济发展新常态，围绕首都城市战略定位，大力推动功能疏解、京津冀协同发展，扎实推进供给侧结构改革，经济社会保持平稳健康发展。经济增长保持平稳，经济结构进一步优化；银行业资产负债总额增长平稳，不良贷款实现“双降”，风险抵补能力充足；“新三板”挂牌公司数量增长迅速，多层次资本市场实现较快发展；保险市场实现较快发展，市场秩序继续好转，行业风险基本可控。

一、北京市经济运行情况

全年，北京市紧紧围绕首都城市战略定位，扎实推进供给侧结构性改革，加快“疏功能、转方式、治环境、补短板、促协同”，经济增长保持平稳，经济结构进一步优化，居民收入稳步提高，消费驱动型经济继续健康发展，增长质量与效益继续提升，为全市金融平稳运行提供了良好的经济环境。

（一）经济增长稳中有升，“新经济”增长较快

全年，北京市实现地区生产总值24 899.3亿元，按可比价格计算，同比增长6.7%，增幅同比下降0.2个百分点。分产业看，第一产业增加值129.6亿元，下降8.8%；第二产业增加值4 774.4亿元，同比增长5.6%；第三产业增加值19 995.3亿元，同比增长7.1%。“新经济”实现增加值8 132.4亿元，按现价计算，同比增长10.1%，占全市经济的比重为32.7%。其中，高技术产业增加值5 646.7亿元，同比增长9.1%；战略性新兴产业增加值3 824.3亿元，同比增长10.7%。

（二）产业结构进一步优化，转型升级稳步推进

全年，北京市规模以上工业增加值按可比价格计算，同比增长5.1%。重点行业中，汽车制造业，医药制造业，计算机、通信和其他电子设备制造业增加值分别增长25.6%、8.5%和1%。符合消费升级需求的高端、智能、高技术产品产量高速增长，新能源汽车、运动型多用途乘用车、液晶显示屏等分别增长1.5倍、73%和65.2%。规模以上工业企业实现销售产值17 447.3亿元，同比增长2.7%，实现主营业务收入19 413.6亿元，同比增长4.6%，实现利润1 549.3亿元，同比下降0.7%。

第三产业增加值同比增长7.1%，快于全市经济增速0.4个百分点。其中，金融、信息、科技服务业等优势行业继续发挥支撑作用。金融业实现增加值4 266.8亿元，增长9.3%；信息传输、软件和信息技术服务业实现增加值2 697.9亿元，增长11.3%；科学研究和技术服务业实现增加值2 077.9亿元，增长10.2%。

为促进京津冀协同发展，北京市积极发展符合三地功能定位的相关产业，北京文化中心和科技创新中心建设稳步推进。全年文化创意产业实现增加值3 570.5亿

元，按现价计算，同比增长 12.3%，占地区生产总值的比重达 14.3%，同比上升 0.5 个百分点；高技术产业增加值 5 646.7亿元，按现价计算，同比增长 9.1%。中关村科技园区六大高新技术领域实现收入占园区总收入的七成以上。

（三）投资增势平稳，重点产业投资增速加快

全年，北京市完成全社会固定资产投资 8 461.7 亿元，比上年增长 5.9%。其中，完成基础设施投资 2 399.5 亿元，增长 10.3%，对投资增长的贡献率达 47.8%。重点产业投资增势良好，租赁和商务服务业、高技术制造业、文体娱乐业投资分别增长 99.9%、61.3% 和 55.2%。

分产业看，第一产业完成投资 99.8 亿元，同比下降 10.1%；第二产业完成投资 722.9 亿元，同比增长 6.8%；第三产业（含房地产开发）完成投资 7 639 亿元，同比增长 6.1%。

全年，全市完成房地产开发投资 4 045.4亿元，同比下降 4.3%；其中保障性住房投资 936.2 亿元，增长 13.6%。商品房本年新开工面积 2 813.7 万平方米，增长 0.8%；其中，商品住宅新开工面积 1 209.3 万平方米，增长 0.8%。

（四）网上销售增长强劲，消费结构继续升级

全年，北京市实现总消费 2 万亿元，同比增长 8.1%。其中，实现服务性消费 8 921.1 亿元，增长 10.1%；实现社会消费品零售总额11 005.1亿元，增长 6.5%。网上销售是零售额增长的主要带动力，限额以上批发零售业企业实现网上零售额 2 049亿元，增长 20%，占社会消费品零售总额的比重达到 18.6%，拉动全市零售额增长 3.3 个百分点，新能源汽车类商品零售额增长 2.7 倍。

（五）进口降幅收窄、出口逆势增长

全年，北京地区实现进出口总值 18 625.2亿元，同比下降 6.1%，降幅比上年收窄 16.2 个百分点。其中，进口总值 15 207.1 亿元，下降 7.5%，降幅收窄 16.7 个百分点；出口总值 3 418.1 亿元，增速由负转正，增长 0.7%，增速提高 12 个百分点。

随着北京市外贸转型升级不断加快，进出口产品从“大进大出”到“优进优出”转型取得良好进展，进口和优化进口结构的政策效应显现，部分先进技术、关键零部件和重要设备等高新技术产品进口有较快增长；在出口方面，传统优势产品出口继续增长。

（六）消费价格温和上涨，生产价格降幅收窄

全年，北京市居民消费价格同比上涨 1.4%。其中，消费品价格上涨 0.5%，服务项目价格上涨 2.7%。

全年，北京市工业生产者出厂和购进价格同比分别下降 1.9% 和 1.5%，延续了 3 月以来的降幅收窄态势。

（七）居民收入稳步增加，农村居民收入增长较快

全年，北京市居民人均可支配收入 52 530 元，同比增长 8.4%，扣除价格因素，实际增长 6.9%。其中，城镇居民人均可支配收入 57 275 元，增长 8.4%；农村居民人均可支配收入 22 310 元，增长 8.5%；扣除价格因素，城乡居民收入分别实际增长 6.9% 和 7%。农村居民收入增速连续 8 年超过城镇居民。

二、北京市金融业运行状况

（一）银行业运行情况

全年，北京辖内银行业金融机构整体

保持稳健运行。资产负债总额持续位居全国前列，贷款保持适度增长，存款增速有所放缓，不良贷款实现“双降”，风险抵御能力较强；非银行类金融机构资产负债规模持续增长。

1. 资产①负债增速有所放缓，总额位居全国前列

2016年末，辖内银行业金融机构资产总额21.60万亿元，同比增长9.82%，增速同比下降3.71个百分点；较年初增加1.93万亿元，同比少增0.41万亿元。负债总额20.71万亿元，同比增长9.44%，增速同比下降3.88个百分点；较年初增加1.79万亿元，同比少增0.43万亿元。辖内银行业金融机构资产总额和负债总额分别占全国银行业的9.54%和9.91%，均位居全国第二位。

2. 贷款②保持适度增长，行业投向较为集中

2016年末，辖内银行业金融机构本外币各项贷款余额6.37万亿元，同比增长8.85%，增速同比下降0.3个百分点；较年初增加0.52万亿元，同比多增0.04万亿元。其中，人民币贷款余额5.66万亿元，同比增长11.86%，增速同比上升0.76个百分点；较年初增加0.61万亿元，同比多增0.1万亿元。

从行业投向来看，贷款余额排名前五位行业依次是：交通运输仓储和邮政业、制造业、电力热力燃气及水的生产和供应业、房地产业，合计4.08万亿元，占各项贷款余额的56.47%；重点支持基础设施建设、高科技产业、个人住房按揭、个人汽车消费等领域。上述领域全年新增贷款5 214.65亿元，占全部新增贷款的84.85%，占比较上年同期上升16.53个百分点。其中，新增个人住房按揭贷款约占全部新增贷款的50%。③

从期限结构来看，辖内银行业金融机构本外币各项贷款长期化趋势明显。短期贷款余额1.87万亿元，同比增长4.39%，增速同比上升2.87个百分点；中长期贷款3.75万亿元，同比增长11.29%，增速同比上升2.26个百分点。

为满足京津冀一体化项目资金需求，北京辖内多家银行建立了“京津冀一体化项目清单”，并要求行内信贷额度优先支持清单内项目。2016年末，辖内银行业金融机构支持京津冀协同发展相关项目融资余额共计922.75亿元，较年初增加458.36亿元，增长近一倍。

3. 存款增速放缓，定期存款增幅明显

2016年末，辖内银行业金融机构本外币各项存款余额13.84万亿元，同比增长7.65%，增速同比大幅下降20.8个百分点；较年初增加0.90万亿元，同比少增0.63万亿元。其中，人民币各项存款余额13.28万亿元，同比增长7.29%，增速同比大幅下降22.49个百分点；较年初增加0.9万亿元，同比少增14.43万亿元。

从期限看，活期存款、定期及其他存款均保持较高增速。2016年末，全市人民币活期存款余额2.97万亿元，同比增长10.60%，增速同比下降10.3个百分点；人民币定期及其他存款余额4.94万

① 本节数据除存、贷款指标外，均来源于中国银行业监督管理委员会北京监管局。

② 存款、贷款数据除重点支持领域新增贷款数据外，其余均来源于人民银行营业管理部调查统计数据。

③ 重点支持领域新增贷款数据来源于中国银行业监督管理委员会北京监管局。

亿元，同比增长 12.70%，增速同比上升 3.0 个百分点，其中单位定期及其他存款同比增长 18.66%。

从主体看，非金融企业存款增长较快，非银行金融机构存款下降明显。2016 年末，非金融企业存款余额 5.10 万亿元，同比增长 16.3%；非银行金融机构存款 2.34 万亿元，同比下降 10.4%。

4. 利润持续增长，中间业务收入增速有所放缓

全年，辖内银行业金融机构累计实现利润 2 217.74 亿元，同比增长 15.60%，增速同比上升 5.97 个百分点。受资本市场波动及收费政策调整等因素影响，辖内银行业金融机构投资收益和中间业务收入增速放缓。全年，辖内银行业金融机构累计实现中间业务收入 697.79 亿元，同比增长 5.09%，增速同比下降 19.21 个百分点。累计实现投资收益 92.31 亿元，较上年同期减少 623.49 亿元。

5. 不良贷款呈现“双降”，风险抵御能力较强

2016 年末，辖内银行业金融机构不良贷款余额 453.62 亿元，较年初减少 29.92 亿元；不良贷款率 0.59%，较年初下降 0.09 个百分点。对公不良贷款余额前三大行业分别为批发零售业、制造业和房地产业，合计占全部不良贷款余额的 65.49%，较年初下降 11.59 个百分点。受中钢集团债务重组影响，辖内银行业金融机构批发零售业不良贷款余额为 152.15 亿元，较年初下降 38.35%。但值得关注的是，制造业和房地产业不良贷款分别较年初增长 8.33% 和 22.79%。

全年，辖内银行业金融机构拨备覆盖率 414.81%，同比上升 42.89 个百分点，远高于 150% 的监管标准。贷款损失准备充足率为 576.88%，持续维持高位，信用风险抵补充分。

6. 辖内法人银行经营稳健，但盈利能力存在差异

2016 年末，辖内法人银行资产总额 3.14 万亿元，同比增长 14.92%；负债总额 2.91 万亿元，同比增长 14.78%；存款、贷款余额分别为 1.87 万亿元和 1.24 万亿元，同比分别增长 13.93% 和 11.15%；不良贷款余额 147.72 亿元，不良贷款率 1.19%，同比上升 0.08 个百分点。辖内法人银行贷款拨备覆盖率 279.19%，同比下降 10.70 个百分点，但仍处于较高水平；贷款拨备率 3.33%，同比上升 0.09 个百分点；资本充足率 13.93%，较年初上升 0.23 个百分点。

2016 年末，北京地区法人银行累计实现利润 248.38 亿元，同比增加 13.36 亿元。其中，辖内 2 家中资法人银行实现利润 233.97 亿元，北京银行累计实现利润 178.83 亿元，同比增加 11.01 亿元。北京农商银行累计实现利润 55.14 亿元，同比增加 3.06 亿元。外资法人银行及视同法人管理的外国银行分行盈利水平较低，其中 9 家外资法人机构累计利润仅 9.25 亿元，同比减少 4.77 亿元。

7. 辖内非银行金融机构资产负债持续增长，总体经营稳健

2016 年末，辖内非银行金融机构资产和负债总额分别为 3.19 万亿元和 2.68 万亿元，同比分别增长 14.97% 和 14.70%；存款、贷款余额分别为 2.19 万亿元和 1.53 万亿元，同比分别增长 14.93% 和 20.16%；累计实现利润 490.94 亿元，同比增长 0.77%；不良贷款余额 87.67 亿元，不良贷款率 0.57%，同比上升 0.29 个百分点。

（二）证券业经营情况

全年，证券期货行业经营业绩普遍下滑。在京法人证券公司收入大幅下降，基金公司管理基金资产净值降低，期货公司利润同比减少。“新三板”挂牌公司数量增长迅速，融资额及成交量均实现增长。

1. 法人证券公司营业收入大幅下降，但整体经营稳健

2016 年末，辖区共有法人证券公司 18 家，与上年持平；证券公司资产总额 7 593.85亿元，同比下降 9.50%；净资本 2 108.47 亿元，同比增长 16.92%。平均流动性覆盖率 217.68%，净稳定资金比率 148.58%，风险覆盖率 248.93%，资本杠杆率 31.06%。全年，辖区法人证券公司营业收入 502.74 亿元，同比下降 38.38%。

2. 基金公司管理基金净值降低，新发基金募集额同比小幅增长

2016 年末，总部设在辖区的基金公司共 31 家，较上年增加 6 家；法人基金公司 19 家，较上年增加 2 家。辖区法人基金公司管理基金 514 只，同比增长 33.85%，管理基金年末资产净值 1.55 万亿元，同比下降 8.04%。其中，封闭式基金资产净值 1 529.65 亿元，开放式基金资产净值 1.40 万亿元。2016 年，北京辖区法人基金公司新发基金 171 只，同比增长 27.62%；新发基金首次募集金额 3 282.78亿元，同比增长 4.63%。

3. 期货公司资产总额保持较快增长，代理交易额和利润下降幅度较大

2016 年末，北京市共有法人期货公司 19 家，同比减少 1 家；期货分支机构 95 家，同比增加 1 家。期货公司资产总额 747 亿元，同比增长 20.68%；全年期货代理交易额 48 万亿元，同比下降 62.5%；利润总额 11.18 亿元，同比下降 16.88%。

4. 上市公司数量增加，总市值及 A 股筹资额下降

2016 年末，北京辖区共有上市公司 281 家，较上年增加 17 家。其中，主板公司 147 家、中小板公司 48 家、创业板公司 86 家。辖区上市公司总市值 12.23 万亿元，同比下降 8.23%。2016 年，辖区上市公司 A 股市场累计筹资额2 818.92 亿元，同比下降 17.81%；其中，首次公开募股公司 17 家，共计募集资金 130.32 亿元；定向增发融资 51 家，共计募集资金 1 859.26 亿元；配股融资 2 家，共计募集资金 49.35 亿元；发行优先股融资 4 家，共计募集资金 780 亿元。另外，4 家上市公司发行可转债，共计募集资金 90.50 亿元；42 家发行公司债，募集资金 1 559.25 亿元。

5. “新三板”挂牌公司数量增长迅速，四板市场融资功能显著提高

2016 年末，全国中小企业股份转让系统挂牌公司总数①达 10 163 家，较上年末增加 5 034 家，增长 98.15%。总股本和总市值分别为 5 851.55 亿股和 40 558.11亿元，同比分别增长 97.72% 和 64.97%。全年，挂牌公司共实现股票融资 1 390.87 亿元，同比增长 14.36%；累计成交笔数 308.83 万笔，同比增长 9.46%；成交金额 1 912.3 亿元，同比微幅增长 0.09%。

2016 年末，北京市四板市场挂牌企业 90 家，较上年同期增加 13 家；全年，

① 数据来源：全国中小企业股份转让系统官方网站。

四板市场实现股权融资 78.5 亿元，同比增长 112.3%；债权融资 45.08%，同比增长 55.7%。四板市场小微企业融资功能显著提高。

（三）保险业经营情况

全年，北京市保险市场实现较快发展，行业实力稳步增强，市场秩序继续好转，行业风险基本可控。全年实现原保险保费收入（以下简称保费收入）1 839 亿元，同比增长31%；累计赔付支出596.6 亿元，同比增长 17.8%；保险深度 7.4%，同比上升 1.1 个百分点；保险密度8 467.8 元/人，同比增加1 965.9元/人。

1. 财产险公司保费收入稳步增长，各项监管指标好转

2016 年末，北京市共有财产险总公司 16 家，与上年持平。全年实现保费收入 391.8 亿元，同比增长 8.6%；累计赔款支出 241.1 亿元，同比增长 11.8%；承保利润 7.8 亿元，同比增长 5.4 倍。在主要监管指标方面，综合赔付率为 61.9%，同比下降 0.4 个百分点；综合费用率为 35.7%，同比下降 1.6 个百分点；承保利润率为 2.4%，同比上升 2 个百分点。

2. 人身险公司保费收入强劲增长，退保率总体稳定

2016 年末，北京市共有人身险总公司 29 家，与上年持平。受利率下行、费改产品集中涌现和代理人队伍快速扩张的影响，人身险公司保费收入强劲增长。全年全市人身险公司实现保费收入 1 447.2 亿元，同比增长 38.7%；非保险合同业务本年新增交费 1 693.5 亿元，同比增长 68.7%。其中，银邮渠道保费收入占比 55.9%，同比上升 3.75 个百分点。退保率为 5.4%，同比上升 0.05 个百分点。

3. 外资公司市场份额保持稳定，财产险公司亏损率较高

2016 年末，在京外资财产险公司 14 家，与上年持平；实现保费收入 16.6 亿元，同比增长 7.3%；市场份额 4.2%，同比下降 0.1 个百分点。在京外资人身险公司共 24 家，与上年持平；实现保费收入 250.3 亿元，同比增长 38.8%；市场份额 17.3%，与上年基本持平。部分外资财产险公司仍定位于服务母国企业，业务量不足，费用难以摊薄且风险分散效应也不明显，在全球经济不景气的大环境下，盈利能力较差。2016 年，外资财产险公司亏损率达 78.6%。

4. 保险资金运用收益率下降，寿险公司期限错配明显

全年，辖内保险公司资金运用收益率 5.24%，同比下降 1.73 个百分点。其中，债券投资占比最高，为 35.48%；其他类投资和金融机构资管计划投资占比分别提升 3.17 个和 1.5 个百分点，占比提升最多。寿险公司平均负债久期 7.1 年，平均资产久期 3.73 年；但同时，4 家寿险公司由于发展中短存续期产品等因素，负债久期小于资产久期。

5. 保险行业社会服务功能进一步增强

2016 年末，北京市政策性农业保险实现保费收入 5.9 亿元，同比增长 4.4%；赔款支出 5.7 亿元，同比增长 26.2%。在财产险方面，安全生产责任险、医疗责任保险的社会服务功能显著。年末，安全生产责任险已覆盖 31 个行业，累计投保企业 2.1 万家；保险公司聘请专业第三方机构进行风险排查，向企业提示风险隐患超 1 000 余次。年末，医疗责任保险投保医疗机构 1 288 家次，对快速化

解医患纠纷起到重要作用。在人身险方面，新农合“共保联办”项目、养老保险等保障作用进一步增强。

（四）需要关注的问题

1. 银行业信贷资产质量有所好转，但信用风险防控压力仍需关注

总体看来，2016 年北京辖内银行业金融机构表内信贷资产质量有所好转，实现“双降”，但信用风险防控压力仍需高度关注。一是非信贷资产质量影响不良贷款真实性。辖内个别银行存在将表内不良贷款以代持或转让方式出表，再以同业投资购回或理财资金对接，以此掩盖资产质量真实性的现象。二是关注类贷款年尾反弹。2016 年 12 月末，北京市银行业金融机构关注类贷款余额 4 642.62 亿元，环比上月增加 885.13 亿元，同比增长 18.22%；北京市法人银行类金融机构关注类贷款迁徙率为 52.03%，同比提高 12.52 个百分点，资产质量仍存在劣变压力。

2. 商业银行同业投资类信贷业务增长过快，相关风险值得关注

2016 年，商业银行同业投资业务快速增长，相关问题风险值得关注。一是部分同业投资业务资本及拨备计提不足。二是部分银行通过同业投资形式向“两高一剩”行业、房地产、地方政府融资平台等限制性领域提供融资，规避贷款规模限制和投向管控，增加潜在风险。三是同业业务多属于批发业务，客户集中度较高，易引发流动性冲击。四是同业业务涉及银行、信托、证券、保险等机构，容易加剧跨机构、跨市场风险传染。

3. 房价快速上涨态势初步遏制，但房地产金融风险仍需关注

“9·30”新政出台后，北京地区房价过快上涨势头得到初步遏制，但社会资金大量流向房地产业，相关风险仍需关注。一是密切关注个人房贷资产质量。近年来全市个人房贷平均期限呈逐年上升态势，借款人整体还贷压力逐步加大。二是新政出台后，房地产市场成交量萎缩，将直接影响房地产开发企业现金流，可能会对房地产开发类信贷资产质量产生影响。

4. 债券违约事件频发，市场波动性加剧

2016 年全国债券违约事件高达 65 起，较上年增加 43 起，涉及发行主体 33 家，总规模 398.94 亿元，同比增长 232%。年末债券市场代持风险集中暴露，投资者避险情绪高度敏感，债券市场一度剧烈波动。

5. 寿险公司资金运用风险及流动性风险值得关注

近年来，中短存续期保险产品是人身险业务快速增长的重要贡献者。中短存续期产品负债成本较高，相应保险公司高风险领域投资意愿较强，资金运用风险值得关注。当前仍然是寿险业满期给付和退保的高峰期。随着监管政策的完善，人身险公司业务结构调整的压力将会加大。

三、政策建议

（一）加快推进经济转型升级，积极推动京津冀协同发展

一是进一步适应经济发展新常态，确立以高端制造业、现代服务业及文化创意产业为核心的“高精尖”产业战略地位，通过供给侧改革构建“高精尖”经济结构，助力北京市经济转型升级。二是积极落实政策要求，大力推进非首都功能疏解工作，在加快相关产业转移至津冀同时尽快完善相应的配套扶持政策。三是依托《京津冀协同发展人民银行三地协调机

制》，进一步加大金融对重点领域、特色产业、薄弱环节的支持力度，推动京津冀协同发展。

（二）引导银行建立以信用风险为核心的全面风险管理体系，加强风险监测

一是银行业金融机构应加强对经济结构转型和非首都功能疏解等形势的跟踪分析，制定科学合理的授信政策；关注产能过剩行业、房地产行业和商圈贷款领域可能的风险暴露，动态调整信用风险防控和业务发展之间的平衡。二是强化“穿透式”监管要求，严禁利用同业投资等资产管理通道掩盖真实风险状况，规避贷款投向管制。三是加强对商业银行资产管理业务的风险监测、现场评估和现场检查，摸清资金真实流向和底层资产；加强监管协作，对商业银行资产管理业务开展跨部门、跨区域监管，实现风险的链条式管控。四是针对加快疏解非首都核心功能导致部分产业转移至津冀情况，关注商业银行在资产管理模式上转变。

（三）加强债券违约风险监测，关注债券市场波动性

银行、证券、保险等金融机构应根据经济金融形势，对债券违约高发行业、地区等进行判断，分析债券投资的信用风险，做好相关的风险应对工作。监管部门应完善对银行理财、保险资金、信托产品等资金运用的监管及信息披露制度，加强对债券市场杠杆资金的监测；各金融机构应密切监测债券市场杠杆情况，理性投资，高度关注债券市场波动性风险。

（四）回归保险业风险保障本位，重视资金运用风险

保险公司应立足主业，大力开发保障功能强的保险产品，逐步压缩中短存续期保险产品规模，充分发挥保险分担风险和补偿损失的功能。在资金运用方面，保险公司应重视资产负债的匹配性管理；做好经济下行期资金运用的信用风险管控工作；提高收益率扩大投资范围的同时，应注重股市、海外投资等相关领域的风险管理能力建设。

总　纂：刘玉苓
统　稿：史丙栋　项银涛　夏　楠
执　笔：刘文权　张素敏　孙伊展
李艳丽

二、市场运行

金融市场

2016年，北京地区金融市场运行平稳，货币市场银行类机构净融出量处于历史高位，货币市场利率在短期利率带动下，总体呈平稳上升态势。银行间债券市场债券投资增加，债券收益率整体下降。银行间外汇市场结售汇交易和外币对交易均增加。黄金市场的黄金价格波动加大，交易量显著增长，实际提货量下降。

一、货币市场交易明显增长，市场利率短升长降

（一）信用拆借保持增长，成交利率稳定上升

信用拆借交易量占全国近一半。2016年度，北京地区金融机构[①]网上信用拆借累计成交94.86万亿元，同比增长49.58%，占全国交易量的49.45%，较2015年上升0.07个百分点。从各月成交数据看，前三个季度各月成交量明显高于上年同期，第四季度起成交量显著回落（见图1）。信用拆借加权平均交易利率为2.1648%，较2015年上升16.33个基点。

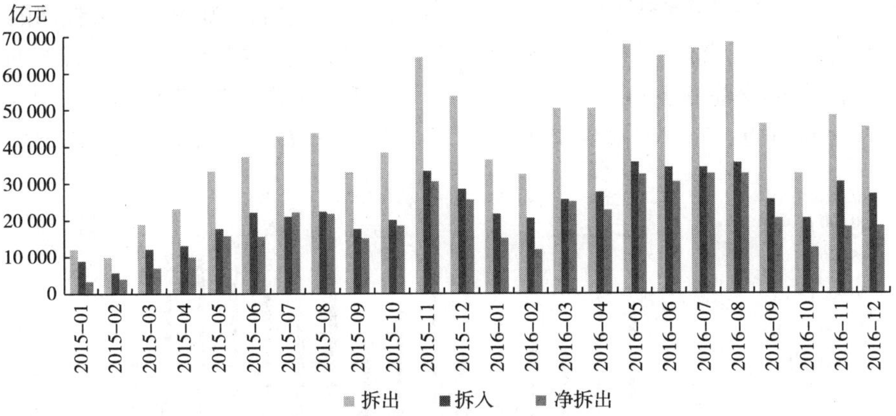

图1　北京地区网上拆借变动趋势图

北京地区累计净拆出资金27.18万亿元，同比增长44.04%。银行类金融机构成为最主要拆借资金来源，其中其他银行净拆出规模最大，为14.24万亿元，同比增长90.48%；政策性银行净拆出金额13.68万亿元，同比增长28.98%；国有商业银行净拆出金额5.56万亿元，同比下降29.79%；外资银行净拆出金额5 735亿元，

① 指在北京地区营业的所有金融市场成员，包括各政策性银行、各国有商业银行总行及北京市分行、各股份制商业银行总行及在京营业机构、北京银行、北京农商银行、中国邮政储蓄银行、各外资银行在京营业机构，在京各证券公司、财务公司、基金管理公司、保险公司、信托投资公司、资产管理公司、汽车金融公司、金融租赁公司等。

2015 年净拆入 251 亿元。除银行类金融机构外，其他机构①净拆出资金 4 976 亿元，同比增长 89.74%，其中主要是华融资产管理公司净拆出 5 876 亿元。财务公司和证券公司是主要资金需求方。其中，财务公司净拆入资金 3.28 万亿元，同比下降 13.95%；证券公司净拆入 4.09 万亿元，同比增长 15.19%（见图 2）。

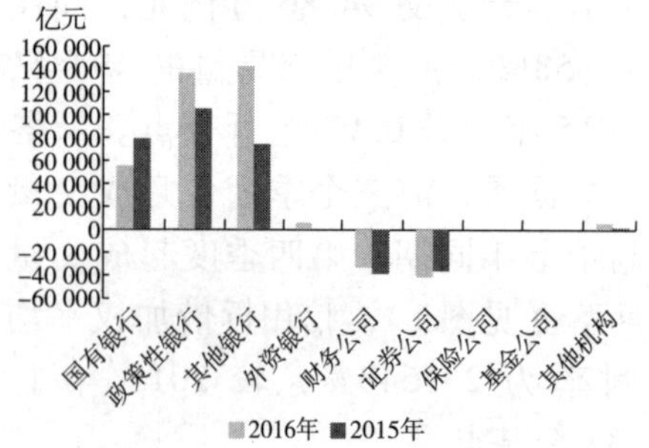

图 2　北京地区网上拆借净融出资金分布图

从交易品种看，隔夜拆借成交 82.67 万亿元，占全部交易量的 87.2%，同比提高 3.9 个百分点；7 天期限成交 9.64 万亿元，占比 10.2%，同比下降 2.5 个百分点（见图 3）。

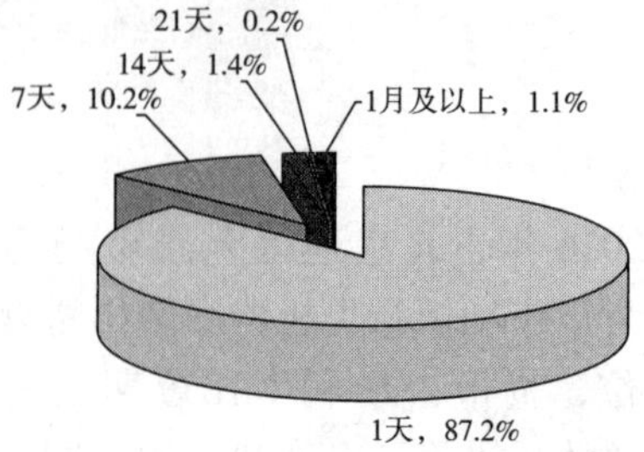

注：由于四舍五入，百分比加入总之和不等于 100%。

图 3　北京地区网上拆借期限分布图

（二）债券回购成交量保持增长

2016 年度，北京地区金融机构债券回购成交 457.17 万亿元，同比增长 19.98%，占全国交易量的 38%，较 2015 年下降 3.6 个百分点。其中，质押式回购成交 448.1 万亿元，同比增长 20.46%。债券回购利率小幅上升，债券质押式回购和买断式回购加权平均利率分别为 2.1580% 和 2.4275%，同比分别上升 16.92 个基点和 21.17 个基点。

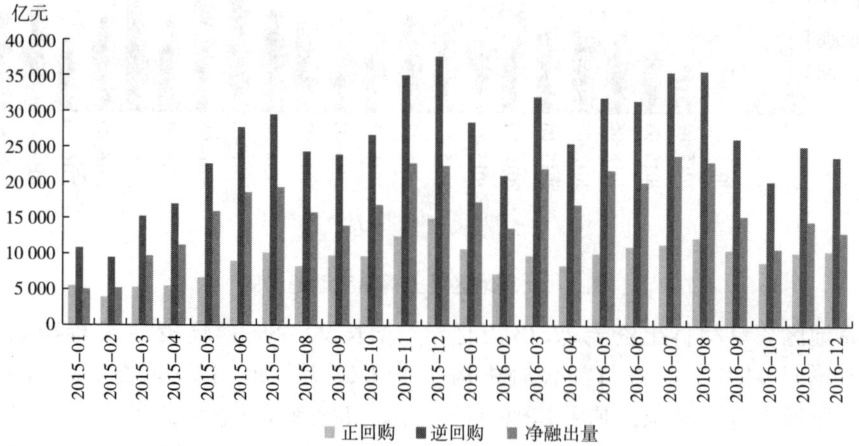

图 4　北京地区债券回购交易变动趋势图

① 指在北京地区营业的除各银行类金融机构、在京各证券公司、财务公司、基金管理公司、保险公司以外的金融机构，包括信托投资公司、资产管理公司、汽车金融公司、金融租赁公司、消费金融公司及其他类货币市场成员单位等。

债券回购以银行类金融机构资金净融出为主，政策性银行净融出规模最大，其他银行净融出增幅较大，其他机构净融入资金量居首。北京地区金融机构债券回购净融出资金212.15万亿元，同比增长20.02%。其中，政策性银行、其他银行①分别净融出137.14万亿元、41.53万亿元，分别同比增长35.39%、160.82%；国有商业银行净融出67.33万亿元，同比下降26.26%；保险公司和外资银行从净融入转为净融出，金额分别为3.27万亿元、6 100亿元，2015年同期分别净融入资金8 185亿元、3 349亿元。净融入资金的机构中，其他机构净融入30.5万亿元，同比增长49.01%；证券公司净融入资金3.94万亿元，同比下降43.85%；财务公司净融入3.28万亿元，同比增长5.37%（见图5）。

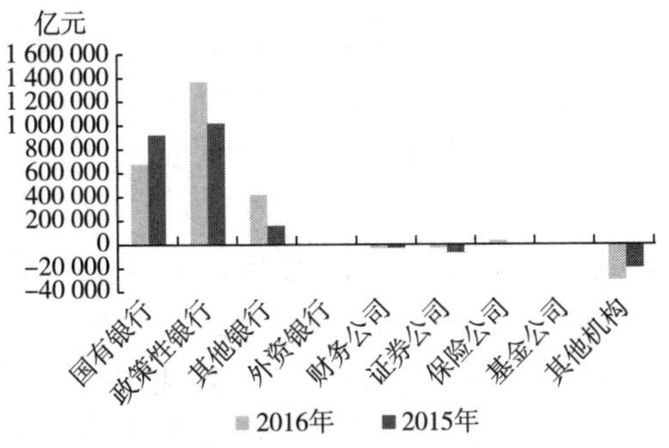

图5 北京地区债券回购净融出资金分布图

债券回购以隔夜交易为主，隔夜、7天期限交易占比小幅上升，14天期限交易占比小幅下降。隔夜交易量390.18万亿元，占全部交易量的85.35%，占比同比上升0.05个百分点；7天交易占比为11.24%，同比上升0.2个百分点；14天期限交易占比为2.38%，同比下降0.28个百分点（见图6）。

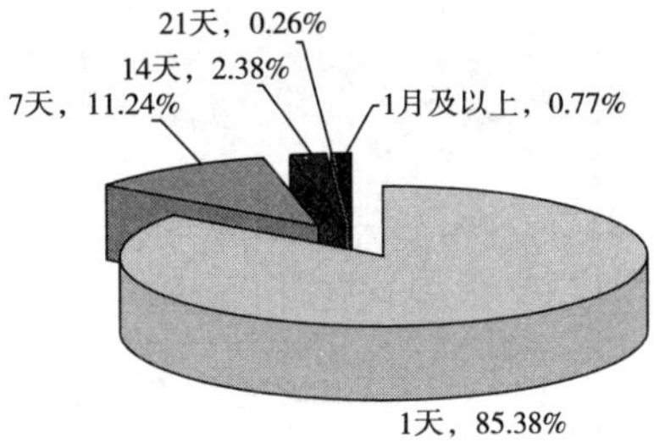

图6 北京地区债券回购期限结构分布图

（三）货币市场利率短升长降，波幅减小

2016年，中国人民银行重启14天和28天期逆回购，适时补充市场不同期限流动性需求，稳定了市场预期。货币市场利率保持稳定，波动较2015年明显降低。2016年，隔夜、7天、1个月期SHIBOR波幅分别为0.412个、0.267个和0.647个百分点，2015年同期限SHIBOR波幅分别为2.613个、2.963个和3.361个百分点。

货币市场各交易品种成交利率总体小幅上涨，隔夜利率上升，其他期限利率均下降。信用拆借、质押式回购和买断式回购加权平均交易利率分别同比上升16.33个基点、16.92个基点和21.17个基点。拆借隔夜利率同比上涨31.12个基点，7天、14天、21天和1个月及以上期限利率分别同比下降44.37个、47.1个、41.86个和56.99个基点。质押式回购隔夜利率同比上涨27.59个基点，7天、14天、21天和1个月及以上期限利率则分别同比下降40.1个、58.95个、75.68个和35.2个基点（见图7~图9）。

① 指设立在北京地区的各股份制商业银行总行及在京营业机构、北京银行、北京农商银行、中国邮政储蓄银行。

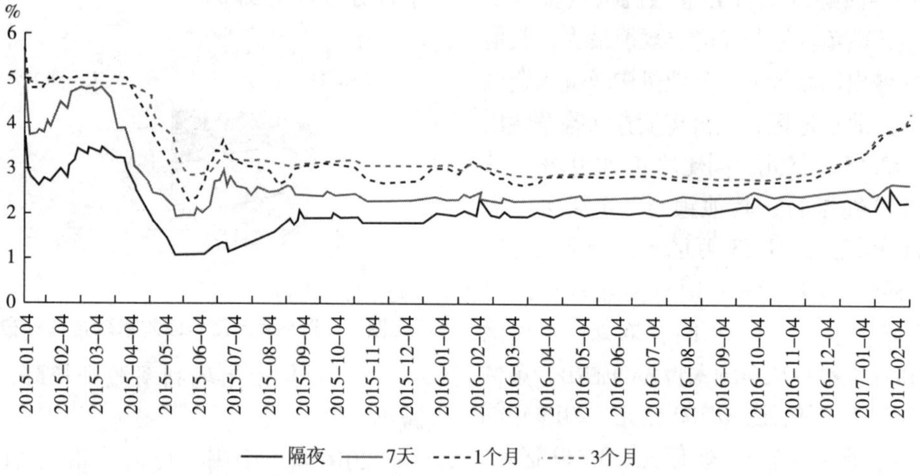

图7　部分期限 SHIBOR 走势

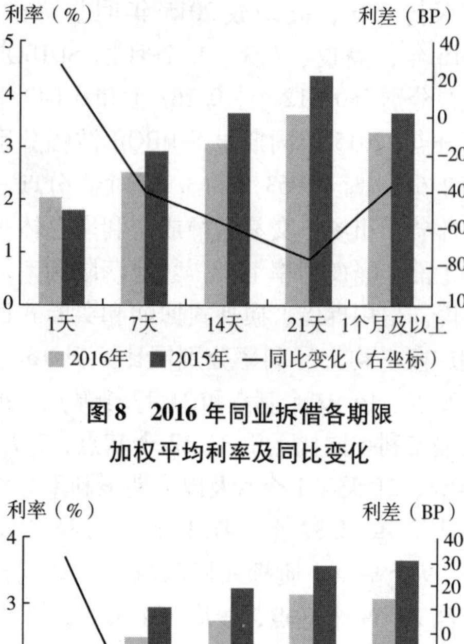

图8　2016 年同业拆借各期限加权平均利率及同比变化

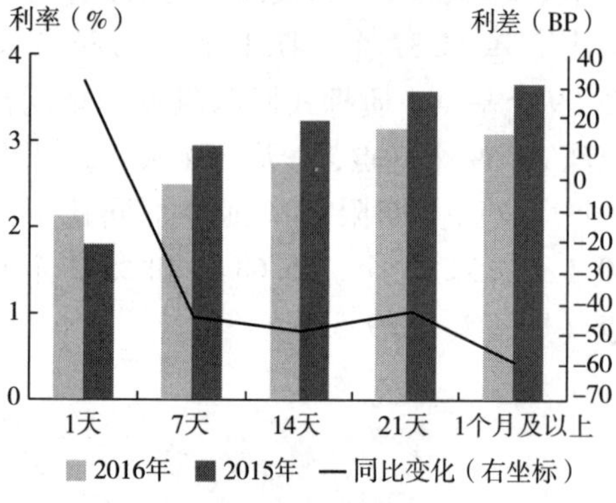

图9　2016 年质押式回购各期限加权平均利率及同比变化

二、债券市场对外开放和创新加快，现券投资活跃

（一）现券交易量增长，债券投资增加

债券市场创新产品的推出及市场交易主体快速增长和多元化发展，促进债券市场交易大幅增长。2016 年，北京地区金融机构现券买卖成交 36.9 万亿元，同比增长 37.73%，现券买卖成交量占全国交易量的 14.52%，较 2015 年同期下降 0.93 个百分点。其中其他银行、其他机构和国有银行成交量居前三位，分别为 10.9 万亿元、8.38 万亿元和 8.11 万亿元，分别同比增长 47.27%、45.69% 和 55.21%。现券交易品种集中在政策性金融债、同业存单和中期票据，成交量分别为 12.02 万亿元、8.36 万亿元和 4.72 万亿元，分别同比增长 19.36%、258.73% 和 21.41%。现券加权平均收益率 3.4492%，同比下降 50.79 个基点（见图 10）。

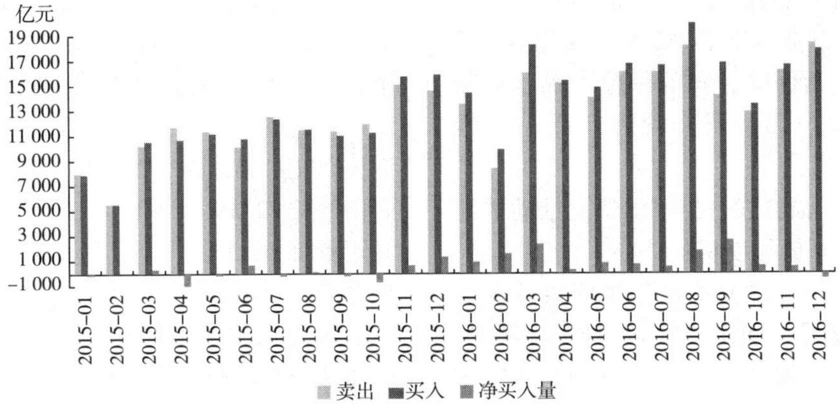

图 10　北京地区现券交易变动趋势图

债券投资显著增长，财务公司、政策性银行和其他机构债券投资增加较多，债券投资品种主要集中于同业存单、超短期融资券和政策性金融债。2016 年，北京地区现券净买入 1.18 万亿元，同比增长 15.4 倍。从机构类型看，债券投资增加的机构集中在财务公司、政策性银行和其他机构，净买入金额分别为 115.2 亿元、7 662.03 亿元和 1.2 万亿元，分别同比增长 752.31%、213.93% 和 135.46%。净买入现券集中于同业存单、超短期融资券和政策性金融债，分别为 5 190.8 亿元、3 882.61 亿元和 1 481.58 亿元，分别同比增长 228.43%、220.64% 和 329.98%。净卖出机构主要是国有商业银行、证券公司和其他银行，国有商业银行净卖出 8 183.1亿元，同比大幅增长 186.72%；证券公司净卖出 762.86 亿元，同比下降 43.44%；其他银行净卖出 582.24 亿元，同比下降 82.81%。净卖出的现券品种主要集中于地方政府债和央行票据，分别净卖出 1 573.18 亿元和 855.3 亿元，分别同比增长 2.72 倍和 1.84 倍。

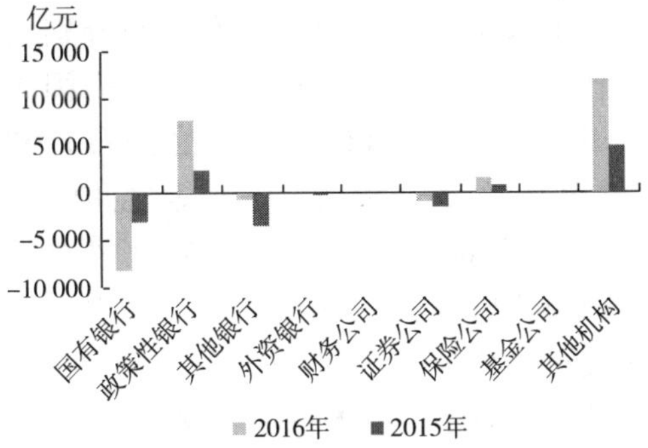

图 11　北京地区各金融机构净买入债券分布图

2016 年，新增国际开发机构债、绿色债务融资工具、外国地方政府人民币债、资产支持票据和资产支持证券 5 个品种，分别成交 13.23 亿元、60.83 亿元、4 亿元、13.74 亿元和 405.05 亿元。项目收益债券是 2015 年推出的创新品种，2016 年成交增长最快，成交 335.03 亿元，同比增长 63.35 倍。

货币市场交易主体日趋多元化。2016 年，北京地区货币市场交易主体累计新增 1 235 家，比 2015 年多增加 506 家，其中，新增法人机构 14 家（财务公司 7 家，期货公司 4 家，村镇银行、保险公司和基金管理公司各 1 家）；非法人投资产品新增 1 221 个，基金类交易主体（包括基金、基金管理公司的特定资产管理业务、私募基金）新增695个，证券公司的证券资产管理业务新增282个；保险类交易主体（包括保险公司的保险产品、保险资产管理公司的资产管理产品）新增127个。

（二）债券发行扩容加快，推动债券市场对外开放和创新发展

2016年，北京地区信用债累计发行5.79万亿元，同比增长47.41%。其中，同业存单发行2.9万亿元，占比50.12%，同比增长1.638倍；公司债发行增长速度最快，总计3 871亿元，占比6.68%，同比增长2.3倍。2015年末，中国人民银行和国家发改委分别出台《绿色债券支持项目目录》（中国人民银行公告〔2015〕第39号公布）和《绿色债券发行指引》（发改办财金〔2015〕3504号文印发），绿色债券发行规模快速增长。2016年，北京地区企业发行绿色公司债券315.3亿元。除此之外，世界银行首期特别提款权（SDR）计价债券于2016年8月31日在银行间市场成功发行，发行规模为5亿SDR，进一步推动了我国债券市场的对外开放和创新发展。

三、银行间外汇市场结售汇小幅增长，外币对交易增加

（一）结售汇小幅增长

2016年以来，人民币兑美元汇率双向波动特征更为显著，弹性进一步增强。2016年，人民币兑美元中间价贬值7.58%，2015年同期为7.2%。2016年，银行间外汇市场结售汇15.95万亿美元，同比增长25.75%，其中售汇7.65万亿美元，同比增长38.05%，人民币兑美元结售汇累计成交15.75万亿美元，同比增长26.17%。结售汇即期交易成交量折合5.68万亿美元，同比增长23.4%，净结汇2 792亿美元，同比下降34.88%，其中，人民币兑美元结售汇即期累计成交5.49万亿美元，同比增长24.47%。结售汇掉期交易累计成交折合9.61万亿美元，同比增长22.4%，净结汇3 746亿美元，同比下降68.1%，其中，人民币兑美元结售汇掉期累计成交折合9.6万亿美元，同比增长22.4%；国有商业银行和政策性银行售汇分别同比增长59.24%、41.33%。结售汇远期交易累计成交量折合1 581亿美元，同比增长3.69倍，其中，人民币兑美元结售汇远期累计成交1 564亿美元，同比增长3.78倍。

（二）外币对交易增加

美元/日元交易大幅增长，欧元/美元和美元/港元交易小幅下降。2016年，外币对累计成交折合896.67亿美元，同比增长7.27%。外币对交易集中在欧元/美元、美元/日元、美元/港元，其中，欧元/美元、美元/港元交易量分别同比下降21.29%、46.16%，美元/日元交易量同比增长1.74倍。

四、黄金市场随黄金价格波动加大交易量显著增长

（一）黄金价格先升后降

2016年度，黄金价格波动加大，上海黄金交易所现货金价主力合约品种AU9999年初开盘价222.86元/克，12月30日收于263.9元/克，本年度最高价格为300元/克，最低为181.2元/克，振幅为65.6%，比2015年振幅扩大32.6个百分点。

（二）黄金市场交易显著增长

自营黄金交易增长较快，实际提货量进一步减少。2016年度，北京地区交易所会员黄金买卖累计成交19 038.95吨，

同比增长 41.3%。其中，黄金买入成交 9 857.45吨，同比增长 45.4%，卖出成交 9 181.5 吨，同比增长 37.1%；自营交易成交 15 221.14 吨，同比增长 51.7%，代理交易成交 3 817.8 吨，同比增长 10.9%；实际提货量 548.37 吨，同比下降 22.3%。

（单方）

票据市场

2016 年，中国人民银行营业管理部（以下简称人民银行营业管理部）继续发挥再贴现优化信贷结构的积极作用，引导金融机构降低票据融资成本，持续加强票据市场监测与分析。总体看，北京地区票据市场运行平稳，再贴现推动金融机构信贷调整效果明显，银行承兑汇票规模小幅增长，票据贴现额明显增长，回购式转贴现交易大幅回落，票据市场利率年末明显上扬。

一、再贴现政策效果明显

2016 年，人民银行营业管理部通过再贴现加大对小微、涉农、高新技术等企业的资金支持，引导金融机构降低贴现利率成本，支持金融机构使用电子票据，促进再贴现业务持续稳健发展。北京辖内共有 34 家金融机构办理再贴现，其中，商业银行 12 家、财务公司 22 家。再贴现金额合计 177.32 亿元，同比增长 33%。12 月末，再贴现余额 42.06 亿元。总体看，再贴现业务呈现以下特征。

一是中小金融机构是再贴现主力军。2016 年，中小金融机构累计办理再贴现金额 172 亿元，占比 97%。中小金融机构资金面相对紧张，资金成本较高，再贴现资金吸引力仍然较大，成为其调节流动性和信贷结构的重要手段，再贴现需求稳定增长。

二是商业承兑汇票再贴现规模占比稳步提升。2016 年，商业承兑汇票累计再贴现金额 32.4 亿元，占比 18.3%，较前三个季度提高 3 个百分点。商业承兑汇票再贴现机构主要为财务公司，由于商业承兑汇票风险相对较高，市场接受程度较差，通过再贴现可以解决财务公司持有的商业承兑汇票不易转让的问题，加大了财务公司对成员企业的信贷支持力度。

三是电子票据再贴现规模占比超过三成。2016 年，人民银行营业管理部累计办理电子票据再贴现 58.35 亿元，占比 32.9%。随着票据案件的不时发生，纸票的风险凸显，金融机构倾向于使用电子票据，导致电子票据再贴现规模占比不断提高。

四是再贴现优化信贷结构效果明显。2016 年，人民银行营业管理部为小微、涉农、高新技术、文化创意企业累计办理再贴现 94.11 亿元，占比 53%，平均单张票据票面金额约为 300 万元，再贴现支持首都薄弱环节发展和产业结构调整作用不断显现。

五是再贴现降低企业融资成本效果显现。人民银行营业管理部充分发挥再贴现低利率优势，要求金融机构申请再贴现票据的贴现利率要低于同期同档次票据贴现的加权平均利率，引导金融机构降低贴现利率水平，缓解企业融资贵问题。如第三季度，渤海银行北京分行申请再贴现票据的贴现加权平均利率为3.2%，低于其全部票据贴现加权平均利率0.55个百分点，有效降低了企业票据融资成本。

六是再贴现在京津冀协同发展中发挥了积极作用。为贯彻中央关于供给侧结构性改革的政策精神，落实中国人民银行等四部委《关于支持钢铁煤炭行业化解过剩产能实现脱困发展的意见》（银发〔2016〕118号），更好地发挥再贴现工具调结构、降成本的积极作用，推动首钢集团加快转型发展，2016年，根据首钢集团财务有限公司的申请，在深入调研的基础上，人民银行营业管理部通过再贴现向首钢财务公司提供40亿元资金支持，引导首钢财务降低集团企业贴现利率水平，为首钢集团节约财务费用6 000多万元。

近年来，钢铁行业受经济下行压力及产业结构调整影响，大部分交易通过票据进行结算。首钢集团销售回款中承兑汇票收款占比85%，现金收款仅占15%，现金收支差额主要通过承兑汇票贴现解决，加重了集团贴现利息费用支出负担。人民银行营业管理部通过再贴现资金支持，引导首钢集团财务公司下调企业票据贴现利率，节约了首钢集团财务费用支出，降低了首钢集团财务公司融资成本，开拓了财务公司融资渠道，推动了京津冀协同发展，加快了首钢集团转型进程。

二、票据市场运行平稳

一是银行承兑汇票规模小幅增加。2016年，北京辖内金融机构累计签发银行承兑汇票6 439.3亿元，同比下将3.2%。12月末，银行承兑汇票余额3 412.7亿元，同比增长9.7%。

二是票据贴现额明显增长。2016年，北京地区金融机构累计办理贴现93 164.4亿元，同比增长57.3%。12月末，票据贴现余额2 126.7亿元，同比下降15.8%。在经济增速换挡回落、信贷资产风险增加的背景下，金融机构将票据贴现作为调整信贷结构、创收增效的主要业务，带动贴现发生额显著增加。

从贴现结构来看，买断式回购是金融机构贴现的主导方式。12月末，金融机构买断式转入票据余额为1 383.9亿元，在全部贴现余额中占比65.1%；从发生额看，2016年，金融机构买断式转入票据47 828.8亿元，占全部贴现发生额的51.3%。由于买断式转贴现在统计上计入贷款统计范围，成为金融机构调节贷款规模的重要工具，导致交易量显著增长。

三是回购式转贴现交易大幅回落。2016年，北京地区金融机构回购式转贴现累计发生1 240.9亿元，同比下降85.5%。12月末，回购式转贴现票据余额58.3亿元，同比下降95.3%。

四是商业承兑汇票贴现量占比较低。2016年，北京地区金融机构累计办理商业承兑汇票贴现821.6亿元，同比下降43.8%，占全部贴现规模的0.9%。12月末，商业承兑汇票贴现余额为128.8亿元，占比为6%，较上半年略有回升（见图1）。

三、票据市场利率震荡上扬

一是银行承兑汇票贴现利率呈现两头高、中间低的态势。受年初和年末市场资金较为紧张的影响，北京辖内金融机构银行承兑汇票贴现利率表现为两头高、中间低的U形走势。第一季度至第四季度，北京辖内金融机构银行承兑汇票贴现利率分别为3.36%、3.27%、2.87%和3.31%。

二是商业承兑汇票同银行承兑汇票贴现利率利差呈现两头小、中间大的运行趋势。2月，两者利差为0.52个百分点，9

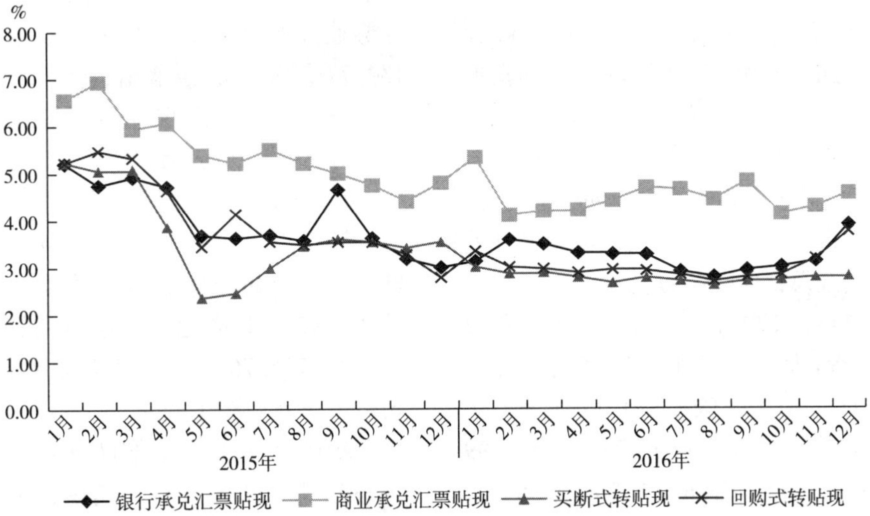

图1　2015 年 1 月至 2016 年 12 月北京市票据市场利率走势

月利差扩大至 1.9 个百分点，12 月利差再次缩小为 0.67 个百分点。主要原因为受票据案件影响，商业承兑汇票风险凸显，贴现利率波动较大。

三是回购式转贴现利率四季度大幅上升。前三个季度，北京市金融机构回购式转贴现利率运行较为平稳，基本保持在 2.8% 左右上下浮动。11 月开始，回购式转贴现利率大幅上升，11 月和 12 月利率分别为 3.18% 和 3.75%。

四、值得关注的问题及相关建议

票据市场操作风险不容忽视。票据市场发展不断加快，参与主体呈现多样化，票据流转次数增加，交易模式趋于复杂化。同时，部分金融机构对票据业务关键风险点认识不足，制度建设不完善，导致操作风险显著提升。建议加强对金融机构内控制度的检查，要求金融机构不断完善票据业务内容制度建设，合理设置岗位职责，严格操作流程，强化岗位责任，加大员工队伍建设和培训，提高员工的合规和守法意识，有效防范操作风险。

（朱睿）

证券市场

一、证券市场总体运行情况

2016 年证券市场与 2015 年相比变化较大。股票一级市场表现较好，全年股权融资额较上年有明显增长；股票二级市场量价齐跌。年末上证指数收于 3 103.64 点，全年下跌 435.54 点，跌幅 12.31%；深成指数收于 10 177.14 点，下跌 2 487.75点，跌幅 22.89%；沪深 300 指数收于 3 310.08 点，下跌 420.92 点，跌幅 11.28%；创业板指数报收 1 962.06

点，下跌 751.99 点，跌幅 27.71%。

2016 年末，证券行业总资产规模 5.79 万亿元，较年初下降 9.8%；净资产规模 1.64 万亿元，较年初增长 13.1%；净资本 1.47 万亿元，客户交易结算资金余额（含信用交易资金）1.44 万亿元，托管证券市值 33.77 万亿元，资产管理业务受托资金总额 17.82 万亿元。

2016 年，129 家证券公司实现营业收入 3 279.94 亿元。其中，代理买卖证券业务净收入（含席位租赁）1 052.95 亿元，证券承销与保荐业务净收入 519.99 亿元，财务顾问业务净收入 164.16 亿元，投资咨询业务净收入 50.54 亿元，资产管理业务净收入 296.46 亿元，证券投资收益（含公允价值变动）568.47 亿元，利息净收入 381.79 亿元。全年实现净利润 1 234.45 亿元，124 家公司实现盈利。

二、北京辖区证券市场总体情况

（一）北京辖区市场概况

2016 年，北京辖区证券市场继续保持稳健发展态势，实现安全平稳运行。截至年末，北京辖区有证券公司 18 家、分公司 70 家、营业部 422 家。

辖区 18 家证券公司资产总额 7 593.85亿元，净资产总额 2 152.45 亿元，净资本总额 2 108.47 亿元，累计净利润 179.97 亿元。

2016 年，辖区营业部证券交易金额 42.16 万亿元。其中，股票交易额 14.81 万亿元，基金交易额 1.19 万亿元。辖区营业部资金账户开户数 999.69 万户。

（二）证券业务具体情况

2016 年，辖区证券公司收入的主要来源是证券经纪业务、投资银行业务、资产管理业务。辖区 18 家证券公司营业收入总额为 502.74 亿元。其中，代理买卖证券业务净收入 130.33 亿元，投资收益 134.77 亿元，证券承销、保荐及财务顾问业务净收入 132.66 亿元，资产管理业务净收入 35.26 亿元。

1. 经纪业务情况

2016 年，二级市场跌幅明显，北京辖区证券公司当年 A 股证券交易金额累计 243 925.51 亿元，指定与托管证券市值为 63 754.76 亿元，客户交易结算资金余额为 1 783.80 亿元。

2016 年末，北京辖区证券公司资金账户数为 1 985 万户。其中，个人账户 1 980万户，机构账户 5 万户。

2. 投行业务情况

2016 年，北京辖区证券公司共完成 51 家公司首发上市，募集资金总规模 435.66 亿元；完成 160 家公司增发，募集资金总规模 2 987.73 亿元；完成公司债承销项目 654 个，承销金额 8 305.01 亿元。

3. 资管业务情况

2016 年末，北京辖区证券公司受托资金规模 21 635.70 亿元。其中，公募基金管理规模 523.83 亿元，集合计划产品管理规模 1 488.28 亿元，定向资产计划管理规模 19 200.42 亿元，专项资产计划管理规模 423.16 亿元。

4. 两融业务情况

2016 年末，北京辖区证券公司融资融券余额 1 253.19 亿元。其中，融资金额 1 250.24 亿元，融券金额（市值）2.95 亿元。期末信用资金账户数量 63.07 万户，其中机构客户数量为 0.14 万户。

（董茜玮）

基金行业发展情况

2016年末，北京辖区已设立的公募基金管理公司31家，管理基金836只，占全国的21.91%，基金资产净值合计22 897.37亿元，基金份额规模合计21 920.95亿份。其中，封闭式基金52只，资产净值1 884.29亿元，份额规模1 849.42亿份；合格境内机构投资者（QDII）基金35只，资产净值329.32亿元，份额规模372.66亿份。全年北京辖区共发行基金275只。辖区母公司公募业务规模2.23万亿元，占全行业的24.38%，母公司专户业务规模2.52万亿元，占全行业的39.24%，子公司专户业务规模2.24万亿元，占全行业的21.29%。

1. 资本实力不断增强，风险抵御能力有所提升

2016年，北京辖区1家基金管理公司在“新三板”挂牌，多家机构通过增资增强资本实力。基金管理公司总资产444亿元，净资产263亿元，净利润60亿元；基金专户子公司总资产42亿元，净资产32亿元，净利润7.4亿元；38家独立基金销售机构净资产16亿元，净利润5 500万元。总体来看，辖区机构财务实力持续增强，盈利水平相对较好，风险抵御能力有所提升。

2. 业务和产品逐步丰富，服务覆盖面显著拓宽

辖区基金管理公司管理规模迅速上升，公募、专户各项业务均有增长，管理规模合计超过6.9万亿元，约占全行业的15%。独立基金销售机构全年销售量4 769亿元，为投资者提供了丰富的金融理财产品。

3. 机构集聚效应显现，呈现多元化发展

2016年，辖区新增6家基金管理公司，1家基金销售子公司，8家独立基金销售机构，股东背景更加多元，民营、纯自然人持股等类型的机构有所增加。新设基金管理公司申请踊跃，不少机构在排队申请基金销售资格，辖区机构集聚效应明显，行业形态更加丰富多样、更富活力。

（赵建中）

期货市场

一、全国期货市场总体运行情况

2016年，期货行业认真贯彻党的十八届六中全会、中央经济工作会议、全国金融工作会议精神，坚持稳中求进，成功推出玉米淀粉期货品种。截至年末，全国期货市场客户保证金4 342亿元，同比增长13.87%；期货市场成交82.63亿手，同比增长15.52%；成交金额390万亿

元，同比下降64.8%。

二、北京辖区期货市场总体情况

2016年，辖区期货市场继续保持稳健发展态势，实现安全平稳运行。

1. 机构数量保持稳定，资本实力进一步增强

2016年末，北京辖区共有19家期货公司、95家分支机构，与上年相比基本持平；辖区19家公司的资产总额747亿元，同比增长20.69%；净资本100亿元，同比增长4.37%，资本实力进一步增强。

2. 客户数量增长较快，保证金规模稳中有升

2016年末，辖区公司共代理客户60万户。其中，法人客户2万户，同比增长6.4%；自然人客户58万户，同比增长610.31%。辖区公司共吸收客户保证金583亿元，同比增长24.57%，占全国的13.42%。

3. 市场交易规模稳中有升，手续费收入略有增加

2016年，辖区期货公司代理交易量10.64亿手，同比增长12%；代理交易额48万亿元，同比下降62.52%，市场交易规模保持良好上升势头，交易金额受到股指期货交易限制影响大规模萎缩。全年辖区公司手续费收入20.48亿元，同比增长11.55%。

（谢兆辉）

保险市场

2016年，北京保险业实现较快发展，风险保障作用不断发挥，服务经济社会能力持续增强。

一、保费规模较快增长

2016年，北京地区累计实现原保险保费收入1 838.96亿元，居全国第四位，同比增长30.99%。其中，财产险业务369.25亿元，同比增长7.13%；寿险业务1 101.62亿元，同比增长41.56%；健康险业务323.18亿元，同比增长32.82%；意外险业务44.91亿元，同比增长19.11%。人身险公司保户投资款和投连险独立账户新增交费1 693.48亿元，同比增长68.70%。

二、行业实力稳步增强

2016年末，在京注册的保险法人机构66家，较年初增加1家，保险分公司103家，较年初增加3家；专业中介法人机构404家，较年初增加15家；行业总资产7 124.49亿元，较年初增加1 020.27亿元；共管理保户储金及投资款2 131.35亿元，较年初增加710.90亿元。

三、业务结构持续优化

2016年，财产险公司非车险业务原保费收入130.28亿元，同比增长11.34%，超过车险业务增速4.02个百分点。其中，责任保险实现原保险保费收入35.18亿元，同比增长42.34%；保证保险实现原保险保费收入5.38亿元，同比增长16.59%。

2016年，人身险市场分红险“一险独大”的格局明显改善。其中，普通险

占比 63.52%，同比上升 18.54 个百分点；分红险占比 36.10%，同比下降 18.39 个百分点；人身险新单期交率 23.18%，同比上升 3.06 个百分点 。

四、风险保障能力进一步提高

2016 年，全行业累计赔付支出 596.64 亿元，同比增长 17.77%。其中，财产险业务赔付支出 229.31 亿元，同比增长 10.98%；寿险业务赔付支出 280.90 亿元，同比增长 21.23；健康险业务赔付支出 72.74 亿元，同比增长 28.05%；意外险业务赔付支出 13.68 亿元，同比增长 19.21%。

2016 年，北京地区保险深度 7.39%，同比上升 1.09 个百分点，保险密度 8 467.82 元/人，同比增加 1 965.92 元/人。全年向全社会提供风险保障 234.96 万亿元，同比增长 16.48%。其中，责任保险为全社会提供各类风险保障 7.35 万亿元；政策性农业保险为 8.57 万户（次）农民的农业生产和发展提供了保险保障 258.54 亿元；寿险和长期健康险为人民群众未来的养老和健康积累准备金 4 935.65亿元。

（王安琪）

要素市场

2016 年，北京市要素市场体系进一步完善，结构不断调整提升。据统计，要素市场 52 家交易场所共实现交易金额 6.35 万亿元。受宏观经济下行、部分大型交易场所清理整顿及下线违规业务、监管升级与经营模式转型等多重因素影响，交易规模较上年有所下降。总体来看，北京市要素市场平稳健康发展，在服务实体经济发展、助力首都“高精尖”产业结构形成等方面发挥着重要的作用。

北京产权交易所集团全年实现成交金额 6.04 万亿元，同比增长 9.96%。北京产权交易所充分发挥产权市场作为资本市场的功能和在资源配置中的决定性作用，积极服务国有企业改革核心工作。全年，企业产权转让业务成交 810.74 亿元，国有企业资产转让业务成交 55.05 亿元；获得央企增资交易资格，成为全国两家央企国资交易全牌照服务平台之一，完成增资项目 23 项，增资金额 419.17 亿元。全力推进上市公司并购重组和资产处置业务，在苏州、北京举办上市公司并购重组交流会，全年成交 12.18 亿元。体育产业资源交易平台举办 9 期投融资沙龙，聚集项目和投资人资源，上线“河北频道”，实现国内首个省级区域通过专业市场化平台集中推介体育项目。“北交云”和“北交互联”两个信息化平台上线试运行，将实现北京产权交易所集团各类项目的资源共享，提升交易效率。

北京金融资产交易所全年累计成交项目 4 811 个，成交金额 5.26 万亿元，同比分别增长 88.67% 和 108.93%。依托中国银行间市场交易商协会（NAFMII）综合业务和信息服务平台开展债务融资工具市场服务，全年共有 1 594 家非金融企业通过北京金融资产交易所发行债务融资工具4 331只，发行金额5.06万亿元。作为中国人民银行指定的信贷资产支持证券、人民币债券信息披露服务平台之一，以及NAFMII唯一指定的信息服务平台，信息披露业务涵盖更多品种，且银行间债券市场各产品集中信息披露系统实现了与中国外汇交易中心和上海清算所的联合技术上线，并不断完善相关制度，升级系统，优化服务流程。试点开展的委托债权投资业务为实体经济提供了高效融资通道，2011年至2016年末，已累计成交项目超过6 800笔，金额超过1.71万亿元。借鉴银行间市场的警员与业务模式，推出“债权融资计划”创新业务，为中小企业提供全业务流程的标准化服务，解决融资人差异化融资需求，为债务融资工具市场提供了有益的补充和支撑。

中国技术交易所全年实现技术合同登记额269亿元，比上年增长90%。“国有科技成果成交公示系统”引入北京大学等25家高校院所，挂牌及公示项目2 258项，累计成交3.6亿元。技E网新建地方或专业频道19个，新增项目信息55 000余项，举办在线路演、展会56次，服务企业105家，全年核实回访项目2 700余项，挖掘国际技术转移优质项目353个。持续推进京津冀技术交易统一信息平台建设，共向京津冀8个地区、平台导入12 000余条信息。年内新导入军民两用技术项目150项，重点推广63项，组织德阳等军民融合重点地区项目推介会，网上同步开展路演与展会。重点围绕大健康产业打造创新创业平台“T－空间”，10家企业签订入孵协议。

中国林业产权交易所全年实现线上挂牌47宗，挂牌总金额31.3亿元。其中，林权流转挂牌5.3亿元，林木流转挂牌18.3亿元，原木挂牌7.4亿元，林业融资服务3 000万元。截至年末，公司完成挂牌交易13宗，成交金额7.36亿元；林业融资服务1项，实现融资额3 000万元。积极开拓性地探索林业供应链金融服务业务模式，申请增加大宗林产品交易业务的经营增项，全面拓展林业金融综合服务、征占林地规划、森林资源资产评估、森林资源调查等衍生的配套服务。

北京环境交易所全年实现配额交易727.6万吨，成交额2.36亿元；核证自愿减排量（CCER）成交827万吨，交易额超过6 000万元。老旧机动车淘汰更新业务共完成超过13.2万辆淘汰任务，实发政府补助10.89亿元。新能源车业务共发放补助2.24万辆，发放金额接近17亿元。作为全国碳市场能力建设（北京）中心的重要支撑单位，承办了江西、河南、山东、新疆、南京等省市共计12次碳市场能力建设活动，参与完成了包括世界银行、亚洲开发银行、国家发展和改革委员会等委托的各类研究课题。

北京铁矿石交易中心全年成交铁矿石3 535.46万吨，同比增长14.6%，累计交易额20.7亿美元，同比增长18.9%，超过新加坡平台470万吨，首次跃居全球最大的铁矿石现货交易平台；拥有矿山、钢厂、贸易商等各类会员135家。2016年6月27日上线运行交易系统2.0；11月正式推出人民币港口现货点价交易模式，年内成功实现3万吨点价交易。

北京国际矿业权交易所有限公司全年累计完成北京市属矿业权出让/转让项目挂牌35宗，挂牌总金额8 421.41万元，成交数量32宗，成交金额8 383.77万元；京蒙合作矿业权出让/转让项目挂牌

113 宗，挂牌金额 17 994.67 万元；其他市场化矿业权转让项目挂牌 95 宗。整理扩充投资人及客户数据库信息，累计整理信息 2 300 余项；组织编写固体矿产资源行业调研汇编 45 篇；召开参展矿业行业会议论坛十余场。

（胡靖怡）

三、发展与监管

银行业发展与监管

▲政策性银行

一、基本情况和重大变更事项

（一）基本情况

2016年末，中国农业发展银行北京市分行（以下简称农发行北京市分行）、中国农业发展银行总行营业部（以下简称农发行总行营业部）和中国进出口银行北京分行（以下简称进出口银行北京分行）资产总额共计3 964.21亿元，比上年下降10.13%；贷款余额共计3 871.24亿元，比上年下降9.82%。负债总额共计3 924.38亿元，比上年下降10.93%。所有者权益共计39.83亿元，比上年增长624.36%。累计实现利润共计28.87亿元，比上年下降12.57%。

（二）重大变更事项

1. 机构名称变更情况

2016年2月19日，农发行北京市分行密云县支行获批更名为中国农业发展银行北京市密云区支行，农发行北京市分行延庆县支行获批更名为中国农业发展银行北京市延庆区支行。

2. 机构地址变更情况

2016年11月，农发行北京市分行、农发行北京市分行营业部迁至北京市丰台区南四环西路186号一区1号楼5层。

3. 高级管理人员变更情况

2016年2月，进出口银行北京分行原行长汤银莲调任中国进出口银行评估审查部总经理，副行长边东海代为履行北京分行行长职责。

3月，中国进出口银行优惠贷款部原总经理助理王智洁任进出口银行北京分行行长助理；进出口银行北京分行原副行长师芳调任中国进出口银行资金运营部总经理，原巡视员侯广青免职退休。

王富君任农发行总行营业部总经理。

4月，中国进出口银行会计管理部原副总经理蒋治娟任进出口银行北京分行副行长。

5月6日，张淑霄任农发行北京市分行副行长。

8月8日，中国进出口银行深圳分行原行长李昌军调任进出口银行北京分行行长。

8月17日，中国进出口银行辽宁省分行原副行长诸力调任进出口银行北京分行副行长。

9月，农发行总行营业部原副总经理陈丽蓉调中国农业发展银行内审部。

10月9日，进出口银行北京分行原副行长边东海调任中国进出口银行河北省分行行长。

11月18日，进出口银行北京分行原行长助理王智洁调任中国进出口银行办公室副主任。

12月26日，进出口银行北京分行原行长助理王英磊调任中国进出口银行河南省分行副行长。

12月28日，进出口银行北京分行原副行长齐巍调任中国进出口银行内蒙古自治区分行行长。

二、金融产品创新和金融服务

农发行总行营业部积极贯彻落实国家宏观调控政策，有效保障国家储备物资的政策性资金需求。稳步推进储备棉、储备糖“去库存”工作。全年累计抛售棉花264.57万吨，投放食糖30.87万吨，累计回收贷款374.67亿元。

农发行北京市分行重点支持农业物资储备、农业农村基础设施建设和产业化龙头企业发展，全年累计发放政策指令性储备短期贷款、政策指导性其他储备短期贷款、粮食购销短期贷款32.7亿元，累计发放水利建设中长期贷款、农村基础设施建设中长期贷款、农民集中住房建设中长期贷款12.42亿元，累计发放产业化龙头企业短期贷款3.5亿元。

进出口银行北京分行立足自身定位，积极支持进出口贸易。全年累计发放“走出去”贷款63.14亿元，年末贷款余额147.87亿元，比年初增加25.95亿元，增长21.28%。签约“一带一路”领域贷款项目10个，累计发放贷款68.53亿元；年末贷款余额167.67亿元，比年初增加18.45亿元，增长12.36%，占该全行各项贷款余额的16.89%，比年初上升1.59个百分点。签约支持境内企业开展国际产能合作项目8个，累计发放贷款69.41亿元，年末贷款余额144.34亿元，比年初增加34.36亿元，增长31.24%。

三、存在的问题和风险

资产质量下行压力较大，资金风险不容忽视；内部审计规范性、有效性不足；政策性金融支农骨干作用有待进一步发挥。

四、监管工作情况

（一）引导机构坚持政策性金融定位，全力提升服务实体经济质效

引导进出口银行北京分行牢牢把握支持进出口贸易和企业“走出去”、服务实体经济的本质要求，科学制订发展战略，提升服务“一带一路”、国际产能和装备制造合作等国家战略的能力。引导中国农业发展银行两家在京营业机构优先支持粮棉油收储、保障国家粮食安全和重要农产品有效供给，在风险可控的前提下，支持农业开发和农村基础设施建设。

（二）督导机构积极应对资产质量下行风险，全面提升信贷管理有效性

督导机构切实提升风险敏感度，制订和完善风险防控预案。持续做好不良贷款清收处置和关注类贷款风险化解工作，严格授信评审和各类问题的跟踪整改，切实提升信贷管理水平。

（三）引导机构着力构建良好运营机制，适应政策性银行改革发展需要

督导各机构继续加强内控机制建设，落实风险管理责任制，探索符合自身业务特点的激励约束机制，构建科学合理的问责机制。在守住风险底线和保持稳定发展的基础上，坚定推进良好机制构建，为长期发展打下坚实基础。鼓励机构实施创新驱动发展战略，创新金融产品、服务和信用风险防控工具，在更大范围、更高层次上提高资金优化配置能力和使用效率，在提升金融服务质效的同时提高业务发展的盈利性、持续性。

（万昆）

▲商业银行（一）国家开发银行

一、基本情况和重大变更事项

（一）基本情况

2016年末，国家开发银行北京市分行（以下简称国开行北京市分行）、国家开发银行企业局（以下简称国开行企业

局）资产总额本外币合计 12 773.94 亿元，比上年增长 5.24%；各项贷款余额 11 051.45 亿元，比上年增长 2.26%。负债总额 12 645.76 亿元，比上年增长 4.69%。所有者权益 128.18 亿元，比上年增长 121.09%。累计实现税后利润 126.19 亿元，比上年增长 125.42%。

（二）重大变更事项

2016 年 2 月，国家开发银行评审二局原局长刘培勇调任国开行企业局局长。

二、金融产品创新和金融服务

国开行北京市分行积极发挥开发性金融作用，主动适应和服务首都经济发展新常态，积极支持棚户区改造、京津冀协同发展、基础设施建设及在京企业“走出去”，全年发放本外币贷款 1 541.68 亿元。

国开行企业局以服务国家战略和央企转型发展为重点，积极支持“一带一路”等国家战略重大项目建设。全年累计发放贷款 2 709.55 亿元。

三、存在的问题和风险

重点客户、重点行业信用风险和资产质量下行压力突出，平台贷款、异地贷款和境外贷款管理水平有待进一步提升，业务及人员管理的复杂程度上升，内控管理有待细化。

四、监管工作情况

（一）着力构建良好运营机制，全面提升服务国家战略质效

引导机构立足开发性金融定位，进一步明确战略发展方向，稳步推进运营体制机制建设，在守住风险底线的基础上探索创新，深入贯彻落实中央“调结构、稳增长”各项政策，加大对“两基一支”、重大项目建设等的支持力度，助力央企转型发展和“走出去”。

（二）妥善应对资产质量下行压力，全面提升风险管理的主动性

督导机构进一步加强重点央企信贷风险的预警和监测力度，扎实做好拨备计提和风险分类管理；发挥自身专业优势，协助企业通过套期保值、商业保险等手段防范和对冲相关风险。

（三）切实改进信贷管理薄弱环节，持续完善内控管理

督导机构持续开展指定内审检查，不断强化机构内审工作水平和自查纠错能力；以境外贷款和流动资金贷款为重点，加强信贷资金使用情况的动态监控，做细做实贷后管理；继续强化操作风险防范意识，加快人员队伍建设，加大案件风险防控力度。

（万昆）

▲商业银行（二）工、农、中、建、交 5 家银行

一、基本情况和重大变更事项

（一）基本情况

2016 年末，中国工商银行北京市分行、中国农业银行北京市分行、中国银行北京市分行、中国建设银行北京市分行、交通银行北京市分行（以下简称 5 家银行）资产总额 78 829.37 亿元，比上年增长 2.82%，其中各项贷款余额 21 882.23 亿元，比上年增长 4.93%；负债总额 78 099.21亿元，比上年增长 2.77%，其中各项存款余额 63 738.61 亿元，比上年增长 11.11%。所有者权益总额 730.16 亿元，比上年增长 7.74%；累计净利润 804.59 亿元，比上年下降 3.13%。不良贷款总额比年初下降 40.89%，不良贷款率比年初下降 0.45 个百分点。

截至年末，上述 5 家银行共有机构网

点 1 820 家（含分行），比上年增加 8 家。其中，分行 7 家，与上年持平；支行 1 741家，比上年增加 24 家；分理处 18 家，比上年减少 4 家；储蓄所 54 家，比上年减少 12 家。共有纳入监管范围的高级管理人员 200 人，比上年增加 5 人。在职员工 53 595 人。其中，中国工商银行北京市分行 18 621 人，中国农业银行北京市分行 8 568 人，中国银行北京市分行 9 985 人，中国建设银行北京市分行 11 914人，交通银行北京市分行 4 507 人。

（二）重大变更事项

应维云任中国工商银行北京市分行副行长，顾建纲、崔勇不再担任副行长。

殷俊、辛铭不再担任中国农业银行北京市分行副行长。张伟任中国农业银行中关村分行行长，汪学军不再兼任行长。

许伟、金瑜铭、张静任中国银行北京市分行副行长，周功华、吴建光不再担任副行长。

孙颖任中国建设银行北京市分行党委委员，徐洪昇不再担任副行长。栾文生任中国建设银行中关村分行行长，张斌不再担任行长；曹迅、石刚任中国建设银行中关村分行副行长，张新宇、王义民、单永先不再担任副行长。

唐朔任交通银行北京市分行行长助理，杨丽不再担任副行长。

二、金融产品创新和金融服务

（一）紧跟京津冀协同发展战略，加大资源倾斜

2016 年，5 家银行均成立京津冀协同发展战略小组或办公室，整理京津冀 150 个重点项目清单，建立京津冀协同发展重大固定资产投资项目储备库，并逐项分解落实工作责任，积极满足交通一体化、基础设施建设、棚户区改造、非核心功能疏解、城市副中心建设等领域的资金需求。在切实做好传统信贷投放的同时，运用产业基金、股权融资、“股权 + 债权”组合融资模式，加大非金融企业的债务融资工具投资力度。截至年末，5 家银行支持京津冀协同发展融资金额共计 2 024. 78 亿元。

（二）支持供给侧结构性改革，推动经济转型升级

2016 年，5 家银行根据国家供给侧结构性改革要求，切实抓好煤炭、钢铁、电解铝等产能过剩重点行业的融资总量控制和压降工作，并对存量风险客户实施分类管理，采取差异化信贷策略。中国工商银行北京市分行对涉及煤炭、煤贸、钢贸的 10 余户集团客户成员企业，根据企业具体情况落实融资压降方案，共压降融资余额超过 20 亿元；中国农业银行北京市分行对 12 个高风险行业设定限额，涵盖表内外信贷及类信贷业务，确保实现钢铁、煤炭等高风险行业用信余额及占比双下降；中国银行北京市分行积极发展绿色金融，年末绿色信贷授信余额 586. 91 亿元，比年初增加 23. 54 亿元。

（三）助力首都“双轮驱动”，培育新的经济增长点

针对科技、文化等新兴市场，5 家银行从机构设置、产品创新、品牌创建、队伍建设等方面给予充分倾斜。截至年末，5 家银行科技企业本外币融资余额 1 318. 38 亿元，文化类企业全口径业务融资余额 311. 28 亿元。

（四）服务“一带一路”建设，支持企业“走出去”

2016 年，5 家银行积极发挥总行及各境外分支机构的全球资源优势，在能源领域供给侧结构性改革的大背景下，积极支

持央企及国有企业“走出去”，通过建立推进机制和相关客户及项目跟踪机制、明确重点支持的行业、企业、项目类型、完善日常管理等措施，不断提升服务企业“走出去”的相关能力。截至年末，5家银行支持企业跨境融资金额139.16亿美元。

（五）深化发展普惠金融，强化薄弱领域金融服务

2016年，5家银行积极开展产品创新，通过银税互动、银政合作、海外撮合等方式，拓宽小微金融业务服务渠道，加大小企业金融业务资源倾斜力度。积极推进网点智能化改造和无障碍设施改造升级，提供多元化便民金融服务产品，优化客户体验。截至年末，5家银行小微企业贷款余额2 083.24亿元，比年初增长17.23%，高于各项贷款增速12.3个百分点；小微企业申贷获得率89.43%，比年初增长2.43个百分点；小微企业户数26 040户，比上年增加5 388户。

三、存在的问题和风险

关注类贷款增速较快，个别银行信贷业务管理存在不足，内部控制和风险管理存在缺陷；消费者权益保护工作仍待加强；案件风险防控和合规文化建设有待进一步加强。

四、监管工作情况

（一）助力首都战略定位调整，支持供给侧结构性改革

一是牵头开展首都银行业支持文化金融发展调查研究，组织撰写近10万字的文化金融专题研究报告。二是牵头制订《2016年北京银监局关于推进农村集体经营性建设用地入市试点的工作计划》。三是支持通州城市副中心建设，加大机构准入支持，督促银行通过银团贷款、产业基金等多种形式推动通州地区产业升级。

（二）牢固树立为民监管理念，切实服务实体经济发展

一是着力引导金融服务创新，对投贷联动试点行实施监管辅导，实现5家银行首笔投贷联动业务落地；鼓励各行搭建银税合作平台，推动小微金融产品创新。二是督导银行规范代理销售业务，从“分行—支行—网点”三个维度对5家银行代理销售业务及专区产品销售录音录像专项工作进行严格规范。三是加强服务收费规范管理，督导5家银行不断精简服务价目，免收资金管理费、财务顾问费、贷款承诺费等各类费用。

（三）加大风险排查治理力度，严守各类金融风险底线

一是严格处置超授权代销事件。二是严查员工私售“飞单”事件。三是认真开展“两个加强、两个遏制”回头看专项检查工作。四是持续关注信贷资产质量迁徙，督导银行加快化解信用风险。五是强化行政处罚刚性约束，严肃开展监管问责。

（韩姝）

▲商业银行（三）其他商业银行

一、基本情况和重大变更事项

（一）基本情况

2016年末，中信银行总行营业部、中国民生银行北京分行、中国光大银行北京分行、华夏银行北京分行、招商银行北京分行、上海浦东发展银行北京分行、广发银行北京分行、兴业银行北京分行、平安银行北京分行、渤海银行北京分行、浙商银行北京分行、恒丰银行北京分行（以下简称12家银行）本外币资产总额49 450.18亿元，比上年增加6 802.21亿

元，增长15.95%，其中贷款余额12 917.22亿元，比上年增加1 310.47亿元，增长11.29%。负债总额48 896.12亿元，比上年增加6 591.29亿元，增长15.58%，其中存款余额31 693.86亿元，比上年增加4 256.54亿元，增长15.51%。全年累计实现净利润474.68亿元。

截至年末，12家银行在京营业机构数共计951家，比上年增加43家。其中，分行12家，支行939家。从业人员共计24 232人，其中高管人员275名。

（二）重大变更事项

中国光大银行北京分行原行长邱火发离职，中国光大银行副行长武健兼任中国光大银行北京分行行长。

招商银行北京分行原行长王庆彬离职，招商银行原业务总监兼公司金融总部总裁汪建中任招商银行北京分行行长。

上海浦东发展银行北京分行原行长崔炳文调上海浦东发展银行总行工作，上海浦东发展银行大连分行原行长夏云平任上海浦东发展银行北京分行行长。

平安银行西安分行原行长李岩任平安银行北京分行行长。

渤海银行北京分行原行长吴思麒调渤海银行工作，渤海银行福州分行原行长李晓斌任渤海银行北京分行行长。

二、金融产品创新和金融服务

（一）响应首都发展规划，大力支持科技创新中心建设

2016年，12家银行积极响应北京市科技创新中心建设，创新金融产品，强化科技、文化金融服务，加强科技及文创类小微企业授信风险管理，稳健开展小微金融服务。华夏银行北京分行在中关村地区成立北京中关村管理部，着重突出科技、文化金融特色，专门服务科技、文化企业。中国光大银行北京分行针对北京地区科技及文创类小微企业融资特点，先后推出了“银保融易贷”、小微结算卡、“税贷易”“便捷续贷”等多项金融产品，以满足不同客户群体的融资需求。广发银行北京分行针对科技、文化小微企业，设立贷款专案，推出全新的“快融通”专案，对于情况良好的科技、文创类企业，抵押率可放大至90%；投贷联动方面推出“三板贷”专案，有效满足了小微企业的融资需求。

（二）线上线下紧密结合，积极推进网点服务转型

2016年，12家银行围绕首都城市发展特点，顺应业务转型升级和网点小型化、智能化和轻型化发展趋势，积极推动网点由交易结算型向销售服务型转变，将传统网点打造成为线下销售平台，成为线上业务的体验平台和流量入口。招商银行北京分行围绕“手机优先”策略，以线下商务机会与互联网线上相结合的方式重构网点经营流程，服务渠道由柜面拓展至网上银行、手机银行、电话银行、微信银行、自动取款机、远程视频柜员机等多渠道并举，电子银行非现金业务替代率达97%。中国光大银行北京分行在网点自助设备上新增了理财销售功能和代缴公共事业费功能，年内已上线的北京地区缴费项目涵盖了水、电、气、通信、供热和加油卡充值等。

（三）强化金融宣传教育，重视消费者权益保护

2016年，12家银行认真组织开展“金融知识进万家”宣传教育活动，通过在营业网点设立公众宣传专区、张贴公告、悬挂横幅、摆放宣传手册、电子屏滚

动播放宣传标语等，向客户宣传普及金融知识。重视投诉处理工作，加强应对机制建设，创新化解处置方法。招商银行北京分行针对客户投诉的问题，着重强化“48 小时首次响应率”“5 天处理完成率”两项指标，建立快速的信息传递机制，加强前后台之间的快速联动。

三、存在的问题和风险

信用风险防控仍需高度关注，操作风险管理存在薄弱环节，风险防控意识及能力有待进一步增强，消费者权益保护压力和社会舆论压力持续增加，投诉处理效率有待进一步提高。

四、监管工作情况

（一）全力推动风险化解处置

一是督促 12 家银行有序开展指定内审检查，做好报告收集、质量评估等工作。二是开展“两个加强，两个遏制”回头看专项检查工作，强化责任追究，完善长效机制和提高监管有效性。三是对 12 家银行打击治理电信网络新型违法犯罪工作开展情况进行监管督查，督促 12 家银行查找漏洞，完善制度，强化防控意识，提升银行账户安全管理水平。

（二）牢牢把握首都城市战略定位，全力提升金融服务质效

一是引导 12 家银行积极支持京津冀协同发展和北京“双轮驱动”发展战略实施。二是督导 12 家银行积极支持北京城市副中心建设，加强产品创新，提供多元化金融服务。三是督促 12 家银行做好商品交易市场疏解的配合工作，扶持好符合首都功能定位的小微企业发展。四是密切关注社区支行、小微支行经营管理情况，进一步优化网点布局、下沉业务重心，提升柜面服务质量。

（三）强化监管能力建设，全面提升监管效能

一是创新监管理念和方式，加强 12 家银行之间的风险沟通交流工作。二是继续推进简政放权，畅通市场准入，积极面向机构开展准入政策宣传辅导。三是加强走访力度，深入基层开展调研。四是有序推进各项常规监管工作，进一步提升数据监测分析和风险动态评估能力。

（蔡彬）

▲城市商业银行（一）北京银行

一、基本情况和重大变更事项

（一）基本情况

2016 年末，北京银行资产总额 20 980.69亿元，比上年增长 14.49%；负债总额 19 559.57 亿元，比上年增长 13.98%；各项贷款余额 8 781.16 亿元，比上年增长 16.91%；各项存款余额 11 504.94亿元，比上年增长 12.67%；实现利润 178.83 亿元，同比增长 6.56%。

（二）重大变更事项

监事会选举曾颖为监事长。

参与投资设立重庆永川北银村镇银行和重庆秀山北银村镇银行，持股比例均为 51%。

机构发展情况。2016 年末，北京银行共有分支机构 524 家，比上年增加 48 家。其中，一级分行 13 家，分行级专营机构 2 家，二级分行 7 家，支行 502 家。从业人员 13 894 人，比上年增加 118 人。

二、金融产品创新和金融服务

北京银行继续推进“科技金融”“文化金融”和普惠金融品牌建设。2016 年，北京银行获得投贷联动试点资格。截至年末，科技金融贷款客户 3 614 户、贷款余额 886 亿元，累计为 2 万家科技小微企业提供信贷资金超过 3 000 亿元；中关村小

巨人创客中心会员规模超过11 000家，创业导师30名，创客学员45家，入孵企业27家，累计超过4 400余家企业参加培训，累计为1 600余家会员提供贷款超过200亿元。

北京银行通过设立“富民直通车”服务站点，将金融服务下沉至北京郊区村、镇，已建立37家富民金融服务站，覆盖京郊近300个行政村，发放“富民卡”53万张，为4万余农户发放涉农贷款140亿元；设立了256家便民取款点，安装MPOS机具近8 000户，协助农户归集资金累计95亿元，金融服务支持首都城乡一体化建设取得积极进展。

三、存在的问题和风险

贷款质量下行，信用风险管理水平需进一步提升；流动性应急管理能力需提高，表外业务流动性风险管理需加强；操作风险和声誉风险防控仍面临较大压力；信息科技风险管理待进一步规范。

四、监管工作情况

（一）要求北京银行强化风险防控主体责任

加强现场督导，督促北京银行落实风险防控主体责任，进一步提升管理水平。建立定期排查与沟通机制，督促北京银行按季开展重点风险综合排查工作，在科学进行压力测试的基础上做好风险评估、制定工作措施。

（二）推动北京银行提升公司治理和合规管理水平

督促北京银行持续提升公司治理水平，及时补充董事会成员，核准4名新任董事的任职资格。调研年度机构发展规划和北京地区架构改革方案，督促北京银行提升并表管理和对外投资管理水平。推动北京银行继续实施新资本协议，积极运用新资本协议成果。

（三）督促北京银行提升风险管理质效

持续关注“一大”“一小”信用风险状况，要求北京银行按照实际风险情况准确分类、提足拨备、准确计算资本充足率。推动北京银做好流动性风险管理，提高风险抵御能力。推动北京银行严防操作风险，坚守案防底线。

（劳菲）

▲城市商业银行（二）其他城市商业银行

一、基本经营情况

（一）基本情况

2016年末，天津银行北京分行、大连银行北京分行、杭州银行北京分行、南京银行北京分行、盛京银行北京分行、上海银行北京分行、江苏银行北京分行、宁波银行北京分行、包商银行北京分行、锦州银行北京分行、厦门国际银行北京分行（以下简称11家城商行北京分行）资产总额7 656.24亿元，比年初增长27.18%，其中各项贷款余额2 595.19亿元，比年初增长36.77%。负债总额7 603.26亿元，比年初增长27.79%，其中各项存款余额5 491.77亿元，比年初增长38.82%。实现利润41.26亿元，比上年同期下降29.69%。

截至年末，11家城商行北京分行共有支行网点117家（以取得中国银行业监督管理委员会北京监管局开业批复为准，不含未持牌分行营业部），从业人员4 308人（含派遣制员工）。

（二）重大变更事项

1. 机构发展情况

2016年，11家城商行北京分行共新

设立 14 家支行，含 4 家社区支行、1 家小微支行（以开业批复为准）。

2. 高管变动情况

韩京考任大连银行北京分行行长。

二、金融产品创新和金融服务

（一）突出特色，金融服务品牌初步形成

2016 年，11 家城商行银行分行不断契合北京地区经济特色，通过产品创新努力打造具有影响力的服务品牌。宁波银行北京分行积极践行首都“四个中心”功能定位，落实“大众满意金融服务”部署，全面提升客户体验，打造个性化的金融服务特色。截至年末，宁波银行北京分行个人消费金融客户 4.6 万户，比年初增加 1.6 万户；贷款余额 45.8 亿元，比年初增长 14.43 亿元。

（二）服务延伸，机构网点体系持续优化

2016 年末，11 家城商行银行分行网均个人存款余额 2.66 亿元，比年初增长 35.03%。年内新设 4 家远郊区网店，延伸了金融服务半径。积极设立社区支行和小微支行，将服务重心向社区居民和小微企业聚集区倾斜。

三、存在的问题和风险

受外部经济环境下行、部分行业去产能深入推进等多重因素影响，各行风险防控压力持续加大，重点领域信用风险仍需关注，操作风险和案件防控形势更加严峻，声誉风险更加凸显。

四、监管工作情况

一是不断探索和完善非现场监管体系建设，持续强化监管工作力度。通过指定内审、信访核查、走访调研等多种途径持续深入了解机构情况，确保充分获取监管信息，提高监管针对性和有效性。二是加强对信用风险的评估与管控，着重盯防重点机构和重点业务。三是严守底线，加强对案防、合规等工作督导力度。督导 11 家城商行北京分行提升对员工行为排查工作的重视程度，探索采取多种手段加强员工管理，防范员工道德风险和案件风险。四是督导 11 家城商行北京分行提升实体经济金融服务水平，助力北京市地方经济发展。通过实地走访调研，与银行、政府其他部门开展座谈等方式，探寻金融支持北京经济发展和城市副中心建设、新机场建设等重大战略落地的新途径；引导 11 家城商行北京分行加强金融创新，助力北京市“双轮驱动”战略。

（王洪波）

▲农村商业银行——北京农商银行

一、基本情况和重大变更事项

（一）基本情况

2016 年末，北京农商银行资产总额 7 236.12亿元，比上年增长 15.12%。各项贷款余额 2 654.20 亿元，比上年下降 1.11%。负债总额 6 837.56 亿元，比上年增长 15.33%。所有者权益 398.56 亿元，比上年增加 41.10 亿元。实现拨备前利润 75.00 亿元，同比增加 0.92 亿元；净利润 55.14 亿元，同比增加 3.06 亿元。不良贷款余额和不良贷款率分别为 23.76 亿元、0.90%，实现不良贷款持续“双降”。

截至年末，北京农商银行共有分支机构 693 家，其中支行 203 家（含管辖支行 24 家）、分理处 490 家；在册职工 8 864 人，比上年减少 49 人。

（二）重大变更事项

北京农商银行迁至北京市西城区月坛南街 1 号院 2 号楼。

经监管部门审批同意，北京农商银行

成功发行100亿元二级资本债券，并按照有关法规计入二级资本。

二、金融产品创新和金融服务

（一）发行京津冀“农银通卡”

北京农商银行联合天津农商银行、河北省农村信用联社发行京津冀“农银通卡”，免收京津冀三地个人客户跨区域存取款、转账手续费，实现三地个人客户资金跨区域无成本流通，推动京津冀金融服务向一体化、标准化、同城化发展。截至年末，发放京津冀“农银通卡”近9万张。

（二）打造养老金融专属品牌

北京农商银行承办制作“北京通—养老助残卡”，为符合条件的老年人免费配发集养老服务补贴额度账户、金融借记账户、电子现金账户、市政交通一卡通应用于一体的特色IC卡；打造“金色时光”养老金融专属产品与营销服务体系，创新推出兼顾资金流动性与收益性的“金色时光·悠享”系列增值产品，满足老年人金融服务需求。

（三）加大涉农贷款业务创新

研发推出多款满足农村集体经营性建设用地入市需求的金融产品和服务，推进农村集体资产经营权质押创新试点，推动“三信工程”的优化再造，探索建立农民专业合作社信用评级体系。

三、存在的问题和风险

公司治理有效性有待提升，信用风险管控有待加强；流动性和市场风险管理精细化水平有待提升；内控管理有待提升，消费者投诉管理有待加强；信息科技风险管理水平需进一步提升等。

四、监管工作情况

（一）推动提升公司治理水平

督导北京农商银行提升董事会及下属专业委员会工作的有效性，充分发挥监事会在风险管理、内控审计、薪酬管理等方面的监督作用。

（二）加强重点领域信用风险防控

督导北京农商银行扎实开展“两个加强、两个遏制”回头看专项检查工作，加强员工行为管理，严肃内部问责；推动北京农商银行牵头成立大额不良贷款债务委员会，协调化解不良贷款。对票据业务、大额存款、“两高一剩”、理财代销、同业业务等风险高发领域开展专项排查，严堵风险漏洞、严控风险隐患。

（三）强化流动性风险管理

督促北京农商银行增强主动负债管理水平，拓宽资金来源渠道，稳定负债结构，确保各项监管和监测指标稳定向好；完善压力测试情景设置，按季度开展流动性压力测试。

（四）严防外部风险传染

督导北京农商银行认真开展打击治理电信网络新型违法犯罪活动情况，防范外部风险；抽查平谷、延庆、昌平等远郊区理财产品销售“双录”工作开展情况，督促加强理财销售员工资质管理，有效防范柜面销售渠道风险。

（五）提升内控有效性

坚持“抓重点、抓落实、抓基层”的监管理念，赴多家支行创新开展分支机构内控效能评价，督促支行建立风险内控委员会，加强内控组织建设，提升内控管理的有效性。

（六）大力支持首都实体经济发展

引导北京农商银行大力支持国家重大战略和首都重点工程及京津冀一体化项目，创新开展大兴区集体经营性建设用地入市试点项目。2016年5月，北京农商银行成功竞得大兴区黄村镇狼垡地区项目独家承办资格，有力推动了集体经营性建设用地规范化入市。

（彭黎明）

▲村镇银行

一、基本情况和重大变更事项

（一）基本情况

2016年末，北京延庆村镇银行、北京密云汇丰村镇银行、北京怀柔融兴村镇银行、北京大兴九银村镇银行、北京昌平包商村镇银行、北京大兴华夏村镇银行、北京顺义银座村镇银行、北京通州国开村镇银行、北京门头沟珠江村镇银行、北京房山沪农商村镇银行和北京平谷新华村镇银行（以下简称11家村镇银行）资产总额248.58亿元，负债总额229.15亿元，所有者权益总额19.43亿元，各项存款余额205.42亿元，各项贷款余额93.77亿元，实现净利润1.35亿元。

截至年末，11家村镇银行共有38家营业网点，年内新设支行1家；在册员工790人，比上年增加59人。

（二）重大变更事项

1. 主要人事变更情况

2016年5月，北京密云汇丰村镇银行执行董事周晓斌任职资格获得核准。

9月，北京大兴华夏村镇银行新任行长崔保成任职资格获得核准。

11月，北京房山沪农商村镇银行新任董事长刘勇任职资格获得核准。

12月，北京大兴九银村镇银行新任董事长兼行长王远昕任职资格获得核准。

此外，部分村镇银行的副行长、行长助理和董事的任职资格也获得核准，正式开始履职。

2. 股权变动情况

2016年9月，北京昌平包商村镇银行增资扩股事项获得中国银行业监督管理委员会北京监管局批复。

二、金融产品创新和金融服务

（一）加快推进资本补充，夯实业务基础

北京怀柔融兴村镇银行、北京昌平包商村镇银行通过股东增资扩股各增加注册资本1亿元，北京顺义银座村镇银行将1亿元留存收益转增注册资本，为业务发展及风险防控提供了更充足的资本保障。

（二）继续下沉服务网点，扩大金融服务覆盖面

北京大兴华夏村镇银行迁址大兴区香留园，北京门头沟珠江村镇银行新开设梧桐苑支行，进一步向居民集聚地区和金融薄弱地区下沉服务网点，为社区居民获取金融服务提供便利。

（三）加强信息科技系统建设，完善金融服务工具

2016年末，11家村镇银行已基本开通银行卡、网银等基础服务渠道，部分村镇银行已开通手机银行、直销银行和网上商城，服务便捷性进一步提高。

（四）开展金融知识宣传，发挥正向引领作用

11家村镇银行持续开展金融知识和防范非法集资等宣传服务活动，社会影响力进一步提升。北京顺义银座村镇银行马坡支行和北京怀柔融兴村镇银行“民俗贷”被推选为2015～2016年度全国送金融知识下乡宣传服务站和优秀工作项目。

三、存在的问题和风险

公司治理有效性有待提升，董事、监事履职尚待加强；股权结构稳定性有所下降，股东资质管理存在不足，内部控制机制改进空间较大，合规管理不够健全，信

用风险防控压力较大，流动性风险管理存在不足，资金来源稳定性有待提高，业务发展存在同质化竞争问题。

四、监管工作情况

（一）指导村镇银行进一步完善公司治理

一是引导村镇银行根据自身业务规模及复杂程度、风险状况等优化调整治理架构。二是参加村镇银行“三会”，现场督导各公司治理主体有效参与业务经营和风险防控的决策和监督。三是要求村镇银行根据自身情况设置内审合规部门或相应专职岗位。四是要求主发起行将有志于“三农”、小微业务发展的骨干选派至村镇银行。

（二）督导村镇银行有力支持实体经济

一是支持村镇银行积极支持地方经济发展。二是推动村镇银行“让利、减费”，进一步降低小微企业融资成本。截至年末，辖内村镇银行平均贷款利率为7.92%，比上年下降44个基点。

（三）引导村镇银行转型发展开创新局面

一是引导村镇银行向“消费金融”“供应链金融”和“社区金融”方向转型，开拓业务发展空间。二是推动村镇银行加大业务产品创新力度，重点扶持辖区内农户和小微企业。三是鼓励村镇银行积极响应《农村承包土地的经营权抵押贷款试点暂行办法》（银发〔2016〕79号）文件精神，加快推进相关业务发展。

（四）督导村镇银行加强风险防范及合规管理

一是严抓“两个加强、两个遏制”回头看专项检查工作，督导村镇银行开展自查工作，并针对查出的问题督促各行积极落实整改。二是就企业涉税涉案信息、担保公司违规行为、监管指标超标等向村镇银行下发风险提示单，并开展多项专项排查。三是提升监管约谈、走访摸查和监管通报频次，加大监管约束效力。

（五）推动村镇银行加大风险资产处置力度

一是引导部分村镇银行加强与债务人和担保方沟通协调、推进抵押品处置进程，积极进行清收保全。二是要求村镇银行对满足核销条件的不良贷款，加大核销力度。三是支持村镇银行合规开展风险资产转让。四是鼓励村镇银行不随意停贷抽贷，对符合条件的企业审慎开展贷款重组。

（朱俊尧）

▲邮政储蓄银行

一、基本情况和重大变更事项

（一）基本情况

2016年末，中国邮政储蓄银行北京分行（以下简称邮储银行北京分行）总资产4 427.66亿元，比上年增长9.28%；总负债4 402.15亿元，比上年增长9.06%。其中，各项贷款1 076.59亿元，比上年增长15.87%；各项存款2 177.40亿元，比上年增长1.23%。所有者权益25.51亿元，比上年增长67.34%，实现税后利润29.23亿元，同比增长35.56%。

截至年末，邮储银行北京分行所辖支行及代理网点共571个，其中银行自营网点138个，邮政代理营业机构433个；所辖机构数比年初增加4个。员工共计3 230人，比年初增加150人。

（二）重大变更事项

1. 高管人员变动情况

邮储银行北京分行原朝阳区支行行长杨昆提任邮储银行北京分行副行长。

2. 机构变更情况

邮储银行北京分行59家“名行实所”机构整体变更为代理营业机构。

3. 业务开办情况

2016年，邮储银行北京分行新增个人汽车消费联合贷款、海外开户见证两项新业务品种。

二、金融产品创新和金融服务

邮储银行北京分行积极助推京津冀协同发展等重大战略落地，探索开展银担、银税、银政、银企合作，服务北京市“双轮驱动”城市战略实施。积极贴合北京都市农业发展特点，创新农村养殖户“农保贷”“民俗贷”、家庭农场贷等特色产品服务，不断提升“三农”金融服务质效。深入开展“大众满意金融服务”创建工作，认真关注和积极满足“一老一小”和残障客户等特殊群体需求，持续开展养老金代发、“小小银行家”“金融夜市”等特色惠民便民举措，部分网点主题化、特色化转型效果明显，基础金融服务便捷性稳步提高。

三、存在的问题和风险

信贷管理、案件及操作风险管控、运营管理等方面仍需进一步强化，小微企业信贷支持力度还有待进一步提升。

四、监管工作情况

（一）督导服务首都经济社会发展

督导邮储银行北京分行积极服务非首都功能疏解、通州行政区副中心、重大民生工程建设，以及互联互通、生态环保、产业优化布局等重点领域建设；积极探索服务都市“三农”新领域，不断创新帮扶小微企业发展方式方法；继续推进网点资源整合和服务转型，打造特色品牌；不断规范服务行为，完善消费者权益保护工作机制，持续提升客户满意度。

（二）督导着力强化信贷风险管理

督导邮储银行北京分行加强对重点行业领域、业务产品和客户群体授信风险分析预警；理顺不良资产化解与处置工作机制，提高不良资产回收效率和价值；进一步强化信贷业务“三查”工作执行力，明确授信资料核查要点，强化放款审核履职要求，细化不同客户群体和不同授信品种贷后管理标准。

（三）督导切实做好案件和操作风险管控

督导邮储银行北京分行深入树立制度先行、全员合规的案防理念，及时查找填补管理漏洞，不断改进完善制度流程，提升重点业务、重点岗位、关键环节业务合规操作水平；提升合规风险管控跟进意识，做实做细风险排查工作，加强监审查联动，加强对员工异常行为的排查和可疑账户资金监测预警。

（四）督导持续夯实业务稳健运营基础

督导邮储银行北京分行建立机构管理预警监测机制，动态掌握机构运营状态；科学规划机构网点布局，进一步下沉服务重心，加强代理营业机构员工管理；逐步改善软硬件基础设施，增强业务连续性应急保障能力；提升科技自主研发和自主解决问题能力，强化业务精细化管理的系统支撑。

（刘来成）

▲外资银行

一、基本情况和重大变更事项

（一）基本情况

1. 机构及人员情况

2016年末，北京辖内共有外资银行营业性机构121家，与年初持平。其中，外资法人银行9家，外资法人银行分行29家，外国银行分行17家，支行66家。代表处64家，比年初减少2家。辖内外资银行营业性机构从业人员5 540人，辖内外国银行代表处共有正式员工183人。

2. 行业发展概况及特点

（1）资产规模稳步增长，增速高于平均水平

2016年末，辖内外资银行资产余额5 739.95亿元，比年初增长14.38%，占辖内银行业金融机构的3.12%，占比较年初上升0.15个百分点；占全国外资银行的19.60%，占比较年初上升0.88个百分点；资产增速分别高出辖内银行业金融机构、全国外资银行资产增速5.41个百分点、5.19个百分点。主要受各项存款大幅增加（增速21.21%）影响，资产方同业资产、存放系统内款项和存放央行款项增速均高于平均水平。

（2）各项贷款稳中有降，贷款期限趋长

2016年末，辖内外资银行各项贷款余额1 863.32亿元，比年初下降2.49%，与全国外资银行各项贷款降幅（2.04%）基本保持一致，与辖内银行类金融机构各项贷款增速（6.15%）形成明显反差。各项贷款呈现以下特点。一是贷款期限趋长。中长期贷款余额791.12亿元，比年初增长14.71%，占各项贷款的42.46%。二是个人住房按揭贷款增长较快。2016年末，辖内外资银行个人住房按揭贷款余额214.57亿元，比年初增长23.61%。三是外币贷款大幅下降。2016年末，外币贷款余额272.18亿元，比年初下降28.97%。辖内3家外资银行分行外币贷款余额降至零。

（3）负债规模较快增长，吸收存款能力提升

2016年末，辖内外资银行负债余额5 027.86亿元，比年初增长15.58%。各项存款余额3 892.42亿元，比年初增长21.21%，高出全国外资银行各项存款增速5.75个百分点，占负债总额的77.42%，占比较年初大幅提升；同业负债余额641.57亿元，比年初下降14.04%，占负债总额的12.76。

（4）表外业务规模下降，金融衍生品占比降低

2016年末，辖内外资银行表外业务总体规模17 662.09亿元，比年初下降2.09%，较表内各项资产增速低16.47个百分点。金融衍生品余额11 543.36亿元，比年初下降11.01%，金融资产服务类业务规模比年初增长39.93%，主要由于委托贷款、债券承销、托管资产等业务增长较快。其中非现金管理项下委托贷款余额659.36亿元，比年初增长52.19%，主要投向房地产业、批发和零售业、制造业。

（5）盈利同比下滑，收入增长动能不足

2016年，辖内外资银行实现净利润36.92亿元，同比减少11.44亿元，下降23.65%，全国外资银行净利润同比下降16.35%。盈利同比下滑主要是因为利息净收入、手续费及佣金净收入大幅减少。随着降息效应的显现，辖内外资银行利差不断收窄，全年实现利息净收入77.29亿元，同比减少19.27亿元；手续费及佣金净收入17.41亿元，同比减少1.73亿元。

（二）重大变更事项

1. 机构变更情况

北京辖内外资法人银行分行新开业2家，关闭1家，合并1家；全年新设代表

处1家，关闭2家，撤销1家。

2. 人事变更情况

北京辖内外资银行经核准或初审转报中国银行业监督管理委员会（以下简称中国银监会）高管任职资格共59人。其中，总行级行长、副行长8人，董事9人，董事长秘书1人，首席信息官2人、首席风险官1人；分行级行长、副行长16人；支行行长1人；外国银行代表处首席代表10人；合规负责人9人；内审负责人2人。

二、金融产品创新和金融服务

（一）立足首都地区科技金融发展战略，充分发挥外资银行的优势

浦发硅谷银行在京设立分行，以自身科技金融经验优势，重点支持北京科技创新产业发展；花旗银行北京分行、渣打银行北京分行等提出智能银行、网上银行战略；韩亚银行（中国）上线“1Q BANK”系统，开展直销网上银行业务；摩根大通银行（中国）优化“ACCESS MOBILE”系统，增加移动端语音识别、手势密码等验证登录功能；友利银行（中国）开发手机微信银行功能，方便客户进行信息查询。

（二）韩资银行积极推进韩元与人民币直接清算业务的开展

2016年6月，韩元与人民币在中国境内实现直接清算。韩亚银行（中国）和友利银行（中国）作为清算银行，在当月即对北京开展了相关清算业务。截至年末，共有65家银行在韩亚银行（中国）和友利银行（中国）开立79个韩元清算账户。其中，51家为中资银行，占比78%；其他韩资银行及外资银行占比22%。各行累计交易笔数5 555笔，交易金额8.31万亿韩元，折合人民币约470亿元。

（三）创新消费贷款产品，满足居民消费用款需求

辖内多家外资银行积极创新消费贷款产品。友利银行（中国）在个人业务中推出“友利易刷贷”“友安汽车保险消费贷款”。“友利易刷贷”是向符合友利银行（中国）征信准入标准，且仅限于借款人刷卡消费用途的信用贷款；“友安汽车保险消费贷款”则针对个人用户，以安邦保险公司出具的个人汽车履约保证保险单为担保，向借款人发放贷款用于购买家用乘用车。新韩银行（中国）推出“薪享贷”，由该行代发工资、持有该行借记卡且同时任职于优良企业的在职人员，在刷卡消费和网上支付时，若借记卡存款账户余额不足，则实时触发贷款功能，用款差额部分发放至存款账户用于消费。

三、存在的问题和风险

信用风险和流动性风险总体可控，市场风险需持续关注，操作风险存在一定薄弱环节，管理水平有待提升，境外母行带来的潜在声誉风险及其影响需持续关注。

四、监管工作情况

（一）进一步扩大北京银行业对外开放，深化改革促发展

一是优化金融机构股权结构，在符合法律法规前提下为外资银行创造便利的市场准入环境。二是引导外资银行充分发挥北京“总部经济”优势，将境内外业务有效联动，帮助中资企业海外布局、投资并购，实现境内业务迅速拓展。

（二）围绕国家重点战略，引领提升服务实体经济质效

一是高度重视北京“双轮驱动”发展模式，多方位支持在京科技和文化企业。二是以京津冀一体化发展为契机，为

京津冀“三农”企业提供授信和融资支持。

（三）加强全面风险管控，严守风险底线

一是持续推进国内外经济形势研判工作，全面分析辖内外资银行风险。加强舆情监测，积极应对声誉风险。二是督促辖内外资银行加强对存量不良贷款的处置和清收力度，创新不良贷款化解方式。三是建立跨境资金监测机制，防范跨境风险传染。

（四）做实“两个加强、两个遏制”回头看专项检查工作，促合规经营

对辖内7家外资银行开展现场检查工作，督导银行对重点风险、重点领域、重点业务、重点环节开展自查，并及时整改，将现场和非现场工作两者有机结合，对公司治理、内部控制、重点业务、案件防控、服务实体经济等全方面覆盖检查。

（五）强化监管服务，提升监管有效性

一是深入开展调查研究，积极建言献策。开展“金融支持‘一带一路’”“在京外资银行客户服务差异化”“外资银行跨境服务优势及相关制约因素分析”等课题研究。二是加强监管沟通与合作，建立多维度联动方式。参加多家银行国际监管联系会，深入了解母国监管政策和母行经营风险状况。

（徐杰　马凌云）

▲金融资产管理公司

一、基本情况和重大变更事项

（一）基本情况

2016年末，辖内中国华融资产管理公司北京市分公司、中国长城资产管理公司北京市分公司、中国东方资产管理公司北京市分公司、中国信达资产管理公司北京市分公司总资产789.72亿元，同比增加117.91亿元，增长17.54%。商业化利润43.57亿元，比上年增加14.71亿元，增长50.97%。年内新增项目73个，年末余额373.64亿元，同比下降7.88%。其中，商业化收购项目余额203.93亿元，占比54.58%；投资项目余额169.71亿元，占比45.42%。

（二）重大变更事项

1. 股改情况

2016年10月27日，根据《中国银监会关于中国东方资产管理公司改制为中国东方资产管理股份有限公司有关事项的批复》，中国东方资产管理公司北京办事处完成中国东方资产管理公司北京市分公司更名及金融许可证变更工作。

2. 高级管理人员变更情况

王洁、毛晓雷和陈远年分别任中国华融资产管理公司北京市分公司副总经理。

李鸣镝和原泉分别任中国东方资产管理公司北京市分公司助理总经理。

二、存在的风险和问题

信用风险不容忽视，风险项目结构有所变化；声誉风险不容忽视，项目后期处置和管理不够精细化；内控管理有待完善，项目运作不够规范。

三、监管工作情况

一是加强机构经营和风险情况监测，督导各资产管理公司合规经营、稳健发展。二是开展现场检查，持续督导整改落实。三是妥善处置有关投诉举报事件，督导各资产管理公司有针对性地采取应对措施。四是认真学习资产管理公司相关监管新制度，及时传达中国银监会对资产管理公司的监管精神和培训内容。

（高遐天）

▲信托、财务、汽车金融、金融租赁、消费金融、货币经纪公司

一、基本情况

（一）信托公司

2016年末，辖内11家信托公司资产合计38 096.99亿元，比上年增加8 761.25亿元，增长29.87%。其中，固有业务资产合计1 006.28亿元，比上年增加142.33亿元，增长16.47%；信托资产合计37 090.71亿元，比上年增加8 618.92亿元，增长30.27%。固有业务负债合计155.82亿元，比上年增加6.83亿元，增长4.58%。所有者权益合计850.46亿元，比上年增加135.50亿元，增长18.95%。全年累计实现净利润97.55亿元，比上年增长4.24亿元，增长4.54%。

截至年末，辖内11家信托公司存续管理的信托项目共计9 246个。其中，集合资金信托计划共计3 490个，单一资金信托项目共计4 648个，财产权信托项目共计1 108个。全年11家信托公司共计清算交付（不包含部分到期的信托项目）2 600个信托项目，累计给付信托本金17 141.53亿元，累计分配信托收益1 322.59亿元。

截至年末，辖内11家信托公司共有2 769名从业人员，同比增长7.12%。年内，辖内11家信托公司共有12名高管离任，51名高管获任职资格批复；国投泰康信托有限公司由北京市西城区西直门南小街147号迁至北京市西城区阜成门北大街2号楼16层、17层。

（二）财务公司

2016年末，辖内71家企业集团财务公司表内资产总额25 972.11亿元，同比增加3 083.60亿元，增长13.47%；负债总额22 287.82亿元，同比增加2 589.38亿元，增长13.15%；所有者权益合计3 684.29亿元，同比增加494.22亿元，增长15.49%。表外资产总额17 541.73亿元，同比增加49.34亿元，增长0.28%。全年累计实现净利润324.10亿元，比上年减少16.15亿元，下降9.27%。

（三）汽车金融公司

2016年末，辖内7家汽车金融公司资产总额2 773.31亿元，同比增加711.67亿元，增长35%；负债总额2 407亿元，同比增加651.57亿元，增长37.12%；所有者权益合计366.31亿元，同比增加160.10亿元，增长19.63%。全年累计实现净利润48.23亿元，比上年增加14.89亿元。

（四）金融租赁公司

2016年末，辖内3家金融租赁公司资产总额2 027.88亿元，同比增加276.9亿元，增长15.81%；负债总额1 814.99亿元，同比增加64.01亿元，增长3.66%；所有者权益合计212.89亿元，同比增加33.41亿元，增长18.62%。全年累计实现净利润20.33亿元，比上年增加5.32亿元。

（五）消费金融公司

2016年末，北银消费金融公司资产总额157.75亿元，同比减少56.45亿元，下降26.36%；负债总额135.60亿元，同比减少56.55亿元，下降29.43%；所有者权益合计22.15亿元，同比增加0.10亿元。全年累计实现净利润0.09亿元，比上年减少5.18亿元。

（六）货币经纪公司

2016年末，中诚宝捷思货币经纪有

限公司资产总额2.16亿元，同比增加1.02亿元；负债总额0.96亿元，同比增加0.56亿元；所有者权益合计1.19亿元，同比增加0.46亿元。全年累计实现净利润0.65亿元，比上年增加0.42亿元。

（七）重大变更事项

2016年5月24日，中国银监会批准国核财务有限公司解散。

12月28日，中国北车集团财务有限公司吸收合并南车财务有限公司，并更名为中车财务有限公司。

二、金融产品创新和金融服务

（一）推动小微金融发展

2016年，中粮信托有限责任公司（以下简称中粮信托）推出7期供应链信托贷款集合资金计划，为中粮农产品经销商和下游客户累计提供融资1.73亿元；英大信托有限责任公司（以下简称英大信托）以“订单融资+应收账款质押”模式开展9笔联赢系列电网供应链业务，降低中小企业融资门槛，解决其项目资金前期问题；国投泰康信托有限公司（以下简称国投泰康信托）推出规模为10亿元的消费金融项目，中诚信托有限责任公司（以下简称中诚信托）成立首个小微贷款集合信托项目，实现在小微金融领域的突破；金谷信托有限责任公司（以下简称金谷信托）设立“聚宝盆”系列中小企业发展信托计划。

（二）推进资产证券化项目

中信信托有限责任公司（以下简称中信信托）、外贸信托有限责任公司（以下简称外贸信托）、中粮信托、金谷信托等公司积极开展、拓宽资产证券化项目。其中，中信信托全年开展11笔资产证券化业务，规模744.63亿元；金谷信托实现在信贷资产、不良资产和企业资产三个不同证券化品种业务的拓宽。

（三）拓展国际化业务

北京信托有限责任公司通过QDII境外券商发行的专项链接型票据直接对委托人资产进行海外配置；外贸信托和中诚信托分别成立了单一QDII境外权益信托和主动管理类QDII信托产品；中粮信托成立国内首个海外农产品价格指数投资信托。

（四）探索慈善信托业务

中诚信托推出“2016年度博爱助学慈善信托”，成为《中华人民共和国慈善法》（以下简称《慈善法》）正式生效后首批在京完成备案的慈善信托项目；国投泰康信托积极参与中国慈善联合会发起的慈善信托专业委员会，推动慈善信托业务试点工作，在《慈善法》生效当日成立2个慈善信托项目。

（五）拓宽第三产业项目领域

中诚信托、国民信托有限公司成立影视投资项目的信托计划，英大信托成立首个旅游养老消费信托。

（六）财务公司不断发展，金融服务能力不断提高

2016年末，辖内13家财务公司进行了增资，共计增加注册资本金117.19亿元；17家财务公司扩大了业务范围，7家财务公司对境外资金归集试点业务进行备案。财务公司资本金的充实和业务范围的扩大为进一步提升财务公司金融服务能力提供了保障。

（七）汽车金融公司开展附加产品融资业务，不断提升金融服务水平

2016年末，辖内3家汽车金融公司开展附加产品融资业务。附加产品主要包括保险和购置税、导航设备、外观贴膜、

车辆延长质保、汽车保养等。

三、存在的问题和风险

部分信托公司在业务推介、管理、信息披露等方面存在一些问题，信访投诉处理压力较大；部分财务公司内控管理、公司治理有待完善；部分汽车金融公司规模扩张较快，操作风险值得关注；部分金融租赁公司信用风险、流动性风险管理压力较大，风险抵补能力不强；个别消费金融公司经营形势不佳，不良资产上升，信访投诉快速增加，内控机制有待完善；货币经纪公司公司治理、合规管理有待完善，内部控制存在薄弱环节。

四、监管工作情况

（一）认真落实中国银监会安排的重点工作及相关要求

一是及时转发《中国银监会办公厅关于进一步加强信托公司风险监管工作的意见》（银监办发〔2016〕58 号），进一步完善信托项目事前报告审查工作，督促机构按照“穿透”原则加强合规管理。二是结合日常监管发现的问题开展辖内信托公司“两个加强、两个遏制”回头看专项检查工作。三是做好监管核查，及时采取监管措施。

（二）进一步完善工作机制强化风险监管

一是对 11 家信托公司潜在风险进行全面分析梳理，按照“一司一策”原则制定监管措施。二是强化风险项目排查机制，完善舆情监测和处理机制以及信托公司重大突发事件报送制度。三是加强重点领域事前报告审核。

（三）持续提升信托监管服务效能

一是完善信托项目事前报告“快速通道”制度，在风险可控前提下对部分业务开通事前报告“快速通道”。二是优化准入工作流程，提升工作效率。三是加强政策协调，与北京市民政局联合印发《北京市民政局　中国银行业监督管理委员会北京监管局关于转发〈民政部　中国银行业监督管理委员会关于做好慈善信托备案有关工作的通知〉的通知》，引导辖内信托公司积极开展慈善信托业务。

（四）推动公司完善公司治理机制

一是结合中国银监会信托监管有效性检查意见，对公司治理相关情况进行核查，并采取监管措施督促公司整改完善。二是督促公司加强“董监高”人员配备，切实落实风险防控及转型发展的主体责任。三是持续督促公司建立薪酬延付机制，实现薪酬管理对风险管控的正向激励作用。

（五）督促公司加强合规与风险管理

一是结合中国银监会信托监管有效性检查意见，对公司部分滚动发行、分期发行的信托产品进行核查，及时提示潜在风险。二是督促公司加强合规与风险管理部门人员配备，提升团队能力和素质。三是督促公司加强创新业务风险管控，完善公司创新业务审批体系，对创新可能存在的基础资产质量风险、交易对手信用风险、市场风险等进行全面评估，防范潜在风险集聚。

（六）开展多项调研工作

一是积极开展信托业转型发展调研。在全国信托业内选取 21 家公司结合监管实践就信托业转型发展进行调研并提出相关建议。二是针对辖内多家信托公司积极筹划设立专业子公司的情况，对北京辖内信托公司已设立的专业子公司开展调研。三是针对信托公司支持 PPP 项目情况进行调研，鼓励信托公司进一步服务实体经济。四是对信托公司异地展业情况进行调研。

（七）加强对财务公司的监管工作

一是积极支持非银行金融机构新设。二是积极开展“两个加强、两个遏制”回头看专项检查工作。三是配合国企改革做好财务公司重组整合工作。四是以监管评级为抓手，促进财务公司完善内控制度与管理。五是加强联动，努力提升监管质效。

（八）加强对其他类非银机构的监管工作

一是开展2016年度“两个加强、两个遏制”回头看专项检查工作。二是做好各项非现场监管、现场检查和准入工作。三是督促机构做好风险管理工作，加大不良贷款核销力度。四是积极开展调研，支持金融服务实体经济发展。五是积极推动汽车金融公司和金融租赁公司创新发展，为实体经济服务。

（孟茹　高遐天）

证券业发展与监管

▲证券公司

一、行业发展概况

2016年，辖区证券市场继续保持稳健发展态势，实现安全平稳运行。截至年末，辖区18家证券公司平均流动性覆盖率217.68%，净稳定资金比率148.58%，风险覆盖率248.93%，资本杠杆率31.06%，主要监管指标均符合要求。

2016年，辖区18家证券公司累计营业收入502.74亿元，累计净利润179.97亿元。与上年同期相比，营业收入减少313.14亿元，下降38.38%；净利润减少141.15亿元，下降43.96%。

2016年末，辖区正式开业的证券营业部420家，从业人员10 389人，资金账户开户数999.69万户，累计收入126.14亿元，累计净利润46.86亿元。

2016年，在中国证券监督管理委员会（以下简称中国证监会）证券公司分类评价中，北京辖区12家公司参评（另外6家公司同母公司合并评价）。其中，1家公司被评为A类AA级，5家公司被评为A类A级，4家公司被评为B类BBB级，1家公司被评为B类BB级，1家公司被评为C类CC级。

二、监管工作情况

2016年，中国证券监督管理委员会北京监管局（以下简称北京证监局）按照“依法监管、从严监管、全面监管”的基本原则，贯彻落实中国证监会和局党委部署和要求，各项监管工作有序推进，不断取得新的成效。

（一）依法监管，严格检查、审核和举报工作

一是深入现场检查，不断加强监管力度。二是落实简政放权，依法审核许可备案。三是秉承勤勉尽职，依法严查举报投诉，妥善应对年内举报投诉数量增长较快、情况复杂程度加剧、反复多次投诉增多等情况。

（二）从严监管，切实加强风险防范

一是增强监管协调，加强发布研报业务监管，督促信息安全管理。二是突出监

管重点，加强关键领域风险防范，严查客户资金账户透支事件，开展债券承销业务风险排查，强化分支机构管理，丰富非现场监管手段。三是完善监管措施，加强对突发事件的应急处置。

（三）全面监管，促进行业规范发展

一是以问题为导向，关注重点和薄弱领域，全面摸排证券公司境外子公司经营情况，关注监管薄弱领域，推动建立全面风险管理体系，加强专业研究。二是加强监管服务，积极支持辖区公司发展壮大，加强对行业自律组织的引导。三是结合市场热点，开展深入培训学习。

（董茜玮）

▲基金管理公司

一、基本情况

2016年末，北京辖区共有基金管理公司31家（北京注册19家），基金专户子公司18家，基金销售类子公司4家，分公司54家，理财中心13家，获批开展公募业务的资产管理机构5家，基金销售机构97家（其中商业银行29家、外资银行9家、证券公司14家、期货公司3家、保险机构5家、证券投资咨询机构3家、独立销售机构34家），基金托管机构15家（其中商业银行10家、证券公司3家、其他机构2家），资产类外资代表处17家。

辖区有5家公司具有社保业务资格，4家公司具有企业年金业务资格，25家公司具有专户业务资格，7家公司具有QDII业务资格，4家公司拥有全牌照业务资格，18家公司成立了专户子公司。辖区有11家合资基金管理公司（北京注册8家），6家公司在香港设立子公司。在基金行业规模排名中，辖区有4家公司居前十位，工银瑞信基金管理有限公司、华夏基金管理有限公司、建信基金管理有限公司、嘉实基金管理有限公司分别列第二位、第四位、第六位和第九位。

2016年末，北京地区共有基金从业人员5 407人，其中基金经理354人。

二、存在的问题和风险

（一）合规管理水平有待进一步提高

近年，辖区机构合规工作水平有所提高，但问题仍然存在。合规工作对业务的介入、穿透方面，合规专业判断和合规覆盖方面的工作仍有待进一步提高。

（二）行业人才储备不足

随着行业的发展、机构数量的增加和业务的创新，行业内专业人才流动性较大，一些机构人员流失严重、后备人才储备严重不足。大多数机构都面临着前台、中台、后台人员工作压力大，自身能力与承担工作不匹配等问题。

三、监管工作情况

一是积极推动多元化资产管理格局。鼓励支持辖区符合条件的各类机构申请公募基金管理牌照，年内新设立6家基金管理公司，已通过场检验收的机构7家，辖区获得公募牌照的机构即将突破40家，除传统的券商、银行、信托等金融机构外，已出现了自然人、民营私募机构等新兴行业参与者，行业业态得到极大丰富，多元化的资产管理格局初步成型。

二是全面加强独立基金销售机构监管。在准入环节，进一步规范审核程序，明晰审核条件；在持续监管环节，完善日常备案事项清单及报送要求，梳理审核要点，对违规问题早发现、早纠偏、早查处。开展专项清理整顿，组织辖区独立基金销售机构开展全面自查工作，并将高风险的机构纳入现场核查，整肃行业环境。

三是密切关注并及时化解风险事件。及时了解掌握辖区基金管理公司对出现延期兑付风险债券的应对情况，指导并督促公司做好流动性管理，控制货币基金负偏离指标，加强债券评级及投资管理，严控集中度及杠杆倍数，积极采取法律手段维权，建立防范信用风险的长效机制。

四是多措并举强化日常监管。综合运用日常备案材料审核、定期报告汇总分析、重点约谈负责人员、适时启动现场核查等监管手段，对基金管理公司实施分类监管，对合规风控能力与业务推进速度不匹配公司加大监管力度。年内共启动20余次现场核查，并对内控薄弱存在风险隐患的公司采取监管措施，督促公司提升风险管控水平。

五是切实履行好投资者保护工作职责。对于投资者反映的问题，严格按照工作程序及时受理、认真调查、充分沟通、按时答复，充分做好对投诉人的安抚和疏导工作，避免涉诉风险及涉稳事件。对涉嫌违法违规的，及时移交稽查立案。同时，以已暴露的信访投诉为突破口，针对薄弱环节和突出问题强化监管，通过日常监管手段督促辖区基金机构加强投资者适当性管理，将投资者保护始终贯穿于各项监管工作中。

（赵建中）

▲期货公司

一、基本情况和重大变更事项

（一）基本情况

一是机构数量保持平稳，整合加快，资本实力增强。2016年，辖区新增5家分支机构，终止6家分支机构，已开业分支机构95家；辖区公司资产总额747亿元，同比增长20.69%，净资本总额100亿元，同比增长4.37%，抗风险能力进一步提高。

二是投资者群体扩大，机构投资者数量进一步增加。2016年末，辖区投资者数量60万人，比上年增长10.17%，其中机构客户2万户，增长6.4%。

三是受股指期货交易限制影响，交易金额减少，盈利水平降低。2016年末，辖区公司客户保证金583亿元，同比增长24.57%，占全行业的13.42%；利润总额11.19亿元，同比下降16.8%。全年代理交易量10.64亿手，同比增长12%；代理交易额48万亿元，同比下降62.52%。

四是公司合规运作，业务多元化发展。2016年，辖区共有16家公司具有投资咨询业务资格，收入1 472万元；有18家公司具有资产管理业务资格，管理资产规模404亿元，收入1 668万元。8家公司成立风险管理子公司。在2016年中国证监会期货公司分类评价中，北京共有A类AA级公司3家，A类A级公司3家，B类公司12家。

（二）重大变更事项

2016年，安信期货有限公司被国投中谷期货有限公司吸收合并事项完成，辖区期货公司数量减少1家。

二、金融产品创新和金融服务

2016年，辖区共有8家期货公司成立了9家风险管理子公司，主要从事期现结合的风险管理业务，包括仓单服务、合作套保、定价服务以及基差交易等。辖区个别风险管理子公司尝试开展场外衍生品业务。

2016年，辖区期货公司积极参与“期货＋保险”试点，服务实体经济。

三、存在的问题

一是期货公司金融属性不强，业务单一，规模较小，盈利能力较弱，人才匮乏。

二是期货资产管理业务以及期货风险管理子公司等创新业务处于起步阶段，资产管理“一对多”业务推出时间较短，短期无法形成有效的业务收入，难以满足市场需求，服务实体经济的功能有待进一步发挥。

三是随着金融混业趋势的不断加强，期货公司在激烈的市场竞争中处于弱势地位，发展受限。

四、监管工作情况

（一）做好期货经营机构许可备案工作，将简政放权落到实处

针对期货公司董事、监事及高级管理人员任职由许可改为备案的情况，制定《期货经营机构高级管理人员任职备案工作规程》，对各类高管人员的具体任职条件和备案材料目录进行梳理，明确诚信档案查询程序，制订相关工作底稿，切实做好行政许可取消和下放后的各项政策衔接工作。

（二）加强检查力度，强化事中检测和事后问责

1. 充分利用现场检查手段，全面加强监管

一是根据中国证监会机构部要求开展专项检查，重点核查公司资产管理业务开展情况以及公司合规管理情况。二是根据中国证监会“股权众筹风险专项整治工作”的相关部署，完成北京辖区期货公司互联网金融风险专项整治工作，重点对辖区机构与互联网公司合作、发布互联网金融广告等情况进行摸底核查。三是对辖区 18 家期货公司开展资产管理专项检查工作。四是开展“两个加强、两个遏制”回头看专项自查及检查工作，持续督促和指导公司开展自查，并对 2 家公司进行现场检查。五是牵头辖区证券期货经营机构信息技术专项检查，并对 2 家期货公司进行检查。六是科学统筹安排自选检查任务。年初重点选取财务及经营情况发生重大变化、风险隐患较大、内部控制不完善、诚信状况不良的机构作为检查对象，并结合中国证监会机构部、期货部布置的检查任务统筹安排，以提高检查效率。

2. 认真高效开展非现场监管，提高监管工作有效性和针对性

一是持续深入做好保证金安全存管工作。二是认真审核报表，关注期货公司风险监管指标达标情况。三是认真开展期货公司、期货营业部分类评价工作。四是加强公司治理结构和内控监管，推动创新业务发展过程中的风险管控。五是认真开展年报审核，加强年报信息披露质量。六是认真开展国有企业境外期货套期保值业务监管工作。七是加强自律引导，制订辖区期货分支机构合规自查自纠工作方案。

3. 针对重点领域开展风险排查，及时化解风险

一是对辖区期货公司进行摸底排查，建立健全机构监管档案，摸清机构业务情况和风险状况。二是针对债券市场风波，对辖区期货公司债券类业务情况进行调研，了解和掌握辖区期货公司债券类业务情况及潜在风险，形成报告上报中国证监会期货部。三是高度关注辖区公司下设公司及开展非持牌业务情况，对辖内 19 家期货公司下设公司相关情况分别开展调查，梳理甄别潜在风险点。四是根据中国证监会机构部要求，对某期货公司存在异常交易的资产管理账户进行核查，就其产

品结构、交易流程、风控执行以及投资顾问等情况进行全面摸底，并上报中国证监会机构部。

（三）探索建立投资者保护工作机制，加大对投资者的保护力度

1. 认真做好信访投诉处理工作，切实保护投资者权益

2016年，共接到46件对于期货公司信访投诉事项，办结42项。对于信访投诉中发现的部分期货从业人员违法违规问题和部分机构管理问题，依法对其采取了相应的行政监管措施，督促公司及从业人员依法合规经营。

2. 联合各方力量，开展多层次投资者教育活动

制订2016年投资者保护工作计划，贯彻《国务院办公厅关于进一步加强资本市场中小投资者合法权益保护工作的意见》（国办发〔2013〕110号）精神，落实中国证监会投资者保护局“公平在身边”活动总体要求，结合辖区实际，持续督导各机构健全内控，扎实推进投资者保护各项工作；积极应对，并不断提升对投资者诉求的处理能力。

3. 借力协同监管机制，营造期货市场良性竞争环境

扎实推进非法期货交易活动认定工作，配合人民银行营业管理部、北京市公安局及法院等部门对3起商品现货市场非法期货交易活动进行认定。

（四）加大对创新业务的关注力度，推动辖区机构通过创新发展提升核心竞争力

一是按月审核、报送资产管理业务报表和业务开展情况报告，及时分析和掌握期货公司资产管理业务开展情况。要求各期货公司风险管理子公司报送业务报表，及时掌握各风险管理子公司的业务开展和风控情况。

二是就期货资产管理业务、风险管理子公司业务、公司管理、网上开户、ETF期权等创新业务情况开展评估工作。

（五）指导期货商会组织培训和论坛等活动，促进行业自律发展

指导北京期货商会定期举办期货投资课堂、期货沙龙等投资者教育活动，为期货投资者和机构搭建互动交流平台。针对创新业务及监管变化，指导北京期货商会举办辖区首席风险官培训，以提升工作能力和水平为突破口，向期货公司传递监管压力，将监管要求转化为公司内控和风险管理能力的自我提升的需求，从而推动公司提高内部治理和内控水平。召开第十一届中国（北京）期货衍生品市场论坛暨第九届期货高管年会，围绕发展场外衍生品市场的主题，开展讨论和交流，促进场外衍生品市场发展，助力供给侧改革。

（六）积极为行业发展献计献策

一是根据中国证监会系统内相关部门来函，先后对《期货经营机构监管工作规程（征求意见稿）》《资本市场诚信建设规划意见（2016～2020年）（征求意见稿）》《证券期货经营机构现场检查指引》《机构部随机抽查实施方案》《证券期货业数据集中备份管理办法》《期货公司委托开展中间介绍业务管理办法（征求意见稿）》《期货公司委托机构开展中间介绍业务合同指引（征求意见稿）》《期货业服务实体经济行动纲要（2016～2018）（征求意见稿）》《期货公司风险管理子公司业务试点办法（征求意见稿）》《期货公司投资者保护指标评价体系及说明》《期货公司风险监管指标管理办法（征求意见稿）》及配套文件、《期货公司监督

管理办法（征求意见稿）》等文件组织开展讨论研究，提出反馈意见，积极为行业创新发展献计献策。

（谢兆辉）

▲证券投资咨询公司

一、基本情况

2016年末，北京辖区共有19家证券投资咨询机构，总资产22.75亿元，净资产13.53亿元，营业收入15.39亿元，合计盈利2.90亿元①。

二、主要问题与风险

一是投资咨询机构营销人员流动比较频繁，且暂无备案或注册管理，监管部门缺乏有效抓手，对从业人员的道德风险和执业行为难以实施有效管理。

二是辖区投资咨询机构客户以散户为主，多数为中小投资者，但机构在投资者教育及适当性管理等方面不足，易引发纠纷。

三是绝大部分机构基础薄弱、盈利模式单一。

三、监管工作

确立对证券投资咨询机构依法、从严监管的指导思想，重新梳理证券投资咨询行业相关法规文件，明确监管要求和底线；严格贯彻落实中国证监会机构部对证券投资咨询业务的监管要求，向辖区机构下发《关于进一步规范发布证券研究报告等业务行为的通知》《关于进一步规范证券基金经营机构通过互联网信息平台开展证券投资咨询等业务行为的通知》等文件；对投诉频发的北京首证投资顾问有限公司和和讯信息科技有限公司开展调查，约谈公司高管并进行现场检查，下发责令整改通知。

（谢兆辉）

保险业发展与监管

▲财产保险公司

一、基本情况

2016年末，北京地区经营财产保险业务的主体49家②，共有职工11 462人，其中产险营销员5 451人。全年累计实现原保险保费收入（以下简称保费收入）391.77亿元，同比增长8.63%；赔款支出241.14亿元，同比增长11.77%；综合赔付率61.89%，同比下降0.37个百分点；实现承保利润7.75亿元，同比增长538.43%；承保利润率2.43%，同比提高2.02个百分点。资产总额482.24亿元，比年初下降10.70%。所有者权益总额134.57亿元，比年初下降1.97%。

1. 车险业务增速放缓

受北京地区机动车限购政策持续实施制约，可保机动车总量增长受限，增速持

① 数据来源：CISP系统。

② 包括42家分公司、6家在京直接经营业务的总公司、1家总公司营业部。

续放缓。2016 年，实现保费收入 261.48 亿元，同比增长 7.32%，增速较 2015 年、2014 年同比分别下降 1.4 个和 1.8 个百分点。

2. 非车险业务平稳增长

2016 年，非车险业务实现保费收入 130.29 亿元，同比增长 11.3%，占总保费的 33.3%，提高 0.9 个百分点，其中全年保费收入超过 10 亿元、占比最高的险种分别为责任险、企财险、意外伤害及健康险，合计保费收入 90.69 亿元，占非车险保费总额的 69.6%。受《国务院关于加快发展现代保险服务业的若干意见》和《国务院办公厅关于加快发展商业健康保险的若干意见》的有益影响，与国计民生密切相关的责任险、意外伤害险和健康险等均实现快速增长；企财险、货运险和船舶保险则因国家基础设施投资放缓、进出口贸易总额下降等影响，均呈现负增长态势。

3. 产险市场集中度高

2016 年，中国人民财产保险北京市分公司、太平洋财产保险北京分公司、平安财产保险北京分公司合计实现保费收入 281.37 亿元，占市场总量的 71.8%，占比较上年提高 1 个百分点；实现承保利润 7.02 亿元，对北京财产保险市场利润总额贡献度达 90.6%。

二、金融产品创新和金融服务

（一）农业保险服务“三农”发展

2016 年，试点推出“保险 + 期货”模式承保玉米价格保险。保险公司通过购买玉米期权产品，有效分散对冲玉米价格下跌时的保险赔偿风险，进一步提高保障程度。截至年末，北京已形成了 25 个市统颁险种、11 个创新险种以及森林保险在内的农险产品体系。全年累计实现保费收入 6 亿元，同比增长 4.58%；参保农户 8.86 万户次，提供风险保障 261.53 亿元。赔款支出 5.86 亿元，同比增长 30.94%，受益农户 9.43 万户次。

（二）保险服务中小微及高新技术企业发展

积极探索缓解小微企业、科技企业融资难的新途径，利用“股票质押 + 贷款保证保险”的方式为“新三板”企业提供融资增信支持。持续推动科技保险和专利保险发展，截至年末，北京科技保险累计服务高新技术企业 681 家次，提供各类风险保障 1 616 亿元，支付赔款金额5 708 万元，有力地支持了北京高新技术企业发展；专利保险累计为 102 家次的高新技术型企业提供风险保障 2 921 万元。

（三）文化保险支持北京文化产业发展

北京地区共有 20 家保险公司开发了艺术品保险、专利执行保险、演艺活动公众责任保险、电影完片保险等专属产品近百款。2016 年，北京保险业累计为 3 110 家次参保企业和 200 万人次消费者提供了 1.3 万亿元的风险保障，支付赔款1 777.6 万元；服务领域包括文化艺术，新闻出版，广播、电视、电影和艺术品交易等 8 类文化创意企业，基本实现文化创意产业全覆盖。

（四）责任保险辅助社会管理创新

一是安全生产责任险有效发挥风险防范作用。截至年末，险种覆盖已扩展至 31 个行业，累计投保企业 21 370 家，提供风险保障 895.5 亿元。组织风险排查上千次，发现和提示重大危险源 1 处，重点安全隐患 3 处，一般安全隐患超过 3 000 处。二是公众责任险协助减轻政府管理压力。2016 年，北京市共有 13 个辖区投保政府公众责任险、自然灾害责任保险或见义勇为责任保险，保障区级政府在意外事故和自然灾害中应承担的救助责任，累计提供风险保障8亿元。三是医疗责任保险发挥化解矛盾纠纷功能。2016年，医责险承保医疗机构1 288家次，同比增加200余家，提供风险保障11.3亿元。快速化解医患纠纷，累计处理纠纷798件，赔款支出6 991.4万元。四是养老机构责任保险促进社会和谐稳定。进一步提高保障程度，将养老机构在开展居家、社区养老服务过程中面临的责任风险纳入保险责任；开展实地案情调查、报案索赔指导以及风险查勘和风险管理培训等服务百余次。2016年，全市共有420家养老机构参与投保，投保率95.7%，同比提高0.6个百分点；投保床位总数40 221张，同比增长11%。

三、存在的问题和风险

一是保险产品价格不断下降。受宏观经济增速持续放缓、市场竞争日趋激烈影响，2016年企财险、工程险和货运险等主要险种费率均有所下降。

二是经营成本增长较快。受房租、人力价格上涨，竞争加剧等因素影响，2016年保险业手续费率和业务及管理费用率同比有所提高，全年累计支付手续费67.9亿元，同比增长18.1%，高于保费增速9.4个百分点；业务及管理费用支出55.8亿元，同比增长11.8%，高于保费增速3.1个百分点。

四、监管工作情况

（一）推动商车险改革

为建立健全市场化的商业车险条款费率形成机制，根据国务院和中国保险监督管理委员会整体部署，北京地区于2016年6月启动商业车险改革试点工作。一是科学测算确定费率浮动方案，保留了北京0.4~3的理赔费率浮动系数，实现了新旧方案的平稳过渡，确保消费者保费负担不增加。二是引入闯红灯、超速等交通违法浮动系数，与车险费率浮动挂钩，发挥保险的社会管理功能。三是加强舆论宣传引导。国家和地方各类媒体对北京费改进行了深度解读和重点报道并给予积极肯定，总报道量超过15万篇。改革实施后，车辆出险率下降4个百分点，消费者安全驾驶意识和首都路面安全状况明显改善。

（二）全面实施车险电子保单试点

2016年12月28日起，北京地区全面推进车险保单电子化。通过车险线上投保、电子保单即时发送，有效破解互联网保险服务“最后一公里”难题，推动行业服务升级，并有效提高社会运行效率，每年减少机动车辆出行约千万次，节约因印制纸质保单消耗的1 500吨木材、13.2万吨水、660吨煤炭等资源。

（三）交通事故快速处理再升级

中国保险监督管理委员会北京监管局（以下简称北京保监局）联合北京市公安局公安交通管理局，于2016年5月将“事故e处理”升级为“北京交警”，新增了视频取证、识别驾驶证和行驶证真伪、交通管理等功能。截至年末，注册量超400万人次。

（席静婷）

▲人身保险公司

一、基本情况

2016年末，在京经营业务的人身险分公司58家、总公司6家，其中外资分公司22家、外资总公司2家。全年人身险业务原保险保费收入（以下简称保费收入）1 447.19亿元，居全国第3位，同比增长38.72%，增速居全国第9位。非保险合同业务年内新增交费1 693.48亿元，同比增长68.7%。全年原保险合同赔付支出355.51亿元，同比增长22.22%。退保金295.36亿元，同比增长22.30%，退保率5.41%，同比基本持平，低于全国0.2个百分点。非保险合同年内新增退费569.96亿元，同比增长52.85%。累计发生手续费及佣金支出117.84亿元，手续费及佣金率8.10%；业务及管理费92.66亿元，业务及管理费率6.40%。所有者权益期末余额-1 031.41亿元。

一是保费收入持续增长。寿险业务保费收入1 101.62亿元，同比增长41.56%。其中，普通寿险同比增长99.91%，占比63.52%，同比上升18.54个百分点；分红寿险同比减少6.21%，占比36.10%。健康险业务保费收入312.27亿元，同比增长32.23%；意外险业务保费33.29亿元，同比增长15.30%。

二是非保险合同业务增速全面回落。非保险合同业务年内新增交费1 693.48亿元，增速68.70%，同比下降56.02个百分点。其中，寿险保户投资款年内新增交费903.64亿元，占比53.36%，增速80.72%，同比下降90.39个百分点（寿险保户投资款中，万能险保户投资款年内新增交费873.97亿元，增速84.26%，同比下降96.80个百分点）；投连险独立账户年内新增交费734.51亿元，占比43.37%，增速54.57%，同比下降52.63个百分点。

三是银邮渠道占比持续高位。从保费收入来看，银邮渠道同比增长54.93%，业务占比55.92%；个人代理渠道同比增长18.03%，占比28.19%；公司直销渠道同比增长31.55%，占比12.07%；其他兼业代理（不含银邮）、专业代理和专业经纪合计占比3.8%。

四是满期给付和退保压力较大。人身险公司赔付支出355.51亿元，同比增长22.22%。其中，满期给付占比60.95%，年金给付占比17.37%，赔款支出占比14.77%，死伤医疗给付占比6.91%。退保金支出295.37亿元，同比增长22.30%。其中，普通寿险退保占比53.97%，分红寿险退保占比39.43%。退保率5.41%，同比持平，低于全国0.2个百分点。

五是市场集中度有所下降。保费规模居前5位的人身险公司市场份额共计44.40%，同比下降1.4个百分点。中资公司保费收入1 196.86亿元，占比82.70%，同比持平；外资公司保费收入250.33亿元，占比17.3%。

二、金融产品创新与金融服务

（一）聚焦首都老年人群，提高老年人风险抵御能力

一是创新尝试海淀区居家养老失能护理互助项目（试点）工作。2016年7月5日，海淀区居家养老失能护理互助项目（试点）正式启动。截至年末，共为117人提供该项服务保障。

二是连续三年开展老年人意外险项目。自2013年始，中国人寿保险公司北京市分公司承办北京市老年人意外险项目。截至2016年末，该公司共为近8 000人次提供理赔服务，累计理赔金额1 667.01万元。

三是老年人住房反向抵押养老保险丰富首都老年人养老选择。2016年末，幸福人寿保险公司北京分公司累计承保18个家庭25位老人，并已向其中14个家庭

21位老人发放养老金，年发放养老金180万元左右。

（二）积极开展低保低收入群体保险项目

房山、平谷、昌平和通州四个区为城镇及农村低保低收入群体提供小额意外伤害保险，转变了过去单纯依靠财政补贴的帮扶做法。4年来，该项目已覆盖上述四区9.8万低保、低收入人群，累计风险保额63.8亿元；累计承保保费892万元（其中，房山区和平谷区由财政统一出资为在区民政局登记备案的低保及低收入人群投保），累计赔付200余万元，累计理赔120余人次。

（三）关注少年儿童，开展预防接种异常反应保险项目

2016年初，北京市预防接种异常反应保险项目正式启动，这是全国首次在预防接种异常反应补偿中引入商业保险补偿机制。全年，人保健康保险北京分公司的咨询电话平台共接受咨询800余次，已完成对20余人次的赔付。

（四）个人税优健康险项目为居民提供了基本社保的补充

2016年3月，个人税优惠型健康保险在京试点。截至年末，累计承保3 470件，实现保费收入664.52万元。

（五）发挥保险优势，为基本医保提供经办服务

积极参与“新农合”经办项目。2016年末，北京市13个涉农区中，由保险业参与“新农合”经办的共11个，分别是平谷区、密云区、门头沟区、怀柔区、大兴区、顺义区、房山区、昌平区、通州区、丰台区和海淀区，服务188.2万名参合农民，约占全市参合人数的85%。

三、存在的问题和风险

第一，退保及满期给付保持高位，前期销售不规范引发的相关风险不容忽视。

第二，金融综合经营和产品混合销售引发的金融风险交叉传递。目前，保险销售从业人员参与非法集资、涉及P2P网贷等风险事件频发，暴露出部分公司内部管控不力、风险意识和风险管理能力欠缺等问题，也凸显出保险业面临非保险业风险的传递。特别是非保险金融机构利用保险销售从业人员销售理财产品，一旦出现风险，将严重损害公司利益和行业形象。特别是人身险业，由于销售人员众多且管控不到位，这方面的风险需密切关注。

四、监管工作情况

（一）抓典型问题，规范市场秩序

2016年，北京保监局共投入127人次、150个工作日，完成了36家次保险机构及银邮代理机构的现场检查工作。

一是严格规范银邮渠道销售行为。对11家银行下属的23家网点进行了现场检查，就未对不确定收益产品录音、录音保存时限较短、销售误导等问题，对招商银行北京分行、北京银行、中国光大银行北京分行及中国工商银行北京市分行进行监管谈话。

二是整治市场突出问题。对针对市场反映较为突出的违规开展产品说明会、欺骗投保人等问题开展现场检查（3次综合性检查和4次临时检查），针对发现的问题进行行政处罚2次、下发监管函3次、监管谈话6次。对万能险业务等市场热点问题开展现场检查。

（二）重内外结合，牢筑风险防范底线

一是内部风险重防范化解。年初对辖内所有人身公司开展风险排查，对12家重点公司逐一下发风险提示函，组织召开经验交流会；将核心监管指标体系与风险综合评

级相结合，实现旬、月、季度风险监测。

二是外部风险重防止传递。通过抓重点公司、抓突出案件、抓关键环节，有效防范外部风险传递。出台制度明确北京地区非保险金融产品销售的规范要求，明确公司主体责任，检查督促落实；做好"金赛银"、财富十号蓝钻稳健基金等案件应急处置。

（三）促民生项目，服务经济社会发展

2016 年，推动北京市人民政府办公厅出台加快发展商业健康保险的政策，北京人身险业参与的民生项目逐步增加，项目形态不断丰富，取得了较好社会效果。

（孙妍）

▲保险中介机构

一、基本情况

（一）保险专业中介市场情况

2016 年末，在京保险专业中介法人机构 404 家，同比增加 15 家。其中，专业代理机构 174 家（全国性代理 61 家），经纪机构 179 家，公估机构 51 家。在京保险专业中介所属从业人员 135 187 人。其中，专业代理机构 116 706 人，经纪机构 17 300 人，公估机构从业人员 1 181 人。

2016 年，保险专业代理机构实现保费收入 864.56 亿元，扣除个别公司统计口径影响，实际同比增长 76%，实现代理佣金收入 49.02 亿元，同比增长 118.64%；保险经纪机构实现保费收入 415.44 亿元，同比增长 27%，实现经纪业务收入 74.45 亿元，同比增长 22.63%；保险公估机构实现业务收入 2.9 亿元，同比增长 12%。

（二）保险兼业代理市场情况

2016 年末，北京地区共有保险兼业代理机构 7 102 家，同比增加 139 家。其中仍以银邮类和汽车类兼业代理机构为主，数量分别为 4 049 家和 2 030 家，占比分别为 57.01% 和 28.58%。

2016 年，北京地区实现保费收入共计 1 845.68 亿元，通过保险兼业代理机构实现保费收入 1 016.97 亿元，同比增长 40.88%，渠道占比为 55.1%。其中，财产险公司通过保险兼业代理机构实现保费收入 194.32 亿元，同比增长 4.05%，渠道保费占比为 48.76%；人身险公司通过保险兼业代理机构实现保费收入 822.65 亿元，同比增长 53.73%，渠道保费占比为 56.84%。

（三）保险销售从业人员情况

2016 年末，北京地区保险公司销售从业人员 131 730 人，同比增长 18.25%。全年北京地区人身险公司通过销售从业人员实现保费收入 407.95 亿元，同比增长 18.03%，渠道占比为 28.19%。个人代理渠道对人身险公司的健康险业务和寿险业务的贡献度较大，渠道占比分别为 29.98% 和 27.95%。

二、创新产品和服务情况

2016 年，北京保监局共收到辖内 40 余家保险专业中介机构上报的约 70 项保险中介产品及服务创新典型案例，包括环境污染责任险、农村养殖户贷款履约保证保险、支持技术创新的科技保险、支持"一带一路"发展的发电站建筑工程险、与北京市民政局合作的养老机构责任险等，涉及保费超过 5 亿元。

三、存在的主要问题及风险

（一）存在风险跨市场、跨领域传递的隐患

近年来，非法集资等风险隐患由股东方向中介市场传递，中介市场风险社会化趋势显现。2016 年以来，已有部分中介机构因股东被立案调查而影响正常经营。

（二）分支机构和从业人员管理风险显现

部分机构在保险中介分支设立改为报告制后，短时间内在全国范围内设立大量分支机构，其法人机构管理能力、风险管控能力不足，潜在风险隐患增加。保险销售从业人员资格管理取消后，部分公司通过各种方式大规模增员，人员素质水平不高，人员管理难度加大。

（三）部分机构专业性不强，合规经营意识薄弱

保险中介机构点多、面广、量大，机构合规经营意识普遍薄弱，接受监管意识不足。多数机构仍将主要精力放在业务拓展上，缺少对市场保险需求和风险管理的研究，部分保险专业中介机构规模较小，管理制度不健全，重业务轻管理、重发展轻合规等情况仍较为普遍。

四、监管工作情况

（一）防范化解市场风险

一是健全风险监测体系。建立主监管员制度，专人跟踪风险状况，全程跟踪主监管机构的经营动向，全面主导与主监管机构有关的监管事项。完善非现场监测体系，及时对违法违规问题采取相应监管措施。持续加强舆情监测。

二是持续加大查处力度。确定风险防控等六大类检查思路和检查重点，研究制定“1 + N”检查工作手册。突出严查重处，对风险较高的机构采取责令暂停开展新业务、暂停设立新机构等措施，甚至吊销业务许可证。对擅自迁址、未按规定缴纳监管费等问题及时处理，切实提高机构依法合规经营意识。

三是妥善应对非法集资等风险事件。针对一些突发事件，逐步形成了应急启动、全面核查、及时报告、行业排查、定期跟踪等一整套处置方式方法，确保风险事件得到有效控制，未进一步造成区域性、系统性风险。

四是开展中介领域互联网保险和“两个加强、两个遏制”回头看等专项整治工作，部署辖内专业中介机构开展风险自查，并对 31 家机构开展督导，对 21 家机构开展现场检查。

（二）创新监管，持续提高中介监管效能

一是研究开发保险中介大数据风险监测平台，实现机构风险识别和画像、动态信息实时监测和风险分类“亮灯”警示功能，达到对中介机构股东背景和风险状况的全面、动态监管。

二是研究开发非现场数据分析软件，实现对存量机构近 5 年数据的深度分析，切实提高非现场监测工作的效率。

（三）优化服务，改进行政许可工作

一是优化行政许可管理。围绕中介机构行政许可事项中的报、审、查三个环节做好加减法，切实提高行政审批效率，优化行政审批服务。

二是建立集中咨询日制度。每周集中专门时间、专门人员进行答疑解惑，便利行政许可申请人申报，提高监管效能。全年共接待机构集中咨询 34 次，接待机构 272 家次，涉及人员 368 人次。

三是落实保险兼业代理机构审批新要求。完善办事指南、梳理办事流程，完成辖内 4 000 余家银行和保险类兼业网点的系统重新备案、审查、登记等工作，确保新政顺利实施。

（陆昀）

其他机构发展与监管

▲小额贷款公司

一、基本情况

2016年末，北京市共批准设立小额贷款公司117家，其中试点通过互联网开展业务的6家。全市小额贷款公司注册资本金总额159.17亿元，银行融资余额5.27亿元。

（一）贷款投放情况

2016年，北京市小额贷款公司年度累计发放贷款217.15亿元，年末贷款余额160.63亿元。

（二）贷款结构情况

2016年，北京市小额贷款公司累计向农户及农村组织贷款36.40亿元，向小微企业客户贷款50.14亿元，向个体工商户、个人贷款158.77亿元。

（三）信用形式情况

2016年末，北京市小额贷款公司贷款以抵押贷款、信用贷款与保证贷款为主。抵押贷款累计发放81.65亿元，占累计贷款额的37.60%；信用贷款累计发放78.86亿元，占累计贷款额的36.32%；保证贷款累计发放49.66亿元，占累计贷款额的22.87%；其他贷款累计发放6.98亿元，占累计贷款额的3.21%。

（四）贷款额度情况

2016年，北京市小额贷款公司10万元（含）以下的贷款累计发放23.59亿元，占累计贷款额的10.86%；10万元至50万元（含）的贷款累计发放25.16亿元，占累计贷款额的11.59%；50万元至300万元（含）的贷款累计发放73.32亿元，占累计贷款额的33.76%；300万元以上的贷款累计发放89.15亿元，占累计贷款额的41.05%。第四季度，小额贷款公司最高单笔贷款为600万元（农投小额贷款），最低单笔贷款为0.22万元（农投小额贷款）。

（五）贷款利率情况

2016年末，北京市小额贷款公司贷款最高年利率为36%，最低年利率为3.92%，加权平均利率为16.26%。

（六）贷款质量情况

2016年末，北京市小额贷款公司正常贷款余额124.84亿元，占全部贷款余额的77.72%；逾期90天以上贷款在逾期类贷款里占比最高，余额31.08亿元，占全部贷款余额的19.35%；不良贷款余额18.63亿元，占全部贷款余额的11.60%。除了不良贷款余额增长1.25%，其他均较上年同期略有下降。

二、存在问题

（一）小额贷款公司经营发展中自身存在的问题

一是小额贷款公司税赋负担较重。根据试点运行情况来看，小额贷款公司具有金融机构的功能和作用，国家监管部门和地方金融主管部门参照金融机构对其进行监管。与传统金融机构相比，小额贷款公司支持“三农”、小微企业力度更大，其贷款对象层次低、规模小、风险大，然而小额贷款公司却不能享受金融机构相关政策优惠，普遍税赋负担较重，经营压力较大。

二是小额贷款公司内部管理有待完善。部分公司存在制度不健全或者没有按制度执行、财务核算欠规范、合同资料不全、合同管理混乱等情况，部分小额贷款公司合同内容、业务流程存在法律风险，内部管理还需要进一步完善。

三是小额贷款公司队伍建设有待得到重视。小额贷款公司人员流动比较严重，人才匮乏，素质参差不齐。

（二）小额贷款公司监管工作中存在的问题

一是小额贷款公司审批依据不足。国家关于小额贷款公司审批监管的法律依据不够，北京市有关小额贷款公司的地方性立法还处于空白阶段，《北京市小额贷款公司试点实施办法》层级较低，有效手段不足。

二是小额贷款公司监管力量不足。市区县金融主管部门负责监管、服务小贷公司的工作人员始终没有增加，编制不足，影响到监管工作的精细化、差异化发展。

三、监管工作情况

（一）完善管理制度，优化政策环境

结合中国银监会拟印发的《小额贷款公司管理办法（征求意见稿）》，启动《北京市小额贷款公司试点实施办法》修订工作，并研究制定小额贷款公司业务指引。

（二）开展多层次多渠道监管，加强风险防范

一是不断完善监管体制机制，改进监管方式方法，与区县主管部门对小额贷款公司实施两级监管，并综合运用现场检查、非现场检查、外部审计和信息化监控等多种手段，加大监督管理力度，严控风险。

二是督促小额贷款公司参照银行业信贷管理制度及流程，结合公司特点及所在区域实际，不断建立健全包括信贷管理、内部风险控制、财务稽核等在内的各项制度。

（三）组织征信评级，改善行业生态环境

一是稳步有序组织小额贷款公司接入征信系统。

二是积极开展小额贷款公司信用评级试点，制订信用评级试点方案和评级标准，为全面展开评级工作做好准备工作。

（四）加强从业人员培训，提高行业专业素质

加强对小额贷款行业从业人员的培训，提高行业整体队伍的执业水平和能力，规范小额贷款公司业务发展，提高风险控制能力，促进行业健康发展。

（胡靖怡）

▲融资担保机构

一、基本情况

2016 年末，北京市获批经营许可证的融资担保机构 96 家，全部为 5 年期。融资担保机构总资产 898.54 亿元；实现担保业务收入 60.05 亿元，其中融资担保业务收入 19.92 亿元。

2016 年，北京市融资担保行业运行稳定。融资性担保责任年末余额 2 331.78 亿元，同比增长 3.12%，放大倍数为 3.35 倍，债券发行担保业务在保余额 1 557.51亿元，同比增长 35.12%。非融资性担保在保余额 1 853.81 亿元，同比增长 55.65%。当年担保行业总体代偿率 1.25%，同比下降 6.72%，其中融资性

担保代偿率1.53%，同比下降21.54%，反映行业整体风险较高。

二、存在的问题和风险

总体来看，北京市融资担保行业运行稳定，规范化程度较高，但部分融资担保机构存在备案登记手续办理不及时、违规使用非经营性资金、部分风险监管指标不合规等问题。

三、金融产品创新及金融服务

充分发挥再担保功能。北京中小企业信用再担保有限公司与北京首创融资担保有限公司等10家融资担保机构进行再担保项目模式合作，通过共计92笔项目提供了约2亿元的代偿补偿，约占全国代偿补偿金额的70%。

积极研究对再担保机构可持续的资本金补充和风险补偿机制，抓紧再担保体系建设，扩大业务规模，以再担保合作模式充分为融资担保机构分散风险，促进政府引导性作用的发挥，为小微企业、“三农”、科技和文化客户提供低成本、高效率的担保服务。

四、监管工作情况

（一）加强行业监管，维护市场环境

北京市金融工作局以融资性担保机构经营许可证有效期届满换发为契机，清退了一批经营过程中存在严重违规情形的机构，实现了全市融资性担保机构的“减量增质”，优化了融资担保行业市场环境。

（二）促进融资担保行业发展

一是研究建立与小微企业贷款增长相适应的资本金增资机制，重点支持市级国有融资性担保机构。

二是加快行业资源整合和业务创新，以国有融资性担保机构重组为着力点，打造中小微企业和“三农”融资担保平台。

三是鼓励有条件的大型融资性担保机构开展“投贷保联动”业务和产品创新，为中小微企业提供更多金融服务。

（三）防风险，保持平稳健康的行业发展态势

一是按照“有访必应、事过留痕”的工作原则，积极妥善化解融资性担保机构日常风险事件，建立风险事件处置台账，使风险事件的处理更加标准化、系统化，效率得以提升。

二是在部门联动、市区联动、现场与非现场联动、常态与应急联动、创新与规范联动、业务培训与行业自律联动监管工作机制的基础上，加强局内处室间协同，初步组建了风险处置的专业化人才队伍，通过加强资本金监管、开展信息披露、实行区监管员制度、运用在线监管平台、构建制度体系和规范化流程文件六大措施，不断完善经营许可证管理及退出机制，逐步形成融资性担保机构风险防范与处置的长效机制。

（胡靖怡）

▲交易机构

一、基本情况

2016年，北京市要素市场平稳健康发展，在服务实体经济发展、助力首都“高精尖”产业结构形成等方面发挥着重要作用，52家交易场所共实现交易金额6.35万亿元。

二、服务实体经济

2016年，围绕国家重点领域市场化改革、金融支持京津冀协同发展和首都城市功能定位等战略重点，推动新设了中国水权交易所、北京电力交易中心等国家级平台，京津冀协同票据交易中心等区域一体化要素市场，以及北京木业电子交易中

心、北京玉石交易中心等促进传统行业转型升级、疏解非首都核心功能的交易平台。

支持京津冀协同发展，有效促进三地要素资源合理配置，推动京津冀要素市场协同发展。截至年末，三地在京津冀产权市场发展联盟网站披露各类项目 3 676 项，年成交 1 879 项，成交金额 918.97 亿元，包括企业国有产权、实物资产、技术交易等各类项目。

三、存在的问题和风险

交易场所作为类金融机构，在机制建设上尚未成熟，普遍存在着风险意识淡薄，风控制度不健全等问题，加上交易场所第三方交易服务平台的定位，发展市场往往需要依靠会员单位和第三方机构，若对会员单位和第三方机构管控不严，就会造成肆意扰乱市场秩序的行为，造成不利影响。

四、监管工作情况

一是印发《北京市交易场所管理办法实施细则》（京金融〔2016〕27 号），进一步细化交易场所准入、监管、投资者适当性、风险处置及市场退出等规定，对政府与市场的责任进行了划分，明确违规交易场所在缓释风险方面的主体责任，强化政府在市场运行中监管责任；厘清了市、区两级金融工作部门的监管责任，特别是明确了区金融工作部门在初审、日常监管、风险监测、违规处置等方面的属地职责。

二是设立北京登记结算有限公司。该公司主要负责建设与运行北京市交易场所统一登记结算平台系统，以保障交易场所交易活动安全与效率，监测提示相关风险。

三是推动设立首都要素市场协会。协会将从维护行业利益，引导全市交易场所开展行业自律的角度出发，防范首都要素市场行业风险，促进行业规范发展。

四是推动构建首都要素市场全面规范发展新局面。通过理论培训、现场检查案例分析、分组讨论交流等方式，进一步明确了要素市场发展的监管要求和底线，强调了防范和打击违法违规交易行为等工作重点，为交易场所规范发展夯实了基础。

（胡靖怡）

四、服务与管理

货币金银管理

2016年，北京市货币金银管理工作有序开展，中国人民银行营业管理部（以下简称人民银行营业管理部）加强人民币收付业务管理，落实反假货币各项措施，强化北京立体库、代理发行库管理力度，开展黄金及黄金制品“非一批一证”管理试点工作，落实硬币自循环目标，合理调拨发行基金，有效地保障了北京市的现金供应。

一、有效保障北京市现金供应

（一）科学调拨发行基金

依据现金“需求管理”理念，人民银行营业管理部根据全辖库存情况，对影响投放回笼的因素进行分析，科学进行发行基金投放和回笼，确保社会公众的兑换需求。全年，发行基金投放同比下降15.45%，回笼发行基金同比下降24.66%，净投放发行基金556.50亿元，同比增长28.98%。

（二）落实完成硬币自循环目标

将硬币自循环工作纳入货币金银管理全年工作考核内容，要求各商业银行将硬币自循环工作纳入现金收付的重点工作；根据各行2015硬币投放量，分解下达2016年度硬币自循环任务目标；要求各行根据目标，逐级分解任务，确保年度目标完成；鼓励各行积极配备硬币自助兑换机、存取机和清分机，参与硬币流通环境建设。2016年10月组织召开北京市硬币自循环设备与方案展示会，共有8家硬币设备厂商和32家辖内银行业金融机构参加了展示会。

（三）完成普通纪念币预约及发行工作

2016年，普通纪念币兑换均采取网络预约与现场发行相结合的方式。为保障预约与发行工作的顺利进行，人民银行营业管理部在每期发行前均组织辖内涉及普通纪念币发行的商业银行召开会议，部署纪念币发行工作。要求各行加强对普通纪念币发行工作的组织、指导、监督和检查，严格发行纪律；研究发行兑换过程可能遇到的各种情况，制订发行方案和应急预案，采取可行措施，做好与发行相关的各项工作。并在现场兑换期间，派出检查组对辖内网点进行检查，及时掌握兑换进度及秩序。

二、加强人民币收付业务管理

（一）持续推进现金服务贴心工程

完善硬币兑换自助服务网络建设，2016年，硬币兑换自助服务网络中共有硬币兑换机70台，共计兑换硬币4.7万笔、936.9万枚、784.5万元，同比分别增长48.7%、66.1%、91.6%。在各银行网点设立550条“小面额残损币兑换绿色通道”，通过在取号机中直接选择“残损币兑换业务”业务类型、设立专门窗口等形式，优先社会公众办理残损币兑换业务。实施“千户定投”，在1 076个车站、超市、医院、地铁、连锁餐饮店等，定向增加小面额人民币新券供应。加强“双主”投放，结合辖区实际，共建立起22家小面额人民币供应主办银行和105家小面额人民币供应主办网点，并规定了全市各银行小面额人民币最低备付金数量。

（二）开展综合执法检查及专项检查

2016 年 5 月至 10 月，对辖内银行业金融机构开展综合执法检查，对交通银行北京市分行、天津银行北京分行、韩亚银行（中国）的 20 家支行和网点进行了以人民币收付业务和反假货币业务为内容的现场检查。10 月至 11 月，开展人民币净化工程专项业务检查，共计检查银行业金融机构 11 家。

（三）强化人民币收付业务管理

加强商业银行现金服务监管，继续开展现金服务第三方评价，调查网点数量从 500 个增加到 1 000 个。建立特殊现金业务承办银行和承办网点制度，将特殊现金业务办理权限集中到 36 个网点承办。开展现金中心调研检查工作，赴 16 家银行的 38 个现金中心调研检查已清分完整券、残损券清分质量。加强商业银行现金业务质量管理，将交存发行库现金差错率通报频率按每季度提高到按月通报，差错率进一步下降。

三、落实反假货币各项措施

（一）收缴假货币，净化货币流通环境

2016 年，北京市共计收缴、没收假人民币 18.7 万余张、共计 1 349.47 万余元，同比分别增长 17.8% 和 0.86%。其中，来自银行系统的假人民币收缴量为 16.87 万余张、共计 1 299.07 万余元，同比分别增长 13.99% 和 12.45%；来自公安系统的假人民币没收量为 1.82 万余张、共计 50.39 万余元，同比分别下降 34.68% 和 72.5%。

（二）创新举办反假货币宣传微视频创作比赛

2016 年 5 月至 10 月，举办反假货币宣传微视频创作比赛，共征集各商业银行报送的视频作品近 60 个。通过微信朋友圈和现场投票，评选出一等奖作品 1 个，二等奖作品 3 个，三等奖作品 5 个，优秀奖作品 10 个。并将大赛前三名微视频作品作为主宣传视频投放微信朋友圈公益广告，覆盖人群 325 万人次，取得了较好的宣传效果。

（三）多层次开展反假货币知识宣传及培训

以北京交通领域为重点开展反假货币宣传活动。9 月反假货币宣传月期间，采用公交灯箱广告、机场视频广告等形式在北京市交通领域进行重点宣传，强化社会公众反假意识防线。深入乡村、集贸市场、出租车公司、老年活动中心、客户单位等地开展人民币及反假货币宣传及培训。据统计，全辖共有 25 万余人参加了反假货币知识培训。推进辖内银行业金融机构反假货币考试进度。截至年末，辖内 62 家银行业金融机构共计 12 698 人报考反假货币考试，考试出勤率 97%，理论和实操考试的合格人数分别为 11 170 人和 12 079 人，理论和实操考试合格率分别为 90.97% 和 97.58%。

四、加强北京立体库、代理发行库及黄金制品管理

（一）保障北京立体库平稳运行

全力保障北京立体库安全平稳运行，及时地处置和解决立体库运行过程中的各类故障，全年处置各类硬件故障 435 个，软件故障 14 个。11 月开展对北京立体库服务器、数据库升级项目招标工作，通过将 ORACALE 系统由 10G 升级为 12C，并更换服务器磁盘阵列 SVC 设备，提高北京立体库安全运行能力。

（二）加强代理发行库管理

组织召开 2016 年北京市发行库管理

工作会议，通报2015年年度代理发行库“达标升级考核”情况，并对2016年度代理发行库的主要工作进行部署。组织代理发行库做好防汛相关工作，要求各行开展对代理发行库汛期安全自查，落实汛期应急管理工作责任制，充分做好防汛物资的准备。举办两期管库员培训班，辖内各代理发行库及部分金融机构管库员共计150人参加了培训。

（三）强化黄金及黄金制品进出口管理工作

做好黄金及黄金制品进出口审批工作，全年共办理“一批一证”黄金制品进出口业务830笔。开展《中国人民银行黄金及黄金制品进出口准许证》“非一批一证”试点工作，全年共计办理“非一批一证”黄金制品进出口业务128笔。

五、钞票处理业务

认真做好新版《中国人民银行钞票处理中心管理办法》实施准备工作。通过集中学习、梳理业务流程、整理各类制度、制定实施细则、完善管理措施等，认真做好文件生效前准备工作，并指定专人负责同货币金银处、保卫处就新版《中国人民银行钞票处理中心管理办法》涉及的监控录像保留期限、外来人员出入钞票处理场地审批流程等管理措施的修订进行沟通，做好平稳过渡。及时完成BPS系列清分设备软硬件升级工作，进一步提升清分设备质量检测功能，增强对2015版100元券残损人民币的识假识残能力。作为试点单位，做好钞票处理信息管理系统升级上线工作，本次升级完善了报表填报功能、预警算法和预警指标功能。充分发挥示范窗口作用，与到访的越南中央银行官员交流探讨，对外展示我国央行货币发行现代化管理水平，并学习借鉴国外同行业先进管理理念。与到访的人民银行银川中心支行、厦门中心支行深入交流工作经验，学习国内同行业的成功经验。

持续完善制度建议月度征集机制、“销号式”风险点动态管理机制、风险点实情测试机制，征集制度建议6条，排查各类新增风险点5项，进一步提高了风险防控能力。组织开展了6次知识与技能培训，以及设备操作和维护专项培训，提升人员业务素质。

2016年，清分人民币回笼券张数较上年下降13.3%，联机销毁残损人民币张数较上年增长0.7%，大型机械销毁残损人民币张数较上年下降33%，重量468.96吨，复点残损人民币张数较上年下降25%；清分设备累计运行13 785.27小时，设备每小时处理能力较上年提升1.3%，清分设备故障次数较上年下降26%。大型机械销毁设备累计运行297.8小时，设备每小时处理能力与上年保持稳定，均超额定能力的20%；全年发现商业银行上交中心支库钱捆长短款金额较上年下降32.5%，假货币金额较上年下降60.5%。

（胡月　康小宇）

国家金库业务

2016 年，国家金库北京市分库认真贯彻落实全国国库工作会议及人民银行营业管理部工作会议精神，认真履行国库职责，国库资金运行安全稳定，国库管理制度体系更加完善，国库现代化服务水平持续提高，国库监管能力不断加强，国库统计分析水平进一步提升，在首都经济社会发展中发挥了重要的支持和保障作用。

一、以制度执行力为准绳，夯实国库会计核算基础工作

一是及时准确做好国库各项收支核算业务，确保国库资金安全平稳运行。2016 年，全辖各级国库共完成财政预算收入（不含转移性收入及债务收入）14 888.3 亿元，同比增长 1.4%。其中，中央收入 8 425.4 亿元，同比增长 7.1%；地方收入 6 462.9 亿元，同比下降 5.1%。办理省级财政支出（不含现金管理）8 906.9 亿元，同比增长 36.3%。为市级和区（县）级财政分别计付国库存款利息 14.4 亿元和 12.6 亿元。开展国库代收工会经费业务，代收北京市工会经费 53.9 亿元，同比增长 9.5%。

二是以制度约束督促风险防范。强化制度建设完善体制机制，梳理业务流程堵塞管理漏洞，及时落实整改防范操作风险。建立制度学习例会，加强业务人员培训，加深业务人员对国库制度的理解和认识，牢固树立风险意识和合规意识，提高业务办理的精细化和规范化，确保实现“以查促改、以改促优”的检查效果，以制度约束督促风险防范，为国库资金安全及系统稳定提供有力保障。要求全辖各级国库不断强化内控机制、防范岗位风险，形成按制度办事、用制度管人、以制度防风险的长效机制，提高代理支库履职的规范性。

三是做好“营改增”相关工作。按时完成中国人民银行、财政部、国家税务总局关于全面推开营业税改征增值税的预算管理划分工作，积极与财税部门沟通，按总库相关文件要求调整全辖各级国库 TCBS、TBS 及 TIPS 系统逾 3 万条体制参数、预算科目等分成比例的调整和维护，配合北京市财政局（以下简称市财政局）做好有关收入的入库及更正，全辖国库会计核算收入划分准确无误，确保了北京市“营改增”工作的顺利推进。

四是做好国库会计分析工作。结合辖区实际设计数据采集方法，细化分析标准构建分析指标体系，制定了 8 张涵盖 200 余项指标的国库会计数据分析报表，通过每日采数、按月汇总、分季整理形成季度报告后报送国家金库总库（以下简称总库），实现了对全市国库会计数据的集中统计、整理、分类及利用。加强对代理支库国库会计分析工作的指导与协作，就探索开发北京市会计分析系统事宜多次与相关部门召开协调会，并赴燕山支库现场调研，会计分析系统开发工作有序推进。

二、以国库信息化建设促现代化服务水平

一是进一步拓展税款征缴全流程网上

办理。与北京市国家税务局（以下简称市国税局）签署《纳税人实现电子签署实时缴税协议书的合作备忘录》，以横向联网系统为核心，通过 TIPS 现有报文快速实现税务部门、商业银行和纳税人间的信息交换，完成信息传输、校验、反馈及协议签署功能。该项创新已在北京银行试点。

二是积极推进代理支库支出无纸化工作。会同市财政局建立财政支出联网联席会制度，定期召开工作协调会，统一部署协调各单位工作任务。合理设定联网架构，改造 TBS 等相关系统，财政实拨资金、集中支付业务实现无纸化处理，代理支库支出业务实现电子化清算。该项工作已在海淀区支库试点。

三是进一步扩大海关联网覆盖范围及电子缴税方式。2016 年末，辖内海关税收电子入库比例近 90%，居全国首位，从技术手段上杜绝了商业银行延压关税收入现象。以财税关库银横向联网系统为依托，创新试点海关税收银行端查询缴税，提升海关税收入库征管电子化水平及入库效率。该系统业务测试已经完成。

四是配合税务部门完成金税三期上线工作。组织全市 50 余家商业银行，配合市国税局、北京市地方税务局进行为期 4 个月的联调测试，并及时统计、汇总测试情况，协调沟通解决问题。该系统于 8 月 8 日在北京正式上线运行。

五是积极推进代理支库“退更免”业务处理电子化。与税务部门和金电公司沟通，优化业务流程，认真做好需求编写、项目公开招投标及代理支库相关系统的开发工作。截至年末，各方已就业务开展模式达成一致，业务系统改造完毕，相关业务测试工作正在进行中。

三、以科学规范管理为手段，深化国库监督管理职能

一是加强对商业银行代理国库业务的监管。全年，共完成对全市 30 家商业银行 2015 年度代理国库业务的考核评分，对中国民生银行北京分行、杭州银行北京分行所属 4 家支行的地方集中收付资格进行了认定，参加了人民银行营业管理部组织的对交通银行北京市分行、天津银行北京分行、德意志银行（中国）、韩亚银行（中国）的综合执法检查，针对有关问题出具 4 份事实确认书并提出整改意见。同时依据现阶段国库监督管理工作发展现状，重新修订了《北京市商业银行代理国库业务考核评比办法》，国库监管制度建设得到进一步完善。

二是加强对代理支库的监管。强化对国库各项工作的定期检查，不断完善和改进检查方法，提高检查效率。完成对 18 家代理支库 2015 年度年审及达标升级评定，共评出一级库 4 家、二级库 8 家、三级库 6 家，并提出年审意见和整改要求。4 月，组织全辖代理支库人员共计 128 人参加国库上岗培训考试，其中 116 人考试合格。完成对 9 家代理支库的现场检查工作，结合检查及非现场监管情况，开展 2015 年度代理支库达标升级考核工作。

三是加强国债销售与兑付工作的监管。制定《中国人民银行营业管理部无记名国债及收款单兑付业务处理办法》（银管办〔2016〕15 号），进一步细化辖内无记名国债及收款单兑付业务流程，规范业务办理。在每期国债发售首日抽取部分银行网点进行实地检查，定期开展国债知识宣传，全力保障每一期国债销势良好。加强国债投资者投诉受理工作，在全市各国债销售网点公布咨询和投诉电话，及时解决与答复相关问题。2016年，共组织发行凭证式国债4期，金额190.83亿元；储蓄国债（电子式）10期，金额310.82亿元，销量均列全国首位。

四是国库事后监督系统上线试运行。积极参加总库组织的系统上线测试工作，于6月6日至24日进行了新系统在测试环境下的试用，完成了包含用户、权限分配，系统操作使用、业务操作监督、业务管理监督及问题汇总整理等工作任务。该系统已于10月17日全国首批上线运行。

四、强化国库统计分析，提高调研工作水平

一是深入开展国库调查研究。从统计分析基础工作入手，及时总结和反馈国库工作开展情况及热点、难点问题，撰写《营改增对北京市财政收入的影响》的调研报告。加强与财税等外部单位的信息共享与交流，培育有利于统计分析工作良性发展的内外部条件和环境。全年，共完成金融信息18篇，各类分析报告30篇，调研6篇，其中有2篇分别被《金融时报》《华北金融》刊载。二是建立《北京市国库资金运行统计简报》月报制度，为各级领导全面了解北京市经济运行态势提供信息与参考。三是加强对国库资金及库存情况的重点监测。4月报送的《关于北京市财政库存持续低位运行情况的报告》，被李士祥常务副市长批示。

五、加强内、外部沟通协调，做好地方国库现金管理

一是探索建立日常现金流预测机制，加强对模型参数选择、季节调整等方面的研究及国库现金流量数据的整理，不断提升模型的适应性、预测精度和报告质量。二是稳妥开展市级国库现金管理操作。全年，共完成划拨操作14期，金额2 850亿元，收回操作13期，金额2 750亿元，年末时点余额800亿元。三是上线TMIS现金管理子系统工作。完成对8 000余条历史数据的整理，实现从手工报表向电子报表的过渡。

（陈永波）

支付结算清算管理

2016年，人民银行营业管理部紧紧围绕全国支付结算工作会议精神，持续推进支付清算基础设施建设，进一步强化支付服务市场监管，全面推进个人账户分类管理，不断优化非现金支付环境，推进农村支付服务环境建设，金融服务实体经济的能力有效提升。

一、持续推进支付清算基础设施建设

（一）首批试点上线中央银行会计核算数据集中系统（ACS）档案管理子系统

2016年5月9日，人民银行营业管理部作为首批试点单位，成功上线ACS档案管理子系统，为该系统在全国的推广奠定了基础。

（二）为中央外汇业务中心启用ACS综合前置子系统

为满足中央外汇业务中心业务需求，上线特殊版本的ACS综合前置子系统，人民银行营业管理部多次参加中国人民银行专题工作会议，提出合理化建议，全力配合完成专用客户端的联调测试和上线准备工作，并于2016年10月成功为中央外汇业务中心启用 ACS 综合前置子系统。

（三）完成 ACS 综合前置子系统推广工作

完成北京辖区内的法人机构（包括 7 家财务公司，2 家银行机构以及农信银资金清算中心）接入 ACS 综合前置子系统推广工作，并指导农信银资金清算中心代理的 2 031 家外省市农村金融机构接入 ACS 综合前置子系统。

（四）北京市电子清分服务平台实现升级改造

人民银行营业管理部分两期组织实施了同城清算系统的升级改造工作，新增了支票截留、跨行缴税、公共互联、第三方支付等功能，逐步以影像清分替换原有票据实物交换，并为北京市社保中心、中央国家机关住房公积金管理中心等公用事业单位提供直接接入服务。

（五）支付清算系统安全稳定运行

2016 年，北京市大额支付系统处理业务 10 102.63 万笔、金额 1 791.80 万亿元，同比分别增长 12.38% 和 21.58%；小额支付系统处理业务 26 851.12 万笔、金额 5.16 万亿元，同比分别增长 29.61% 和 21.99%；网上支付跨行清算系统处理业务 54.42 亿笔、金额 44.30 万亿元，同比分别增长 49.67% 和 107.01%；全国支票影像交换系统处理业务 53.04 万笔、金额 565.32 亿元，同比分别下降 16.31% 和 9.48%；北京市同城票据交换系统共处理票据 1 488.60 万笔、金额 4.36 万亿元，同比分别下降 15.49% 和 12.10%。

二、着力强化支付服务市场监管

（一）开展辖内银行和非银行支付机构的现场检查和核查工作

加强对银行卡收单、支付机构挪用客户备付金、为无证机构违规提供资金通道等违规情况高发领域的检查频度和力度，严肃整治支付服务市场乱象，督促各非银行支付机构提高合规经营意识，强化对规范性文件和内部制度的执行力度。截至年末，包括跨年度立项检查在内，共开展立项检查 11 项，检查银行、支付机构共 68 家，并对 11 家支付机构的违规行为进行处罚，罚没款项共计 5 381.123万元。

（二）成立北京市联合整治支付结算重大违法犯罪办公室，加大支付服务市场监管力度

人民银行营业管理部联合北京市公安局（以下简称市公安局），成立以北京辖内政策性银行、商业银行、中国银联北京分公司、注册地在北京的支付机构为成员单位的北京市联合整治支付结算重大违法犯罪办公室，建立案件协作和联动办案机制，提升风险预警防控的有效性。年内，组织辖内银行及非银行支付机构梳理支付结算领域内金融诈骗犯罪案件的违法线索，首批线索已经移送市公安局。

（三）推进个人账户分类管理工作

截至年末，通过系统改造，北京辖内所有法人银行系统已经实现控制Ⅰ类银行账户开户数量功能，主要法人银行系统实现了Ⅱ类账户开设功能。人民银行营业管理部建立个人账户分类管理工作情况报告制度，及时反馈工作情况报告及报表。

（四）建立防范电信网络新型违法犯罪工作机制

与北京市联合通信管理局、市公安局、北京市工商行政管理局（以下简称市工商局）联合发文建立工作机制，组织辖内商业银行和非银行支付机构部署电

信网络新型违法犯罪交易风险事件管理平台的系统改造和接口开发工作，建立紧急支付和快速冻结机制。截至年末，全市共有21家法人银行和32家非银行支付机构成功接入平台。建立健全审慎开户机制，截至年末，辖内法人银行和非银行支付机构拒绝异常开户1 621次，向公安机关报告涉嫌违法犯罪账户45户。

三、加大非银行支付机构监管工作

（一）审慎开展非银行支付机构《支付业务许可证》续展工作

人民银行营业管理部开展了四批共计42家支付机构《支付业务许可证》续展申请的初审工作，其中第一批至第三批机构的续展工作已经完成，第四批机构的续展工作正在进行中。

（二）全面落实非银行支付机构分类评级工作。全年完成了辖内55家机构的分类评级工作

（三）稳妥开展相关支付机构支付业务合并工作

根据中国人民银行有关《支付业务许可证》的续展决定，有序开展辖内资和信电子支付有限公司和资和信网络支付有限公司、国付宝信息科技有限公司和海南海岛一卡通支付网络有限公司的支付业务合并工作。

（四）妥善处理相关支付机构市场退出

根据北京润京搜索投资有限公司申请，经中国人民银行批复，自2016年10月26日起，该公司停止北京地区预付卡发行与受理业务，正式退出支付市场。市场退出工作基本平稳。

（五）开展非银行支付机构风险专项整治行动

排查梳理辖区内无证经营支付业务机构，已对辖内23家涉嫌无证经营支付业务公司进行摸排，配合外地人民银行分支机构对5家涉嫌无证经营支付业务公司开展调查，向外地人民银行分支机构移送4家涉嫌无证经营支付业务公司线索。对5家商业银行和4家持牌支付机构进行执法检查，重点检查其为无证经营支付业务机构提供资金结算通道的违规行为。向市公安局移送9家无证机构线索。

四、推广和规范非现金支付工具使用，深化农村支付环境建设

（一）组织调研，针对性深化农村支付环境建设

人民银行营业管理部深入门头沟、怀柔、房山、平谷等地区实地走访考察，通过与银行、支付机构、当地村民座谈等方式，深入了解北京农村地区银行营业网点经营、支付机具布放、村镇银行发展，以及村民、商户金融服务需求等情况。联络北京市统计局充分了解北京农村地区行政村数量，组织全市涉农金融机构就农村支付环境建设情况开展调研摸底，形成了《北京农村支付环境建设财政补贴方案》，拟定补贴发放流程，下一步将具体组织实施。

（二）组织落实银行卡刷卡手续费改革工作

转发《关于完善银行卡刷卡手续费定价机制有关文件的通知》，向辖内银行卡收单机构提出监管要求；通过召开北京市银行卡市场协调委员会会议，多次明确强调监管要求，促进辖内银行卡市场自律组织针对银行卡定价改革开展业务培训、非标商户梳理评估、商户收单协议换签、非标价格现场注册、计费系统测试等工作，充分发挥自律组织自我管理、自我规范的作用。

（三）积极落实电子商业汇票推广及线上清算工作

制定《北京地区电子商业汇票推广细化措施》《北京地区电子商业汇票推广工作推进时间表》，初步拟定《中国人民银行营业管理部关于进一步加强电子商业汇票推广工作的指导意见》，多举措拓展电子商业汇票业务量，提升北京地区金融电子化服务水平。全年新增4家法人金融机构申请加入电子商业汇票系统，4家法人金融机构完成电子商业汇票系统上线。已加入电子商业汇票系统的金融机构新增网点118家。16家财务公司提交了电子商业汇票线上清算申请。

（盖静）

征信系统建设与征信管理

2016年，人民银行营业管理部以合规监管促进征信市场的健康发展，开出征信行业“第一张”罚单，稳妥做好首例备案注销；全面加强对接入机构的征信业务管理；优化信用评级的事中事后管理；继续推进首都社会信用体系建设；积极开展征信专题宣传教育活动，做好信息主体权益保护工作；努力开展征信研究、征信法制及文化建设，推动辖内征信管理和服务工作再上新台阶。

一、从严加强征信合规监管

（一）开出征信行业“第一张”罚单，坚决谨慎处置个别违规征信机构

人民银行营业管理部对某征信公司开展专项执法检查，对其在执法检查中不如实提供文件资料的行为进行行政处罚，并在辖区内进行通报批评。这是征信行业“第一单”对征信机构和高管的行政处罚。

（二）稳妥做好首例备案注销，探索建立“有进有出”的市场监管机制

积极落实总行有关要求，探索建立“有进有出”的市场监管机制。根据部分征信机构出现的无法正常经营、高管失联等情形，对两家连续6个月未实质开展相关业务的征信机构，注销其备案。这在全国尚属首例。

（三）创新监管方式，全面监管和重点监管相结合

对辖内40家企业征信机构备案材料的真实性进行现场和非现场核查，成功收回发放的《经营企业征信业务备案证》。建立辖内征信机构统计报告电子化报送系统，实现月度、季度280张报表的电子化报送、校验和汇总。全面摸底辖内企业征信机构代理业务，首次进行风险提示。积极做好对申请备案机构的解释安抚工作，避免法律诉讼风险。对辖内外商投资征信机构进行摸底，研究外资征信机构市场进入和监管实施细则。指导召开北京地区征信机构总经理联席会议，推进自律工作。

二、全面加强对接入机构的征信业务管理

组织全辖金融信息基础数据库接入机构排查信息泄露风险，以小额贷款公司、融资性担保公司、村镇银行等机构为重

点，通过“拉网式”排查，形成全面、高效的异常情况预警机制和处置程序。对中国银行、中国光大银行和恒丰银行北京分行开展专项征信业务检查，对交通银行北京市分行、天津银行北京分行、德意志银行（中国）和韩亚银行（中国）开展综合执法检查。与人民银行郑州中心支行对华夏银行北京分行、锦州银行北京分行、中原银行和郑州市市郊农信联社开展交叉检查，共计发现8类20项问题。针对互联网信用卡申请中的征信违规查询首次进行风险提示，约谈了部分业务量较大、互联网申请占比较高的信用卡中心，督促其进行整改。

以推动金融机构上线和完善个人信用报告查询前置管理系统为核心，确保机构在业务流程上管控查询行为，杜绝无授权查询问题。加强对接入机构的日常风险监测，在全国征信信息泄露案件高发的大背景下，全年北京未发现机构、用户等征信信息泄露情况。

三、完善金融信用信息基础数据库建设，有序推动各类机构接入，努力扩大征信系统覆盖面

一是正式启动并顺利推进北京地区融资租赁公司接入征信系统工作。与北京市融资租赁行业协会合作，选取20家融资租赁公司作为首批接入机构，并持续推动后续接入工作。截至年末，16家选择接口报数方式的机构正在开发征信报数程序，4家选择手工录入方式的机构已全面梳理业务数据，即将正式报数。

二是加快并稳步推进各类机构接入征信系统。按照总行扩大接入机构覆盖面的整体布局，督促新成立的8家财务公司、3家外资银行加快接入征信系统进度，成功协调3家村镇银行采取发起行集中接入征信系统模式，积极推动中国人寿财产保险股份有限公司、国都证券股份有限公司等机构接入系统，为条件成熟的1家融资担保公司开通查询权限，促进了“两类机构”的接入工作。

三是重点推动数据质量前置管理系统上线。推动辖内大部分金融机构上线征信数据报送质量前置管理系统，实现了对征信数据质量的全流程管控。按周、月、季度频度对辖内109家法人报数机构进行数据质量考核，北京地区征信数据质量综合评分保持在99分以上。

四是定期准确采集上报各类非银行信息。全面采集人民银行营业管理部部公示的行政许可和处罚公示信息，通过程序对信息进行标准化汇总和整理，并及时跟进加载情况。全年，共采集人民银行系统内政许可和处罚公示信息36.82万条，采集个人公积金缴存信息740万条，采集企业环境违法处罚信息1 315条。

四、加强评级市场管理

对辖内16家信用评级机构备案信息真实性进行专项核查。督促长城资信评估有限公司主动申请注销违约率系统备案，完成其退出信用评级市场的审核并报中国人民银行。完成对中债资信评估有限责任公司和北京中北联信用评估有限公司的备案工作。向辖内评级机构通报2015年度违约率数据，探索应用违约率检验结果对评级机构进行分类管理。扎实推进“两类机构”评级工作。充分发挥总经理联席会议的自律职能。

五、大力推进首都社会信用体系建设

参加全国社会信用体系建设工作会议，组织召开2016年北京市社会信用体系联席会议第一次会议，参与完成对各单位2015年重点工作任务完成情况的评估。

积极推荐海淀区申报全国信用体系建设示范城市。参与完成《北京市关于社会信用体系建设规划纲要实施情况的中期评估报告》。作为指导单位成功举办“2016 信用北京暨（第二届）信用中关村高峰论坛”。认真做好人民银行营业管理部行政许可和行政处罚等信用信息公示、失信联合惩戒和守信联合激励工作。全面开展中小企业和农村信用体系建设。深入开展中关村小微企业信用体系试验区建设，形成了以“政府推动、政策引导、多方参与、市场化运作”为基本特征的“中关村信用模式”。开展人民银行京津冀三地征信管理合作，邀请人民银行天津分行、石家庄中心支行召开京津冀征信管理协同发展座谈会，签署征信管理合作备忘录，开展交流与合作。

六、开展征信宣传教育与征信服务工作

落实四部委《关于进一步做好诚信文化教育工作的通知》，推动诚信教育进学校，在北京理工大学 MBA 论坛、大兴华夏村镇银行的支农贷款对接会进行征信专题讲座。以指导全国大学生信用大使联盟开启“信青年”杯全国大学生信用微视频创意大赛为载体，组织全国 20 余所高校发起“知风险、守信用、我承诺”签名活动。联合人民银行中关村中心支行，将征信知识制作成情景剧，在中央人民广播电台中国交通广播进行播放，活动受众 3 000 万人次。利用“3·15 消费者权益保护日”“6·14 信用记录关爱日”等重要时点，组织专项宣传。全年，辖内各机构在 3 000 多个营业网点张贴海报、发放折页及宣传品近 8 万份，举办宣传活动 200 多场，直接参与宣传的工作人员约 1 万人。全年，累计提供个人信用报告查询服务 100 万次，提供企业信用报告查询 15 701 次，提供国家机关查询 2 797 次。与百度地图合作，将个人信用报告查询服务的网点信息加载百度地图。

（杨兵）

金融信息化建设

2016 年，北京市金融信息化建设工作以科技保障为基础，充分发挥技术创新对金融创新的助推作用，积极服务实体经济发展，科技运维和行业监管并驾齐驱，首都金融信息化服务普惠水平得以有效提升。

一、人民银行营业管理部信息化建设工作不断推进

（一）全力以赴做好系统推广和网络建设工作

2016 年末，人民银行营业管理部负责运行的应用系统已达到 117 套，金融城域网的联网机构 306 家，人民银行营业管理部高度重视安全生产、把保障系统稳定运行作为第一要务。

一是认真落实系统运维相关制度规定，严格执行各项操作规程。

二是完善数据中心建设，加强备份和恢复能力。年内自主建成了应用级“双活”备份中心，主、备数据中心均可提供对外服务，重要节点设备全部实现了冗余配备。

（二）加强人民银行营业管理部内部信息安全建设

认真做好内部信息安全保障工作，积极开展办公网分级保护各项测评准备，顺利完成业务网网络系统等级保护测评及整改工作，不断强化终端准入、漏洞扫描和入侵检测等信息安全防控管理手段，信息安全综合保障能力得到进一步提高。

（三）完成中国人民银行部署的各项重点工作

一是组织完成业务网局域网结构调整实施项目，并按中国人民银行要求顺利完成业务网核心交换机升级实施工作。

二是协助中央外汇业务中心、农信银资金清算中心等21家机构的ACS前置接入；协助中国人民银行开展账户灾备系统CDP设备更换升级工作，完成试点任务；完成电信诈骗风险交易事件管理平台网络接入试点工作，并制订方案，为其他分支行的实施工作提供技术支持；参与量子通信人民银行应用示范项目，全面反馈北京的网络实际架构及应用数据流向等情况，配合完成量子VPN设备上线及测试等试点工作。

三是完成省级数据中心基础设施云化工程试点。在中国人民银行的统一规划指导下，完成三里河机房与重点库机房存储复制设备扩容及DMZ区系统虚拟化迁移工作，为人民银行营业管理部实现主、备两个中心系统双活备份奠定了基础。

二、强化管理、全面推进辖内信息安全建设

2016年初，人民银行营业管理部向辖内金融机构部署年度信息安全工作任务，落实辖内金融机构重要时期信息安全保障，推动开展辖内金融业信息安全自主可控和国产密码应用工作，做好辖区内金融机构信息安全事件处置，组织完成2016年网络安全宣传周活动，参与对交通银行北京市分行、天津银行北京分行、德意志银行（中国）、韩亚银行（中国）的综合执法检查，会同市公安局网络安全总队完善金融业信息安全协调机制，提升辖区金融机构信息安全管理水平。顺利完成网络、应用系统及北京CCPC支付系统的跨站点切换演练。

三、积极探索创新、做好行业技术监管

（一）从严从实做好非银行支付机构技术监管工作

全年完成对辖内14家机构的牌照续展技术审查，对56家支付机构开展了2015年度分类评级的技术评价及2015年系统漏洞风险排查发现问题的整改督促和核实工作。处置3次支付机构信息安全舆情，发布2次信息安全风险提示，促进辖内各支付机构提升安全意识、技术能力和风险防范水平。

（二）加快推进辖内金融IC卡受理环境建设

借助非银行支付机构续展、评级等工作，加大对具有银行卡收单资质的非银行支付机构POS机终端非接受理改造的督导力度，改善辖内非接受理环境。截至年末，北京地区金融IC卡累计发行8 436余万张。防控支付风险，开展银行卡信息泄露风险专项排查，对全辖10家商业银行和36家非银行支付机构进行全面排查，并对16家单位开展现场核查，对发现的问题督促整改。组织辖内银行、非银行支付机构等开展加强信息保护和支付安全、防范电信网络欺诈系列宣传，推广金融IC卡与移动金融，普及安全用卡常识，防范电信网络欺诈，提升金融消费者个人信息保护的风险防范意识。

（三）积极探索金融业标准化工作普及落地

组织完成北京地区银行业金融机构及全国性商业银行代码证发放工作，2016年以来，定期规范开展全辖4 943家机构的金融机构编码年检工作。加大金融标准化工作宣传，在人民银行营业管理部子网站及互联网上进行《支付标记化》《PBOC3.0规范》技术标准的宣传，配中国人民银行开展8项国家金融标准的试点调研，研究探索金融机构编码普及应用，实现金融机构信息管理工作从无形到有形的转变。

（薛静）

金融法制建设

▲中国人民银行营业管理部法制建设

2016年，人民银行营业管理部贯彻落实"法治央行建设"各项要求，以保障依法履行央行职能为宗旨，以依法行政与法律服务为抓手，强化权力运行监督机制，防控处置各类法律风险，成效显著。

一、全面履职，完成金融法治重点工作

一是落实依法行政工作计划，狠抓制度建设。结合人民银行营业管理部工作实际，在深入调研座谈的基础上，下发《营业管理部2016年依法行政工作计划及任务分解表》，从制度建设、执法检查、执法监督、法治宣传、突发事件处置五个方面，对人民银行营业管理部的依法行政和法治建设工作提出53项具体任务，并按计划顺利完成；上线行政执法随机抽查管理系统，将有关数据向北京市人民政府（以下简称市政府）报送，上线执法证管理系统；根据总行规范性文件变更情况及人民银行营业管理部业务实际，制定、修改7项内部文件，为依法履职提供制度保障。

二是认真开展"专项行动"，显著成效。人民银行营业管理部依照《北京市2016年落实"打击利用离岸公司和地下钱庄转移赃款专项行动"工作方案》，牵头组织召开3次专项会议，以排查"红通人员"为切入点，紧扣"转移赃款"这一核心，以反洗钱及外汇资金监测为抓手，对贪腐资金去向进行深入挖掘；多次和办案机关沟通、协调，推动有关案件查处，为公安、检察部门在账户查询、案件线索梳理、行政认定、涉案有关文件政策解释方面提供支持。截至年末，督办的8件案件中有2起案件市公安局已将初查结果上报公安部，1起案件的犯罪嫌疑人已被采取刑事强制措施，1起案件已经进入检察机关审查起诉程序。

三是协助中国人民银行完成其他临时性重点难点工作。协查"e租宝"事件，对辖内比特币交易平台开展专项监管活动，拟写金融法治信息系统业务需求，对克拉币等新型网络传销产品进行调研，完成行政处罚程序修改、空头支票处罚制度改革等多项调研、座谈工作，部署“简化优化公共服务流程方便基层群众办事创业”相关工作，参与完成辖内56家支付机构的续展和分类评级工作，完成涉企保证金清理规范、职业培训及考试收费清理工作。

二、积极提升法律服务水平，防控法律风险

一是民事合同管理办法，防控法律风险。分类提供示范合同文本库，在公文处理系统中单独开发合同管理模块，从事前防范、事中审核、事后监督三个层面，防控合同法律风险，强化合同管理的责任追究和事后监督机制。全年共通过合同系统审核招标文件、合同201件，所有招标文件、合同均实现了起草、审核、用印、付款、履行、纠纷解决全流程的线上流转和有序衔接。

二是建立处长风险提示函制度，化解行政风险。实行法律风险提示函制度，将法律事务工作中发现的，涉及相关处室法律风险的事项，以法律事务部门负责人的名义，将风险的具体内容、涉及的相关法律以及预见的相关法律后果以书面形式告知，并抄送内审部门。全年共发出风险提示函6份，有关意见均被采纳，涉及风险点均已妥善处置。

三是以规范内部行政程序为抓手，切实提高依法履职水平。以2016年依法行政工作计划为基础，优化公共服务流程，方便机构和个人办事创业；出台执法证管理实施细则，规范执法证管理工作；修订行政处罚委员工作制度，确保行政处罚决定依法、合理出具。

四是妥善应对多起外部事件。以提出法律建议、参加谈判、提交专项报告等方式，为人民银行营业管理部的各项业务提供法律支持。参与有关征信机构、支付机构行政处罚方案论证，公民依申请履职、信息公开等行政诉讼、行政复议案件，选派法律干部代表人民银行营业管理部出庭应诉、对外谈判。

三、开展法治培训和普法宣传活动

一是加强法制培训。通过党委中心组学习、行政执法人员执法资格培训及考试、“宪法宣传日”知识竞赛等方式，提高行内领导干部、行政执法工作人员法治意识。

二是积极开展普法宣传活动。多次开展金融知识进社区、进商圈、进农村宣传活动，取得良好社会效果。充分利用“央行服务一点通”电子书、“央行北京青联”微信公众号等网络多媒体方式开展金融普法宣传。荣获人民银行系统“六五”普法先进集体荣誉。

四、强化信息调研，为中国人民银行和人民银行营业管理部重大决策提供参考

认真开展调研，成果显著。开展空头支票行政处罚调研，完成调研报告，得到领导批示；对“万宝之争”相关问题进行研究并完成分析报告；对辖内支付业务许可证整合工作进行调研，完成法律风险评估报告；对行政执法和解制度进行研究，完成调研报告；累计8篇工作动态、信息调研被上级部门采用，调研成果在《中国金融》《金融法苑》刊登。

（舒昱）

▲银行业监管法制建设

2016年，中国银行业监督管理委员会北京监管局（以下简称北京银监局）大力推进依法监管，积极推动辖内银行业机构依法合规经营，提升监管法治水平和监管有效性，取得了积极成效。

一、落实全面依法治国理念，科学筹划和全面推进监管法治建设

为贯彻落实《中国银监会党委关于贯彻落实〈中共中央关于全面推进依法治国若干重大问题的决定〉的指导意见》（银监党发〔2015〕5号）的相关要求，北京银监局党委成立由党委书记、局长任领导小组组长的贯彻落实全面推进监管法治建设工作领导小组，制定印发《北京银监局关于贯彻落实银监会全面推进监管法治建设的工作方案》（京银监办发〔2016〕9号），内容涉及完善组织领导、规范行政执法、强化学法用法等6类、17项监管法治建设措施，全面加强对监管法治工作的组织和推动。

二、加大行政处罚力度，持续提升监管执法规范性和透明度

2016年，北京银监局持续深入贯彻《中国银监会行政处罚办法》（中国银监会令2015年第8号）关于"行政处罚委员会制""票决制""双罚制"等新规定和新要求，严格落实"查、审、决"三分离的行政处罚组织运行规则，探索完善法律人员初审负责制、法律部门集体会审制相结合的法律审理机制，分类分步研究完善行政处罚立案标准和量罚基准，细化完善局内行政处罚内部操作流程和信息公开程序，并结合实践需求修订完善立案登记、信息公开等文书式样，进一步提升监管执法的规范性。

重视提高监管执法的透明度。2016年，通过官方网站主动公开行政处罚事项目录清单，主动公开北京银监局成立以来存量109起行政处罚案件信息和2016年新增7起处罚案件信息。试点运行银行业从业人员"灰名单"系统，截至年末，累计收录"银行业从业人员处罚信息"1 369人次，并逐步对辖内银行业机构开放查询服务。

三、完善法规数据库建设，积极有序推进监管人员法治教育培训

2016年，北京银监局开通"北大法宝"法律数据库、汇编2015年银行业监管法规制度文件、在内部网站设立"政策法规"专栏，增强监管人员查询法规、检索案例、引证资料的便利性。针对近年来部分日常监管工作环节易引发的法律风险，对监管人员进行提示，提高监管人员履职行为的规范性和审慎性。依托"专业大讲堂"等培训平台，邀请中国银行业监督管理委员会法规部、外部法律实务专家开展法治培训。多次联合北京市各级法院举办金融案件研讨会、金融法治工作座谈会等业务交流活动。

四、组建成立北京银行业法律工作专家委员会，督促指导辖内银行业提升依法合规经营水平

2016年，组织召开北京银行业法律合规工作联席会议，组建成立北京银行业法律工作专家委员会，制定《北京银行业法律工作专家委员会工作规则》，从辖内银行业机构选拔数十名法律实务人才纳入专家委员人才库，进一步强化法律合规部门、人员在银行业风险管理、法律审查、政策把关、维权应诉、合规培训等方面的专业作用。

五、采取多种措施，积极开展打击非法集资工作

一是督导辖内银行业机构建立健全非法集资监测预警机制。制定印发《北京银监局关于辖内银行业金融机构做好非法集资监测预警工作的通知》（京银监发〔2016〕112号），从建立健全工作机制、充分运用信息化手段、严格执行考核问责、及时报送案件线索以及加强宣传警示教育等方面提出具体落实要求。二是推动建立涉案账户资金网络查控平台。制定印发《北京银监局　北京市公安局关于做好涉案账户资金网络查控工作的通知》（京银监发〔2016〕96号）。2016年6月1日起，市公安局经侦总队与银行业金融机构建立的涉案账户资金网络查控专线正式开通运行，有效提高了非法集资类案件的办案效率。三是积极利用采集数据，通过EAST数据分析技术，对涉嫌非法集资情况进行监测，并指导相关银行业机构深入排查。四是及时向社会发布相关风险提示。全年向社会发布关于不当使用带有“银行”字样的商标、预核准单位名称等3项风险提示。五是与市政府相关部门建立协同合作机制，在打击非法集资宣传、规范理财广告行为等多方面形成合力，维护区域金融安全稳定。

六、督导辖内银行落实新要求，坚决打击电信网络新型犯罪

按照《中国银监会关于银行业打击治理电信网络新型违法犯罪有关工作事项的通知》（银监发〔2015〕48号）及中国银监会办公厅《关于对商业银行打击治理电信网络新型违法犯罪有关工作开展督导检查的通知》（银监办便函〔2016〕443号）要求，制定《北京银监局关于商业银行打击治理电信网络新型违法犯罪工作开展情况的督查实施方案》，督导辖内各商业银行严格落实自查要求并开展现场督导核查，督促辖内银行查找在打击治理电信网络新型违法犯罪工作中存在的漏洞，完善相关制度、强化防控意识，提升银行账户安全管理水平，彻底切断电信诈骗犯罪分子获取犯罪工具的途径，坚决遏制电信网络新型违法犯罪发展蔓延势头。

（刘波）

▲证券业监管法制建设

2016年，中国证券监督管理委员会北京监管局（以下简称北京证监局）法制工作深入落实“依法、从严、全面”的监管理念，深化服务、严格执法、防范风险、全面普法，有力推动了辖区资本市场法治化建设。

一、质效并重，全面推进行政处罚工作

树立“事实清晰、程序严谨、适用准确、处罚公平”的案件审理思路，严格执法，严肃查处违规行为。审结案件7起，下发事先告知书4份，举办听证会4次，下发处罚决定书7份，移交函1份，送达法律文书16份，上缴罚没款2 966万元，行政处罚工作取得突破性进展。

一是完善流程。进一步强化流程控制，确保案件审理的规范化，具体包括：建立听证室，完善听证程序；完善案件专题讨论制度，目前已形成专题处务会、案件会商会、听证准备会和听证复核会程序，提请建立集体讨论机制；强化审理沟通机制，多次向中国证券监督管理委员会（以下简称中国证监会）处罚委及其他派出机构请教交流。

二是探索标准。积极探索类型化案件的审理标准，提升案件审理水平和效率。已梳理出从业人员违规炒股类、超比例持股类、私下接受客户委托买卖证券类案件的审理要点，并制定行政处罚的量罚基准。

三是提升质量。通过专题讨论、搜集同类型案例等，严把案件审理的质量关。强化法律文书质量，履行严格的复核程序。

二、创新理念，着力做好律师监管

积极探索证券法律业务的监管模式，

逐步确立了“执业监管、协作监管、自律监管、服务监管”的新理念、新思路，并尝试开展了一系列监管工作，取得明显效果。

一是深化协作监管机制，与北京市司法局、北京市律师协会建立联席会议机制，加强沟通交流，三方共同签署会议纪要。

二是以风险和问题导向开展现场核查工作，完成对8家律师事务所的并购重组、“新三板”、私募基金法律业务的现场检查，并已进行问题通报，有效树立监管权威。

三是顺利完成执业信息普查工作，基本掌握辖区律师事务所的基本情况和执业数据，为下一步自查自纠工作奠定基础。

四是强化监管服务工作，联合北京市司法局、北京市律师协会举办两期资本市场法律业务专题培训，涉及律师400多人。

五是建立交流沟通平台，召开律师监管座谈会，编制《律师监管工作通讯》，宣传律师监管理念。

三、认真审查，严控全局法律风险

2016年，北京证监局执法总体平稳有序，未发生重大法律风险。

一是实施法律审查工作。完成法律会签文件336份，提出实质性意见195份，审核行政监管措施76份，依申请信息公开事项19件，充分化解各类风险。

二是召开法制专题培训。首次面向公职律师开展法制专题培训，并安排专题对法律风险进行现场座谈，切实提高依法行政水平。

三是定期揭示重点风险。针对申请履行法定职责、私募基金举报等事项，上报3期专报，及时通过专报、季报、半年报等形式提示执法风险，提出改进建议。

四是优化法律会签流程。及时启动程序修改会签规则，规范非强制会签事项启动程序，明确会签的法律审查范围。

四、积极协调，妥善应对复议诉讼

2016年，北京证监局积极协调经办处室，加大与中国监会法律部、法院沟通力度，共完成7起行政复议和1起行政诉讼案件。

一是建立复议诉讼应对机制。积极走访北京市高级人民法院和西城区人民法院，建立沟通交流机制。加强与中国证监会法律部、处罚委的联系，寻求指导。

二是及时应对7起行政复议案件。根据要求及时报送行政复议答复意见书，跟进案件进程，参加案件讨论会。已有4起案件作出维持或者驳回决定，剩余3起正在审理中。

三是协助化解1起行政诉讼案件。借助与法院的日常沟通，联合业务处室及时将行政诉讼化解于立案阶段。

五、常抓不懈，稳妥推进诚信普法

一是继续强化资本市场诚信系统建设和应用工作。全年，共录入信息233条，更新诚信信息29条，接收外部诚信查询215单，查询征信报告46份。

二是支持地方政府诚信系统的建设与共享，与市工商局、北京市经济和信息化委院会等加强联系，参与北京市统一的失信联合惩戒行动。

三是抓好普法宣传工作，制定北京辖区七五普法宣传规划，启动辖区《国家安全法》的宣传活动。

六、其他法律事务

法律研究方面，完成对中国证监会主席办公会专题材料、《证券法》《民法通则》《公司法司法解释四》等各类法规征求意见反馈61件；接待司法机关来访15次，妥善处理和回应司法机关来访要求；编制《法制工作通讯》1期，交流局内执法经验。

（刘康喜）

▲保险业监管法制建设

2016年，中国保险监督管理委员会北京监管局（以下简称北京保监局）深入学习贯彻党的十八大，十八届三中、四中、五中、六中全会精神，以提升依法行政能力，着力加强风险防范，维护消费者合法权益为目标，不断完善法律制度，规范市场秩序，推进行业改进服务，为首都保险业的健康平稳发展提供了有力的保障。

一、不断强化制度建设，提升依法行政能力水平

一是着力提高规范性文件质量。在前期制度清理工作的基础上，统筹规范性文件的制订计划，持续做好监管制度的废、改、立工作。

二是积极参与中国保险监督管理委员会（以下简称中国保监会）关于保险规章制度的制定、修改工作，并提出意见建议。全年对《保险公司合规管理办法》《保险监管规章规范性文件制定指导手册》《保险经纪人监管规定》等规章制度的修改完善提出意见建议30多项。

三是制定、完善内部工作流程，提高工作的规范性和有效性。为适应监管工作的开展需要，北京保监局对行政处罚审核、复议诉讼等法律事务流程进行了规范和完善，增强了自身的依法行政能力。

二、着力加强风险防范，创造健康有序的市场环境

一是妥善处置行政处罚案件，做到案结事了。2016年，北京保监局处罚保险机构8家次（寿险公司2家次，保险中介机构6家次），其中警告6家次，罚款74万元，吊销许可证1家次；处罚个人10人次，其中警告9人次，罚款39万元，撤销任职资格1人次。

年内，北京保监局首次进行行政处罚听证。在缺少借鉴和经验的情况下，精心准备、积极应对，在妥善举办听证会的同时，用严密的事实和严谨的程序让当事人及其律师信服，及时缴纳罚款，做到案结事了。2016年，北京保监局未因行政处罚产生行政复议和行政诉讼案件。

二是积极应对行政复议、诉讼，案件风险平稳可控。2016年，北京保监局坚持审核关口前移，多层次、多角度提出审核意见，从源头上减少复议诉讼案件发生概率，同时注重案件办理环节，关注重点案件，全力做好缠访缠诉当事人提起的复议诉讼案件，复议和诉讼案件同比分别下降73%和38%，法律风险得到较好控制。

三是加强对高管人员的管理，通过以会代训、座谈交流等形式全面提高在京保险公司高管人员的个人能力和素质，增强合规意识，促进合规经营，降低经营风险，创造了健康有序的市场环境。

三、积极开展法律研究，服务监管工作重点

一是继续坚持务实研究，全年针对行政处罚、信息公开等法律应用问题，撰写法律研究报告6篇。

二是注重借鉴法院司法审查标准和中国保监会法规部复议审查标准，对热点、难点问题进行分析研究，提出切实可行的法律建议，为监管实践提供法律支持。

三是持续关注《保险法》《信息公开条例》《消费者权益保护法》等重要法律

法规的修订情况，分析相关影响，提出应对建议，适应法律环境新变化。

四是注重研究成果转化，通过法制研究小组讨论、创建小组微信群发布法律信息和典型案例、《法制观点》发表研究成果等形式，沟通法律研究成果和法律分析角度，着力提高全局法治思维意识，促进法律学习和研讨常态化。

五是积极开展法律培训，组织外聘律师开展行政机关应诉风险培训，以旁观者清的角度提示风险；组织行政诉讼庭审旁听，提高全体监管干部风险防范意识和能力水平。

四、深入推动诉调对接，维护消费者合法权益

一是贯彻落实最高人民法院与中国保监会关于全面推进保险纠纷诉讼与调解对接机制建设的意见建议，加大对保险纠纷诉调对接工作的领导和指导力度，完善调解制度，推动调解工作规范化、标准化。

二是指导行业协会先后与北京市第四中级人民法院、北京铁路运输法院、北京市高级人民法院召开座谈会，就道路交通事故纠纷诉前调解、执行案款收缴等事项达成共识。全年，指导行业协会办理诉调对接案件34件，金额约4 000万元。

三是指导行业协会开展诉调对接培训，邀请北京市第四中级人民法院法官为会员公司调解人员进行《保险法》司法解释培训，不断提高调解人员的能力和水平。

四是指导行业协会在《京华时报》建立保险调解室栏目刊发案例，警示消费者。充分利用《中国保险报》《北京商报》等媒体加强诉调对接工作的宣传，切实维护消费者合法权益。

（李丹）

▲反洗钱工作

2016年，人民银行营业管理部坚持风险为本的工作理念，不断调整和丰富反洗钱监管手段，进一步提升监管的有效性；深化重点可疑交易报告监督指导和调查分析，加大可疑交易线索移送力度，进一步完善反洗钱监测机制；加强洗钱类型分析及典型案例分析工作，督促机构全面防范洗钱风险；以《反洗钱法》颁布实施十周年为契机，开展反洗钱宣传和培训，反洗钱各项工作不断取得新进展。

一、调整和创新监管措施，提升监管的有效性

一是积极调整反洗钱现场检查重点，创新运用大数据分析技术，提升现场检查质量和效率。现场检查重点从基础的客户身份识别向重新识别、可疑交易报告等项目调整，推动北京市金融机构反洗钱工作从形式合规向实质有效转变。全年共完成对北京市6家银行和3家非银行机构的反洗钱现场检查。

二是推动金融机构科学开展风险自评估工作，提升洗钱风险防控能力。首次采用现场评估措施，对北京市4家法人机构自评估工作进行检验，通过发现机构自评估工作中存在的共性问题，推动各机构不断完善优化风险自评估机制。

三是全面开展考核评级工作，有效实施分类监管。自主研究建立了非银行金融机构反洗钱工作评价标准，并进一步完善了银行机构评价指标，在审核法人机构自评估报告基础上，开展了金融机构的评级工作，全年共完成对北京市156家金融机构（106家法人机构）的考核评级。

四是广泛开展专题调研，推动机构完善反洗钱基础设施建设。全年共对9家银行开展了反洗钱系统建设专项调研，实地查看系统功能，摸清反洗钱系统建设现状及存在的问题，结合监管要求指导机构作出改进。

二、深化重点可疑交易报告监督指导和调查分析，提高反洗钱监测机制的有效性

一是以重点可疑交易报告质量为深化反洗钱监管的重要抓手，严格执行强化考核力度、强化辅导力度、严把报送质量关口三项措施，督促指导机构切实提升反洗钱监测分析工作的有效性。

二是加大可疑交易分析和调查力度，大幅提升可疑交易线索移送数量。全年共接收、分析金融机构重点可疑交易报告79份，同比增长27.4%，其中向侦查机关移送涉嫌职务犯罪、地下钱庄、非法集资、洗钱、恐怖融资等线索33起，移送线索数量同比增长超过3倍，指导金融机构向公安机关移送线索12起，向中国人民银行上报研判线索4起，并与市公安局、北京市人民检察院就移送线索开展了多次情报会商。全年自主开展或协助公安、纪检等部门开展反洗钱行政调查23起，协助破获2起有较大社会影响力的重点案件。

三、完善洗钱类型分析及典型案例分析工作，督促机构落实风险防范

一是完善洗钱类型分析工作。总结分析辖内可疑资金交易类型、特征及风险趋势，完成北京地区2016年洗钱类型分析工作，并根据分析结果将洗钱风险情况及时通报北京市金融机构，为准确识别风险、有效防范风险提供指引。

二是多渠道进行洗钱风险预警。通过编发6期《北京市反洗钱工作简报》、组织座谈和下发工作指引等方式，提示机构密切关注地下钱庄、非法集资、恐怖融资等风险，要求其在工作中进行有效防范，帮助机构进一步提高风险管理水平。

三是积极开展典型案例分析工作。针对前期移送并协助破获的案件等，进行深入剖析，为化解相似类型风险提供第一手资料。

四、持续和创新开展反洗钱培训宣传，营造良好的反洗钱环境

一是加大对北京市金融机构和支付机构反洗钱培训，搭建机构经验交流平台。9月，分别举办北京市银行业、证券期货业、保险业金融机构反洗钱实务培训班，辖内300余家金融机构反洗钱部门有关人员参加了培训。12月，组织召开了北京市支付机构反洗钱牵头部门负责人会议，56家获得支付业务许可证的机构的法人参加了会议。

二是创新开展反洗钱宣传活动。在月坛公园开展《反洗钱法》颁布施行十周年大型户外宣演活动；9月至10月，组织北京市近700家金融机构、支付机构开展《反洗钱法》颁布实施十周年宣传月活动，通过拍摄反洗钱宣传片、在微信发布宣传视频、在主流媒体发表评论文章等形式，向社会公众进行反洗钱知识宣传。

（孙小娟）

▲跨境人民币业务

2016年，北京地区认真贯彻落实跨境人民币政策，积极推动人民币跨境使用，注重风险防范。

一、人民币跨境使用保持稳步发展，有效服务实体经济

2016年，北京地区跨境人民币结算1.03万亿元，业务笔数11.46万笔。境外地域更加广泛，自2010年6月23日试点启动至2016年末，北京地区跨境人民币收付涉及的国家和地区已达197个。积极支持贸易和投资便利化，帮助企业通过人民币国际使用规避汇率风险和拓宽投融资渠道。全年，北京地区经常项目人民币收付5 495.77亿元，其中货物贸易人民币收付3 484.75亿元，服务贸易人民币收付1 093.98亿元；资本与金融项目人民币收付4 831.88亿元。其中直接投资人民币收付3 414.37亿元，对外直接投资人民币收付1 251.96亿元。与境外国家和地区银行的合作日益加深。截至年末，北京地区银行已经与境外74个国家和地区的648家银行建立了代理行关系，为境外机构开立人民币结算账户960个，北京地区银行与境外银行间的融资余额为4.23万亿元。

二、深入挖掘市场需求，积极支持贸易和投资便利化

（一）简化业务流程，促进跨境人民币双向资金池业务发展

加强对银行和企业的政策宣传，引导企业通过使用跨境人民币资金池优化资金的筹集和调配，有效节约财务成本，使首都企业切实享受到人民币国际化进程带来的政策红利，助力企业全球化布局。截至年末，人民银行营业管理部为94家企业集团办理跨境双向人民币资金池业务备案，集团行业分布于能源、交通运输、电信、电子等多个领域，支持境内外2 866家成员企业拓宽融资渠道。

（二）深入挖掘市场潜力，支持跨境电子商务人民币结算业务

为进一步激发市场活力，人民银行营业管理部为在京银行、支付机构开展跨境电子商务人民币结算业务提供有力支撑。本着便利化原则，帮助外贸企业突破传统贸易瓶颈，规避汇率风险，提升资金使用效率，建立新型营销模式和渠道，打通北京地区支付机构办理跨境电商人民币支付业务的结算通道，推动北京地区外贸发展。截至年末，北京地区已有11家支付机构开展跨境电子商务人民币结算业务。

（三）服务实体经济，积极开展创新工作

积极支持北京服务业扩大开放综合试点工作。支持国内首笔商业银行对境外央行跨境人民币融资业务，商业银行通过融资和互换向国外中央银行提供跨境人民币融资，实现了人民币国际化和商业银行"走出去"的双赢。

（四）加强政策宣传，形成与市场主体的有效互动

举办北京地区跨境人民币业务政策培训会，建立北京地区跨境人民币自律机制，多层次、多角度开展政策宣传，推动辖内跨境人民币业务健康有序发展。

（朱琳琳）

五、机构业务综述

金融管理机构

中国人民银行营业管理部

2016年，中国人民银行营业管理部（以下简称人民银行营业管理部）主动适应经济发展新常态，坚持稳中求进的工作总基调，认真贯彻落实稳健的货币政策，切实防范和化解区域性金融风险，稳步推进外汇管理改革，着力提升金融服务和管理水平，在促进首都经济社会全面发展中，实现了央行履职水平的进一步提升。

一、落实稳健货币政策，积极服务首都供给侧结构性改革

（一）以宏观审慎评估为核心，有效落实宏观调控政策

结合辖区实际，创新开展宏观审慎评估，有针对性地加强逆周期调节和风险防控。评估机制运转良好，辖区法人机构及时控制资产扩张，多渠道补充资本，不断提升经营的稳健性。实施平均法考核，开展日终余额监测，进一步加强存款准备金管理。配合北京市人民政府（以下简称市政府）做好房地产市场调控相关工作，充分发挥利率定价自律机制的作用，指导银行合理确定个人住房贷款利率水平，防控房地产信贷风险。

（二）不断改善和优化信贷结构，支持首都供给侧结构性改革

进一步完善信贷政策导向效果评估机制，引导金融机构加大对重点领域创新发展的支持力度。充分发挥北京市科技金融专业委员会的平台作用，强化科技金融服务体系建设。推动落实《文化金融战略合作协议》，深化文化金融合作。加强与北京市农村工作委员会（以下简称市农委）合作，推动构建适应现代农业发展的金融服务体系。扎实推进农村承包土地经营权抵押贷款试点相关工作。推动建立京津冀协同发展人民银行三地协调机制，大力支持京津冀协同发展。

（三）综合运用多种货币政策工具，引导社会融资成本持续下行

认真落实存款准备金率下调政策，释放流动资金超百亿元。加强窗口指导，推动辖内金融机构有效落实利率政策，实体经济融资成本逐步走低，2016年12月，北京地区贷款利率水平降至十年来最低水平。继续推进信贷资产质押再贷款试点，有效运用再贷款、再贴现等货币政策工具，服务经济调结构、降成本、补短板。

二、加强机构规范管理，着力维护首都金融安全与稳定

（一）以存款保险评级为突破口，构建金融稳定支柱

探索建立主评级人制度，采取现场座谈与审阅资料相结合的方法开展存款保险评级，完成对4家全国性投保机构的初始评级，及对22家地方法人投保机构的最终评级。启动北京市存款保险信息系统建设，高效完成投保机构保费收交工作，存款保险制度在辖区内得到有效落实。

（二）强化风险监测评估手段，不断提升金融风险防范水平

积极推进金融稳定风险监测系统二期建设，大幅提高风险监测效率。开展银行

业资产质量真实性评估，摸清不良资产真实底数，把握潜在风险状况。与北京市有关部门共同推动互联网金融风险专项整治工作，促进互联网金融规范有序发展。深入推进“两管理、两综合”，对88家银行进行综合评价，对4家银行开展综合执法检查。落实风险为本的反洗钱监管理念，首次对辖区106家非银行金融机构进行考核评级。运用大数据技术，创新现场检查方式方法，进一步提升反洗钱监管的有效性。

（三）保持对金融违法犯罪的高压态势，优化首都金融生态环境

牵头开展“打击利用离岸公司和地下钱庄转移赃款专项行动”，被授予“全国专项行动成绩突出群体”荣誉称号。与北京市公安局成立联合整治支付结算重大犯罪办公室。与公安、工商等部门建立紧急止付和快速冻结机制，完成电信诈骗风险交易事件管理平台网络接入试点工作，严厉打击电信网络新型违法犯罪活动。加大可疑交易线索移送力度，2016年线索移送量同比增长超七成。

（四）创新开展支付机构监管，有力规范支付市场秩序

从严履行支付市场的管理职能，大幅提升检查频度和处罚力度，开出近年来人民银行针对监管对象的最高罚单，对支付市场形成有力震慑。审慎做好《支付业务许可证》续展和支付机构的分类评级工作。稳妥做好1家支付机构的市场退出工作。有序开展非银行支付机构风险专项整治和无证经营支付机构清理工作。

（五）依法加强对征信机构的合规监管，促进征信市场健康发展

创新要求机构提供第三方律师事务所出具的法律合规意见书，道义劝退不符合准入条件的机构，确保行业初期有序发展。稳妥做好2家征信机构的备案注销，开全国征信机构备案注销之先例。依法坚决谨慎处置个别违规征信机构，开出全国征信行业首张罚单。

三、大力发展普惠金融，进一步提升金融服务水平

（一）金融消费权益保护全面深化

有效处置辖内机构客户信息泄露事件，首次开展辖内金融机构客户权益保护评价工作，对3家商业银行、1家支付机构开展执法检查，督促金融机构完善相关工作制度。优化“12363”呼叫中心系统，妥善处理1.9万余件各类咨询投诉。充分利新媒体，创新开展防范电信网络欺诈、征信知识等系列宣传，组织开展反假货币微视频创意大赛，推动征信知识进入高校课堂，多渠道、多形式地普及金融消费知识。

（二）支付结算基础设施建设持续推进

研究制订工作方案，通过资金补贴，鼓励银行和支付机构在远郊区建设助农存款点、布放自助终端机具、开设便民服务点等便民金融设施，着力消除金融服务空白村。推进金融IC卡非接触式受理（以下简称非接）环境建设，金融IC卡发卡量居全国前列。稳步推进第二代支付系统推广工作，大额支付系统和网上支付跨行清算系统业务金额保持全国首位。北京CCPC“双活模式”同城备份中心全面投入运行，在全国率先开展CCPC全科目跨站点演练，灾备工作水平居全国前列。

（三）货币发行管理切实加强

有序推进硬币自循环工作，圆满完成普通纪念币预约及发行。科学调拨发行基金，有效保障辖内现金供应。持续开展精细化管理及“三严一争”活动，严控北

京立体库运行风险。推动守押体制改革，加强发行基金押运安全管理。

（四）征信管理与服务不断完善

将个人信用报告查询服务网点信息加载百度地图，便利个人征信服务。编制全流程系统功能框架，推动金融机构上线数据质量前置管理系统，从源头上保障征信系统数据质量。深入开展中关村小微企业信用体系试验区建设，全面提升首都社会信用体系建设水平。

（五）国库管理水平有效提升

切实保障“营改增”在北京市的顺利推广。完成金税三期、“退更免”电子化系统、国库会计分析及事后监督等系统的上线及升级联调测试工作，国库信息化建设水平不断提高。稳妥推进地方国库现金管理工作，建立北京市国库资金运行统计月报制度。

（六）科技服务保障功能不断强化

在全国率先完成省级数据中心基础设施云化工程试点。升级统一数据报送平台，满足日益增长的数据报送需求。完成账户管理系统存储设备更新、数据迁移及账户灾备系统 CDP 设备更换升级，进行 IT 应急能力试评估，组织开展多次演练，切实检验系统应急备份机制和预案的有效性，不断强化信息安全保障建设。

（王瑞）

国家外汇管理局北京外汇管理部

2016 年，国家外汇管理局北京外汇管理部（以下简称北京外汇管理部）认真贯彻全国外汇管理工作会议精神，不断提高跨境资本流动监测分析水平，加大核查、检查力度，着力加强预期管理，创新推进贸易投资便利化，严格依法行政，维护北京地区经济稳定和服务实体经济的水平进一步提升。

2016 年，北京地区累计实现外贸进出口 2 820 亿美元，同比下降 11.8%；贸易逆差为 1 783.2 亿美元，同比下降 15.2%；货物贸易结售汇总量为 2 462.8 亿美元，同比下降 24.6%。

一、稳步推进外汇管理改革，不断提升服务实体经济的能力

（一）着力支持首都经济发展

优化跨国公司外汇资金集中运营管理，推动金融资源向首都集聚。截至年末，该政策已惠及企业总部 62 家，涉及境内外成员企业 2 690 家，试点账户累计结算量超过 8 700 亿美元，同比增长 34%。继续推进外债比例自律管理，为中资跨国公司打通外债融资渠道。截至年末，已有 23 家企业总部完成备案，备案额度 473 亿美元。有序扩大集中收付汇与净额结算试点，15 家企业总部的资金管理实现与国际接轨，为企业节约备付金近八成，部分外资企业在京建立区域资金结算中心。

“小试验”推动“大变革”，中关村外债宏观审慎改革试点获得成功。截至年末，共有 74 家企业办理了 149 笔外债试点业务，新增外债签约额合计 42.46 亿美元。试点打破了中资企业不能借入外债的限制，拓宽了科技企业融资渠道。2016 年 5 月，该项试点政策推广至全国。

加强与城市发展战略的呼应。积极落实市政府外贸稳增长要求，制定并实施外贸稳增长措施。“一把手”带头深入一线开展调研，加强对重点企业的走访和政策扶持。加大协调力度，与北京市商务委员会（以下简称市商务委）、北京市国家税务局（以下简称市国税局）、天竺综合保税区等部门开展管理合作，建立专线服务，支持平台企业扩大出口规模。加大对创新企业的政策支持，批准北京小桔科技有限公司（滴滴出行）开展15亿美元外债融资。办理国内首笔非资产管理公司类机构跨境转让不良资产业务。

（二）统筹推进各项改革政策落地

指导搭建北京地区外汇市场自律机制。成立由主管部领导任组长的北京地区自律机制协助搭建工作小组，积极与牵头银行沟通协调，指导制订自律机制搭建方案、工作指引和展业公约等。2016 年 9 月 6 日，北京地区召开了外汇市场自律机制暨外汇和跨境人民币业务展业公约签约大会。截至年末，自律机制成员 64 家银行签署了两个公约。

稳步推进跨境电子商务外汇支付试点。截至年末，北京地区试点机构数量和业务范围均为全国之首。10 家试点机构累计办理结售汇业务 1.8 亿笔，金额折合 59.4 亿美元，办理跨境收支业务 881.4 万笔，金额折合 57.9 亿美元。认真做好风险防范，对全部试点机构及 5 家合作银行进行了现场核查。

坚持严格规范监管和支持鼓励创新并举。开展外商投资企业外方权益抽样调查和外汇年报工作，辖内 229 家样本企业顺利报送相关数据，既定企业参与率 100%。积极推进个人本外币兑换特许业务发展，深入研究创新业务需求可行性，及时向国家外汇管理局（以下简称总局）汇报反馈，争取政策支持。

二、切实强化统计、监测和调研，着力夯实履职基础

（一）加大数据核查力度，提高统计监测数据质量

深化拓展各业务条线基础性统计监测制度，指导各申报主体运用“数据采集与管控”系统开展数据自查，持续加强对辖内从业人员的统计制度和统计方法的培训。全年，共完成国际收支间接申报核查 276 万笔，纠正迟报、漏报、重复申报、不规范申报等错误信息 4 000 余笔；举办相关业务培训 2 期，应邀到银行授课 3 次，累计参训人员 1 000 余人。

（二）加强跨境资金流动监测，提高外汇形势把握能力

增强对市场变化的敏感性，加强对大宗商品价格、人民币汇率等市场性指标监测，建立市场监测周报制度。加强跨业务条线沟通交流，部门间实现资本项目收支大户、人民币跨境收支等管理信息的互联互通。深入挖掘数据变化背后的真实原因，对跨境收支、结售汇、外汇存贷款异常波动等数据进行深入挖掘，锁定具体银行和企业，把情况摸准、摸实，多层次开展分析，做好评估和预判，增强工作的前瞻性和针对性。积极参与总分局跨境资金监测分析联动工作。

（三）提升调查研究质量，为上级单位提供参考

结合北京地区总部经济特点，充分发挥信息调研支持和决策参考作用。全年共刊发《北京外汇管理信息与调研》157 期，编发《北京外汇管理上报信息》145 期，被上级部门采用 41 篇。

三、保持高压态势，严厉打击外汇违规违法行为

（一）认真落实总局各项专项检查要求

按照总局统一部署，组织开展了银行售汇业务快速检查、合格境内机构投资者外汇业务检查，以及对12家银行和12家企业外汇业务的两次专项检查。

（二）自主开展“短平快”专项检查

采取“短平快”方式，对辖内两家外资银行北京分行进行现场检查，并对银行未按规定办理经常项目资金收付、国际收支统计申报违规、代垫款业务额度管理缺乏系统控制等典型问题进行了通报。

（三）运用非现场检查数据开展监管合作

持续加强与公安部门、海关的交流合作。全年累计向公安经侦部门提供非现场检查系统排查出的异常交易线索3 388笔。在《海关稽查与外汇检查合作备忘录》框架下，向海关缉私部门提供非现场检查数据1 331笔，涉及金额7 113.72万美元。

四、不断提高依法行政水平，加大政策宣传和舆论引导力度

（一）全面落实行政审批工作事项要求，实现行政审批高效便民

认真贯彻总局依法行政工作要求。实施《国家外汇管理局北京外汇管理部外汇管理行政审批管理规定》（京汇综合〔2015〕15号），全面落实受理单时限承诺制，逐一规范行政审批环节。全年，共出具《行政审批受理单》48份、《行政审批补正材料通知书》6份，受理行政审批业务93笔。

严格落实依法行政“双公开”。制定实施《国家外汇管理局北京外汇管理部外汇行政许可和行政处罚信息公开工作实施细则》（京汇综合〔2015〕9号），进一步明确行政许可和行政处罚信息公开的程序及时间。截至年末，上传行政许可公示信息2 804条。

定期清理并公布规范性文件。按照总局要求，每两年对辖区内的规范性文件进行集中清理，减少规范性文件数量，优化依法行政环境。截至年末，北京外汇管理部公布现行有效规范性文件共7件，已全部报总局备案，并更新到北京外汇管理部政府网站。

（二）加大外汇政策宣传，做好网站更新及维护工作

多渠道多手段做好外汇政策宣传解释。编印《北京外汇管理部外汇业务指南》宣传册，向社会公众免费发放。通过组织辖内银企培训、“金融知识进商圈”活动、新闻媒体互动、互联网站及微信群宣传等多种形式，便利社会公众及时了解外汇政策和管理措施的变化。北京率先开展外债宏观审慎管理试点工作的新闻被中国新闻网等7家媒体报道，超百篇转载。借助北京市服务业扩大开放综合试点媒体集中报道平台，开展“企业自律，上限管理，突破中资企业境外融资瓶颈”专题政策宣讲。

主动发声，把握正确引导方向。加强北京外汇管理部政府网站建设，充分利用互联网平台，主动向公众发布政策、数据、管理动态和业务问答，减少市场主体对汇率波动和管理措施的非理性认识，引导社会公众顺应国家外汇政策导向调整行为。全年，北京外汇管理部政府站共发布信息300余条，回答社会公众咨询200余条。

（云璐）

中国银行业监督管理委员会北京监管局

2016年，中国银行业监督管理委员会北京监管局（以下简称北京银监局）认真贯彻落实中央和中国银行业监督管理委员会（以下简称中国银监会）各项决策部署，督导银行业金融机构提升服务京津冀协同发展和非首都功能疏解的质效，增强银行业服务质量和消费者保护工作水平，提高防范和化解风险能力，催生银行业经营转型的动力，守住了不发生区域性金融风险的底线。全年，北京银行业整体运行较为平稳，金融服务水平持续提升，虽然个别领域风险有所暴露，但整体经营质效保持良好。

一、立足北京城市功能定位，着力提升金融服务水平

一是支持国家重大战略实施和重大工程建设。支持京津冀协同发展、“一带一路”战略实施。支持政府购买棚户区改造服务，全年相关机构发放贷款185.29亿元。督导相关政策性银行在京机构通过专项建设基金向国家确定的五大类重点领域转型升级项目投放资金3 234.64亿元。

二是支持北京科技创新和文化创新“双轮驱动”。全面推动投贷联动试点工作，牵头建立与相关部门、7家试点银行的联动工作机制，联合印发《关于支持银行业金融机构在中关村国家自主创新示范区开展科创企业投贷联动试点的若干措施（试行）》。初审同意北京银行设立投资功能子公司。2016年11月，国家开发银行北京市分行向北京仁创生态环保科技股份公司发放首笔投贷联动贷款，标志着全国首个投贷联动试点项目正式落地中关村。开展文化金融调研，督导辖内银行业创新科技金融发展模式和产品服务。截至年末，辖内文化创意产业贷款余额1 511.16亿元，同比增长37.29%，文创特色支行数量28个。

三是加强小微企业金融服务。建立北京地区“银税互动”合作机制，扩大合作银行范围至40家。全年累计发放“银税互动”贷款10.78亿元。据测算，贷款利率低于辖内小微企业平均贷款利率约0.39个百分点。支持北京银行发行300亿元小微企业金融债。截至年末，北京银行业金融机构小微企业贷款余额8 815.63亿元，同比增长14.1%，增量高于上年同期503.22亿元，增速高于各项贷款5.44个百分点，北京地区整体完成小微信贷“三个不低于”目标。

四是提升农村金融服务水平。开展农村承包土地经营权抵押贷款试点，截至年末，贷款余额1 707万元，同比增长326.75%。支持农村集体经营性建设用地入市，北京农商银行为大兴区试点的首个项目授信34亿元，已发放贷款23.29亿元。截至年末，辖内中资银行支持都市型现代农业贷款余额198.83亿元，同比增长52.5%。

五是切实保护银行业消费者权益。提前全面实现银行专区产品销售和信托公司对个人投资者直销“双录”。推动设立北京秉正银行业消费者权益保护促进中心，多措并举做好投诉处理。

六是开展“大众满意金融服务”创建工作。印发《关于开展北京银行业“大众满意金融服务”创建工作的通知》，从渠道建设、产品服务、合规操作三方面提出12条创建标准，辖内66家机构制订了具体工作方案，推进工作取得了阶段性成效。

二、深入研究区域风险特征，着力增强银行业风险防控内生动力

一是建立全面风险分析机制。在单体风险、专题风险、行业风险分析的基础上开展全面风险分析研判，按月监测辖内不良贷款变动情况，按季完成区域性风险情况分析报告，每半年完成辖内银行业全面风险情况分析报告。

二是开展监审联动。围绕钢铁煤炭行业信贷、房地产信贷、同业票据等业务开展12项现场检查，针对超授权代销、私售、信托等风险突出领域开展专项核查。组织44家机构开展42项指定内审检查项目，并实施质量评估，整体评估结果良好。

三是完成“两个加强、两个遏制”回头看专项检查。对60家机构开展“两个加强、两个遏制”回头看专项检查，针对检查发现问题的机构采取限制性监管措施或实施行政处罚。

四是债委会工作稳步推进。联合有关部门确定首批困难企业、风险企业组建债委会。

五是加强房地产信贷风险防控。联合有关部门出台房地产市场调控政策，并对4家银行房地产信贷政策执行情况进行现场督查，组织开展房地产业务专项检查，严肃查处发现的问题。

六是严控非法集资等外部风险传染。推动“总对总”“点对点”涉案资金账户查控专线建设和应用；协同查处“芯片银行”“首付贷”等多起违法行为；辖内机构向北京市打击非法集资工作小组办公室（以下简称市打非办）报送7起非法集资线索，加大堵截电信网络诈骗力度，避免客户资金损失。联合开展网贷风险专项整治，对北京地区28家涉及校园网贷的平台开展重点排查。

三、积极推动机构扩大开放，着力引导机构转型发展

一是推动银行业扩大开放。加强内外协调和政策辅导，在依法合规的前提下，提高审批效率，注重监管服务，推进北京市服务业对外开放综合试点相关工作，有序推进民间资本进入银行业，推动北京中关村银行等民营银行筹建。支持外资金融机构在京设立机构，核准富邦华一银行、浦发硅谷银行北京分行开业。助力企业“走出去”，核准3家信托公司受托境外理财业务资格，对7家财务公司境外资金归集试点资格备案。支持部分企业组建或重组财务公司，核准3家财务公司开业，对6家企业集团拟设财务公司和3家企业拟设消费金融公司进行辅导，指导7家财务公司重组、整合。

二是推动机构转型发展。支持机构提高综合化经营能力，核准北京银行设立村镇银行。帮助机构拓宽资本补充渠道，核准北京农商银行发行100亿元二级资本债券，核准2家金融租赁公司和3家汽车金融公司发行195亿元金融债。批准机构扩大业务范围，核准1家信托公司特定目的信托受托机构资格，核准2家金融租赁公司开办资产证券化业务资格，备案4家汽车金融公司210亿元资产证券化产品。

四、持续推进监管能力建设，着力提高监管工作效能

一是加强监管法治化建设。全年，审议通过行政处罚案件十余起，对相关责任人给予禁止从业、警告、罚款等处罚。落实通过法定途径分类处理信访投诉请求工作要求，依法做好信访工作。建立北京银行业法律工作专家委员会工作机制，探索组建专家委员人才库。

二是加强舆论引导和政府信息公开。召开银行业例行新闻发布会，研究完善政府信息公开工作机制，实行行政许可和行政处罚等信息“双公示”。

三是优化监管资源配置。变更设立专营机构监管处，增设科技金融科等 6 个科级机构，向科技金融、信息科技、网贷监管、法律工作等领域倾斜监管资源。

四是加强调查研究。主要围绕金融支持重点领域、银行业转型发展及风险管理机制建设等热点难点问题开展 45 项调查研究，强化调研成果转化。

（刘雯）

中国证券监督管理委员会北京监管局

2016 年，中国证券监督管理委员会北京监管局（以下简称北京证监局）按照全国证券期货监管工作会议精神和工作部署，坚持依法行政，加快监管转型，聚焦辖区资本市场健康稳定持续发展，把投资者权益保护摆在突出位置，牢牢守住不发生系统性、区域性风险的底线，在服务北京地方经济发展和推进京津冀一体化等方面不断发挥新的作用。

一、始终坚持依法行政，积极践行依法监管职责

一是全面汇编业务规则，梳理工作流程。全面梳理监管法规和工作规则，形成法规汇编，并根据监管职责的调整，梳理业务工作规程，为日常监管工作提供依据和便利。

二是深化简政放权，妥善做好行政许可工作。修订《证券公司行政许可及备案工作指引》，制定《期货经营机构高级管理人员任职备案工作规程》，明晰许可备案相关要求，切实做好行政许可取消和下放后的各项政策衔接工作，全年共完成行政许可约 90 件。

三是综合运用各类检查，强化现场监管核心职能。有效整合监管资源，综合运用各种检查方式，特别是增加专项检查的频次，并结合工作需要，成立综合检查组，对所辖机构从基础业务到内控管理，从营业部个体到公司全面，从投资者账户核查到证券公司业务体检，实现监管的纵向递进，进一步强化现场监管的核心职能。全年共组织对各类辖区监管对象约 300 家次检查。

四是积极参与立法，在外部协同中提升监管效能。完成对中国证券监督管理委员会（以下简称中国证监会主席办公会）专题材料、《证券法》《民法通则》《公司法司法解释四》等各类法规征求意见反馈 61 件。参与北京市统一的失信联合惩戒行动，建立与北京市司法局、北京市律师协会的联席会议机制，接待司法机关来访 11 次，妥善处理和回应司法机关来访要求。

五是运用法治思维，提高依法行政能力。强化法律审查工作，共对 300 余项工作作出法律会签审查，完成依申请信息公开事项 11 件，及时应对 4 起行政复议和

1 起行政诉讼案件。强化资本市场诚信系统建设和应用工作，全年共录入信息 233 条，更新诚信信息 29 条，接收外部诚信查询 189 单，查询征信报告 46 份。首次面向公职律师召开法制专题培训，邀请专家授课，安排法律风险专题座谈会，提高依法行政能力。

六是深挖新闻宣传工作效能，充分发挥监管工作的“左右手”作用。制定辖区“七五”普法宣传规划，会同北京市金融工作局（以下简称市金融局）举办投资者权益保护系列公益活动，组织证券经营机构负责人录制宣传片，邀请 20 余家媒体刊登 40 余篇投资者权益保护专题文章，得到《北京晚报》专栏跟踪报道。开展首都金融安全宣传教育活动，印制宣传海报，确保监管业务和新闻舆论工作同步考虑、同步部署、同步进行。

二、加大行政执法监督力度，全面落实从严监管理念

一是充分发挥行政监管措施即时纠正的效能。加大对违规行为的即期纠正，综合运用各类行政监管措施，实现准确追责。全年共对个人和监管对象下发警示函、监管谈话、责令增加合规检查次数、责令公开说明、责令改正等 77 余件，并建议中国证监会会计部对 1 家审计机构及 4 名相关签字会计师、1 家评估机构及 2 名相关签字评估师采取行政监管措施。

二是强化案件执法调查力度。开拓与通信管理部门执法合作的新领域，累计向北京市通信管理局发出查询函 27 份，查询电话号码 268 个、IP 地址 84 个，涉及案件 60 件。全年共办理涉嫌证券期货违法违规线索 165 起，办理初查案件 13 起、立案案件 15 起、协查案件 33 起、执行案件 10 起，移送公安机关案件 4 起，对 2 名涉案当事人采取限制出境措施。查处证券公司、上市公司的董事、监事、高级管理人员累计 33 人，其中总经理级别以上人员 5 人；查处证券公司、上市公司 3 家，立案调查交易金额 30 亿元、获利金额 3 000 万元以上的利用未公开信息交易案件 2 件。

三是做好行政处罚工作。全年共审理案件 11 起（2 起审结，9 起在审），下发行政处罚决定书 3 份、事先告知书 5 份，举办听证会 3 次，送达处罚法律文书 19 份。

四是加强举报投诉与现场检查、日常监管与稽查执法的衔接联动。针对投资者提供的有效线索，积极开展现场检查，全年共组织检查 62 家次。监管处室与稽查处室联手打击信息披露违法违规、私募基金违法等行为，对 5 起线索进行会商，对 1 起日常监管移送的案件立案调查，对 1 起专项核查工作实施稽查提前介入。

五是开展对非法证券业务的专项清理整顿工作。针对基金销售行业散乱差风险，严把销售牌照准入关，完善日常备案要求，开展专项清理整顿，最大限度地防范机构囤积倒卖基金销售牌照、进行监管套利等风险。对北京辖区 50 家交易场所及 1 家登记结算公司开展摸底调查，及时纠正北京向上融科科技发展有限公司（老虎证券）等为境外证券经营机构非法经营证券业务提供支持的显属不当行为，分别采取责令整改（取缔）的监管措施。针对新浪微博、新浪财经为代表的互联网平台通过直播室等形式涉足证券业务，积极应对相关举报，努力探索互联网新形势下证券期货活动监管的新方法。

三、实现监管链条全覆盖，大力强化“全面监管”要求

一是以年报审核为突破口，优化上市公司监管。对年报采用“重点审核+一般审阅”的方式，主要关注信息披露、财务会计、规范运作等问题，提升年报审核效率和质量；将风险导向和随机抽取相结合，灵活运用多种检查方式，增加专项检查频次，有效整合监管资源；加强建筑、餐饮、文化传播等重点行业高风险公司的监管力度，紧密关注高风险公司中科云网和乐视网的发展情况，妥善解决“ST 湘鄂情”债券违约兑付风险，统筹协调局内专业力量，会商处理会计判断、法律风险等疑难复杂事项，提升证据线索的发现效率。同时，对保荐人、审计师、律师、评估机构等中介进行相应核查和惩处。

二是以事中事后监管为核心，规范证券期货机构运作。加强研报合规管理，妥善处理媒体报道中金公司预测万能险存量资金撤出 A 股市场相关事项，组织召开辖区证券公司发布研报业务专题会议，就提升政治敏感度、提高制作质量、加强合规管理，重申监管要求，协调外资券商介绍国际经验。综合运用日常备案材料审核、定期报告汇总分析、重点约谈负责人员、适时启动现场核查等监管手段，严查客户资金账户透支事件，开展债券承销业务风险排查，牵头开展并表监管研究，摸排证券公司境外子公司和基金公司子公司经营情况，研究治理证券投资咨询公司投诉频发现象，建立年度、月度证券期货公司财务指标预警体系，持续做好保证金安全存管工作。对证券公司子公司产品购买短期融资券违约等风险和突发事件及时进行核查，处理上百起涉及证券公司及营业部的举报信访，有效维护了辖区市场的稳定。

三是以中介机构和分层分类监管为抓手，初步形成非上市公众公司监管模式。建立监管台账与监管月报机制、主办券商联系机制、重大事项报告机制、挂牌公司监管协作机制，形成持续、快速、有效的风险信息采集、处理系统，有效排查辖区 1 300 余家“新三板”挂牌公司风险状况。召开辖区挂牌公司主办券商大会，建立健全主办券商执业质量的检查及重大事项报告制度，提高持续督导工作质量。妥善处理中成新星、环球拓业两家挂牌公司的风险事件，以问题和风险为导向对辖区挂牌公司资金占用情况进行专项核查，对发现问题的公司及时采取行政监管措施。

四是以风险控制为核心，强化公司债券业务监管。建立违约风险监测，制定公司债券违约应急预案，与沪深交易所和市金融局签订债券业务合作备忘录，明确“四位一体”的监管协同体系。建立辖区债券信息月报机制，设置公司债券风险台账。关注发行人披露信息、媒体质疑、信用评级下调和展望负面等信息，确保及时发现发行人潜在的风险。

五是以长效监管为方向，开展股权众筹整治工作。在中国证监会指导和部署下，与市金融局紧密合作，制定辖区股权众筹整治工作方案征求意见稿，纳入北京市互联网金融风险整治整体方案。协调市金融局推进股权众筹整治工作进展，每周形成工作信息报送，已完成第一阶段的排查工作。

六是以大数据监控为手段，做好私募基金监测舆论和风险防范工作。联合市金融局运用北京市打击非法集资监测预警平台的“冒烟指数”，通过大数据采集、分析技术等对非法集资活动进行监测预警，利用舆情监控，主动检索“非法集资、私募违法”等敏感词，拓展私募机构从事非法证券期货活动的线索来源，从市场源头排查和防范私募机构风险。联合中国基金业协会、市金融局共同开展辖区风险排查专项工作，创新多部门分工协作机制。

七是以归位尽责为目标，完善中介机构监管。以年审跟进为抓手，全程督导会计师事务所年审工作，审阅总体审计策略23份。以风险和问题导向开展律师事务所现场核查工作，全年完成对8家律师事务所办理的并购重组、“新三板”、私募基金法律业务的现场检查，并进行问题通报。

四、切实保护投资者合法权益，构建多层次投保体系

一是组织开展投资者保护系列活动。举办以“理性投资、守护财富”为主题的投资者权益保护系列公益活动，涵盖“了解你的客户”与适当性、防范处置非法集资、建立多元化纠纷解决机制3个专场活动，以及开通“投资者权益保护”微信公众号。通过走进社区、走进公园、举办讲座、现场咨询等形式，开展以“正确认识私募，远离非法集资”为主题的私募宣传活动，联合北京电视台《天下财经》栏目录制投保专题节目，培养投资者理性投资意识。

二是妥善处理举报投诉事项。重新修订《北京证监局举报工作规程》，制定《案件新闻素材采集与处理制度》《证券期货违法违规线索发现处理工作制度》《稽查要情报送工作规程》《证券期货违法违规案件通信信息查询工作规程》等配套文件。全年共办理举报865件，办结789件，办结率91.21%；办理信访24件，办结21件，办结率87.5%；办理“12386”事项711件，办结694件，办结率97.61%；确保辖区未出现大规模的集体上访事件。

三是深化多元化纠纷调解工作。与中证中小投资者服务中心有限公司签订纠纷调解的合作有序推进，全年在北京辖区调解成功39件，涉及赔偿累计金额1 180万元。对没有明显违法违规线索的投诉举报，经投诉双方同意，引入调解力量，促进矛盾化解，有效减少重复举报。

四是全面摸底总结辖区投资者保护的现状。完成对《关于进一步加强资本市场中小投资者合法权益保护工作的意见》落实情况的督查。建立辖区机构投保工作情况统计体系，及时掌握投资者教育、适当性管理、诉求处理、人员及经费保障等情况。

五是加强投资者适当性管理。以现场检查和投诉举报核查为抓手，重点关注投资者适当性管理方面存在的风险，对投资者适当性管理出现偏差的，视情况提醒或下发监管措施，督促辖区公司及从业人员主动了解客户风险承受能力，引导投资者树立主动度量风险，理性开展投资的理念。

五、坚持服务实体经济，切实促进辖区资本市场发展

一是创新辖区监管对象培训，顺应市场贴近需求。倾听辖区监管对象诉求，“量身定制”各类风控合规培训方案，引进外部培训机构进行专业指导咨询。全年共对辖区对象组织46余轮次专题培训，累计培训人数达数千余人。

二是鼓励资本运作，切实解决企业融资难问题。严肃拟上市公司辅导备案，促进规范助力上市。全年，新增首次公开募股企业6家，募集资金16.47亿元，36家公司增发募集资金435.35亿元；28家公司并购重组完成或已通过中国证监会审核，涉及金额165.31亿元；支持2家证券公司在境内境外挂牌上市、1家证券公司引入战略投资者、1家证券公司增资扩股，帮助2家合资证券公司协调外资持股占比事宜；辖区共196家公司发行453只公司债券，发行规模9 715亿元。

三是积极开展行业调研，关注供给侧结构性改革。就会计准则研究、会计行业现状分析、会计师事务所监管方向探索、期货公司“营改增”税务改革、证券投资咨询公司经营现状、北京地区债券融资情况等多个热点和难点，开展行业调研，撰写数篇调研报告和专题报告，部分发表于《北京市金融年鉴》《财务与会计》《中国资产评估》等出版物。赴中煤能源、首钢股份、中国重工进行实地调研，了解“三降一去一补”的具体落实情况以及供给侧改革过程中面临的难题和困境。与中国重工、海通证券联合开展“国拨资金转增股本”的课题研究，参与“将党的领导融入上市公司治理”课题研究。

四是指导辖区公司，参与服务实体经济和“三农”经济。指导辖区公司积极参与“保险+期货”业务试点，探索为白糖、大豆、玉米等农产品目标价格管理提供方案，维护农户切身利益，为相关产业链生产、贸易、消费主体提供价格风险管理服务。指导辖区公司利用期货工具服务小微企业，创造小微企业盈利新模式。指导北京期货商会举办期货公司首席风险官场外业务交流会，推动期货公司通过风险管理子公司为实体经济提供风险管理服务，提升服务实体经济能力。

（郭文龙）

中国保险监督管理委员会北京监管局

2016年，中国保险监督管理委员会北京监管局（以下简称北京保监局）围绕贯彻落实“新国十条”，立足服务首都“四个中心”功能定位，坚持抓服务、严监管、防风险、促发展，稳步推进保险监管工作。

一、厚植优势，服务首都显能力

一是服务社会治理体系创新。安全生产责任险试点稳步推进，险种覆盖由初期的11个行业扩展至31个行业。公众责任险等服务政府管理创新有新进展，年内新增丰台区人民政府参与投保，东城区、石景山区和丰台区扩展了火灾爆炸、煤气中毒、传染病等无责救助责任。医疗责任保险竞争机制进一步优化，经营机构增至6家，投保医院数量增加100余家，全年共为1 201家次医疗机构提供风险保障10.4亿元，支付赔款5 736万元。

二是积极服务“三农”发展。推动险种创新，启动大兴区肉牛保险试点，扩大生猪价格指数保险、玉米干旱气象指数保险试点保障范围。推动信息技术应用，制定农险信息技术应用规范，发挥北京农金平台“e采集”系统的技术优势，通过卫星遥感等信息技术手段采集农险承保标的信息，全面应用于农业保险承保验标、查勘定损和信息登记，提升信息化水平。

三是参与多层次社会保障体系建设。3 月，启动个人税优健康险项目试点。7 月，正式启动海淀区居家养老失能护理互助项目（试点），开创了国内长期护理保险以护理服务给付代替现金给付的先河。老年人意外险项目已覆盖全市。深入参与“新农合”经办管理，服务 195 万名参合农民，占全市参合人数的 87%。在房山、平谷、昌平和通州 4 个区为城镇及农村低保低收入群体提供小额意外伤害保险。

四是服务中小微和科技企业。加强与北京市科学技术委员会（以下简称市科委）、北京市经济和信息化委员会（以下简称市经信委）等部门的沟通，推动保险业服务中小微和科技企业。指导保险机构与银行签订合作协议，利用“股票质押＋贷款保证保险”的方式为“新三板”企业提供融资增信支持。联合中关村管委会推动建设中关村国家级科技保险创新示范区。

二、勇于创新，重点工作有突破

一是坚持改革引领，提高车险服务能力。6 月末，启动商业车险改革工作。利用辖区车险大数据优势，研究制订费率浮动方案，联合北京市公安局公安交通管理局（以下简称市交管局）创新引入交通违法浮动系数，强化保险费率对交通违法行为的约束和惩戒作用。启动交强险电子保单试点，在商业车险电子保单试点基础上，通过与交管、地税、农业等部门的深入协调，突破了交强险电子保单政策瓶颈，实现车险保单电子化。

二是探寻治本之道，提升人身险业务品质。从业人员销售资质分类管理成效初显，保证了销售人员的队伍稳定、专业素质，有助于从根本上改善销售品质。寿险销售行为关键指标改善计划取得阶段性成果，在促进市场主体着力规范销售行为、实现销售品质持续改善、有效遏制销售误导方面起到了积极的作用。

三、常抓不懈，日常监管见成效

一是认真落实风险防范的政策措施。防范满期给付和非正常退保风险，对辖内寿险公司开展风险排查，向 12 家重点公司发出风险提示函；将核心监管指标体系与风险综合评级相结合，实现旬、月、季度风险监测。积极防范和处置非法集资风险，与市有关部门联合开展了以“慧眼·守信·明责”为主题的防范打击非法集资专题宣传月活动和“5·15 打击和防范经济犯罪”宣传日活动暨防范非法集资宣传月主题活动；与北京市工商行政管理局（以下简称市工商局）等 11 个部门联合下发《关于在防范和处置非法集资活动中加强金融投资理财类广告监管有关工作的实施意见》；配合市金融局开展非法集资线索奖励评审等工作。认真开展互联网保险风险专项整治工作。

二是大力规范市场秩序。不断加强对监管制度落实情况的跟踪检查，强化制度约束力，全年共对 77 家保险公司和保险中介机构进行了现场检查。持续提升重点领域非现场监管效能，建立北京保险中介大数据风险监测平台，设置车险不正当竞争监测标准，定期监测公司经营行为。认真开展反洗钱专项检查。

三是切实保护保险消费者合法权益。持续推进保险纠纷诉调对接机制建设，指导行业协会先后与北京市高级人民法院、北京铁路运输法院、北京市第四中级人民法院就道路交通事故纠纷诉前调解、执行案款收缴等事项达成共识。妥善解决保险消费纠纷，持续做好“12378”热线服务工作，指导行业建立保险合同纠纷调解中心化解投诉纠纷，基本做到“简单纠纷不出公司，复杂纠纷不出行业”。加强保险宣传教育，开展多种形式的保险消费者权益保护教育宣传，回应社会关切，提示保险消费风险；与北京银监局、北京证监局等六部门联合开展打击非法集资宣传教育活动，制作30万张宣传海报，张贴至各社区、保险公司网点及中介机构；针对突出问题，利用短信平台向万余名消费者及时发送风险提示短信，进一步防范风险扩散。明确违规案件调查要点，建立信息共享机制，剖析并通报典型案例，提升查处水平。

（赵晓洋）

北京市金融工作局

2016年，首都金融运行稳中向好，继续保持第一大支柱产业地位，助力“十三五”实现良好开局。据初步核算，2016年北京市金融业实现增加值4 266.8亿元，同比增长9.3%，占地区生产总值的17.1%，对经济增长的贡献率23.8%；实现地方公共财政预算收入915.2亿元，同比下降1.4%；资产总额127.4万亿元，同比增长13.3%。

一、服务“一带一路”国家战略成效明显

一是保障亚投行运营。按照市政府与亚洲基础设施投资银行（以下简称亚投行）签订的《谅解备忘录》，成立服务亚投行领导小组及办公室，积极协调做好亚投行总部办公楼、员工宿舍相关服务保障工作。9月，亚投行总部项目在京正式开工。

二是对接服务项目。牵头组织亚投行、丝路基金、中非基金、中拉基金以及相关金融机构，召开服务“一带一路”项目对接会，推动金融机构在国内外“一带一路”沿线地区加强服务。

三是布局服务网点。北京银行成立陕西北银丝路基金，中信建投证券股份有限公司在“一带一路”沿线省市新设十余家证券营业部。

四是服务对外投融资。中国银行、中国工商银行先后利用提供备用信用证增信等方式协助企业开展境外债券融资。2016年，中国出口信用保险承保“一带一路”沿线国家和地区的大型成套设备、海外投资项目59个，涉及保额270.1亿美元。中国人寿保险集团公司首个境外代表处在伦敦开业，保险机构海外布局迈出新步伐。

二、京津冀金融一体化进程加速推进

一是完善工作机制。建立完善京津冀金融协同发展推进机制，定期组织召开京津冀金融工作推进会，编制《京津冀工作动态》。

二是加强机构协同。推动在京金融机构设立京津冀事业部，积极探索跨区域经营和服务标准统一。推动北京农商银行与天津农商银行银团贷款，支持天津城市轨道交通建设。

三是创新重大项目融资方式。创新利用保险资金，据中国保险资产管理业协会统计，已有2 100多亿元保险债权计划投向京津冀地区。发挥政府资金引导作用，成立京冀协同发展产业投资基金，设立曹妃甸、首钢园区基础设施等子基金，已到位资金100亿元，撬动社会资本214亿元。

四是推动金融市场一体化。北京四板市场加强与天津、河北和周边地区四板市场的股权合作和业务协同。京津冀产权市场发展联盟联合披露各类项目6 379项，成交金额1 809.81亿元。

三、对非首都功能疏解支撑作用不断加强

一是搭建融资平台。协调国开行北京市分行等作为贷款主体，北京新奥集团作为棚户区改造市级统贷平台，加快实施通州潞城棚户区改造项目，国家开发银行累计向首都棚户区改造项目承诺贷款1 600多亿元。

二是设立投资基金。农业银行与市政府合作设立1 000亿元城市副中心建设发展基金，启动的第一批项目共82个，总金额916亿元，已完成通州区八里桥棚户区改造和轻轨L2线土地一级开发等项目投资，涉及金额75亿元，带动社会资本近400亿元。

三是创新融资方式。推动北京市住总集团黑庄户棚改项目通过“类永续债+抵押补充贷款”方式获得融资44亿元，贷款利率为基准利率下浮15%。太平养老保险公司支持丰台区棚改项目10亿元。

四、金融服务业扩大开放试点全面展开

落实国务院批准的北京市服务业扩大开放综合试点实施方案，首都金融业对外开放加快推进。推动设立内地与港澳关于建立更紧密经贸关系的安排（CEPA）框架下的合资证券公司，支持放宽合资证券公司外资持股比例，有效引进外资，积极推动开展外汇资本金结汇、外债宏观审慎管理、跨境双向人民币资金池等试点工作，探索外汇政策集成创新，降低企业外汇使用和融资成本。研究推动民间资本成立“一带一路”金融研究院，搭建“走出去”金融服务平台，探索服务“一带一路”金融发展的组织模式创新。

五、加大力度推进金融供给侧结构性改革

一是加快建设国家科技金融创新中心。制定发布《关于支持银行业金融机构在中关村国家自主创新示范区开展科创企业投贷联动试点的若干措施（试行）》，建立投贷联动市场化风险分担补偿和收益分享机制，国开行北京市分行在中关村实施全国首单“投贷联动”支持科创企业项目。科技金融产品更加丰富，北京银行推出“创意贷”“智权贷”“软件贷”等特色融资产品；中关村科技担保公司推出“零保费”产品——“创易保”，并与中关村创投、英诺天使等创投机构合作，为科技创业企业提供综合金融服务；保险机构开发“知识产权质押贷款保证保险”“中关村小额贷款保证保险”，积极支持创新创业。

二是大力构建绿色金融体系。落实中国人民银行等七部委《关于构建绿色金融体系的指导意见》，研究起草《关于构建首都绿色金融体系的实施办法》，推动绿色金融创新初显成效。截至年末，北京绿色信贷占总信贷规模的13%左右，高于全国平均水平；北汽股份成功发行25亿元全国首支绿色企业债券，华能新能源、北控水务等六家企业发行规模达172.4亿元的绿色公司债券；北京环境交易所累计实现碳配额和中国核证减排量（CCER）交易2 100万吨，交易额5.3亿元。

三是支持文化金融蓬勃发展。支持金融机构积极创新文化金融模式，创建国家文化金融合作试验区。中国银行、交通银行推出“知贷通”“文创通”“智融通”等文化信贷产品；北京市文化科技融资担保等机构推出“剧保通”“演出宝”等专项担保产品；保险机构累计开发艺术品保险、专利执行保险、演艺活动公众责任保险、电影完片保险等专属产品近百款。

四是创新小微金融服务模式。建设北京市小微企业综合金融服务电子交易平台，推动金融机构小微商户便民金融服务模式创新，截至年末，北京银行业金融机构小微企业贷款余额8 815.63亿元，比上年同期增长14.1%，小微企业申贷获得率86.18%，比上年同期提升5.85个百分点。

五是深化农村金融改革试点。积极推动农村承包土地经营权抵押贷款试点工作，推动设立新型农村合作金融互助组织，在大兴区赤鲁村、平谷区西柏店村和东四道岭村开展合作社内部资金互助试点。保险业精准扶贫三步走，制定了“大病扶贫”“农险扶贫”“产业扶贫”。

六是创新保险保障功能。落实《北京市居家养老服务条例》，在海淀区率先启动居家养老失能护理互助保险试点，是全国首例长期照护保障制度创新。深入开展安全生产责任保险试点，截至年末，全市安责险参保企业突破2.1万家。

六、地方金融监管制度建设日趋完善

一是加强信用监管，推动融资担保机构和小额贷款公司接入人民银行征信平台。对违法违规融资性担保公司加大处罚力度，累计注销24家公司的融资性担保机构经营许可证。

二是加强制度建设。督促小额贷款公司完善信贷管理、内部风控、财务稽核等各项制度。制定《北京市交易场所管理办法实施细则》，进一步细化交易场所准入、监管、投资者适当性标准和风险处置及市场退出机制。

三是完善基础设施。设立北京登记结算有限公司，面向全市交易场所开展信息披露、数据统计与资金监测等工作。

四是加强自律管理。设立首都要素市场协会，从维护行业利益、引导全市交易场所开展行业自律的角度出发，防范首都要素市场行业风险，促进行业规范发展。发挥北京网贷行业协会在网贷行业的自律管理职能，深化“行业协会+党建”模式创新。

七、积极构筑打击非法集资长效机制

一是完善制度体系。制定《北京市群众举报涉嫌非法集资线索奖励办法》《防范打击非法集资现场核查实施办法》《防范处置非法集资综治考评细则》《北京市非法集资案件高发重点区挂牌整治办法》，修订《非法集资风险指引》。

二是开展打击非法集资专项整治行动。制发《2016年打击非法集资专项整治行动工作方案》，市政府召开部署动员会，各区、各部门加大防范和处置工作力度。对非法集资案件高发区实行为期一年的挂牌督办。

三是做好监测预警工作。构建由打击非法集资监测预警云平台、全息风险预警平台、金融小卫士（打击非法集资随手拍APP）组成的“线上+线下”监测预警机制。截至年末，监测“冒烟指数”40分以上企业340家，与相关部门采取风险警示、联合约谈、重点处置等方式，进行综合治理。社会公众已下载金融小卫士206万人次，上传信息2万余条。自3月30日《北京市群众举报涉嫌非法集资线索奖励办法》发布以来，共收到举报信息5万余条，召开举报线索评审会4期，评审出奖励线索22条，奖金12万元。

四是积极稳妥化解风险。积极稳妥推进重大非法集资案件处置，依法依规做好涉案资产保全、债权确认等工作。

五是深入推进百千万宣教工程。形成金融知识普及讲师、金融机构风险监督员、社区村镇风险联络员为主体的宣教体系，全年讲座76场，受众达万余人。通过报刊、金融安全展、微信公众号等形式向社会公众传递金融政策知识。组织打非宣传媒体联盟座谈会。“打击非法集资”微信公众号受众13万余人，阅读量31万余次。在北京电视台《法眼看剧》播出6集打非微电影，累计360余万人次收看；在歌华有线宣传防范打非知识，累计播放4 400万户次。

六是切实加强金融消费者权益保护。开展“5·15”打击和防范经济犯罪宣传日和“防范和打击非法集资，保护金融消费者合法权益”系列宣教活动。会同北京保监局等相关部门在全市张贴近15万张打非消保公益宣传海报。开展金融知识进万家活动，全年累计开展各类讲座49场，受众近5 000人。建立“首都金融安全”微信公众号，全年发布信息212期，受众覆盖7.6万人次。

八、互联网金融风险专项整治深入推动

一是组织开展互联网金融风险专项整治工作。

二是完善监管系统。开发“金管通”互联网金融风险管理系统，对全市16万家互联网金融及相关企业进行摸底排查，建立企业风险电子档案。开发完成网络借贷监管系统，实现产品实时登记、信息及时披露。

三是构建监管长效机制。探索形成以北京市网贷行业协会自律监管为依托，以产品登记、信息披露、资金托管为核心，行业大数据平台、托管平台、行业并购基金、约谈风险企业等措施综合运用的“1+3+N”监管体系。

四是及时化解重点高风险机构风险。加强舆情监测，及时发现和报告可能引发金融风险的苗头和线索，会同相关部门约谈重点企业10余家，部分平台及企业风险已基本化解。

（胡靖怡）

中国人民银行中关村国家自主创新示范区中心支行（国家外汇管理局中关村国家自主创新示范区中心支局）

2016年，中国人民银行中关村国家自主创新示范区中心支行（国家外汇管理局中关村国家自主创新示范区中心支局）（以下分别简称中关村中心支行、中关村中心支局）紧紧围绕人民银行的中心工作，立足中关村“一区十六园”经济金融发展实际，按照功能型、创新型的职能定位，以“服务营管部、服务中关村”为目标，求真务实，开拓创新，进一步扩大先行先试政策影响力，推动科技金融专业化发展，不断提升金融服务精细化和专业化水平，探索综合化的调查研究和监测分析机制，促进辖区内金融生态环境的改善。

一、进一步推动先行先试政策落实，扩大政策影响力

（一）积极开展外债宏观审慎管理试点工作，探索深化试点政策措施

通过多渠道宣传、推广试点政策，进一步扩大政策影响力；调整优化内部流程，推进业务流程标准化、规范化、高效化；与政府部门密切配合，为试点企业积极争取外债贴息支持政策，有效解决企业的后顾之忧。截至年末，已为74家企业办理外债宏观审慎管理试点业务149笔，新增外债金额42.46亿美元，1年可为试点企业节约财务成本7.72亿元。

（二）积极落实中关村境外并购业务试点政策，推动企业战略转型以及地区产业结构的优化升级

加强政策宣传和引导，支持金融机构举办跨境并购新业务推介会，参与讲解中关村跨境并购试点政策，为有实际投资需求的企业提供政策辅导。全年，为3家企业办理4笔跨境并购试点业务，核准汇出额度6 537.94万美元，办理快速汇款3 846.94万美元。

二、深化内涵与拓展外延并举，推动科技金融专业化发展

（一）在全国范围内率先开展科技金融专营机构评估工作，构建科技金融工作长效机制

在前期摸底调研、反复征求各银行意见的基础上，制订科技金融专营机构评估工作方案。2016年，辖区内16家商业银行的47家科技金融专营机构参与首次评估，其中12家专营机构被评为A档。

（二）全方位开展监测工作，强化科技金融工作数据储备

通过开展专营机构季度监测和科技金融专项监测，实现了对辖区内科技金融专营机构业务数据和工作开展“活情况”的全面掌握。定期编辑发布《科技金融动态信息》，便于上级行、政府部门和金融机构全面掌握科技金融发展的行业动态和监管政策。

（三）构建科技金融分析框架，为科技金融政策落地提供参考

通过扬长避短、化繁为简的方式，利用季度监测数据和专项监测的情况，结合征信数据应用分析系统，对中关村示范区“一区十六园”高新技术企业的贷款发放、贷款质量情况进行监测分析，形成辖区科技金融季度分析报告，为人民银行营业管理部季度分析提供中微观数据参考。

三、寓管理于服务，不断提升金融服务精细化和专业化水平

（一）完善综合柜员制，提高柜台运转效率

合理设置岗位，构建纵横结合的矩阵型组织架构，探索建立“前、中、后”台业务处理模式，提高柜台整体运转效率，节约了近50%的人力资源。全年，共办理信用报告查询业务106 518笔，完成账户审批业务99 920笔，受理各类外汇行政许可业务497笔。

（二）夯实依法行政基础，打造基层央行窗口服务形象

加强制度建设，对各条线业务职责进行系统梳理，确保各项业务有章可循、有

据可依。采取开设绿色通道、组织安装征信查询前置系统和身份证高拍仪、为自助查询机增加收费模块等措施，切实提升窗口服务水平。

（三）秉持“管理与服务并重，寓管理于服务”的理念，对辖内金融机构提供有针对性的“定制化”服务

对账户业务量大且退回率较高的银行，采取“点对点”培训方式，先后为3家机构举办驻点培训，累计受训人员300余人次；对有疑难业务问题的银行，采取专项指导的方式进行面对面的座谈指导，帮助其解决实际问题。

（四）以推广应收账款融资服务平台为重点，推动改善园区中小企业融资环境

制定《关于2016年推广应收账款融资服务平台的方案》，从企业集团财务公司入手推广应收账款融资服务平台，摸清北京地区应收账款融资的基本情况及存在问题，积极向各企业集团财务公司宣传平台的重要作用，提高平台的使用率。

四、探索综合化的调查研究和监测分析机制，进一步提高把握辖内跨境收支情况的能力

（一）立足辖区特点和人员特长，充分发挥调研合力

建立联合调研协调机制，在全行范围抽调骨干力量，组成课题小组。立足于中关村中心支行的职能定位，开展消费金融、本外币一体化监测等方面的调研。全年，共编写信息78篇，其中被中国人民银行、国家外汇管理局采用12.5篇，中国人民银行领导批示3篇，市委市政府采用7篇；报送《外债宏观审慎管理实践与探索》等调研报告16篇。

（二）建设中关村中心支行综合数据系统，为本外币一体化分析奠定数据基础

组建综合数据系统建设工作小组，对现有各业务系统可得数据进行整理，通过技术手段减轻手工采集数据的工作量，提高数据采集的规范化和标准化，为实现辖内本外币一体化分析奠定基础。截至年末，该系统已完成初步开发，进入测试阶段。

（三）强化跨境资金流动监测，维护地区金融稳定

开展两次货物贸易专项核查，对辖区内18家重点监测企业进行风险提示。借鉴国家外汇管理局现有的跨境资金流动监测预警指标，以“一区十六园”的跨境收支数据为基础，建立月度监测指标体系，密切监测辖区跨境收付、结售汇及跨境人民币资金结算规模、流动方向、结构变化情况。

（四）积极探索主体监管模式及其实现路径，加大对辖内特色行业的调研力度

完善重点样本企业监测机制，落实重点企业联系制度，初步建立企业主体信息数据库。推进本外币主体监测工作，从企业融资行为角度入手，对外汇贷款宏观数据进行实证分析和结构分析，为今后构建多层次、多角度、可持续的本外币监测框架提供有益的启示。

五、创新思路，多向发力，加大宣传力度，提高宣传效能

（一）以品牌建设为统领，推动宣传工作由单一宣传转变为品牌建设的系统宣传

通过“以改革创新理念引领功能型中心支行建设”等5个专题，利用《金融时报》和互联网、微信公众号等新媒体进行系列宣传报道，对“科技金融”“金融服务”“先行先试政策”“内部管理

集约化”等进行系统宣传，树立了中关村中心支行高效履职的良好品牌形象。

（二）创造性地拓宽宣传渠道，进一步提升宣传效果

创新宣传方式，首次联合中国交通广播将征信知识制作成情景剧进行播放，并配合开展线上答题，活动总浏览数近200万人次。加强与人行营业管理部相关处室沟通，大力宣传“首都支付环境建设”“社会信用体系建设”等金融服务成果。联合海淀区政府相关部门，共同开展金融知识进社区宣传活动，拓宽政策宣传渠道。

（穆毓）

金融机构

中国农业发展银行北京市分行

2016年，中国农业发展银行北京市分行（以下简称农发行北京市分行）累收累放贷款210.21亿元，同比增加25.44亿元，年末各项贷款余额154.87亿元；投放农发重点建设基金193.59亿元，比年初净增150.25亿元，年末基金余额236.93亿元；对公存款年末余额152.71亿元，比年初增加3.17亿元，对公存款日均余额167.16亿元，比年初增加68.18亿元；实现账面利润5.63亿元，继续保持不良贷款为零。

截至年末，农发行北京市分行共有13个支行（部），在岗员工442人。

政策性粮油信贷业务 认真贯彻落实国家宏观调控政策和粮油等主要农产品收储计划，全年累计投放粮油收储贷款30亿元；拓宽与中粮集团的合作领域，发放龙头加工企业粮食购销流动资金贷款1.7亿元，支持其以收储加工为核心的粮油产业链发展；累计发放产业化龙头企业贷款3.5亿元；配合做好粮食去库存工作，及时收贷并落实价差，支持销售粮食49.14万吨，收回贷款7.56亿元；完成粮食库存检查及异地库存检查，确保粮油信贷资金占用合理且运行安全；积极推广实施库存远程监控系统建设工作。

化肥、农药等储备贷款业务 全年累计发放化肥储备、农药储备贷款12.28亿元，重点支持了中农控股公司的国家化肥储备贷款、中农立华生物科技公司的省级以上其他品种储备贷款。

政策性中长期信贷业务 围绕京津冀协同发展、首都城市功能定位等发展战略，深化银政、银企、银银合作，支持首都城乡一体化发展，全年累计发放中长期贷款12.42亿元，其中发放水利建设中长期贷款8.04亿元，支持首都重大水利工程南水北调配套工程、北京市中小河道治理第三期、第四期水利建设；发放农村集中住房建设贷款2.11亿元，改善农村人居环境建设贷款0.27亿元，棚户区改造贷款2亿元。参加通州“两站一街”银团项目和大兴区西红门镇农村土地整治银团贷款项目20亿元。全年总分行两级审批项目10个，金额241.04亿元。

农发重点建设基金业务 全年调查评

估与投放项目129个，金额193.59亿元，比年初净增150.25亿元，实现收益1.48亿元；营销中国广播电视网络公司等大中型国有企业，推动基金投贷结合业务取得新进展。

中间业务 有效开展基金托管服务，完成现代种业基金审核和请调资金31笔，累计金额28.62亿元。推动总行与中广电签署战略合作协议，并成功办理企业理财业务2笔，累计金额10亿元。全年实现中间业务收入1 143.11万元。

票据业务 全年累计办理票据交易业务350.46亿元。其中，买入票据330.53亿元，卖出票据19.93亿元。年末票据转贴现资产余额173.82亿元，比年初增加11.53亿元。

国际结算业务 国际业务稳健运行，全年实现业务收入118.49万元。

扶贫贷款业务 大力开展支持东西部扶贫协作和对口支援、京津冀协同发展以及“万企帮万村”精准扶贫行动。围绕市政府产业扶贫工作要求，设计北京市华都小康众养产业扶贫项目，跟踪北京市发展和改革委员会（以下简称市发改委）京津冀一体化农产品流通体系重点项目库建立情况；与北京市工商联合会（以下简称市工商联）、北京市光彩事业促进会就北京企业支持“万企帮万村”、东西部协作精准扶贫行动达成共识，完成合作框架协议起草，准备联合举办政策宣讲会，向北京秋实农业公司发放的5 000万元东西部协作扶贫贷款。

支持首都农业现代化发展 研究探讨农业科技贷款等知识产权类金融产品，扩大支持首都农业现代化范围，形成信贷支农优势品牌。积极支持国家级产业化龙头企业。扶持民营企业做大做强，优先支持国家民生行业以及重点领域，为北京双娃乳业公司、北京秋实农业公司、北京卓宸畜牧公司提供资金支持，并创新了融资方式，以动产浮动抵押提供担保，提高了工作效率。

完善机构设置 深化内部机构改革，强化内部制衡。整合前台客户部门，设立粮棉油处、基础设施处、创新处；完善中台评审功能，成立信用审批处，调整资金计划处职能责任。

（李灵毓）

中国进出口银行北京分行

2016年末，中国进出口银行北京分行（以下简称进出口银行北京分行）有余额的各类贷款、贸易融资客户共计161家，项目323个，累计批准贷款467.94亿元，累计放款455.16亿元，累计收回贷款455.23亿元；各类贷款余额992.45亿元，较年初新增16.88亿元，增长1.73%，其中人民币贷款余额778.94亿元，较年初增加55.02亿元；实现中间业务收入2.5亿元。

截至年末，进出口银行北京分行内设处室11个，在职正式员工73人。

推进“一带一路”建设 贯彻落实“一带一路”战略，全年贷款签约项目10个，金额63.93亿元，放款68.53亿元；年末贷款余额167.67亿元，比年初增加

18.45 亿元，增长 12.36%。此外，拓展跟踪 15 个项目，涉及商务合同金额约 46.42 亿美元。

京津冀协同发展战略实施 认真贯彻《京津冀协同发展规划纲要》，聚焦辖区外向型经济发展战略，积极支持京津冀协同发展交通一体化建设和产业对接转移，为北京城市副中心至唐山城际铁路建设项目审批通过贷款 22 亿元，实现邯黄铁路等重点服务贸易基础设施建设项目的后续放款，充分发挥政策性资金的引领作用。

助推企业开展境外收并购 深化“走出去”战略实施，牵头组建银团，为北京紫光通信科技集团有限公司提供近 86 亿元银团贷款，支持其收购美国惠普公司旗下华三通信技术有限公司 51% 的股权，助力清华紫光集团“从芯到云”战略的布局。配合“双轮驱动”战略，为北京屹唐盛龙半导体产业投资中心提供 5.8 亿元贷款，助其成功收购美国纳斯达克上市公司——Mattson 公司。为天瑞（国际）控股有限公司发放 5 亿元境外中资企业发展贷款，支持其收购香港地区上市公司——中国山水水泥集团有限公司股权项目，加速对同行业水泥企业的联合重组步伐，提高节能减排和资源效率。全年共发放 63.14 亿元的“走出去”贷款，年末余额 147.87 亿元，较年初新增 25.95 亿元，增长 21.28%。

大力支持实体经济发展 积极推动经济结构调整和产业转型升级，加大对薄弱环节和瓶颈领域支持力度。联合工业和信息化部、市发改委召开集成电路“十三五”重大项目对接会，与我国集成电路行业重点龙头企业就产业发展、银企合作等进行沟通，助其抓准发展定位、细化资金需求。大力支持战略性新兴产业发展，为京东方集团及其下属企业审批贷款 10.5 亿元，支持其加快技术改造步伐，完善产业线布局，实现集聚效应。加快推进“中国制造 2025”的优化升级，全年该领域贷款签约项目 12 个、金额 108.24 亿元，放款 114.08 亿元；年末款余额 282.73 亿元，比年初增加 66.61 亿元，增长 30.82%；为中芯国际集成电路制造（北京）有限公司提供 2.4 亿元优惠利率进口信贷流动资金贷款，支持其进口生产电子芯片所需的原材料、零部件等。全力推动国际产能和装备制造合作，全年签约项目 8 个、金额 64.62 亿元，累计放款 69.41 亿元；年末贷款余额 144.34 亿元，比年初增加 34.36 亿元，增长 31.24%。积极创新融资模式，灵活支持小微企业发展，小微企业贷款年末余额 183.5 亿元，比年初增加 32.68 亿元。

拓宽贸易金融业务范围 加大贸易金融业务拓展力度，通过“三位一体”的营销模式，在为企业提供保函、进口信用证、供应链融资等贸易金融产品基础上，为企业提供跨境人民币进口信用证服务，并积极拓展国内结算业务产品和国内双保理、工商企业代付、国内信用证等贸易金融服务，年末人民币进口信用证开证金额累计新增 27.49 亿元，比上年增长 100%。

风险管控 创新工作思路，将 2016 年确定为“北京分行内控合规建设年”，制定《北京分行内控合规自评价工作实施方案》，将 121 个内部控制工作指标按照岗位、处室进行分解落实；建立风险排查常态工作机制，认真完成“两个加强、两个遏制”回头看专项检查工作，定期开展廉政风险排查；全面清理现行规章制度，修订和试行转正各类制度共计 29 项，废止 9 项，新建 5 项，制订各类实施方案

8项；建立动态工作计划管理模式，制订全年境内外贷后现场检查工作计划等，由风险管理处按月抓好落实；建立对主要业务关键操作风险事件分类、统计、监测、评估、报告体系，实现对操作风险的量化管理和风险预警与控制的目标；提高贷款三查质量，运用总行法院网络查控信息系统等收集借款人及担保人资信情况，编制贷前、放款及贷后检查应收集资料清单，为信贷业务人员开展工作提供指导；加大内部监督检查工作力度，完善考核机制，加大对内外部检查中屡查屡犯问题责任人的处罚力度；充分发挥风险化解专题会议、风险与内控委员会、风险分析例会的平台作用，通过集体研究和探讨风险化解处置措施。

（周大为）

国家开发银行北京市分行

（原国家开发银行股份有限公司北京市分行，2017年更名）

2016年末，国家开发银行北京市分行（以下简称国开行北京市分行）资产总额4 724.31亿元，比上年增长18.4%。表内贷款余额3 875亿元，比上年增长13.4%，其中，人民币贷款余额2 362亿元，增长6.83%，外币贷款余额218亿美元，增长17.41%；当年本息回收率99.12%，累计本息回收率98.96%，不良贷款率0.26，比上年上升0.18百分点。实现中间业务收入6.4亿元，比上年增长18%；拨备前利润65.5亿元，比上年增长8.61%；资产收益率1.57%，比上年下降0.08个百分点。

截至年末，国开行北京分行内设处室20个，在职正式员工228人。

深化“十三五”时期外部合作 三次推动总行与市政府高层会谈；积极落实会谈成果，全年签署开发性金融合作协议25项，意向融资总量3 500亿元。“十三五”业务发展规划编制顺利完成，当年完成5项重点领域课题研究。稳步推进项目开发储备工作，新增人民币开发入库4 186亿元，外币231亿美元。

支持首都经济社会建设 推进项目开发，全年调研68个客户，实现人民币承诺3 204亿元，外币承诺112亿美元。支持京津冀协同发展，完成京张铁路评审承诺100亿元，向京唐、京滨城际铁路和京台、京开高速评审承诺158亿元，向北京地铁新机场线一期等8条轨道交通项目评审承诺670亿元。支持重点客户发展，发放中信国安集团有限公司、歌华文投文化置业有限公司等贷款95亿元；支持棚户区改造，在丰台、房山、朝阳、密云等多个区搭建政府购买服务融资模式。年实现棚户区改造项目评审承诺529亿元，发放291亿元，其中以政府购买服务模式发放174.3亿元。支持环境整治和水利工程建设，完成国开行北京市分行首个PPP项目——北运河生态综合整治评审承诺6.7亿元，向北京排水集团、南水北调项目承诺贷款32.5亿元；为北京排水集团发放贷款25.3亿元；大力支持“高精尖”产业发展，实现全国首例投贷联动项目落地，完成国开行首例专项基金投贷联动市场化退出项目——北京东土军悦科技有限公司项目评审承诺1亿元；向京东方5.5代线、大唐半导体等项目评审承诺46.5亿元。大力支持健康养老产业，完成悦康药业、诚和敬项目评审承诺4.9亿元，发放2.4亿元。

国际合作业务稳步推进 向巴西石油公司B4项目发放贷款50亿美元，向巴西银行评审承诺5亿美元；加强美国、加拿大业务开发，与花旗集团签署战略合作备忘录；开发推动鹰滩石油、协鑫光伏电站、中交建加拿大等项目；完成海尔集团收购等12个在美国项目协同，金额179.6亿美元。提升综合服务能力，承销2.5亿元加拿大不列颠哥伦比亚省熊猫债，这是境外主权机构首次获批在境内银行间债券市场发行的熊猫债；支持振华石油控股有限公司超短融发行；向民生租赁金融债券项目评审承诺10亿元。

提升精细化管理水平 强化科学调度，提高项目转化率，保证资产稳中有升；加强资源配置，创新中间业务模式，强化综合金融服务，全年主承销债券12只，完成债券承销量221亿元。成功发行政府置换债券43.5亿元；参与京投公司、京能集团、金融街运营中心等投标工作，成为京投公司200亿元超短融项目主承销商团。全年运行理财产品49期，金额282亿元，比上年增长200%，资产投资日均余额14亿元。实现“营改增”平稳落地；降本增效显著，“三公”经费比上年下降56%；全年人民币结算业务27 836笔，国际结算业务1 825笔，实现国际结算收入5 738万元。

风险管控 贷款审议委员会充分讨论、审慎决策，不断提高审查深度与效率；深化法律支持与服务，推动业务合规发展；开展“两个加强、两个遏制”回头看专项检查工作，配合中国银监会对巴西境外业务现场检查，严控监管合规风险；建立重大风险项目化解专题工作组机制，全流程进行风险化解，实现城建九、文教项目回收5 534万元。密切关注潜在不良项目，强化本息回收监控。

（常江）

中国工商银行股份有限公司北京市分行

2016年末，中国工商银行股份有限公司北京市分行（以下简称工商银行北京市分行）本外币资产总额3.6万亿元，比上年增加2 161亿元。本外币全部存款余额3.5万亿元，比上年增加2 385亿元。本外币各项贷款余额6 814亿元，比上年增加746亿元。实现拨备前利润458.31亿元、拨备后利润448.27亿元、净利润337.93亿元，同比分别增加23.78亿元、21.5亿元和16.79亿元，增长5.47%、5.04%和5.23%。实现中间业务收入121.46亿元，同比增加7.66亿元，增长6.73%。

截至年末，工商银行北京市分行共有37家二级分行（含分行营业部），555家营业网点，969家自助银行；员工总数18 623人。

信贷业务 坚持金融服务实体经济的

本源属性，积极支持重点战略落地、普惠金融服务和消费扩大升级，人民币各项贷款增量达 758 亿元，其中公司贷款增加 315 亿元。加大京津冀协同发展和北京区域市场融资支持力度，全年累计发放疏解融资和城市更新融资 556 亿元。加强小微企业金融服务力度，推动小微企业贷款向消费、服务、民生领域倾斜，小微企业贷款增加 122 亿元。加快科技金融和文化金融发展步伐，全年科技和文化产业贷款增加 181 亿元。抢抓国家六大领域消费工程的新机遇，严格落实国家和北京市有关房地产调控政策，积极支持消费扩大升级，个人贷款增加 420 亿元，余额 1 632 亿元。主动适应社会融资结构多元化和多层次资本市场发展的大趋势，持续加强自身产品创新以及市场拓展模式，提升“全融资”服务能力，全年累计办理非信贷融资 4 619 亿元，与人民币公司贷款投放量基本相当，其中承销非金融企业债 2 794亿元。

存款业务 牢固树立经营负债理念，推动存款量价协同发展与市场优势不断巩固。持续加强与军队、社保、公积金以及医疗、教育、公检法等领域业务合作，全力争揽代发工资客户、商友客户、第三方存管客户等重点客户资金，着力通过产品和服务创新吸引增量客户和资金，带动存款和理财业务协同增长。加强资金“量本利”精细化管理，增强定价管理的灵活性和适应性，平衡成本与收益的关系，实现客户存款收益提高和本行控制付息成本的“双赢”。全年，人民币全部存款增加 1 961 亿元，其中对公存款（不含同业）、储蓄存款分别增加 2 613 亿元和 412 亿元，余额分别突破 2 万亿元和 8 000 亿元；外币存款增加 55 亿美元；人民币全部存款日均余额同比增加 1 872 亿元。存款偏离度符合监管要求，实现了均衡稳健发展。

中间业务 围绕打造“首都第一零售银行”的目标，加强整体规划，完善体制机制，整合各类资源，强化全产品营销渗透，零售业务发展取得新成效。全年，个人金融资产增加 352 亿元；新增信用卡 151 万张，拓展二维码支付商户 3.57 万户；“融 e 购”交易额同比增长 51%；个人客户增加 127 万户，其中五星级以上客户和私人银行客户分别增加 31 万户和 697 户，“融 e 行”“融 e 联”“工银 e 支付”客户分别增加 212 万户、187 万户和 178 万户。积极把握社会金融资产迁移、客户需求变化以及金融创新走向，大力提升投资管理和资产配置能力，切实加快由资产持有大行到资产管理大行的转变。截至年末，理财产品余额 3 099 亿元；推荐资产余额 1 319 亿元，同比增长 41%；完成投行类投资 387 亿元；资产托管规模 3.5 万亿元，管理养老金账户 315.6 万户。抢抓发展机遇，着力打造覆盖全产品、全链条的国际业务发展新格局，严格落实外汇宏观审慎管理要求，实现了合规经营和总体平稳发展。全年，国际结算量 2 508 亿美元，跨境人民币结算量 1 718 亿元，结售汇逆差管控效果明显。

服务提升 实施营业网点“进、退、改”统筹动态管理，新改造智能化网点 322 家，总量占比 85%；优化低效网点 72 家，投产理财便利店 40 家，在 11 家网点建成“e－ICBC”体验区，渠道二维码覆盖率 100%。实施“效率提升、温馨大堂、网点靓化美化、优质服务传播”四大工程，将服务工作确定为“一把手”

工程，构建全方位的服务协同机制；研究设立“纵向到底、横向到边”的服务考评体系，有效促进服务工作长效机制的建立。年末客户平均排队时间、超时等候客户数与网点数同比分别压降24%、47%和94%；净推荐值（NPS）和客户体验指数分别比年初提升5.4个百分点和1.7个百分点；客户满意度和服务规范度持续保持优秀水平。中国银行业文明规范服务千佳示范单位、北京市银行业特色服务示范单位和中国工商银行服务五星级网点获评数量分别达到11家、4家、18家。

风险管理 坚持表内表外风险同标准同管理，严格实行前中后台分离机制，严控重点领域的风险防控，做好潜在风险贷款和不良资产清收处置，压降潜在风险贷款21.87亿元，清收处置不良贷款5.31亿元，不良率0.27%，拨备覆盖率保持在590%的较高水平。持续强化各类风险管理，充分发挥监测中心大数据挖掘的技术优势和专家团队的业务优势，构建了“线上”与“线下”、现场与非现场有机结合的操作风险管理监督体系，全行可控风险暴露水平为万分之1.66，操作风险损失率为0.01%，均保持在较低水平。扎实落实总行内控合规“基础强化年”各项工作要求，深入开展“两个加强、两个遏制”回头看专项工作，积极做好“十大重点领域和关键环节”风险专项治理，切实筑牢抵御风险的坚实防线。深入系统地抓实声誉风险、法律风险、IT风险、洗钱风险等各类风险的统筹管理，进一步巩固稳健运营的良好态势，全年无案件事故发生。

（刘振华）

中国农业银行股份有限公司北京市分行

2016年末，中国农业银行股份有限公司北京市分行（以下简称农业银行北京市分行）本外币总资产8 944亿元，比上年减少1 443亿元，下降13.9%。本外币各项存款余额7 675亿元，比上年增加765亿元，增长11.1%；本外币各项贷款余额2 815亿元，比上年减少347亿元，下降11.0%。实现拨备后利润156.9亿元，比上年增加23.9亿元，增长18.0%。

截至年末，农业银行北京市分行共有正常营业网点364家，在岗员工8 568人。

公司金融业务 支持北京市重点项目融资，作为新机场项目牵头行，市场份额居同业首位，并实现首笔放款；成为通州“两站一街”、环球影城、京张高铁以及北京规模最大的棚户区改造——“望坛”项目等重大项目的银团贷款牵头行；为新航城建设、兴延高速、京沈高铁、京霸高铁等项目提供信贷支持。大力推动银政合作向纵深发展，与市政府共同发起设立北京行政副中心建设发展基金，首期规模300亿元，远期规模1 000亿元，并在通州八里桥项目、“两站一街”等项目实现投放，总金额45亿元；先后与平谷、大兴等区政府和委办局签署战略合作协议，累计提供意向性信用额度近800亿元。积极服务市属重点企业，综合运用债券、理财融资、产业基金等多元化融资方式解决企业融资需求超过1 200亿元，成功介入21家央企客户债务融资工具（DFI）注册项目，为北控集团等近10家企业发行非金融企业债务融资工具超300亿元，全年债券承销额近千亿元，地方债承销余额较年初增170亿元。全力对接首都“新三农”“大三农”，依托三农事业部改革，提高部门履职实效，有针对性地开展营销工作，为大兴区瀛海镇集体经营性建设用地拆除腾退项目发放首笔农村集体土地入市贷款，起到了积极的示范和带动效应。

零售金融业务 坚持以客户为中心，主动开展对私理财营销服务，顺应存款理财化和投资多元化的趋势，通过理财产品定制等方式合理摆布资金，促进存款资金良性循环。截至年末，累计定制理财产品近40期，募集资金近120亿元；个人存款时点与日均余额分别比上年增加173亿元和218亿元，增长7%和9.5%。持续推进个人住房贷款发展，进一步强化与相关机构合作，优化审批流程；积极探索消费信贷产品创新和服务模式转型，以信用卡分期、“家装贷”“房联贷”“网捷贷”“随薪贷”“房抵贷—消费”“个人自助质押贷款”等重点消费信贷产品为抓手，优先满足客户住房装修、子女教育、出国旅游金融需求，个人贷款余额比上年增加116亿元，信用卡分期消费额同比增长40%。积极服务普惠金融，率先在全市试点首发“北京通平谷居民健康卡”，覆盖平谷区内所有新农合人员和城镇居民40余万人；通过生态化和场景化手段加强掌银建设，推出“快e宝”“快e付”等投资灵活、支付便捷的新产品；优化“网捷贷”功能，为客户提供优质高效的全流程线上融资服务；加强网点布局优化与软转型，在重点区域搭建“1+N”服务渠道架构，在医院、商场、交通枢纽等大众金融服务重点区域布放自助设备400余台，在网点配置225台超级柜台。

中间业务 巩固传统优势中间业务发展基础，大力拓展新兴领域，持续提高价值创造能力。截至年末，累计实现中间业务收入44亿元，比上年增长4.8%。大力发展代理保险、代收代付、托管等基础类业务，全年累计实现代理保费收入4.4亿元，比上年增长95.7%。积极跟进企业“走出去”“引进来”金融需求，加强跨境人民币、结售汇、涉外担保等产品的交叉营销，稳步拓展贸易融资、内保外贷、跨境并购、国际银团贷款等“走出去”业务，加大对本外币资金池、跨境电子商务、熊猫债等重点产品的推广，推动传统贸易向跨境转型发展，截至年末，国际结算量与跨境人民币业务量同比分别增长2.2%和10%。大力发展互联网金融业务，持续做好“e管家”“数据网贷”等产品的推广营销工作，提高电商金融业务整体竞争力。加大掌上银行服务力度，优化掌上银行界面，丰富客户端功能，截至年末，掌上银行客户端激活率、e商/e农管家有效商户净增等指标均有较大提升。

风险管理 优化完善全面风险管理体系，调整信用、操作、市场等专业委员会架构设置，增设声誉风险管理委员会，明晰各相关部门风险管理职能，建立涵盖资产质量、客户评级、信用风险、操作风险、信贷管理等主要风险的考核体系，健全横向到边、纵向到底的风险管控网络。充分发挥投审会作用，将理财融资、产业基金、理财投资资本市场权益类业务、债券投资、同业资产及资金类业务均纳入审议范围，并切实加强投后管理。加强潜在风险主动性退出，对潜在风险较高的钢铁贸易、化工行业及其他批发业客户，纳入重点关注名单，年内累计压降高风险行业用信超320亿元。打造“点面结合”的管控机制，成立放款中心、反洗钱中心，建立后台中心业务质检机制，实现了对集中作业、集中授权、集中监管的再监督。充分运用IT技术控制用印风险，全面清理和上收全行行政印章，上线运行电子审批系统，用印审批初步由“人控”向“机控”转变。深入开展“三强、三力、三严控”（强化制度执行、底线思维、协同联动，提升员工履职能力、风险控制能力、条线管理合力，严控业务入口出口、重点过程环节、问题整改效果）活动，着力提升合规操作水平。

品牌建设 加强新闻宣传与官微管理，围绕全年工作亮点开展深度系列报道，全年在中央和北京地区重点媒体刊发报道239篇。围绕“北京行政副中心建设发展基金成立”“‘北京通—居民健康卡’全市首发”等主题开展7次大规模系列宣传活动；充分发挥官方微博、微信的正面引导作用，打造产品营销、品牌推广、新闻发布、客户服务和舆情引导五大平台，年末官方微博粉丝量超过124万。积极开展消费者权益保护活动，在全辖网点配置“公众教育专区”或“消费者权益保护专区”公告栏，进行金融知识普及；在“3·15金融消费者权益日”“金融知识普及月”集中举办宣传活动，走进社区、学校、农户宣讲假货币识别、金融防骗知识。加强企业文化建设，组织开展“学雷锋、树新风”“农行好故事”征集等活动。加强基层党建，规范落实“党员示范岗”“党员责任区”制度，全年建立党员示范岗600余个；推动开展“树典型、立标杆、带整体”党建特色活动，制定完善评价考核标准；将文化建设纳入系统党建工作考核评价方案，制定企业文化建设评价指标体系，将企业文化建设“工作有部署”“效果有自评”纳入思想政治建设指标，作为考评分支行及领导班子思想政治及基层党的建设工作的关键指标。

（李傲）

中国银行股份有限公司北京市分行

2016年末，中国银行股份有限公司北京市分行（以下简称中国银行北京市分行）本外币总资产10 053.27亿元；本外币汇各项存款余额7 169.22亿元，比上年增加142.24亿元，增长2.02%，其中人民币各项存款余额6 480.81亿元，比上年增加280.52亿元，增长4.52%；本外币汇各项贷款余额3 586.50亿元，比上年增加437.58亿元，增长13.90%，其中，人民币贷款余额3 445.85亿元，比上年增加500.03亿元，增长16.97%。实现净利润103.99亿元，同比增加36.54亿元，增长54.18%。

截至年末，中国银行北京市分行共有营业机构296家，其中分行营业部1家、管辖/直管支行30家、经营性支行264

家、分理处1家，在职正式员工9 999人。

公司金融业务 紧抓京津冀一体化、通州副中心建设、新机场建设机遇，密切跟进通州、大兴、房山等热点区域，主动服务重点客户，积极参与棚户区改造项目。紧跟国家政策，为促进亚洲区域基础设施建设及“一带一路”相关金融机构客户提供授信核定、账户服务、资产增值等一揽子服务。建立以客户为中心的营销服务体系，发挥海内外联动的协同效应，强化多元化金融服务能力与境内外撮合交易能力，加大力度参与重点客户海外发债、上市承销、海外并购等业务机会，支持企业“走出去”。全年境内外债券承销3 169亿元，同比增长7.8%。以国库现金管理、军人住房资金改革、银校合作项目、银医合作项目、财政代理支付、资金监管等产品为抓手，拓展行政事业存款，在军队、教育、财政、医院等单位取得突破，全年新增行政事业单位客户205户，存款时点新增273.90亿元。加大对中小企业的信贷投放力度，持续完成小微企业信贷单列计划；深化营销体系建设、成立中银中小企业服务中心，重点辐射科技型中小企业重点集聚区域；推动“银税互动”“投贷联动”工作，为企业提供全方位金融支持。截至年末，人民币公司存款时点余额4 350.91亿元，比上年增加342.00亿元；人民币公司贷款余额2 667.73亿元，比上年增加343.45亿元。

个人金融业务 建立客户群营销体系，加强客户分层管理，根据客户金融资产、特征及金融需求，主动邀约开展以点带面的源头营销与数据库外呼定向营销。实行开发商分级管理机制，支持重点开发商优质项目，提高个人住房贷款市场份额及项目风险控制能力；调整现有审批标准，优化产品操作流程，通过网银入口，建立面向全国客户的官方贷款申请渠道；开办“中银e贷”（个人网络消费贷款）业务，扩大产品受众范围，研发“中银e贷—畅享贷”互联网小额消费贷款产品，创新循环贷款渠道。截至年末，个人贷款余额778.11亿元，比上年增加156.58亿元。信用卡业务面对价改、费改、税改，不断突破营销模式及营销手段，实现“用卡申请—消费—支付”链条化融通，不断尝试线上平台及线下场景营销推进，促进业务创新发展及量质并举；持续围绕重点消费市场，推进重点分期产品及渠道营销，提升消费金融业务市场竞争力。截至年末，信用卡新增有效卡量达到64万张，实现消费额610亿元。

中间业务 大力发展传统优势业务，实现保函手续费收入5.6亿元。紧跟北京地区重点客户发债需求，创新拓展境外投资人针对境内企业的“反路演”活动，实现债券承分销手续费收入3.08亿元。积极利用非标业务对接客户需求，实现中间业务收入1.76亿元，比上年同期增长18.7倍。充分发挥托管中心职能，拓展托管业务，实现税前收入4.7亿元；积极发展代理保险业务，实现手续费收入1.5亿元，同比增长85.97%。银行卡业务坚持获客先行，创收为本理念，信用卡规模市场份额较年初提升0.53个百分点。

渠道建设 开展网点智能化升级建设工作，优化建设方案，增加各类新型设备投入，确保智能型自助终端、自助发卡机、智能排队机、手机、iPAD、PC一体机、二维码墙等设备在智能化网点的安装使用。优化厅堂服务引导流程，加强柜台业务向自助设备的分流，柜台应迁自助渠道交易占比持续降低。丰富自助设备功能，相继投产个人账户存款活期转定期、个人账户转对公账户、JCB卡芯片圈存等功能。启动智能柜台项目，优化客户体验，推动网点转型。贯彻“惠民金融”品牌战略，完善手机银行、企业网银功能，上线特色业务，投产企业网银互动营销平台、财政自助柜面系统，优化业务流程，降低企业成本。拓宽线上金融服务渠道，升级“中国银行北京市分行”微信平台导航栏，投产“精彩e校园”APP、鸟巢自助售票机，提升民生服务水平。

风险管理 搭建“六位一体”的资产质量管控体系，横向涵盖主要业务条线，纵向深入每个管辖支行。成立资产质量管控专家工作组，建立了包括“目标、机构、人员、责任、措施和考核”等内容的资产质量管理机制。实行非不良预警客户管理责任制，严控大额客户集中度风险，重新制定《北京市分行大额客户管理办法（2016版）》，进一步明确大额客户标准、工作机制、职责分工及问责要求，将大户管控贯穿于评级分类、信用审批、审核发放、贷后管理及风险监控等全流程；制定《北京市分行非不良大额客户“一户一策”管理实施方案（2016年版）》，聚焦对本行资产质量有重要影响和有代表性的非不良大额客户，逐户组建“两层三方”大户管控小组，通过监测、分析和审议决策，研究确定信贷策略和管理措施，刚性应用于资产业务“全客户、全产品、全机构”的信用风险和集中度风险管理。加大不良客户主动压退力度，优化资产结构。积极排查非不良高风险授信资产，全年化解不良资产68.02亿元。其中，公司62.92亿元，个人金融1.93亿元，银行卡3.15亿元。

互联网金融 通过厅堂新开户捆绑激活、手机银行竞赛等活动，推动手机银行客户及交易量发展。截至年末，个人电子银行交易客户覆盖率近20%；企业网银以代发薪、税费缴纳功能拓展等产品为引导，做好线下客户向线上迁移工作。截至年末，电子渠道交易迁移率超70%，柜台应迁自助渠道业务占比8%。企业网银交易客户近5万户，个人网银交易客户近70万户，手机银行交易客户超60万户。创新移动支付产品，在可穿戴设备中植入金融账户和公交一卡通账户，实现设备卡空中开卡。通过与移动终端制造商业务合作，开展苹果Pay、三星Pay、华为Pay、小米Pay等移动支付产品的宣传推广。截至年末，移动支付活跃客户超10万户，交易量超2亿元。利用中银易商平台，努力提升“中银e社区”“精彩e校园”、在线出国金融、易商理财等平台获客能力。截至年末，累计获客超30万户。深入分析互联网产业经营及盈利模式，研究差异化授信方案及专业估值方法，深化与互联网企业合作。截至年末，互联网授信客户达36户，授信总量46亿元。累计启动互联网金融项目29个，其中16个项目已顺利投产。

人力资源 以业绩为导向，建立机构成长机制，优化管辖支行分组管理，重点体现经营规模和经营效益，促进资源合理、高效配置；推进网点分级分类管理，设置与之匹配的组织架构和薪酬等级，鼓励经营性支行做大做强，提升核心竞争力；实施差异化考核，因地制宜设置考核指标，促进支行整合资源高效拓展优势业务，增强区域竞争力。统筹推进经营管理、专业技术、技能操作三支队伍建设，选优配强中层班子队伍，完善多层级的人才战略储备，全面推进战略性人才梯队建设，实施基层后备人才培养计划，助力基层青年员工成长；完善基层员工晋升机制，组织开展专业队伍年度评聘，核增中级经理职数，调增高等级柜员比例，有效拓宽基层员工职业发展通道。优化人事费用配置，按照“费用配置按贡献、员工收入靠绩效”的总体原则，加大向基层一线倾斜力度，充分发挥薪酬激励约束效能；完善各级机构设置，特别强化远郊区业务拓展职能，建立特色组织架构体系，促进机构效能提升。

（陈锐）

中国建设银行股份有限公司北京市分行

2016年末，中国建设银行股份有限公司北京市分行（以下简称建设银行北京市分行）本外币总资产15 652.23亿元，比上年增加479.54亿元，增长3.2%。本外币全口径存款余额15 225.68亿元，比上年增加362.08亿元，增长2.4%，其中人民币全口径存款余额14 588.50亿元，比上年增加392.74亿元，增长2.8%。本外币贷款余额5 596.63亿元，比上年减少593.07亿元，下降9.6%，其中人民币贷款余额5 330.81亿元，比上年减少274.57亿元，下降4.9%。实现账面利润206.34亿元。

截至年末，建设银行北京市分行辖内设二级分行1家、综合营业中心35家、营业中心334家、个人金融中心79家，在职员工11 914人。

公司金融业务 强化业务转型发展、创新发展，重点推进资产业务、“三大一高”营销、网点对公综合营销，全面提升公司业务综合金融服务水平。截至年末，人民币企业存款时点余额6 956亿元，比上年增加840亿元；日均余额6 525亿元，比上年增加705亿元；人民币对公贷款时点余额3 837亿元，比上年增加149亿元。依托国家“一带一路”战略的实施，全面贯彻落实总分行党委的战略部署，梳理重点营销客户，印发《北京市分行“走出去”业务营销指引》，在“合规、控险”前提下推动国际业务健康发展。截至年末，外汇全口径存款余额91.69亿美元，外汇贷款余额38.25亿美元，储备近百个海外项目。

个人金融业务 积极应对市场形势，采取有效措施，加快转型增客户、规定动作增存款，提升存款价值创造。截至年末，本外币个人存款时点余额3 613.93亿元，比上年增加338.45亿元；日均余额3 440.58亿元，比上年增加230.56亿元。打造个人客户金融生态系统，突出高校、医疗、特色市场等首都特色，形成配套业务系统和制定综合服务方案，深化获客能力转型。“快诊通”银医服务、“薪享通”代发工资、“莘鑫卡”校园金融、“悦邻”特色市场商圈等综合金融服务品牌惠及民生、实体经济。建设综合营销队伍，加强产品创新推广，夯实网点基础管理。高度重视内控合规，积极配合监管部门开展形式多样的消费者权益保护工作。私人银行业务以客户需求为导向，尝试推出创新型服务模式和业务品类，提供多种组合的综合解决方案。上线数据商机系统，为全行网点拓展客户提供数据支持。探索形式多样的非金融服务，增进与客户的沟通服务，提升私人银行品牌影响力。截至年末，1 000 万元以上净值私人银行客户 3 644 人，金融资产 527 亿元。

信用卡业务 制定并下发《北京市分行 2016 年信用卡业务发展指导意见》，优化管理架构，加强队伍建设，强化本级经营管理，在支行层面明确信用卡经营团队的归属和定位，推进信用卡业务转型发展。加快 STM 推广，提升智能化获客能力；加大组合营销力度，推广套表发卡，满足客户多元化需求；抓重点项目、重点产品，着力构建“商户 +”营销体系，全力做好价改工作；推广新型分期产品，巩固购车分期市场份额。借力“一横、三纵、促转型”“个人客户拓展营销竞赛活动”等，拓展客户群体，扩大业务规模。截至年末，分期交易额 80.64 亿元，比上年增长 6%。信用卡贷款余额 143 亿元，比上年增长 4%；收单交易额 3 405 亿元，比上年增长 141.3%；消费交易额 799 亿元，比上年增长 5%。

电子银行业务 持续推进“一轴两翼”和“移动优先”战略，充分发挥电子银行的渠道作用，利用对公、对私和电子商务推动各项电子渠道业务高速发展。借助“5331”考评体系将电子银行业务发展的多个重要指标列入支行考核体系，促进各项业务的稳健发展。截至年末，移动金融交易量占比持续提高，移动金融柜面替代率达 69.91%，比上年增长 9.55%。电子银行客户规模进一步扩大，手机银行存量客户突破 700 万户，手机银行活跃客户超过 100 万户，个人网银客户突破 800 万户，微信银行客户突破 100 万户。企业网银客户新增活跃客户 1.8 万户，存量突破 20 万户，存量企业客户网银覆盖率 92%。电子渠道盈利能力不断提升，实现中间业务净收入 5.54 亿元，比上年增长 45.41%。

投资银行业务 开展“鑫系大资管两全促转型”业务竞赛，债券承销业务实施“六连冠行动”。建立投承联动机制，巩固优势客户份额，实现与多家客户的初次发行合作。以总行印发财务顾问新办法和新示范文本为契机，加强财务顾问业务培训，完善工作流程，为各支行开展财务顾问业务提供指导。大力推广“飞驰”品牌，截至年末，签约“飞驰”的客户数首次突破 800 户。成立基金业务工作组，建立业务快速服务流程，实施首问负责制和项目经理制，探索建立城镇化建设基金工作模式，研究制定相关办法，大力推进新兴产业创业投资基金、互联网投资基金等新兴业务。截至年末，投行业务实现中间业务收入 5.08 亿元。

资产托管与养老金业务 成立资产托管与养老金业务中心，借助总行同业中心、资管中心的设立及政府引导基金等相关业务加快发展的契机，紧跟市场热点转换，推进委外投资托管，巩固业务规模，提高中间业务收入水平。加强自身运营能力建设，稳步承接证券项目，通过自身结构调整，培养适应业务发展需求的证券托管运营能力。截至年末，资产托管业务规模 2.7 万亿元，养老金受托资产规模 296.49 亿元，养老金投资资产规模 83.6 亿元，养老金个人账户 83.33 万个，实现中间业务收入 7.36 亿元，托管客户带动时点存款 1 254.23 亿元，日均存款 880.83 亿元。

授信审批业务 严把授信审批各环节关口，严格执行“一票否决制”、提高经营主责任人层级、动态监测客户财务变化、通过预判会议方式前移风险关口、强化公司类客户单笔信用业务审批、对重点行业重点产品实施严格控制等风控措施，严控集团客户授信总量，防止过度授信、防范系统性风险，区别存量和新增客户实施差别化审批政策，坚持授信需求合理性分析和承债能力分析，固守信用审批和单笔审批的关键环节，规范和引导资管投行等新兴领域业务审批工作，大力推进非首都功能疏解贷款审批，参与资产组合类理财产品投资指引、国际商业贷款风险参与、“助知贷”、个人拍卖贷款等多项新产品研发，提前注入风控措施。

现金业务 扎实开展反假货币工作，实现人民币纸币现金全额清分及对外支付纸币现金冠字号码100%可查询。截至年末，收缴假人民币2.53万张，比上年增长13.04%，金额189万元，比上年增长12.11%。高度重视人民币现金收付管理工作，截至年末，现金收入3 474.5亿元，现金支出3 546.5亿元，累计现金净投放72亿元。规范管理天宁寺代理发行库，确保金库安全运营并顺利通过人民银行营业管理部年度达标升级考核验收，取得“二级发行库”称号。有效控制上缴人民银行营业管理部现金的假货币浓度及差错率。配合完成年度全部纪念币发行任务，并独家完成北京市“孙中山纪念币”预约发行兑换工作。持续做好现金备付管理，截至年末，人民币现金备付率为0.219%，比上年降低0.032个百分点。高效完成384个营业网点、887台离行自助设备、217个上门收款点的现金集中服务，做好建设银行16家省市分行代理外币承运服务及上海黄金交易机构代理黄金仓储服务，蝉联上海黄金交易所“优质服务仓库”及“操作无差错仓库”两项殊荣。

内控与风险管理 聚焦党委、支部、党员三个层面，强化党建工作。开展“四风”问题整治“两个加强、两个遏制”回头看专项检查等工作，建立关联业务日常报告制度。下发《建行北京市分行员工违规处理程序规定（2016年版）》。全员签署《廉洁合规从业承诺书》，逐级签订《案件防控工作责任书》，制定并完善《防范遏制私售行为常态化管理机制》《员工从业禁止性规定》等制度。设置“私售”行为举报专用电子邮箱，认真开展员工行为集中排查以及私售、赌博等行为专项排查。全年堵截各类案件63起，金额610.81万元，其中堵截电信诈骗55笔，金额587.02万元。深入开展“平安建行”创建工作，妥善应对极寒天气和“7·20”强降雨，圆满完成李克强总理以及多国政要来行考察期间的安保任务，荣获中央国家机关综合治理办公室授予的平安建设先进单位荣誉称号。

（崔东风　何冰）

交通银行股份有限公司北京市分行

2016年末，交通银行股份有限公司北京市分行（以下简称交通银行北京市分行）本外币资产总规模8 226.08亿元。人民币对公存款日均余额4 227.65亿元，比年初增加 421.25 亿元，增长 11.07%；人民币储蓄存款日均余额 1 233.58 亿元，比年初增加 119.24 亿元，增长 10.7%；人民币同业存款日均余额 2 046.73 亿元，比年初减少 24.99 亿元，下降 1.21%。

截至年末，交通银行北京市分行机构网点总量 142 家，其中分行营业部 1 家、一级支行 40 家、二级支行 72 家、普惠支行 29 家；共有员工数量 4 521 人。其中正式员工 4 507 人，派遣制员工 14 人，平均年龄 34.8 岁。

公司金融业务 围绕央企集团及下属子公司、市属企业、政府机构、在京世界 500 强外资企业、军队、医院、学校、房地产企业、中小企业、新兴行业，梳理营销清单，由公司板块各部门负责专项推进；设计潜在客户拓展和既定客户营销“两本账”，加强过程管理；对现有客户进行唤醒和资产提升。在增规模的基础上，调整负债结构：通过机构类大额存款及企业类结算存款等低成本负债，对协议存款和通道理财进行压降，实现存款结构的优化和付息成本的降低。支持新机场项目、北京城市副中心建设、轨道交通建设和棚户区改造项目建设，开展“人手一个资产项目”工作，加大储备力度。围绕核心企业，通过产业链辐射链属企业，做通企业上下游；大力推广“缴税通”和“报关一点通”产品，以缴税带动结算业务；针对央企、市属企业、世界 500 强外资企业等大型集团客户，大力营销现金管理业务，提高人民币现金池业务覆盖率，推广跨境本外币双向资金池，加强全球现金管理业务合作；加强代收代付业务拓展力度，推进代发工资、收付通宝等传统业务的同时，通过关注离岸客户资金流向寻找突破口，积极推广离岸代发业务。

个人金融业务 通过扩大资产管理规模（AUM）促进储蓄规模的提升，通过增加 AUM 的转换来沉淀结算资金，确保储蓄存款日均规模和低成本负债的大幅增长。开展“开门红”“获客季”“固客季”专项行动，做好保险、基金、理财等各项产品的交叉销售，提高中高端客户产品覆盖率，扩大财富管理规模。通过与多家券商、基金管理公司建立合作，丰富产品体系，推出多款资产管理计划，满足客户多样化投资需求。用好远程银行，重视渠道产品的捆绑营销，强化手机银行的财富管理与业务推介，提高线上拓客效能。优化个贷操作流程，提高贷款审批效率和信息传递质量；深挖优质对公单位员工个贷潜力，推广“e 贷通（2.0）”，促进公私联动。通过社区行、企业行、学校行，开展贷记卡联合营销试点。

同业业务 做好重点目标客户拓展，营销行业大型客户新增存放，形成日均规模支撑；拓展同业理财新增客户和各类托管业务；丰富客户储备，对公代理保险实现突破。挖掘存量客户潜力，深耕核心优质客户，提升增量规模。推进与中国证券登记有限公司等要素市场在多领域的合作，存款余额较年初稳中有升。推出自营资金投资保本型理财产品，开展新型自营资金存放同业业务。做好同业黄金拆借，着重对在京的城市商业银行、证券公司等同业机构开展营销，增加新的利润增长点。

国际业务 上线国际收支自动核查校验系统，提高国际收支申报信息的及时准确和完整性；建设收付汇集中审批工作平台，实现集中审批模式。推进境内外联动重点产品市场拓展，实现业务结构质变，由以贸易项下大宗商品、贸易融资为主转变为以资本项下联动贷款、项目融资为主；开拓国际国内福费廷资产买卖业务，拓宽中间收入渠道。通过远期、期权、期权组合、理财等综合服务方案设计，保证结售汇业务规模可控。

风险管理 推进全面风险管理体系建设，调整优化风险管理架构，成立信用风险管理委员会，强化“一部三中心”职能，全口径管控信用风险。创新资产质量考核方法，对逾期风险管控实行双向加扣分考核，传导风险与发展平衡理念，资产质量尤其是逾期贷款总体平稳。加强信贷投向管理，优化信贷结构，创新授信模式，前移风险关口。做好重点领域风险防控，对集团客户，产能过剩、批发、机械、大宗商品贸易行业等领域开展专项排查和月度监控；将零贷小企业客户纳入平行监测范围；对大额个人质押贷款和个人消费贷款在资金来源、贷款用途、是否存在关联授信等方面进行排查；对央企重组整合、汇率波动、贸易企业垫资及区域性限电风险等进行预警提示。健全临期贷款风险预警管控机制，将公司信贷减退加固重心调整为“加固为主、重组跟进”，加大对公及非信贷不良贷款清收力度，做实精准预警。深化合规管理，以提高客户身份信息质量及可疑交易报告质量为核心，开展特色业务产品洗钱风险等级评估；对印章管理情况进行现场飞行检查，对现行规章制度进行全面清理和修订，保障业务依法合规运行。

基础管理 设立贵金属业务中心、大客户五部，调整金融同业部、金融市场部、办公室、发展研究部职责；规范部门分类，划分为管理部门、利润中心和直营部门三类。统筹规划基层经营单位布局，强化特色业务专业化营销，通过扁平化管理模式激发活力。实行“引进、调整、轮训三位一体”的人力资源配置方式，完善任职与编制管理。围绕“以贷谋私、大额集中采购、基建装修工程、新兴业务利益输送、虚列支出套取费用”等领域开展专项整治；自主开发“欺诈风险数据整合分析”系统，为案防工作提供信息支持。完善分层分类的教育培训管理体系，推进党性教育、管理干部、AB 职等员工和新员工四大培训工程；按照公司、零售、同业、营运、风险、综合、服务管理七个板块统筹培训项目。

（何华伟）

招商银行股份有限公司北京分行

2016 年末，招商银行股份有限公司北京分行（以下简称招商银行北京分行）总资产 5 664.86 亿元，比上年减少 465.32 亿元；全折自营存款余额 4 879 亿元，比上年增加 329 亿元，增长 7.2%；全折自营贷款余额 2 046 亿元，比上年增加 309 亿元，增长 17.8%；不良贷款余额 3.96 亿元，比上年减少 0.75 亿元，不良率 0.19%，比年初下降 0.08 个百分点。拨备覆盖率 862%，比上年提升 141 个百分点。实现非利息净收入 73.83 亿元，占营业收入的 40.13%，比上年提升

4.9个百分点。成本收入比为31.34%；人均创利124万元，网均创利5 201万元。

截至年末，招商银行北京分行共开业营业机构114家，其中年内新开业营业网点6家；员工人数4 870人（正式员工4 514人，派遣员工356人），比上年新增142人。

公司金融业务 全面推进体制改革，深度探索专业化经营；不断完善考核政策，加强队伍建设，从严实施内控合规，提升业务管理水平。对公负债再创新高，全折人民币对公日均存款2 796亿元，比上年增长17.7%；年末客户融资总量余额4 400亿元，比上年增长14.58%；全年实现非息净收入33.84亿元，比上年增长17%；客户基础不断夯实，年末对公客户总量19.44万户，比上年增长42.42%。

零售金融业务 加强资源整合，持续推进精细化管理，零售各项业务实现了快速发展。管理客户核心资产全年增量1 004亿元。全折人民币年日均储蓄存款较年初增加241亿元，增长13.3%。财富管理业务实现收入34.7亿元。个贷业务快速增长，贷款增量162亿元，在一般性贷款增量中占比56.0%，比上年末提升12.5个百分点。零售客户数量快速增长，私人银行客户、钻石客户和金葵花客户平均增长17%，大众客群增长11%。开展“贴心北京，感恩服务”活动，按月推广感动服务场景化，设计延伸服务等八大场景，全程陪“办”等37项感动举措。

投行同业业务 全年累计销售同业理财规模超5 000亿元，交易笔数超2 000笔。债券主承销规模1 037亿元，比上年增加145亿元，增长16.26%。大力拓展托管业务，持续优化业务流程，提升专业能力和效率。截至年末，托管资产规模1.41万亿元，比年初增加5 984亿元，增长73%；实现管理费收入3.46亿元，同比增加7 805万元，增长30%；实现托管业务总收入6.98亿元，同比增加5 059万元，增长8%。全力支持企业融资需求、努力推动电子商业汇票业务发展，严格控制票据业务风险，全年电子商业汇票业务占整个票据业务的47%。

渠道建设 年内新开业6家支行，年末营业机构达114家。其中，综合型网点44家，零售专业网点48家，社区型网点19家。把握金融科技创新机遇，对客户交互渠道进行服务升级，年末北京地区招商银行APP用户超400万户。

（邓莉丽）

上海浦东发展银行股份有限公司北京分行

2016年末，上海浦东发展银行股份有限公司北京分行（以下简称浦发银行北京分行）资产总额5 111.25亿元，比上年增加342.56亿元。按人民银行统计口径，本外币一般性存款余额3 879.70亿元，比上年增加120.50亿元，其中非银行金融机构存款余额1 757.80亿元，比上年增加11.40亿元。本外币各项贷款余额2 072.99亿元，比上年增加1 080.33亿元。预算口径营业净收入109.09亿元，比上年增加 26.53 亿元。实现账面利润 50.16 亿元，比上年增加 7.22 亿元。

截至年末，浦发银行北京分行共设有营业机构 76 家，其中综合性营业机构 48 家（含营业部），小微及社区支行 28 家；正式员工 1 585 人。

公司银行业务 加强负债业务营销管理与组织推动，学习系统内其他分行在客户积累和产品营销方面的经验，结合北京实际，通过召开专题座谈会、案例交流会等形式，引导营销一线围绕分行制订的目标和方案开展工作，并进行动态跟踪监测；开展负债业务拉力赛等活动，不断调整存款结构，提升能够带来较高存贷利差的结算性存款规模及占比，带动存贷净息差收入稳步增长。制定《2016 年北京分行资产业务营销指引》，指导支行开展资产业务营销。利用总行专项资源配置政策，稳步提升贷款规模。借助京津冀协同发展契机，拓宽业务获取渠道，拓展中长期贷款项目并加大推进力度，重点推进京津冀城际铁路建设等项目，持续提升资产盈利水平。中标北京市轨道交通建设新机场线一期工程及海淀区建设发展基金，推进北京市、区棚户区改造项目。持续开展不跨季贷款投放，提高贷款日均和利润贡献。

截至年末，本外币一般对公存款余额 1 842.74 亿元，比上年增加 95.14 亿元；人民币对公贷款余额 805.10 亿元，比上年增加 30.35 亿元。实现净营业收入 48.2 亿元，比上年增加 2.2 亿元；净中间业务收入 9.1 亿元，比上年增加 1.8 亿元。

投资银行业务 围绕重点施工类央企开展 PPP 项目融资，围绕资本市场拓展并购融资业务，围绕优质物业筹组银团贷款，全年新投放投行类资产 109 亿元。优化产品结构，创新推出浦发银行首单降低企业资产负债率的棚户区改造基金——中冶门头沟棚户区改造基金，于年末成功起息 19 亿元。大力推动资产支持票据（ABN）、可转换债、类永续债等创新产品营销，成功发行业内首单房地产企业资产支持票据——首开资产支持票据，发行价格创企业融资成本新低；实行差异化营销策略，在控制风险的基础上抢占优质发债项目，全年共完成债券承销量 714.45 亿元，实现中间业务手续费收入 1.64 亿元。完善股权基金业务推动机制，明确重点项目开拓方向，与部分央企、市属重点国企、政府平台类公司、优质上市公司建立业务合作关系，推进政府主导的棚户区改造、保障房建设、园区建设等房地产类股权基金发展，与大型施工企业形成联合体共同参与招投标，介入政府优质 PPP 项目。以并购贷款、并购基金、并购债为抓手，组合运用并购融资产品，设计合理的融资结构，顺利完成多个并购融资创新项目，并实现以并购融资产品撬动其他业务产品的加载。全年各类股权融资业务起息金额 48 亿元。

零售银行业务 发挥“SPDB +”互联网金融平台价值优势，推广直销银行和快捷支付绑卡获客渠道，与京东商城、唯品会等电商合作开展线上营销活动，批量化获取合意客户。进一步完善代收付平台及跨行支付产品建设，成功上线 O2O 支付平台，银联代付通道业务正式接入总行受托支付系统和集中代收付系统；作为浦发银行唯一一家开展跨境支付业务的分行，在巩固与京东全球购、拉卡拉支付公司合作的同时，新增与北京银联商务、海航云商的业务合作。推进网点“轻型化”

工作，为集约化管理奠定基础，全年新建社区银行4家，开设零售专业支行1家。推动总行产能提升项目“鸿雁计划”落地实施，提升人均和网均产能。围绕内涵式发展，推进社区网点经营转型，提升创收能力。

截至年末，本外币个人金融资产余额800.00亿元，比上年增加123.06亿元。本外币储蓄存款余额279.20亿元，比上年增加13.91亿元；日均余额265.90亿元，比上年增加20.20亿元。零售贷款（含信用卡）余额587.37亿元，比上年增加320.66亿元。个人贷款余额（不含信用卡）439.40亿元，比上年增加225.36亿元。其中，按揭贷款余额328.90亿元，比上年增加200.99亿元；信用卡贷款余额147.97亿元，比上年增加95.3亿元。零售净营业收入19.80亿元，比上年增加6.95亿元；零售净中间业务收入8.50亿元，比上年增加3.67亿元。优质以上零售客户279 957户，比上年增加77 886户；白金以上客户104 347户，比上年增加35 667户；私人银行客户1 442户，比上年新增649户。

金融市场业务 通过创新业投资委员会平台，先行先试创新产品，积极开展资产代持、滚动存放、自营资金委外、资产支持证券等业务新品种，为金融市场业务注入新的活力。积极营销上市公司资本市场业务，开展场内代理的场外股票质押业务，协助公司大股东进行股票增持，并与其探索合作设立海外并购股权基金。加强私募基金合作，借助优秀的管理人平台，发挥资源优势，实现批量获客。与大河资本管理公司签订协议，携手海淀区国有资产公司、清华控股有限公司、京能集团等公司共同设立海淀区产业并购引导基金。与国务院国有资产监督管理委员会下设的“开创协同”四只母基金中的两只基金建立业务合作，在产业资源、资金渠道对接等方面实现战略协同，参与的基金总额达400亿元。

截至年末，本外币同业存款余额2 882.10亿元，比上年增加273.70亿元；本外币同业存款日均余额2 955.50亿元，比上年增加609.50亿元。金融市场业务净营业收入41.2亿元（不含跨条线理财销售），比上年增加17.4亿元。其中，同业资产业务净营业收入17.70亿元；金融市场业务净中间收入16.30亿元，比上年增加3.30亿元，其中资产管理费收入12.10亿元，比上年增加3.60亿元。全年外汇衍生交易规模1.75亿美元，代理贵金属交易规模15.09亿元，“商融通”“汇通利”业务规模18.12亿元，人民币利率互换业务规模1 000万元。

合规与风险管理 注重信贷政策与行业投向研究，提高授信政策的前瞻性。根据总行公司客户信贷投向政策、区域差异化专项政策，结合北京地区经济发展态势、产业调整政策、京津冀协同发展战略以及北京非首都功能疏解等，强化授信政策对业务发展的精准指导与有效引领，获得总行《公司客户投向管理工作综合评价》第一名。为首都经济发展重大项目开辟绿色通道，创新授信管理方法，完善授信方案，推进项目落地。持续加强合规建设和员工行为管理，严格实施“两个加强、两个遏制”回头看专项检查工作，深入落实自查“三个全覆盖”，严查“十大行为”。及时掌控员工思想动态，加强对员工异常行为专项排查和违规问责落实。通过查询个人信用报告、突击检查柜员现金库箱、个人办公电脑及办公工位等方式，对7家支行33名员工开展“异常行为现场抽查”。深化反洗钱及案件防控机制建设，确保实现全年“零案件”防控目标。

（王国文）

广发银行股份有限公司北京分行

2016年末，广发银行股份有限公司北京分行（以下简称广发银行北京分行）总资产2 268.66亿元，比上年减少96.85亿元，下降4.09%；本外币存款余额1 974.18亿元，比上年增加59.67亿元，增长3.12%，其中人民币存款余额1 810.42亿元；实现报表营业收入41.70亿元，净利润22.32亿元。

截至年末，广发银行北京分行设有营业网点57家，其中支行51家、社区支行6家；在岗人数1 823人，其中正式在编1 769人。

银保协同工作 与中国人寿保险（集团）公司（以下简称中国人寿）开展全方位的银保合作，组建跨部门服务团队和落地支行，对接中国人寿总部与各级分公司的金融服务。全年，成功落地两笔投行业务，金额合计56.7亿元；落地国寿安保基金公司的日间透支业务，累计出账金额10.2亿元；向中国人寿有关单位累计发放信用卡近700张，开立储蓄卡近850张，并开展代发工资业务，首笔金额1 084万元；中国人寿员工认购广发银行理财产品537.3万元；累计销售中国人寿期交保险1 416.4万元，实现中间业务收入152.34万元；吸收中国人寿寿险公司常规类存款年日均5亿元；成功代理中国人寿寿险公司境外发债付息业务，累计发债5 000万美元，带来70万元的中间业务收入；与中国人寿电子龙商务公司合作的“一账通”业务累计新增客户数量28 904户，实现资金交易1.1亿元。

金融市场业务 债务融资工具业务、资金业务及同业信用业务稳步发展。全年共承销债券85亿元，吸收本外币同业存款余额2 000.51亿元，比上年增长16.44%；资产管理业务快速增长，资本市场业务年末余额214.24亿元，同比增长195.71%，实现中间业务收入21 225.25万元；理财业务年末余额1 364亿元，同比增长82%，实现中间业务收入10 344万元，同比增长105%；衍生业务抓住市场时机研发和推介了外币掉期和“跨境盈”等产品，并通过黄金租赁的形式协助总行吸收等值101亿元的同业资金。依据市场情况以同业信用为基础为同业机构累计提供了328.7亿元资金。

发行“自在卡” 2016年9月，广发银行正式发行面向50岁以上中老年客户的借记卡——“自在卡”。该卡持卡人能够享受较高的利率上浮幅度，并被推荐适合老年人风险承受能力的稳健型理财产品及诸多增值服务功能。截至年末，广发银行北京分行累计发行“自在卡”4 423张，新增资产管理规模6.64亿元。

（陈悦喆）

兴业银行股份有限公司北京分行

2016年末，兴业银行股份有限公司北京分行（以下简称兴业银行北京分行）总资产规模4 331亿元，比上年增加591亿元，增长17.03%；人民币各项存款余额2 322亿元，比上年增加441亿元，增长23.44%；实现税前利润67亿元，比上年增加25亿元，增长59.52%，其中实现中间业务收入20亿元，比上年增加1.9亿元，增长10.43%，经济资本收益率34.7%。

截至年末，兴业银行北京分行下辖63个营业网点，共有员工1 806人。

企业金融业务 围绕转型发展及市场变化，主动创新发展。初步完善客户中心和产品中心架构，建设客户沙盘及产品货架，有针对性地开展“阵地战”营销，各项业务成绩显著。截至年末，本外币存款余额2 327亿元，比年初增加339亿元，增长17.05%；对公表内资产余额1 381亿元，比上年增加228亿元，增长19.77%，其中对公贷款余额800亿元，比上年增加100亿元，增长14.29%；非标资产余额492亿元，同比增长48%。全年实现营业收入45亿元。

零售业务 大力推进“网点效能·创赢”系列活动，通过对支行零售行长、零售客户经理、理财经理、大堂经理、柜员等岗位的能力提升培训，明确职责分工，打破各自为战的营销习惯，有效提升经营机构、人员的产能，促进零售业务跨越式发展。截至年末，零售贷款余额508.91亿元，比上年增加28.53亿元，增长5.94%；个人存款余额221.7亿元，比上年增加1.9亿元，增长0.86%；各类零售金融资产规模8 082.35亿元，比上年增加527.63亿元，增长6.98%；实现净收入12.74亿元，同比增长30.27%。

金融市场业务 抓抢市场机遇，通过利润中心、目标管理、客户下沉、产品货架等措施，保持同业负债和资产的稳健增长。截至年末，金融市场业务资产余额3 140亿元，比年初增长20%；同业负债余额1 794亿元，比年初增长31%；资产托管业务规模6 839亿元，比年初增长25%；实现税前利润13.16亿元。

（游恒铊）

平安银行股份有限公司北京分行

2016年末，平安银行股份有限公司北京分行（以下简称平安银行北京分行）总资产2 400.88亿元，比上年增加233.54亿元，增长10.78%。本外币各项存款余额2 210.17亿元，比上年增加142.81亿元，增长6.91%，其中人民币各项存款余额2 068.03亿元，比上年增加217.56亿元，增长11.76%；本外币各项贷款余额620.19亿元，比上年减少2.02亿元，下降0.32%，其中人民币贷款余额580.23亿元，比上年减少22.26亿元，下降2.98%。实现净利润15.13亿元。

截至年末，平安银行北京分行下辖营业网点64家（含12家社区支行），共有正式员工1 857人。

公司业务 全力打造“橙e网”平台，坚持“供应链金融+互联网金融”的战略定位，构建面向行业产业链和中小企业转型的服务生态体系，以“B2B、B2C到C2B”服务模式，全面推进“互联网+产业+金融”的发展。践行“轻资本、轻资产”战略，对中型客户实施“大包围”策略，打造全新网络融资新模式，抢占优质资产；通过“核心客户+两链一圈+零售客户”模式，探索公司及零售客户批量开发；充分发挥国内证、黄金租赁、商业票据等轻资本业务优势，助力业务结构调整，实现交易银行转型；依托供应链金融特点，引入物联网技术，推动汽车物联网智能监管业务落地；大力发展跨境投融资业务，产品体系日趋成熟，为境内企业使用境外低成本资金扩宽融资通道；推广“税金贷”“发票贷”等标准网络融资产品，解决中小企业和高新技术企业融资难问题；推出电商见证宝、B2B现货资金存管系统，满足平台会员对资金安全的要求。

零售业务 正式启动零售转型2.0战略，围绕获客、智能主账户、客群、产品、渠道、IT、架构七大策略，全力推进智能化零售银行转型工程。搭建以家族信托规划、保障传承规划为主题的金融服务和咨询平台，配备专家团队，精挑金融产品，提供“一站式”动态资产管理服务，满足高净值客户资产配置需求。以成为客户的“金融管家”和“生活助手”为目标，加快线上平台建设。平安口袋银行开放Ⅱ类户注册功能，支持客户绑定他行卡注册成为平安银行客户，并与平安橙子（平安直通银行）账户整合打通，引入新的生活服务功能。通过大数据、“互联网+”等科技手段，加快推进消费金融模式升级和产品创新，为社会公众提供便捷的金融服务。

资金同业 充分发挥同业资金优势，推动产业基金项目、股票质押式回购项目、资产支持证券项目的顺利出账，实现同业资金的多元化投资。积极营销同业借款业务，合作客户涵盖资产管理公司、金融租赁公司、汽车金融租赁公司等。搭建同业资产交易平台，依托平安集团综合金融优势，疏通同业资产流转渠道，化解风险加权资产规模压力。截至年末，同业负债余额578亿元，比上年同期增加176亿元；同业资产余额455.78亿元，比上年同期增加89.32亿元。票据业务持续发展，直贴业务坚持服务于京津冀地区经济发展，优先扶持中小企业及高新技术企业。全年累计办理票据直贴1 586笔，金额共计205.38亿元；票据转贴业务量294.2亿元，其中转贴买入139.24亿元，转贴卖出154.96亿元。

投行托管 以产业基金作为投行业务的重点领域，围绕战略合作客户，深耕产业链和行业龙头客户，重点投向“一带一路”等国家战略地区和重点政策扶持行业，全年实现多单海外并购业务投放。对西城区等重点区域进行业务布局，实现优质客户项目落地，推出一级开发、集体用地试点融资、类永续债、银企产业投资基金等多项创新业务。资产托管业务对外精准营销，深挖客户潜力；对内优化组织架构，创新产品、提升服务能力。截至年末，托管产品超过900只，产品类型涵盖公募基金、证券、信托、基金子公司、私募、保险、跨境投资等。

风险管控 紧跟总行战略转型方向，践行风险引领市场策略。采取主动风险管理、前瞻性制定业务和风险管理政策的方式，引导和支持业务可持续发展。践行大风险管理理念，着手开展风险管理体系架构改革，从架构设置、工作职能、业务审批、产品准入等多方面推动风险管理体系优化和完善。充实风险经理团队，根据经营单位实际风险状况、区域分布、授信客户特点，将风险经理全面派驻经营单位，实现与69家经营单位的100%覆盖对接。持续开展员工行为排查和“案防到支行”活动，强化案防高压态势，提高全面风险管控能力。

（杨春）

中信银行股份有限公司总行营业部

2016年末，中信银行股份有限公司总行营业部（以下简称中信银行总行营业部）本外币资产总额7 817.82亿元，比上年增加1 449.19亿元，增长22.76%。本外币存款余额（含金融机构存款）6 423.36亿元，比上年增加1 153.63亿元，增长21.89%。本外币贷款余额（含贴现）2 674.83亿元，比上年增加9.56亿元，增长0.36%。不良贷款余额6.73亿元，不良率0.34%，其中公司贷款不良余额1.18亿元，不良率0.10%。实现净利润80.60亿元。

截至年末，中信银行总行营业部共有机构网点85家，员工3 106人。

公司银行业务 负债业务，紧抓对公负债重点项目与重点领域，加强业务精细化管理，建立重点项目营销推动机制，深挖企业客户增长潜力，推动对公负债业务增长。截至年末，本外币公司一般性存款（不含非存款类金融机构）日均余额4 105.08亿元，比上年增加387.39亿元，增长10.42%。

资产业务，践行“大资管”战略，加强统筹管理，积极支持现代制造业、现代服务业、国家战略性新兴产业以及优质中小企业的发展。截至年末，人民币公司一般性贷款余额1 153.89亿元（不含非存款类金融机构）。

投资银行业务，充分发挥银行专业、渠道、信息等优势，扩大股权投融资、实业投资、并购、机构理财、现金管理等方面的客户服务范围，全年债券承销规模2 366.65亿元。不断创新产品，成功承销1 972.85亿元债务融资工具。结构融资业务新增客户融资规模137.86亿元；融资类理财新增融资规模314.42亿元，全年融资类理财日均规模约465.87亿元；累计销售对公理财产品2 097.73亿元；牵头跨境银团贷款协议总金额137.55亿美元，牵头及参与境内银团贷款协议总金额353.7亿元。

房地产金融业务，坚持风险控制与收益提升并重，在重点支持住宅项目的基础上提高经营性物业贷款、城镇化建设贷款等高收益贷款占比，积极支持棚户区改造项目；面对波动较大的市场环境，加速推进产品创新、拓宽产业链条、严格控制业务风险。截至年末，房地产开发贷款规模排名股份制银行首位，新发放棚户区改造贷款24.68亿元，经营性物业贷款余额较年初增长4.28%。

汽车金融业务，构建“专注+专业”的汽车金融业务营销与操作平台，提高业务效率和管理水平。成立3家汽车金融专业支行，依靠各自优势大力拓展捷豹路虎、雷克萨斯以及北汽销售网络。截至年末，汽车金融业务有效经销商户274户，日均存款合计104.88亿元，其中经销商日均存款31.22亿元；经销商累计融资339.89亿元，融资余额合计55.57亿元；实现中间业务收入1 851.81万元。

零售银行业务 存款业务。以人员和考核为基础，以渠道建设为支柱，以交叉销售和客户关怀为抓手，以内部管控和服务管理为两翼，完善零售业务可持续发展体系。截至年末，个人存款时点余额600.09亿元，个人存款年日均余额599.63亿元。

管理资产。截至年末，资产管理规模余额1 852.52亿元；日均余额1 705.44亿元，年增加314.31亿元，同比增长22.6%。

客户经营。逐步搭建并完善大众客户和中高端客户的分层经营体系。大众客户主推线上经营，年末官方微信客户规模突破34万，实现资产管理规模新增187亿元，客户流失率下降47%；中高端客户主推CRM精准营销，5万元以上达标客户数18万户，贵宾客户近7万户，私人银行客户超3 500户。

代理销售。截至年末，零售中间业务收入8.95亿元，同比增长35.48%；理财销量3 783.30亿元，同比增长31.99%；保险销量156.69亿元，同比增长144.84%；非货币基金销量26.22亿元；贵金属销量1.97亿元。

零售资产业务。坚持“以房为主”的零售资产结构，围绕房产抵押类贷款全面打造个贷零售资产产品线，满足北京市场个人贷款客户按揭、经营、消费等用途的合理融资需求。截至年末，零售资产余额827.38亿元。

电子银行业务。聚焦互联网支付渠道，拓展商户合作；抢滩跨境电商，实现北京地区跨境试点机构签约全覆盖；推出特色二维码收单、社区O2O服务平台，成功上线百度电子账户，推进开发门户网站EVUS美签服务等。截至年末，电子银行活跃客户数64.74万户，互联网支付业务对公结算性存款时点余额35.57亿元，社区O2O平台签约商户约800家，零售获客约4万户。

服务品质。全面升级客户服务营销体系，落地6S管理项目，践行服务品质“十个一”；首创的《服务交规制管理办法》荣获北京市金融工委颁发的“金点子”竞赛二等奖；全力打造的方庄、广渠路、观湖国际、珠市口4家支行荣获“2016年度中国银行业文明规范服务千佳示范单位”；八里庄支行、奥运村支行荣获“2016年度北京市银行业特色服务示范单位”。

金融市场业务 同业业务，同业资产、负债保持均衡发展，资产结构得到优化调整，转型发展成效显著。资产、负债比例相对均衡，规模同步增长，全年实现同业负债日均2 302.88亿元，同比增长63.97%，同业资产日均2 059.88亿元，同比增长67.26%；资产结构渐趋合理，票据资产占比从年初的48%压缩至26%，非票据资产占比年末升至74%；创新类业务投放资产规模放量增长，产品线得到极大丰富，全年非保本理财累计发生额865亿元，同业对接行内信贷审批资产累计发生额626亿元。

国际业务。依托产品模式创新、境外渠道拓展等手段，巩固传统业务的同时，有效拓展内保外贷、出口买方信贷等新兴业务领域和客户群，进一步优化业务结构，有效推动新市场环境下国际业务的稳步过渡。截至年末，累计实现轻资本收入4.43亿元，金融市场交易量1 939.7亿元。

托管业务。加大产品创新力度，首创双托管合作模式，实现航天国华军民融合基金项目的成功落地；建立全功能的产品运营体系，多次分岗位进行风险自查并对整体业务流程进行梳理优化，确保托管业务的安全平稳运营。截至年末，托管规模1.48万亿元，实现中间业务收入9.2亿元。

风险控制　会计运营。配合人民银行完成同城电子清分平台升级改造，上线小额借记自动回执、票据生命周期管理、印章电子化系统、人脸识别系统、跨境人民币支付系统以及质押存单电子化等系统，及时转发、下发各类运营制度文件及业务规范；推进发行库建设，提高现金运营水平；通过严格的检查工作，提高运营人员业务规范性和支行柜面操作风险防控能力。

合规经营。实行“一把手责任制”，明确各单位负责人对本单位内控合规管理的主体责任，组织全员签订《合规案防履职责任书》，明确与所在岗位相关的合规案防工作职责。坚决杜绝员工涉案和发生“飞单”、非法集资等重大风险事件，持续完善内控合规管控和合规考评体系，有效提升各单位内控合规管理水平、员工违规行为管控能力。

（张京玉）

中国光大银行股份有限公司北京分行

2016年末，中国光大银行股份有限公司北京分行（以下简称光大银行北京分行）资产总额5 122亿元，比上年增加1 354亿元，增长36%。一般存款日均余额3 077亿元，比上年增加245亿元，增长9%。中间业务净收入34.52亿元，比上年增加2.24亿元，增长7%。营业利润64.87亿元，比上年增加1.06亿元，增长2%；不良贷款率0.53%，低于全系统和银行业平均水平。

截至年末，光大银行北京分行设有营业网点68家，员工2 700余人。

公司银行业务　以对公业务为经营主战场，增强对公业务综合营销能力，巩固拓展业务优势，对公客户总数突破5.7万户。凭借三级财政代理资格优势，保持并扩大与国家机关的财政业务合作。抓住国家推进PPP重大项目机遇，通过托管政府基金账户，引入中国政企合作投资基金。截至年末，对公存款余额2 506亿元，比年初增加235亿元，增长10%。积极履行社会责任，按照“三个不低于”要求发展小微金融。年末小微（国标对公）贷款余额108亿元，比年初增加23.55亿元，增长28%；小微贷款客户5 225户，同比增加552户；小微贷款获得率90%，比上年同期增长8.25%；实现了“三个不低于”目标。

零售银行业务 充分发挥资源、区位和渠道优势，推动大零售业务发展。截至年末，对私日均存款570.2亿元，比上年增加64.9亿元，增长13%；累计投放对私贷款148.1亿元，对私贷款余额335.3亿元，比上年增加68.5亿元，增长25%；零售客户551.1万户，比上年增加138.7万户，增长34%；零售客户资产管理规模余额1 393.5亿元，比上年增加148.4亿元，增长12%。加强与互联网公司合作，推动互联网发卡，批量引入零售客户，信用卡客户突破150万户。

中间业务 积极拓宽收入渠道，提高轻资产业务比重，提升盈利水平。截至年末，实现中间业务净收入34.52亿元，占全部净收入的38%，比上年提升2个百分点。

大资产综合经营业务 搭建“大资产”业务平台，统筹发展贷款、资管、同业、投行等资产业务，提升综合经营能力，弥补传统信贷投放不足。截至年末，主承销发行债务融资工具562亿元，债务工具余额1 105亿元。营销大型企业及地方政府发展基金等重点客户资管业务，投放资金184亿元。托管券商、信托、基金资产总规模超过1万亿元。投放系统内首笔信贷资产证券化投资业务8亿元。发展外币资产业务，支持境内重点企业“走出去”。借助集团金融控股平台优势发展业务，努力实现“弯道超越”。

风控与合规管理 坚守信用风险底线，保证信贷质量和资产安全，不良贷款额和不良贷款率低于行业平均水平。落实“两个加强、两个遏制”回头看专项检查工作，加强“四位一体”风控机制，严防案件风险、操作风险。印发《基层网点内控三十六条》，全员签订案防责任书、合规承诺书。开展员工异常行为大排查、案件风险大排查、异常资金交易大排查和“飞行检查”，对重点岗位和重点人员严格管理。公示在售理财产品，落实“双录”要求，严防私售违规。开展金融消费者宣传教育，维护消费者合法权益和银行声誉。坚持“三重一大”集体决策和大额支出集体审批，规范财务开支和招采管理，杜绝财务风险。全年未发生重大案件、重大差错。

（潘远发）

中国民生银行股份有限公司北京分行

2016年末，中国民生银行股份有限公司北京分行（以下简称民生银行北京分行）本外币总资产10 672.34亿元，比上年增加2 550.44亿元，增长31.4%。各项存款余额5 984.04亿元，比上年增加1 629.17亿元，增长37.41%，其中人民币存款余额5 775.88亿元，比上年增加1 683.07亿元，增长41.12%。各项贷款余额 2 128.37 亿元，比上年增加 349.41 亿元，增长 19.64%。实现营业收入 160.61 亿元，营业支出 58.99 亿元，税前利润 101.62 亿元。

截至年末，民生银行北京分行下设支行 86 家，正式员工 3 248 人。

公司金融业务 紧跟京津冀协同发展战略，聚焦服务北京首都非核心功能外迁，重点支持北京市城镇化、轨道交通、高速公路、航空枢纽等基础设施项目建设，以及区域大型集团企业和优质上市公司的技术改造、行业并购类项目。创新银政企合作模式，积极开拓产业基金、地方债投资及公私联营银政企合作模式。介入互联网金融领域，通过系统对接、资金托管、供应链融资等创新服务，支持央企、国企、龙头电商等互联网企业发展。截至年末，公司本外币存款余额 5 284 亿元，比上年增加 1 613 亿元；公司本外币贷款余额 1 411 亿元，比上年增加 249 亿元。

个人金融业务 截至年末，储蓄余额 700 亿元，比上年增加 14.8 亿元，增长 2.2%；个人贷款余额 717.3 亿元，比上年增加 101.4 亿元，增长 16.5%；金融资产余额 1 829.5 亿元，比上年增加 143.5 亿元，增长 8.5%。零售客户稳步增长，有效客户 36.4 万户，比上年增加 2.6 万户；贵宾客户 19.6 万户，比上年增加 1.4 万户。网络金融业务保持良好发展势头，手机银行客户总量 182.25 万户，比上年增加 33.64 万户，增长 22.64%；个人网银客户总量 179.64 万户，比上年增加 16.61 万户，增长 10.19%；电子银行交易替代率 99.35%，比上年提升 0.69%。

国际业务 立足于服务实体经济，助力"一带一路"发展战略，为"走出去"客户开辟绿色服务通道。截至年末，贸易融资表内资产余额 274 亿元，表外资产余额 298 亿元，实现国际结算 208 亿美元，表内外资产状况良好，无不良贷款发生。

中间业务 截至年末，同业存款余额 4 409.55 亿元，比上年增加 699.47 亿元；同业投资交易量增加 648 亿元，比上年增长 216.72%。全年，发行债券 70 只，承销规模 624.85 亿元；资产托管业务存量规模 1.49 万亿元，年内新增规模 5 550 亿元，比上年增长 59.5%。

普惠金融业务 结合北京四大核心功能定位，助力区域科技和文化产业升级。截至年末，已与中关村自主创新示范区内的 2 823 家入园企业建立合作关系，与 497 家科技、文化类企业建立信贷合作关系，年末贷款余额 289 亿元。推出"优房闪贷""万众掘金"系列互联网金融产品。"优房闪贷"采取 O2O（线上线下结合）的运作模式，年末参与人数突破 30 万人，新增贷款申请额突破 40 亿元；"万众掘金"通过"积存金"为客户提供黄金投资服务，年末新增"积存金"开户数近 2 万人，客户金融资产增加突破 10 亿元。

（龚耀星）

华夏银行股份有限公司北京分行

2016年末，华夏银行股份有限公司北京分行（以下简称华夏银行北京分行）资产总额2 492.92亿元，负债总额2 471.64亿元，一般性存款余额1 980.57亿元，一般性存款日均1 893.04亿元，贷款余额1 265.86亿元，实现中间业务收入10.29亿元，累计实现拨备前利润35.20亿元。

截至年末，华夏银行北京分行下辖支行60个，公司金融部14个，社区支行14家，86家自助银行；正式员工2 110人。

服务首都经济发展 大力支持北京城市建设和重大惠民工程，截至年末，对多条地铁轨道交通骨干线建设、冬季奥运会场馆建设、南水北调配套工程、污水处理厂改造工程等城市基础设施建设累计投放700余亿元，向市属重点企业和项目累计授信233亿元。把握非首都核心功能疏解契机，积极参与北京城市副中心建设，截至年末，向首钢集团外迁、产业转移和化解落后产能累计授信147亿元，支持通州区重点建设项目累计金额43.56亿元，参与通州区潞城镇棚户区改造征地拆迁支付项目涉及资金累计44.63亿元。落实京津冀协同发展战略，对首都新机场、京台高速公路、京九铁路、广渠快速路等提供授信，截至年末，累计给予涉及京津冀协同发展项目的表内外授信额度634亿元。

个人金融业务 截至年末，个人基础型存款余额247.86亿元，个人基础型存款日均209.29亿元，比上年增加13.65亿元；“速通卡”签约客户累计54.23万户，比年初新增8.7万户；累计发行“京津冀协同卡”57.6万张，比年初增加24.8万张；信用卡VIP客户31.62万户，比年初增加8.8万户。

科技金融和文创产业业务 充分发挥中关村管理部作为华夏银行战略转型和科技金融创新的作用，推出“高新易贷”“创业易贷”“跟随贷”等产品，推进网贷平台资金存管工作。截至年末，全行服务高新技术产业客户325家、贷款余额69.38亿元，比年初分别增加117户、22.57亿元。冠名首届北京市文化创意创新创业大赛，并为决赛获奖项目设立基金；充分运用“文创贷”“年审制贷款”等特色产品，大力支持文化创意产业发展。截至年末，文化创意产业客户278户，表内文创类贷款余额47.5亿元，比年初分别增加86户和13亿元。

（李原野）

渤海银行股份有限公司北京分行

2016年末，渤海银行股份有限公司北京分行（以下简称渤海银行北京分行）

本外币总资产1 813.25亿元，比上年增加825.4亿元，增长83.56%；本外币各项存款余额514.09亿元，比上年减少5.23亿元，下降1.01%；本外币各项贷款（含贴现）余额405.03亿元，比上年增加75.61亿元，增长22.95%；实现营业收入88.79亿元，同比增长272.44%；实现中间业务收入8.1亿元，同比增长112.49%；实现考核利润12.77亿元，同比增长37.29%；实现经济增加值8.4亿元，同比增长54.6%；不良资产余额3 351.22万元，不良贷款率0.083%，资产质量保持优良。

截至年末，渤海银行北京分行共设有营业机构（含分行营业部）32家，其中支行（含分行营业部）19家，社区支行13家；员工792人，其中合同制员工747人，派遣制员工45人。

公司金融业务 加强统筹，提升主动负债能力，以业务创新带动存款稳定提升。截至年末，批发银行存款余额511.35亿元，比上年增加2.79亿元；批发银行存款日均548.96亿元，比上年增加96.83亿元，增长21.42%；充分利用银证、代销、资产证券化等渠道合理规划信贷投放，实现了资产规模的快速增长。全年实现表内本外币贷款投放268.79亿元，银证投放715.51亿元。

投资银行业务 创新引领转型发展，办理渤海银行首笔公司债业务、储物架（DFI）发行超短期融资券业务，办理全国首笔出表型信托资产支持票据业务，债券承分销业务取得跨越式发展。全年累计发行债务融资工具379.52亿元（含公司债），比上年增长148%。

国际业务 主动对接“一带一路”发展战略，充分利用国内外市场和资源，综合运用外汇储备委托贷款、内保外贷、海外直投、海外直贷等产品，为国内企业提供融资服务。全年累计办理国际结算业务35.79亿美元，其中通过上海自贸区FT账户分账核算单元向境外放款开创了渤海银行参与海外银团贷款的先河，首次与同业金融机构合作的内保外贷业务，为渤海银行在现有金融环境下的业务资金出境开启了新的通道。

零售业务 截至年末，财富资产余额137亿元，理财产品累计销售203.9亿元，基金销售8.1亿元；储蓄存款余额30.18亿元，日均存款34.55亿元；个人贷款余额165.01亿元，比上年新增56.01亿元；个人有效客户结存数8.4万户，完成全年任务的122%；信用卡发卡1 471张，交易量1.4亿元；网络银行业务指标“结算宝”交易量预算完成率307%，线上渤海银行项目接入指标完成率250%，网络银行产品深度预算率178%，网络银行渠道销售额预算完成率172%。与中国泛海控股集团合作开展“泛海助学行动”项目，承接开卡、资金发放工作，共开卡5万张，并及时将助学资金一次性发放到广西、重庆、湖北、贵州、山东、陕西六省市数万名贫困家庭学子手中。

小微金融 设立专门面向中关村科技企业和创新创业主体服务的科技金融专营机构，积极开展绿色信贷业务。单列小微企业信贷规模，量身打造“抵（质）押贷”“保证贷”“商圈贷”“联保贷”“信用贷”“组合贷”等产品，创新开展渤海银行首单“新三板”科技小微企业股权质押贷款业务，大力推广小微企业“省息账户”产品，向符合条件的小微企业提供票据再贴现业务，为小微企业提供结算便利，降低融资成本。截至年末，小微贷款余额 63.86 亿元，比上年增长 38.5%；绿色信贷余额 23.17 亿元，绿色信贷占全行本币贷款的 13%；累计办理小微企业票据再贴现业务 12.58 亿元。

成立智能化体验旗舰店 7 月 27 日，渤海银行智能化创新体验旗舰店落户通州区。该支行应用多种新技术增强客户的场景体验，将人脸识别技术与视频监控系统进一步融合，与叫号系统、客户信息系统、业务管理系统等进行系统联动，并配备多部智能终端、各类 PAD、手机、网银体验电脑，提升用户智能化体验。

（张俊魁）

浙商银行股份有限公司北京分行

2016 年末，浙商银行股份有限公司北京分行（以下简称浙商银行北京分行）总资产规模 1 053.4 亿元，比上年增加 97.4 亿元，增长 10.2%；本外币各项存款余额 863.0 亿元，比上年增加 286.2 亿元，增长 49.6%；本外币各项贷款余额 257.6 亿元，比上年增加 56.0 亿元，增长 27.80%；实现营业增加值 21.1 亿元，同比增长 48%。资产质量保持优良，不良率为零。

截至年末，浙商银行北京分行共设有营业机构（含分行营业部）7 家，员工 587 人。

公司业务 依托北汽集团、河钢集团等供应链核心企业，通过“1 + N”模式并结合票据池等产品，进行产业链拓展，解决核心客户上下游中小型企业融资问题，扩大基础客户群，逐步形成专业化经营。年内，新增资产池（票据池）有效户 212 户，开发集团票据池客户 48 户，累计入池资产 628.13 亿元，占全行入池资产的 20.54%，派生存款近 110 亿元，其中商业票据入池 110.2 亿元，占全行入池资产的 52.17%。抓住北京地区棚户区改造和环境整治、重点村建设以及集体经济发展的机遇，以新设支行的方式切入重点乡镇，重点发展乡镇金融业务。截至年末，乡镇金融存款余额 56.86 亿元，年日均 49.56 亿元；授信乡镇 14 个，融资余额 69.35 亿元。依托北京地区总部经济优势，积极申报主动授信客户，推进客户分层管理，提升服务战略客户能力。

资产托管业务 加大对证券公司、信托公司、基金公司、保险公司等的营销力度，实现了非本行资源的城商行理财资金、保险公司债权计划、保险公司资管计划、基金公司专户产品、券商资管计划的托管，全年，电商平台京东白条资产支持证券托管、保险经纪公司注册资本金的托管，自主营销公募基金——“方正富邦惠利”托管。全年托管业务规模 1 020.68 亿元（其中行外资源项目 420 亿元），托管费收入 6 017.79 万元。

国际业务 围绕企业“走出去”，加强跨境并购项目推进。与浙商银行济南分行合作落地青岛万达影视投资并购美国传奇影业项目，实现国际结算量 11.4 亿美元，实现中间业务收入 899 万元。加快代客外汇衍生产品营销推进，为客户提供汇率保值、增值产品综合服务方案，提升国际业务综合服务能力。全年实现代客外汇衍生产品交易量 11.5 亿美元，目标完成率 230%，实现中间业务收入 582 万元。

全年，实现国际结算量 38.57 亿美元，计划完成率 117%；实现中间业务收入 6 692 万元，同比增长 17%；代客资金交易量 37 亿美元，同比增长 95%，其中代客外汇衍生产品交易量 11.5 亿美元，计划完成率 230%；实现国际业务基础客户 81 户，计划完成率 101%，带动存款 51.6 亿元，计划完成率 103%。

风险管理 把好客户、业务准入关，存量客户分层管理，筛选重点领域、新兴行业潜在客户，将防范风险与基础客户培育向群结合。打造分行业、分领域的专业主审团队，设立金融市场、投行、公司业务风险控制岗，集中风险预警和应急处置管理。将全资产经营项下各种业务纳入统一风险监测体系，为评估各类风险提供数据支持。建立预警逾期处理机制，制定《关于加强预警与逾期贷款管理的通知》《逾期贷款及不良资产专项考核管理办法（2016 年版）》等制度，明确预警逾期处置流程，提升预警逾期反应速度，及时将不良资产转出、强化相关部门风险责任。加强存量客户管理，将风险监测、风险督查、风险分析与客户分层管理、风险评价与资产质量评估等有机结合。

（侯宪虎）

北京银行股份有限公司

2016 年末，北京银行股份有限公司（以下简称北京银行）资产 2.12 万亿元，实现净利润 179 亿元，资产利润率 0.90%，资本利润率 13.76%，成本收入比 25.81%，不良贷款率 1.27%，拨备覆盖率 256.06%，资本充足率 12.2%。根据英国《银行家》杂志排名，一级资本在全球千家大银行中排名第 77 位；在世界品牌实验室 2016 年《中国 500 最具价值品牌排行榜》中，以 309.56 亿元的品牌价值位居中国银行业第 7 位。

截至年末，北京银行机构总数 503 家，其中北京地区分支机构 244 家。

公司业务 年内，在业内率先推出交易银行品牌，涵盖 5 大业务板块、6 大业务渠道及 36 项特色金融产品；推出跨境双向人民币资金池，助力企业国际化发展；推出再保理服务，打通中小企业融资渠道。机构客户存款首次突破 2 000 亿元；“京医通”项目全年新增 3 家合作医院，累计发卡超 800 万张；首次与民政系统建立业务合作，成功营销北京市社会福利事务管理中心及下属 23 家单位；正式上线北京市财政自助柜面系统，实现预算单位业务的自助办理；通过“京医通”系统搭建统一移动互联网预约挂号平台，实现北京市属 22 家三甲医院非急诊全面预约系统上线；全年承销债券规模 1 825.04亿元，承销项目 237 只；完成中国中铁等 26 家企业债务融资工具注册；发行北京银行首单境外非金融企业公开发行的熊猫债中芯国际中期票据；发行全国首单水务类绿色债券；实现牵头银团签约 30 笔，组团规模 207.10 亿元。

小微业务 年内，本外币小微贷款余额3 176.1亿元，客户数23 519户，增量、增速、申贷获得率等完成“三个不低于”要求，“定向降准”达标。科技、文化、绿色金融贷款余额分别为886亿元、434亿元和388亿元，分别比年初增长25%、32%和49%。举办科技金融支持小微企业发展暨“投贷通”产品发布会，小巨人“创客中心”相继被中关村管委会、市科委、科技部授予“创新型孵化器”“新兴产业孵化器”“众创空间”称号；积极支持国家文化产业创新实验区建设，推进文创企业信用评级体系搭建；作为唯一一家金融机构参展第十四届北京国际图书节和第十一届文博会；在G20能效论坛上发布“绿融通”绿色金融行动计划；被中国银监会、科技部、中国人民银行纳入投贷联动首批试点银行。

零售业务 以大零售业务为平台，线上、线下业务协同发展，“一体两翼”转型成效显著；“富民直通车”惠农金融服务、“悦行国际”出国金融服务、“京彩”系列互联网金融服务、以家族信托为特色的私人银行业务等品牌特色彰显，连续第八次荣获《亚洲银行家》“中国最佳城市商业零售银行”奖。零售利息收入突破100亿元，中间业务收入18.5亿元，同比增长38%；零售客户资金量余额4 944亿元，比年初增长1 131.7亿元；储蓄及个贷全国市场份额继续保持双提升，储蓄存款余额2 288亿元，比年初增长10%；零售贷款余额（含信用卡业务）2 527亿元，比年初增长34%；个贷不良率0.53%，比年初下降0.1个百分点。零售客户规模1 664万户，比年初增长174万户；VIP客户数突破45万户，比上年增长25%，私人银行达标及潜力客户快速突破3万户，比上年增长51%。电子银行客户数突破560万户，其中签约客户突破300万户，比上年增长43%；手机银行客户达194万户，比上年增长65%。零售网银交易替代率达94%，慈善信用卡“大爱卡”总发卡量超过100万张，累计向社会捐赠善款总额超过880万元。

金融市场业务 整合发布“自贸盈”子品牌，丰富自贸区金融产品，助推自贸区建设。全年实现国际类中间业务收入16.71亿元，同比增长30%；国际结算规模753亿美元，同比增长9%；外汇公司存款时点规模427亿元，同比增长5%。上线“惠淘金”同业金融交易平台，同业业务进入“互联网+同业金融”新阶段，全年实现同业类中间业务收入10.46亿元，同比增长21%。本外币投资年末余额4 170亿元，同比增长37%。理财业务投资规模4 318亿元，同比增长39%；实现理财类中间业务收入16.26亿元，同比增长54%。托管业务加大系统建设投入，托管规模和收入保持较高增速，年末托管资产规模14 466亿元，比年初增长64%，实现中间业务收入7.35亿元，同比增长52%。

（王昕芳）

大连银行股份有限公司北京分行

2016年末，大连银行股份有限公司北京分行（以下简称大连银行北京分行）

资产总额 392.02 亿元，比上年增加 251.29 亿元，增长 178%。各项存款余额 240.37 亿元，比上年增加 126.51 亿元，增长 111%。各项贷款余额 122.21 亿元，比上年增加 63.72 亿元，增长 108%。实现中间业务收入 2 206 万元，比上年增加 1 450 万元，增长 191%。

截至年末，大连银行北京分行共设营业机构（含分行营业部）6 家，共有员工 234 人。

公司业务 以北京市场为主体，与国企、上市公司大中型优质民企开展合作，提升市场占用率。大力拓展资本回报率高的高新技术和战略性新兴产业，实现经营的结构性突破。重点锁定民营上市公司，营销上市公司并购贷款等并购重组类产品和定向增发类、股票增持配资类产品；抢抓央企、国企改革的机遇，以改制重组、增资扩股、集团整体上市为突破口，多角度切入合作。成立集团业务部，配备专业人才，强化与集团各机构的协同合作，加快协同项目导入与落地，实现资产规模的增长，带动负债业务的快速攀升。

零售业务 以总行高净值理财产品序列为切入点，加强理财宣传和理财销售，通过买入返售等方式，补充本行专属理财缺口，有效增加理财板块中间业务收入；积极申请保险兼业代理资格，与中华联合人寿保险公司、恒安标准人寿保险公司签署合作协议，实现保险销售零的突破。通过“金融知识宣教”“联欢会”等方式，走进社区，打造亲民、惠民、便民的大连银行品牌形象。

同业业务 加强货币利率市场化管理与监控，积极拓展同业客户，稳步开展资金业务；通过中国货币网等互联网渠道和市场交易情况跟踪分析市场利率走势，利用资金业务风险占用低、安全、灵活的特点，加速资产流转；强化传统票据业务优势，通过部门信息联动，进行动态的贴现价格指导，服务中小企业融资；以客户需求为导向，以转贴现业务为支撑，积极探索新兴票据业务模式。

（于涵）

天津银行股份有限公司北京分行

2016 年末，天津银行股份有限公司北京分行（以下简称天津银行北京分行）资产总额 807.60 亿元，比年初减少 99.66 亿元，下降 14.56%。其中，各项贷款余额 151 亿元，比年初增加近 10 亿元；渠道投资业务（含入池资产）123 亿元，比年初增加 31 亿元。负债总额 802.35 亿元，其中各项存款余额 325 亿元，比年初增加 48 亿元，日均存款 332 亿元，比上年增加 63 亿元。实现账面利润 5.25 亿元，比上年增加 1.43 亿元；实现净利润 2.3 亿元。

截至年末，天津银行北京分行共设有营业机构（含分行营业部）16 家，共有员工 433 人。

公司金融业务 深化金融合作，先后获得全国社保基金、北京市财政国库现金、保险保障基金存款管理行资格，吸收资金 60 余亿元。通过资产负债联动、本币外币联动、表内表外联动、公金个金联动、创新与传统业务联动，增加业务黏性，提高综合营销水平。完善绩效考核机制，通过关键绩效指标（KPI）考核和过程评价制度，引导分支机构有重点地开展营销工作。建立支行模拟利润测算和考核体系，培养分支机构以效益为中心，侧重资产业务考核的理念。加强成本核算管理，建立适合分行的定价体系，尝试建立分行内部资金转移价格，要求分支机构精打细算做业务。

个人金融业务 制定零售业务KPI阶段性考核奖励政策，推动支行实现多元化经营。开展代销实物贵金属业务，扩大零售条线中间业务收入来源。积极拓展零售核心客户，推动零售基础型客户的稳步增长。配合区域理财产品的发行，指导支行进入社区开展形式多样的社区宣传活动。加强公私联动，以理财产品定制服务等，深入挖掘优质客户资源，为客户提供综合性金融服务，提升企业综合贡献度。

国际业务 制定国际业务营销指引，推出内保外贷、内保直贷、资本金增资等产品模式。建立激励制度，通过提高外汇业务KPI比例及奖励政策，增加经营机构营销动力。增设外汇合规类考核指标，防控合规风险。加大客户拓展，强化队伍建设，实现国际业务快速发展。截至年末，实现国际结算量16.2亿美元，同比增长41%，指标完成率125%；实现跨境人民币结算量17.79亿元，同比增长65%，完成全年任务指标的178%；实现中间业务收入876.29万元，序时进度完成率146%；外汇存款时点余额5.8亿美元，日均余额4.6亿美元；国际业务累计拉动稳定人民币存款5.8亿元。

投行业务 通过投资银行、资产管理等渠道，做大渠道投资业务，调整优化资产结构。成功发放天津银行北京分行首笔并购贷款，通过资产入池获取中间业务收入，与海淀、昌平区政府合作成立建设发展基金，与央企、地区政府合作尝试开展PPP项目，成功入围北京地区投贷联动试点机构范围，推动定向增发、股票质押式回购、互联网金融等创新业务发展。

（张晓荣）

杭州银行股份有限公司北京分行

2016年末，杭州银行股份有限公司北京分行（以下简称杭州银行北京分行）资产总额439.59亿元；各项存款余额430.01亿元，比上年增加48.39亿元，增长12.68%；各项贷款余额171.22亿元，比上年增加18.85亿元，增长12.37%；实现营业收入8.28亿元，利润1.77亿元。

截至年末，杭州银行北京分行设有16家经营机构（含分行营业部），共有员工512人。

公司业务 根据总行公司金融“1+3”布局，敏锐跟踪市场变化，聚焦重点客户，紧抓重点项目落地，符合总行信贷投向政策的客户数量和授信规模显著提升，银企合作进一步深化；加快交易银行业务发展，供应链金融交易量大幅增长，票据池业务获突破，单户单日入池量超亿元，实现首笔“理财宝”业务落地；质押式回购业务、定向增发、募集资金监管等资本市场业务的推动工作初见成效。

同业业务 依托地域优势，深入挖掘市场潜力，根据客户需求设计一揽子业务合作方案。截至年末，金融市场业务客户遍及全国68个城市，合作机构152家。

零售业务 启动品牌建设试点，开展社区营销，通过理财讲座、客户沙龙与联谊活动等，持续推广重点产品和创新产品；加大零售营销队伍建设，各支行组建完成包括大堂经理、理财经理、客户经理在内的零售标准团队，提升客户服务能力和水平。

小微业务 在分行营业部组建“1 + 4 + 1”的小微专营团队，坚守特色化发展定位，按照本地客户、本地资产、本地业务的原则，推动小微抵押线上产品营销，运用“分期贷”“云抵贷”等产品，营销新的抵押贷款客户，探索小微金融的发展方向。

内控与风险管理 顺应总行信贷审批体制改革，充分发挥垂直审批机制优势，把好客户准入关，有效提升审批效率；按照风险政策导向，开展存量业务结构调整，主动退出负面清单客户；完成资产保全体制调整，建立资产保全专业队伍，梳理和优化清收保全诉讼流程，提高清收处置效率；成立印章中心，确保印章的安全与规范使用；深入开展合规风险自我评估工作，加强员工行为监督；强化案防管理工作，建立非法集资监测预警机制；落实监管要求，做好消费者权益保护工作。

（周为民）

南京银行股份有限公司北京分行

2016年末，南京银行股份有限公司北京分行（以下简称南京银行北京分行）资产总额751.2亿元，比上年增加192.08亿元，增长34.35%；各项存款余额418.64亿元，比上年增加87.59亿元，增长26.46%；各项贷款余额170.27亿元，比上年增加14.28亿元，增长9.16%；不良贷款率1.41%。

截至年末，南京银行北京分行下设营业网点（含分行营业部）13家，在岗正式员工476人。

公司业务 强化板块和条线间的业务联动，推动一般性存款的增长；深入研究行业特征与市场动向，提高资产业务落地的有效性与及时性；结合各经营区域市场的特点，寻找擅长领域。截至年末，对公存款日均407.6亿元，比年初增加103.6亿元。

零售业务 调整个人业务组织架构，开展大零售平台咨询项目，重新分类消费金融客群，把握终端市场变化需求，打通线上渠道，实现全流程在线办理消费贷款零的突破；制定个人业务营销策略，举办“七年相约，厚惠有7”等活动，拓宽微信、社区宣传等营销渠道，促进业务稳步发展；开展“金融服务进万家”“金融知识普及月”等活动，加大对中小企业和社会公众的服务力度。

小企业金融业务 创新小微企业金融服务，坚持科技金融和快捷贷业务主线。截至年末，科技型小企业贷款余额14.09亿元，累计发放“新三板”股权质押贷款29笔。

投行业务 围绕北京通州副中心、新机场、京津冀一体化等规划，加大对政府类客户的营销；发展资本市场业务，参与多项基金项目，落地北京中关村并购母基金；加强投行业务后续管理，对存续的债务融资业务进行动态监测、定期与非定期信息披露、定期与不定期的风险排查。

内控与风险管理 根据经济形势变化，逐步分板块确定重点投向和发展方向；加强日常贷后管理，开展信用风险排查、抵押物排查、票据排查、征信排查等22项风险排查工作；建立不良资产预警机制，前移防控关口；加强员工行为管理，全年开展4次员工异常行为排查。推进基础管理提升项目建设，强化对业务发展的支撑和保障作用。

（雷赛赛）

盛京银行股份有限公司北京分行

2016年末，盛京银行股份有限公司北京分行（以下简称盛京银行北京分行）本外币各项资产合计1 139.60亿元，比上年增加373.95亿元，增长48.84%；本外币各项贷款余额207.80亿元，比上年增加9.15亿元，增长4.61%；本外币各项存款余额832.36亿元，比上年增加222.28亿元，增长36.43%；不良率保持为零。

截至年末，盛京银行北京分行共设支行（含分行营业部）7家，正式员工233人。

公司业务 紧密围绕京津冀协同发展、首都副中心区疏解等国家战略布局，立足北京地区产业升级、结构调整等发展实际，调整信贷结构，落实差异化信贷政策，稳步增加对实体经济、科技金融、绿色信贷的投放力度，加大对战略新兴产业、传统产业技术转型升级等信贷支持；深入推进客户发展战略，提高金融服务质效，提升风险管理、资本管理能力，扎实推进公司条线经营工作的发展。

国际业务 顺应监管政策、结合国内外市场变化，积极开拓以供应链金融为核心的国内贸易融资；抓住新政优势，落实监管要求，着力推动跨境担保业务发展，解决境内外企业跨境融资需求，并配套外汇远期、掉期业务锁定交易成本；响应国家战略，拓展出口企业，大力发展出口项下国际贸易融资，巩固国际业务传统优势。全年，实现业务结算量41.18亿美元，同比增长42%；实现利润0.91亿元，同比增长72%。

中小企业及零售业务 截至年末，储蓄存款时点余额201 938万元，比上年增加47 687万元，增长30.92%。完善金融服务功能，筹建社区金融服务站，将金融服务延伸至社区最后一公里。截至年末，共建立社区金融服务站50家，营销存款23 598万元。

内控及风险管理 严格执行风险管控制度，及时发布风险预警和提示，开展风险排查，前移防控关口，化解风险隐患，将风险管理嵌入业务全流程；定期组织合规培训，加强对员工合规经营、职业道德操守、风险责任意识等方面的培养；开展员工异常行为排查，全面了解员工行为，切实防范道德风险；高度重视合同合法合规审查，协同法律顾问单位律师对相关合同条款进行审查，保证各项业务合规开展；定期组织各营业网点开展多种形式的反洗钱和打击非法集资宣传活动，提高社会公众反洗钱风险防范能力，维护金融秩序。

（郭雨晴）

上海银行股份有限公司北京分行

2016年末，上海银行股份有限公司北京分行（以下简称上海银行北京分行）资产总额1 276.84亿元。人民币对公贷款余额186.95亿元，比年初增加106.61亿元，增长132.70%。一般性存款余额302.63亿元，比年初增长27.37%；人民币企业存款余额208.07亿元，比年初增长34.28%。

截至年末，上海银行北京分行共有营业网点6家，员工301人，其中正式员工256人，派遣/外包员工45人。

业务发展 推进再保理业务发展，完成“1+N”定向再保理二级产品创新及办法制定，启动专项营销活动，梳理完善交易银行供应链产品体系，年内成功落地再保理项目。传统债务融资工具承销业务与新兴资产证券化业务取得进展，顺利落地上海银行北京分行首单地方债承销业务，资产证券化业务笔数占上海银行业务量的50%；与四大资产管理公司共同推进股权投资业务落地，为参与民营企业股权融资积累经验。率先建立“营改增”后新的票据资管业务通道，成为上海银行首批上海票据交易所试点经营单位。托管业务服务能力和应急处置能力显著增强，年末托管规模1 613亿元；与中国证券投资基金业协会等行业组织建立联系并深化合作，批量获客平台的搭建取得进展。落地上海银行首单2.0版跨境“投贷通”业务，与上海银行自贸区分行合作落地内存/内保自贸贷业务。全年信用卡分期交易量2.36亿元，新增信用卡有效户突破13 000户，实现中间业务收入超3 000万元。

（牛艳艳）

江苏银行股份有限公司北京分行

2016年末，江苏银行股份有限公司北京分行（以下简称江苏银行北京分行）资产总额1 548.65亿元，比上年增加324.84亿元，增长26.54%，其中各项贷款余额

560.43亿元，比上年增加270.45亿元，增长93.26%；负债总额1 539.76亿元，比上年增加325.68亿元，增长26.83%，其中各项存款余额733.81亿元，比上年增加203.48亿元，增长38.37%。

截至年末，江苏银行北京分行下设营业网点（含分行营业部）21家，正式员工598人。

业务发展 加大对央企、国企、优质民营企业、上市公司的投放力度，年内贷款新增270.45亿元；成立公司业务管理委员会，研究定位客户种类及业务需求，通过政策辅导、产品推介、联合培训、下户调研等方式推动重点行业、重点客户、重点项目的多维营销。抓住“一带一路”战略机遇，加大国际业务优质项目储备与营销力度，国际业务各项指标半年末即超额完成全年任务，成功落地江苏银行首笔外币银团项目、首笔国有企业外币资金归集业务等。应对外部形势变化，保持合理的同业资产、负债规模，资产质量良好，收息率100%，不良资产余额为零，实现净收入6.13亿元；托管业务发展迅速，年末托管余额2 049亿元，成功落地江苏银行首笔公募基金。推动开展结构化融资、资产证券化、债权融资计划和新型投行业务，落地江苏银行首笔租金债权资产证券化业务。小贷业务不良率在江苏银行保持最低水平，与市国税局签订“银税互动”合作协议，为持续推动“税e融”业务奠定基础。成立私人银行中心，探索高端产品、高品质服务和高盈利模式；开展社区化营销及“党员进社区”活动，大力拓宽线上营销渠道，持续提升客户数量；制订网点转型方案，推动网点特色化发展。持续推进清降工作，累计清收问题贷款本息合计8 276万元，年末不良贷款余额0.87亿元，不良贷款率0.15%，逾欠息贷款余额1.18亿元，逾欠息率0.21%。

（高晰明）

宁波银行股份有限公司北京分行

2016年末，宁波银行股份有限公司北京分行（以下简称宁波银行北京分行）资产总额360.23亿元，负债总额357.80亿元，各项一般性存款余额353.91亿元，各项贷款（含贴现）97.07亿元。实现净利润1.43亿元。

截至年末，宁波银行北京分行设有7家支行（含分行营业部），员工总数584人。

公司业务 根据北京地区经济特征，做大负债业务规模；做强做优资产业务，带动银行客户量、存款、中间业务收入增长；坚持业务多元化，丰富盈利来源；形成贸易融资、电子银行、现金管理、投资银行、资产托管五大业务平台。截至年末，存款余额306.81亿元。

金融市场 充分发挥金融市场业务轻资产、轻资本、低风险的优势，通过金融产品的创新和金融工具的多样化组合，结合外汇市场和贵金属市场特点，灵活运用金融市场外汇和贵金属等衍生产品，为客户提供全方位的金融服务。截至年末，代客业务交易量84.28亿元，实现金融市场代客业务利润3 910.11万元。

国际业务 依托与境外股东行的境内外联动优势，打造内保内贷拳头产品，为中关村高新技术企业搭建境外融资平台；成为市商务委“政保贷”出口融资产品合作银行；拓展旅行社、票务代理，网络科技公司等国际业务客户，逐步形成了以货物贸易、服务贸易、资本项目为核心的稳定合作客群体。全年，累计完成国际结算量73.92亿美元，计划完成率173.93%，同比增长106.13%；实现国际业务收益7 084万元，计划完成率147.58%，同比增长82.17%。

资产托管 秉承优质的传统服务型托管业务理念，以丰富多元的托管业务种类和高效的业务流程，加大“托管+外包”等优势业务的推广力度，提升品牌价值。截至年末，托管业务规模6 055亿元。

零售业务 致力于产品创新与业务流程优化，继续完善“税务贷”“快审快贷”等产品，扩大服务范围，提升服务效率。截至年末，小微客户数2 803户，存款余额10.66亿元，同比增长30%，日均存款11.17亿元，同比增长17%。

个人业务 充分发挥“白领通”“白领融”产品优势，为优质客群提供资金融通渠道和综合性金融服务，实现负债业务的提量增质；立足社区，专注于客户经营，为居民带来全方位的金融体验。截至年末，个人储蓄存款余额13.78亿元，理财产品销售27.99亿元，基础客户增长40.79%，高端客户增长36.25%。

（王杜坤）

包商银行股份有限公司北京分行

2016年末，包商银行股份有限公司北京分行（以下简称包商银行北京分行）资产总额800.11亿元；各项存款时点余额539.31亿元，比年初增加234.57亿元；各项贷款时点余额139.80亿元，比年初增加50.42亿元；同业存款余额239.18亿元；实现净利润4.14亿元。

截至年末，包商银行北京分行共有6家支行，员工293人。

个人二手房贷款业务 截至年末，个人贷款余额72.52亿元，比年初增加40.77亿元，增长128.42%。

个人金融业务 理财产品销售增速稳定，年末理财产品余额37.96亿元，比上年增加10.91亿元，增长40%。全年，基金销售额31 221万元，保险销售额10 966万元。批量获客量质并举，年末“大有财富”客户数4 544户，比上年增加1 668户，增长57.99%；金卡客户数7 695户；有效客户数12 239户，比上年增加1 927户，增长18.69%；客户户均产品持有数2.48个，比上年增加0.36个，增长16.79%。

（张译丹）

北京农村商业银行股份有限公司

2016 年末，北京农村商业银行股份有限公司（以下简称北京农商银行）资产总额 7 234.11 亿元，同比增加 959.25 亿元，增长 15.29%；资本充足率 15.02%，较全国商业银行平均水平高 1.74 个百分点。全年实现拨备前利润 75 亿元，实现净利润 55.14 亿元，同比分别增长 1.24% 和 5.87%；拨备覆盖率 396.74%，高于全国商业银行 176.4% 的平均水平。在 2016 年英国《银行家》杂志发布的排名中，北京农商银行按照一级资本列全球千家银行第 201 位，按照资产规模列第 170 位。在 2016 年 10 月麦肯锡咨询有限公司发布的《中国 Top40 家银行价值创造排行榜（2016）》中，北京农商银行风险调整资本收益率、经济利润、拨备覆盖率多项指标排名位居前列。

截至年末，北京农商银行共有管辖支行 23 家，机构网点 694 家，从业人员 8 862 人。

贷款业务　截至年末，一般贷款余额 2 099.69 亿元，比年初增加 159.85 亿元、增长 8.24%。累计支持京津冀重点项目 25 个，授信 265 亿元，贷款余额 122 亿元；棚改项目 31 个，授信 650 亿元，贷款余额 223 亿元；支持通州城市副中心建设项目 3 个，授信 70 亿元，贷款余额 41 亿元。

负债业务　截至年末，各项存款余额 5 136.4 亿元，比年初增加 509.79 亿元、增长 11.02%。其中，储蓄存款余额2 475 亿元，同比增加 130.9 亿元，增长 5.58%；储蓄存款日均余额 2 399 亿元，同比增加 129.6 亿元，增长 5.7%。

中间业务　全年实现中间业务收入 11.14 亿元，同比增加 2.54 亿元，增长 29.5%。其中，金融市场业务实现中间业务收入 4.35 亿元，增长 97.6%；投行业务实现中间业务收入 0.86 亿元，增长 56.8%；公司业务实现中间业务收入 0.22 亿元，增长 24.9%；国际业务实现中间业务收入 0.34 亿元，增长 16.7%；银行卡业务实现中间业务收入 2.15 亿元，增长 7.6%；网络金融业务实现中间业务收入近 1 亿元，增长 3.8%。个金业务、机构业务和结算业务也分别实现 1.12 亿元、0.6 亿元和 0.5 亿元的中间收入。

经营转型　探索“准分行”管理模式，进一步提升支行的区域竞争力和经营活力，分支机构管理改革取得重大突破。持续推进总行准事业部制改革，设立金融同业部和个人信贷管理部，调整资产保全职能归属，提升总行专业化经营和系统化管控水平。实施涵盖 4 个层次、7 大类别、31 个事项的信用风险分层授权，构建评级、授信和首次用信“一体化”审批流程，优化业务管理效能。加快网点转型，加强营销人员配备，开展网点机构层级评定，建立健全网点考核激励和压力传导机制，致力打造总行、管辖支行、非管辖支行三级利润中心。

创新发展　优化收入结构，创新性中间业务利润贡献度不断提高。创新推出集体经营性建设用地入市专项融资产品，试点集体资产经营权质押，率先推出盘活农宅金融服务，着力打造“金色时光”养老金融体系。智能机器人研发上线，智能银行建设有序推进，多家社区“e服务”平台线下体验店正式营业，传统物理网点加快向智慧银行转型。组建小微专营团队，打造小微企业线上融资业务模式，小微金融服务能力明显增强。截至年末，小微企业贷款余额631.96亿元，同比增长37.9%，高于各项贷款平均增速33.4个百分点。加快推进异地灾备中心、同城数据中心、新一代核心银行系统、互联网金融、大数据平台等项目建设，加强云计算、区块链等新技术与业务模式的融合研究，为加速传统金融再造与新模式形成提供强有力的支撑。

社会责任 推进京津冀协同发展，联合三地农合机构推出京津冀“农银通”卡，开展农村中小金融机构个人收结汇代理业务，为三地农合机构集团客户提供“农信银系统内办理异地资金归集”服务。贯彻国家重大战略部署，加大对北京市重点工程、非首都功能疏解及城市副中心建设金融支持力度，助推首都建设与产业升级。围绕民生工程，加大对城市棚户区改造、首都清洁空气计划、农村煤改气、鲜活农产品流通中心建设等项目的信贷支持。切实落实监管要求，信贷投放重点向小微和“三农”倾斜，完成涉农贷款“一个不低于”和小微企业贷款“三个不低于”的监管目标任务。

（郑海峰）

北京延庆村镇银行股份有限公司

2016年末，北京延庆村镇银行股份有限公司（以下简称延庆村镇银行）资产总额72 172.19万元，比上年增加5 569.02万元，增长8.36%；负债总额64 126.13万元，比上年增加4 481.7万元，增长7.51%；实现营业收入3 943.99万元，比上年增加458.06万元，增长13.14%；实现利润总额1 746.13万元，比上年增加180.01万元，增长11.49%；所有者权益8 046.16万元，比上年增加1 087.42万元，增长15.63%；贷款余额46 626.8万元，比上年增加3 080.1万元，增长7.07%；不良率为零。

截至年末，延庆村镇银行共有员工27人。

资产业务 截至年末，贷款余额46 626.8万元，共计706笔，占延庆区9家金融机构所有涉农贷款的97.26%；现金及存放中央银行款项7 375.52万元，比上年增加88.51万元，增长1.21%；存放同业款项18 202.67万元，比上年增加1 990.23万元，增长12.27%。

负债业务 截至年末，存款余额60 121.16万元，比上年增加3 756.62万元，增长6.66%；同业存放款项2 050.90万元，比上年减少18.41万元，下降0.88%。

（张帆）

中国邮政储蓄银行股份有限公司北京分行

2016年末，中国邮政储蓄银行股份有限公司北京分行（以下简称邮储银行北京分行）资产规模4 427.66亿元，同比增长9.28%。各项存款余额2 177.40亿元，各项贷款余额1 076.59亿元。清收不良贷款1.22亿元，不良贷款率为0.26%。

截至年末，邮储银行北京分行下辖一级支行19家，营业网点567个，其中自营网点138个；在岗员工3 528人。

公司金融业务 截至年末，对公存款余额1 016.85亿元，贷款余额601.25亿元。通过板块联动、批零联动，获得多个项目的投放后、托管后回存资金，实现财政代收付业务与银行卡业务共同发展。12家支行实现交易银行业务突破，新增交易银行客户44家，覆盖全部10项交易银行产品。组建投行业务团队，发展以债券承销、债券投资、非信贷融资、并购贷款、财务顾问等业务，实现客户投贷联动和深度开发。

个人金融业务 截至年末，个人储蓄存款余额545.85亿元，信用卡发卡6.3万张。完善银行卡产品体系，通过特色产品和产品创新获取价值客户。推进居民健康卡—“北京通”基本卡项目，累计发行“北京通”基本卡31万张，覆盖通州区所有新农合参合人员。发行面向高端客群的“鼎雅”白金信用卡；深入挖掘海淘消费客群和境内寄递客群，发行EMS联名信用卡。上线代发代扣城乡居民养老保险、代发机关事业人员养老保险及职业年金业务，与北京燃气集团、拉卡拉、中金支付等企业达成结算合作意向。启动“一小”、代发工资、“DO商圈”三大营销项目，“一小”客户实现“BO”卡发卡2.7万张，新增代发工资客户100余户，形成了91万人的“DO”卡客群。

国际金融业务 响应“一带一路”、扶持企业“走出去”战略，为海航集团办理邮储银行系统内首笔跨境权益性融资业务，金额7亿美元；为首创股份办理邮储银行内首笔跨境专项贷款信贷资产转让业务，金额4 500万美元；为供销集团办理邮储银行北京行首笔人民币国内融资性保证业务，金额2.11亿元；为海航资本办理邮储银行北京分行首笔股权质押续作内保外贷业务，金额5亿欧元。

电子银行业务 坚持“线上+线下”一体化发展，年末电子银行客户417万户，占全行个人客户数的36%，交易替代率由年初的72%升至82%。加快自助渠道建设，新布放自助设备95台，点均自助设备5台。首家智能网点——玲珑路支行于2016年12月9日正式对外营业，配有智能导览台、互动桌面、智能机器人等近20项新型智能设备。

金融同业业务 以资产证券化业务为重点，大力发展同业投资市场，参与设计了渤海银行、华运金租、华融信托的资产证券化产品。首次涉足股权投资领域，通过理财股权投资产品，参与国华航天军民融合基金30亿元、中关村并购母基金10亿元。同业理财双向发展，投资同业理财产品54亿元，销售理财产品141亿元，理财规模达195亿元。截至年末，托管规模超过1万亿元。承担中国政企合作投资基金、中国国有资本风险投资基金和中国国有企业结构调整基金等产业基金的运营工作，积累了产业基金托管运营经验。

服务“三农” 针对京郊专业大户，在郊区探索开办家庭农场贷款，全年放款金额3 908万元。紧抓休闲农业这一北京“三农”未来发展方向，研发推广“民俗贷”小额贷款，全年放款1 400万元。与大北农集团、太平洋财产保险公司合作，推出“三农”保证保险业务，开辟金融服务“大三农”的新路径。

服务“小微” 加快进入文创、科技类行业，加强与市科委、中关村管委会等政府部门合作，全年面向高新技术企业发放小企业贷款6.9亿元。以核心企业为切入点，针对其上下游的中小企业群，实现链式营销。与中国中小企业产融服务平台等合作，扩展服务范围，推进线上保理、“银政担”等新项目、新产品进程，增强服务小微企业的能力。

服务区域 落实京津冀协同发展战略，积极对接铁路、公路、机场、轨道交通等重大基础设施建设项目，中标京滨铁路项目19.2亿元，为首发集团京石二通道高速公路工程项目放款15亿元，为北京地铁10号线和8号线项目分别放款30亿元和15亿元。关注民生工程，为石景山西黄村等棚户区改造项目累计提供资金支持30余亿元。

（左言庆）

中国华融资产管理股份有限公司北京市分公司

2016年，中国华融资产管理股份有限公司北京市分公司（以下简称华融资产北京市分公司）实现营业收入31.66亿元，同比增加12.42亿元，增长65%；实现利润总额20.78亿元，同比增加9.46亿元，增长84%，完成公司下达整体利润计划的186%。

截至年末，华融资产北京市分公司有正式员工75人。

业务经营 截至年末，管理商业化资产余额364亿元；投放项目64个、投放金额282亿元，投放项目比上年增加3个、金额增加83亿元，增长42%。全年投放的项目中，除房地产项目外，还涉及电子、商贸、机械制造、互联网、电信等行业。

风险管理 加强对存续项目的非现场监测与预警，发现问题及时提醒业务部门进行修改、完善；认真开展项目投放前审核、项目批复后落实、合同协议签署后核对，以及项目后期的风险管控工作；针对存量风险，深入分析风险程度，采取综合治理与单户处置并举的防化措施，主动化解风险。全年风险项目化解共回收现金7.01亿元。其中，终极处置5户，回收现金3.9亿元；阶段性化解5户，回收现金3.11亿元。

业务创新 创新表外业务，截至年末，存续项目34个，管理资产余额134.67亿元，表外资产管理实现收益

7.63 亿元。积极推进轻资本类业务的开展，在降低项目风险的同时，提高产品收益水平。创新股权处置业务，对中国七星集团、北京华德液压工业集团有限责任公司两户债转股企业成功实施处置，实现现金流 13 亿元、利润 5.6 亿元；创新不良包收购处置，通过债务人清偿和挂牌转让的方式实现了“当年收购、当年处置”，创利 5 500 万元。

（薛超）

中国长城资产管理股份有限公司北京市分公司

（原中国长城资产管理公司北京办事处，2017 年 1 月 19 日更名）

2016 年，中国长城资产管理股份有限公司北京市分公司实现考核利润 58 277 万元，完成利润目标的 162%；资产存量规模约 85 亿元。

风险防控　成立风险管理委员会，建立风险预警制度，通过对资产的分类及减值测试，进行数据计量，评价公司的风险与收益水平；有效识别项目风险，严控项目逾期违约率。加强对项目的后期监管和检查力度，强化项目经理风险防控意识。发布《关于加强商业化业务合同管理的通知》，规范合同管理，确保商业化业务合同签署文本与总公司或分公司审批通过的合同文本保持一致，防止对外签署合同出现缺页、错页、换页等情况的发生。

（侯玉荣）

中国东方资产管理股份有限公司北京市分公司

（原中国东方资产管理公司北京办事处，2016 年 12 月 15 日更名）

2016 年末，中国东方资产管理股份有限公司北京市分公司（以下简称东方资产北京市分公司）实现预算口径利润 43 600 万元，比上年增加 4 500 万元，增长 11.51%，完成公司下达任务的 128.24%。

截至年末，东方资产北京市分公司共有员工 32 人，其中正式员工 30 人，外聘人员 2 人。

商业化业务　年内，共有 9 个商业化项目终结，合计资产规模 685 862 万元；新实施商业化业务项目 8 个，合计资产规模 778 257 万元，实现投资收益 15 160.5 万元，占全年利润的 34.77%。

资产处置业务　对存量不良资产进行分类，根据资产现状和市场情况制定详细的处置规划，年内实现建设银行可疑类收现 27 533 万元，中国银行政策性债权收现 10 095 万元。针对股权增值运作项目，以股权回购方式实现股权资产的退出，实现利润 8 600 万元。

风险管理　完善商业化业务流程，明确总经理室成员、业务部门、风险管理部、投资决策会委员的责任与纪律，制定尽职调查、风险审查、法律审核、评估、授信执行、投后管理、评级等关键环节的暂行规范，形成完整的全流程操作指引文件。针对存量不良资产处置中出现的问题，风险管理部配合业务部门参加谈判，对处置、诉讼、执行等阶段的问题提供法律支持和建议。以风险审查的精细化为核心带动各环节流程操作规范化，不断提升风险管理质量。

（段文静）

中国信达资产管理股份有限公司北京市分公司

2016 年，中国信达资产管理股份有限公司北京市分公司（以下简称信达资产北京市分公司）实现税前考核利润 22.87 亿元，比上年增长 32.35%，其中市场化业务利润 22.69 亿元，占比 99.21%。

截至年末，信达资产北京市分公司共有员工 76 人。

业务经营 年内，收购农业银行、兴业银行北京分行和浦发银行北京分行不良资产包，成功处置广发银行等股权项目；对罗顿地产、国美集团、富华集团等项目实现了非金收购；成功运作高银地产项目，推动沙井民主村等项目的进程；拓展万达商业私有化项目、集成电路产业基金项目等，形成新的业务模式。

风险管理 成立项目预审处，将产品设计、业务创新和风险管理有机结合，从源头控制项目风险，并延伸至具体项目管理的全过程。完善机构设置，调整业务处室，重新定位职能；成立人力资源处（党委组织部）、项目预审处和业务协同处，强化内部管理。加强风险管理队伍建设，强化项目后续管理，实施项目组和风险管理处双线管理。引入德勤会计师事务所开展流程再造工作，对薪酬制度、绩效考核办法等进行完善。

（李苏轩）

北京国际信托有限公司

2016 年，北京国际信托有限公司（以下简称北京信托）实现收入总额 17.3 亿元（含税 18.1 亿元）；实现净利润 9.75 亿元，同比增长 2%；固有资产总额 84 亿元，负债总额 7.7 亿元，不良资产率为零。年末受托管理信托资产总额 2 586.21亿元，实收信托总额 2 527.36 亿元，存续项目 631 个。年内累计向信托受益人分配收益 125 亿元。各项监管指标达标，信托赔偿准备金足额提取，为注册资本金的 32%。

中小企业金融服务 截至年末，以信托融资方式累计共为 1 100 家中小企业提供 1 084 笔信托融资支持，总融资规模 123 亿元。新增 100 余家贷款支持企业，新增 16 亿元贷款规模。

创新服务区域经济模式 服务京津冀协同发展战略，与7家银行共同设立了300亿元海淀建设发展基金；与北京建工集团共同设立了200亿元的京津冀基础设施建设产业基金；参与北京市“昌平区建设发展基金”子基金的设立并认购优先级有限合伙份额合计约170亿元。采取“股债结合+PPP+信托受益权”模式，国有资本与社会资本共同运作山东潍坊阳光大厦等项目；通过发行信托计划，设立有限合伙基金并控股该基金，支持安徽省亳州市基础设施建设。

资产证券化 扩大银行信贷资产证券化业务规模，首次设立私募型信贷资产证券化项目，新增规模325.27亿元。企业资产证券化业务取得新突破，以国电集团各电厂持有的电费资产实现证券化，为央企盘活存量资产、降杠杆提供服务；与福建医科大学附属协和医院等三甲医院合作的应收账款信托项目，募集规模9.35亿元，提高了医疗企业资金的使用效率。

农村资产管理 扩大富民系列信托产品发行规模，为门头沟、怀柔等区超过50个自然村提供累计25亿元的农村集体资产管理服务，年内分配收益超过1.5亿元，增加了农村集体财产性收入。

家族信托 家族信托实现客户定制，三个系列存续218单，客户超过200位，存续管理资产规模42亿元。与上年相比，客户数量增长150%，管理资产规模增长100%。

慈善信托 探索“家族财富管理+慈善信托”“互联网+慈善信托”等创新方向，发起设立以捐助贫困地区或经济条件较为困难的青年艺术工作者和帮助自闭症儿童的公益活动的慈善信托；设立了规模为30万元的“大病关爱”慈善信托。

（王连顺）

中国银联股份有限公司北京分公司

2016年，中国银联股份有限公司北京分公司（以下简称北京银联）以建设开放式平台型的综合支付服务商为目标，发扬“二次创业”精神，推进建立产业联盟，增强银联话语权；巩固和提高银联标准标信用卡市场份额和质量，推进金融IC卡非接触式受理（以下简称非接）改造和小额免签免密工作，推动云闪付以及线上远程支付等创新业务发展；做好银联“焕新季”营销和银联钱包的宣传推广及银行卡风险管理和技术服务工作，推动各项业务平稳健康发展。

截至年末，北京地区联网活动商户396 584户，比上年增长3%；活动POS机具591 461台，比上年下降23.25%。

截至年末，北京地区累计发行银联标准卡约2.27亿张，其中47家银行累计发行金融IC卡8 435.92万张（支持非接功能的7 425.34万张）。其中，借记卡6 453.18万张，贷记卡、准贷记卡1 982.74万张。

全年累计实现跨行成功交易171 992.82万笔、清算交易142 767.09万笔、清算金额47 162.1亿元，同比分别增长8.58%、8.35%和55.81%。其中，ATM成功交易28 084.17万笔、清算交易

15 201.43万笔、清算交易金额2 504.50亿元，POS成功交易86 480.11万笔、清算交易81 913.44万笔、清算交易金额24 918.84亿元，其他渠道（固话、自助缴费终端、银行柜面通、网上业务等）成功交易57 428.53万笔、清算交易45 652.22万笔、清算交易金额19 604.43亿元。

已经开展的业务种类有银行卡跨行交易转接和资金清算服务，ATM和网上跨行转账业务，便民售电、燃气费、电话费、手机费等公共支付服务，银联卡跨境使用服务，柜面通（含柜面理财POS机），银联闪付、云闪付、互联网支付、手机支付、固话支付、语音支付、电视支付等创新业务，财税库银、代收代付、分期付款、信用卡还款，银联标准卡特惠商户服务及持卡人服务，助农取款、农民工银行卡特色服务，银联钱包等等。

为满足日益增长的境外商务、旅游、学习的用卡需要，中国银联积极展开国际受理网络建设。截至年末，银联卡可以在中国香港、中国澳门、中国台湾、新加坡、马来西亚、泰国、菲律宾、越南、柬埔寨、韩国、澳大利亚、新西兰、哈萨克斯坦、印度尼西亚、蒙古国、法国、德国、比利时、卢森堡、土耳其、俄罗斯、瑞士、奥地利、丹麦、列支敦士登、日本、美国、荷兰、意大利、埃及、南非、埃塞俄比亚、匈牙利、安哥拉、苏里南、保加利亚、古巴等160多个国家和地区开通受理，在40多个国家和地区发行了银联卡。

截至年末，北京银联有市场拓展部、创新推广部、机构服务部、业务部、运营部和综合管理部6个部门，在岗职工43名。

一、加强和维护各成员银行关系，推动银联信用卡发行，建立银行卡营销联盟

积极与成员银行沟通，签署发卡激励协议，推动银联标准信用卡的发行，提升市场份额。推动北京地区成立银行卡营销联盟，采用共享优质商户资源，共同投入营销资源的合作模式，区域内主要商业银行均加入；以闪付、云闪付为主要营销方式，参与2016年银联“焕新季”“畅爽季”等主题活动，在便利店、超市等日常消费类商户开展营销活动，以用卡带动发卡，增强持卡人与银联品牌的黏度。

二、全面推进非接受理环境建设，推广小额免密免签业务，努力打造非接示范城市

推动各收单机构做好非接受理改造，与多家收单机构签署协议，对5.7万余台存量终端进行非接改造，包括优化非接受理流程、满足“统一消费入口”、开展云闪付业务受理和培训等多项功能升级；推广“强制挥卡优先”程序试点和改造工作，年底前已有4.5万余台改造上线。联合成员机构推动京东商城、中石化终端等重点商户进行双免业务改造。截至年末，北京地区发展双免商户门店（按商编计算）4.8万个，双免交易2 520万笔。围绕北京地区重点商圈、重点商户建设非接示范商圈，以点带面推动非接示范城市建设，并达成非接城市相关任务指标。开展行业合作，在出租车、停车场（威信集团）、铁路等多个行业领域推广非接应用。

三、联合产业各方大力推广云闪付，调动多方资源合作开展云闪付营销，提升云闪付交易量

借助Apple Pay等品牌知名度，通过营销策划向持卡人宣传云闪付的安全、便利。联合中国银联、商业银行开展云闪付营销活动，涵盖麦当劳、家乐福、银海之星自助售货机、威润停车场等20余家连锁商户，为云闪付用户提供餐饮、超市、自助售货机、停车场等多领域的优惠活动。协同广发银行、上海银行推出银行Ⅱ类账户京东白条闪付卡，打通线上和线下受理。联合小米公司开展小米云闪付专场营销活动。

四、牵头组织落实价改工作，确保价改平稳过渡

根据《关于完善银行卡刷卡手续费定价机制的通知》（发改价格〔2016〕557号）精神，北京银联成立价改工作小组，将价改文件精神传达至辖内机构，明确工作要求、时间节点，组织辖内机构开展现场培训及视频培训，协调机构报送非标商户调整进度评估函及进度、直联商户手续费调整委托函和手续费调整商户名单，推动收单机构完成全部商户协议换签及存量特殊计费和减免类商户现场注册、补录、评估等工作，每周向人民银行营业管理部报送工作简报，及时处理中国银联、收单机构在价改中遇到的问题。

五、积极推动互联网、手机支付等创新业务发展

加快二维码支付在北京的落地准备工作。启动北京地区中小微商户接入平台的建设工作，实现对中小微商户银联二维码支付的快速接入服务。加强与支付机构、互联网企业的合作，快速拓展中小微商户二维码受理市场，并为电子账户转接项目拓展的客户提供二维码受理渠道，形成业务发展合力。

推进“508工程”建设。推动北京地区27家商业银行推广HCE云闪付卡，推动北京农商银行信用卡HCE于年底前开发上线。积极推广NFC全手机模式和HCE模式的移动创新支付产品。实现19家电商支持线上云闪付支付，受理Apple Pay、SamsungPay、HuaweiPay、小米Pay等NFC全手机移动支付。协调拓展近4万家门店支持云闪付支付。

拓展银联在线支付收单机构和商户。与京东、国美商城、口袋购物等电商开展营销活动，推动京东等十大重点电商客户使用银联在线支付产品；加强对乐视、爱奇异、蜜芽宝贝等新商户的拓展。

全面推进银联代付业务发展。2016年新增拓展中国民生银行北京分行、海科融通等10余家合作机构，做大业务规模。

六、做好银行卡风险防控和技术支持，确保业务和系统正常运行

加强市场规范工作，治理北京地区受理市场环境。全年共核查各类疑似套用MCC及非标价格商户共计21 031户，经成员机构核查确认违规商户3 414户，整改3 414户，整改率100%，核查整改商户名称不规范商户169 225户，督促成员机构补注册商户信息16 352户，核查32域疑似违规商户61 509户。

银行卡业务风险防范工作。协助公安机关完成司法查询工作，利用风险平台查询1 306案次；提交中国银联统一业务门户系统，完成查询313起。根据中国人民银行反洗钱专题会议要求，借助银联风险管理系统开展反洗钱业务监控、调查等工作。改善北京地区金融IC卡受理环境，推动各收单机构加快POS机终端受理金融IC卡功能改造，协助人民银行营业管理部制定《2016年北京地区金融IC卡受理市场环境建设考核实施方案》，组织两次全市范围内的金融IC卡受理功能现场抽查工作。

（张会芳）

北京高华证券有限责任公司

2016年末，北京高华证券有限责任公司（以下简称高华证券）总资产37.13亿元，比上年下降26%；总负债12.97亿元，比上年下降51%；所有者权益24.17亿元；实现净利润0.54亿元，比上年下降89%。在中国证监会组织的证券公司分类评价中获得A类评级。

2016年10月27日，经董事会批准，高华证券关闭与停止证券资产管理业务。10月31日，高华证券已公告终止所有集合资产管理计划，并与定向资产管理客户协商一致，终止所有定向资产管理合同。就上述资产管理产品，已完成清算并出具清算报告。

截至年末，高华证券设有3家证券营业部、3家子公司，共有员工167人。

东兴证券股份有限公司

2016年末，东兴证券股份有限公司（以下简称东兴证券）合并口径总资产726.33亿元，总负债542.78亿元，所有者权益183.55亿元；实现营业收入35.73亿元，营业支出19.39亿元，净利润13.53亿元。在中国证监会组织的证券公司分类评价中获得B类BB级评级。

截至年末，东兴证券设有9家分公司、63家证券营业部、4家全资子公司，共有员工3 158人。

证券经纪业务 年内，东兴证券大力推进“网上+网下”业务发展模式，从产品、服务、组织架构、运营机制等方面实现网下分支机构与网上平台的有效协同，产品服务创新及互联网金融体系建设卓有成效。网上方面，成立互联网金融部，完成了机器人投顾产品APP、“东兴198”综合APP、极速交易系统、主经纪商业务（PB）交易系统、运营外包托管系统、大数据平台等的建设与上线，实现智能投顾、数据实时分析、智能账户分析等功能。全年新增经纪业务客户中超过92.95%为通过手机端开户，同比提高8.61个百分点。网下方面，建立了以分公司为核心的分支机构管理体系，形成“三级一体”的管理考核和责任追究制；完成江门营业部、新疆昌吉2家营业部以及三明、莆田、泉州、南京、济南5家分公司的开业，分支机构总数达到72家。

2016年，东兴证券股票累计成交金额2.75万亿元，累计实现经纪业务净收入12.92亿元，占公司整体净收入的36.16%。

自营业务 2016年，东兴证券实现自营业务净收入4.44亿元，同比下降66.57%。新增货币基金做市业务、与融资融券开展融券交易业务等业务模式。年末固定收益类投资业务规模近165亿元，比上年增长75%。

投资银行业务 2016年，东兴证券实现投资银行业务净收入7.86亿元，同比增长28.86%；累计完成1单IPO项目、14单股权再融资项目、51只公司债券和企业债券承销项目、10只资产支持证券产品承销项目，累计主承销金额611.55亿元；完成5单并购重组项目，在“新三板”新增挂牌77家，累计挂牌162家，实现财务顾问收入1.94亿元，同比下降8.13%。年末在中国证监会审核项目近20个，其中IPO保荐项目5个，再融资保荐项目12个。

资产管理业务 2016年，东兴证券资产管理业务实现业务口径净收入6.16亿元，比上年增长14.48%。年末资产管理受托规模1 005.86亿元。其中，集合资产管理计划管理规模284.47亿元，同比增长30.07%；定向资产管理计划管理规模633.87亿元；专项资产管理计划管理规模15.67亿元；基金管理产品管理规模71.57亿元，比上年增加66.85亿元。

信用业务 2016年，东兴证券实现信用业务净收入5.23亿元，同比下降24.72%。年末融资融券余额95.35亿元，实现利息收入7.6亿元。股票质押回购业务累计规模（含资产管理业务股票质押规模）209.76亿元，比上年增长62.69%，自有资金股票质押业务余额58.80亿元，同比增长223%；股票质押回购业务实现利息收入2.19亿元，同比增长182.00%。

期货业务 2016年，东兴证券全资子公司——东兴期货有限责任公司实现期货业务净收入6 979.34万元，比上年下降6.33%。

第一创业摩根大通证券有限责任公司

2016年末，第一创业摩根大通证券有限责任公司（以下简称一创摩根大通证券）资产总额9.87亿元，比上年增长9.47%；净资产8.78亿元，比上年增长6.58%；实现营业收入3.37亿元，比上年增长33.73%；实现净利润5 422.43万元，比上年增长208.72%；净资产收益率6.18%，比上年增长189.66%。

2016年，一创摩根大通证券完成5单股权融资项目，总承销金额68.8亿元；完成29单债券项目，总承销金额430.24亿元；完成10单财务顾问项目，涵盖私募引资、兼并收购、重组与股改和上市辅导。

截至年末，一创摩根大通证券共有正式员工137人。

（郑闯）

国都证券股份有限公司

2016年末，国都证券股份有限公司（以下简称国都证券）总资产337.11亿元，比上年增加35.40亿元，增长11.73%；总负债249.17亿元，比上年增加36.93亿元，增长17.40%；归属于母公司所有者权益86.47亿元，比上年减少1.63亿元，下降1.85%；实现营业收入15.65亿元，比上年减少10.37亿元，下降39.86%；营业支出7.35亿元，比上年减少3.09亿元，下降29.58%；实现归属母公司所有者的净利润6.80亿元，同比减少5.71亿元，下降45.61%。在中国证监会组织的证券公司分类评价中获得B类BBB级评级。

截至年末，国都证券设有56家证券营业部、2家分公司、4家子公司，共有员工1 024人。

2016年，国都证券经纪业务实现营业收入55 208万元，同比下降53.25%；股票基金日均交易量37.91亿元，同比下降54%；客户资金账户32.64万户，同比增长7%；客户托管市值940.25亿元，同比下降6%。信用业务实现息费收入3 9537万元，同比下降49.69%。投资银行业务实现收入15 685万元，同比增长48.58%。股权转让及场外业务实现收入8 145万元，同比下降25.56%。资产管理业务实现收入7 829万元，同比下降31.04%；年末客户资产管理受托资金2 770.55亿元，同比增长77%；年末集合资产管理计划管理规模63.67亿元，同比增长195%；年末定向资产管理计划管理规模2 698.36亿元，同比增长176%。证券投资业务实现营业收入30 460万元。国都创新驱动灵活配置混合型基金全年收益率4.8%。取得上海证券交易所股票期权自营业务交易资格，第一批完成“深港通”上线工作，并获得开通“深港通”下“港股通”业务交易权限。

（李岩）

国开证券有限责任公司

2016年末，国开证券有限责任公司（以下简称国开证券）总资产431.13亿元，同比下降5.57%；总负债283.82亿元，同比下降19.24%；净资产147.31亿元，同比增长40.18%；实现营业净收入17.66亿元，同比下降10.91%；营业支出7.88亿元，同比增长13.71%；实现净利润7.51亿元，同比下降23.43%。在中国证监会组织的证券公司分类评价中获得B类BBB级评级。

截至年末，国开证券设有8家证券营业部、1家子公司、18家分公司，共有正式员工636人。

投资银行业务　2016年，国开证券投资银行业务实现收入1.38亿元，同比增长30%；保荐业务承销规模113.2亿元，同比增长76.8%；财务顾问业务实现收入0.34亿元，同比增长77.8%；完成“新三板”做市总投资规模1.2亿元，实现收入0.61亿元。

债券承销业务　2016年，国开证券债券承销业务实现收入4.3亿元，同比增长37.9%。累计发行债券108只，发行金额1 256.35亿元。其中，公司债47只，发行金额383.92亿元，同比增长539.9%；企业债36只，发行金额

369.23 亿元；资产支持证券 19 只，发行金额 417.20 亿元。

自营及投资交易业务 2016 年，国开证券固定收益类投资收益持续平稳增长，投资品种不断多元化，实现收入 4.9 亿元。

证券经纪业务 2016 年，国开证券证券经纪业务实现收入 1.41 亿元，完成交易量 1 628 亿元，实现首单金融产品代销业务销售。

资产管理业务 2016 年，国开证券资产管理业务实现收入 1.9 亿元，同比增长 98%；管理资产规模 1 819.31 亿元，同比增长 14.85%。

信用交易业务 2016 年，国开证券信用交易业务实现收入 5.14 亿元，同比增长 21%。年末余额 80.3 亿元，同比增长 14.8%。其中，融资融券业务余额 8.8 亿元；股票质押业务余额 71.5 亿元，同比增长 26.1%。

研究业务 2016 年，国开证券完成研究与信息报告 421 篇，覆盖宏观、策略、固收及重点行业等领域。加强与万得、同花顺及东方财富等机构的合作，实现了研究报告的公开发布。

投资顾问业务 2016 年，国开证券实现投顾费收入 0.94 亿元，同比增长 295%；客户类型涵盖国有商业银行、股份制商业银行、地方城市商业银行、农村商业银行以及合格境外机构投资者（QFII）等各类机构。

基金业务 2016 年，国开证券控股子公司——国开泰富基金管理公司管理资产总额 102.4 亿元，同比增长 39%，其中公募基金管理规模 17.8 亿元，同比增长 51%。国开泰富基金管理公司子公司——北京国开泰富资产管理公司管理资产规模 58 亿元，同比增长 155%；新发产品 30 只。

高盛高华证券有限责任公司

2016 年末，高盛高华证券有限责任公司（以下简称高盛高华证券）总资产 21.47 亿元，比上年下降 32.1%；总负债 8.21 亿元，比上年下降 55%；所有者权益 13.26 亿元，比上年增长 1%；实现营业收入 5.33 亿元，比上年增长 4%；营业支出 5.27 亿元，比上年增长 15%；实现净利润 0.09 亿元，比上年下降 76%。在中国证监会组织的证券公司分类评价中获得 A 类 A 级评级。

截至年末，高盛高华证券未设立证券营业部或子公司，共有员工 100 人。

投资银行业务 2016 年，高盛高华证券完成 19 个股票与债券承销项目，承销总金额 338.66 亿元，承销项目类型包括 A 股股票非公开发行、非公开发行优先股、公司债券、可转换债券等。

华融证券股份有限公司

2016年末，华融证券股份有限公司（以下简称华融证券）总资产398.89亿元，同比增长10.10%；负债总额285.22亿元，同比增长2.48%；所有者权益106.57亿元，同比增长23.83%；实现营业收入34.67亿元，同比下降11.76%；营业支出13.78亿元，同比下降23%；实现利润总额20.96亿元，净利润16.70亿元，同比增长4.34%。在中国证监会组织的证券公司分类评价中获得A类A级评级。

截至年末，华融证券设有65家证券营业部、16家分公司、2家子公司，共有员工2 057人，其中客户经理186人。

经纪业务 2016年，华融证券证券经纪业务实现营业收入346 719.38万元，同比下降11.76%；股票基金交易额6 902亿元；客户资产总规模3 636亿元，比上年增长32.53%。

自营业务 2016年，华融证券坚持稳健投资原则，实现了权益类投资和固定收益类投资均衡发展，实现自营业务收入1 450.50万元。

投资银行业务 2016年，华融证券投资银行业务实现净收入105 530.14万元，占收入总额的26.86%，比上年增长25.07%；完成承销业务56单（债券类业务36单、IPO业务2单、其他股票类承销18单）；“新三板”推荐挂牌38家。

资产管理业务 2016年，华融证券资产管理业务净收入89 669.28万元，占收入总额的22.82%，比上年增长49.34%。截至年末资产管理总规模1 746.36亿元（含债券共计3 163.30亿元），同比增长39.51%；产品总数241只，新增集合产品27只，清算集合产品18只，开放期持续营销产品73只。其中，集合资管计划109只，规模593.85亿元，占比34.01%；定向资管计划132只，规模1 152.51亿元，占比65.99%。

民生证券股份有限公司

2016年末，民生证券股份有限公司（以下简称民生证券）总资产335.48亿元，归属于母公司净资产109.92亿元，每股净资产2.4元，每股收益0.035元，净资产收益率1.40%。全年实现营业收入15.29亿元，比上年下降49.53%，归属母公司净利润1.58亿元，比上年下降86.97%。在中国证监会组织的证券公司分类评价中获得C类CC级评级。

截至年末，民生证券设有48家证券营业部、3家子公司，共有员工2 122人。

证券经纪业务 2016年，民生证券经纪业务代理股票基金交易量10 975.88亿元，比上年下降52.17%。充分利用主经纪商业务（PB）牌照，实现了PB业务链的贯通，PB业务规模9.2亿元。推进股权质押与融资融券业务，规模达101.10亿元，同比增长66.70%。全年共销售各类金融产品35.45亿元，比上年增长27.60%。

投资银行业务 2016年，民生证券完成合诚股份等4家公司的IPO项目，完成佳都科技等5家公司的非公开保荐主承销项目，完成襄阳轴承等3家公司的非公开联合主承销项目，完成神州高铁等8家公司的独立财务顾问并购重组项目及1家公司的重组配套募集资金联合主承销项目，完成晓进机械等41家公司的“新三板”推荐挂牌项目，完成道拓医药等17家公司的“新三板”定向增发项目。

固定收益业务 2016年，民生证券共完成邯郸小微债等5只企业债、淮安开发公司债等9只公司债的发行工作；稳固发展现券撮合业务，累计完成现券交易量9 666亿元。

资产管理业务 2016年，民生证券引进资产支持证券（ABS）业务团队，完成4家ABS项目的发行工作。年末受托管理资产总规模598.41亿元，同比增长162.90%。其中定向业务规模511.33亿元，同比增长196.75%；主动管理型业务管理规模87.08亿元，同比增长57.44%。

证券投资业务 2016年，民生证券股票投资收益率－17.66%，债券投资收益率－4.02%；做市业务年内新增做市公司53家，累计做市公司74家，实现投资收益率2.36%。

互联网金融业务 2016年，民生证券创新开发智能资产配置平台，尝试智能投资顾问的财富管理模式。积极推进互联网营销系统建设，借助“二维码”营销系统，推动开户引流工作。自2016年8月上线以来累计开户77 265户，新客户新增资产22.12亿元，实现新增资产3.52亿元。

业务创新 2016年，民生证券实现了PB业务链的贯通，完成了股权激励行权融资业务、收益互换业务、场外期权以及场外互换业务等信用衍生品系统建设。开展海外咨询业务，积极拓展研究范围，为盛景网联、奥瑞电气等多家“新三板”公司提供咨询服务，取得咨询收入78.51万元，同比增长195.27%。

（王毅）

瑞信方正证券有限责任公司

2016年末，瑞信方正证券有限公司（以下简称瑞信方正证券）资产总额89 196.18万元，比上年增加237.16万元，增长0.27%；负债总额2 884.52万元，比上年减少90.56万元，下降3.04%；实现营业收入17 957.79万元，比上年增加1 001.85万元，增长5.91%；利润总额772.12万元，比上年减少1 469.62万元，下降65.56%；所有者权益86 311.65万元，比上年增加327.71万元，增长0.38%。

截至年末，瑞信方正共有员工

147人。

投资银行业务 2016年末，瑞信方正证券完成14个主承销项目，总承销金额117.64亿元。其中，完成4个股权融资承销项目，包括瑞信方正证券作为财务顾问和主承销商完成江苏吴中10亿元发行股份及支付现金购买资产并募集配套资金项目，作为联席主承销商参与完成中原证券56亿元IPO项目、友阿股份14.87亿元非公开发行项目、东方航空85.48亿元非公开发行项目；完成10个债权融资承销项目，包括以主承销商身份完成的玉皇化工第一期至第三期各5亿元公司债、河南豫资城乡2016年第一期和第二期各15亿元公司债券，以联席主承销商身份参与完成的上海医药20亿元公司债券、广汽集团41.06亿元可转债、中国大唐10亿元非公开绿色公司债券（第一期）、中国大唐第一期和第二期各5亿元公开发行绿色公司债券项目。并购和财务顾问业务实现财务顾问收入约3 666.98万元。

证券经纪业务 2016年9月30日，瑞信方正证券在征询董事会风险管理委员会同意后，经纪业务和深圳前海证券营业部正式开业，并成功开展了QFII客户交易服务、基金交易单元租赁服务等业务。截至年末，实现证券交易量357.74亿元，实现代理买卖证券业务净收入4 037.84万元。

2016年2月24日，瑞信方正唯一分支机构——深圳前海证券营业部正式设立，并于3月30日取得经营证券业务许可证，经核准的经营范围是证券经纪（限广东省深圳市前海深港现代服务业合作区）。

（张毅）

瑞银证券有限责任公司

2016年末，瑞银证券有限责任公司（以下简称瑞银证券）总资产25.4亿元，总负债6.33亿元，所有者权益19.09亿元；实现营业收入8.69亿元，营业支出77.40亿元，实现利润总额1.21亿元，实现净利润9 221.75万元。在中国证监会组织的证券公司分类评价中获得B类BBB级评级。

2016年，瑞银证券经纪业务实现收入2亿元，同比下降50%。

截至年末，瑞银证券设有4家证券营业部、3家分公司、1家子公司，共有正式员工389人，其中子公司正式员工25人。

首创证券有限责任公司

2016年末，首创证券有限责任公司（以下简称首创证券）总资产192.12亿元，比上年减少28.08亿元，下降12.75%；总负债155.21亿元，比上年减少31.14亿元，下降16.71%；所有者权益36.90亿元，比上年增加3.05亿元，增长9.02%。实现营业收入11.02亿元，比上年减少5.32亿元，下降32.56%；营业支出6.03亿元，比上年减少1.03亿元，下降14.57%。实现净利润4.28亿元，比上年减少2.89亿元，下降40.28%。证券交易量（股票、基金、债券等）6 261.68亿元，比上年减少4 883.22亿元，下降43.82%；客户数量42.84万户，比上年增加6.11万户，增长16.62%；客户保证金41.50亿元，比上年减少20.47亿元，下降33.03%。代理买卖证券款48.54亿元，比上年减少20.50亿元，下降29.69%。在中国证监会组织的证券公司分类评价中获得B类BBB级评级。

截至年末，首创证券设有47家证券营业部、12家分公司，共有员工1 584人。

证券经纪业务 2016年，首创证券积极改革创新，努力打造以移动互联网为核心的服务平台。“番茄财富”移动客户端通过证券交易、产品配给、直播服务、社交互动、生活缴费和娱乐赚钱六大平台，为客户提供综合性金融服务，注册用户超过70万户。重点发展信用业务和机构业务，信用业务日均余额30亿元，其中股票质押业务质押市值由年初的近30亿元增长至近70亿元；PB业务的私募基金综合服务项目20余个，托管产品规模超过7亿元，私募基金外包项目10余个，PB投资管理系统接入产品8只，总资产规模17亿元；期货IB业务日均资产规模超过2亿元。

融资融券业务 2016年，首创证券融资融券余额规模整体缩水。1月，融资融券余额由年初的26.18亿元降至18.79亿元，5月底降至16.65亿元，比上年末下降36.4%。随后，融资融券余额逐步回升，年末增长至18.52亿元，整体信用业务平稳运行且获得了较好的收益。

资产管理业务 2016年，首创证券坚持回归财富管理本源，形成了主动管理、现金管理等多形态的固定收益类产品线，并强化多渠道全方位的精准营销。大力开展专业理财、投融资服务及产业基金类业务，为客户提供资本管理及运作服务。加强商品期货、外汇、基金中基金（FOF）等大类资产研究，储备了一批紧跟市场热点的主动管理型产品。截至年末，资产管理规模179.45亿元，其中主动管理规模52.24亿元，占比29.11%，同比增长94%。

投资银行业务 2016年，首创证券全国股转系统业务新增推荐挂牌公司37家，持续督导挂牌公司83家，协助挂牌公司融资8.79亿元。IPO、再融资及上市公司并购重组业务，分别成功申报了1个创业板项目、IPO项目以及上市公司再融资项目；在某公司发行股份购买资产暨重大资产重组项目中担任独立财务顾问。

债券承销业务 协助首创集团、北汽集团、北京住总集团等企业发行、销售公司债合计规模上百亿元。积极发展城投债和民营企业债承销业务，成功为相关企业募集资金数十亿元。

自营业务 2016年，首创证券债券自营业务根据市场行情调整交易策略，以配置为主，配合交易盘高抛低吸赚取市场波动差价，获取了超额收益；稳步拓展国债期货套利业务，积极尝试新老券替代交易、债券借贷反向套利等新业务进行风险对冲，实现了较好的收益；固定收益投资顾问业务成立主动管理产品和集合信托产品，投资顾问产品资金规模超过35亿元，实现营业收入1.2亿元；债券销售交易业务积极拓展新的销售品种，代销ABS等其他债券品种取得突破。债券交易量稳步提升，全年银行间交易量约7 000亿元，交易所交易量超9 100亿元；实现固定收益业务收入5.7亿元，所持自营券中无违约债券。

新三板做市业务 2016年，首创证券新增做市企业30余家，累计做市企业超过60家，形成了以互联网、文化传媒、节能环保等行业为重点的做市库存股组合。积极应对做市企业因IPO等原因带来的做市退出问题，制订并执行周密的做市退出计划，先后完成4家企业的做市退出。加强项目投后管理工作，建立内部共享云平台，对重点项目进行现场调研、投后回访和深度研究，初步形成了投后管理框架体系。优化做市交易的数据报送流程，完善系统应急方案，加强交易室的设施建设和物理隔离，强化全业务流程的风险管理和内部控制。不断提高做市交易能力，增强做市报价水平和做市技巧。

信息化建设 2016年，首创证券完成深圳第五代接口、“深港通”等创新业务上线，推进“番茄财富”、统一账户CIF3.0以及超级客户关系管理（CRM）系统的建设与手机炒股系统的升级改造，完成风控系统、私募外包系统、资金管理系统、机构经纪投资管理系统、利率资产业务管理系统的建设上线，开始启动办公自动化（OA）系统及邮件系统的升级改造工作。

信达证券股份有限公司

2016年末，信达证券股份有限公司（以下简称信达证券）总资产554.84亿元，比上年减少9.51亿元，下降1.69%；总负债465.47亿元，比上年减少8.5亿元，下降1.79%；所有者权益89.36亿元，比上年减少1.01亿元，下降1.12%。实现营业收入22.43亿元，比上年减少29.92亿元，下降57.16%；营业支出17.66亿元，比上年减少6.97亿元，下降28.31%；实现归属母公司净利润4.35亿元，比上年减少16.47亿元，下降79.09%；净资产收益率4.85%，比上年下降21.1个百分点。股票基金成交金额19 796.31亿元，比上年减少21 269.39亿元，下降51.79%；客户总数147.09万户，比上年增加10.25万户，增长7.49%；客户托管证券市值1 584.39亿元，比上年减少331.31亿元，下降17.29%；客户保证金137.23亿元，比上年减少26.59亿元，下降16.23%。在中国证监会组织的证券公司分类评价中获得A类A级评级。

截至年末，信达证券设有85家营业部、4家分公司、4家子公司，共有签订劳动合同的员工2 737人，其中母公司2 281人，子公司456人。

经纪业务及信用交易业务 截至年末，信达证券实现新开户10.87万户，累计客户规模147.09万户，客户托管资产1 722亿元。融资融券余额72.93亿元，全年日均余额67.39亿元；股票质押自有资金融资余额26.94亿元。经纪业务及信用交易业务实现营业净收入18.99亿元，比上年下降48.04%。其中，佣金净收入及综合业务收入9.54亿元，比上年下降60.53%；利差收入2.51亿元，比上年下降27.25%；息费毛收入6.94亿元，比上年下降30.39%。

投资银行业务 2016年，信达证券投资银行业务实现净收入2.19亿元，比上年下降38.83%。其中，股权保荐及承销费0.25亿元，债券承销收入1.26亿元，财务顾问收入0.43亿元。完成佳发安泰IPO项目、工大高新定向增发项目，股票主承销金额10.59亿元。完成14只公司债项目，债券主承销金额303.55亿元。

资产管理业务 截至年末，信达证券受托资产管理规模712.55亿元，比上年增长30.35%。其中，集合规模127.19亿元，专项计划54.01亿元，定向规模531.35亿元。全年实现综合业务收入2.42亿元，比上年下降70.77%；受托客户资产管理业务净收入2.7亿元。

证券投资业务 2016年，信达证券投资业务实现投资收益0.63亿元。其中，权益类投资业务实现投资收益0.24亿元，收益率约1.48%；固定收益类投资业务实现投资收益0.39亿元，收益率为1.62%。

场外市场业务 2016年末，信达证券"新三板"挂牌企业共43家，年内新增挂牌14家。累计实现做市家数81家，年内新增53家。场外市场业务实现营业收入8 136万元。其中，财务顾问等手续费净收入887万元；做市业务实现投资收益7 249万元，投资收益率49.65%。

业务创新 2016年，信达证券针对中小客户开发差异化产品——"信融通"小额股票质押业务，融资余额9 569万元，累计融资金额28 406万元，累计签署人数突破7 000人。积极开展资产证券化业务，由信达证券发起的益田ABS项目，项目融资规模53.01亿元，期限12年期，是深圳证券交易所审批的首个该类型项目。

（赵雅君）

新时代证券股份有限公司

2016年末，新时代证券股份有限公司（以下简称新时代证券）总资产207.11亿元，比上年减少5.29亿元，下降2.49%；总负债115.13亿元，比上年减少46.12亿元，下降28.60%；所有者权益91.99亿元，比上年增加40.83亿元，增长79.81%；实现营业收入18.38亿元，比上年减少7.63亿元，下降29.34%；营业支出10.50亿元，比上年减少3.42亿元，下降24.59%；实现利润总额7.88亿元，比上年减少4.31亿元，下降35.38%；净利润6.84亿元，比上年减少3.83亿元，下降35.87%（母公司未审数）。在中国证监会组织的2016年证券公司分类评价中获得B类BBB级评级。

截至年末，新时代证券设有65家证券营业部、2家控股子公司，6家分公司，共有员工1 619人。

证券经纪业务 2016年，新时代证券经纪业务实现营业收入96 969.01万元，比上年减少92 390.18万元，下降48.79%；营业支出42 248.30万元，比上年减少25 670.81万元，下降37.80%；实现营业利润54 720.71万元，比上年减少66 719.37万元，下降54.94%。实现股票基金交易额11 703亿元，比上年减少12 468亿元，下降52%。累计新开户58 354户，期末客户结存数665 019户，比上年增加55 953户，增长9.2%。

融资融券业务 2016年，新时代证券客户融资融券余额约36.58亿元，信用账户交易成交额约2 131.42亿元。融资融券业务实现收入约40 169.07万元。其中，利息收入29 389.55万元，佣金收入10 779.51万元。客户信用账户累计开户总数16 680户。

投资银行业务 2016年，新时代证券投资银行业务实现营业收入36 195.05万元，比上年增加4 087.30万元，增长12.73%。

期货中间介绍业务 2016年末，新时代证券参与期货中间介绍业务的营业部共23家，具有期货从业资格的人员共117人，参与期货中间介绍业务的投资者共99户。全年实现期货中间介绍业务佣金收入26.49万元，成交金额544.78亿元。

资产管理业务 2016年末，新时代证券资产管理业务实现营业收入18 669.28万元，营业支出7 664.49万元，营业利润11 004.79万元。资产管理累计总规模10 521亿元，比上年增长399%。存续规模1 635亿元，比上年增长242%。其中，集合资产管理存续规模59亿元，比上年增长34%；定向主动管理存续规模142亿元，比上年增长492%；定向被动管理存续规模1 434亿元，比上年增长250%。

自营投资业务 2016年，新时代证券自营投资业务实现营业收入33 044.00万元，比上年减少3 386.35万元，下降9.30%；营业支出9 734.89万元，比上年减少4 078.41万元，下降29.53%；实现营业利润23 309.12万元，比上年增加692.07万元，增长3.06%。

业务创新 2016年，新时代证券资产管理总部与中国银行成功发行双方首单平层委外产品。并将此业务模式推广至邮储银行，成功发行了邮储银行内部首单平层委外产品。投资顾问签约业务，全年总创收合计1 842万元，占营业部净手续费收入的5.02%。年末，签约客户数量1 408户，比上年增加29户；签约客户资产6.4亿元，比上年增加1.1亿元，增长21%。资产托管业务，全年共为145只私募基金提供综合外包服务，规模64.02亿元，PB系统上线产品规模220.81亿元。经纪业务体系各分支机构合计托管资产1 150亿元，比上年增加145亿元，增长14%。

中德证券有限责任公司

2016年末，中德证券有限责任公司（以下简称中德证券）资产总额15.42亿元，负债总额 3.09 亿元，所有者权益总额 12.34 亿元，实现营业收入 7.40 亿元，实现净利润 1.78 亿元。在中国证监会组织的证券公司分类评价中，中德证券与母公司山西证券股份有限公司合并评级，获得 B 类 BBB 级评级。

截至年末，中德证券共有员工 259 人。

投资银行业务 2016 年，中德证券股权产品完成 27 个主承销项目。其中，3 个 IPO 项目、16 个再融资项目，6 个并购重组及配套融资项目，2 个可交换债券项目。总融资金额 548 亿元，同比增长 80.9%。承销债券总计规模 338.26 亿元，同比增长 38%。

中国国际金融股份有限公司

2016 年末，中国国际金融股份有限公司（以下简称中金公司）总资产 687.34 亿元，比上年增长 9.05%；总负债 518.84 亿元，比上年增长 10.04%；净资产 168.50 亿元，比上年增长 6.12%；营业收入 48.90 亿元，比上年下降 18.93%；营业支出 36.11 亿元，比上年下降 9.70%；实现利润 10.28 亿元，比上年下降 32.73%；客户保证金规模 111.49 亿元，比上年下降 37.89%。在中国证监会组织的证券公司分类评价中获得 A 类 A 级评级。

2016 年 11 月 4 日，中金公司与中央汇金投资有限责任公司（以下简称汇金公司）订立股权转让协议，收购汇金公司所持中国中投证券有限责任公司（以下简称中投证券）100% 股权。中投证券于 2017 年 3 月 21 日完成工商变更登记，成为中金公司的全资子公司。

截至年末，中金公司设有 20 家证券营业部，共有员工约 2 637 人，其中正式员工约 2 550 人、外聘员工 87 人。

投资银行业务 2016 年，中金公司完成 A 股 11 个 IPO 项目、18 个 A 股再融资项目、6 个港股 IPO 项目、3 个新加坡 IPO 项目。扩充债务承销业务团队，固定收益产品承销共完成 132 个项目，同比增长逾 80%。财务顾问业务，在 Dealogic 公布的中资并购交易排名中，中金公司以交易金额 1 303 亿美元，蝉联全球财务顾问交易金额排行榜第一位。

财富管理业务 2016 年，中金公司财富管理业务金融产品总销售额 156.67 亿元；年末客户数量约 30 000 户，客户账户资产总值 6 200 亿元，户均资产约 2 100万元。推动互联网金融业务，利用金网平台，提高对中产阶级客户的覆盖，年末金网客户数约 89 300 户。

资产管理业务 2016 年末，中金公司境内外资产管理总规模约 1 715.59 亿元，比上年增长 60.3%；管理产品数量 267 只，其中绝大部分是主动管理业务。资产管理业务以机构客户业务为重点，年末机构业务资产管理总规模已超过 1 600 亿元，机构客户业务收入占资产管理业务全部收入的 90% 以上。

公募基金业务 2016 年末，中金公司全资子公司——中金基金管理有限公司管理资产规模 89.55 亿元，投资咨询业务管理规模 73.07 亿元。

私募股权业务 2016年，中金公司直投业务子公司——中金佳成投资管理有限公司（以下简称中金佳成）启动中金佳泰二期基金的融资工作，预期募集总规模60亿~80亿元，目前已经完成了首次封闭。截至年末，中金佳成管理的基金总规模196.46亿元。

2016年，中金公司全资子公司——中金智德股权投资管理有限公司（以下简称中金智德）完成了以“并购重组、国企改革”为投资主题的人民币并购基金首期交割，首期募集规模超过70亿元；完成以“战略性新兴产业”为投资主题的人民币新兴产业基金的融资工作，募集规模5.13亿元；募集多个专项基金开展针对特定项目的专项投资。截至年末，中金智德所管理的各类股权投资基金累计资产规模206.89亿元。年内累计新增投资项目14个，累计新增投资金额96.41亿元。

创新业务 2016年，中金公司获得多项牌照或资格，包括上海清算所标准债券远期集中清算业务资格、“港股通”业务资格等。

中国民族证券有限责任公司

2016年末，中国民族证券有限责任公司（以下简称民族证券）资产总额225亿元，比上年下降28.16%；负债总额143.51亿元，比上年下降38.00%；所有者权益81亿元，比上年下降0.23%；净资本75亿元，比上年下降16.79%。全年累计实现营业收入14.49亿元，比上年下降51.15%；营业支出9.50亿元，比上年下降55%，实现利润总额5.09亿元，净利润3.75亿元，净资产收益率4.61%，公司实现连续11年盈利。

截至年末，民族证券设有51家证券营业部，共有员工1 372人。

证券经纪业务 2016年末，民族证券托管客户总资产916.13亿元，A类规范账户数111万户，累计新增客户23万户，累计实现收入9.03亿元，实现利润总额4.90亿元。

自营业务 2016年，民族证券自营业务规模17.48亿元，收益率9.39%，实现营业收入1.64亿元，实现利润总额0.64亿元。

投资银行业务 2016年，民族证券投资银行业务实现营业收入28 631万元，比上年增长104%，实现利润总额0.81亿元；主承销规模385亿元，比上年增长46%；累计完成IPO、再融资、财务顾问、公司债、企业债以及“新三板”等项目69个，比上年增长109%。

资产管理业务 2016年，民族证券完成与母公司业务整合，集合类产品、通道类业务部分转移至母公司，剩余定向产品16只，规模275.24亿元，专项产品4只，规模17.71亿元。

融资融券业务 2016年，民族证券公司融资融券余额58.28亿元，融资融券日均余额56.71亿元。信用业务实现营业收入3.93亿元，实现利润总额0.81亿元。

（张爱芬）

中国银河证券股份有限公司

2016年末，中国银河证券股份有限公司（以下简称银河证券）合并资产总额2 458.81亿元，比上年减少547.75亿元，下降18.22%；合并负债总额1 875.27亿元，比上年减少558.79亿元，下降22.96%；合并所有者权益总额583.54亿元，比上年增加11.05亿元，增长1.93%。实现合并营业收入132.40亿元，同比下降49.58%；实现合并净利润51.85亿元，同比下降47.50%。

2016年，银河证券股票基金交易量12.6万亿元，同比下降53.61%。年末，托管客户证券资产约2.51万亿元，比上年下降7.72%；客户资金余额711亿元，比上年下降33.3%

截至年末，银河证券设有360家证券营业部、5家子公司，共有员工10 465人（含销售类客户经理）。

经纪业务 2016年，银河证券经纪业务加速向全面财富管理业务模式转型，努力打造一站式金融服务平台。全年实现代理买卖证券业务净收入53.24亿元，同比下降63.98%。

投行业务 2016年，银河证券股权融资业务累计股票主承销项目16个，主承销金额299.41亿元，同比增长4.01%。债券融资业务累计完成债券主承销项目61个，主承销金额653.72亿元，同比增长126.69%。

融资融券业务 2016年末，银河证券融资融券余额529.14亿元，比上年下降23.45%。

资产管理业务 2016年，银河证券子公司——银河金汇证券资产管理有限公司实现资产管理业务净收入4.57亿元，同比增长7.28%；年末管理产品数量276只，受托规模2 214.71亿元。

业务创新 2016年，银河证券获得“深港通”下“港股通”业务交易权限资格和销售贵金属制品资格；通过全国中小企业股份转让系统“新三板”私募机构做市业务试点专业评审。

中信建投证券股份有限公司

2016年末，中信建投证券股份有限公司（以下简称中信建投证券）集团资产总额1 816.95亿元，比上年下降0.82%；负债总额1 404.43亿元，比上年下降8.22%；归属于本公司股东的权益410.63亿元，比上年增长36.39%。全年实现总收入及其他收入175.84亿元，比上年下降28.26%；归属于本公司股东的净利润52.59亿元，比上年下降39.12%；每股收益0.81元，比上年下降40.88%；加权平均净资产收益率18.10%，比上年减少21.90个百分点。

在中国证监会组织的证券公司分类评价中连续第7年获评A类AA级。

截至年末，中信建投证券设有225家证券营业部、4家子公司、23家分公司，共有正式员工9 611人。

证券经纪业务 2016年，中信建投证券代理股票基金交易额7.75万亿元。年末，客户资金账户总数601.44万户，客户托管证券市值1.61万亿元，其中新增客户资产3 837.45亿元。

投资银行业务 2016年，中信建投证券完成63个股权融资项目，主承销金额1 033.82亿元，其中IPO主承销家数14家，主承销金额183.49亿元；完成债权融资465个项目，主承销金额8 852.23亿元，其中主承销发行284只公司债券，比上年增长242.17%，承销金额5 718.18亿元，比上年增长187.16%；完成18个并购重组项目，涉及交易金额约422亿元；完成156个"新三板"项目挂牌。

证券金融业务 2016年末，中信建投证券融资融券余额299亿元，拥有融资融券账户12.70万户，比上年增长5.41%；股票质押式回购余额356亿元，比上年增长66.15%；约定式回购业务余额3.7亿元，比上年下降5.55%。

股票及衍生品交易业务 2016年末，中信建投证券已为84家"新三板"挂牌公司提供做市服务。

固定收益业务 2016年，中信建投证券利率产品销售比上年增长53%。年末自营投资资产中债券规模304.75亿元，比上年增长52.77%，债券投资占自营投资总规模的59.16%，全年债券投资年化收益率6.41%。成功发行"中信建投证券股份有限公司2016年度第一期信用风险缓释凭证"，成功发行农盈一期不良资产证券化项目。

资产管理业务 2016年，中信建投证券定向理财产品由通道业务向主动管理业务转型。年末，主动管理型理财产品资产管理规模约1 532亿元，比上年增长27.54%；受托管理资产规模8 114.31亿元，比上年增长47.08%，其中集合、定向、专项资产管理计划管理资产规模分别为224.90亿元、7 808.45亿元和80.93亿元。

托管业务 2016年末，中信建投证券托管及外包总规模1 291亿元，比上年增长125%。其中，托管产品996只；外包产品793只，产品规模627亿元，分别比上年增长90%和2.3倍。

研究业务 2016年，中信建投证券完成各类研究报告2 284篇，股票研究涵盖24个行业，覆盖境内2 073家上市公司。

期货业务 2016年，中信建投证券子公司——中信建投期货有限公司完成代理交易额5.46万亿元，共有20家期货营业部，首次被评为期货行业A类AA级公司。年末客户总数8.46万户，客户权益规模49.51亿元，分别比上年增长27%和16%。

股权投资管理业务 2016年末，中信建投证券子公司——中信建投资本管理有限公司共管理12只基金，其中包括6只综合基金、2只行业基金、4只专项基金，新增基金规模8.9亿元，比上年增长26.64%；完成70余个项目投资，其中主板上市6家、"新三板"挂牌18家、完成9个退出项目，平均投资收益率360%。

境外业务 2016年，中信建投证券子公司——中信建投（国际）金融控股有限公司完成11单股权融资项目和13单海外债发行项目。截至年末，拥有证券经纪客户1.86万户，比上年增长76%；客户托管资产总值277亿港元，比上年增长59%。零售客户托管资产总值85亿港元，比上年增长30%；机构客户托管资产总值250亿港元，比上年增长73%。中信建投证券合格境外机构投资者（QFII）、人民币合格境外机构投资者（RQFII）全年平均资产管理规模33亿元，交易量67亿元。

基金管理业务 2016年末，中信建投证券子公司——中信建投基金管理有限公司年资产管理规模2 124亿元，比上年增长146.65%。其中，公募基金规模95亿元，比上年增长64.56%；专户产品［含子公司元达信资本管理（北京）有限公司］规模2 029亿元，比上年增长152.51%。

中国银河证券股份有限公司北京分公司

2016年，中国银河证券股份有限公司北京分公司（以下简称银河证券北京分公司）实现营业收入8.22亿元，实现税前利润5.58亿元。

截至年末，银河证券北京分公司下辖17家营业部，共有员工600余人。

证券经纪业务 截至年末，辖区营业部客户数量72.27万户，客户总资产16 121.35亿元。全年完成股票基金交易量12 318.12亿元。

股指期货IB业务 辖区内共有15家营业部获得股指期货中间介绍业务（IB业务）资格，年末IB客户总数3 540户，客户权益6.7亿元，实现IB业务收入544万元。

银行渠道合作 与工商银行、建设银行、中国银行、农业银行、兴业银行等多家银行开展三方存管签约活动，并与合作银行的近200家网点开展营销活动，全年新增客户120 534户。

PB业务 年内引入85只主经纪商业务产品，总规模211亿元。

融资融券业务 积极组织辖区内营业部开展融资融券开户业务，全年新开融资融券账户2 341户，融资融券资产149.19亿元，年末余额74.09亿元。

（李莹）

北信瑞丰基金管理有限公司

2016年末，北信瑞丰基金管理有限公司（以下简称北信瑞丰基金）资产总额18 672万元，比上年下降1.79%；负债总额3 016万元，比上年下降18.44%；所有者权益15 656万元，比上年增长2.23%；实现营业收入9 111万元，比上年减少 3.48%；营业支出总额 8 494 万元，比上年减少 12.77%；实现净利润 795 万元，比上年增长 1 269.34%；公募基金管理份额 73.65 亿份，比上年增长 122.01%；公募基金净值 73.84 亿元，比上年增长 114.97%；专户管理份额 241.76 亿份，比上年增长 246.28%；专户管理净值 246.64 亿元，比上年增长 198.15%。

截至年末，北信瑞丰基金设有 1 家子公司，共有正式员工 99 人。

公募基金管理业务 2016 年，北信瑞丰基金新增产品 4 只，管理规模 39.49 亿元；开拓代销业务渠道 77 家（7 家银行、37 家券商、33 家第三方机构），比上年增加 29 家，其中券商代销渠道增加 15 家。截至年末，北信瑞丰基金保有公募产品 11 只，合计规模 73.84 亿元。其中债券型基金 1 只，规模 6.45 亿元；混合型基金 8 只，规模 17.92 亿元；货币型基金 2 只，规模 49.48 亿元。

专户管理业务 2016 年，北信瑞丰基金新增 98 只专户产品，规模 210.09 亿元，其中定增类产品数量占比 78%、规模占比 80%。截至年末，北信瑞丰基金共保有 125 只专户产品，资产管理规模 246.64 亿元。其中，主动管理产品 3 只，总规模 0.94 亿元；定增类产品 98 只，总规模 196.29 亿元；二级市场产品 16 只，总规模 28.94 亿元；债券产品 8 只，总规模 20.47 亿元。

资产管理业务 2016 年，北信瑞丰基金子公司——上海北信瑞丰资产管理有限公司（以下简称北信瑞丰资管），基本完成团队建设，设立 3 个事业部和 1 个风控部，共有员工 13 人。截至年末，北信瑞丰资管管理规模 489.38 亿元，存续产品 142 只。其中，股权投资类 11 只，规模 10.15 亿元；非标类产品 96 只，规模 341.58 亿元；二级市场产品 28 只，规模 127.64 元，定增类产品 7 只，规模 10.01 亿元。全年实现总收入 4 138 万元，总支出 1 788 万元，财务收支净利润 1 749 万元。

（茅昱寒）

东方基金管理有限责任公司

2016 年末，东方基金管理有限责任公司（以下简称东方基金）总资产 6.85 亿元，比上年增长 4.51%；总负债 1.91 亿元，比上年增长 5.52%；所有者权益 4.93 亿元，比上年增长 4.13%；归属母公司股东权益 3.98 亿元，比上年增长 0.46%；实现营业收入 4.81 亿元，比上年下降 17.58%；营业支出 3.94 亿元，比上年增长 1.23%；实现净利润 0.66 亿元，比上年下降 54.14%；归属母公司净利润 0.36 亿元，比上年下降 72.44%；公募基金管理规模 262.23 亿元，比上年下降 7.53%。

截至年末，东方基金设有 4 家分公司、1 家子公司，共有员工 165 人。

公募基金管理 2016 年，东方基金共管理公募产品 40 只。其中混合型基金 22 只，债券型基金 10 只，保本型基金 5

只，货币基金3只。公募基金管理规模262.23亿元。

基金募集业务 2016年，东方基金新发公募基金12只。其中，混合型基金7只，债券型基金4只，货币型基金1只。首发规模51亿元。

特定客户业务 2016年，东方基金专户管理规模83.23亿元。所属子公司特定客户业务全年累计发行产品191只，清算结束产品202只，年末存续产品263只，管理资产规模1 728亿元。

机构改革 2016年，东方基金专户投资业务推行类事业部制改革，组建固收工作室和权益工作室。

（周鑫）

方正富邦基金管理有限公司

2016年末，方正富邦基金管理有限公司（以下简称方正富邦基金）总资产37 701.83万元，比上年增加19 402.98万元，增长106.03%；总负债7 867.35万元，比上年减少109.32万元，下降1.37%；所有者权益29 834.48万元，比上年增加19 512.30万元，增长189.03%；实现营业收入15 429.50万元，比上年减少756.02万元，下降4.67%；营业支出15 074.94万元，比上年减少19.96万元，下降0.13%；实现净利润504.59万元，比上年减少731.68万元，下降59.18%。

2016年，方正富邦基金旗下公募产品规模增加67.81亿元，增长73.38%，实现盈利5.57亿元。

截至年末，方正富邦基金设有1家子公司，共有员工82人，其中正式员工79人、外聘员工3人；子公司——方正富邦创融资产管理有限公司共有员工35人。

国金基金管理有限公司

2016年末，国金基金管理有限公司（以下简称国金基金）资产总额2.07亿元，同比增加0.35亿元，增长20.66%；负债总额0.33亿元，同比减少0.23亿元，下降40.63%；营业收入1.83亿元，同比减少0.08亿元，下降4.34%；净利润5 843.97万元，同比增加1 246.10万元，增长27.10%；所有者权益1.74亿元，同比增加0.58亿元，增长50.56%。

2016年末，国金基金旗下共有公募基金9只。其中。货币型基金3只，混合型基金3只，指数型基金2只，债券型基金1只。公募基金管理规模约185.98亿元。由国金基金担任管理人的专户产品总计9只，专户管理规模合计17.45亿元。

截至年末，国金基金设有两家子公司，共有正式员工123人。

（彭文敏）

国开泰富基金管理有限责任公司

2016年末，国开泰富基金管理有限责任公司（以下简称国开泰富基金）资产总额17 407万元，同比减少1 167万元，下降6%；负债总额1 104万元，同比减少226万元，下降17%；所有者权益总额16 303万元，同比减少940万元，下降5%。全年实现营业收入3 476万元，同比增加948万元，增长38%；净亏损80万元，同比增加10万元，增长11%。

2016年末，国开泰富基金管理的基金资产净值17.58亿元，特定客户资产管理规模约25.46亿元。

2016年末，国开泰富基金子公司——北京国开泰富资产管理有限公司已经与昆仑银行、中国民生银行、广发银行、宁波银行、恒丰银行、齐鲁证券等机构建立了业务合作，管理20个专项资产管理计划（其中一个为ABS），管理资产规模58.02亿元。

（李飒爽）

工银瑞信基金管理有限公司

2016年末，工银瑞信基金管理有限公司（以下简称工银瑞信）总资产57.36亿元，比上年增加18.05亿元，增长45.94%；净资产44.71亿元，比上年增加16.32亿元，增长57.48%；实现净利润16.37亿元，同比增长26.80%。

截至年末，工银瑞信设有3家分公司，共有员工约550人。

公募基金业务 2016年末，工银瑞信旗下管理99只公募基金，其中年内发行25只新基金；公募基金管理总规模4 603.27亿元，比上年增长3.91%。

企业年金和全国社保业务 年内，工银瑞信获得基本养老保险基金和职业年金的投资管理人资格。企业年金投资业绩优良，所有年金组合平均收益率3.54%；债券组合长期优秀表现得到社保基金的高度认可，工银瑞信成为管理社保固定收益组合规模最大的投资管理人之一。

特定客户资产管理业务 2016年，工银瑞信子公司——工银瑞信投资管理有限公司出资参股上海票据交易所和浙江海港大宗商品交易中心，进一步提升工银瑞信全能型资管平台功能。

国际业务 2016年，工银瑞信子公司——工银瑞信（国际）资产管理有限公司获得中国香港证券及期货事务监察委员会颁发的1号牌照（证券交易），并在美国获得投资顾问资格。在香港发行离岸人民币货币基金，并先后在卢森堡、伦敦、德国、意大利等地注册了标普中国500指数交易所交易基金（ETF）产品并上市交易。

华商基金管理有限公司

2016年末，华商基金管理有限公司（以下简称华商基金）总资产净值479.97亿元，比上年减少141.14亿元，下降22.72%；总份额392.03亿份，比上年减少5.08亿份，下降1.28%。实现营业收入86 370.91万元，净利润19 178.07万元；资产总计140 435.51万元，其中负债合计31 097.91万元，净资产109 337.60万元。

截至年末，华商基金设有2家分公司，共有员工176名，其中正式员工162名、外派人员14名。

公募基金 2016年末，华商基金公募基金数量共计36只。其中，混合型基金26只，保本型基金1只，债券型基金8只，货币型基金1只。权益类基金5年期净值增长率为124.43%，2年期净值增长率为27.88%。固定收益类基金5年期净值增长率为61.30%，2年期净值增长率为28.30%。年内，华商基金旗下基金分红共计15次，金额26.47亿元，历年累计分红116.01亿元。

特定客户资产管理 2016年末，华商基金专户产品共计24只，管理资产规模31.33亿元。主动管理类专户产品近3年收益率为80.56%，近2年收益率为18.99%。

（韩兵　孙轩）

华夏基金管理有限公司

截至年末，华夏基金管理有限公司（以下简称华夏基金）总资产85.54亿元，比上年增加10.30亿元，增长13.69%；总负债18.58亿元，比上年减少0.64亿元，下降3.31%；归属于母公司所有者权益66.96亿元，比上年增加10.94亿元，增长19.52%；实现合并营业收入41.04亿元，剔除营改增影响后可比口径下的营业收入增长1.97%；营业支出21.67亿元，比上年减少1.78亿元，下降7.59%；实现净利润14.58亿元，比上年增加0.44亿元，增长3.11%。

2016年末，华夏基金本部管理资产总规模10 058.46亿元，比上年增加1 414.75亿元，增长16.37%。其中，公募基金规模4 139.90亿元，机构业务资产管理规模5 918.57亿元。全国社保基金管理规模539亿元；企业年金被超过200家大中型年金客户确定为投资管理人，运作规模814亿元；专户理财管理规模4 433亿元。子公司——华夏基金（香港）有限公司管理规模367.78亿元，比上年增加108.51亿元，增长41.85%；华夏资本管理有限公司管理规模1 756.45亿元，比上年增加907.61

亿元，增长106.92%。

截至年末，华夏基金设有8个分公司、3个子公司，共有员工895人，其中总部745人、3个子公司150人。

（宁晨新）

九泰基金管理有限公司

2016年末，九泰基金管理有限公司（以下简称九泰基金）总资产2.26亿元，比上年下降29.53%；总负债0.86亿元，比上年下降47.92%；所有者权益1.40亿元，比上年下降9.89%。实现营业收入1.92亿元，比上年增长98.53%；营业支出1.98亿元，比上年增长28.81%；实现净利润3.82万元。专户份额204.29亿份，比上年增长281.49%；专户净值213.56亿元，比上年增长286.39%。基金份额122.54亿份，比上年增长55.76%；基金净值119.00亿元，比上年增长50.61%。

截至年末，九泰基金设有1家子公司、2家分公司，共有正式员工292人。

公募基金业务　2016年，九泰基金共发行5只定增公募产品，均在深圳证券交易所上市交易。年末定增公募系列产品总规模近50亿元。4月，发行九泰基金首只保本基金——九泰久稳保本基金，募集规模12.44亿元；12月，发行九泰基金首只债券型基金——九泰久鑫债券，募集规模3.21亿元。截至年末，九泰基金共成立公募基金产品13只，期末资产净值合计119亿元，比上年增加39.98亿元。年内新成立产品8只，募集规模91亿元。

特定客户资产管理　2016年，九泰基金共成立专户产品119只，比上年增加63只，募集规模157亿元。截至年末，存续专户产品96只，资产净值合计212.99亿元。推进1年期定增产品和3年期定增产品，新增组合定增投资模式，部分定增产品增加了以定增破发为主的二级市场投资策略，全年共成立A股定增专户产品45只，募集规模41.68亿元。固定收益类专户产品，积极把握投资机会，成立九泰基金首只投资单只可交换债券的产品、首只投资于纯债+可交换债券组合的固定收益产品。

新三板业务　2016年，九泰基金设立产业投资部，从事“新三板”投资业务。截至年末，累计设立“新三板”基金20余只，累计投资逾30亿元，投资项目70多个。

销售业务　九泰销售建立了覆盖渠道、机构、直销的专业化销售平台，为客户提供符合市场趋势、个性化的理财服务。渠道销售，合作银行渠道6家，券商渠道46家，全年完成7只公募及10只专户产品的新发工作，保有份额超过150亿份。机构销售以挖掘新客户为核心，与近千家机构开展合作，全年完成8只机构专户的新发工作，保有份额超过100亿份。直销业务，年末高净值客户（100万元以上）2 969户。

（黄涛　赵艳苹）

江信基金管理有限公司

2016年末，江信基金管理有限公司（以下简称江信基金）总资产25 643.36万元，总负债4 213.82万元，所有者权益21 429.54万元，净资产比上增加664.87万元，增长3.2%；实现营业收入13 514.29万元，比上年增加4 100.12万元，增长43.55%；营业支出11 468.92万元，比上年增加3 679.41万元，增长47.24%；实现净利润1 831.69万元，同比增加7.93万元，增长0.44%。

截至年末，江信基金设有1家办事处，共有员工66人。

公募基金业务 2016年，江信基金共成立4只公募基金产品，均为债券型基金，成立规模总计9.48亿元。截至年末，共有6只公募基金产品，规模总计33.45亿元。

特定客户资产管理业务 截至年末，江信基金共存续60只特定客户资产管理计划，产品总规模105.94亿元。

泰达宏利基金管理有限公司

2016年末，泰达宏利基金管理有限公司（以下简称泰达宏利基金）管理的资产总规模超过770亿元，比上年增长40.77%。其中，管理公募基金44只，比上年增长41.94%（5只股票型基金、26只混合型基金、9只债券型基金、3只货币市场基金、1只QDII基金）；管理总份额469.59亿份，比上年增长53.97%；管理总规模494.86亿元，比上年增长38.24%。管理特定客户产品110只，比上年增长30.95%；总规模275.93亿元，比上年增长45.51%。

截至年末，泰达宏利基金设有3家分公司，共有员工187人，其中正式员工168人、派遣员工19人。

（朱宇）

英大基金管理有限公司

2016年，英大基金管理有限公司（以下简称英大基金）实现合并利润总额1 590万元，其中营业收入总额（营业收入+投资收益）8 359.70万元，成本总额6 770万元。年末，资产总额比上年增加1 158万元，增长6.73%；负债总额770.4万元，比上年减少95万元；净资产17 585.3万元，比年初增加1 253.1万元，增长7.67%。

截至年末，英大基金共管理13只产品，其中公募基金7只、专户产品6只；期末产品规模29.28亿元，其中公募基金21.28亿元、专户产品8亿元。年内新增2只公募基金。全年30只产品（年内结束专户17只）带来手续费及佣金收入共计4 526.50万元，直接归属于产品的费用共计269.20万元（尾随佣金77.20万元、投顾费163万元、其他费用29万元）。

截至年末，英大基金设置13个部门，共有员工56人；子公司——英大资本管理有限公司设置8个部门，共有员工27人。

（张晓艳）

中航基金管理有限公司

中航基金管理有限公司（以下简称中航基金）成立于2016年6月16日，是中航证券有限公司（以下简称中航证券）以货币方式出资设立的基金管理公司，注册资本1亿元，系中航证券全资子公司，实际控制人是中国航空工业集团公司。经批准的经营范围为基金募集、基金销售、特定客户资产管理、资产管理和中国证监会许可的其他业务。

中航基金建立了股东、董事会、执行监事和经营管理层的法人治理结构，设立了研究部、市场部、权益投资部、固定收益部、专户投资部、产品开发部、监察稽核部、风险管理部、信息技术部、基金事务部、财务部、综合管理部等部门，共有正式员工33人，未设分支机构。

2016年末，中航基金资产总额11 805.04万元，负债总额1 745.86万元，所有者权益总额10 059.18万元。全年实现总收入612.56万元，利润总额81.93万元，净利润59.18万元。

2016年12月8日，中航基金首只公募产品——中航航行宝货币市场基金获得批复文件，于2017年初正式发行成立。

（屈红燕）

中加基金管理有限公司

2016年末，中加基金管理有限公司（以下简称中加基金）总资产56 681.49万元，比上年增加18 575.73万元，增长48.75%；净资产41 691.86万元，比上年增加6 500.81万元，增长18.47%；营业收入28 608.58万元，比上年增加18 768.32万元，增长190.73%；净利润8 020.84万元，比上年增加4 725.56万元，增长143.40%。

截至年末，中加基金设有2家子公司，共有员工99人，其中正式员工93人、派遣员工6人；子公司——北银丰业资产管理有限公司共有正式员工 25 人，香港子公司——中加国际资产管理有限公司共有员工 11 人。

公募基金业务 2016 年，中加基金获准注册 8 只公募基金，分别为中加心安保本混合型证券投资基金、中加丰润纯债债券型证券投资基金（A/C）、中加丰尚纯债债券型证券投资基金、中加丰泽纯债债券型证券投资基金、中加丰盈纯债债券型证券投资基金、中加纯债两年定期开放债券型证券投资基金（A/C）、中加丰享纯债债券型证券投资基金、中加丰裕纯债债券型证券投资基金。截至年末，中加基金在管公募基金产品 13 只，保有规模 413.59 亿元，比上年增长 136.57%。

特定客户资产管理 2016 年，中加基金获批 QDII 业务资格。中加基金建立战略发展小组，加强市场与投研联动，开发和布局顺应市场趋势、满足不同类型客户需求的产品。截至年末，专户产品保有规模 376 亿元。

（黄梦苑）

中信建投基金管理有限公司

2016 年末，中信建投基金管理有限公司（以下简称中信建投基金）总资产 41 628.69万元，同比增长 174.95%；总负债5 818.17 万元，同比增长 238.38%；所有者权益 35 810.52 万元，同比增长 166.83%；实现营业收入 24 795.06 万元，同比增长 182.09%；营业支出 15 448.17 万元，同比增长 105.12%；实现净利润 7 384.01万元，同比增长 315.70%。

截至年末，中信建投基金设立子公司 1 家，共有员工 114 名，其中正式员工 104 名、外聘员工 10 名。

公募基金业务 2016 年，中信建投基金新成立公募基金 5 只，其中混合型 4 只、债券型 1 只。全年共管理 13 只公募基金，管理规模 94.51 亿元，同比增长 64.57%。投资业绩稳健，稳信和稳利保本累计实现分红 3 136 万元，各只公募基金产品累计实现投资收益 1 亿元。

特定客户资产管理业务 2016 年，中信建投基金以债券类业务为重点，开展银行委外主动管理类债券业务，专户产品发行数量和类型不断增加。及时调整业务发展策略和方向，从销售主导型向投资主导型转变，从通道管理业务向主动管理业务靠拢。截至年末，中信建投基金共成立专户产品 288 只，规模 1 429.87 亿元，同比增长 190.46%。

（巩立祥）

中邮创业基金管理股份有限公司

2016 年末，中邮创业基金管理股份有限公司（以下简称中邮基金）资产总额

164 279.37 万元，比上年增加 1 622.70 万元，增长 1%；负债总额 24 709.46 万元，比上年减少32 133.51万元，下降 56.53%；所有者权益总额 139 569.91 万元，其中归属于母公司的所有者权益合计 116 337.86 万元，比上年增加 13 355.23 万元，增长 12.97%；实现合并报表营业收入 115 686.82万元，比上年增加 14 443.08 万元，增长 14.27%；营业支出总额（合并报表）67 100.06 万元，比上年比增加 8 127.66万元，增长 13.79%；全年归属于母公司所有者的净利润为 33 453.40 万元，比上年增加 774 万元，增长 2.37%。

2016 年末，中邮基金共管理公募基金产品 31 只，比上年增加 8 只；管理资产规模 623.14 亿元，比上年减少 166.16 亿元，下降 21.06%。特定客户资产管理业务管理规模 1 014.77 亿元。

2016 年 4 月 8 日，中邮基金香港子公司——中邮创业国际资产管理有限公司获得中国香港证券及期货事务监察委员会颁发的 1 号（证券交易）、4 号（就证券提供意见）及 9 号（提供资产管理）牌照。

2016 年 7 月，中邮基金通过中国保险会的资格审查，获得受托开展保险资金管理业务的资格。

截至年末，中邮基金共有员工 190 人。

（侯玉春）

北京首创期货有限责任公司

2016 年末，北京首创期货有限责任公司（以下简称北京首创期货）资产同比增长 20.98%，所有者权益同比下降 1.67%；客户成交量同比增长 6.53 %，客户保证金同比增长 21.06%；期货经纪业务收入占总营业收入的 89.17%，比上年增长 29.54%；运行中的资产管理类产品 31 只，规模 6.61 亿元。在中国证监会组织的期货公司分类评价中获得 BBB 类评级。

截至年末，首创期货设有 21 家营业部，共有员工 261 人。

第一创业期货有限责任公司

2016 年末，第一创业期货有限责任公司（以下简称第一创业期货）客户数量 5 816 户，比上年增加 851 户，增长 17.14%；日均客户权益 14.27 亿元，比上年增加 4.93 亿元，增长 52.78%。全年期货交易量 3 075 362 手，比上年增加 153 908 手，增长 5.27%；代理成交金额 3 869.95 亿元，比上年减少 6 525.13 亿元，下降 62.77%；实现营业收入 3 798.79万元，营业支出 3 114.15 万元，净利润 687.80 万元。在中国证监会组织的期货公司分类评价中获得 B 类 BB 级评级。

截至年末，第一创业期货未设立分支机构，共有正式员工49人。

方正中期期货有限公司

2016年末，方正中期期货有限公司（以下简称方正中期期货）资产合计820 425.42万元，比上年增加110 692.87万元，增长15.60%；负债合计726 261.90万元，比上年增加94 891.31万元，增长15.03%；所有者权益合计94 163.52万元，比上年增加15 801.56万元，增长20.16%；总客户数132 069户，比上年增加22 148户，增长16.23%。实现营业收入53 971.12万元，比上年增加383.02万元，增长0.71%；营业支出32 812.42万元，比上年减少4 364.57万元，下降11.74%；实现净利润15 788.85万元，比上年增加3 644.12万元，增长30.01%。代理成交量180 580 209手，比上年增加35 673 960手，增长24.62%；成交额869 030 685.77万元，比上年减少364 903 303.17万元，下降29.57%。在中国证监会组织的期货公司分类评价中获得A类AA级评级。

截至年末，方正中期期货设有30家期货营业部、1家子公司，共有员工622人。

期货经纪业务　2016年，方正中期期货经纪业务净增开户数21 586户，比上年增长20.11%；期末客户权益70.30亿元，比上年增长15.29%；整体客户交易盈利8.8亿元；客户成交量18 024.12万手，比上年增长24.36%，其中商品期货成交量增长42.62%。

中间介绍业务　2016年，方正中期期货IB业务日均权益14.09亿元，比上年增加3.09亿元，增长28.15%；累计客户数量30 435户，比上年增加11 116户，增长57.54%；成交量2 717.62万手，比上年增加1 046.4万手，增长62.61%；留存手续费4 376.79万元，比上年略有下降。

资产管理业务　2016年末，方正中期期货存续产品数量66只，累计管理产品数量97只，资产管理规模49.70亿元，比上年增加40.68亿元，增长451%。

股票期权业务　2016年，方正中期期货股票期权业务平稳起步，累计开户136户，总资产约2 590万元。

投资咨询业务　2016年，方正中期期货完成投资咨询部组织构架优化，设立六个小组；实现投资咨询业务收入59 166元，同比增长555%。

（李晓慧）

国都期货有限公司

2016 年末，国都期货有限公司（以下简称国都期货）总资产 100 780.96 元，比上年增长 76.85%；实现营业收入 3 711.58万元，其中手续费收入 2 872.20 万元，占营业收入的 77.38%。

截至年末，国都期货设有 3 家营业部，共有员工 99 人。

经纪业务 2016 年，国都期货经纪业务成交量 1 257.23 万手，比上年增长 15.19%；留存手续费 1 738 万元。年末，客户权益同比增长 123%，手续费收入同比增长 8.14%；机构客户日均持仓21 479 手，同比增长 3.8%；机构客户日均权益 3.82 亿元，同比增长 224%。

（许越）

格林大华期货有限公司

2016 年末，格林大华期货有限公司（以下简称格林大华期货）总资产 404 374.61万元，比上年减少 21 590.03 万元，下降 5.07%；总负债 324 183.15 万元，比上年减少 25 371.16 万元，下降 7.26%；所有者权益 80 191.47 万元，比上年增加 3 781.12 万元，增长 4.95%；实现营业收入 19 597.18 万元，比上年减少 4 183.88 万元，下降 17.59%；营业支出 15 610.19 万元，比上年减少 3 015.86 万元，下降 16.19%；利润总额 4 030.31 万元，比上年减少 1 145.91 万元，下降 22.14%。在中国证监会组织的期货公司分类评价中获得 A 类 A 级评级。

2016 年，格林大华期货成交量 5 542.22万手，比上年增长 3.46%；成交金额 25 446.54 亿元，比上年下降 64.38%。年末，总客户数 40 879 户，正常客户 13 810 户。正常客户中，自然人户 13 272 户，一般法人户 423 户，特殊法人户 115 户。

截至年末，格林大华期货设有 26 家营业部、1 家全资子公司；拥有正式员工 411 人。

期货经纪业务 2016 年末，格林大华期货经纪业务收入 11 791.02 万元，比上年下降 5.17%。

资产管理业务 2016 年末，格林大华期货共发行 56 只资产管理产品，总发行规模超过 41 亿元，比上年增长 1 071.43%。存续资产管理产品 33 只，管理规模 38.4 亿元。年内新增资产管理“一对一”账户 4 户，“一对多”账户 27 户。

风险管理业务 2016 年，格林大华期货全资子公司——格林大华资本管理有限公司标准仓单日均规模约 2 万吨，涉及资金规模日均 1.5 亿～2 亿元，收益增加至1 000万元左右。11月，开展合作套保业务3笔，项目规模分别为2 500万元、300万元、400万元。尝试开展场外期权业务并进行自主对冲。积极推进大连商品交易所“期货+保险”项目，将衍生品市场与保险有机对接，实现金融服务一体化；积极推进煤焦钢产业培育基地相关工作。

冠通期货有限公司

2016年末，冠通期货有限公司（以下简称冠通期货）总资产149 792.97万元，总负债128 636.03万元，所有者权益21 156.94万元，营业收入8 613.45元，营业支出6 692.43万元，净利润1 678.21万元。在中国证监会组织的期货公司分类评价中获得B类BB级评级。

截至年末，冠通期货设有13家分支机构，有正式员工131人。

期货经纪业务 2016年，冠通期货累计代理成交量11 170.68万手，比上年增加1 863.23万手，增长20%；累计代理成交金额37 105亿元，比上年减少3 812.89亿元，下降9%；客户数量1.57万户，比上年增加0.11万户，增长7%；期末客户保证金125 277.49万元。

资产管理业务 2016年，冠通期货共发行资产管理计划4只，募集资金2 880万元。其中，3只正常运行，1只触及止损，提前清盘。

投资咨询业务 2016年，冠通期货产生一笔投资咨询业务，收入总额13.44万元。

国元期货有限公司

2016年末，国元期货有限公司（以下简称国元期货）资产总额155 792.08万元，比上年增长14.60%，其中客户权益86 865.36万元，比上年增长23.61%；累计营业收入9 594.3万元，同比增长37.25%，其中手续费收入5 385.53万元，同比增长14.34%，利息收入2 342.27万元，同比下降15.84%，投资收益1 938.64万元；营业支出6 152.26万元，同比增长0.50%；实现净利润2 503.15万元。

截至年末，国元期货有1家分公司、11家营业部，共有正式员工191人。

经纪业务 2016年末，国元期货客户数16 799户，比上年增长18.81%；客户成交总量3 317.79万手，同比增长34.53%；成交总额14 840.37亿元，同比下降49.13%。

资产管理业务 2016年末，国元期货共新发行产品10只，比上年增长25%；新发产品规模7 300万元，比上年下降26%。新发行产品中，管理型产品7

只，规模3 300万元；结构化产品3只，规模4 000万元。

场外期权业务 2016年，国元期货全资子公司——国元投资管理（上海）有限公司立项大连商品交易所“玉米目标价格保险”创新试点项目、“场外期权”服务产业链试点项目及郑州商品交易所的棉花价格险试点项目。

宏源期货有限公司

2016年末，宏源期货有限公司（以下简称宏源期货）资产总额49.08亿元，同比增长27%；所有者权益总额6.32亿元。全年实现营业收入2.12亿元，营业支出1.5亿元，利润总额0.62亿元。全年成交量8 613万手，同比增长12%；成交额4.19万亿元；客户数量4.4万户，同比增长25%；年末客户保证金39.29亿元，同比增长33%；创新业务收入增长17%。在中国证监会组织的期货公司分类评级中获得A类A级评级。

截至年末，宏源期货设有16家营业部、1家子公司，共有在职员工309人。

资产管理业务 2016年末，宏源期货存续资产管理产品38只，规模21亿元，同比增长320%。

期货投资咨询业务 2016年，宏源期货以客户需求为导向，以创新工具为手段，依托证券期货公司研究能力及衍生品经验为客户提供高端增值服务。截至年末，已形成3大项4个系列18款投资咨询产品体系。

风险管理服务子公司业务 发挥专业优势，与产业客户开展合作套期保值业务；巩固基差交易业务，丰富交易品种和策略，逐步扩大基差交易规模；组建期权业务团队，筹备期权新业务，通过中国期货业协会做市商业务资格备案。

金鹏期货经纪有限公司

2016年末，金鹏期货经纪有限公司（以下简称金鹏期货）资产74 481.94万元，负债45 715.12万元，所有者权益28 766.82万元。全年实现营业收入2 546.55万元，利润1 479.99万元。全年期货交易量12 845 890手，交易额55 558 010.12万元；年末客户数量8 106个，客户保证金43 555.19万元。

截至年末，金鹏期货共有分支机构7家，员工总数83人。

（史琳）

九州期货有限公司

2016年末，九州期货有限公司（以下简称九州期货）总资产6.16亿元，总负债1.35亿元；实现营业收入3 428万元，比上年增加2 685万元，增长460%；实现净利润484.7万元，所有者权益4.81亿元。在中国证监会组织的期货公司分类评价中获得B类B级评级。

截至年末，九州期货设有1家分支机构。

期货经纪业务 2016年末，九州期货客户权益1.31亿元，比上年增长51.4%；手续费收入355万元，比上年增长28.6%；客户成交金额1 013亿元，比上年下降57%。

资产管理业务 2016年末，九州期货共发行资产管理产品11只，资产管理规模67.51亿元。其中，单一客户资产管理业务规模859.60万元，多个客户资产管理业务规模67.42亿元。实现管理费收入372.64万元。其中，单一客户资产管理业务收入0.32万元，多个客户资产管理业务收入372.32万元。

保险+期货 2016年，九州期货积极参与大连商品交易所、郑州商品交易所开展的“保险+期货”试点工作，通过与保险公司、九州证券股份有限公司合作，在期货市场内利用期权工具对冲的形式为中小农户提供服务，使农户出售的农产品价格得到保障。

民生期货有限公司

2016年末，民生期货有限公司（以下简称民生期货）资产总额98 149.84万元，比上年增加19 969.30万元，增长25.54%；负债总额46 327.76万元，比上年增加19 777.22万元，增长74.49%。全年期货代理成交量1 011.63万手，同比增长0.94%；成交额4 673.87亿元，同比下降68.82%；期末权益44 563.43万元，比年初增长83.48%。全年实现营业收入4 508.61万元，同比增加1 000.02万元，增长28.50%；营业支出累计发生4 001.16万元，同比减少68.95万元，下降1.69%；实现净利润372.14万元，同比增加802.02万元。

截至年末，公司设有14家营业部，共有员工150人。

经纪业务 2016年，民生期货新开户数1 610户，新增客户权益2.03亿元，同比增长279.45%。年末客户权益4.46亿元，共有客户12 655户。

IB业务 2016年，民生期货推进证券期货协同发展，促进IB业务发展。年末证券为期货介绍客户权益6 577.83万元。

资产管理业务 2016年，民生期货资产管理业务资格获批后，积极引进人才，建立健全制度，聚力主动管理资管计划，资产管理业务取得突破，正式成立并运作一只资产管理产品。

首创京都期货有限公司

2016年末，首创京都期货有限公司（以下简称首创京都期货）资产总额61 677.01万元，比上年增加23 019.31万元，增长60%；负债总额44 825.50万元，比上年增加22 100.28万元，增长97%；所有者权益16 851.51万元，比上年增加919.03万元，增长6%。全年实现营业收入3 376.73万元，同比增加1 622.86万元，增长93%；实现利润总额1 244.53万元，同比增加3 191.36万元，增长164%；实现净利润909.84万元，同比增加2 495.11万元，增长157%。

经纪业务 2016年，首创京都期货成交量533.5万手，同比下降18.5%；成交额3 127亿元，同比下降76.8%；实现手续费收入1 044万元，同比增长1%。年末，客户数量3 858个，同比增加546个，增长14.8%；客户权益3.75亿元，同比增加1.59亿元，增长74.1%。

资产管理业务 2016年，首创京都期货累计发行资产管理计划产品9只，资产管理规模32.2亿元，涉及证券、期货领域，累计为委托客户创造价值1.62亿元。

中间介绍业务 2016年末，首创京都期货完成IB业务资格备案的证券营业网点共27家，IB客户数量2 149户，账户资产总值1.97亿元。

英大期货有限公司

2016年末，英大期货有限公司（以下简称英大期货）净资产70 324万元，比上年增加2 122万元，增长3.11%；净资本39 587万元，比上年减少38万元，净资本与净资产的比例为56.29%。全年实现利润总额3 027万元，比上年增长108%；实现营业收入12 978万元，比上年增长20.71%，其中手续费收入7 890万元，比上年增长17.53%，利息收入4 285万元，比上年增长28.22%；营业支出13 153万元，比上年增长1.76%。在中国证监会期货公司分类评级中获得B类BBB级评级。

截至年末，英大期货设有8家分支机构，共有员工192人。

期货经纪业务 2016年末，英大期货保证金规模23.44亿元，比上年增长65.30%；累计成交量4 224万手，比上年增长 7.97%；成交额 1.95 万亿元，比上年下降 58.32%。

投资咨询业务 2016 年，英大期货采用市场化机制，初步形成“供应商 + 英大期货 + 英大信托”的供应链项目服务模式，先后开展了对辽宁、河北、内蒙古、山东、江苏等地区近 30 家企业的尽职调查和项目洽谈，成功运作 11 个项目，募集资金近 5 亿元。

资产管理业务 2016 年，英大期货新发产品 9 只，其中管理型产品 6 只、结构化产品 3 只，产品规模峰值超过 2 亿元。

（王凌晨）

银河期货有限公司

2016 年末，银河期货有限公司（以下简称银河期货）累计成交量 1.3 亿手，同比增长 21%；累计成交额 5.12 万亿元，同比下降 66%；实现营业收入 7.22 亿元，同比下降 15.16%；营业支出 4.78 亿元，同比下降 12.61%；税后净利润 1.83 亿元（合并），同比下降 20.61%。在中国证监会组织的期货公司分类评级中获得 A 类 AA 级评级。

截至年末，银河期货有限公司共设有 26 家营业部、2 家分公司，共有员工 654 人。

期货经纪业务 2016 年末，银河期货时点权益 180.69 亿元，同比增长 65%；累计客户 11.5 万户，同比增长 15%；实现营业收入 7.22 亿元，同比下降 15.16%。

资产管理业务 2016 年，银河期货财富管理业务迅速发展，财富管理规模从年初的 20 多亿元升至年末的 164.65 亿元。年末共有 134 只资产管理产品。其中，12 只单一客户资管产品，122 只集合资管产品。

期权业务 2016 年，银河期货积极参与场外期权试点业务，获得大连商品交易所铁矿石、焦炭两项试点业务资格。截至年末，铁矿石场外期权实现焦炭 66%、铁矿石 25% 的交易规模。

中钢期货有限公司

2016 年末，中钢期货有限公司（以下简称中钢期货）总资产 173 262.08 万元，比上年减少 21 020.67 万元，下降 10.82%；总负债 122 198.81 万元，比上年减少 18 507.90 万元，下降 13.15%；所有者权益 51 063.26 万元，比上年减少 2 521.77 万元，下降 4.69%。实现营业收入 8 689.44 万元，比上年减少1 595.43 万元，下降 15.51%；营业支出 5 224.78 万元，比上年减少 62.23 万元，下降 1.18%；营业利润 3 464.66 万元，比上年减少 1 533.20 万元，下降 30.68%；净利润2 616.97万元，比上年减少1 345.01万元，下降33.95%。实现期货交易量1 307.42万手，比上年减少0.74万手，下降0.06%；交易额6 587.11亿元，比上年减少9 752.01亿元，下降59.69%；客户数量5 972户，比上年增加455户，增长8.25%；客户保证金117 863.48万元，比上年减少15 564.67万元，下降11.67%。在中国证监会组织的期货公司分类评价中获得B类BBB级评级。

截至年末，中钢期货设有9家期货营业部，共有正式员工108人。

期货经纪业务 2016年，中钢期货与中国证券监督管理委员会云南监管局、云南农垦集团、中国人民财产保险公司云南分公司共同推进“期货+保险”业务，为云南农垦集团下属从事天然橡胶生产的农户提供风险管理服务。

资产管理业务 2016年，中钢期货成立资产管理计划7只，清算资产管理计划4只。截至年末，正在运行的资产管理计划共有7只，存续产品规模（按期末资产净值）65 881.05万元。

（季新华）

中国国际期货有限公司

2016年末，中国国际期货有限公司（以下简称国际期货）总资产80.95亿元，总负债56.99亿元，所有者权益23.95亿元；实现营业收入3.74亿元，营业支出2.07亿元，实现利润1.67亿元。在中国证监会组织的期货公司分类评价中获得A类A级评级。

截至年末，国际期货设有25家分支机构、2家子公司，共有员工346人。

期货经纪业务 2016年，国际期货期货代理交易量0.96亿手，交易额4.34万亿元，共有客户6.01万户，客户保证金规模约55.01亿元，实现手续费收入2.33亿元。

资产管理业务 2016年末，国际期货共开发39款资产管理产品，管理资产总额40 064.71万元。

其他业务 2016年末，国际期货期货投资咨询业务实现收入341.95万元；股票期权业务共开户218个，成交量467 538张，成交额12 783.82万元。

中粮期货有限公司

2016年末，中粮期货有限公司（以下简称中粮期货）净资本159 374.85万元，净资本与净资产比率为55 %。全年实现营业收入40 833.70万元，比上年下降12.06%；实现净利润12 296.98万元，比上年下降27%；ROIC为4.28%，比上年下降30%；期货成交量7 497.28万手，比上年增长27%；成交金额33 152.18亿元，比上年下降46%。在中国证监会组织的期货公司分类评价中获得AA级评级。

截至年末，中粮期货设有12家营业部、2家分公司，共有员工358人。

经纪业务 2016年，中粮期货客户保证金规模83亿元，同比增长8.18%，实现手续费收入17 004亿元，同比增长34.39%；新开商品数5 013个，比上年增加1 352户，增长36.9%；新开股指数227个，比上年减少405户，下降64%。

资产管理业务 2016年末，中粮期货存续资产管理产品38只；规模18.59亿元，同比增长274.59%。

投资咨询业务 2016年，中粮期货投资咨询业务共开展657笔，实现收入730万元，同比增长117.8%。

风险管理子公司业务 2016年，中粮期货风险管理子公司——北京祈德丰商贸有限公司共开展基差业务12类，开展场外期权业务10类。尝试“期货+保险”项目，联合中国人民财产保险公司参与的大连商品交易所支持项目“玉米价格指数保险”在内蒙古自治区兴安盟、通辽和包头成功落地。该项目覆盖玉米种植面积2.5万亩，上千家农户投保。

（田建籍）

中天期货有限责任公司

（原银建期货经纪有限责任公司，2016年7月11日更名）

2016年末，中天期货有限责任公司（以下简称中天期货）资产总计6.3亿元，比上年增加3.6亿元，增长133.2%；所有者权益1.9亿元，比上年增加0.8亿元，增长69.1%；客户数量9 152户，比上年增加1 678户，增长22.5%；保证金权益36 298.6万元，比上年增加23 033.4万元，增长173.6%。实现营业收入2 742.1万元，比上年增长36.5%。其中，经纪业务手续费收入1 690.5万元，比上年增长92.4%；其他业务收入633.6万元，比上年增长17.5%。实现净利润－247.9万元，比上年增加729.4万元。在中国证监会组织的期货公司分类评价中获得B级评级。

截至年末，中天期货设有4家期货营业部、1家分公司，共有员工142人。

期货经纪业务 2016年，中天期货结构性调整高级管理人员，提高管理团队的专业性，设立山东分公司，提高前、中、后台的服务质量。截至年末，期货交易量830万手，实现经纪业务收入1 690万元，客户数量9 152人，资金总额2.35亿元，资产规模6.31亿元。

中衍期货有限公司

2016年末，中衍期货有限公司（以下简称中衍期货）资产总额120 686.37万元，扣除客户保证金后的资产为39 227.89万元（货币形态的资金和交易性金融资产占比90.20%，长期股权投资及会员资格投资占比2.86%，固定资产、无形资产及其他资产占比2.8%）。实现营业收入16 030.50万元，营业支出8 405.77万元，实现税前利润总额7 628.47万元。在中国证监会组织的期货公司分类评价中获得B类BBB级评级。

截至年末，公司设有2家期货营业部、1家风险子公司，共有员工142人。

期货经纪业务　2016年，中衍期货客户日均权益9.33亿元，比上年增长22.2%；实现营业收入5 196万元，比上年下降20%；开户数量7 208户，比上年增长8.6%，年末客户总量45 372户；客户成交量4 208万手，比上年下降7.74%；成交额17 157亿元，比上年下降60.63%。

资产管理业务　2016年，中衍期货共发行4只资管产品，发行规模2 500万元。

中国人民财产保险股份有限公司北京市分公司

2016年，中国人民财产保险股份有限公司北京市分公司（以下简称人保财险北京市分公司）累计实现保费收入138.58亿元，比上年增加17.37亿元，增长14.33%，市场占有率35.37%，承保利润3.67亿元。

截至年末，人保财险北京市分公司设有22个支公司，24个营业部，1个营销服务部；从业人员3 831人，其中在编员工1 863人。

财产险　依托首都区位优势，加强异地项目的属地合作，提高效益型海外业务和“一带一路”业务承保；落实以客户为中心的转型，变保单维度管理为客户维度管理，推动业务精细化管理；推动企财险业务经营价值全面升级，实施高风险业务规范化管理；开发个人费用损失类家财险产品，进一步完善家财险产品体系，提升互联网保险业务规模；做好政府渠道业务开拓，推进城房项目“服务+保险”落地，探讨和研究巨灾保险可行性，推动住宅地震巨灾保险在京落地；加强过程化管理，全面把控风险状况，实现可持续发展。

（王亮）

中国平安财产保险股份有限公司北京分公司

2016 年，中国平安财产保险股份有限公司北京分公司（以下简称平安财险北京分公司）总保费收入 88.16 亿元，比上年增长 10.45%。其中，车险保费收入 64.23 亿元，比上年增长 9.24%；非车险保费收入 23.93 亿元，比上年增长。财产险赔付金额 98 056.27 万元；车险全年有效报案件数 490 435 笔，已报告赔款 33.28 亿元；重大灾害损失共计 11 275.9 万元，其中水淹车损失 10 756 万元，冰雹损失 5 195 万元。

截至年末，平安财险北京分公司下设 15 家支公司；员工总数 2 021 人，其中在编员工 1 835 人。

产品服务创新 创新推出团体失能收入损失保险，丰富现有团体员工综合福利保障保险，突破以往只面向职业运动员等特殊人群的投保限制；合作推出 BMW 车钥匙保险产品，提供面向车主的车钥匙丢失专项保险服务；联手北京市红十字会急诊抢救中心，成立北京首个车险人伤保险理赔服务中心，派驻医疗查勘员进驻 999 急救中心，创新服务模式，提升服务效率。

（郭晓雨）

华泰财产保险有限公司北京分公司

2016 年，华泰财产保险有限公司北京分公司（以下简称华泰财险北京分公司）实现保费收入 101 646.02 万元。其中，车险保费收入 52 712.10 万元，非车险保费收入 48 933.92 万元。赔付支出 61 049.31万元，承保利润 9 994.38 万元，已赚保费综合赔付率 56.90%。

截至年末，华泰财险北京分公司共有 8 家支公司和 1 家营业部，在编员工 312 人。

车险业务 坚持“保效益、控成本”的经营理念，承保政策不盲目跟从市场，坚守执行底线。优化业务结构以改善赔付情况，对风险较高客户重新进行风险调查，制定承保前客户风险查勘管理制度、防灾防损培训制度。2016 年下半年，商业车险费率正式改革后，商业险单均保费有不同程度下浮。7～12 月商业险单均保费 3 694 元，而上年同期的单均保费为 3 903.50元，同比下降 5.4 个百分点，目标客户群体由价格敏感逐渐转向选择品牌和服务。

非车险业务 改造传统销售体系，向集约化、专业化转型，建立高效的营销组织管理体系。火险结合国家产业政策，顺应市场需求，积极开拓在京集团客户以及经纪渠道；意外险创新渠道和销售模式，保费贡献度显著提升；责任险以险种创新结合社会热点需求的方式发展新兴领域，寻求新的业务增长点。“营改增”政策的实施对产品的定价、销售渠道的改变、再保险业务的处理方式等带来一定的影响。

业务创新 责任险、意健险推出众多创新产品，票务取消险补偿消费者退票损失的同时，给客户带来全新的体验；与中益安达国标校车服务公司签署独家承保校车承运人责任险的合作协议；针对大型连锁超市、电器卖场、连锁餐饮、酒店等推出供应商保险，为其在提供产品或服务过程中存在的各项风险提供保险服务。车险理赔部实现24小时在线的微信定损服务，提升赔案时效。

重大赔付 赔付中节能风力发电（张北）有限公司张北满井一期22#风机因突发火灾事故导致风机机舱设备及部分塔筒受损造成的损失720.56万元。针对北京“7·20”暴雨启动重大自然灾害应急预案，开辟理赔绿色通道，轻微损失案件实施快赔，共计赔付500万元。

（赵唯辰）

中国太平洋财产保险股份有限公司北京分公司

2016年，中国太平洋财产保险股份有限公司北京分公司（以下简称太平洋财险北京分公司）总保费收入54.63亿元，累计赔款支出31.30亿元，赔付率57.29%。

截至年末，太平洋财险北京分公司下辖支公司11家、营业部2家、营销服务部7家，正式员工1 374人。

车险业务 坚持差异化发展，调整业务渠道，优化业务结构。加强服务标准化建设，着力改善客户服务各项指标，推广应用新技术深化客服体系建设。以“营改增”税制改革、商业车险改革、车险保单和发票的电子化为契机，提升客户体验。做好车险的保前验伤工作，采用移动理赔、银联支付、微信公众号等方式缩短理赔时间，提高理赔时效；加强与销售渠道沟通，严格控制车险业务的综合成本率，有效降低经营成本。全年车险保费收入42.51亿元。

非车险业务 改善承保业务品质，淘汰劣质业务，对中小企业客户及部分高风险行业实施强制保前查勘，做大做优中小企业客户业务。调整重点业务险种的定价和风险选择，夯实管理基础，努力开拓业务新领域。注重提升成本管控能力，实现销售支持资源的精准投放。利用新技术，实现客户关系管理目标营销，完善产品策略、销售策略。改革销售管理体制，打造个性化综合服务平台。推动发展诉讼财产保全责任险业务，助力法律界解决保全难的问题。促进车险、非车险业务联动，加快转型及创新发展。加强理赔过程管控，强化延时报案处理，提高案件处理效率和案件处理质量。全年非车险保费收入12.12亿元。

客户服务 采用无人机等新型设备，仅用5个工作日完成对北京市双河农场20万亩玉米地低洼地块的受灾测量工作，测量天数比往年减少2/3。与大陆汽车俱乐部联合组建北京第一支专属道路救援车队。开展“爱心时刻相随，服务一路相伴”特色服务活动，为保险消费者提供代步车、免费送油搭电、五环内免费拖车等车辆救援服务；在大兴区、通州区、门头沟区、昌平区、朝阳区开展“保险进社区”活动，向社区居民免费提供矿泉水、测量血压等服务，宣传保险知识及车辆养护维修小常识。

重大承保 制定针对平谷区农户的民俗旅游综合保险，为“农家乐”经营过程中的财产损失、公众责任及雇主责任等风险提供保险保障，户均保额 180 万元。为商务部对外援助成套项目提供工程质量缺陷保险保障，并独家承保多援助多哥议会大厦项目，总保额 1.1 亿元。承保北京市校园足球协会主办的“2016 年趣踢球北京市小学生世界杯”足球赛，为 32 支参赛球队的 390 名小球员提供总保额 8 000万元的意外伤害及相关医疗保险保障。参与承保资源三号 02 星发射加在轨测试保险，涉及保额 7.58 亿元，第三方责任保险涉及保额 6.3 亿元。独家承保首批“快舟一号”、首批“快舟十一号”商业火箭保险项目，险种包括火箭发射前保险、火箭发射保险和火箭发射第三方责任保险。承保西城区 4 012 家局委办、街道、企业的安全生产责任险。

重大理赔 向中粮肉食投资有限公司支付天津爆炸致损第二次先行赔款 2 000 万元，先行支付幸福航空 MA60 飞机故障致损赔款 163 万美元。

（申渝杰）

太平财产保险有限公司北京分公司

2016 年，太平财产保险有限公司北京分公司（以下简称太平财险北京分公司）实现总保费收入 54 642.76 万元。其中，车险保费收入 31 409.09 万元；非车险保费收入 23 233.67 万元，同比下降 2.65%。在非车险保费收入中，水险保费收入 1 478.75 万元，非水险保费收入 18 445.30万元，同比增长 9.26%，意康险保费收入 3 028.17 万元。

截至年末，太平财险北京分公司共有支公司 5 家，在职员工 276 人。

车险业务 以代理、车商渠道为基础平台业务，大力推动综合开拓、职域营销为新的业务着力点和增长点，不断优化业务结构，提升业务品质，助力渠道转型升级，实现专业化发展。平稳实施商业车险费率改革，制定精细化定价因子，实现风险定价与市场报价策略的结合，提升车险风险管控水平和市场竞争力。

非车险业务 非车险边际贡献率 39%，助力“一带一路”战略实施，大力拓展海外业务规模，独家承保神华国华印尼爪哇 7 号电站项目、国华印尼南苏 1 号电站项目，以及泛海集团印尼棉兰火电厂项目（该项目保费约 1 123 万元）。积极参与统保类项目，推进医疗责任保险、客运承运人责任险、危险货物承运人责任险、安全生产责任险发展。制定“标准化”产品销售手册，支持渠道转型及机构升级。建立实施查勘（公估）管理、大案管理、未决案件定期清理、重点客户回访等多项制度，理赔运营各项指标明显改善，非伤残死亡案件查勘到位率88.6%，伤残死亡案件查勘到位率100%，万元以下小额案件结案周期22天。

（曲豪）

中华联合财产保险股份有限公司北京分公司

2016年，中华联合财产保险股份有限公司北京分公司（以下简称中华财险北京分公司）累计实现保费收入10.64亿元，同比增长1.04%；综合费用率36.39%，综合赔付率69.99%，累计赔款支出6.47亿元。

截至年末，中华财险北京分公司下设16家支公司，拥有员工645人。

创新支农惠农方式 积极应对北京市疏解非首都功能战略，推出生猪价格指数保险、肉牛养殖保险、玉米干旱气象指数保险、平原造林树体保险以及温室蔬菜寡照指数保险等险种，升级果树树体保险，累计提供保障2.17亿元；全面启用“农险e采集”承保理赔操作系统，实现承保“人地一致、按图承保”，理赔“实地查验、远程监控”，确保规范和规模双促进。

渠道建设 代理结构多元发展，与41家金融机构建立业务往来，同比增长64%；承保业内第一单履约险增信保险资管资产支持计划项目——“民生通惠—东方邦信资本1号资产支持计划”，通过信用保证保险成功对接保险资金；促进产寿险业务协同发展；与首金网合作以“保险+银行+担保”的创新方式协同为小微企业提供履约保证保险增信服务；深挖经纪渠道合作潜力，年内新增经纪渠道58家，同比增长132%。

参与农业生态标准园区建设 独家参与北京市农业生态标准园区建设以及后期经营的各项保障工作，为园区的生产经营、食品安全、物流和资金保障等打造综合保险服务方案，为北京市农业产业结构的调整转型保驾护航。

重大赔付 对北京市木材厂2015年6月30日彩钢板库房火灾事故最终支付保险赔款合计462.7万元。对北京“7·20”暴雨造成的经济损失，车险及非车险业务累计已决赔款1 136.17万元，农险累计已决赔款1 062.69万元。

（袁婕）

华安财产保险股份有限公司北京分公司

2016年，华安财产保险股份有限公司北京分公司（以下简称华安保险北京分公司）实现保费收入24 895.78万元，比上年增长36.55%。其中机动车辆险类收入18 619.73万元，占总保费收入的74.79%；财产险类收入5 814.20万元，占总保费收入的23.35%；人身险类收入461.85万元，占总保费收入的1.86%。

赔付支出10 071.69万元，同比增长97.22%，综合赔付率52.1%，综合费用率47.5%，综合成本率99.6%。实现利润174万元。

截至年末，华安保险北京分公司下设5家支公司、4家营销服务部，在职员工103人（其中包括3名劳务派遣人员）。

（王仲　杨紫怡）

天安财产保险股份有限公司北京分公司

2016年，天安财产保险股份有限公司北京分公司（以下简称天安财险北京分公司）实现保费收入8 827.74万元，同比减少12 741.55万元，下降59.07%。其中，车险业务保费收入1 884.86万元，同比减少11 023.83万元，下降85.40%；非车险业务保费收入6 942.88万元，同比减少1 717.72万元，下降19.83%。赔款支出9 075.56万元，同比减少2 529.34万元，下降21.8个百分点；综合赔付率74.60%，同比增长21.88个百分点。

截至年末，天安财险北京分公司下设1家支公司、5家营销服务部，有正式员工102人。

重大承保　年内，与北京市住房贷款担保中心续签了个人购房贷款担保责任保险协议，承保时间为2016年1月1日至2016年12月31日，保险金额1 112.18亿元，收取保险费1 190.03万元。

（曹征妮）

中国大地财产保险股份有限公司北京分公司

2016年，中国大地财产保险股份有限公司北京分公司（以下简称大地保险北京分公司）实现保险收入4.79亿元，比上年增长27.73%。其中，车险业务收入2.49亿元，比上年增长22.66%；非车险业务收入1.4亿元，比上年增长38.61%；意外险、健康险业务收入0.9亿元，比上年增长26.76%。

截至年末，大地保险北京分公司下设7家支公司，1家营销服务部；在编员工288人。

（苏静雯）

中国人寿保险股份有限公司北京市分公司

2016年，中国人寿保险股份有限公司北京市分公司（以下简称中国人寿北京市分公司）实现总保费收入90.6亿元，同比增长10.3%，市场份额6.3%。其中，个险渠道规模保费收入40.34亿元，同比增长22.4%；团险渠道规模保费收入12.71亿元，同比增长7.2%；银保渠道规模保费收入32.04亿元，同比下降1.2%；多元行销渠道规模保费收入5.50亿元，同比增长18.4%。

截至年末，中国人寿北京市分公司下设37家分支机构，其中综合性支公司10家、个险专业化支公司15家、团险专业化支公司4家、银保专业化支公司4家、多元行销部1家及柜面7家；员工总数1 216人，保险代理人共计12 103人。

个险渠道 以架构改革为抓手，创新销售模式，引进高端经营平台，全面完成总公司下达的标准保费、首年期交、10年期三项核心指标，首次突破期交10亿元大关。坚持“三位一体”的经营模式，加快队伍常态2.0体系落地，新增人力超1 000人，当年签约新人累计贡献保费1.23亿元，同比增长158%；主管队伍达1 131人，比年初净增422人。全年个险渠道实现首年期交保费收入10.42亿元，其中10年期及以上期交保费收入5.94亿元，同比增长52.0%。

团险渠道 大力发展优质业务，通过定价审核、调责增费、理赔管控等措施，有效控制重控业务综合成本率；非重控业务短险综合赔付率比年初降低36.5个百分点，部分单位扭亏为盈。全年团险渠道实现短期险保费收入11.67亿元，同比增长1.8%，其中短期意外险保费收入9亿元。

银保渠道 坚持“强结构、抓期交”，协同推进线上运作与线下项目，首年期交保费与10年期及以上首年期交保费分别同比增长63.8%和135.1%。实施“抓强军、双驱动”策略，通过规范基础管理、强化队伍经营，客户经理在册人力278人，比年初净增33人，保险规划师月均举绩人力452人，同比增长8.1%。全年银保渠道实现规模保费32.04亿元，其中长期险首年保费25.32亿元，同比增长2.7%。

多元行销渠道 创新销售与服务模式，优化业务结构，全面达成总公司考核指标，10年期及以上业务占比突破81.2%，同比提升9个百分点。严格执行市场化考核机制，以分职场拓展和有效的增员政策，助推销售坐席人力达474人，人均期交产能突破28.7万元。全年多元行销渠道实现首年期交保费收入1.41亿元，其中10年期及以上期交保费收入1.14亿元，同比增长26.8%。

客户服务 运营服务紧跟经营节奏、保障业务节点、明确服务标准、配套服务举措，建立起“前端多点受理、后台集中处理”的业务支援体系。柜面服务充分发挥网点优势，持续提供集服务、销售、体验为一体的综合服务。客户服务不断探索“e宝账”、智能柜面、智能理赔、云查询、微客服、微通知、“VIP·尊享受”、微保全、微理赔等服务途径，完善“95519”呼叫中心“九星体系”管理机制，提升电话服务效能。开通“保单查询、变更、借款、还款”“微信理赔、通知”“管家服务”等自助服务功能，定期推送优惠及活动信息。公司官微关注人数突破7万人次。开展“616客户节”等增值活动，覆盖客户超过16万人次。大力支持中国志愿服务事业，为2016年里约奥运会、残奥会中国志愿者捐赠志愿者保险。与北京市志愿服务联合会合作，为北京市350万实名制注册志愿者提供意外伤害保险保障。

（施巍）

中国平安人寿保险股份有限公司北京分公司

2016年，中国平安人寿保险股份有限公司北京分公司（以下简称平安人寿北京分公司）实现规模保费收入164.63亿元，同比增长16.55%。其中，个险总保费153.86亿元，同比增长16.39%；银保总保费10.63亿元，同比增长19.44%；团险总保费0.14亿元。年末总客户496万余人，累计提供人身保障10 129.55亿元；累计办理个人理赔66 896件，赔款、死伤医疗给付累计7.02亿元，年金及满期给付33.68亿元。

截至年末，平安人寿北京分公司设有17个职能部门，34个营销服务部；在职员工961人，返聘员工4人，个人代理人27 029名。

个人营销业务 培养“先服务后销售”的客户经营模式。利用“展E宝”、平安金管家APP及微信三大线上工具推动微信圈经营，开展“平安金管家 健康服务从心开始”“平安好邻居 服务e升级”等主顾开拓活动，为客户提供金融、生活一站式服务，实现传统销售模式向客户经营模式的转型。

银行代理业务 坚持品质为先，大力推动保障型期交产品销售，第一季度达成68%年度期交计划；年度期交规模累计20 171万元，同比增长72.3%；开展渠道拓展，年内新增5家合作银行，共38个网点，累计合作银行11家，合作网点233个。全年犹豫期内电话回访成功率98.2%，13个月继续率93.3%，年度滚动投诉率保持在0.17%。

重大承保与理赔 年内，客户L先生投保人身险，年度累计承保保额8 000万元，成为平安人寿北京分公司当年最高保额承保新契约。客户J先生因交通事故不幸身故，其受益人获得身故保险金202.6万元，成为平安人寿北京分公司当年最高赔付案。

合规管理 坚持以风险控制为导向，结合年度监管重点，开展合规宣传、防范和处置非法集资等宣传活动。推进以风险为导向的“偿二”代工作，通过宣导培训、风险检视、内控自评、操作风险事件和损失数据收集、打击违规推介代销非平安金融产品等合规工作，加强对保险代理人和公司各部门的合规管控，加大对保险营销人员违规代销、销售误导、在信息网络平台发布虚假消息等行为的治理力度，实现风险管控前置。

（王菁）

中国太平洋人寿保险股份有限公司北京分公司

2016年，中国太平洋人寿保险股份有限公司北京分公司（以下简称太平洋寿险北京分公司）实现保费收入44.5亿元，同比增长12.10%。其中，个人营销业务实现保费收入11.01亿元，同比增长41.10%；法人业务中心银保业务实现保费收入0.39亿元，同比下降77.20%；法人业务中心团体业务实现保费收入1.46亿元，同比下降20.60%；续期业务实现保费收入31.38亿元。全年共处理各种赔付、给付29.42万件，共计金额21.04亿元。个险业务13个月累计保费继续率96.17%，个险业务25个月累计保费继续率91.49%。法人业务中心银行保险业务13个月累计保费继续率88.36%，法人业务中心银行保险业务25个月累计保费继续率86.06%。

截至年末，太平洋寿险北京分公司下辖11个支公司，2个营销服务部；在职内勤员工403名，个人营销员9 670名，银行保险系列外勤员工80名，团体业务系列外勤员工51名。

重大理赔与承保 年内，客户刘女士投保保额为1 000万元的“东方红·满堂红”保险，成为太平洋寿险北京分公司当年最大的承保契约；杨先生因交通事故身故，其受益人获得保险金510万元，成为太平洋寿险北京分公司当年最高赔付案。

（安吉斯）

泰康人寿保险有限责任公司北京分公司

（原泰康人寿保险股份有限公司北京分公司，2016年12月12日更名）

2016年，泰康人寿保险有限责任公司北京分公司（以下简称泰康人寿北京分公司）实现总规模保费收入46.39亿元，同比增长19%。其中，个险保费收入33.28亿元，同比增长27%（含新契约保费9.13亿元，同比增长56%）；银保保费收入10.80亿元，同比增长8%。各项赔款和给付共计38.74亿元，同比下降2%。其中，退保支出9.04亿元，占比23%；赔款支出0.23亿元，占比1%；年金给付5.45亿元，占比14%；满期给付22.97亿元，占比59%；死伤医疗给付1.05亿元，占比3%。

截至年末，泰康人寿北京分公司下设20家支公司，18家营销服务部；在职内勤员工347人，营销代理人8 483人，电话销售254人，银保业务员555人。

个险营销业务 优化保费结构，攀升机构平台，组织发展实现跨越，高端客户经营取得突破，各项经营指标快速增长。全年实现个险标准保费5.8亿元，同比增长56%；签订“幸福有约终身养老计划”

894 件，同比增长 110%；外勤规模人力 8 483 人，同比增长 34%；月均实动人力 2 129 人，同比增长 52%。

电话行销业务 坚持品质至上的经营理念，以客户经营为核心，率先实施客户经理制；加强团队建设，产品件均与数据产能大幅提升。全年保费累计达成 1.18 亿元，同比增长 11%；签订“幸福有约终身养老计划”保单累计 38 件，同比增长 192%。

银行保险业务 聚焦新单价值、大个险、高端客户，深化“四位一体”的发展战略，与 9 条渠道开展合作，体验式营销与活动营销相结合，以服务带动销售；积极开拓高端客户市场，探索精准化营销模式。全年实现大个险首期保费 6 594 万元，其中渠道业务 4 112 万元，同比增长 309%；“幸福有约终身养老计划”88 件，同比增长 150%；销售团队人力新增 55 人，同比增长 203%。大个险续期保费 2.2 亿元，同比增长 100%；“幸福有约终身养老计划”272 件，同比增长 300%；销售团队总人力 451 人，同比增长 64%。

（袁天翼）

新华人寿保险股份有限公司北京分公司

2016 年，新华人寿保险股份有限公司北京分公司（以下简称新华人寿北京分公司）实现规模保费收入 103.19 亿元，新单规模保费 38.69 亿元，价值保费 4.65 亿元，个险新单实现规模保费收入 11.89 亿元。

截至年末，新华人寿北京分公司共有 13 家支公司，9 家营销服务部，4 家营业部；员工总数 12 862 人，其中内勤员工 617 人，外勤队伍 12 245 人。

个险渠道 坚持将人力增长、结构优化、绩优产能提升、深化自主经营作为队伍发展的重要因素，强化基础管理、节奏经营和产品运作，以团队协作推动指标改善、保费增长、人力规模及绩优提升。全年实现规模保费收入 11.89 亿元。

法人业务 坚持内涵式发展道路，以短期 AB 类效益型险种的开拓为价值导向，以平台型业务拓展为项目突破，不断夯实基础、开拓创新，业务平台和经营效益等取得显著成效。全年累计承保总规模保费 6.18 亿元。

银代业务 优化内部组织架构，从基础管理、业务督导、组织发展、培训体系、活动经营、氛围营造等入手，推动期交业务实现健康发展。全年达成新单规模保费 20.62 亿元，其中期交保费 5.73 亿元。

续收业务 坚持首续均衡，以绩优建设及客户全生命周期服务为核心，通过架构夯实、培训落地、绩优建设和细化客户经营，实现了续期稳定和新单业务的快速发展。全年实现续期保费 64.51 亿元。

理赔服务 全年共给付理赔金 5.72 亿元，同比增长 12.6%；理赔件数 23 万余件；个人客户理赔获赔率 95.99%。客户 P 先生因疾病身故，其受益人获得理赔金 260 万元，为新华人寿北京分公司当年最高赔付案。

客户服务 创新客户活动方式，组织开展贯穿全年的健康讲座活动。举办第16届客户服务节，累计现场活动共计138场，惠及客户数十万人。结合公司二十周年司庆，推出“全家福”“健康宝贝”活动，惠及1 077组家庭客户；“假日出行交通意外险赠送活动”，向客户赠送交通意外险，两次活动共惠及客户43.67万人，赠送意外险保额339.8亿元。截至年末，分公司服务的个人客户总量约105.3万人，比上年增长2.43%。

（袁帅）

太平人寿保险有限公司北京分公司

2016年，太平人寿保险有限公司北京分公司（以下简称太平人寿北京分公司）累计实现总保费收入60.15亿元，同比增长18.4%。其中，个险总保费收入27.36亿元，同比增长3.8%；银行保险总保费收入32.78亿元，同比增长34.1%。累计办理个险、银保理赔共计3 023件，服务客户25 423人，赔款及死伤医疗给付累计0.61亿元，年金及满期金给付累计5.72亿元。

截至年末，太平人寿北京分公司下辖3家支公司、6家营销服务部；在职内勤员工364人，银行保险客户经理696人，续期服务专员40人，个人代理5 765人。

个人营销业务 借助“太平梦工厂”项目，增加人力资源，充分发挥业务人员的能动性。打造分类营销平台，实现对客户的精准营销。举办多场创新活动，深度维护客户关系和模块化获客。截至年末，个险新契约累计实现保费收入6.45亿元，同比下降25.8%；续期保费收入20.72亿元，同比增长18.2%；个人营销人力5 765人，同比下降51%；个险13个月累计保费继续率94.5%。

银行保险业务 强化客户细分和渠道精准营销，开发高端市场，提升大额保单占比；持续发展组织人力，探索培训模式创新，依托项目活动沉淀出大量的优秀人才。调整业务团队，优化组织架构。全年，银保累计实现新契约趸交保费收入18.74亿元，同比增长53.1%；新契约期交保费收入2.66亿元，同比增长16.3%；续期年度累计保费收入11.38亿元，同比增长14.7%；银保渠道13个月累计保费继续率达到96.2%。

重大承保与赔付 年内，个险渠道承保某客户保额为100万元的重大疾病保障计划，实现保费4.98万元；银保渠道承保某客户保额为1 000万元的“太平财富稳盈年金保险”，实现保费500万元。累计赔付某客户50余万元重大疾病保险金和特种疾病保险金。

（王晓钰）

民生人寿保险股份有限公司北京分公司

2016年，民生人寿保险股份有限公司北京分公司（以下简称民生人寿北京分公司）实现总规模保费收入22 518.38万元，其中个险保费收入17 642.95万元，同比增长22.40%。共处理各种赔付、给付3 340件，共计金额3 780.87万元。

截至年末，民生人寿北京分公司下设2个支公司，8个营销服务部；在职内勤员工56人，个人营销员459人，收展外勤49人。

个险渠道 合理安排节奏，5月即完成全年任务并超越上年同期；设置“大额保单承保前面访”“业务质量日”等，促进业务质量提升，综合续期全口径达成100.3%；加大培训力度，提升业务技能，推动绩优建设；完善组织架构，人力同比增长41%，组均部均人力得到提升。截至年末，个险新契约保费4 207.05万元，同比增长140.24%；个险续期保费收入13 435.90万元，同比增长6.10%；个险业务13个月累计保费继续率91.26%。

客户服务 民生保险“微管家”微信公众号陆续上线客户身份验证、手机号码变更、交费方式及交费账号变更、生存金及年金领取等功能，客户通过手机可办理相关业务。开展第十一届客户服务节，共举办37场线下系列活动，2 000多人参与线上答题互动。针对失效保单客户推出免检免息复效活动，邀请客户参加“倾听用户意见座谈会”，倾听客户心声，提升公司服务质量。

（饶锦峰）

六、文件与规章

北京市人民政府办公厅转发市住房城乡建设委等部门《关于促进本市房地产市场平稳健康发展的若干措施》的通知

京政办发〔2016〕46号

各区人民政府，市政府各委、办、局，各市属机构：

现将市住房城乡建设委、市规划和国土资源管理委员会、市工商局、市金融局、人民银行营业管理部、北京银监局制定的《关于促进本市房地产市场平稳健康发展的若干措施》予以转发，自印发之日起实施，请你们认真贯彻执行。

二〇一六年九月三十日

关于促进本市房地产市场平稳健康发展的若干措施

为增加房地产市场有效供应，优化供应结构，强化交易管理，促进房地产市场平稳健康发展，现提出如下措施：

一、加大住宅用地供应力度，合理调整土地供应结构

积极推进土地供给侧结构性改革，进一步加大住宅用地供应力度，并结合年度土地供应计划，加大中低价位、中小套型普通商品住房的供应比例，保证套型建筑面积90平方米以下住房面积所占比重不低于70%，在满足刚性住房需求的同时，兼顾满足改善性住房需求。

二、加快自住型商品住房用地供应

为有效稳定房地产市场，各区要进一步加大自住型商品住房用地供应，除东城区、西城区、石景山区外，其他区要于2016年内尽快安排一批自住型商品住房用地入市交易。

三、强化“控地价、限房价”的交易方式

在严控地价的同时，对项目未来房价进行预测，试点采取限定销售价格并将其作为土地招拍挂条件的措施，有效控制房地产价格快速上涨。鼓励房地产开发企业自持部分住宅作为租赁房源，满足城市居民租房需求。

四、进一步完善差别化住房信贷政策

购买首套普通自住房的首付款比例不低于35%，购买首套非普通自住房的首付款比例不低于40%（自住型商品住房、两限房等政策性住房除外）。对拥有1套住房的居民家庭，为改善居住条件再次申请商业性个人住房贷款购买普通自住房的，无论有无贷款记录，首付款比例均不低于50%；购买非普通自住房的，首付款比例不低于70%。

五、加强对房地产开发企业及其销售行为的管理

对报价明显高于周边在售项目价格和本项目前期成交价格且不接受指导的商品住房项目，属于期房预售的暂不核发预售许可证书、属于现房销售的暂不办理现房销售备案。对取得预售许可或办理现房销售备案的房地产开发项目，要在规定时间内一次性公开全部销售房源。商品住房项目在销售中，要继续严格执行明码标价、一房一价规定，实际销售价格不得高于申报价格。开发企业应在交易场所醒目位置明确标示所有可售房源及其价格等信息，不得把明码标价变成口头告知，不得采取拖延开盘时间或控制房源等手段捂盘惜售，故意制造房源紧张气氛；不得标示虚假信息或使用欺骗性、模糊性的语言误导消费者，侵害消费者知情权、选择权和公平交易权。

六、加强对房地产经纪机构及其经纪活动的管理

在全市全面实施存量房交易资金监管。房地产经纪机构及房地产经纪人员应依法从事房地产经纪活动，受客户委托对外发布真实的房源和价格信息，不得违规独占房源信息、哄抬房价。房地产经纪服务实行明码标价，不得利用虚假或容易使人误解的标价内容和方式等进行价格欺诈。严禁从事首付贷及自我融资、自我担保、设立资金池等场外配资金融业务。

七、严肃查处房地产市场违法违规行为

由市住房城乡建设委、市规划和国土资源管理委员会会同市发展改革委、市工商局等部门联合开展专项治理，加大市场监管执法力度，依法严肃查处、严厉打击开发企业捂盘惜售、囤积房源、闲置土地、炒地，以及房地产经纪机构参与炒房、哄抬房价、发布虚假房源及价格信息等违法违规行为。同时，对开发企业及房地产经纪机构的违法违规行为予以公开曝光，并纳入企业信用档案，由相关部门实施联合惩戒。

八、切实加强组织领导

建立本市加强房地产市场监管工作联席会议制度，由市住房城乡建设委牵头，市发展改革委、市规划和国土资源管理委员会、市地税局、市工商局、市金融局、市政府新闻办、市网信办、人民银行营业管理部、北京银监局等单位参加，负责指导、协调推进全市房地产市场监管工作，加强对房地产市场的跟踪、分析和研判，及时完善相关监管措施。联席会议办公室设在市住房城乡建设委。

中国人民银行天津分行
中国人民银行营业管理部
中国人民银行石家庄中心支行

中国人民银行天津分行　中国人民银行营业管理部 中国人民银行石家庄中心支行 关于建立京津冀协同发展人民银行 三地协调机制相关工作情况的通知

银管发〔2016〕289 号

机关各处室，辖区内各中心支行：

根据总行潘功胜副行长指示精神，天津分行、营业管理部、石家庄中心支行共同召开了京津冀协同发展人民银行三地协调机制座谈会，研究建立三地协调机制相关事宜。现将《京津冀协同发展人民银行三地协调机制座谈会会议纪要》（见附件2）以及会上审议通过的《京津冀协同发展人民银行三地协调机制》（见附件1）印发，请认真遵照执行。

下一步，协调委员会将按照“1 + N”的方式及时拟定分领域的行动方案，分步实施。

联系人：吕潇潇

联系电话：68559271

附件：1. 京津冀协同发展人民银行三地协调机制

2. 京津冀协同发展人民银行三地协调机制座谈会会议纪要

二〇一六年十月二十六日

附件 1

京津冀协同发展人民银行三地协调机制

为贯彻落实《京津冀协同发展规划纲要》，统筹人民银行内部资源，加强三地合作，提升跨区域金融工作水平，特此建立京津冀协同发展人民银行三地协调机制（以下简称协调机制）。

一、工作职责

（一）在人民银行总行领导下，围绕《京津冀协同发展规划纲要》和任务分工，统筹协调天津分行、营业管理部、石家庄中心支行职责，制定相关工作方案、任务计划并督促落实，研究并推动解决相关问题，促进京津冀协同发展。

（二）积极配合地方政府，结合京津冀协同发展重点领域工作任务，加强三地人民银行相关部门（处室、中心支行等）的协调配合，在执行货币政策、维护金融稳定、提供金融服务、推进金融改革创新等方面形成工作合力，实现区域协同，为落实《京津冀协同发展规划纲要》相关工作任务提供金融支持。

（三）围绕强化北京金融管理、天津金融创新运营、河北金融后台服务功能，支持和引导银行业金融机构优化调整业务布局，探索创新业务流程和管理模式，积极参与区域金融市场一体化改革和各项综合金融试点，重点做好京津冀交通一体化、生态建设与环境保护、产业升级转移等率先突破领域和基础设施建设、科技金融、扶贫开发等重点领域和薄弱环节的金融服务工作，推动金融要素在京津冀区域内有序流动和优化配置。

二、工作目标

（一）短期目标：实现信息共享、渠道互通。

通过信息共享、联合调研、座谈会商、业务对接、人员交流等方式，实现数据、业务、政策、人员畅通交流。

（二）中期目标：实现设施共享、市场互通。

加强部门协调、监管协同、业务协作，稳妥推进区域内金融基础设施互联互通、区域金融市场一体化发展、地方性法人金融机构跨区域经营。搭建人民银行内部、政府部门、金融管理部门、金融机构等各方主体参与的、多层次的跨区域合作平台。

（三）长期目标：实现资源共享、政策互通。

挖掘京津冀三地比较优势，发挥协同发展效应，通过改革创新、资源整合、先行先试，在金融组织、机制、设施、资金、人才等领域逐步实现同城化，促进区域内经济金融政策、环境、标准一体化。

三、组织机制

（一）组织架构。

1. 协调委员会。总行金融市场司、天津分行、营业管理部、石家庄中心支行主要负责人，以及总行金融市场司分管司领导、三地人民银行分管行领导等同志作为协调委员会委员。营业管理部主要负责人担任协调委员会召集人。协调委员会负责协调机制组织领导工作，具体包括发起会议、审定计划、明确任务、协调推动、督导落实等。

2. 成员单位（处室）包括：总行金融市场司信贷政策一处；天津分行、营业管理部、石家庄中心支行办公室、货币信贷管理处、金融稳定处、调查统计处、支付结算处、金融研究处、征信管理处等相关处室；三地中心支行代表。

3. 秘书处。秘书处设在营业管理部货币信贷管理处，天津分行和石家庄中心支行指派处级干部和工作人员各一名作为联络员，参与秘书处工作。秘书处承担协调机制日常事务工作，负责召开相关会议、印发会议纪要、督办工作任务、汇总工作进展并向协调委员会汇报。

4. 专项工作组。根据人民银行内部各处室、各单位职责分工，结合京津冀协同发展重点任务，设立货币信贷、金融稳定、调查统计、支付结算、金融研究、征信管理、外汇管理等专项工作组，根据工作需要，其他业务条线也可分别成立专项工作组并向秘书处报备。专项工作组在协调委员会指导下，按照“先易后难”的原则，研究制定本业务条线的目标任务、工作举措和进度安排，并定期报告进展情况。

（二）运行机制。

1. 协调机制采取“1（协调机制）+

N（行动方案）”的方式，即在协调机制的总体框架下，各专项工作小组拟定分领域的行动方案。

2. 原则上每半年召开一次沟通会商会议。根据工作需要，协调委员会委员可指定议题，不定期提议召开会议。会议由秘书处具体筹办。会议内容包括但不限于：听取行动方案进展、研究专项工作和问题、提出工作任务和要求。

3. 各专项工作小组根据协调机制会议安排或协调委员会要求向秘书处提交会议议题，包括各业务条线行动方案及工作进展情况、会议决议执行情况、需协调机制会议议定的其他事项等。

4. 秘书处准备相关会议材料，提前两个工作日呈送协调委员会委员、发送参会成员单位。

5. 协调委员会委员对会议议题进行审议，对相关事项进行决策，会后由秘书处形成会议纪要。

6. 秘书处对协调机制会议做出的工作部署、明确的工作任务、提出的具体要求进行督办，并以工作简报的形式按季度向协调委员会各委员报告工作进展情况。

四、主要工作任务

（一）沟通会商研究协调。

1. 专题会议。定期或不定期召开会议，沟通交流工作进展，分析研究相关问题，确定下阶段发展方向和具体措施。

2. 学术交流。依托京津冀三地人民银行和金融学会，探索建立京津冀研究发展论坛，通过“联合主办、轮流承办”的方式，定期或不定期以座谈会、研讨会、论坛等形式，研讨京津冀金融协同发展过程中相关课题。充分利用三地人民银行金融刊物，共享京津冀协同发展相关研究成果。

3. 联合调研。三地人民银行派员组成联合调研组，研究金融支持京津冀协同发展相关问题。对金融支持京津冀协同发展中的热点难点问题，开展前瞻性、针对性研究，并提出可操作、可实现、可评估的政策建议。

（二）信息共享。

1. 数据信息共享。三地人民银行加强经济、金融、外汇数据以及相关分析报告的交流与共享。联合建立京津冀协同发展重点项目、重点企业监测制度。

2. 政策信息共享。定期交流政府部门、金融部门推动京津冀协同发展、产业转移疏解、房地产市场调控等方面政策措施及工作进展情况。

3. 金融稳定信息共享。定期或不定期交流地方主要法人金融机构金融稳定相关信息，加强系统性、区域性风险防范。

（三）业务合作。

1. 三地协同监管。三地人民银行在征信、金融稳定现场评估、互联网金融管理等方面建立定期交流机制，对跨区域开展业务的金融机构进行联合监管，建立健全跨区域监测预警和应急处置机制。

2. 合作开展金融宣传教育。加强三地在金融政策法规、金融消费者权益保护、信用体系建设、人民币反假等方面的宣传教育合作与交流，不断拓展金融宣传教育工作的广度和深度。

3. 密切政银企对接。针对京津冀交通一体化、生态建设与境保护、产业升级转移等率先突破领域的重点项目，围绕北京非首都功能疏解、产业外迁等重点工作，组织跨区域政银企对接，推动金融机构开展跨区域合作，加大对相关项目、产业的金融支持力度。

4. 协同做好扶贫开发。鼓励和引导

商业性、政策性、开发性、合作性等各类金融机构在风险可控前提下，加大对京津冀区域内扶贫开发工作的支持力度。因地制宜，加大对环京津贫困地区农村公路提级改造、安保和危桥改造工程以及生态保护与建设等项目的支持力度。

5. 推动京津冀社会信用体系建设。在三地已成立的京津冀征信管理合作推进落实小组的基础上，进一步密切合作。在金融信用信息基础数据库共享的基础上，积极参与推动京津冀社会信用体系建设，加强京津冀征信业协同监管，做好跨区域异议、投诉处理合作。促进“守信激励，失信惩戒”联动机制落实。

6. 京津冀支付同城化。以北京市电子清分服务平台（北京同城电子清算系统）为基础，构建覆盖京津冀的区域支付清算系统，实现京津冀地区支付同城化。推动京津冀地区票据抵质押、支付清算、异地存储、信用担保等业务同城化发展，高效配置区域内金融资源，帮助企业降低融资成本，实现票据融资、投资的便利化。

7. 建立统一的抵押质押制度。推动抵质押品统一登记制度在京津冀先行先试，便利金融资源有序流动。推动三地逐步统用担保机构监管标准，简化审批流程。

8. 支持三地银行业金融机构加强内部分支机构联动、外部跨行间的合作交流。建立优势金融资源共享机制，开展理财、支付结算、柜面业务互通、银行卡区域内费用减免等业务合作，使京津冀在金融资源利用上逐步实现同城化，提高区域金融资源的使用效率。

9. 建立京津冀金融稳定工作协调机制。加强京津冀三地人民银行金融稳定部门协同合作，探索建立京津冀区域金融监管协调框架，确定金融风险防范议题，建立定期交流机制，探索制定统一的京津冀风险监测指标体系，发挥多层次协调机制作用，形成维护金融稳定合力。建立京津冀跨区域金融风险应急处置机制，制定总体应急预案，定期进行联合应急演练，分享应对处置金融突发风险事件工作经验，共同防范化解区域性金融风险。

（四）改革创新。

1. 推动绿色金融发展。稳妥推动金融机构发行绿色金融债券，支持区域生态环境建设。引导金融机构创新绿色金融产品和服务，加大对绿色产业、节能环保等领域的支持力度。探索推动建立专业化的绿色担保机制、设立区域性绿色发展基金。

2. 构建跨区域的科技金融创新体系。加强与三地政府主管部门的对接，密切金融政策与财税政策的合作，统筹研究支持科技金融创新发展的各项政策，推动拥有国家高新技术企业和中关村高新技术企业资格的企业在三地享受同等待遇。

3. 推动先行先试政策互动共享，探索建立自贸区和中关村政策相互借鉴机制。积极争取中关村地区与天津自贸区先行先试政策交叉覆盖、叠加发力。推动自贸区金融市场、金融机构和行业协会开展金融产品和服务创新，支持扩大人民币跨境使用，拓宽境外人民币投资回流渠道，促进人民币资金跨境双向流动。

4. 支持地方法人银行跨区发展。探索金融机构京津冀三地金融业务同城化工作，研究推动地区法人金融机构跨区域设立分支机构或金融机构互相参股控股，支持地方法人金融机构跨行政区域发放贷款、承销债券，发挥其服务区域经济一体化的作用。

5. 探索发展区域债券市场。对于在公开市场发行债券成本较高、但资信状况良好的中小企业，可以通过区域债券市场发行私募债，拓宽企业融资渠道。

（五）人员交流。

1. 人员互访。三地人民银行相关处主（单位）积极开展人员互访，加强沟通交流，相互学习经验。

2. 干部挂职交流。三地人民银行定期选派优秀干部进行挂职交流，加强人员交流合作，提升干部素质。

附件2

京津冀协同发展人民银行三地协调机制座谈会会议纪要（略）

中国人民银行营业管理部

中国人民银行营业管理部关于印发开展政策扶持推进北京地区农村支付环境建设工作指导意见的通知

银管发〔2016〕356号

辖区内各银行、北京银联商务有限公司、北京数字王府井科技有限公司、拉卡拉支付股份有限公司：

为落实《中国人民银行关于全面推进深化农村支付服务环境建设的指导意见》（银发〔2014〕235号）文件精神，我营业管理部制定了《中国人民银行营业管理部关于开展政策扶持推进北京地区农村支付环境建设工作的指导意见》（以下简称《指导意见》，见附件1），请各银行及具有资质的支付机构认真考虑自身战略发展目标、主要客户群体、整体经营布局及可持续性发展等因素，审慎评估、综合考量，按照《指导意见》有关要求，参考金融服务空白村名单（见附件2）拟定下一步农村支付服务环境建设工作计划。

后续，我营业管理部将对北京地区农村支付环境建设资金补贴工作进行具体部署。

附件：1. 中国人民银行营业管理部关于开展政策扶持推进北京地区农村支付环境建设工作的指导意见

2. 北京农村地区金融空白村名单

二〇一六年十二月三十日

附件1

中国人民银行营业管理部关于开展政策扶持推进北京地区农村支付环境建设工作的指导意见

为充分发挥农村支付环境建设对于发展普惠金融的基础性作用，进一步促进北京地区农村支付环境建设，提升农村金融服务水平，2017年，我营业管理部将通过资金补贴形式，鼓励支持银行、支付机构在远郊区（昌平、通州、顺义、大兴、怀柔、平谷、密云、延庆、房山、门头沟十区）金融空白村建设助农存款点、布放自助终端机具、开设便民服务点等便民金融设施，提升农村支付服务水平。

一、指导思想及目标

按照人民银行农村支付环境建设工作总体要求，以提高农村支付服务水平，推进首都农村支付环境建设为指导思想。通过资金补贴形式，调动银行、支付机构在远郊区金融空白村提供支付服务的积极性。以助农取款点建设为重点，以布放自助终端机具、其他便民服务等多种形式为补充，稳步推进农村支付环境建设，逐步消除北京地区农村金融服务空白村。

二、基本原则

（一）公平、公正、公开、自愿原则。

（二）以涉农机构自主投入为主，人民银行适度资金支持为辅的原则。

农村支付环境建设以发挥银行、支付机构主体社会责任为主，各银行及支付机构应积极发挥自身资源优势，扩大金融服务普及度。人民银行政策扶持为辅，适度进行资金补贴。

（三）统一补贴标准的基础上体现差异化原则。

在综合银行及支付机构助农取款服务点、自助终端机具及其他便民金融设施建设、运营成本等基础上，设定各类型服务的统一补贴标准。同时根据行政村地理条件及可获得的支付服务难易程度，给予差别性补贴。

三、北京地区农村支付环境建设资金补贴具体内容

（一）补贴对象和补贴条件。

补贴发放对象：银行及具有助农取款服务资质的支付机构。

获得补贴条件：在北京远郊十区金融空白行政村新设助农取款点、布放自助终端机具及提供其他便民金融设施的银行或支付机构，且规范经营，未发生过重大风险事件。

（二）补贴范围。

1. 对在远郊十区金融空白村首家新设支付服务设施的金融机构建设投入成本进行一次性适当补贴。远郊十区金融空白村是指无任何支付服务设施的行政村或仅享有POS收单支付服务的行政村。原则上，每个金融空白村只能获得一个支付服务设施补贴。对于已补贴过的行政村，后期再有机构提供其他金融服务，将不进行补贴。

2. 补贴的支付服务类型为：设立助农取款点、布放自助终端机具（ATM），设立便民服务点（如乡村便利店模式）。主要以推广建设助农取款服务点为主。

（三）补贴标准。

综合考虑各涉农机构提供的各类支付服务的成本，对首家新设支付服务设施的金融机构建设投入成本进行一次性适当补贴，同时又兼顾地域、偏远程度不同，对在极其偏远，自然条件较差的、获取支付服务困难的地域提供支付服务的机构，给予一定倾斜。

补贴发放标准（首次建设补贴）

提供支付类型	距中心城镇6公里（含）以内	距中心城镇6公里以外
设立助农取款点	3 000元/个/村	5 000元/个/村
布放自助服务终端	8 000元/台/村	16 000元/台/村
设立便民服务点	10 000元/个/村	20 000元/个/村

注：中心城镇是指按照北京市统计局行政区划分类中，行政村所属的乡镇。

对地理条件极其恶劣，获得支付服务特别困难的金融空白村，设立助农取款点或者布放自助终端、便民服务网点，辐射农民较多，社会效益较大，所需成本较大的，经我营业管理部审批，给予地域差异化补贴。

（四）补贴申请、审核、发放。

满足补贴条件的涉农金融机构可根据自身业务发展情况，自愿向我营业管理部提出申请，并应制定农村支付服务设施建设计划、实施方案、后期运维及风险防控措施等。我营业管理部对申领机构上报材料进行审查，对审查合格的，发放补贴。

申领补贴机构要严格按照建设计划进行实施，按季度上报支付服务设施建设完成情况及补贴资金使用情况。我营业管理部将对完成情况进行实地检查或抽查，对于按照计划无法完成的机构，将通过约谈机构负责人等方式，督导机构按期完成。

（五）风险防范措施。

为避免虚设、骗领补贴、挪用克扣补贴等道德风险，我营业管理部将采取多种风险防控措施，事前审查与事后检查并重，加大惩处力度，强化金融机构责任，确保资金落到实处。

1. 专项检查。我营业管理部将对获得补贴项目进行定期或不定期检查。检查申请机构有无按照计划进行实施，是否存在虚设，骗领补贴，有无挪作他用，或者克扣补贴等情形。

2. 公示制度。在补贴行政村进行公示，通过村委会宣传栏大力宣传助农取款点等服务设施作用，同时设立举报电话，接受村民监督。

3. 强化补贴主体责任。对于提出申请补贴的机构，要制定具体农村支付环境建设实施计划及补贴资金使用管理方案，强化自身监督检查责任，确保补贴专款专用，使用合规，并采取多种形式强化管理服务，定期跟踪业务发展情况。

4. 加大处罚力度。对于存在虚设、虚报、克扣、截留等非法使用补贴的机构，我营业管理部将进行追偿。对于出现风险隐患的，将视情节严重程度，约谈相关机构负责人，直至取消今后补贴资格等措施。

（六）退出机制。

原则上，补贴的支付服务设施五年内不得撤销。遇特殊情况如行政村撤并或者银行自身业务调整等情形，需上报我营业管理部，经批准后方可撤销或调整。

附件2

北京农村地区金融空白村名单（略）

中国银行业监督管理委员会北京监管局

北京银监局关于印发进一步加强和改进北京银行业消费者权益保护工作的实施意见的通知

京银监发〔2016〕48号

各国有商业银行北京市分行、辖内各股份制商业银行、北京银行、北京农商银行、辖内各村镇银行、各城市商业银行北京分行、北京银行北京分行、北京银行中关村分行、中国邮政储蓄银行北京分行、辖内各外资银行、各信托公司、各汽车金融公司、消费金融公司、中国工商银行牡丹卡中心、中国银行银行卡中心、中国民生银行信用卡中心、中国光大银行信用卡中心、华夏银行信用卡中心、北京银行信用卡中心：

近期，银监会办公厅印发了《关于加强银行业消费者权益保护解决当前群众关切问题的指导意见》(银监办发〔2016〕25号)，北京银监局结合辖内实际，研究制定了《进一步加强和改进北京银行业消费者权益保护工作的实施意见》，现印发给你们，并提出以下要求，请一并认真贯彻执行。

2016年4月20日前，已开办个人业务的银行业金融机构应以正式发文形式向北京银监局报送产品销售专区设置和“双录”工作开展情况；2016年6月底前，上述机构应完成产品销售专区内电子监控系统的安装配备工作，实现自有理财产品与代销产品销售过程全程同步录音录像。

二〇一六年四月七日

关于进一步加强和改进北京银行业消费者权益保护工作的实施意见

为维护公平、公正的金融市场环境，保护银行业消费者合法权益，促进北京银行业平稳、健康发展，贯彻落实《中国银监会办公厅关于加强银行业消费者权益保护解决当前群众关切问题的指导意见》(银监办发〔2016〕25号）有关要求，结合北京银行业实际，现就进一步加强和改进北京银行业消费者权益保护工作提出如下意见。

第一条 落实主体责任。银行业金融机构应从保障和推动首都经济发展建设的大局出发，进一步深化工作认识，将消费者权益保护理念纳入公司治理、企业文化建设和经营发展战略中，积极主动开展银行业消费者权益保护工作，全面落实消费者权益保护主体责任。法人银行业金融机构董事会应承担银行业消费者权益保护工作的最终责任，并建立和完善相关履职制度。银行业金融机构高管层应将消费者权益保护列入议事内容，成立由相关高级管理人员和有关部门主要负责人组成的银行业消费者权益保护工作委员会，统筹协调消费者权益保护工作。

第二条 加强机构设置。北京银行、北京农商银行应在董事会下设立消费者权益保护专门委员会，开办个人业务的外资法人银行董事会可授权其现有的专门委员会履行消费者权益保护相关职责。北京银行、北京农商银行、国有商业银行北京市分行、股份制商业银行、中国邮政储蓄银行北京分行应设立专职部门，负责牵头组织、协调、督促、指导本级机构其他部门及下属各经营单位开展银行业消费者权益保护工作。辖内个人业务规模较小的外资银行、城市商业银行北京分行可指定专门部门、明确专人专岗，牵头开展消费者权益保护工作。各机构应从培训、薪酬、晋升等多方面入手，吸引业务经验丰富、沟通协调能力强、心理素质佳的优秀人才加入消费者权益保护工作队伍，应保障消费者权益保护工作合理经费。

第三条 完善考核评价。银行业金融机构应加强消费者权益保护工作精细化管理，进一步建立健全消费者权益保护工作制度，将消费者权益保护事前审查和事中监督、产品和服务信息披露管理、金融知识宣传教育、服务管理、投诉管理、消保内部考核、消保培训等纳入消费者权益保护工作范畴，清晰界定职责分工，全面落实监管要求。同时，应通过消费者权益保护工作内部考核、内部审计等方式定期评估制度执行效果。年度消费者权益保护工作内部考核结果应纳入本机构综合经营绩效考核评价体系，配以合理权重，加大正面激励和负面惩戒力度。各机构应于每年1月31日前以正式发文形式将上年度消费者权益保护工作内部考核结果通报下属各经营单位，同时抄送北京银监局。

第四条 强化内部协作。银行业金融机构各内设部门及下属各经营单位应按照消费者权益保护职责分工，落实工作责任。产品及服务准入方面，研发部门应就是否存在侵害消费者合法权益的情形主动征求消费者权益保护职能部门意见，并进行相应调整。宣传教育方面，在不违背现行制度要求的情况下，财务部门应尽量简化金融知识宣传教育经费的审批流程。投诉处理方面，被投诉人、被投诉部门应积极配合，及时提供尽职调查报告及相关背景资料，并对报告及资料的准确性、真实性负责。各网点应设立消费者权益保护岗，负责各项消费者权益保护工作要求的落地执行。

第五条 提升服务质量。银行业金融机构应秉承“以人为本”的服务理念，加强从业人员职业操守教育，提高从业人员职业道德和业务素质。积极提升消费者体验，提高服务满意度。加强营业场所管理，严禁非本机构销售人员在营业场所开展任何形式的营销活动。推进营业场所服务工作的流程化和标准化，在业务高峰期和客户聚集区增开柜面窗口，合理配置资源，缩短客户排队时间，提升金融服务的可得性和便捷性。通过客户回访、神秘人暗访、远程监控检查、现场检查、网点自查等多种方式加强服务管控，及时发现服务缺陷并加以改进。加强对老年人、残疾人等特殊消费者群体的金融服务，加大相关服务配套设施投入，创造适宜的金融服务环境。

第六条 加强信息披露。银行业金融机构应加强产品信息披露，规范产品推介行为，产品宣传销售文本应当全面、客观、真实地反映产品的主要特性，不得夸大产品收益或掩饰产品风险，产品广告宣传行为应严格遵守《广告法》以及监管部门的相关法律法规要求。银行业金融机构应依托本机构网站建立产品信息公开查询平台，收录全部在售及存续期内金融产品的基本信息，及时对存续期内金融产品的风险信息变动情况进行提示，并严格区分自有产品和代销产品，供消费者查询和选择。

银行业金融机构应实施产品销售专区管理，在网点开辟专门区域销售自有理财产品和代销产品。销售专区应有明显标识，并在显著位置以醒目字体提醒消费者“您所购买的产品可通过我行网站产品名录进行查询。产品有风险，投资须谨慎”。专区销售人员应当具有理财和代销业务相应资格，销售专区内应公示本机构消费者投诉专线，便于消费者确认产品属性及相关信息，举报违规销售、私售产品等行为。

第七条 落实“双录”要求。在北京地区产品销售录音录像的先期基础上，银行业金融机构应按照银监会2016年在全国范围推行产品销售录音录像的统一部署，严格执行各项具体要求，积极调整、升级改造，率先实现专区产品销售“双录”，做到无死角、全覆盖。各机构应加强对录音录像工作的管理，通过制定制度对录音录像的录制、保存和调阅等工作环节进行规范，防止信息泄露。

第八条 推动纠纷化解。银行业金融机构应切实履行投诉处理第一责任。在营业场所显著位置公示本机构消费者投诉专线及投诉处理流程，努力使服务纠纷在第一时间、第一地点得到快速、妥善解决。对于纠纷事项较为复杂、双方无法达成一致意见的，应及时报告上级单位寻求指导，并积极联系北京市银行业协会进行第三方调解，避免贻误最佳处理时间导致矛盾激化。

银行业金融机构应强化投诉处理的时限管理、归口管理，将监管机构及上级单位关于投诉处理的各项工作要求落实到本机构投诉处理制度中，明确投诉受理、处理、答复、归档等环节的处理要求及时限要求。各机构应至少每半年一次对各类投诉事项进行全口径分析并通报下属各经营单位，同时抄送北京银监局。应注重从投诉处理中吸取经验教训，及时查找不足，改进产品和服务。

第九条 强化监督检查。北京银监局将通过指定外审、内审、现场检查、暗访等方式，对银行业金融机构贯彻落实消费者权益保护相关监管要求的情况进行监督检查。对于有开办理财产品销售业务和代销产品业务资质的拟设网点，将在准入审批环节严格考察其销售专区及专区产品销售“双录”等监管要求落实情况。同时，在高管人员资格考试内容中将适当加大消费者权益保护知识占比。对于违反银行业消费者权益保护、服务价格管理、开户管理、网银管理、员工行为管理、产品销售管理、投诉处理等方面审慎经营规则、侵害消费者合法权益的银行业金融机构，将加大监管问责和处罚力度。

第十条 加大宣传教育。银行业金融机构应加强金融知识宣传教育工作力度，强化组织保障和后勤保障，安排专门的宣传教育工作经费。因地制宜，多方协作，积极创新宣教的方式方法，针对消费者普遍关心的金融服务内容和集中反映的业务问题，设计制作相关金融知识普及材料，借助网络、纸媒、电视、广播等渠道，提升金融知识宣传教育的覆盖面和有效性。银行业金融机构应积极参与北京银行业“金融知识进万家”示范点创建工作，在营业场所显著位置开辟专门区域摆放金融知识公益宣传材料，开展常态化、长效化的金融知识普及活动。

村镇银行、卡中心及非银行金融机构参照本意见执行。

北京银监局关于进一步明确专区产品销售录音录像工作要求的通知

京银监发〔2016〕91号

各国有商业银行北京市分行、辖内各股份制商业银行、北京银行、北京农商银行、辖内各村镇银行、各城市商业银行北京分行、中国邮政储蓄银行北京分行、辖内各外资银行，辖内各信托公司：

自2014年以来，北京地区银行业金融机构按照《北京银监局关于印发商业银行产品销售录音录像工作指引的通知》（京银监发〔2014〕132号）（以下简称《指引》）要求，积极准备并实施个人投资产品销售过程录音录像工作，产品销售“双录”在全国率先推广。

2016年初，中国银监会先后印发了《中国银监会办公厅关于加强银行业消费者权益保护解决当前群众关切问题的指导意见》（银监办发〔2016〕25号）、《中国银监会办公厅关于印发2016年银行业消费者权益保护工作要点的通知》（银监办发〔2016〕64号），要求银行业金融机构逐步推广专区产品销售录音录像制度。随后，北京银监局相继印发了《北京银监局关于印发进一步加强和改进北京银行业消费者权益保护工作的实施意见的通知》（京银监发〔2016〕48号）、《北京银监局办公室关于转发中国银监会办公厅关于印发2016年银行业消费者权益保护工作要点文件的通知》（京银监办发〔2016〕18号），明确了北京地区金融机构实施专区产品销售录音录像的具体要求。

为更好地落实银监会工作部署，北京银监局现结合政策要求和工作实际，制定了《北京地区银行业金融机构专区产品销售录音录像实施标准》（见附件），并就相关工作要求作了进一步明确，请各机构认真贯彻执行。

一、实施专区产品销售“双录”

北京地区银行业金融机构应实施产品销售专区管理，在营业场所开辟专门区域销售自有理财产品和代销产品。销售专区应与营业场所其他功能区有所隔离，能够满足产品销售录音录像要求。2016年6月底前完成销售专区内电子监控系统的安装配设工作，落实销售过程全程同步录音录像要求。

二、扩大录音录像实施范围

除《指引》原有规定外，商业银行录音录像实施范围按银监会统一要求扩大至面向个人客户销售的全部自有理财产品及代销产品。信托公司实施范围为面向自然人投资者的直销信托产品。

另外，个人客户在营业场所办理网上产品购买进行风险承受能力评估的，也应录音录像。销售人员应主动提示客户按照适当性原则购买与其风险承受能力匹配的金融产品，并提示客户如发生可能影响其自身风险承受能力的情形，再次购买金融产品时，要主动重新进行风险承受能力评估。

三、规范专区销售流程及话术

北京地区银行业金融机构应规范专区产品销售流程，使录音录像能够完整客观地记录营销推介、相关风险和关键信息提示、消费者确认和反馈等重点销售环节。按照产品特性制定统一话术，确保销售人员能够向消费者全面、清晰说明产品类型和名称、产品研发主体、产品风险、收益特性、产品期限、客户权益、信息披露方式、投诉方式等内容，以及其他相关规章制度要求在销售时对客户明示和提示的内容。

四、加强管理和风险控制

加强对录音录像录制和保存的管控，确保录音录像的录制和保存不受人为干预或操纵。录像中可明确辨别本机构员工和消费者面部特征，录音可明确辨识员工和消费者语言表述。录制过程中保护消费者隐私，注重消费者体验，严格防控录音录像信息泄露风险，并确保录音录像资料可随时精准检索和调阅。录音录像资料至少应保留到产品到期兑付后6个月。发生纠纷的，应保留到纠纷最终解决后。

各机构应高度重视专区产品销售"双录"工作，制定并完善相关内控制度及流程，指定具体部门牵头推动实施和管理，并组织开展覆盖全体零售条线人员的内部培训。加强内部监督检查，定期开展抽查，并扩大抽查覆盖面，特别是要加大对高风险产品、投诉多发网点的检查力度和频次。通过实施产品销售录音录像，切实加强产品销售行为的内部管理和外部监督，有效防范员工私售等违法违规问题的发生。

《指引》与本通知内容规定不一致的，以本通知为准。

附件：北京地区银行业金融机构专区产品销售录音录像实施标准

二〇一六年五月九日

北京地区银行业金融机构专区产品销售录音录像实施标准

类别	序号	具体要求	制度依据
制度建设及内部管理	1	建立并完善产品销售专区及录音录像管理制度	京银监办发〔2016〕18号文第二条
	2	结合专区销售"双录"要求，补充、修订相应的经营管理和内部控制制度	银监办发〔2016〕64号文第二条第二款
	3	指定具体部门牵头推动专区产品销售"双录"实施和管理	参照京银监发〔2014〕132号文

续表

类别	序号	具体要求	制度依据
制度建设及内部管理	4	制定专区产品销售规范流程及统一话术，并组织开展覆盖全体零售条线人员的内部培训	本文件要求
	5	开展一定频度和覆盖面的“双录”抽查，加大对高风险产品、投诉多发网点的检查力度和频次	银监办发〔2016〕64号文第五条第二款
	6	按要求向监管部门报送“双录”实施情况	参照京银监办发〔2016〕18号文第二条
产品销售专区管理	7	销售专区应与营业场所其他功能区有所隔离，能够满足产品销售录音录像要求。	本文件要求
	8	2016年6月底完成销售专区内电子监控系统的安装配置工作，实现销售过程全程同步录音录像。	京银监办发〔2016〕18号文第二条
	9	销售专区有明显标识，并在显著位置以醒目字体提醒消费者“您所购买的产品可通过我行（司）网站产品名录进行查询。产品有风险，投资须谨慎”	京银监发〔2016〕48号文第六条
	10	销售专区内应公示本机构消费者投诉专线，便于消费者确认产品属性及相关信息，举报违规销售、私售产品等行为	参照京银监发〔2016〕48号文第八条
	11	银行专区销售人员应当为本行员工，且具有理财和代销业务相应资格	参考京银监发〔2016〕48号文第六条
录音录像相关要求	12	商业银行“双录”范围包括全部自有理财产品及代销产品；信托公司“双录”范围为针对自然人投资者的直销信托产品	京银监办发〔2016〕18号文第二条
	13	销售过程全程同步录音录像，能够完整客观地记录营销推介、相关风险和关键信息提示、消费者确认和反馈等重点销售环节	银监办发〔2016〕25号文第二条第四款
	14	录音录像环节，销售人员应向消费者全面、清晰说明产品类型和名称、产品研发主体、产品风险、收益特性、产品期限、客户权益、信息披露方式、投诉方式等内容，以及其他相关规章制度要求在销售时对客户明示和提示的内容	参照京银监发〔2014〕132号文第十条
	15	个人客户在营业场所办理网上产品购买进行风险承受能力评估的，也应录音录像，销售人员应主动提示客户按照适当性原则购买与其风险承受能力匹配的金融产品，并提示客户如发生可能影响其自身风险承受能力的情形，再次购买金融产品时，要主动进行风险承受能力评估。	本文件要求
	16	加强对录音录像录制和保存的管控，确保录音录像的录制和保存不受人为干预或操纵	银监办发〔2016〕25号文第二条第四款
	17	录像可明确辨别本机构员工和消费者面部特征，录音可明确辨识员工和消费者语言表述	
	18	录制过程中保护消费者隐私，注重消费者体验	
	19	严格防控录音录像信息泄露风险，确保录音录像资料可随时精准检索和调阅	
	20	录音录像资料至少应保留到产品到期兑付后6个月，发生纠纷的，应保留到纠纷最终解决后	

中国证券监督管理委员会北京监管局

关于进一步加强辖区公募基金行业独立基金销售机构监管的通知

京证监发〔2016〕141号

为贯彻“依法监管、全面监管、从严监管”的总体工作方针，进一步加强对独立基金销售机构的监管，按照《证券投资基金销售管理办法》（以下简称《销售管理办法》）及中国证监会《关于进一步加强公募基金行业独立基金销售机构监管工作的通知》等法规及文件的要求，现就有关事项通知如下：

一、严格遵守监管要求，提升合规运作水平

各机构开展公募基金销售业务需遵循以下监管要求：

（一）股东及高级管理人员应具备相应的资质条件

独立基金销售机构的股东应当以自有资金出资，不得股权代持。为避免同业竞争，原则上单一股东或者受同一实际控制人控制的多个股东仅可出资设立一家基金销售机构。现有独立基金销售机构变更股东或高级管理人员的，应符合以下条件：法人股东应当具备良好财务状况，最近3个会计年度应当连续盈利；自然人股东和高级管理人员的金融业务工作经历应当限于在持有国务院金融监管部门颁发金融牌照的金融机构的工作经历；高级管理人员原则上应具有公募基金销售业务管理工作经历，熟悉公募基金销售业务。

（二）与股东及关联方之间应有必要的风险隔离措施

独立基金销售机构的股东或者关联方如从事P2P、股权众筹、私募基金管理、区域性交易市场等业务的，独立基金销售机构及其股东、关联方应出具承诺，保障机构、人员、业务的独立与风险隔离，并提供具体可行的措施和方案，有效防范股东或关联方将风险传导至独立基金销售机构。独立基金销售机构的股东或者关联方从事私募基金管理业务的，应当具有证券投资基金业协会出具的私募基金管理人登记证明文件。

（三）业务范围应当体现专业化经营的原则

独立基金销售机构是专业从事公募基金及其他金融理财产品销售的机构，主营业务范围应当限于“公募基金及其他金融理财产品销售”。其中，其他金融理财产品应当为受国务院金融监管部门监管的金融理财产品。独立基金销售机构同时开展其他业务的，相关业务应当与主营业务存在直接关联（例如，因网上销售业务需要同时申领增值电信业务许可证、经营广告业务许可证）且不存在利益冲突，并提供行业主管部门的核准或业务备案文件。独立基金销售机构不得同时开展P2P、股权众筹、私募基金管理、区域性交易市场等业务。

（四）从业人员应熟悉法律法规并具备实际业务能力

独立基金销售机构取得基金从业资格的人员人数应符合《销售管理办法》的规定，相关人员应当理解和掌握基金销售业务相关法律法规、公司规章制度，熟练操作公司基金销售业务信息管理平台，熟悉基金销售业务各项业务流程，具备实际开展公募基金销售业务的能力。独立基金销售机构应当建立健全并有效执行基金销售人员持续培训制度，加强对基金销售人员行为规范的检查和监督。

（五）不得存在长期不开展公募基金销售业务的情况

独立基金销售机构获得基金销售业务资格后，应按照业务规划稳步开展公募基金销售业务。凡领取《基金销售业务资格证书》后1年内未办理过公募基金申购、赎回业务的，根据《销售管理办法》第九十一条的规定，将终止其基金销售业务资格。

（六）不得委托其他机构办理基金销售业务

独立基金销售机构应当拥有独立的营业场所、信息技术系统和业务人员，不得委托其他机构人员代办基金销售活动。独立基金销售机构股东或者其他关联方不得违规占用独立基金销售机构资金，不得以自己或者独立基金销售机构名义对外开展宣传推介、账户开户、申购赎回等活动，不得与基金销售活动进行捆绑营销。

（七）严格执行公募基金销售业务规范

独立基金销售机构在开展公募基金销售业务过程中，应严格遵守销售业务规范，落实投资者适当性管理等核心制度，确保基金销售信息平台安全高效运行，保障基金销售结算资金安全，加强投资者教育及风险揭示，落实反洗钱工作。独立基金销售机构不得采取抽奖、回扣或者送实物、保险、基金份额等“有奖销售”方式销售基金（新增基金账户开户、新增基金份额、延长基金投资期均属于“销售基金”范畴），而不论该奖励是否来源于独立基金销售机构。

（八）建立完善私募产品销售业务规范并强化风险隔离

独立基金销售机构如开展私募产品销售业务，应当建立合作机构名单制度与销售产品库制度，加强对代理销售私募基金产品的合作对象及产品的遴选标准。其中，独立基金销售机构代理销售私募基金产品的，合作对象应当限于作为证券投资基金业协会会员的私募基金管理人。独立基金销售机构在开展私募产品销售业务过程中，应严格遵守相关监管部门制定的销售业务规范。如私募产品监管部门未制定专门销售业务规范或者相关监管规范未明确规定的，应当在风险揭示、投资者适当性管理和销售文件保存等方面，参照执行公募基金产品相应的销售业务规范，并建立公募基金销售与私募产品销售业务分离的内控制度。

（九）审慎设立分支机构并加强管控

独立基金销售机构应当根据业务发展需要审慎设立分支机构，不得脱离合规及风险管理能力盲目设立分支机构。新设立分支机构的，原则上应当限于所在省、自治区、直辖市范围，并符合《销售管理办法》第二十一条规定的条件。若最近1年内因违法违规行为被采取过行政监管措施的，不得设立分支机构。

（十）严格履行相关备案要求及信息报送义务

独立基金销售机构应按照《销售管理办法》等法规要求，严格履行相关备案要求及信息报送义务，特别是对于设立分支机构，变更经营范围、注册资本或者出资、股东或者合伙人、高级管理人员等重大事项，应按照《销售管理办法》第二十二条的规定切实履行事前备案程序。独立基金销售机构变更注册地址和实际经营场所的，参照《销售管理办法》第二十二条规定执行。

二、全面开展自查整改，有效防范业务风险

自本通知下发之日起，各独立基金销售机构应开展为期1个月的自查和3个月的整改，通过自查及整改查错纠偏，提升合规运作水平，防范及化解相关风险隐患。

（一）全面开展自查

各独立基金销售机构应对照上述监管要求及自查底稿（见附件），开展为期1个月的自查。自查内容包括但不限于：

1. 是否存在股权代持情况。

2. 是否存在同业竞争情况，即单一股东或者受同一实际控制人控制的多个股东是否出资设立多家基金销售机构。

3. 股东及关联方的合规诚信状况；股东或者关联方如从事P2P、股权众筹、私募基金管理、区域性交易市场等业务的，是否制定了相应的风险隔离措施和方案防范风险传导。

4. 是否存在超范围经营情况。

5. 从业人员数量及资质是否符合监管要求。

6. 是否存在超期未开展公募基金销售业务情况。

7. 与关联方等机构的业务合作情况，是否存在业务混同、不独立等问题。

8. 公募基金销售业务合规运作情况。

9. 私募产品销售业务规范建立及执行情况。

10. 公募基金销售业务与私募产品销售业务之间的风险隔离情况。

11. 分支机构设立、运营及管控情况。

12. 自获得基金销售业务资格后的历次重大事项变更情况，是否履行相应的备案要求及信息报送义务情况。

（二）认真进行整改

对自查发现的问题，各独立基金销售机构应高度重视，切实采取整改措施，原则上应在3个月内完成整改，对逾期未完成整改的，将区分情况，依法采取行政监管措施。其中，对于存在“公募基金及其他金融理财产品销售”以外的经营范围，凡是与公募基金销售的主营业务无关，且未获得行业主管部门颁发的业务许可或者业务备案的，应在3个月内清理完毕；对于股东或同一实际控制人下设多家独立基金销售机构的，应在3个月期限内提出切实可行的业务划分整合方案，稳妥解决同业竞争问题；对于同时开展私募基金产品管理业务的，应在3个月内提出存量产品的整改方案，整改期间不得新增该类业务，稳步推进相关业务规范。

三、时间安排及工作要求

（一）时间安排

独立基金销售机构应自本通知下发之日起启动自查，于8月25日前完成自查工作并向我局报送自查报告及自查底稿。

各机构应在自查过程中边查边改，于10月25日前完成整改工作，向我局报送整改报告及变更后的营业执照复印件。涉及股东或同一实际控制人下设多家独立基金销售机构、同时开展私募基金产品管理业务等问题确实无法在规定期限内完成整改的机构，也应在10月25日前报送整改方案，并按照整改方案拟定的时间表推进相关整改工作。

我局将结合各机构自查整改情况，以问题和风险为导向，选取重点机构于11月份组织开展抽查。

（二）工作要求

各机构应按照要求，按时提交相应报告及文件，所有报告及文件均需提交书面盖章版及电子版（光盘）各一份。书面报告须经公司法定代表人及总经理亲自签字确认。

各机构要高度重视此次检查工作，认真做好自查，切实开展整改，积极配合检查。对于自查不认真、整改不到位及不配合检查，或者合规意识单薄、存在重大风险隐患、拒不整改、提供虚假情况的，我局将依法采取行政监管措施，情节特别严重的，将依法采取暂停办理基金销售业务直至终止基金销售业务资格等措施，并对相关责任人员采取认定为不适宜担任相关职务等措施。

特此通知。

附件：《北京辖区独立基金销售机构合规运作自查底稿》

二〇一六年七月二十一日

附件：《北京辖区独立基金销售机构合规运作自查底稿》（略）

关于进一步规范证券基金经营机构通过互联网信息平台开展证券投资咨询等业务行为的通知

京证监发〔2016〕245号

伴随着互联网技术发展，各类网络平台中出现众多实时解盘、推荐个股等涉及证券投资咨询业务的行为。为进一步加强对证券公司、基金管理公司、证券投资咨询机构（以下简称证券基金经营机构）利用互联网开展证券投资咨询等业务环节的合规管理，规范证券基金从业人员执业行为，切实维护投资者合法权益，根据《证券法》、《证券、期货投资咨询管理暂行办法》（证委发〔1997〕96号）、《证券投资顾问业务暂行规定》（证监会公告〔2010〕27号）、《发布证券研究报告暂行规定》（证监会公告〔2010〕28号）等规定，现将有关工作要求通知如下：

一、辖区证券公司、证券投资咨询机构应当完善内部控制，加强互联网证券投资咨询业务合规管理

1. 证券公司、证券投资咨询机构应当建立健全内部管理制度，对使用互联网、自媒体软件工具等互联网信息平台开展证券投资咨询业务的行为加强管理。证券公司、证券投资咨询机构通过互联网信息平台开展证券投资咨询业务，须遵守现有证券投资咨询业务监管相关法律法规。相关机构应当建立运用上述网络工具从事证券投资咨询业务的内部管理机制和业务流程，做好客户适当性管理，完善业务留痕管理机制，保护客户信息，防范利益冲突，切实维护投资者合法权益。

2. 证券公司、证券投资咨询机构应当加强其通过互联网信息平台提供证券投资顾问服务环节的合规管理。在展业过程中，人员资质、信息披露、服务协议签订、投资者适当性、投资者教育与保护、服务费收取、营销宣传、留痕管理等方面应当符合相关法律法规规定。自行搭建投资顾问平台的机构，应当加强信息系统管理，维护信息系统安全稳定运行。

3. 证券公司、证券投资咨询机构应当加强其利用互联网信息平台发布证券研究报告的合规管理。在展业过程中，应当严格遵守相关法律法规规定，遵循独立、客观、公平、审慎的原则，有效防范利益冲突，公平对待发布对象，在内部控制、质量审核、合规审查、留痕管理等方面符合监管要求。

4. 证券公司、证券投资咨询机构应当加强对合作互联网企业资质的审核。证券公司、证券投资咨询机构及其从业人员不得与涉嫌从事非法证券投资咨询业务活动的互联网企业开展业务合作，不得为非法证券投资咨询活动提供便利。

二、辖区证券基金经营机构应当加强从业人员执业管理

1. 证券公司、证券投资咨询机构应当加强从业人员资质管理，禁止未取得相应资质人员通过互联网平台从事证券投资咨询业务服务。向客户提供证券投资顾问服务的人员应当具有证券投资咨询执业资格，并在中国证券业协会注册登记为证券投资顾问；在发布证券研究报告上署名人员应当具有证券投资咨询执业资格，并在中国证券业协会注册登记为证券分析师。

2. 证券公司、证券投资咨询机构应当加强证券投资顾问人员执业行为管理。证券投资顾问人员应当遵循诚实信用原则，勤勉、审慎地为客户提供证券投资顾问服务。向客户提供投资建议时，应当具有合理的依据，并根据客户风险承受能力及服务需求向客户提供适当的投资建议服务。禁止通过互联网等公众媒体作出买入、卖出或者持有具体证券的投资建议，禁止以任何方式向客户承诺或保证投资收益。

3. 证券公司、证券投资咨询机构应当加强对证券分析师执业行为管理。证券分析师通过互联网等公众媒体发表涉及具体证券的评论意见，或者解读其撰写的证券研究报告，应当符合证券信息传播有关规定，由所在证券公司或者证券投资咨询机构统一安排，并说明所依据的证券研究报告的发布日期，禁止任何明示或者暗示保证投资收益的行为。

4. 证券基金经营机构应当完善从业人员对外公开发表与证券、基金投资有关言论的监控管理制度。证券基金从业人员应当严格遵守证券期货信息传播有关规定，通过互联网等公众媒体，客观、专业、审慎地发表评论意见，禁止传播虚假、不实、误导性信息。证券基金经营机构应当建立健全与从业人员对外发表言论相关的利益冲突防范机制，明确管理流程和操作要求，有效防范公开发表言论与所从事的证券基金业务之间的利益冲突。未取得证券投资咨询业务执业资格的人员不得通过互联网等公众媒体，分析并预测证券市场及个股行情走势，提供具体投资建议的分析文章、评论、报告等信息。

我局将持续动态跟踪辖区证券基金经营机构及其从业人员通过互联网开展证券投资咨询等业务行为的情况。对于发现的问题及潜在风险，将开展现场核查。对于查实的违法违规问题，依法对相关机构、高级管理人员和责任人采取监管措施；情节严重的，依法立案稽查，严肃追究责任。涉嫌犯罪的，依法移送公安司法机关。

二〇一六年十月十四日

中国保险监督管理委员会北京监管局

关于北京地区保险消费投诉处理工作有关要求的通知

京保监发〔2016〕59 号

各保险公司北京分公司，现代财产保险（中国）有限公司、中意财产保险有限公司、合众财产保险股份有限公司、中国铁路财产保险自保有限公司、安心财产保险有限责任公司、天安人寿保险股份有限公司、瑞泰人寿保险有限公司、中法人寿保险有限责任公司、新光海航人寿保险有限责任公司、弘康人寿保险股份有限公司，北京保险行业协会：

为深入贯彻落实《国务院关于加快发展现代保险服务业的若干意见》（国发〔2014〕29 号）及保监会有关要求，规范保险消费投诉处理工作，提高投诉处理的质量和效率，保护保险消费者合法权益，现就北京地区保险消费投诉处理工作提出以下要求：

一、组织领导

（一）各公司应高度重视保险消费投诉处理工作，建立和完善保险消费投诉处理制度，设立专门的投诉处理部门，配备专职工作人员。

（二）各公司应健全和完善重大及群体性投诉处理应急预案，严格依照北京保险业突发事件应急预案的相关规定，做好重大及群体性投诉的预防、报告和应急处理工作。

二、即时联系机制

（三）各公司应设立主要负责人、分管负责的高管人员、投诉处理部门负责人、投诉处理专人等四级联系人，并将联系方式报北京保监局备案。公司主要负责人是消费投诉处理第一责任人，要亲自批阅、处理重要消费投诉；投诉处理专人是转办投诉办理的直接责任人。联系人如有变更，应及时报告。

（四）各公司接到北京保监局转办的投诉事项后，应即时与消费者取得联系，积极协商，妥善化解保险消费纠纷。

三、投诉处理原则

（五）保险消费投诉处理应坚持依法、公平、合理、高效、便民的原则。

（六）各公司对消费者提出的合理要求，应尽快解决；对消费者要求较高但被投诉单位也负有责任的，应在合理范围内协商解决；对消费者要求不合理的，应及时做好解释沟通；对涉及保险欺诈的，坚决依法处理。

四、保险合同纠纷调处机制

（七）北京保险合同纠纷调解委员会

负责督促和指导各公司处理转办投诉涉及的合同纠纷问题。

（八）各公司应主动利用行业纠纷调解机制化解遇到的合同纠纷问题；对消费者申请调解的，各公司应积极配合；达成调解协议的，应认真履行。

（九）北京保险行业协会应加强调解员队伍建设，加大对保险合同纠纷调处机制的宣传力度，进一步发挥调处机制在化解保险合同纠纷中的积极作用。

五、材料报送及责任追究

（十）各公司对处理完毕的系统转办件应按要求及时回访，向消费者提供《保险消费投诉回访单》（以下简称《回访单》），请消费者对投诉处理情况进行评价，并征求相关意见和建议。《回访单》原则上应由消费者本人填写，如果消费者选择通过电话回访方式由公司代为填写的，公司应如实记录消费者的意见，并保留电话录音。

（十一）各公司应按要求及时、如实上报各项材料，对投诉处理中隐瞒不报、编制或提供虚假材料的违法违规行为，将依法严肃处理，并追究相关人员的责任。

（十二）各公司违反本通知要求或投诉处理不力引发矛盾升级的，北京保监局将视情况采取电话提示、高管约谈、监管谈话、监管函、行业通报等措施。

六、其他

（十三）各公司作出投诉处理决定所依据的保险业务档案、回访录音等材料，消费者要求出示的，公司不得以内部资料等理由拒绝，但涉及商业秘密、个人隐私的除外。

（十四）各公司在投诉处理中确有证据证明存在保险欺诈或冒用消费者名义投诉等情形的，可以向北京保监局报告。

（十五）北京保监局定期对辖内各公司投诉总量、亿元保费投诉率以及投诉处理情况等指标进行测评，并将测评结果向行业及社会公开披露。

（十六）本通知自下发之日起施行。《关于北京地区保险消费投诉处理工作有关要求的通知》（京保监发〔2013〕269号）、《关于加强12378热线事项处理工作的通知》（京保监发〔2015〕5号）、《北京地区保险公司投诉处理测评制度》（京保监发〔2015〕6号）同时废止。

附件：保险消费投诉回访单

二〇一六年三月三十日

附件：保险消费投诉回访单（略）

北京保监局关于印发《北京地区机动车交通事故责任强制保险电子保单管理试点办法》的通知

京保监发〔2016〕259号

各财产保险公司北京分公司，现代财产保险（中国）有限公司、中意财产保险有限公司、合众财产保险股份有限公司、中国铁路财产保险自保有限公司，北京保险行业协会，中国保险信息技术管理有限责任公司北京分公司：

根据中国保监会《关于同意在北京地区开展机动车辆保险电子保单试点的批复》（保监产险〔2013〕481号）要求，为推动机动车辆保险电子保单深入发展，在北京市公安局公安交通管理局的支持下，我局决定在进一步深化机动车辆商业保险电子保单试点基础上，开展机动车交通事故责任强制保险电子保单试点工作。为加强管理，切实保护车险消费者合法权益，我局制定了《北京地区机动车交通事故责任强制保险电子保单管理试点办法》，现印发给你们，请遵照执行。

特此通知

二〇一六年十二月二十二日

北京地区机动车交通事故责任强制保险电子保单管理试点办法

第一章 总 则

第一条 为规范机动车交通事故责任强制保险电子保单（以下简称“交强险电子保单”）管理，维护市场秩序，保护车险消费者的合法权益，根据《中华人民共和国保险法》及相关法律法规，制定本办法。

本办法适用于北京市行政区域内保险公司使用交强险电子保单开展机动车交通事故责任强制保险业务的有关经营活动。

第二条 交强险电子保单试点，包括交强险电子保单及电子交强险标志。

交强险电子保单，是指保险公司向投保人签发的以数据电文形式存在的证明机动车交强险合同关系的电子证明文件，是纸质保险单和保险批单的电子替代品。交强险电子保单的生成、发送、接收、储存和载明的内容应符合有关法律法规的要求。交强险电子保单的内容及格式应与中国保监会监制的纸质交强险保单保持一致。

电子交强险标志，是以数据电文存在的、纸质交强险标志的电子替代品。电子交强险标志的内容及格式应与中国保监会监制的纸质交强险标志保持一致。

数据电文，是指以电子光学、磁或者类似手段生成、发送、接收或者储存的信息。

第二章 行为规范

第三条 保险公司开展交强险电子保单试点工作应遵循以下要求：

（一）保险公司应依据本办法制定专门的交强险电子保单业务流程和制度，加强系统改造，进行业务和技能培训，为车险消费者提供方便、快捷的保险服务。

（二）保险公司承保生成交强险电子保单后，应即时使用统一、规范的方式向投保人、被保险人的电话号码发送信息，告知承保基本信息和交强险电子保单、电子交强险标志的查询、下载及验真方式。保险公司可以采取电子邮箱、微信等多种方式向投保人及被保险人发送交强险电子保单、电子交强险标志并提示查询、下载、验真方式。交强险电子保单发生批改时，应即时以短信方式告知投保人、被保险人批改内容。

（三）保险公司信息系统应具备生成、储存、传递、查询、下载、打印、验真及防篡改交强险电子保单、电子交强险标志等功能，并应及时、完整、准确的向北京车险信息平台传递相关信息。

（四）保险公司应在官方网站、营业场所等提供多渠道的交强险电子保单、电子交强险标志查询、下载、打印及验真服务。保险公司因突发情况无法提供查询、下载、打印及验真等服务的，应及时通过官方网站、社会媒体或其他途径进行公告。

（五）保险公司应完整、准确地向社会公布交强险电子保单、电子交强险标志的格式样本，查询、下载、打印、验真方式，以及客户服务电话、常见问题解答、纠纷解决方式等信息。

（六）保险公司应运用数字证书等电子认证技术加强交强险电子保单、电子交强险标志信息数据的安全管理，确保信息数据在存储、传输以及使用等各环节安全。

（七）保险公司应严守客户信息保密制度，对提供服务过程中获得的投保人或被保险人的个人信息保密，不得泄露、出售或者非法提供给他人。

（八）保险公司应妥善管理交强险电子保单、电子交强险标志相关档案。

（九）保险公司应加强对保险中介机构（个人）销售交强险电子保单行为的业务指导和管理。

第三章　服务与保障

第四条　保险公司应建立相关制度，加强培训和宣传，妥善引导车险消费者正确认识和使用交强险电子保单、电子交强险标志。

第五条　保险公司应制定交强险电子保单日常投诉处理机制以及发生重大突发事件的应急预案。

第六条　北京保险行业协会应制定试点工作实施细则，明确业务流程及相关信息技术标准，加强工作协调沟通，确保试点工作顺利开展。北京保险行业协会网站应向车险消费者提供交强险电子保单信息的查询服务。

第七条　中国保险信息技术管理有限责任公司北京分公司应配合北京保险行业协会制定系统改造技术标准，完善车险信息平台系统功能，真实、完整、准确、安全的储存各保险公司的交强险电子保单信息，并根据试点工作需求提供相关技术支持。

第四章　法律责任

第八条　北京保监局依照本办法对使用交强险电子保单的机动车辆保险业务经营活动实施监督管理。保险公司执行本办法过程中违反《中华人民共和国保险法》等有关法律法规的，北京保监局将依法采取监管措施。

第五章　附　则

第九条　本办法自 2016 年 12 月 28 日起执行。

北京市金融工作局
北京市发展和改革委员会

北京市金融工作局　北京市发展和改革委员会关于印发《北京市“十三五”时期金融业发展规划》的通知

京金融〔2016〕265 号

各有关单位：

《北京市“十三五”时期金融业发展规划》已经市政府批准，准予印发。

《北京市“十三五”时期金融业发展规划》可从市金融局网站 www. bjjrj. gov. cn 或市发展改革委网站 www. bjpc. gov. cn 浏览或下载。

特此通知。

二〇一六年十二月十五日

北京市“十三五”时期金融业发展规划

序　言

“十二五”时期，北京金融业综合实力显著增强，金融业资产规模快速增长，2015 年末达到 111.5 万亿元，位居全国第一，较 2010 年末累计增长 73.1%。现代金融组织体系进一步健全，传统金融机构稳健发展，新兴金融业态不断丰富，国际金融组织快速聚集，金融中介组织日趋完善，法人金融机构数量、金融从业人员数量和人才质量均处于国内领先地位。金融市场快速协调发展，“十二五”期末北京境内外上市公司数量达到 498 家，其中 A 股 264 家，位居全国第二。全国中小企业股份转让系统（简称“新三板”）在京设立，多层次资本市场建设取得重大突破。科技金融服务体系不断完善，中关村各类科技金融机构达 90 余家，累计发放科技贷款近千亿元，中关村国家科技金融创新中心建设初显成效。金融服务首都功能不断增强，金融业作为带动全市经济增长和财政收入增长、构建“高精尖”经济结构的第一支柱产业，“十二五”期间对经济增长的平均贡献率达到 23.7%。金融生态环境持续优化，金融街、CBD、丽泽商务区等功能区影响力不断提升，中关村“1 +6”等先行先试政策相继出台，政府金融服务机制不断健全。对外开放进程不断加快，国际交流推介力度持续加强，金融合作空间和领域深入拓展，亚洲基础设施投资银行（简称亚投行）、丝路基金相继落户北京，金融街论坛、全球 PE 北京论坛、国际金融博览会、国际金融论坛等国际性金融交流活动不断提升北京金融影响力，京台论坛、京港论坛加深区域金融合作。

“十二五”时期，北京金融业发展取得了显著成绩，在促进北京经济社会持续健康发展方面发挥了重要作用，但仍然存在一些亟需在发展中解决的问题，包括：金融业内部结构仍需完善，金融服务创新创业的能力需进一步增强，金融风险防范问题更加突出等。站在新的历史起点上，顺应国内外经济环境深刻变化，把握国家重大战略需求，做好新的金融业五年发展规划，是加快将北京建设成为具有国际影响力金融中心城市的重要保障。

《北京市“十三五”时期金融业发展规划》是北京市“十三五”规划体系中的市级一般专项规划，由北京市金融工作局组织编制。本规划编制的主要依据是：《中共北京市委关于制定北京市国民经济和社会发展第十三个五年规划的建议》、《北京市国民经济和社会发展第十三个五年规划纲要》及《中共北京市委北京市人民政府关于贯彻〈京津冀协同发展规划纲要〉的意见》。

本规划历经方案制定、前期研究、撰写起草、论证修改四个阶段，共用时一年六个月。起草过程中，北京市金融工作局会同相关部门组织开展前期课题研究6项，召开座谈论证会30余次，赴上海、天津等省市学习交流，广泛征求国家金融管理部门、市有关部门、各类金融机构、重点区和百余名专家学者的意见和建议。本规划主要提出了“十三五”时期北京金融业发展的战略目标、重点任务和发展路径，为“十三五”时期北京金融业发展指明方向。

本规划分为四章。第一章分析了“十三五”时期北京金融业面临的新形势、新环境。第二章围绕“十三五”时期服务国家战略、提升首都功能、初步建成具有国际影响力金融中心城市的阶段性要求，提出了北京金融业发展的指导思想、战略定位和主要指标。第三章从全面服务国家战略、助力首都功能提升、增强金融服务实体经济能力、支持新兴金融业态发展、防范金融风险等方面，提出了“十三五”时期推进北京金融业发展的九项重点任务。第四章提出了规划实施的保障措施。

本规划实施时间为2016年至2020年。

第一章　“十三五”时期北京金融业发展形势分析

2008年世界经济危机以来，全球经济形势日趋复杂，世界经济复苏形势尚不明朗，不同区域经济增速分化加剧，经济下行风险仍然存在。欧美等发达经济体经济呈缓慢复苏态势，新兴市场经济增长不确定性加大。国内经济发展进入新常态，产业结构面临深刻调整，创新驱动成为经济发展的新引擎。“十三五”时期，北京金融业仍将处于重要战略机遇期，既面临难得的发展机遇，也面对诸多风险和挑战。

国际金融格局新趋势——中国积极参与国际金融活动，人民币汇率市场化进程稳步推进，人民币国际化进程不断加快，人民币正式成为国际储备货币。“一带一路”战略加强了中国与沿线国家在基础设施建设、资源开发、产业整合等方面的合作，亚投行、丝路基金先后落地北京，中国金融业将更加深入地参与国际金融秩序构建，国际话语权不断提升。作为众多国际金融组织所在地的北京，必须具备全球视野，以建成具有国际影响力的金融中心城市为目标，在更高层次上参与全球金融资源配置，不断巩固和提升国际交往中心地位。

全面深化改革新阶段——十八届三中全会提出“全面深化改革”的战略目标。全面深化改革的重点在于处理好政府和市场的关系，使市场在资源配置中起决定性作用。金融作为现代经济的核心，对内改革对外开放进程将不断加快，逐步允许具备条件的民营资本参与金融机构发起设立，不断健全多层次资本市场体系，探索股票注册发行制改革，提高直接融资比重。完善人民币汇率市场化形成机制，加快推进利率市场化。“十三五”时期，落实国家金融业改革开放战略将成为北京金融业发展的重要任务。

首都功能发展新机遇——2015 年 6 月，《京津冀协同发展纲要》正式发布，中央将首都功能确定为全国政治中心、文化中心、国际交往中心、科技创新中心，提出实现京津冀协同发展。首都城市战略定位与京津冀协同发展的契机要求北京未来将以技术创新引领产业转型，有序疏解非首都功能，构建“高精尖”经济结构，在京津冀三地实现城市功能互补和产业错位发展。2022 年北京—张家口冬奥会的历史机遇，进一步对北京提出要以世界城市为标准，加大三地城市基础设施投资建设的新要求。“十三五”时期将是北京深入落实首都城市战略定位、建设国际一流和谐宜居之都的关键时期，北京金融业也将迎来新的发展契机。

创新驱动战略新要求——“十三五”时期，以要素驱动和投资驱动为主的经济增长方式将向创新驱动发展方式转变。在此转变过程中，创新是打造核心竞争力、构建“高精尖”经济结构、建设国家科技创新中心的关键所在，支持创新创业是北京金融业亟需解决的重大课题。“十三五”时期是深化体制机制改革、加快实施创新驱动发展战略的关键时期，北京金融业在落实“大众创业、万众创新”国家战略、服务科技创新的同时，也将迎来新的发展机遇。

金融安全稳定新挑战——金融业态、机构和市场之间的互相渗透不断扩大金融业规模和复杂程度，日新月异的网络信息技术使得以此为基础的金融衍生品和跨市场交易快速发展，产能过剩行业的风险逐渐积聚，影子银行监管难度不断加大，非法集资案件不断增加，对金融体系的安全稳定提出了新的挑战。

北京金融发展新生态——以人为核心的互联网技术改变了传统金融市场的生态，新技术带来的新特征、新平台和新模式，使北京金融业面临着重大变化。以互联网信息技术广泛应用为基本特征的金融发展新生态正在改变着金融业的外部环境和内部规则。可以预期，“十三五”时期金融生态环境的深刻变革将对北京金融业的发展产生重要影响。

第二章 “十三五”时期北京金融业发展指导思想与战略目标

一、指导思想

高举中国特色社会主义伟大旗帜，全面贯彻十八大、十八届三中、四中和五中全会精神，深入贯彻习近平总书记系列重要讲话和视察北京重要讲话精神，按照“四个全面”战略布局，贯彻“创新、协调、绿色、开放、共享”的发展理念，推动金融供给侧结构性改革，落实国家金融改革的战略要求和各项部署。坚持金融服务北京“四个中心”建设的核心定位，不断增强北京金融的国际影响力、推动力和话语权。坚持金融服务实体经济的本质要求，推动金融业服务北京“高精尖”经济结构建设。坚持推进金融服务国家“一带一路”战略，提升金融业对外开放水平，构建国际金融战略大本营。坚持完善金融综合治理，加强监管，维护北京金融安全稳定。

二、战略定位与发展目标

“十三五”期间，紧紧抓住历史机遇，围绕金融服务“一带一路”、京津冀协同发展等重大国家战略，坚持北京建设政治中心、文化中心、国际交往中心、科技创新中心的城市战略定位，不断优化提升首都金融核心功能，以 2022 年北京冬奥会、推进北京服务业扩大开放综合试点、北京城市副中心建设等重点工作为抓手，不断提升金融服务首都功能和实体经济的能力，强化金融在构建北京“高精尖”经济结构中的支柱地位，推动金融业更好服务北京建设国际一流的和谐宜居之都。

到“十三五”期末，北京作为集金融决策监管、资产管理、支付结算、信息交流、标准制定为一体的国家金融管理中心的地位得到进一步巩固提升，金融对北京建设“四个中心”的支持力度进一步加大，北京金融业继续在金融市场、金融创新、金融人才等领域保持全国领先地位；在科技金融、互联网金融等创新领域率先突破，国家科技金融创新中心全面建成；京津冀金融协同发展不断加速，基本实现区域要素市场一体化；国际高端金融组织加速聚集，金融服务业扩大开放水平全面提高；金融业对北京经济发展的贡献力不断提升，具有国际影响力的金融中心城市初步建成。

三、主要指标

——金融服务国家战略的能力显著提升。科技金融产品不断丰富，服务不断创新，国家科技金融创新中心建设取得明显成效，实现金融对国家创新驱动发展战略的有力支撑。构建京津冀区域协同发展的金融服务体系，促进非首都功能有效疏解，金融服务京津冀区域一体化战略的作用显著增强。推进金融业双向开放，加快人民币国际化进程，将北京建设成为服务“一带一路”战略的金融大本营。

——金融服务首都核心功能的能力进一步加强。金融业在北京经济中的战略支柱地位不断巩固，到“十三五”期末，金融业增加值占地区生产总值比重达到 18% 左右，北京进入国际金融中心城市行列。金融业在助力首都经济结构调整和经济发展方式转变中的作用进一步提升。金融业对推动“四个中心”建设发挥重要作用。

——金融体系结构更加完善。金融组织体系不断健全，金融市场体系更趋完善，金融要素资源加快聚集。到“十三五”期末，金融业各细分领域稳定发展：存贷款余额增速与 GDP 基本保持一致，助力经济稳定增长；上市公司总数量、规模保持全国前列，质量结构不断优化；保险业继续保持稳定增长，在金融总资产中的比重不断提升，行业内部结构趋于优化；互联网金融等新金融业态健康规范发展，金融服务实体经济的效率不断提升，北京金融业的辐射力、影响力进一步扩大。

——金融生态环境进一步优化。金融法治环境日趋完善，金融管理水平不断提升，金融安全稳定建设不断加强。社会信用体系基本建立，市场中介机构服务水平全面提升，金融发展环境的国际竞争力明显增强。各功能区合理布局、错位发展，形成高端金融人才聚集之都。力争构建金融政策支持体系更加健全、政府金融服务体系更加完善、金融风险防范机制更加有效的金融生态环境。

第三章 “十三五”时期北京金融业发展重点任务

一、深化开放合作，融入国际金融新格局

（一）深入推动服务业扩大开放综合试点

抓住北京服务业扩大开放综合试点的契机，加大政策支持力度，优化北京外资金融机构服务环境，优化对外投资管理服务，扩大金融业对外开放水平。支持更多的外资金融机构在京发展，支持符合条件的银行、证券、保险等各类金融机构通过境内外资本市场筹集资金，支持符合条件的各类资本设立消费金融公司、汽车金融公司、金融租赁公司等非银行金融机构。推动金融机构股权结构不断优化，在符合相关法律法规的前提下，为国际金融机构在京设立法人机构、全资机构、分支机构提供便利。支持符合条件的境外金融中介服务机构在京发展，支持内资和外资机构依法申请设立银行卡清算机构，丰富国内银行卡清算市场主体。

（二）全面服务“一带一路”国家战略

发挥“丝路基金”等中长期开发投资基金作用，做好“一带一路”国家和地区的基础设施、资源开发、产能合作和金融合作等项目投资。吸引更多中长期开发投资基金在京落地。支持有实力的金融机构与国外金融机构建立“一带一路”战略联盟，通过共享跨境金融平台，包括设立境内外分支机构、离岸金融中心、并购等多种渠道稳健拓展国际业务，为企业全球发展提供跨境金融服务。支持在京银行类金融机构主动承接“一带一路”战略释放的融资和其他金融服务需求，在“走出去”重点国家和地区进行业务布局，为国内企业开拓市场提供金融支持。鼓励证券期货类金融机构积极服务企业对接国际资本市场，参与企业跨国并购重组业务。推动设立北京市“走出去”基金，打造成为重大项目海外发债平台，助力企业境外发债。鼓励保险公司运用信用保险、投资保险、出口保险等服务，增强企业国际竞争力。

（三）积极助推人民币国际化进程

积极服务人民币国际化，扩大人民币跨境使用，提升人民币在国际货币金融体系中的话语权。支持在京企业在“一带一路”沿线跨境贸易和投资领域使用人民币结算。鼓励在京金融机构积极开展境外项目人民币贷款业务，推动人民币金融产品创新。争取各类外汇管理改革政策在京先行先试。推动在京进行境内个人投资者境外投资试点。支持在京非金融企业和非银行金融机构进入银行间外汇市场。支持在京金融机构争取人民币产品交易做市商地位，加大境外分支机构的人民币贷款力度，为市场提供更丰富的人民币金融产品和投资渠道。深化中关村外汇管理改革试点。适时推广中关村外债宏观审慎管理和境外并购外汇管理试点政策经验。

（四）广泛开展国际金融交流合作

健全国际金融城市间常态交流合作机制，推进国际金融合作进程，推动首都国际交往中心建设。积极推动高层次、高水

平的国际性经济交流活动在京举办，探索金融服务“一带一路”国家战略的创新模式。积极服务国际城市间金融监管改革合作，防范系统性金融风险。大力支持国际城市间金融市场互联互通，推动金融权益、大宗商品等各类金融要素场内、场外有效流转。

二、加速协同发展，开拓京津冀金融一体化新领域

（一）强化首都金融管理中心功能

发挥北京金融管理功能，推动三地金融资源优势互补，推动区域内金融先行先试政策复制推广。完善北京金融决策监管中心功能，加强区域金融监管合作；强化北京资产管理中心功能，推动京津冀财富管理互补发展；发挥北京金融支付结算中心功能，畅通三地资金流转渠道；发挥北京金融信息中心功能，推动区域金融信息资源共享。推动监管合作、监管理念统一，加强区域协同监管。

（二）支持金融机构一体化运营

大力支持金融机构在京津冀三地创新经营模式，支持符合条件的金融机构通过直接设立或相互参股等方式，在京津冀三地互设子公司和分支机构，跨区域开展业务；在京津冀毗邻地带（通州、廊坊、武清、大兴等地）先行推进金融一体化，支持在京金融机构信贷资源流向天津、河北地区，为疏解离京的企业提供接续金融服务。鼓励金融机构成立京津冀事业部，建立区域统一的抵押质押制度。推进三地异地存储、信用担保、融资租赁等业务同城化发展。推动三地金融机构的纵向联动和横向联合，形成覆盖全区域的项目贷款和银团贷款服务网络。试点开展小额贷款公司跨区域经营。

（三）推动金融要素市场互联互通

支持本市区域性股权市场（简称“四板”）按照监管部门允许的方式在京津冀三地和全国范围内开展合作。推动建立统一的企业产权、技术产权、农村土地承包经营权、集体林权、矿权等要素资源的市场化流转制度。推动建立区域统一的碳排放权交易系统和交易制度，助力京津冀生态环境保护。组建区域间的租赁、保理、票据等金融资产交易平台。

（四）鼓励金融产品多形式创新

支持金融机构在区域内开展产品创新、业务创新和融资对接活动，丰富社会资本投资渠道。支持建立区域协同发展基金，支持发行专项建设债券。探索区域内金融机构利用异地授信、银团贷款综合授信等方式，为重点合作项目和跨区域基础设施建设提供广泛金融支持。鼓励跨区域经营的企业探索联合发行企业集合债券、中小企业集合票据、定向私募债券等创新型融资产品。

（五）提升金融服务助力协同发展

大力支持金融机构不断提升服务能力，为推进非首都功能有序疏解、京津冀交通一体化、生态环境保护和产业升级转型提供融资支持，加快打造现代化新型城市群，助力京津冀经济社会协同发展。积极服务三地政府投融资体制改革创新，综合运用政府发债、政策性金融、政府和社会资本合作（PPP）等方式，广泛引入社会资本推进三地教育事业、医疗卫生、就业服务、社会保障等公共服务一体化进程。加大金融扶持环首都贫困带力度，缩小京津冀三地间经济、生活水平差距。积极做好冬奥会金融服务保障工作。

三、服务宜居之都，构建和谐发展新空间

（一）服务非首都功能疏解

围绕非首都功能疏解做好相关金融服

务。有序引导金融机构劳动力密集型后台服务功能从三环以内整体迁出。充分调动北京金融资源，支持重点领域率先突破，引导和推动大宗商品的仓储物流功能外迁，积极推进服装、小商品、建材等区域性专业市场加快整体迁出。做好疏解企业及城市副中心承接中心城区金融功能外溢的金融服务，为重点项目疏解顺利实施提供保障。

（二）助力“高精尖”经济结构构建

着力强化金融服务对战略性新兴产业和高端制造业的支持力度，多形式、多渠道促进存量产业的全产业链转型升级，加快形成创新引领、技术密集、价值高端的经济结构，重点支持电子信息、生物医药、新能源、新材料、智能制造、航空航天、新能源汽车、轨道交通等战略性新兴产业发展。积极支持第五代移动通信技术(5G)、未来网络、可穿戴医疗设备、基因检测、3D 打印、第三代半导体材料、智能机器人等领域发展。进一步发挥银行业总部机构及政策银行引领作用，通过创新产品为构建“高精尖”经济结构提供金融服务。进一步发挥市场优化配置资源的功能，充分借助多层次资本市场，打造一批有代表性的行业龙头企业。鼓励保险公司创新资金运用方式，发挥对科技型企业和战略性新兴产业的资金支持保障作用。加快推进北京保险产业园建设，打造国家级金融创新示范区。进一步落实国家关于创新创业的各项政策，优化本市引导基金运作机制，引导股权投资行业投资于战略性新兴、文化创意等产业领域的中小微企业。

（三）支持和谐宜居之都建设

加快金融创新引导、协调金融机构为本市各类重大项目进行投融资支持。鼓励通过 PPP 模式支持北京重大项目建设，通过特许经营、购买服务、股权合作等方式，与社会资本建立利益共享、风险分担及长期合作关系，拓宽 PPP 模式股权退出渠道。继续加大棚户区改造支持力度，吸引更多社会资本参与棚户区改造。

鼓励保险资金利用债权投资计划、股权投资计划等方式支持本市重大项目建设。推动保险风险管理技术纳入灾害防范救助体系，提升城市灾害管理能力。鼓励企业和居民利用商业保险等市场化手段应对灾害事故风险，积极发展企业财产保险、家庭财产保险及产品质量保险，发挥保险的经济补偿功能。针对北京市自然灾害特点，探索建立多层次巨灾风险分担机制。鼓励保险公司积极参与交通事故快速处理应用试点，提高交通事故处理效率，减少城市拥堵。

（四）提升民生金融服务水平

鼓励保险公司开发各类养老险、健康险等商业保险产品，扩大商业养老健康保险覆盖面和保障人群，充分发挥商业保险对基本养老、医疗保险的补充作用。拓展商业养老保险的覆盖领域，为不同群体提供个性化、差异化养老保障。支持有条件的企业建立商业养老健康保障计划，支持保险机构拓展企业年金业务。支持个人储蓄性养老保险发展。支持探索开展个税递延型养老保险试点。大力推进养老机构综合责任保险。支持保险机构建设社区养老保险服务网络，支持具备条件的保险机构投资本市养老服务产业，建设养老机构，促进保险服务业与养老服务业融合发展。积极应对人口老龄化，探索建立长期护理保险制度。

（五）推动数字普惠金融发展

贯彻落实中央金融精准扶贫政策，优

化金融资源配置，鼓励和引导商业性、政策性、开发性、合作性等各类金融机构实施特惠金融政策，进一步加大对低收入村和低收入农户的金融帮扶力度。推进土地承包经营权、林权抵押担保贷款、农村集体经营性建设用地抵押融资试点。继续扩大政策性农业保险覆盖面，提高农户参保率，推进森林保险试点，推进创新型“三农”保险示范区试点工作，完善农业再保险和巨灾保险机制。积极推进第二批农村改革试验项目和农村金融服务改革试点建设。加强金融服务农业基础设施建设，提升农村金融服务水平，实现“村村通”工程全覆盖。

完善小微企业投融资服务平台功能，为小微企业提供一站式、全方位的融资服务。研究建立全市统一的市级融资担保保证基金，加强担保联盟建设，推动模式创新。形成差异化的机构体系和多样化的产品体系，鼓励商业银行设立服务中小微企业的专营机构，推进小微企业金融服务产品创新。

（六）构建绿色金融体系

加快构建基于绿色信贷、绿色债券、绿色上市公司、绿色基金、绿色保险、碳金融等在内的绿色金融体系，打造绿色金融创新中心，成为首都金融发展的重要支撑。支持在京银行机构成立绿色金融事业部或绿色分支行，开辟绿色信贷审批专项通道。支持金融机构和民营资本发起组建绿色银行，通过投贷联动、股债结合等方式支持绿色项目。建立专业化绿色担保机制，加大对绿色项目支持力度。加大从事节能环保、新能源、新能源汽车等绿色企业的上市培育支持力度。支持金融机构与在京非金融企业发行绿色金融债券，进一步降低绿色债券融资成本。

设立北京市绿色发展基金。支持社会资本和国际资本发起设立市场化运作的民间绿色投资基金。鼓励绿色发展基金支持以PPP模式操作的绿色项目。推动全国统一的碳排放权交易市场、碳定价中心及其他环境权益交易市场等绿色机构落户北京。依托中国水权交易所扩大排污权有偿使用和交易试点，建立服务京津冀和全国的排污权交易市场。建设绿色金融产业园和绿色金融小镇，聚集绿色金融机构，带动绿色产业发展。

（七）开展文化金融创新

充分发挥北京全国文化中心优势，创新文化金融领域投融资模式和金融服务手段，引导民间资本和境外资本有序参与文化产业投资，推动产融结合创新发展。加快包括文化金融、旅游金融、体育金融等在内的泛文化金融体系构建。着力支持创建国家文化金融合作试验区，发挥国家文化产业创新试验区在文化金融创新方面的先行先试示范作用，形成符合文化产业发展需求的金融推动力。鼓励设立文化创意产业发展基金或投资引导基金，完善多层次的投融资服务体系，鼓励广播影视、新闻出版等企业以项目合作方式进入国际市场。依托国家服务业综合改革试点区，试点外资参与提供多元化金融文化服务模式。

四、支持创新创业，争取科技金融创新新突破

（一）加快建设国家科技金融创新中心

全面落实北京国家科技创新中心的城市功能定位，贯彻国务院批复的《中关村国家自主创新示范区发展规划纲要（2011－2020年）》，在中关村率先开展国家科技金融改革，加快推动科技和金融结合试点，按照“围绕产业链部署创新链，围绕创新链完善资金链”的要求，不断激发市场活力，在丰富组织形态、创新监管模式、开展外汇改革等多方面开展体制机制创新，推动形成可复制经验，向全国示范推广，加速建设国家科技金融创新中心，成为全国创新驱动引擎。

（二）发展新型创业孵化平台

积极支持各类新型孵化器发展。做好金融服务，促进众筹金融规范发展，做大做强众创空间，为初创期、成长期科技小微企业提供低成本、便利化、全要素的金融综合服务平台和各类创新孵化器。引导和推动各类众创空间、金融机构与高校、科研院所多方合作，为创业者提供直接融资支持，丰富投融资模式。

（三）推动天使、创业投资发展

加大对天使投资和创业投资税收试点等政策的突破力度，加强对天使投资、创业投资的帮扶作用，构建天使投资和创业投资行业信用体系，营造诚信经营和理性投资氛围。依托创业投资企业备案，建立“白名单”管理机制，带动行业健康规范发展。支持符合条件的创业投资企业发行企业债券，扩大资本金来源，完善创新创业资金支持和政策保障体系。支持众创空间等孵化机构聚集发展，不断优化创新创业生态系统，营造全国领先的天使和创业投资发展环境。

（四）创新科技信贷产品与服务

探索开展科技信贷差异化监管试点，在科技信贷审批、激励约束、拨备、核销等方面实施差异化考核。鼓励银行业金融机构完善科技企业贷款利率定价机制，利用贷款利率风险定价和浮动计息规则，动态分享相关收益。鼓励符合条件的银行业金融机构针对科技企业开展投贷结合、投保贷结合等一体化经营模式创新。支持银行业金融机构与创业投资、证券、保险、信托等机构合作，创新交叉性金融产品。探索适合创新创业发展特点的银行业务体系、风险防控体系和监管体系。建立和完善金融支持科技创新的信息交流共享机制，加快建立健全促进科技创新的信用增进机制。

（五）借助资本市场服务创新创业企业

加强对符合条件的优秀科技企业上市培育、辅导，推进符合条件的科技企业在境内及境外证券交易所上市融资。支持特殊股权结构类科技企业在境内资本市场上市，支持更多科技企业在境内外交易所直接上市。鼓励、引导科技型中小企业登陆“新三板”，通过挂牌融资、并购重组不断做优做强。多种形式推动科技企业利用债务融资工具拓宽融资渠道，健全完善对科技企业发债融资的信用增进与贴息补偿机制。

（六）健全完善科技保险体系

鼓励保险公司针对科技企业需求定制一揽子保险产品和风险保障方案，满足科技型企业在不同发展时期的保险需求，加大对高新技术产业支持力度。支持保险机构开发适应科技创新的保险产品，探索新技术新产品“首购首用”风险补偿机制，促进企业创新和科技成果产业化。推进专利保险试点，深入推进中关村小额贷款保证保险试点工作，加大政策支持力度，建立政、银、保共同参与的风险防范和分担体系。

五、规范发展互联网金融，发掘产业发展新业态

（一）先行先试，打造互联网金融生态系统

充分发挥中关村国家自主创新示范区

政策先行先试、基础服务平台、专业人才储备等先发优势，在中关村率先开展互联网金融综合试点，探索股权众筹有效运作机制。出台促进互联网金融健康规范发展的实施办法，进一步完善互联网金融发展的政策支持体系。通过科学监管积极推动移动金融、大数据金融、云金融、金融信息、金融信用、金融安全等产业发展，鼓励新兴互联网金融业态健康发展，培养一批具有国际影响力的互联网金融领军企业。不断优化各类互联网金融平台，有效畅通间接融资渠道。建立互联网行业协会与各细分金融行业协会间的互动机制，培育互联网企业的金融业务创新环境。

（二）鼓励创新，加快金融与互联网融合发展

大力实施“互联网＋”行动。鼓励传统金融行业深化互联网技术应用，加大互联网金融业务创新力度。支持传统金融行业利用互联网技术开展产品和服务创新，提升金融服务广度、深度和能级。支持传统金融机构与互联网企业开展合作，拓宽金融产品销售渠道，创新财富管理模式，提升核心竞争力。积极推动传统金融机构在京设立互联网金融法人机构或功能性总部。积极争取和支持互联网银行、互联网保险、互联网证券、互联网基金在京设立发展。

鼓励互联网企业向金融领域拓展延伸，增加金融产品服务供给，助力传统金融机构降低交易成本、提升服务水平。支持有条件的互联网企业依法申请有关金融业务许可或备案。支持互联网金融从业机构与金融机构、创业投资机构、产业投资基金等深入合作，在服务高新技术、小微企业等领域做大做强。培育一批业务规范、品牌认可度高、风控能力强的互联网龙头企业成为世界级互联网金融机构，提升首都金融核心竞争力。

（三）夯实基础，加强互联网金融基础设施建设

着力打造以互联网金融为重点的普惠金融公共服务平台，鼓励互联网金融行业技术创新研发机构在京发展。完善社会资本投向科技型、创新型企业的资本筹集机制，鼓励“众创、众包、众扶、众筹”的融资模式和生产方式。推动符合条件的相关从业机构接入金融信用信息基础数据库。加大对互联网金融行业基础设施建设投入，鼓励建立数据交换中心，鼓励有条件的从业机构依法申请征信业务许可。支持具备资质的信用中介组织开展互联网金融企业信用评级，增强市场信息透明度。鼓励会计、审计、法律、咨询等中介服务机构为互联网企业提供相关专业服务。鼓励产学研结合，引导、支持高校、科研院所和公司研究部门加大对互联网金融领域研究力度。

引导金融机构和公共服务部门合作，创新管理方式和产品服务，逐步实现移动金融在本市公共服务领域的规模化应用。建立健全本市移动金融安全可信服务管理体系，积极推动金融机构与电信运营商、电子商务企业加强合作，按照金融行业相关标准建设可信服务系统（TSM）并接入央行移动金融安全可信公共服务平台（MTPS），形成安全可信的移动金融服务生态。

（四）积极培育，推动金融科技蓬勃发展

加快云计算、大数据和区块链等金融科技在支付清算、数字货币、财富管理等领域的创新发展与应用。鼓励互联网金融企业、传统金融机构借助大数据、人工智能、人脸识别、反欺诈等技术手段提高金

融服务效率、完善金融服务模式，以金融科技进步推动互联网金融的完善与发展。支持金融机构与科研机构联合开展大数据应用研究，推动大数据技术在互联网征信、风控、精准营销等方面的应用。鼓励人脸识别技术在金融领域的应用和发展，使人脸识别成为互联网支付的主要途径之一。鼓励发展区块链技术、可信时间戳认定等互联网金融安全技术，保护消费者权益，提升互联网金融的安全性。

（五）防范风险，促进互联网金融健康发展

针对不同类型的互联网金融业态，建立健全相适应的监管制度、投资者保护制度。加强互联网金融行业风险监测、预警和防范，依法查处和惩治各种违法行为。推动建立健全互联网金融行业自律服务组织，推动设立行业规范和技术标准，加强从业人员相关培训。积极支持北京互联网金融安全示范产业园发展，推动互联网金融产业研究，防范风险，促进互联网金融产业健康发展。

六、紧抓战略机遇，打造多业态金融组织新体系

（一）吸引聚集国际金融组织

发挥北京国际交往中心作用，不断提升首都金融国际影响力，吸引聚集各类高端国际金融组织在京发展。以亚投行、丝路基金总部、亚洲金融合作协会等机构在北京设立为契机，不断提升金融服务水平，优化金融发展环境，健全金融组织结构，吸引更多国际金融组织在京落户，共建多元共赢的金融合作平台，提升北京在全球金融市场的资源配置能力，提高在国际金融秩序构建中的地位，提升在参与国际金融规则制定中的话语权。

（二）巩固提升总部金融机构

推进符合首都功能定位的各类总部金融机构在京创新发展。推动银行类总部机构拓展中间业务，进一步发挥财富管理功能，通过设立专业化机构提升服务能力。推动证券期货类、基金类总部机构强化决策、管理与创新能力，丰富投资产品，增强资本市场服务功能。推动保险公司总部机构发挥民生保障、社会管理等功能，在京设立各类专业机构，推动全产业链发展。继续推动京外总部金融机构在京第二总部、功能性总部和特色专营机构发展，服务实体经济。

（三）壮大发展地方金融机构

进一步做强市属金融机构。推进市属金融机构改革创新，完善治理结构，健全激励约束机制，实现业务规模、经营效率、资产质量的同步提升。支持金融控股集团多元化发展，增强混业经营能力；支持华夏银行转型发展，建设具有鲜明品牌特色的现代化商业银行；支持北京银行特色化发展，优化网点布局，保持国内城商行领先者地位；支持北京农商银行上市发展，打造区域影响力强的精品银行；支持中关村银行创新发展，增强金融服务创新创业企业能力；支持中信建投证券利用资本市场做大做强，成为具备综合优势的一流投资银行；支持北京国际信托发挥投融资和财富管理专业优势，争创国内领先的信托公司。

稳步发展中小地方金融组织。鼓励符合条件的民间资本依法发起设立民营银行。以普惠金融为导向，支持小额贷款公司、融资担保公司健康发展，规范经营。完善北京市小额贷款公司监管办法，开展小额贷款公司信用评级试点，健全小额贷款公司风险处置与退出机制。促进保理、典当等类金融行业规范发展。支持北京市中小企业再担保公司等龙头担保机构增强资本实力，壮大发展，成长为行业标杆。支持融资性担保机构利用担保联盟等形式与银行深入开展合作，利用多层次资本市场拓展资金来源。

（四）积极培育新兴金融机构

继续推动全国股权投资中心建设。不断完善落实股权投资在京注册、发展的各项政策和配套机制。整合市、区两级政府行政服务资源，充分发挥股权投资基金协会的作用，支持基金小镇建设，建立一站式、一体化的股权投资服务体系。推动境内外股权投资机构开展国际合作，推动股权投资与银行、证券、保险等金融机构深化合作。积极支持各类非银行金融机构发展，推动金融与实体经济的紧密结合。

大力推动互联网金融、支付、清算等机构健康发展。吸引并推动VISA等各类国际高端金融机构在京落户，支持中央国债登记结算有限责任公司等做大做强，打造一批具有国际影响力的金融支付、登记、清算机构，形成功能齐备，安全稳健的金融基础设施体系。

（五）加快发展金融中介服务机构

进一步扩大与国际金融中介服务机构的交流合作，吸引国际知名征信机构、登记结算机构、信用评级机构、资产评估机构、律师事务所、会计师事务所等专业中介服务机构落户。加快发展金融信息服务业，形成一批与国际金融中心城市需求相匹配的知名信息发布机构。不断推动各类中介服务机构提升专业能力和服务水平，引导其规范化、专业化、品牌化发展。支持符合条件的大型金融中介服务机构利用多层次资本市场做大做强。

七、借助多层次金融市场，构建全方位发展新平台

（一）构建上市公司全产业链发展体系

充分发挥资本市场作用，助力本市企业做大做强。深化与上海证券交易所、深圳证券交易所以及海外交易市场的合作，优化企业上市联动工作机制，加快本市企业上市步伐，不断增加上市企业数量，继续提高直接融资比重。鼓励和支持以优化资源配置为目的的并购重组，继续支持本地区上市公司参与行业整合、产业整合、跨行业和跨地域收购兼并。发挥掌握关键核心技术，拥有较强市场竞争力上市公司的引领作用，带动上下游高附加值产业实体在上市公司产业园聚集，促进“高精尖”产业链形成。加强“中关村板块”和“北京板块”的影响力，进一步巩固和提升北京在全国资本市场上的领先地位。

（二）支持“新三板”壮大发展

支持“新三板”不断扩大市场规模，增加挂牌企业数量，扩大融资规模和交易量。支持“新三板”规范发展，稳步开展各类制度创新，产品创新，强化并购重组、信息披露规范要求。推动在京国有、混合所有制、民营企业在“新三板”挂牌、融资、并购，支持“新三板”挂牌公司向创业板转板试点。促进“新三板”挂牌公司中龙头企业的全产业链发展，更好地发挥“新三板”对北京构建“高精尖”产业结构、建设科技创新中心的推动作用。

（三）鼓励机构间私募产品报价与服务系统创新发展

支持机构间私募产品报价与服务系统（简称“报价系统”）不断发展，扩充参与人、合格投资者，增加服务和产品种类，扩大市场规模，完善市场功能，实现各类私募市场互联互通，提供普惠金融服务。支持“报价系统”打造中国证券场外市场产业园区。加大宣传力度，提升“报价系统”的影响力和辐射力，拓宽在京各类企业的融资渠道，促进实体经济发展。

（四）推动“四板”市场规范发展

积极推动“四板”市场完善权益交易、登记托管、投资融资等功能。打造企业并购重组服务平台，为国有企业混合所有制改革提供平台，建设科技创新板、大学生创业板等板块，将“四板”市场建设成为小微企业培育和孵化的园地、小微企业的融资中心、地方政府扶持小微企业各种政策和资金综合运用平台、资本市场中介服务平台。支持“新三板”、本市“四板”和“报价系统”全面合作。加强对“四板”市场监管，促进规范运营，防范风险。加强市区联动，共同推动区域内小微企业利用本市“四板”展示、融资，促进规范化发展。

（五）引导要素市场体系有序发展

聚焦优势和重点领域，加快要素市场的培育和发展，调整提升交易所结构，提升首都要素市场的定价话语权和全国影响力。支持中国水权交易所、北京电力交易中心开拓创新，构建电力和水权市场化配置体系机制。力争建设全国性碳交易市场。做大做强全国棉花交易市场、中国林权交易所、北京铁矿石交易中心等全国性大宗商品交易平台。支持北京产权交易所集团化运营引领带动各地产权交易机构联合发展。支持北京金融资产交易所创新发展，打造具有国际竞争力的金融资产交易平台。推动金融信息票据、租赁资产、互联网金融资产、私募股权投资等新兴交易平台的建设发展。建设文化大数据类交易平台板块。引导一批传统集散市场、制造业企业转型设立现代化电子交易平台。支持中国技术交易所、北京软件和信息服务交易所发展，服务科技创新中心建设。

建立健全要素市场监管制度和体系，加强全市统一的登记结算平台等基础设施建设，强化首都要素市场协会行业自律监管功能，营造规范、健康、充满活力的首都要素市场生态体系。

（六）提升国家债券市场中心功能

建设全国性债券交易服务体系，提升北京国家债券市场中心功能。支持债券市场中介机构在京规范发展，支持符合条件的在京金融机构开展债券承销业务，鼓励各类市场主体利用债券市场融资。创造条件推动债券市场互联互通，促进债券跨市场顺畅流转。推动北京金融资产交易所打造安全高效的债券市场金融基础设施平台，为多层次债券市场建设发挥积极作用。推动债券登记结算机构信息共享，支持为非标准化债权提供展示、交易和结算服务。支持相关软硬件基础设施优化升级，为债券市场各参与方做好服务工作，推动债券市场快速可持续发展。支持企业开展境外债券融资，发挥国际资本市场融资功能。

八、加强人才建设，培养高端国际化新人才

（一）创新金融人才发展机制

不断提升金融人才工作水平。充分发挥金融管理部门、行业协会作用，完善金融人才发展决策、协调与服务机制。明确职责分工，加强督办考核，进一步提升金融人才服务效率。不断完善金融人才培养体系，大力推行校企合作，探索工学交替、产学研结合的协同育人模式。加快中央和地方金融人才的双向交流与融合发展。通过挂职交流、人才职称评聘互认等方式，推动建立京津冀三地金融人才交流机制。不断完善金融人才服务体系。建立统一开放的金融人才市场，吸引更多专业人才服务中介机构进入。充分发挥北京市金融工会、金融团工委和首都金融行业人力资源经理联席会等组织的平台作用，服务与凝聚各类金融人才。探索建立金融人才评价指标体系，推进金融人才资格认证体系。

（二）加强金融人才队伍建设

推动金融机构与高等院校、科研院所、领军型科技企业开展各类合作，支持建立企业博士后科研工作站，推动在金融监管、风险投资、金融法律、金融创新等方面加快培养一批专业人才。对首都发展亟需紧缺的金融人才与团队，实行重点人才工程奖励。积极推动具有突出贡献的高端金融人才进入各类智库，完善金融人才在“千人计划”、“海聚工程”中的评选标准，提高金融人才在人才工程中的占比，不断提高金融人才的社会责任和影响力。

（三）深化金融人才国际交流

加快本土金融人才国际化步伐。加强与欧美金融发达国家和港澳台地区金融人才开发合作，开展与“一带一路”沿线国家的金融人才交流。加快国际金融人才引进，完善海外高层次金融人才引进配套措施，推进以外籍人才为重点的海外人才管理改革，推动简化入境和居留办理手续。探索以项目引才方式引进高端金融人才，加大海外并购投资、证券投资等领域的国际金融人才的引进力度。探索搭建海外金融人才引进平台，定期开展高规格的海外人才交流活动。打破体制壁垒和身份障碍，推动政府部门、金融监管机构、企事业单位建立面向海外高端金融人才的特聘岗位制度，鼓励面向全球招聘高端金融人才。

（四）优化金融人才发展环境

加强对国家在金融领域人才工作方面的重大战略思路和方针政策的宣传，提高全社会对金融人才重要性的认识，营造尊重金融人才的良好舆论环境。发挥金融领域“千人计划”、“海聚工程”政策措施，加快形成具有国际竞争力的首都金融人才发展制度优势。建设金融街世界高端金融人才聚集区，提升区域综合服务能力和国际化水平，打造有利于金融人才集聚的区域环境。定期举办高端论坛、学术沙龙等活动，吸引国际性经济组织来京举办各类国际会议，不断提升北京金融品牌的国际知名度。加强对高端金融人才在人才引进、住房保障、医疗健康、教育培训、子女入学等方面的服务。

九、维护金融安全，营造安全稳定新生态

（一）加强金融法治环境建设

进一步落实国家战略，积极完善地方金融法制建设，提升金融执法水平，健全金融司法和仲裁机制，推动法院与金融行业自律组织根据实际建立金融业纠纷诉调对接机制，扩大诉前调解范围，建立金融热点问题研讨与反馈机制，提高金融纠纷处置效率。支持北京仲裁委员会打造国际金融仲裁机构，建立国际金融争端解决机制。加强对执法、司法人员金融知识和业务的培训，提升金融执法与司法水平。继续加大金融法制宣传教育力度，鼓励金融机构开展各类金融法制宣传活动，提高社会各界的金融法制意识。

（二）健全完善金融信用体系

支持企业征信机构和个人征信机构在京设立发展，鼓励有条件的从业机构依法申请征信业务许可。创新金融信用产品，开展和提供网络身份认证、时间戳认证和信息安全认证的业务和服务，维护消费者信息安全。加强社会信用信息服务机构与金融机构、政府、人民银行征信系统之间的合作，鼓励从业机构依法建立信用信息共享平台。积极推动大数据征信的发展，丰富征信模式，提升征信业整体水平。支持大数据存储、网络与信息安全维护等技术的应用，加强金融信用基础设施建设。完善社会信用奖惩联动机制，加大金融失信行为的曝光和惩戒力度。加强农村信用体系建设，健全符合农户和小企业特点的信用征集和评价体系，深入开展信用户、信用村、信用乡镇创建活动，营造良好的农村信用环境。整合京津冀三地政府部门、金融机构及互联网征信企业资源，建立京津冀信用信息共享交流、信用服务监管合作和信用约束激励机制，在京津冀三地建立统一的信用征信体系，加强三地金融监管合作机制建设。

（三）培育形成特色金融文化

发挥北京全国文化中心的区位优势，依托完善的金融体系与丰富的金融资源，大力发展特色金融文化。鼓励金融机构和金融从业者继续建设诚实守信、主动创新、高效务实、履行社会责任的金融文化环境。建设国际金融博物馆、中国保险博物馆等金融文化公共设施，增加特色金融文化体验。发挥互联网金融博物馆金融启蒙、公共服务平台和众创平台作用。加强金融文化基础理论研究，加强国际金融文化交流，形成金融文化体系。利用宣讲、网络等形式推动金融知识走进中学金融试验课堂，走进社区，普及守法、诚信的金融文化。引导和激励金融机构广泛开展产品和服务创新、市场创新、组织创新，发展首都金融创新文化。

（四）全面提升金融风险管理水平

按照央地金融监管职责和风险处置责任划分要求，配合中央金融管理部门开展地方监管职责范围内的相关监管及风险处置工作。加强金融机构金融风险安全意识、风险防控能力建设和内控体系建设，守住不发生区域性、系统性风险的底线。完善与“一部三局”、公检法及各区金融办的联合风险排查机制，深入开展市、区两级金融风险排查工作。积极协调市政府相关部门、相关区，加快处置金融机构破产清算过程中的历史遗留问题，保障破产清算工作顺利进行。加大金融安全宣传教育工作力度，建立广覆盖、多渠道、可持续的金融安全宣传模式。

（五）严厉打击非法集资活动

充分发挥市打非工作小组统筹作用，贯彻落实国家和市委市政府关于防范处置非法集资有关文件精神、工作部署，进一步健全完善防范处置非法集资的制度体系和工作机制。根据“谁审批、谁监管，谁主管、谁监管”和“管行业必管风险”的原则，落实行业监管机构和属地政府责任。加强监测预警、风险排查、会商研判和化解处置工作。充分发挥社会化网格化管理和基层群众自治的经验优势，建立群众自动自发、广泛参与的监测预警机制。深化大数据、云计算等现代信息技术运用，加强监测预警平台系统化、科学化、精准化建设。建立风险缓释处置机制。

推进政法系统防范和处置非法集资专业化队伍建设。推动公安局设立防范打击涉众型经济犯罪侦查支队，检察院设立金融检查处，法院设立金融法庭。

第四章 “十三五”时期规划实施的支持保障

一、加强组织领导工作

在市委市政府领导下，将金融业发展纳入全市经济社会发展规划布局，研究解决规划实施过程中出现的新情况和新问题。积极配合国家战略在北京的落地实施，发挥好北京金融对国家战略的支持保障作用。充实全市金融工作力量，建立与各部门、各区协同实施规划机制。加强各区金融服务能力建设。指导各区金融工作部门完善职能建设、充实专业人员、明确任务分工，进一步完善市与区一站式、立体化金融服务体系，为规划实施和项目落地提供组织保障。

二、完善沟通协调机制

加强与人民银行、银监会、证监会、保监会等国家金融管理部门及其在京派出机构的沟通协调，建立市有关部门与国家金融管理部门之间、市属机构之间、市属机构与金融行业组织之间定期会商与信息共享机制。推动各有关部门形成合力，立足全市金融业发展一盘棋的思路，加快建立和完善部门联动、市区协同、社会力量参与的工作协调机制。加强统筹、密切配合、高效执行，强化政策制定、执行与监督的相互衔接，形成分工明确、协调高效的管理推进体制。在规划实施过程中，通过网络、媒体等多种方式和渠道宣传规划，加强与各类金融机构的沟通交流，推动重大、重点金融项目的实施。

三、健全评估反馈机制

建立规划实施情况的考核评估机制，对预期性目标进行动态监测和评估，切实推进规划落实。按照分工落实、分阶段推进、系统化实施的原则，将规划目标任务分解。充分利用首都智库优势，组建专家委员会，加强对规划相关落实情况的跟踪评估。同时，构建反馈机制，畅通专家、媒体、公众参与的监督渠道，及时收集和响应规划实施过程中出现的新情况、新问题，及时予以修正和调整。

北京市金融工作局

北京市金融工作局关于印发《北京市交易场所管理办法实施细则》的通知

京金融〔2016〕27号

各有关单位：

经市政府批准，现将《北京市交易场所管理办法实施细则》印发给你们，请遵照执行。

特此通知。

二〇一六年二月二十三日

北京市交易场所管理办法实施细则

第一章　总　则

第一条　依据《北京市交易场所管理办法（试行）》（京政发〔2012〕36号，以下简称《管理办法》），制定本实施细则。

第二条　对本市行政区域内设立的交易场所、外地交易场所在本市设立分支机构的管理，适用本实施细则。

第二章　准入和变更

（一）新设交易场所、分支机构

第三条　区金融工作部门须根据相关规定，对申请方提交的申请材料进行初审，对于申请材料齐全、内容准确和完整并符合相关规定的，需自收到全部符合规范的申请材料之日起5个工作日内，出具相关初审意见，并将申请材料报市金融工作部门。

市金融工作部门收到区金融工作部门报送的材料，征求相关行业主管部门意见及组织专家评审后10个工作日内，提出是否同意设立的意见，并上报市政府批准。名称中使用“交易所”字样的，市政府批准前，须取得清理整顿各类交易场所部际联席会议的书面反馈意见。

新设交易场所的申请获得市政府批准后，由市金融工作部门向申请方出具批复文件。申请未获批准的，由市金融工作部门向申请方出具书面答复。

申请方须持批复文件，到工商行政管理部门办理注册登记。

第四条　本市交易场所异地设立分支机构的，须经本市人民政府批准，并获得市金融工作部门出具批复文件后，按照属地原则履行报批，并接受属地监管。

外地交易场所在本市设立分支机构的，需分别经其所在地省级人民政府和本市人民政府批准，并按照属地原则由本市进行监管。

第五条　新设交易场所须同时满足以下条件：

1. 符合国家全面深化改革要求，符合本市城市功能定位及经济发展规划，并有利于促进市场化配置资源。

2. 拟申请的交易品种，原则上不得与本市已获批交易场所正常交易的交易品种相互重复。

3. 制定了严谨而齐备的风险控制制度和投资者保护制度，已承诺自愿加入行业自律组织及本市统一登记结算平台，并接受行业自律管理。各类交易场所须建立健全交易主体准入和资金管理等管理制度。

第六条　交易场所股东须符合下列规定：

1. 交易场所控股股东原则上须为法人机构，且同时符合下列条件：

（1）净资产不低于1亿元人民币；

（2）申请的交易范围须与其现有主营业务相符，且在该业务领域内处于领军地位；

（3）出资结构清晰，具有规范的内部治理结构和健全的内部控制制度；

（4）近三年内信用记录良好，无违法违规记录。

2. 交易场所的其他法人股东，须同时符合以下条件：

（1）从事正常经营活动，具有相关行业背景，净资产不低于1 000万元人民币；

（2）符合本条第1.（3）、（4）项规定的条件。

3. 交易场所的自然人股东，个人金融资产不低于500万元人民币，无犯罪记录，且须符合本条第1.（4）项规定的条件。

第七条　新设交易场所名称中使用“交易所”字样的，注册资本最低限额为1亿元人民币。其他新设交易场所注册资本最低限额为5 000万元人民币。交易场所在申请开业前，注册资本需实际缴付。

第八条　交易场所的董事、监事和高级管理人员任职须具备以下条件：

1. 能正确贯彻执行本市要素市场建设的规划和政策；

2. 熟悉并遵守有关经济、金融和行业法律法规；

3. 具备与担任职务相适应的专业知识和工作经验；

4. 具备与担任职务相称的组织管理能力和业务能力；

5. 近三年内信用记录良好，具有公正、诚实、廉洁的品质，工作作风正派。

第九条　申请新设立交易场所时，申请方须提交《关于交易场所设立的申请书》（见附件1）等申请材料。

申请设立交易场所分支机构时，申请方须提交《关于交易场所设立分支机构的申请书》（见附件2）等申请材料。

第十条　区金融工作部门就新设交易场所或交易场所新设分支机构出具的初审意见须包含以下内容：

1. 申请材料齐全；

2. 申请材料内容符合《管理办法》及本实施细则的要求；

3. 区金融工作部门对申请方在辖区内设立交易场所或交易场所分支机构的意见；

4. 区金融工作部门具有相应的人员承担交易场所管理工作，并制定相应的风险管理制度和应急处置预案；

区金融工作部门需参照《关于交易场所设立事项的初审意见》（见附件3），向市金融工作部门出具书面初审意见。

第十一条　市金融工作部门按照“总量控制、合理布局、审慎审批”的原则，受理新设交易场所的申报材料，具体受理条件如下：

1. 申请材料符合本实施细则第十条的规定；

2. 拟新设交易场所的行政区域内，在本年度未发生过严重的交易场所违规事件；

3. 区金融工作部门具有相应监管能力及风险处置能力；

4. 符合本实施细则规定的其他条件。

不符合上述任一条件的，市金融工作部门出具书面《不予受理告知单》（见附件4）。

第十二条　交易场所在获得市金融工作部门批复后1个月内到工商行政管理部门办理注册登记手续，在办理注册登记手续后的5个月内经区金融工作部门向市金融工作部门申请开业，并符合以下开业条件：

1. 上线交易品种及其交易制度须与设立审批时报批的材料相符；

2. 交易系统须符合安全、稳定、合规标准，并提交有资质第三方出具的业务系统安全测评报告和业务系统检测报告；

3. 经现场勘验具有与开展交易业务

相符合的经营场所，且该经营场所须与注册地址一致；

4. 已自愿加入行业自律组织或已递交加入行业自律组织申请；已接入登记结算平台，并签订了登记结算协议。

市金融工作部门组织进行现场检查，通过检查的，由市金融工作部门出具书面开业通知。未通过检查的，由市金融工作部门出具书面限期整改通知。未按期完成整改的，由市金融工作部门报请市政府批准，取消交易场所企业名称中“交易”或“交易所”字样，并核减企业经营范围中的交易业务，不再纳入本市交易场所管理范围。

（二）变更审批

第十三条 交易场所申请变更下列事项之一的，须经审批后方能进行变更，即：

1. 因变更交易品种或交易方式而变更交易规则的；

2. 因调整交易范围而调整企业经营范围的；

3. 在市政府批准的交易范围内，新设涉众（面向不特定自然人投资者）交易品种的；

4. 分立或合并；

5. 其他重大事项，包括以下情形：

（1）住所迁出本市或迁出原区行政区域的；

（2）控股股东或实际控制人发生变更；

（3）市金融工作部门认为需要审批的其他重大事项。

凡不属于上述情形的，由市金融工作部门会商相关行业主管部门后办理。

第十四条 交易场所申报本实施细则第十三条规定变更审批事项的，由区金融工作部门初审后报市金融工作部门，市金融工作部门征求相关行业主管部门意见，组织专家评审，并将评审意见将作为报请市政府意见的参考依据，由市金融工作部门报市政府审批，或经市政府授权审批。对于本实施细则第十三条规定变更审批事项涉及工商登记事项变更的，申请方持批复意见向区以上工商行政管理部门办理变更登记。

有关评审程序和评审要求，将另行规定。

第十五条 交易场所申报本实施细则第十三条规定变更审批事项的，申请方须提交《关于交易场所变更的申请书》（见附件5）等申请材料。

第十六条 区金融工作部门就变更审批事项出具的初审意见须包含以下内容：

1. 申请材料齐全；

2. 申请材料内容符合《管理办法》及本实施细则的要求；

3. 区金融工作部门对申请方就本实施细则第十三条所涉事项进行变更的意见；

区金融工作部门需参照《关于交易场所变更事项的初审意见》（见附件6），向市金融工作部门出具书面初审意见。

（三）变更备案

第十七条 交易场所变更下列事项之一的，需到市金融工作部门备案：

1. 变更名称；

2. 变更注册资本；

3. 变更住所（不含第十三条第5.（1）项）；

4. 变更法定代表人；

5. 变更董事、监事、高级管理人员；

6. 变更股东（不含第十三条第5.（2）项）；

7. 修改章程；

8. 变更交易品种（不含第十三条第3项）；

9. 变更交易规则（不含第十三条第1项）；

10. 注销；

11. 市金融工作部门认为需要备案的其他事项。

第十八条 交易场所进行本实施细则第十七条规定事项变更备案涉及工商变更及备案事项的，在工商行政管理部门完成登记备案后，须于10个工作日内向区金融工作部门提交本实施细则第十九条规定的材料，区金融工作部门对于申请材料齐全、内容准确完整并符合相关规定的，须于10个工作日内将申请材料报市金融工作部门备案，由市金融工作部门抄送相关行业主管部门。

交易场所在工商行政管理部门完成登记备案后，未按照上述规定向市金融工作部门申请备案的，市金融工作部门将约谈交易场所相关负责人并限其改正。

本实施细则第十七条第1至6条规定的备案事项，须符合《管理办法》及本实施细则对交易场所设立条件的相关规定，否则，市金融工作部门将约谈交易场所相关负责人并限其改正。

第十九条 交易场所申报本实施细则第十七条规定变更备案事项的，申请方须提交《关于交易场所变更备案的申请书》（见附件7）等申请材料。

（四）特别事项

第二十条 交易场所发生多个事项同时变更的，须按本实施细则相关规定同时报请批准或进行备案，如变更事项中同时具有需报请批准事项和需备案事项的，须按照报请批准的相关规定提交材料并履行程序。

第二十一条 根据《管理办法》及本实施细则规定，需经审批或备案事项，交易场所须向区金融工作部门提交相关材料，具体要求依照《提交材料要求》（见附件8）。

第二十二条 各交易场所不得将其所获交易资格或交易平台进行出租、出借或变相出租、出借。凡交易场所以外的任何机构或非交易场所管理层成员，均不得管理或运营交易场所的交易业务。

第三章　经营管理

第二十三条 交易场所须制定依法合规的交易规则，交易规则中须对交易品种、交易方式等作出明确规定，并及时在交易场所网站上对外公布。

第二十四条 交易场所须制定依法合规的风险控制制度、信息披露制度、投资者适当性制度、公平交易制度、投资者信息保密制度、会员管理制度和纠纷解决制度等，并及时在交易场所网站上对外公布。

第二十五条 交易场所须制定会员管理制度，严格准入标准，加强会员管理。

交易场所实行会员制的，须设置合理的会员准入条件，交易场所须与会员签订书面协议，明确双方的权利、责任和义务。交易场所须建立健全会员监督管理机制，履行对会员合规管理职责。

会员不得通过盈利承诺等欺骗手段诱导投资者入市交易，不得进行代客交易，不得拒绝投资者进行其账户信息查询，不得收取客户交易资金。

对于会员代理多家交易场所的，交易场所须在其网站上对外公布其会员名称，并明示会员所代理其他交易所名称。

第二十六条 交易场所需具备与业务相适应的交易场地。交易系统须符合安全稳定要求。交易系统和交易数据需及时进行备份管理，并接受监测管理。

第二十七条 本市建立统一的登记结算平台，并制定管理办法。

该登记结算平台，由在本市设立的交易场所自愿联合发起并采取市场化方式建设运营。

各交易场所须接入登记结算平台。未接入登记结算平台的交易场所，须制定接入计划并报市金融工作部门同意。

第二十八条 交易场所须对应每种不同交易制度制定相应投资者适当性管理制度，严格投资者准入要求。

商品交易仅限于现货交易，其参与者仅限于有实物现货需求的投资者。

交易场所的投资者须具备相应的专业知识、投资经验和风险承受能力。

交易场所在投资者开户前，须进行必要的风险提示，做好风险承受能力测试，签订入市协议书、交易资金第三方存管协议等合同，并加强投资者教育，向投资者充分揭示交易市场存在的投资风险，提示投资者谨慎投资，并做好相关材料的留存归档。

交易场所需设立专门的部门或岗位，负责接待、解决投资者的投诉、举报等相关事宜，并建立健全纠纷解决制度。

第二十九条 交易场所须向市金融工作部门指定的信息监测平台报送信息，在信息监测平台投入运行以前，交易场所报送信息，须遵守以下规定：

交易场所须于每周一向区金融工作部门及市金融工作部门同时报送本交易场所开展的涉众交易业务上周交易数据。

交易场所须于每月月初五个工作日内向区金融工作部门及市金融工作部门同时报送上一月度交易数据，并抄送各自行业主管部门。

交易场所须于每季度开始前十个工作日内向区金融工作部门及市金融工作部门同时报送上季度工作报告，并抄送各自行业主管部门。

交易场所须于每年第一季度结束前向区金融工作部门和市金融工作部门同时报送上一年度财务报告，并抄送各自行业主管部门。

根据监管工作需要，市金融工作部门认为在有必要的情况下，可以要求交易场所报送专项报告。

市金融工作部门如经核查发现报送内容有虚假、错误或遗漏之处，将通知交易场所限期加以纠正补充。各交易场所须在接到市金融工作部门对上报资料予以补正通知之日起 10 个工作日内予以补正，无合理理由逾期不改正的，视为违反监管规定。

第三十条 交易场所须严格按照工商管理部门和行业监管部门核准的业务范围、经营品种、交易制度依法经营，不得非法吸收公众资金或者变相吸收公众资金，不得通过公开方式发布募集资金的广告或虚假宣传，不做保本付息、定期回购或给付回报的承诺。

交易场所须建立与所从事交易的业务性质、规模和复杂程度相适应的风险控制制度和体系，根据交易品种、交易方式和交易规则等具体情况，对不同类别的风险进行有效的识别、度量、防范和处置，满足风险控制的实际需要。

交易场所须设立风险控制部门，加强风险控制制度建设，开展异常情况处理、违约处理、风险处置和应急处置等有关风险控制工作。

交易场所须配备风险控制人员，专职从事交易场所风险控制工作，并及时向交易场所的高管和监管部门反馈风险信息。交易场所高管人员、风险控制人员须了解所从事的产品交易风险，参加相关业务培训，提高风险控制能力。

交易场所须明确有关交易、结算、交割等环节的审核、评估、批准及交易信息系统的操作权限、程序和行为规范，有效防范工作人员违规操作风险。

交易场所须建立年度审计制度，审计报告上报市区两级金融工作部门。

第四章 监 管

第三十一条 交易场所须接受和配合市金融工作部门或其他相关政府部门，对其交易品种、交易规则或交易方式的监督和管理，并需及时按照相关整改或处置要求办理。

第三十二条 北京市清理整顿各类交易场所领导小组成员单位将联合每年对交易场所的经营管理、业务活动、财务状况等进行现场检查，现场检查可采取下列措施：

1. 询问交易场所工作人员，要求其对被检查事项作出解释、说明；

2. 查阅、复制与被检查事项有关的文件、资料；

3. 检查交易场所的交易、结算、登记及财务等系统；

4. 约谈交易场所高管人员及其他与被检查事件有关的工作人员；

5. 法律、法规规定的其他措施。

交易场所须积极配合现场检查，不得拒绝、阻碍和隐瞒。

交易场所在上年度现场检查中未被发现有违规行为，且本年度符合本实施细则各项监管要求的，本年度可免予接受现场检查。

第三十三条 市金融工作部门可将对交易场所日常监管情况，通过官方网站等渠道向社会公开，也可通过本市企业信用系统向社会公开交易场所违规事项。

市金融工作部门通过官方网站等渠道，不定期向社会公开已通过审批的交易品种。

第三十四条 区金融工作部门须设置专门岗位，配备专门人员，对辖区内交易场所进行监管，并须将相关岗位和人员的配置情况报市金融工作部门备案。

区金融工作部门协助市金融工作部门对辖区内的交易场所进行日常监管，独立或配合市金融工作部门，对辖区内交易场所的违法违规行为进行处置。

区金融工作部门须按季度向市金融工作部门提交辖区内交易场所运营及风险监管情况报告，或应市金融工作部门要求提交专项报告。

第三十五条 交易场所在经营过程中，区金融工作部门若发现存在下列情形之一的，须及时报告市金融工作部门，并协助市金融工作部门采取约见谈话、发警示函提示风险等方式及时处置，要求交易场所进行整改：

1. 交易规则、交易品种未按规定报批报备的；

2. 未按照规定披露交易信息的；

3. 未按照规定提供报表、报告的，提供虚假的或者隐瞒重要事实的报表、报告的；

4. 未按规定向市金融工作部门报送信息，或所报送信息内容有虚假、错误或遗漏之处，且在接到市金融工作部门对上报资料予以补正通知之日起7个工作日内无合理理由不予改正的；

5. 违反国家法律法规和政策规定开展交易业务的；

6. 拒绝或者妨碍非现场监管或现场检查的；

7. 业务规则、内部管理制度不健全或者未有效执行，可能或已经损害客户的合法权益的；未制定或未报送突发事件处置预案；风险管理或者内部控制等存在较大缺陷，经营管理混乱，可能影响交易场所经营安全或者交易安全的；

8. 业务系统存在重大缺陷，可能造成有关数据失真或者损害客户合法权益的；

9. 股东、实际控制人或者其他重大关联人出现停业、重大风险或者涉嫌严重违法违规等重大情况，可能影响交易场所持续经营的；

10. 存在可能影响客户交易安全纠纷的；

11. 没有接入登记结算平台、不符合有关客户资产保护或者客户资金安全存管规定，可能影响客户资产安全的；

12. 投诉举报集中或者引发群体性事件，且交易场所存在相关责任的；

13. 未加入自律组织或登记结算平台的；

14. 存在其他违法违规行为的。

市金融工作部门可会同相关部门责令其取消违规交易品种、停止违规交易行为、不得新增交易会员或停止开展新设交易业务，并将相关违规信息通知结算机构的监管部门。市金融工作部门可报请市政府交由有关部门依法责令交易场所不得继续使用企业名称中“交易”或“交易所”字样，并核减企业经营范围中的交易业务，不再纳入本市交易场所管理范围。

第三十六条 区金融工作部门须配合市金融工作部门，对其所辖区域内交易场所的违法违规行为进行处置。

第三十七条 交易场所发起设立行业协会组织，为会员服务，维护行业利益，建立第三方纠纷解决机制，开展行业自律管理。

第五章 附 则

第三十八条 在本实施细则实施之日前已经设立的交易场所，不符合本实施细则任何规定的，在60天内需完成整改。对于未通过市金融工作部门组织验收的，市金融工作部门有权依照本实施细则及相关规定，对违规交易场所进行处置。

第三十九条 本实施细则由市金融工作部门负责解释并适时修订。

本实施细则未予规定的，依据国家法律法规及《管理办法》执行。

第四十条 本实施细则自2016年3月1日起实施。

附件：1. 关于交易场所设立的申请书

2. 关于交易场所设立分支机构的申请书

3. 关于交易场所设立事项的初审意见

4. 不予受理告知单

5. 关于交易场所变更的申请书

6. 关于交易场所变更事项的初审意见

7. 关于交易场所变更备案的申请书

8. 提交材料要求

9. 市金融工作部门、区金融工作部门联系方式

附件：1~9（略）

附：

2016年文件与规章目录选编

中国人民银行营业管理部

1. 中国人民银行营业管理部　中国银行业监督管理委员会北京监管局关于北京市2015年新增经济适用住房开发贷款试点项目的通知

银管发〔2016〕4号

2. 中国人民银行营业管理部关于北京地区银行业金融机构负债管理现场评估及同业业务督查“回头看”情况的通报

银管发〔2016〕21号

3. 中国人民银行营业管理部关于组织开展2015年度北京辖区中资银行信贷政策导向效果评估工作的通知

银管发〔2016〕37号

4. 中国人民银行营业管理部关于开展2016年“金融消费者权益日”活动的通知

银管发〔2016〕42号

5. 中国人民银行营业管理部关于进一步加强辖区内机构反洗钱工作的通知

银管发〔2016〕44号

6. 中国人民银行营业管理部关于进一步加强存款准备金管理工作的通知

银管发〔2016〕50号

7. 中国人民银行营业管理部关于开展2016年度企业融资专项调查的通知

银管发〔2016〕53号

8. 中国人民银行营业管理部关于发布北京市部分企业项目融资需求情况的通知

银管发〔2016〕79号

9. 中国人民银行营业管理部关于报送存款保险投保机构基础数据的通知

银管发〔2016〕92号

10. 中国人民银行营业管理部关于印发2016年度北京地区出口货物贸易人民币结算重点监管企业名单的通知

银管发〔2016〕97号

11. 中国人民银行营业管理部关于企业征信机构代理业务风险提示的意见

银管发〔2016〕101号

12. 中国人民银行营业管理部　北京市公安局关于成立北京市联合整治支付结算重大违法犯罪办公室的通知

银管发〔2016〕104号

13. 中国人民银行营业管理部关于2016年应收账款融资服务平台推广应用工作的通知

银管发〔2016〕113号

14. 中国人民银行营业管理部关于银行业金融机构综合评价结果的通报

银管发〔2016〕119号

15. 中国人民银行营业管理部关于加强北京市电子清分服务平台业务办理有关工作的通知

银管发〔2016〕127号

16. 中国人民银行营业管理部关于对辖区内获得互联网支付业务许可的支付机构开展个人支付账户实名比例核查工作的通知

银管发〔2016〕138号

17. 中国人民银行营业管理部关于协助做好5000户企业调查北京地区样本调整工作的通知

银管发〔2016〕139号

18. 中国人民营业管理部关于开展2016年“6·14信用记录关爱日”征信宣传活动的通知

银管发〔2016〕157 号

19. 中国人民银行营业管理部　北京市民政局　关于规范全市社会组织开立临时存款账户有关事项

银管发〔2016〕160 号

20. 中国人民银行营业管理部关于开展辖区内法人投保机构存款保险评级工作的通知

银管发〔2016〕178 号

21. 中国人民银行营业管理部关于开展辖区内股份制商业银行法人存款保险评级工作的通知

银管发〔2016〕179 号

22. 中国人民银行营业管理部关于开展企业信贷风险监测工作的通知

银管发〔2016〕184 号

23. 中国人民银行营业管理部关于做好北京市电子清分服务平台升级改造工作有关事项的通知

银管发〔2016〕186 号

24. 中国人民银行营业管理部关于修订《北京辖区信贷政策导向效果评估方案》的通知

银管发〔2016〕198 号

25. 中国人民银行营业管理部关于切实加强北京市同城备付金流动性管理的通知

银管发〔2016〕206 号

26. 中国人民银行营业管理部关于配合金税三期系统上线国库业务有关事项的通知

银管发〔2016〕210 号

27. 中国人民银行营业管理部关于开展《反洗钱法》颁布实施十周年主题宣传活动的通知

银管发〔2016〕211 号

28. 中国人民银行营业管理部关于开展北京地区企业征信机构和信用评级机构备案材料信息真实性专项核查的通知

银管发〔2016〕221 号

29. 中国人民银行营业管理部关于北京市电子清分服务平台升级改造联调测试工作的通知

银管发〔2016〕250 号

30. 中国人民银行营业管理部关于开展银行业金融机构同业业务督查工作的通知

银管发〔2016〕251 号

31. 中国人民银行营业管理部关于做好资金结算通道自查及清理工作的通知

银管发〔2016〕262 号

32. 中国人民银行营业管理部关于开展抵押补充贷款监测评估工作的通知

银管发〔2016〕265 号

33. 中国人民银行营业管理部关于印发《〈银行业金融机构综合评价暂行办法〉操作规程》的通知

银管发〔2016〕266 号

34. 中国人民银行营业管理部关于进一步做好企业信贷监测工作的通知

银管发〔2016〕268 号

35. 中国人民银行营业管理部关于北京市电子清分服务平台升级改造模拟运行及试运行工作的通知

银管发〔2016〕269 号

36. 中国人民银行营业管理部　北京银监局关于进一步做好辖内住房信贷管理工作的通知

银管发〔2016〕270 号

37. 中国人民银行营业管理部关于召开北京市联合整治非法买卖银行卡信息专项行动工作会的通知

银管发〔2016〕275 号

38. 中国人民银行营业管理部关于中

品质协（北京）质量信用评估有限公司行政处罚情况的通报

银管发〔2016〕281 号

39. 中国人民银行营业管理部　中国银行业监督管理委员会北京监管局关于进一步加强住房信贷风险管理的通知

银管发〔2016〕282 号

40. 中国人民银行天津分行　中国人民银行营业管理部　中国人民银行石家庄中心支行关于建立京津冀协同发展人民银行三地协调机制相关工作情况的通知

银管发〔2016〕289 号

41. 中国人民银行营业管理部关于北京市电子清分服务平台升级改造（一期）正式上线运行的通知

银管发〔2016〕306 号

42. 中国人民银行营业管理部关于注销望洲征信服务有限公司企业征信业务经营备案的决定

银管发〔2016〕307 号

43. 中国人民银行营业管理部关于同意注销华夏信融信息技术有限公司企业征信业务经营备案的决定

银管发〔2016〕308 号

44. 中国人民银行营业管理部关于证券公司定期报送经营和风险情况有关事项的通知

银管发〔2016〕315 号

45. 中国人民银行营业管理部关于做好网络切换演练和支付系统北京城市处理中心分科目跨站点切换演练工作的通知

银管发〔2016〕320 号

46. 中国人民银行营业管理部关于印发开展政策扶持推进北京地区农村支付环境建设工作指导意见的通知

银管发〔2016〕356 号

中国银行业监督管理委员会北京监管局

1. 北京银监局关于印发进一步加强和改进北京银行业消费者权益保护工作的实施意见的通知

京银监发〔2016〕48 号

2. 北京银监局办公室转发银监会城市银行部关于进一步加强城市商业银行票据业务管理指导意见的通知

京银监办发〔2016〕19 号

3. 北京银监局关于进一步明确专区产品销售录音录像工作要求的通知

京银监发〔2016〕91 号

4. 北京银监局　北京市公安局关于做好涉案账户资金网络查控工作的通知

京银监发〔2016〕96 号

5. 北京银监局关于辖内银行业金融机构做好非法集资监测预警工作的通知

京银监发〔2016〕112 号

6. 中国人民银行营业管理部　北京银监局关于进一步做好辖内住房信贷管理工作的通知

银管发〔2016〕270 号

7. 中国人民银行营业管理部　北京银监局关于进一步加强住房信贷风险管理的通知

银管发〔2016〕282 号

8. 北京银监局关于做好涉案账户资金网络查控工作的通知

京银监发〔2016〕155 号

9. 北京银监局关于进一步加强信用卡业务管理的通知

京银监发〔2016〕233 号

中国证券监督管理委员会
北京监管局

1. 关于开展2015年度证券期货业信息安全联合应急演练的通知

京证监发〔2016〕1号

2. 关于北京辖区证券资格资产评估机构报送2015年度相关业务信息的通知

京证监发〔2016〕3号

3. 关于2015—2016年股转系统挂牌公司相关主办券商落实资金占用专项核查工作的通知

京证监发〔2016〕11号

4. 关于组织北京辖区基金管理公司开展专户业务子公司风险管理专项自查与评估工作的通知

京证监发〔2016〕20号

5. 关于证券公司经理层人员任职资格年检的通知

京证监发〔2016〕26号

6. 关于开展2016年证券公司及基金管理公司子公司资产证券化业务现场检查的通知

京证监发〔2016〕36号

7. 关于进一步规范发布证券研究报告等业务行为的通知

京证监发〔2016〕45号

8. 关于召开2016年北京辖区证券期货监管工作会议的通知

京证监发〔2016〕61号

9. 关于正式启动证联网银证业务上线工作的通知

京证监发〔2016〕95号

10. 关于北京辖区公募基金管理人及基金销售机构开展互联网金融风险专项整治工作的通知

京证监发〔2016〕101号

11. 关于开展证券公司及其下设机构互联网金融风险专项整治工作的通知

京证监发〔2016〕102号

12. 关于北京辖区基金托管机构及基金销售支付结算机构开展互联网金融风险专项整治工作的通知

京证监发〔2016〕104号

13. 关于进一步规范证券公司公司债券业务发展有关问题的通知

京证监发〔2016〕111号

14. 关于辖区律师事务所填报证券法律业务信息的通知

京证监发〔2016〕116号

15. 关于做好《证券公司风险控制指标管理办法》及配套规则实施有关衔接工作的通知

京证监发〔2016〕120号

16. 关于召开北京辖区主办券商持续督导工作会议的通知

京证监发〔2016〕136号

17. 关于进一步加强辖区公募基金行业独立基金销售机构监管的通知

京证监发〔2016〕141号

18. 关于加强辖区独立基金销售机构日常备案及信息报送监管的通知

京证监发〔2016〕149号

19. 关于做好新股发行信息系统运行维护等有关事项的通知

京证监发〔2016〕165号

20. 关于督导按时按质按量报送债券发行数据的通知

京证监发〔2016〕173号

21. 关于开展2016年北京辖区期货公司资管业务现场检查的通知

京证监发〔2016〕202号

22. 关于做好外国证券类机构驻华代

表机构2015年度工作报告及相关工作的通知

京证监发〔2016〕209号

23. 关于做好证券期货经营机构银证跨行业信息系统在证联网上线工作的通知

京证监发〔2016〕215号

24. 关于做好防范非法证券期货活动宣传教育工作的通知

京证监发〔2016〕216号

25. 关于进一步规范证券基金经营机构通过互联网信息平台开展证券投资咨询等业务行为的通知

京证监发〔2016〕245号

26. 关于召开北京辖区证券期货经营机构信息安全专题会议的通知

京证监发〔2016〕264号

27. 关于进一步做好岁末年初首都证券期货市场安全运行工作的通知

京证监发〔2016〕301号

28. 关于举办北京辖区挂牌公司"监管第一课"第一期培训的通知

京证监发〔2016〕304号

29. 关于开展2016年度证券期货业信息安全联合应急演练的通知

京证监发〔2016〕317号

30. 北京辖区证券经营机构新股发行改革信息系统正式上线情况汇总报告

京证监字〔2016〕2号

31. 北京辖区2015年期货经营机构现场检查情况报告

京证监字〔2016〕6号

32. 关于2015年上市公司现场检查的总结报告

京证监字〔2016〕7号

33. 关于北京辖区2015年度反洗钱工作情况的报告

京证监字〔2016〕9号

34. 关于北京辖区证券期货经营机构涉嫌配资的偏股型私募资管产品清理规范抽查工作报告

京证监字〔2016〕18号

35. 关于公司债券违约风险处置工作中有关问题及建议的报告

京证监字〔2016〕21号

36. 关于北京辖区私募基金管理人风险监测的报告

京证监字〔2016〕46号

37. 关于对涉嫌开展场外配资活动网络平台的调查报告

京证监字〔2016〕53号

38. 关于2015年辖区上市公司并购重组情况的报告

京证监字〔2016〕61号

39. 关于辖区证券、期货、基金、投资咨询公司下设机构调研情况的报告

京证监字〔2016〕85号

40. 关于北京辖区证券公司2016年第1季度综合监管报表报送及分析检查情况的报告

京证监字〔2016〕89号

41. 北京辖区非上市公众公司资金占用专项核查工作总结报告

京证监字〔2016〕100号

42. 关于报送北京证监局债券违约风险应急预案的报告

京证监字〔2016〕103号

43. 关于北京辖区证券公司境外子公司相关业务及发债融资情况自查汇总报告

京证监字〔2016〕111号

44. 关于对北京辖区证券公司及基金管理公司子公司资产证券化业务现场检查情况报告

京证监字〔2016〕116号

45. 关于北京辖区失联（异常）私募

机构相关情况的报告

京证监字〔2016〕127 号

46. 关于北京辖区期货公司 2016 年分类评价自评材料初审情况的报告

京证监字〔2016〕129 号

47. 关于 2015 年北京辖区上市公司经营情况和风险状况分析的报告

京证监字〔2016〕151 号

48. 关于辖区上市公司海外并购情况的报告

京证监字〔2016〕163 号

49. 关于辖区证券公司 2016 年第 2 季度综合监管报表报送及分析检查情况的报告

京证监字〔2016〕168 号

50. 关于加强资本市场中小投资者合法权益保护专项督查工作自查情况的报告

京证监字〔2016〕176 号

51. 关于 2016 年上半年证券市场融资情况的报告

京证监字〔2016〕180 号

52. 关于北京辖区证券基金经营机构“两个加强、两个遏制”回头看自查情况的汇总报告

京证监字〔2016〕201 号

53. 关于北京辖区证券公司债券承销业务相关情况的报告

京证监字〔2016〕202 号

54. 北京辖区私募基金风险排查整治工作报告

京证监字〔2016〕215 号

55. 关于北京辖区证券期货经营机构互联网金融风险现场检查情况报告

京证监字〔2016〕223 号

56. 关于北京辖区期货公司信息安全专项检查的总结报告

京证监字〔2016〕229 号

57. 关于部分独立基金销售机构就换领《经营证券期货业务许可证》事项不当宣传的报告

京证监字〔2016〕255 号

58. 北京辖区各类交易场所摸底调查报告

京证监字〔2016〕276 号

59. 关于北京辖区公司债券发行人现场检查工作的总结报告

京证监字〔2016〕294 号

60. 北京辖区上市公司商誉情况调研报告

京证监字〔2016〕301 号

中国保险监督管理委员会
北京监管局

1. 关于北京地区保险消费投诉处理工作有关要求的通知

京保监发〔2016〕59 号

2. 北京保监局关于印发《北京地区深化商业车险条款费率管理制度改革试点工作实施方案》的通知

京保监发〔2016〕79 号

3. 关于做好 2017 年北京地区人身险市场满期给付与退保风险排查工作的通知

京保监发〔2016〕236 号

4. 北京保监局关于在京保险专业代理、经纪机构注册资本托管有关问题的通知

京保监发〔2016〕249 号

5. 北京保监局关于印发《北京地区机动车交通事故责任强制保险电子保单管理试点办法》的通知

京保监发〔2016〕259 号

6. 转发中国保监会关于调整保险业监管费和保险罚没收入缴款方式等有关事

项的通知

京保监办发〔2016〕14号

北京市金融工作局

1. 北京市财政局、北京市金融工作局关于印发《北京市群众举报涉嫌非法集资线索奖励资金管理办法》的通知

2. 北京市金融工作局、北京市发展和改革委员会关于印发《北京市“十三五”时期金融业发展规划》的通知

京金融〔2016〕265号

3. 北京市金融工作局关于印发《北京市交易场所管理办法实施细则》的通知

京金融〔2016〕27号

七、专题与调研

基于宏观审慎政策框架的外债管理研究

——以中关村核心区实证数据为例

中国人民银行营业管理部

2016年，中国人民银行将现有的差别准备金动态调整和合意贷款管理机制升级为"宏观审慎评估体系"，其中外债风险是该体系七大方面之一。传统外债管理以事前登记管理为核心，系统化风险识别、度量、评价和应对的手段和工具有待完善，为此，中国人民银行中关村国家自主创新示范区中心支行利用中关村核心区外债宏观审慎试点实证数据分析了宏观审慎政策实施后影响外债风险的因素，包括外债规模、结构和宏观因素。在此基础上，根据全国数据进一步度量、评价和管理风险，并提出相关政策建议。

一、宏观审慎政策框架下外债风险识别——以中关村核心区为例

长久以来，我国对企业外债实行以"投注差"为核心的外债管理模式。"投注差"外债管理模式以事前登记管理为核心，对企业主体进行外债额度控制，有待改进的地方包括：一是没有宏观逆周期调节机制，随着新设企业数量的增加和企业增资导致外债规模风险；二是易出现币种错配和期限错配，导致外债结构风险。为了改善传统外债管理模式，中国人民银行和国家外汇管理局在中关村等多地引入外债宏观审慎管理试点政策。如全口径外债政策设置了期限、类别和币种风险转换因子，在管理外债结构风险方面有所创新。但几项政策对于外债风险的识别、度量、评价和应对手段还缺少系统化的论述，本文将在以上方面进行初步探索。

首先利用中关村地区试点实证数据分析宏观审慎政策框架下的外债风险影响因素，包括规模因素、结构因素和宏观因素。

（一）外债规模因素

1. 试点一年来中关村核心区外债规模增长迅速

截至2016年2月底，辖内企业外债余额49.07亿美元，同比增长102.52%，增速显著高于以前年度，其中试点业务贡献率约占八成。企业外债额度使用率较低（11.10%），但外债规模增长较快，主要原因是政策闸门初开，市场主体潜在融资需求集中释放。

2. 宏观审慎政策推广至全国后企业外债规模的估算

宏观审慎政策推广至全国后，分别考虑全国中资和外资企业新增外债余额上限情况。其他条件不变，对中资企业，企业外债额度使用率应保持在稳定水平，考虑到中关村企业较全国企业平均融资能力更强，使用中关村境外融资能力系数调整全国中资企业外债额度使用率。对外资企业，使用中关村地区外资企业外债余额增速与外资非试点企业外债余额增速的差额计算政策实施后全国外资企业外债余额增速，并使用中关村境外融资能力系数调整

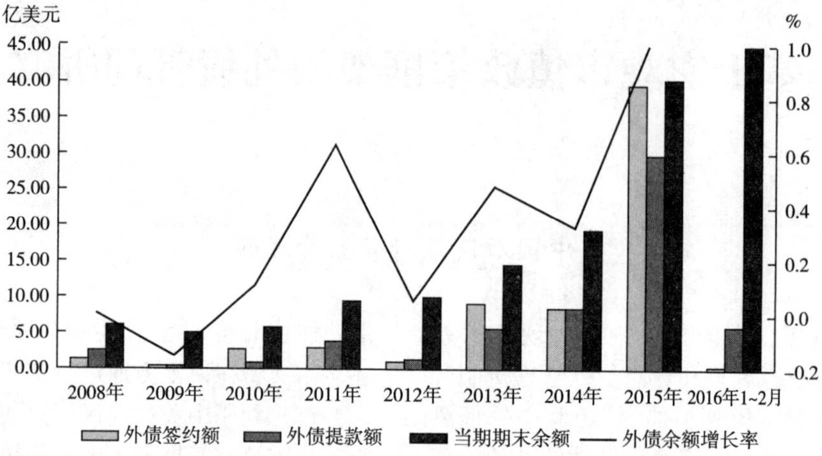

图1 2008年至2016年2月辖内企业外债总体趋势

企业外债余额增速。

由表1及公式（1）~（3）得出，试点一年后全国中资非金融企业新增外债余额上限为349亿美元，全国外资非金融企业新增外债余额上限为725亿美元，总计为1 074亿美元。

表1　各项指标数值及来源汇总表

指标	符号	数值[1]	数据来源
全国中资非金融企业预测期前一年年末净资产	$EQ_{(D)n-1}$	217 428 亿美元	Wind 数据库[2]
中关村地区中资企业外债额度使用率	$QR_{(D)}$	0.46%	中关村外债统计数据
外债试点余额占签约额的比例	BCR	70.22%	中关村外债统计数据
全国外资非金融企业预测期前一年年末外债余额	$ED_{(F)n-1}$	3 449 亿美元	外汇管理局公布数据[3]
中关村地区外资企业外债余额增速	$EDG_{(F)}$	87.08%	中关村外债统计数据
外资非试点企业外债余额增速	$NEDG_{(F)}$	44.80%	中关村外债统计数据
中关村境外融资能力系数	FA	2.01	中关村外债统计与总局公布数据
中资企业试点新增外债余额	$\Delta ED_{(D)}$	349 亿美元	由公式1计算得出
外资企业试点新增外债余额	$\Delta ED_{(F)}$	725 亿美元	由公式2计算得出
全国企业试点新增外债余额	$\Delta ED_{(A)}$	1074 亿美元	由公式3计算得出

注：1　本文预测期为2016年，因此使用预测期前一年数据为2015年。

2　按照Wind数据库2014年末全国非金融企业净资产数据，以近五年净资产年平均增长率15.69%、中资企业占比90%估算。

3　根据国家外汇管理局公布的2015年12月末中国全口径外债情况表，全国非金融企业登记外债余额应当包含其他部门中的贷款和直接投资公司间贷款两部分。根据非金融企业外债管理现状，中资企业外债余额占比极低，因此以全国非金融企业登记外债余额估算外资企业登记外债余额。

$$\Delta ED(D)n = ED_{(D)n-1} \times QR_{(D)} \times BCR/FA - ED_{(D)n-1} \quad (1)$$

$$\Delta ED_{(F)n} = ED_{(F)n-1} \times (EDG_{(F)} - NEDG_{(F)})/FA \quad (2)$$

$$\Delta ED_{(A)} = \Delta ED_{(D)} + \Delta ED_{(F)} \quad (3)$$

考虑 VIE 企业①及跨国公司影响②，估计全国非金融企业新增外债余额下限。考虑试点外债签约额有 40% 来自 VIE 企业、跨国公司外债额度使用率为中关村地区的 57%，且我国正处于汇率贬值预期增强和境内外利差缩小的通道中，估算试点一年后全国非金融企业新增外债余额下限为 300 亿 ~400 亿美元。

（二）外债结构因素

1. 债务人主体类型变化

中关村外债试点实施后，中资企业外债签约笔数占比由零增加至 35.56%，金额占比增加至 19.73%，随着试点的深入推进，债务人中中资企业占比将逐渐增加。

2. 债权人主体类型变化

中关村外债试点实施后，债权人类型为金融机构签约笔数占比上升 33 个百分点，金额占比上升 16 个百分点。中资企业境外融资渠道主要为境外金融机构贷款，其偿还强制性高于境外关联公司。随着试点的推进，债权人类型为金融机构的外债占比可能逐步增加。

3. 借款期限发生变化

中关村外债试点实施后，中长期借款笔数与金额占比分别下降 35 个百分点和 5 个百分点，相应的短期借款占比同等增加。中资企业从银行获取贷款的审批程序严格，贷款期限较短。随着试点推进，短债占比或增加。

4. 借款币种发生变化

试点后地区外债币种结构也产生一定变化，跨境人民币外债笔数占比下降 10 个百分点。外资企业大多从关联公司借款，利率多基于集团内部的资金安排，中资企业从金融机构借款，倾向选择利率较低的外币借款。随着试点的推进，外币外债占比可能增加。

（三）宏观因素

1. 汇率变化的影响

“811” 汇改后，人民币汇率波动加剧，出现了较大幅度贬值。汇率预期与外债规模大体上表现为负相关关系，即人民币兑美元汇率贬值时，企业外债签约规模将减小，当预期升值时，外债签约规模出现上升。

2. 境内外利差的影响

中关村外债试点以来，外债签约金额与境内外利差之间呈正相关关系，即随着境内外利差的缩小，外债签约规模也随之减少。

宏观审慎政策推广至全国后外债风险

① VIE 架构中的境外公司通过境外上市等方式获得大量融资，外债试点政策为其提供了依法合规的资金流入通道。经统计，外资试点企业中返程投资企业签约金额超过原“投注差”的部分占外资企业整体签约额的 50%，中资试点企业中可变利益实体签约金额占中资企业签约额的 19.18%。总体来看，中关村外债试点有 40% 为 VIE 企业带来的影响。

② 2015 年 9 月以来，跨国公司外汇资金集中运营政策允许成员企业按照 1 倍净资产进行外债比例自律管理。截至 2016 年 2 月末，北京市跨国公司资金集中运营企业共享外债额度利用率为 12.7%，按照中关村外债试点口径调整后为 6.35%，低于中关村地区，这表明跨国公司虽然规模庞大，外债额度高，但整体使用率低于中关村地区的中小型企业。

总体可控，但由于债务结构因素及汇率、利差波动等宏观因素所引发的外债风险也应予以持续关注。

二、宏观审慎政策框架下外债风险水平的度量与评估

结合对中关村地区外债风险因素的阐述，通过构建外债风险因素指标体系进一步度量外债风险水平，计算年度外债风险因素专项及总风险因素得分，并确定外债风险等级。

（一）度量风险：确定外债风险指标体系

从外债规模、结构及宏观因素三维度选取9个指标度量外债风险水平。其中规模风险指标包括：偿债率，负债率，债务率，外汇储备与外债余额比率；结构风险指标包括：国际商业贷款占总余额比率，期限条件系数；宏观经济风险指标包括：GDP增长率，通胀率，境内外利差。

（二）量化风险：计算外债风险得分

使用SPSS 19.0软件运用因子分析法计算1985～2014年年度外债规模、结构和宏观因素专项风险得分及总风险因素得分，结果如图2所示。近年来，我国的外债风险水平较低，外债风险总体可控（总风险均在零分以下）。从规模风险看，我国外债总体规模是适度、可持续的。从结构风险看，中短期外债占比较高，结构风险较大。此外，随着宏观经济波动的加剧，传统的以“投注差”管理为核心的外债管理效率可能随着时间的推移不断降低。

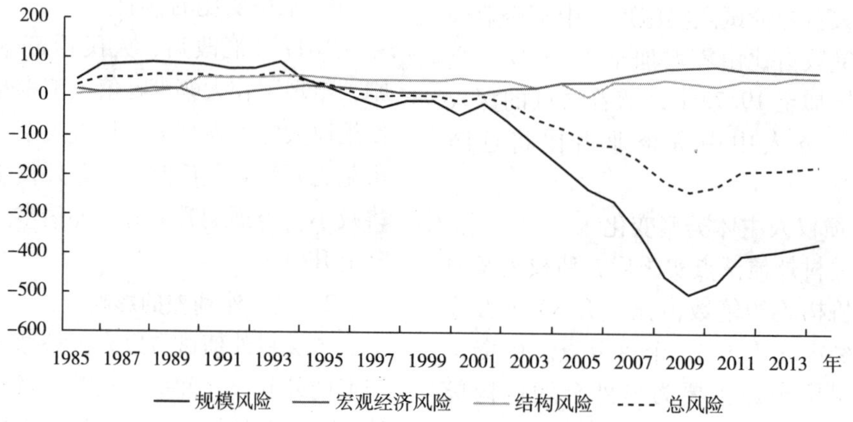

图2 外债风险水平的综合得分与评价

（三）评价风险：确定外债风险等级

根据国际上通用的指标警戒线及我国历年外债状况设置总风险级别，分别为Ⅳ级（高风险）、Ⅲ级（较高风险）、Ⅱ级（较低风险）以及Ⅰ级（低风险），同时考虑专项风险是否超过预警阈值。针对不同等级外债风险水平综合使用审慎调节工具。当专项风险得分小于预警阈值时，按照总风险得分确定风险级别，并使用对应的基础工具进行调节。当专项风险得分大于预警阈值时，在使用基础工具调节的基础上，补充使用专项调节工具（见表2）。

表 2 外债风险水平评价结果统计

风险等级（总风险）	Ⅰ级（低）	Ⅱ级（较低）	Ⅲ级（较高）	Ⅳ级（高）
总风险评价区间	（-∞，0）	[0，30）	[30，60）	[60，+∞）
专项风险判定条件	低风险（小于预警阈值）		高风险（大于或等于预警阈值）	
规模因素评价区间	（-∞，80）		[80，+∞）	
结构因素评价区间	（-∞，50）		[50，+∞）	
宏观因素评价区间	（-∞，50）		[50，+∞）	

三、宏观审慎政策框架下外债风险管理

（一）基础工具

1. Ⅰ级（低风险）

Ⅰ级风险水平以“风险接受”为主要应对策略，维持现有风险水平。可结合宏观经济周期及国际收支状况考虑采取扩张或均衡的外债管理政策。均衡的政策调节工具包括：保持现有全口径宏观审慎政策，维持初始宏观审慎调节参数，通过设置期限、类别、币种风险转换因子控制外债结构风险等。扩张的政策调节工具包括：在现有全口径宏观审慎政策基础上，适度调增初始宏观审慎系数，放松外债资金的使用限制。

2. Ⅱ级（较低风险）

Ⅱ级风险水平以“风险防御”为主要应对策略，防止不利因素进一步扩大。采用的调节工具包括：在Ⅰ级调节工具的基础上，设定企业资产负债比例上限标准；设定系统重要性企业，对系统重要性企业设置不同等级外债宏观审慎系数或收取一定比例存款准备金。

3. Ⅲ级（较高风险）

Ⅲ级风险水平以“风险降低”为主要应对策略，逐步降低企业风险至Ⅱ级或Ⅰ级。采用的调节工具包括：在Ⅱ级调节工具的基础上，调节全部企业宏观审慎系数或对全部企业征收存款准备金。

4. Ⅳ级（高风险）

Ⅳ级风险水平以“风险规避”为主要应对策略，严格控制企业借用外债。采用的调节工具包括：在Ⅲ级调节工具的基础上使用行政干预手段进行资本管制，严格控制企业外债额度。

（二）专项补充调节工具

规模因素调节工具：调节宏观审慎系数；征收存款准备金；设定企业资产负债比例上限；对借款人进行资质管理；行政干预，资本管制等。

结构因素调节工具：调整币种、期限及债务类别风险因子；按照币种、期限及债务类别设定不同档次存款准备金率；设定借款最短期限等。

宏观因素调节工具：根据宏观经济环境，酌情同时或分别使用规模因素调节工具、结构因素调节工具。

四、基本结论和政策建议

一是完善全口径外债风险防控体系，构建指标体系、风险等级及审慎调节工具三位一体的风险防控机制（见图 3）。经测算，目前我国外债总体处于Ⅰ级（低风险）水平，建议采取适度扩张的外债管理政策，维持或适度调增初始宏观审慎系数，增加外债资金流入，促进国际收支平衡。

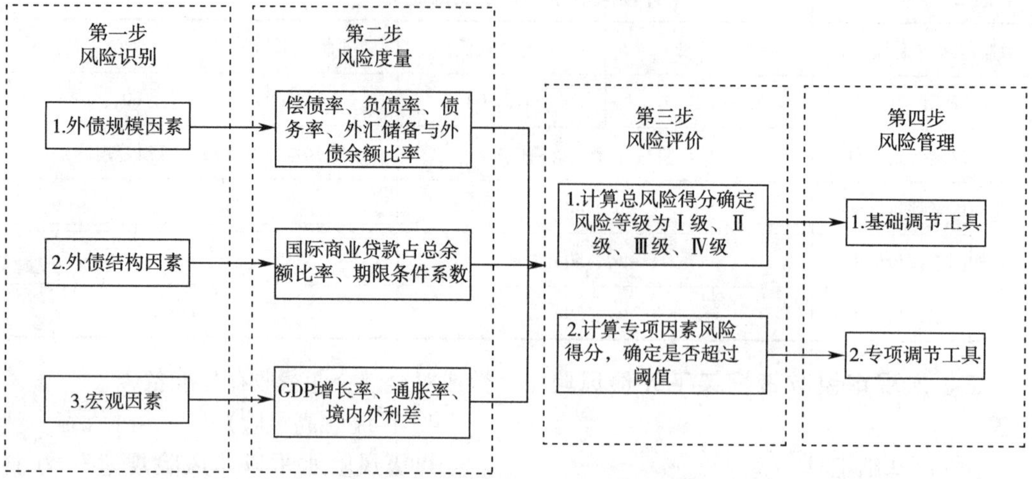

图3　宏观审慎政策框架下外债风险管理流程图

二是按照主体监管思路，设定系统重要性行业和企业，定期对企业跨境融资情况进行事后检查。根据国际收支状况、资本项目事后监管核查结论设定系统重要性企业，如主权信用等级企业（中石油、中石化等）应列为系统重要性企业，分类设置不同等级外债宏观审慎系数。

三是丰富政策调节工具，关注外债结构和宏观因素风险对外债管理带来的挑战。建议按照币种、期限及债务类别设定不同档次存款准备金率或定期调整币种、期限风险因子权重，防范外债风险。

（李玉秀　周丹　陈涛　宋谷予　李菲菲）

北京市地方债务：现状、存在的问题和相关建议

近年来，随着地区城市化和工业化的迅速推进，地方政府在财力增长有限和法律政策的约束下，采取了多种融资手段进行举债，这些融资手段在为地方经济建设提供资金的同时也使地方政府债务大规模积累，成为影响我国经济长期持续发展的重大隐患。加强地方债务管理，预防债务风险已成为各级政府面临的现实问题。本文以北京市政府债务为研究对象，分析了北京市政府债务现状及特点、地方政府债券发行和债务置换情况，针对当前地方政府债务管理中存在的问题，提出了相关建议。

一、北京市政府债务现状及特点

（一）债务规模稳中有降，或有债务占比小

2015年国家开始对地方政府债务实施限额管理。2015年北京市政府债务限额为6 689.4亿元，其中，一般债务限额

和专项债务[①]限额分别为 1 495.3 亿元和 5 194.1 亿元。2016 年北京市政府债务限额为 7 211.4 亿元，较 2015 年末增长 7.8%，其中，一般债务限额和专项债务限额分别为 1 987.3 亿元和 5 224.1 亿元，同比分别增长 32.9% 和 0.6%。

在国家对地方债务实行规模控制和纳入预算管理以来，北京市人民政府（以下简称北京市政府）也相应采取严格控制债务和加快土地出让等政策，加上融资平台用于偿债的经营性现金收入较为稳定，存量债务规模明显下降。2015 年末，北京市政府负有偿还责任的债务余额 5 729.1 亿元，同比下降 10.2%；地方政府或有债务[②]余额 1 231.3 亿元，同比下降 13.3%。

表 1　　2012～2015 年北京市政府债务余额情况　　单位：亿元

债务类型	2013 年 6 月	2013 年末	2014 年末	2015 年末
政府负有偿还责任的债务	6 506.07	6 356.64	6 378.37	5 729.09
其中：一般债务			1 214.26	1 324.52
专项债务			5 164.11	4 404.57
政府或有债务	1 048.07	1 073.67	1 251.85	1 086.33

资料来源：北京市财政局、北京市审计局。

从各省市披露的数据看，2013 年 6 月末至 2015 年末，各省市中只有北京、湖北和上海削减了地方政府债务余额。债务余额增长最快的省市依次为宁夏、广西、福建、贵州、湖南，地方政府债务年均复合增长速度均超过 30%，陕西、青海、内蒙古、安徽、云南、新疆和辽宁的增速也超过 20%，此外河南、黑龙江地方政府债务增速也超过全国地方政府债务增速的平均水平。值得关注的是，地方公共财政收入相对较慢的 11 个西部省市（不含西藏）中，除了甘肃、四川和重庆外，其余 8 个省市的地方债务年均复合增速均超过了全国平均水平（16.7%）。

从债务类型看，北京市负有偿还责任债务较大，或有债务规模较小。2013 年 6 月末，北京市政府明确负有偿还责任的债务占地方政府性债务余额的 86.1%，在各省（市）中最高，高出全国平均水平 25.3 个百分点。或有债务规模占比较低反映了北京市政府对债务认定比较谨慎（尤其是在 2013 年债务审计时就将规模较大的土地储备债务归类到“负有偿还责任债务”中），同时也说明北京市地方政府隐性债务风险远小于其他省市。

① 财政部门从预算管理角度出发，将地方政府债务划分为一般债务和专项债务。一般债务主要是用于一般性的公共财政预算支出类目（如义务教育债务），以一般公共财政收入为偿债来源；专项债务主要是用于特定专项用途的支出项目（如土地储备债务），以政府基金性收入为偿债来源。

② 2013 年政府性债务审计结果将政府性债务划分为政府负有偿还责任的债务、政府负有担保责任的债务和政府可能承担一定救助责任的债务等三类债务，其中后两类债务均应由债务人以自身收入偿还，正常情况下无须政府承担偿债责任，属政府或有债务。考虑到地方债务实行限额管理后，地方政府债务实际上已不包含政府或有债务，本文主要关注地方政府负有偿还责任的债务。如无特别说明，本文中地方政府债务默认为地方政府负有偿还责任的债务。

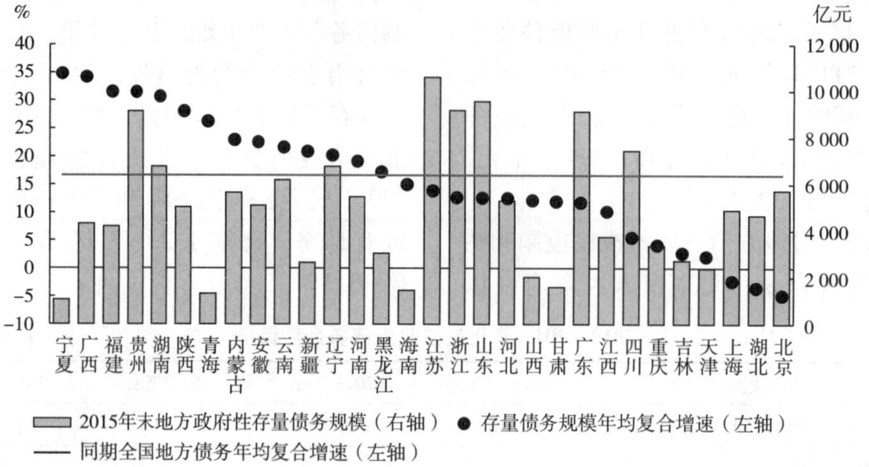

资料来源：根据各地审计局地方债务审计结果公告，各地区发债披露文件和地方财政预决算报告整理。其中，贵州、湖南、青海、内蒙古、海南、浙江和湖北未公布2015年末债务余额，这里用同期债务限额代替。

图1　各省市地方政府债务存量变化情况（2013年6月至2015年）

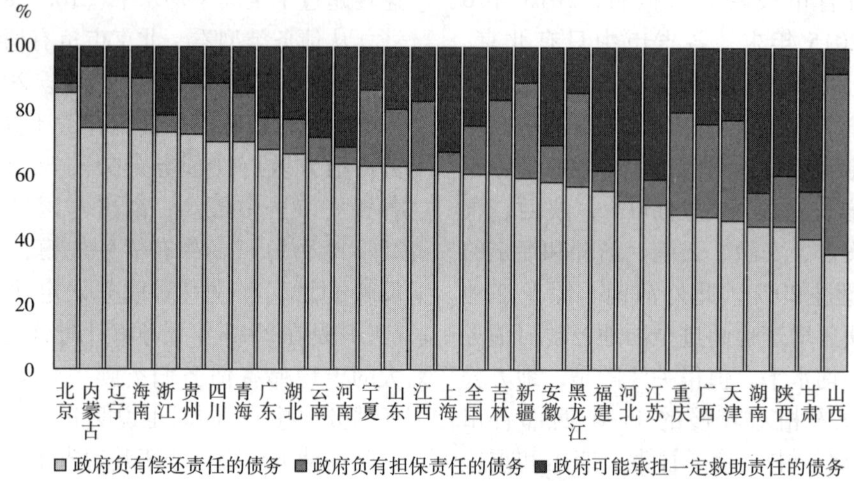

资料来源：各省市地方债务审计公报。

图2　各地区政府性债务结构（按负有的偿还责任分）

（二）专项债务占比高，区县债务占比有所下降

截至2015年末，北京市政府负有偿还责任的债务中，一般债务余额1 324.6亿元，占比23.1%，较2014年末增加110.3亿元；专项债务4 402.3亿元，占比76.9%，较2014年末减少759.5亿元。2015年北京市加快了存量土地入市和偿还债务节奏，专项债务中的土地储备债务规模下降明显，带动了北京政府债务规模整体下降。

从政府层级看，截至2015年末，市

本级、区县负有偿还责任的债务基本上各占一半，分别为 2 880. 8 亿元、2 846. 1 亿元。区县债务占比由 2013 年 6 月末的 54. 6% 降至 49. 7%。

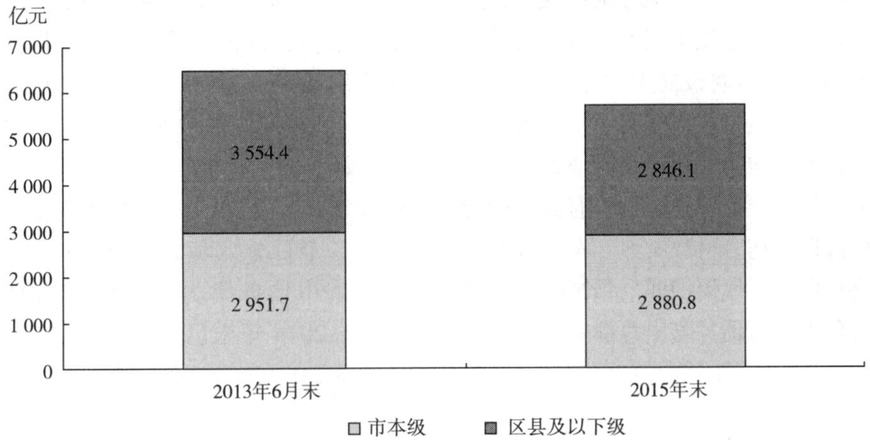

资料来源：摘自北京市地方政府债券发行披露文件。

图 3　北京市政府债务结构（按政府层级）

（三）半数以上债务用于土地收储，用于公益性支出的债务占比低

从债务资金投向看，占比前两位的是用于土地收储债务和市政建设债务。2013 年 6 月末，北京市用于土地收储的债务余额总规模为 3 551. 64 亿元，占负有偿还责任债务总额的 55. 6%，高出全国平均水平 38. 9 个百分点。用于市政建设的债务 1 681. 58 亿元，占比 27. 9%，其中城市轨道交通建设形成的政府性债务余额为 1 156. 64 亿元。这两类债务合计占北京市政府债务余额的 83. 4%。

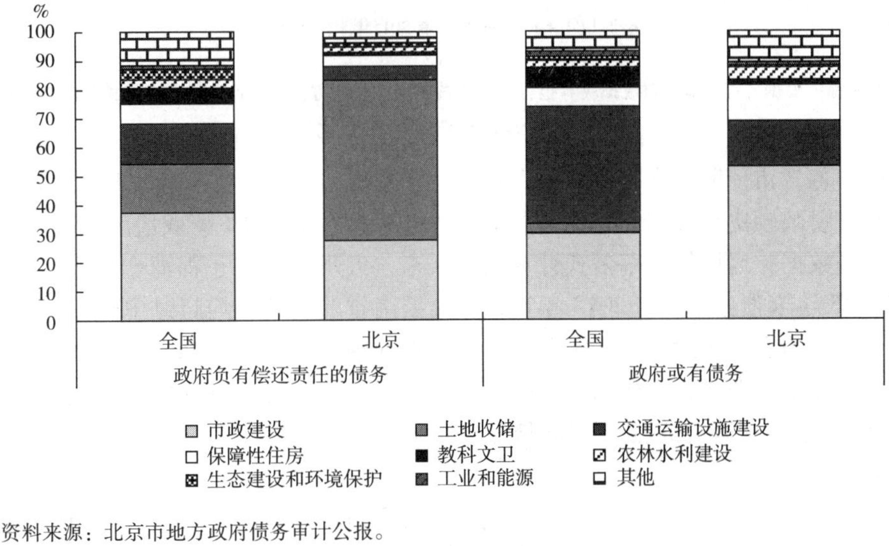

资料来源：北京市地方政府债务审计公报。

图 4　北京市政府债务结构（按政府层级）

从投资效果看，北京市政府债务主要用于土地收储和基础设施建设等履行地方政府经济职能的领域，相应债务也形成了大量的优质资产，如土地储备资产、城市轨道交通、水热电气等市政设施和高速公路、铁路、机场等，这些资产大多有经营收入作为偿债来源，而这也是北京市政府债务规模能够稳中有降的重要支撑。履行政府民生社会职能的保障性住房、科教文卫、农林水利建设、生态建设和环境保护四个领域的债务支出，合计仅占政府债务支出总额的7.6%。

（四）通过严控债务规模，近年来北京市债务率明显下降

债务率（债务余额/政府综合财力①）是衡量债务规模大小的指标。国际货币基金组织确定的债务率控制标准参考值为90%~150%。财政部最新披露的数据显示，2015年末全国地方政府债务率为89.2%，比2014年末和2012年末分别上升了3个百分点和21个百分点。2012年末北京市债务率为98.9%，当时为全国最高。2014年末已降至72%。

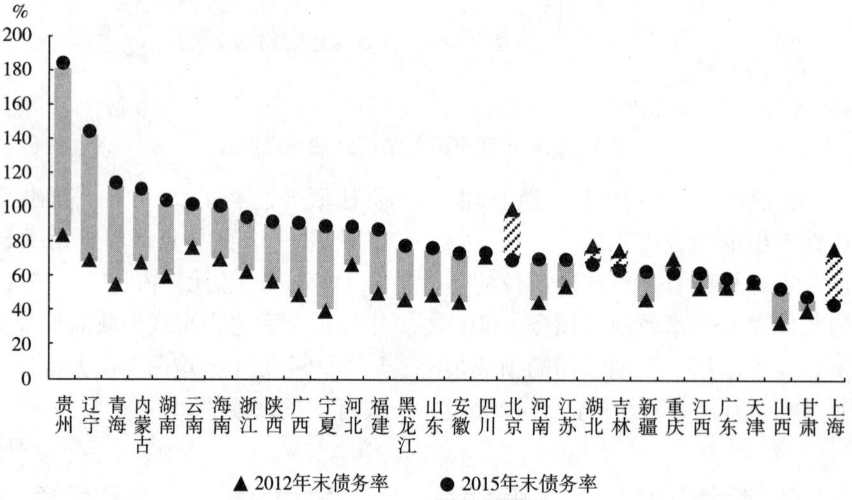

资料来源：根据各省市地方财政预决算报告、发债披露文件和地方债务审计公报公布的相关数据计算。

图5 各省地方政府债务率变化情况

从全国各省市债务率水平看，根据从各省市地方财政预决算数据和发债披露信息中获得的数据，运用债务率公式计算出各省市2015年末债务率，与2013年审计结果相比可以看到（见图5），各省市中只有上海、北京、湖北、吉林和天津的债务率较2012年末下降，其他省市的债务率均有所上升，甚至新出现了一些省份债务率超过了100%警戒值的情况。2015年末，贵州、辽宁、青海、内蒙古、湖南、云南省的债务率均超过100%，其中贵州省的债务率已超过180%。此外，海南、浙江、陕西省的债务率也都接近100%警戒值。

① 债务率：年末债务余额与当年政府综合财力的比率，是衡量债务规模大小的指标。其中，地方政府综合财力=地方公共预算收入+基金预算收入+转移支付和税收返还+地方国有资本经营收入-专项转移支付，各项收入均包括上年结余以及下级的净上解收入（下级上解收入-补助下级支出）。

（五）财政实力和偿债能力排在全国前列，偿债资金来源对土地出让收入依赖度较高

一是地方财政形成能力和财政收入稳定性较强。单位 GDP 公共财政形成能力① 是衡量政府因提供公共产品和公共服务从辖区内获得收入的能力的重要指标，同样也是衡量政府债务偿还能力的重要依据。如图 6、图 7 所示，近年来北京市单位 GDP 公共财政形成能力随着财政收入同步增长，2015 年已达到 20.2%，仅次于上海（22.1%），居全国第二位。从北京市财政收入结构看，2013 ~ 2015 年税收收入占一般公共预算收入的比例均在 90% 以上；且北京市产业多元化程度高，第三产业发达，纳税主体丰富，有利于平抑个别行业周期性波动导致的税收波动，全市一般公共预算收入整体稳定性较强。

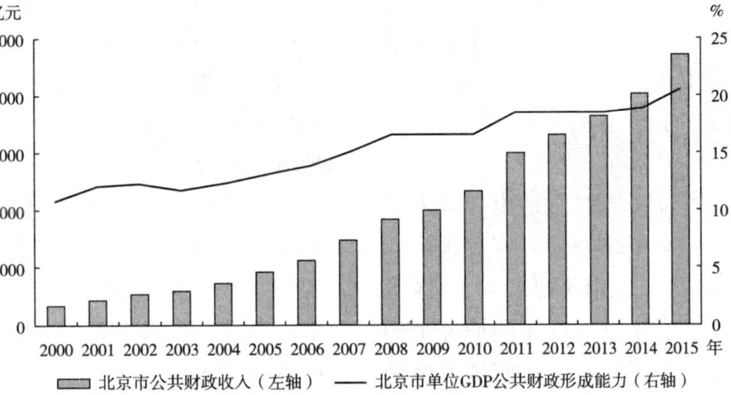

资料来源：根据北京市统计年鉴数据自行计算。

图 6　北京市公共财政收入及单位 GDP 公共财政形成能力

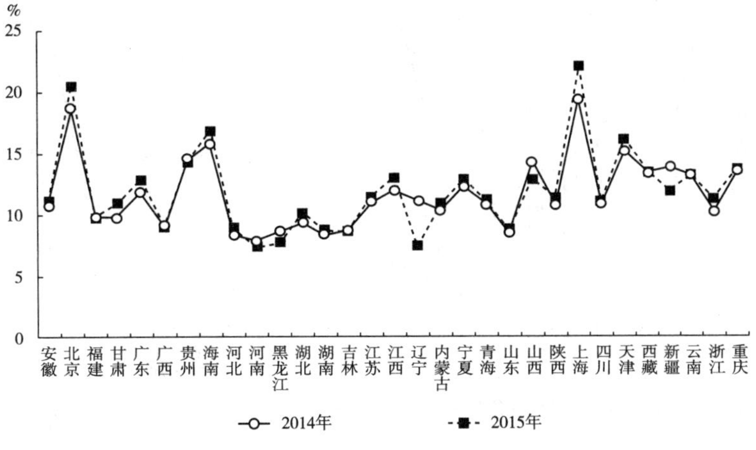

资料来源：各地区统计公报、预算执行报告。

图 7　2014 ~ 2015 年全国各地区单位 GDP 公共财政形成能力

① 单位 GDP 公共财政形成能力 = 一般公共财政收入/地区生产总值。

二是政府可变现资产多。截至2016年第一季度末，北京市属国有企业资产总额达到3.51万亿元，同比增长15.3%。从北京市政府控股的上市公司来看，北京市国资委或北京市政府作为股东的上市公司有燕京啤酒、首钢股份、全聚德、福田汽车、北京城建、首开股份、三元股份、王府井、京能电力、金隅股份等25家，总市值超过5 000亿元，仅依据控股股东持股比例计算，北京市本级政府持有上市公司股权市值接近2 000亿元。北京市政府拥有的上述上市公司股权变现能力强，可为北京市政府偿还债务提供流动性支持。

三是偿债资金来源对土地出让收入的依赖度较高。北京市政府债务审计报告显示，截至2012年末，市本级、14个区县本级承诺以土地出让收入偿还的债务余额3 601.27亿元，占同期全市政府债务余额的60.3%，在全国仅次于浙江（66.3%）和天津（64.6%）。国有土地出让金收入一直是北京市政府性基金收入的主要部分，2013～2015年北京市市本级政府性基金收入分别为1 841.8亿元、3 122.9亿元和2 028.4亿元，其中国有土地出让金收入分别为1 552.7亿元、2 726亿元和1 815亿元。受益于区域很强的人口吸附能力，预计未来北京市政府性基金收入仍将保持在较大规模。值得关注的是，2016年以来房地产市场出现了短暂回调，拉动土地转让收入回升，但由于缺乏实体经济增长作为支撑，这种回升难以持久，相反更需警惕未来房地产市场波动引致的地方政府债务风险。

考虑到北京市经济和财政实力较强，近年来债务率水平持续下降，偿债资金来源稳定，债务对应的项目优质资产较多的实际情况，综合判断当前北京市政府债务风险基本可控。

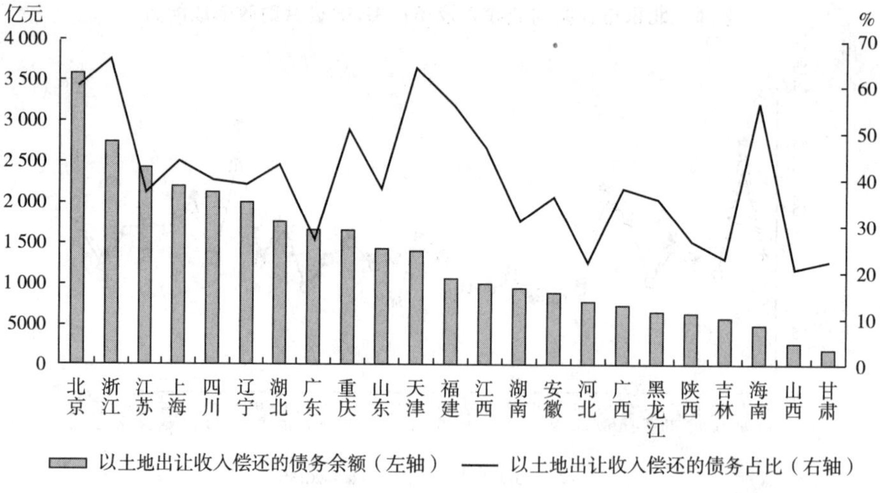

资料来源：各省市地方政府性债务审计公报。贵州、河南、内蒙古、宁夏、青海、新疆、云南政府性债务审计报告中未公布承诺以土地收入为偿还的债务信息。

图8 各省承诺以土地出让收入为偿债来源的债务规模和占比（2012年末）

二、北京市政府债券发行和债务置换情况

（一）债券发行规模

从发行规模看，2015 年至 2016 年 9 月末，北京市共发行地方政府债券 2 141.6亿元。其中，2015 年发行 1 178 亿元，2016 年 1 ~ 9 月共发行地方政府债券 963.6 亿元。如果以 2015 年末地方政府债务余额为基数，2016 年 9 月末，地方政府债券余额占北京市政府存量债务的比重已达到 37.4%。

表 2　　北京市地方政府债券发行情况表　　单位：亿元

2015 年				2016 年 1 ~ 9 月			
	公开招标发行		定向置换		公开招标发行		定向置换
	新增	置换			新增	置换	
一般债券	128.4	238.0	367.9	一般债券	492.0	9.7	20.9
专项债券	30.0	319.7	94.1	专项债券	30.0	215.3	195.7
合计	158.4	557.7	461.9	合计	522.0	225.0	216.6

资料来源：根据北京市发债对外披露文件整理。

地方政府债券的发行方式包括定向发行置换[①]和公开招标发行两种。从统计结果看，北京市地方政府债券的发行方式以公开招投标方式为主。其中，公开招标发行的债务规模为 1 463.1 亿元（占比 68.3%），定向发行置换的债务规模为 678.5 亿元（占比 31.7%）。

按偿还机制分，在北京市已发行的地方政府债券中，一般债券的发行规模为 1 256.8亿元（占比 58.7%），专项债券的发行规模为 884.7 亿元（占比 41.3%）。专项债券发行规模占比较低的原因是，北京市地方政府存量专项债务多为土地储备债务，此类债务抵押物充分，融资利率低且原始债务期限较长，短期内置换压力较小。

（二）债券发行利率

如表 3 所示，从债券发行利率水平看，2016 年 1 ~ 9 月，无论是定向发行还是公开招标发行（公募），北京市地方政府债券发行利率均低于上年。公开发行的地方政府债券中，3 年期、5 年期、7 年期和 10 年期债券的利率均值分别低于 2015 年 43 个基点、54 个基点、56 个基点和 61 个基点。定向发行的债券利率降幅小于公募利率，3 年期、5 年期、7 年期和 10 年期定向发行的地方政府债利率均值分别低于 2015 年 26 个基点、32 个基点、39 个基点和 32 个基点。

从定向发行和公开招标发行利率的对比来看，由于定向发行的地方政府债券短期内不能流通，所以发行利率明显高于同期限额公开发行的地方政府债券。具体来看，2016 年 1 ~ 9 月，3 年期、5 年期、7 年期和 10 年期定向发行利率分别高于同期限公募发行利率 49 个基点、55 个基点、58 个基点和 59 个基点。

① 定向发行置换地方债是省级政府面向地方政府存量债务中特定债权人，采取簿记建档方式发行地方债，用以置换本地区地方政府相应的存量债务。置换过程只是账务调整过程，相当于直接将银行的账目进行了变更，将贷款资产记为地方债资产，并不涉及资金真正流动。

表3　北京市地方政府债券发行利率情况　　单位:%

期限	2015年		2016年1~9月	
	公募	定向	公募	定向
3年	2.9375	3.2500	2.5050	2.9900
5年	3.1825	3.5050	2.6450	3.1900
7年	3.3700	3.7750	2.8150	3.3900
10年	3.4100	3.7100	2.8000	3.3900

资料来源：Wind。

与其他地区相比（见图9），2016年以来北京市公开发行的地方政府债券利率水平较低，而定向发行的债券利率水平则相对较高。2016年1~9月北京市公开发行的地方政府债券利率均值为2.6913%，在同期全国各地区发行的同期限地方政府债券中，仅略高于上海市；而同期定向发行的地方政府债券利率均值为3.2567%，为全国最高。

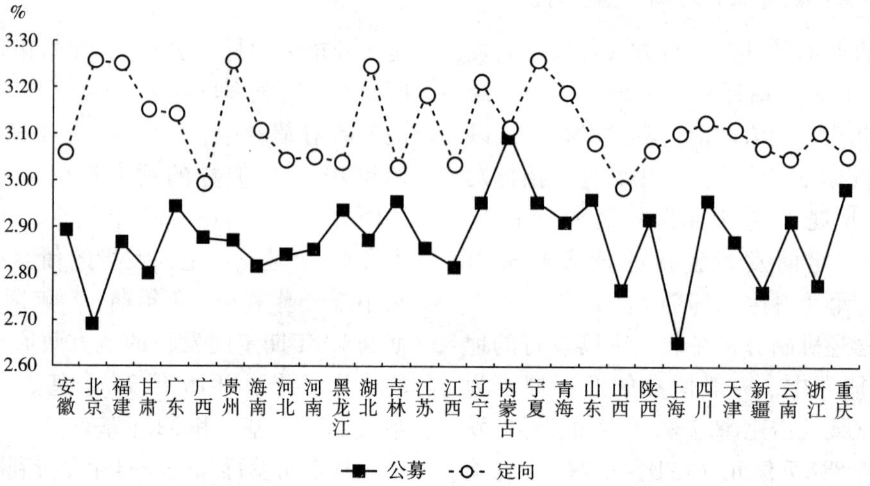

资料来源：Wind，各地政府债券利率均值为不同期限债券发行利率的算术平均值。

图9　各省发行的地方政府债券利率均值水平（2016年1~9月）

（三）债务置换规模

2015年至2016年9月末，北京市通过发行地方政府债券共置换地方政府存量债务1 461.2亿元，占北京市政府债券发行量的68.2%。其中，通过公开招标发行募集资金进行债务置换的规模为782.7亿元，通过定向发行置换的债务规模为678.5亿元。采用定向发行的方式进行债务置换，银行作为债权人只需对账目进行变更，将贷款资产变更为地方债资产，对市场资金流动性基本没有影响。财政部《关于做好2016年地方政府债券发行工作的通知》（财库〔2016〕22号）中也明确要求“积极采用定向承销方式发行置换债券”。但由于定向发行利率相对较高，地方政府为降低债务成本更倾向于公开发行。

三、目前地方政府债务管理存在的问题

（一）债务信息披露制度尚不完善

一是披露内容不完整。目前公开披露的地方政府债务信息分散在财政年度预决算报告以及发行债券时公布的《地方政府债券信息披露文件》《债券信用评级报告》中，披露的内容限于债务余额和限额总量以及与预算收支相关数据；缺少存量债务的期限、债权人类别、投向结构以及债务可持续性方面的信息，对于地方政府或有负债方面的内容更少。二是披露信息不及时。目前只是在年度政府预决算报告中公布上一年度地方政府债务变化情况，难以满足动态分析和监测的需要。

（二）地方政府债券发行信用评级制度和定价机制尚不完善

目前地方政府债券信用评级采用的是“发行方付费”的业务模式，在发行人和评估机构之间，评估机构明显处于弱势地位，在一定程度上影响了评级的独立性和客观公正性。调研中银行反映，目前地方政府债券的发行利率定价主要采取盯住国债利率的方法，在发行过程中，地方政府往往通过对各金融机构按承销债券比例配套国库现金管理业务等方式，压低发行价格。这种包含了非市场因素的发行定价模式，一定程度上降低了地方政府债券在二级市场的流动性。

（三）地方政府债券的发行使金融统计数据产生偏差

地方政府存量贷款置换为债券，会减少同等数额的银行贷款，使得金融机构贷款总额下降，当年的新增贷款额及增速也有所下降。目前的信贷收支统计没有考虑这一因素。同时，在现行社会融资规模统计口径中，地方融资平台属于社会融资规模统计的非金融企业部门范畴，其融资计入社会融资规模，而地方政府债券则未在社会融资规模统计之中。地方政府通过发债置换存量债务会使社会融资规模减小，从长远看，也会对信贷需求的增量产生替代和影响，使现行信贷收支及社会融资规模统计结果与经济主体实际融资情况之间产生一定偏差。

四、相关建议

一是提高地方政府债务信息披露的透明度。首先，建议国家以法律法规的形式统一界定地方政府性债务的内涵和外延，明确债务统计范围、分类标准、统计方法，对于谎报债务和隐瞒债务的行为，通过减少中央财政的转移支付等方式进行处罚。其次，建议地方政府在编制年度预算时，建立专门的记录和反映存量债务的规模大小、期限结构、具体举债的项目、偿债资金的来源等多种情况的债务预算表，并对外披露。最后，加强地方政府或有负债披露，明确或有负债的定义及统计标准。考虑到或有负债的不确定性，在实际统计管理中可以参考银行信贷资产质量“五级分类”的理念对地方政府或有负债风险概率作出相对明确的等级划分，并据此对全部或有负债进行统一管理及核算。

二是推进地方政府债券市场化定价发行。首先，提高评级机构的独立性和市场化，鼓励实施地方政府债券双评级机制及评级轮换制度，避免形成长期的捆绑关系，探索量化打分模型和方法，为投资者提供多元化的信息参考。其次，引入独立第三方债券承销机构，通过公开透明的方式对地方债券承销机构进行招投标，并对中标结果进行公示，由承销机构采取包销的方式发行地方债，负责地方债的发行和

二级市场交易的市场化定价。最后，适当扩大地方政府债券投资者的范围，比如引入社会保险基金、住房公积金、保险公司等境内机构投资者，适时引入境外投资者，改善地方政府债券的流动性。

三是建议在统计社会融资总规模数据时，将已发行的地方政府债券中涉及债务置换的部分加回。考虑到发债将作为地方政府唯一的融资渠道，并将在支持基础设施建设方面扮演更重要的角色，未来有必要将所有的地方和中央政府债券发行（置换及新增）纳入社会融资规模统计范围，以真实反映社会融资状况。

（贺杰）

北京地区QDII业务存在的问题及建议

为进一步了解北京地区合格境内机构投资者（以下简称QDII）办理外汇业务的相关情况，我们对北京地区8家合格境内机构投资者2015年1月1日至2016年6月30日开展的外汇业务进行了调查，发现北京地区多数QDII经营机构经营较为规范，但存在额度计算准确率有待提高、境外投资水平有待成熟等问题，并就额度分配问题提出了根据行业不同予以适度倾斜的建议。

一、基本情况

（一）北京地区整体情况

截至2016年9月，北京地区获得QDII额度的合格境内机构投资者共37家，获批额度总额260.66亿美元，占全国获批额度的28.96%。机构涵盖了基金、保险、信托、证券、银行、资产管理公司五种类型。2015年1月至2016年6月，北京地区QDII项下跨境支出191.92亿美元，跨境汇入57.40亿美元。

（二）被调查主体筛选情况

以QDII额度使用率较高、跨境收支额较大且在各行业具有代表性为标准，筛选出8家机构作为本次调查主体，覆盖了北京地区QDII业务的所有行业类型。8家机构获批QDII额度合计114亿美元，占北京地区获批总额度的43.74%。在2015年1月至2016年6月调查期内，8家机构跨境汇出合计87.72亿美元，占辖区QDII总支出的45.71%；累计汇入7.92亿美元，占辖区QDII总汇入的13.79%。

（三）被调查主体制度建设及经营情况

在8家现场检查机构中，有7家机构制定了针对QDII业务的内控制度，另1家机构虽未制定公司层面专门的内控制度，但也通过每个产品与托管银行签署的业务操作备忘录和产品管理手册进行了业务管控。总体上看，被查机构均对此项业务较为重视，能够按照外汇管理要求对该业务进行操作。

8家机构中额度管理均由专门的业务部门牵头负责，定期通过头寸预测、定期监控额度使用情况、监控仓位等多种方式确保额度使用不超标，但在调查中也发现，部分机构存在额度数据统计不准确的现象。截至2016年6月末，有6家机构的额度使用率超过65%。8家机构额度使用率情况如表1所示。

表 1　　机构类型表

序号	机构类型	机构名称	批准额度（亿美元）	已使用额度（亿美元）	额度使用率（%）
1	基金类	基金 1	35	33.72	96.34
2		基金 2	3	1.95	65.00
3	证券类	证券公司 1	22	19.56	88.91
4		证券公司 2	4	0	0.00
5	信托类	信托 1	9.5	9.5	100.00
6		信托 2	3	2.2	73.33
7	银行类	银行	2	0.85	42.50
8	保险类	保险公司	35.5	37.8	106.48

注：数据截至 2016 年 6 月 30 日。

二、北京地区 QDII 业务特点

（一）多数机构获批代客境外理财资质较早

多数机构获批开展境外理财资质较早，开始时间集中于 2005～2008 年：早在 2005 年被调查保险公司已通过单笔审批的方式开展了境外投资业务，2007 年后将所有境外投资纳入 QDII 额度统计；被调查银行于 2006 年 12 月 22 日获得中国银行业监督管理委员会批准开办代客境外理财业务资格；基金公司 2 也早于 2007 年 10 月获得 QDII 业务资格并开始开展境外投资资产管理业务，于次年始开展 QDII 业务。

（二）管理费率收取较为合理

8 家机构管理费率收取根据主动、被动类产品及客户的议价能力而定，管理费率介于 0.15%～2%，且 2% 收费仅证券公司 2011 年 6 月发行第一只 QDII 产品时收取，当时 QDII 产品初步发行，市场认购率高，发行管理费用较高。后续产品按照专户与公募产品分类，专户类产品管理费率介于 0.2%～1%，公募类产品管理费率介于 0.6%～1.85%。

（三）境外投资侧重于港股，整体收益率有限

纵观 8 家机构开展的 QDII 业务，除保险公司投资可涉及不动产外，大部分境外投资标的集中于中国香港股票，主要是中资企业在中国香港的首次公开募股（IPO）。除个别 IPO 产品收益较可观外，多数产品收益率偏低，净值折半产品较多，总体收益率介于 -60% 至 20%。

（四）被动管理类业务占比较大

部分机构将委托人自行确定境外投资标的、自行确定投资策略、不需要机构提供投资建议，且不承担投资风险的业务归为被动管理业务。在该业务模式下，管理人不承担项目尽职调查责任，无须聘请投资顾问，完全依据委托人指令操作，包括购买投资标的、持有以及变现处置等，公司并没有为此类业务提供专业的投研服务，无法反映公司的资产管理水平。这类业务在证券类、信托类公司较为普遍。截至 2016 年 8 月，证券公司 1 共办理 QDII 产品 84 个，其中被动管理类产品高达 77 个，占比 91.67%；信托公司 2 办理的 10 个产品中，全部为被动管理类产品，占比

100%；信托公司1的11个产品，也全部为被动管理类产品。

（五）保险公司QDII业务全部为自身境外投资，投资方式以外包为主，投资范围更为广泛

保险公司QDII业务全部为自有资金的境外投资，战略投资期长，投资金额巨大。截至2016年6月30日，被调查保险公司境外投资可分为三类。（1）公开市场类：主要委托高盛等专业投资管理机构对境外证券市场的投资。共11个项目，除一个项目为境外IPO股权投资为自主决定投资决策外，其余项目均由高盛、威灵顿等专业投资公司管理运营，投资于港股为主的全球股票市场，收益区间界于-18%至2%；（2）直接投资类：由境内投资有限公司作为投资顾问，投资领域分别为普罗斯基金、uber公司、美国不动产等；（3）私募基金：投资黑石不动产等基金项目，投资领域较复杂。除部分公开市场类业务外，其余投资均为战略投资或处于投资期内，净值波动变化微小，无法比较投资效果，但整体投资领域已包含全球股票、欧洲股票和多重资产等公开市场策略，以及私募基金、直接股权和房地产等。

三、存在的问题

（一）QDII额度计算准确率有待提高

检查显示，多数合格境内机构投资者统计额度都存在误差。究其原因有以下几点：一是现行外汇管理政策对QDII额度计算方式不明确。《合格境内机构投资者境外证券投资外汇管理规定》第六条规定“合格投资者境外投资净汇出额（含外汇及人民币资金）不得超过经批准的投资额度”，但没有具体的计算公式。如基金公司2在计算额度时，如果产品盈利，资金方向为净汇入、且汇入部分超出批准额度时，则可使用额度=批准额度+净汇入部分，在一定程度上扩大了境外投资的可汇出额度。而实际上外汇局的额度管理理念为时点的投资净汇出额不得超过经批准的投资额度，且产品盈利收入不增加投资额度。二是托管行与管理人职责不明确，导致额度计算出现误差。以被调查保险公司为例，其QDII额度控制单方面依赖托管行提供的数据，自身未设立跨境收支台账与托管行进行双向核对，导致外汇局资本项目信息系统中显示的QDII额度与自身计算的QDII额度存在差异。实际上，经营单位作为QDII管理人，掌握第一手的额度使用情况，应对其额度控制承担第一管理职责。

（二）被动管理产品类具有“类通道”性质

检查发现，部分证券公司及证券公司的被动管理类产品，完全按委托人要求的投资标的、资金价格、买卖指令来被动管理产品，在产品管理过程中不提供任何投资或操作建议，只提供项目报批、账户维护、资金汇划、股票买卖等事务型服务，其实质已类似于通道业务。上述公司完全没有发挥境内合格机构投资者应有的投研能力，仅靠分配的QDII额度做一些辅助性工作，吃政策“红利”，与国家外汇管理局开展QDII业务、培育合格境内机构投资者的初衷相悖。特别是委托人是资管计划或理财产品的，其最终出资人隐藏在幕后，很难穿透调查其最终资金来源，对委托人资格的审核流于形式，为境内非法资金流出提供了一个可能渠道。目前存续产品中，不乏嘉实资本管理有限公司、申万宏源证券有限公司这样原本自身或关联公司有QDII投资额度的委托人。

（三）投资区域过于集中，投资标的过于单一，达不到分散风险投资的目的

发达国家的债券市场非常成熟，机会众多，而且几十年来其长期收益率较高；此外，海外不动产投资具有成交金额大、维护成本低、投资风险相对可控、长期价格涨幅与名义 GDP 增长率相关性较强等优点，能挖掘到一批租金收益率在 6% 以上的不动产，相对容易获取长期稳定的投资收益。但目前 QDII 产品海外投资主要集中在中国香港地区，产品投资标的也多是单一股票，尤其是境内企业的境外股权，产品同质化严重，达不到分散风险投资的目的，也远远达不到通过 QDII 进行全球资产配置的目标。

（四）现有 QDII 规模满足不了保险公司全球资源配置需求

从国外保险行业的发展经验来看，保险公司进行全球化的资产配置，可以较好地避免集中投资于单一市场而可能导致的风险积聚，QDII 是较对外直接投资（ODI）、境外发债等更为便捷高效的实现渠道。根据中国保险监督管理委员会发布的《保险资金境外投资管理暂行办法》，保险公司的境外投资总额不得超过上年末总资产的 15%，但按照被调查企业 2015 年末资产计算，所获跨境投资额度所占比例仅为 0.97%，远低于中国保险监督管理委员会（以下简称中国保监会）允许投资规模的上限。事实上，保险行业 QDII 额度均较为紧张，截至 2016 年 9 月 30 日，保险类公司 QDII 额度获批 308.53 亿美元，占总审批额度的 34.28%，表面上保险行业获批额度较多，但与 2015 年 12 月末全国保险行业总资产 123 597.76 亿元相比，审批额度仅占到 1.67%，与 15% 的比例相距甚远，远远达不到保险公司全球资金配置的需求。

四、政策建议

（一）进一步细化外汇管理法规，明确投资额度计算方法

针对当前合格境内投资者对额度计算的理解不一致的情况，建议国家外汇管理局通过下发操作指引或通过行业培训等方式明确和统一合格境内投资者对外投资额度的计算和管理方式，使监管部门、托管行、合格境内投资者三方数据口径一致，避免因理解偏差而出现资金超出额度使用的情况。同时，进一步梳理 QDII 管理制度，规范 QDII 产品管理，明确界定“转让或转卖额度”行为，并细化相关处罚条款。

（二）适当控制“通道类”业务发行比例

QDII 业务的目的是进一步开放资本账户，不断培育内地机构投资者，为我国有序开放资本市场积累经验。合格境内机构应积极提高自身投研能力，以更高的水平参与国际市场投资，“通道类”业务不仅不利于机构自身投研业务的发展，也使市场中未获批额度主体处于不公平竞争状态。应加强对机构境内投资者 QDII 产品设计模式的调查，引导合格境内投资者开展更符合长远发展的业务，限制“通道类”产品的规模。

（三）建立科学的 QDII 额度分配制度，政策上适度向保险公司和基金公司倾斜

不同行业从事 QDII 业务的团队建设、投研能力、开发海外市场的渠道与产品能力悬殊，额度使用率也差别较大，被调查保险公司超出额度 2.64 亿美元，基金公司额度使用率达 96% 以上，银行额度使用率仅 30.71%，且产品品种单一，收益

率不高。保险公司QDII项目是自身资产配置的需要，优化资产配置效益需要足够多和足够好的资产类别，境外资本市场比中国资本市场更加成熟、产品更加多样化，跨境投资能够显著扩大投资边界，提高保险公司资金运作效率。因此，国有大型保险公司需要开展长期稳定的跨境投资，且短期套利或投机的动机较小，违规可能性较小，能够较为合理地利用投资额度。基金公司在QDII业务中能够发挥自身投研优势，产品收益较高，管理水平较好，更符合国家开展QDII业务的初衷，且公募基金的发行有利于向更多社会公众普及全球资产配置理念。建议今后国家外汇管理局对获得QDII资格的机构，设立以QDII资金及组合投资管理能力为基础，结合公司市场竞争力及风险控制、合规等方面的综合评价体系。对综合实力较强的QDII机构，在今后的额度分配、汇兑业务办理等方面给予一定的支持与鼓励，培育优秀的内地机构投资者。

（刘丽萍　尹潇　王振芳　梁少锋）

金融消费者保护的有益实践

中国银行业监督管理委员会北京监管局

目前金融消费者保护研究成果主要从行为经济学、信息经济学、规制经济学和“双峰”监管理论等不同角度对金融消费者保护的重要性和必要性进行了论证，这对金融消费者保护实践具有较强的指导意义，从全球视角来看，金融消费者保护的做法基本上契合了上述理论，并形成了理论指导实践、实践促进理论发展的良性互动局面。

一、基于金融消费者保护理论的国际实践运用

针对上述视角的研究共同构成了金融消费者保护的理论体系，为国际消费者保护实践提供了理论基础，同时，理论研究的发展以及对美国次贷危机的反思也推动了各国在金融消费者保护领域的改革与发展。在理论与实践相结合的基础上，通过金融教育提升消费者金融决策科学性、通过加强行为监管降低金融负外部性等做法成为国际上开展金融消费者保护的普遍选择。

完善金融消费者保护立法。根据规制经济学中的外部性理论，金融业具有较强的负外部性。作为规制者的政府或金融监管机构，有必要承担起金融保护的义务，通过平衡金融机构与消费者之间的利益来寻求社会福利最大化，防止金融机构为了短期利益侵害金融消费者的合法权益。结合信息经济学理论，为防止信息不对称造成的消费纠纷，切实保障消费者知情权，发达国家在危机后的金融立法实践中突出了对金融机构信息披露义务及说明义务的规制，如2010年7月美国颁布的《多德—弗兰克华尔街改革与消费者保护法案》，以及2012年12月英国出台的《2012年金融服务法案》，均包含了相关内容。马来西亚、韩国、中国台湾等国家和地区也纷纷加强了金融消费者保护领域的专门立法。通过制定、完善金融消费者保护的法律法规，明确金融消费者保护的对象、范围，监管部门的法律地位和具体职责，以及金融机构的行为标准，有助于建立健全金融消费者保护的体制机制，增强操作的规范性和监管的有效性。

单设行为监管机构的趋势有所增强。1995 年，Michael Taylor 在《双峰式监管：新世纪的监管机构》一书中提出了“双峰”理论，即金融监管存在两个并行目标，一是维护金融机构稳健经营和金融体系稳定的目标，通过审慎监管的手段来实现；二是保护消费者权益的目标，通过行为监管的手段来实现；同时，应根据监管目标的不同，设立两个监管机构分别执行审慎监管和行为监管。Michael Taylor 在总结次贷危机教训时进一步指出，就体量较大、金融系统较为复杂的经济体而言，在单一机构内集合太多的监管职能所导致的无效率将远远超过其潜在效益，并准确预言了英国从单一的综合监管模式向“双峰”模式的回归。澳大利亚是世界上首个建立“双峰”监管模式的国家。次贷危机后，美国成立消费者金融保护局（CFPB），英国成立了金融行为监管局（FCA），单设行为监管机构以强化消费者保护的国际趋势有所增强。

加强公众金融教育成为共识。“理性人”假设是新古典经济学的重要假设之一，但行为经济学近年来的研究表明，“理性人”的假设与现实不符，“有限理性”才是常态。金融消费者会因为市场的不确定性或自身的心理因素做出非理性的金融决策，部分金融机构甚至会利用消费者的上述弱点牟利。根据消费者的“有限理性”特点，2012 年 6 月，20 国集团领导人在墨西哥洛斯卡沃斯峰会上讨论通过了《金融教育国家战略高级原则》。经济合作与发展组织 2015 年的调查结果显示，世界上已经有 64 个国家或地区已发布或正在积极地研究制定金融教育的国家战略。英国、美国均已将金融教育纳入国民教育体系，并十分注重对金融教育的成效评估。多个国家的行为监管机构，如美国 CFPB、澳大利亚证券投资委员会（ASIC）、加拿大金融消费者保险局（FCAC）等，均在立法层面明确了其应承担的金融教育职能，使金融知识宣传教育与行为监管有机结合起来，促使消费者认清自我行为，并为金融消费者提供强有力的保护。

第三方调解在金融纠纷解决中发挥积极作用。世界银行 2012 年 6 月发布的《金融消费者权益保护的良好经验》中，将“为消费者提供一个低成本、有效、权威、专业且资源充足的争端解决机制”作为完善金融消费者保护制度的一个基本原则。目前，英国、澳大利亚、新加坡等多个国家和地区成立了专门的金融争议解决机构。此类机构多依据相关法律成立，接受行为监管机构的指导，运转经费主要来源于金融机构缴纳的会费及调解费，并在受理范围内免费为金融消费者提供投诉处理及纠纷调解服务。以英国金融督察服务公司（FOS）为例，2015 年 4 月 1 日至 2016 年 3 月 31 日，该机构共收到咨询及投诉 1 631 995 起，累计解决投诉 438 802 起，在维护消费者权益、快速解决金融纠纷方面发挥了重要作用。

二、北京辖区金融消费者保护监管工作成效显著

参照国际经验，顺应我国金融市场改革发展不断深化和金融产品供给的日趋丰富，金融服务行为不规范、消费者权益受到损害的现象时有发生，“把金融消费者保护放在更加突出位置，加强制度和组织机构建设，加强金融消费者教育”已经成为中央与监管部门的共识，并初步形成了分业监管下的“内双峰”模式。

2015年11月，国务院办公厅发布了《关于加强金融消费者权益工作的指导意见》，意味着我国的金融消费者保护工作迈入一个新的发展阶段。目前，“一行三会”均内设金融消费者保护部门，《中国人民银行金融消费者权益保护实施办法》《中国银监会银行业消费权益保护工作指引》等一系列部门规章及规范性文件的发布为工作的顺利开展提供了制度依据。“金融知识宣传普及月”“金融知识进万家”宣传服务月、“公平在身边”“保险公众宣传日”等公益宣传教育活动的开展，发挥了普及金融知识、提高消费者风险意识的积极作用。中国人民银行、中国证券监督管理委员会、中国保险监督管理委员会先后建立了全国统一的咨询投诉热线，中国银行业监督管理委员会也在加强投诉处理、探索开展纠纷调解、增强金融消费者保护宣传力度等方面做了大量而有效的工作。中国银行业监督管理委员会北京监管局（以下简称北京银监局）在中国银行业监督管理委员会（以下简称中国银监会）的领导下，一直高度重视并积极开展金融消费者权益保护工作，取得了较好的社会反响，为保障和推动首都经济发展发挥了积极作用。

建立健全消费者保护工作机制。为适应不断发展的消费者保护工作需要，深入践行群众路线要求，在先期建立了消费者权益保护工作联系机制的基础上，北京银监局于2014年5月正式成立银行业消费者权益保护处，以更好地指导和推动北京银行业消费者保护工作。短短两年来，通过制定出台消保专项规范性文件、逐年梳理消保工作要点、组建北京银行业消费者权益保护高层指导委员会、及时通报辖内消保工作重点领域进展、定期开展消保工作成效评估等举措，北京地区银行业消费者保护工作呈现新气象、新面貌。各机构董事会、高管层对消保工作的重视程度显著提升，截至2016年末，辖内70家已开展个人业务的金融机构（不含村镇银行）均已设立或指定了专门部门负责消费者权益保护工作，消保组织架构搭建稳步推进，制度体系逐步健全，各级员工保护消费者意识进一步增强，消费者保护的主体责任得到较好落实。

强化金融机构行为监管。保护金融消费者，重在“预防”。北京银监局从产品设计、协议制定、推介销售等多维度入手，督导辖内机构规范自身经营行为，提升消保工作的前瞻性和有效性。在产品研发环节，要求各机构消保职能部门参与评审，防止侵害消费者权益的产品或服务品种进入市场。在协议制定方面，联合北京市工商管理局开展银行业格式条款规范工作，督促相关机构就涉嫌违法表述的合同条款进行自查整改。在产品销售领域，提前部署、扎实推进北京银行业各经营网点的录音录像工作，加大对销售行为的监管约束力度，避免因误导销售造成不合理的投资决策。

创新开展金融知识宣传教育。“授人以鱼不如授人以渔”，通过开展金融知识宣传教育，促使消费者金融知识学习习惯养成，帮助其提升风险防范意识，可以达到改善金融消费决策、增进公众福利的目的。为了提升金融知识宣传教育的有效性，北京银监局在创新宣教方式上下功夫：一是针对社会高度关注的校园“毒”贷款问题和一系列面向高校新生的校园诈骗案件，指导辖内机构在新学年开学期间举办大型校园宣传展演，普及电信网络诈骗鉴别技巧，引导大学生群体树立理性消费观念；二是结合中青年人群使用智能手机进行碎片化阅读的行为习惯，引导辖内机构通过加大微信公众号推送力度、优化微信宣教内容等方式，提升公益宣教微信的阅读量和吸引力；三是精心制作防范电信诈骗微电影《致命骗局》，并改编为群众喜闻乐见的同名连环画，累计投放量近6万册。

积极畅通消费者投诉渠道。为了给消费者提供更加便捷和有效的维权渠道，北京银监局积极借鉴国际经验，在辖内推动设立北京秉正银行业消费者权益保护促进中心，通过设立投诉热线、降低受理门槛、扩大服务范围等手段，拓宽通过第三方调解方式解决银行业服务纠纷的新路径。与此同时，督导北京辖内70余家银行业金融机构设置北京地区消费者投诉专线，通过《北京青年报》面向社会公开各机构专线号码，并通过各机构营业网点及北京银监局网站进行公示。投诉专线的运行在减少投诉流转环节、提高处理效率、及时化解纠纷、避免投诉升级等方面发挥了积极作用，有效提升了辖内消费者对金融服务的满意度。

持续提升网点金融服务水平。银行业归根结底还是服务业，按照习近平总书记提出的“努力把北京建设成国际一流的和谐宜居之都”的总体要求，北京银监局积极引导首都银行业增强政治责任感，秉持“为民服务”理念，以“国内领先”“国际一流”为目标做好金融服务工作。推动银行业务与信息科技深度融合，以智能化金融服务促网点升级，各行累计布放远程可视柜员机（VTM）、联机式预填单机、柜内清（集成键盘设备）、柜外清（柜外客户回显设备）、智能机器人等智能机具超过1 000台。着力加强对老年人、残疾人等特殊消费者群体的金融服务，辖内银行网点基本实现无障碍坡道全覆盖，有效提升了金融服务的可得性和便捷性。

消费者权益保护是构建良好客户关系的基础和前提，离开了消费者的认可和支持，金融业的长远发展就成了“无源之水”和“无本之木”。在实践中，我们认识到，与国际上的良好做法相比，与人民群众的客观需要相比，我国的金融消费者保护工作还处于探索阶段，在推进金融消费者保护法律制度建设、强化金融机构行为监管、提升金融教育普及度与有效性、构建多元化金融消纠纷解决机制等方面还有非常大的提升空间。北京银监局将进一步完善辖内金融消费者保护工作机制，持续加强监管引领，谋深谋实，善作善成，以更加优质的金融服务增进人民福祉，增强公众信心，为首都经济社会平稳健康发展奠定坚实基础。

（陈阳）

关于北京辖区中小板和创业板公司非经常性损益的调研报告

中国证券监督管理委员会北京监管局

自中国证券监督管理委员会（以下简称中国证监会）发布《公开发行证券的公司信息披露解释性公告第 1 号——非经常性损益》（2008 年修订）（证监会公告〔2008〕43 号）（以下简称解释性公告）以来，上市公司关于非经常性损益的确认与披露行为得到了极大的规范和统一，非经常性损益这一披露指标之于投资者的有效性明显提升。但是，随着信息披露规则体系和企业会计准则体系的修订与完善，以及上市公司业务的发展变化，该解释性公告在内容与执行方面的问题也开始在实务中逐渐显现。2016 年 2 月 25 日，中国证券监督管理委员会北京监管局（以下简称北京证监局）收到中国证监会会计部来文，征求执行该解释性公告时存在的问题并要求提出相应建议。

在审核上市公司 2015 年年报过程中，我们采取多种方式，收集各方的反馈意见。一方面，各监管员在年报审核过程中重点关注非经常性损益的披露问题，并积极交流分享；另一方面，通过问卷调查等方式，广泛征集辖区中小板和创业板 126 家上市公司的意见。我们对征集的基本情况和意见进行总结并结合监管实践提出相应的政策建议。

一、非经常性损益现有监管要求

非经常性损益的概念是中国证监会出于对上市公司业绩来源和构成的把握需要，以及为社会公众投资者提供判断企业正常经营业务盈利能力指标的需要提出的，属监管层提出的信息披露指标，并不属于传统财务会计的概念范畴。根据解释性公告，非经常性损益指与公司正常经营业务无直接关系，以及虽与正常经营业务相关，但由于其性质特殊和偶发性，影响报表使用人对公司经营业绩和盈利能力作出正常判断的各项交易和事项产生的损益。同时，解释性公告列举了 21 个常用项目，其中列举了 20 个具体项目，第 21 个项目为其他项目。

从上述定义来看，具体有三方面要点，一是 2006 年企业会计准则修订后利润表列报要求有所变化，考虑到公司经营业务的多样性，以“正常业务”取代了“主营业务和其他经营业务”；二是强调了非经常性损益的特点是“性质特殊和偶发性”；三是将界定非经常性损益的判断标准确定为是否“影响报表使用人对公司经营业绩和盈利能力做出正常判断”。解释性公告强调的是“交易或事项的性质或发生频率”两个判断标准，但其更多地体现出事项对报表可理解性的影响，并没有规定两个判断标准同时满足。

尽管解释性公告对非经常性损益进行了具体定义，并列举了 21 个常用项目，但在实际运用中仍存在较大的判断空间，需结合公司业务性质和具体损益项目进行认定。普遍而言，是否作为非经常性损益核算并披露，需考虑如下因素：一是重要性判断，只有那些预计影响报表使用人判断企业盈利能力的非经常性损益需单独披露；二是根据企业正常经营业务性质和特点，认定的非经常性损益项目可以超出解释性公告列举的21个常用项目范围，但应在附注中单独说明；三是不同会计期间对于非经常性损益项目的认定应保持一致性，同时又需要在一定期间（年度或经营范围发生重大变化后）进行重新审视，必要时进行调整，以确保公司非经常性损益披露政策符合公司实际业务情况。

二、辖区中小板和创业板公司非经常性损益项目主要情况

截至2016年4月末，北京辖区中小板和创业板共126家公司，其中中小板46家、创业板80家。126家公司2013年至2015年确认的非经常性损益金额合计分别为20.08亿元、27.02亿元、31.34亿元，剔除所得税及少数股东损益等因素的影响后，非经常性损益净规模分别为17.00亿元、22.44亿元、27.83亿元，占当期归属于上市公司股东的净利润（分别为170.57亿元、208.54亿元、245.11亿元，以下简称净利润）的比例分别为9.97%、10.76%、11.35%，整体呈逐年上升趋势。由此可见，非经常性损益在利润组成中的占比越来越大，对上市公司的影响也日趋增大，对净利润存在一定的调节作用。

从辖区上市公司非经常性损益项目构成来看，主要集中在解释性公告列示的项目一、项目三、项目九、项目十、项目十四、项目二十一，其他项目金额多为零，对应的交易鲜有发生。其中，项目二十一“其他符合非经常性损益定义的损益项目”的列报金额不断增加，具体特点如下。

（一）政府补助是非经常性损益的主要来源，占比呈上升趋势

从统计数据来看，126家公司关于解释性公告列示的项目三“计入当期损益的政府补助，但与公司正常经营业务密切相关，符合国家政策规定、按照一定标准定额或定量持续享受的政府补助除外”的2013年至2015年金额分别为10.77亿元、14.47亿元和17.08亿元，占当期非经常性损益总额的比例分别为53.64%、53.57%和54.52%，占当期净利润的比例分别为6.31%、6.94%和6.97%。由此可见，政府补助是上市公司非经常性损益的主要来源，近三年占非经常性损益总额的比例均超过50%，且占当期净利润的比例呈上升趋势。监管实践中，我们发现政府补助不仅对上市公司利润贡献较大，而且是公司用来增厚利润，甚至扭亏或减少亏损的首选。

（二）金融资产与金融负债的公允价值变动损益与处置损益金额不断增加

126家公司关于解释性公告列示的项目十四“除同公司正常经营业务相关的有效套期保值业务外，持有交易性金融资产、交易性金融负债产生的公允价值变动损益，以及处置交易性金融资产、交易性金融负债和可供出售金融资产取得的投资收益”的2013年至2015年金额分别为1.52亿元、2.3亿元和7.68亿元，占当期非经常性损益总额的比例分别为7.56%、8.51%和24.52%。可见，2015年的金额和占净利润的比例大幅增加。这基本体现和反映了近几年上市公司投资业务更加丰富和多样的特点和趋势。随着公司业务发展变化，金融工具公允价值变动

金额不断增加，2015 年，该项目金额仅次于政府补助金额，一跃成为排名第二位的非经常性损益项目。

（三）非流动资产处置损益普遍存在，金额多为负值

从统计数据来看，上市公司非流动资产处置行为普遍发生，有非流动资产处置损益的公司数量仅次于政府补助，2013 年至 2015 年分别为 118 家、119 家和 123 家。其中金额为负的公司数量逐年增加，2013 年至 2015 年占全部公司的比例分别为 62.71%、63.03% 和 66.67%。因而，126 家公司关于解释性公告列示的项目一“非流动性资产处置损益，包括已计提资产减值准备的冲销部分”的金额逐年减少，2013 年至 2015 年金额分别为 1.92 亿元、1.85 亿元和 1 亿元，占当期非经常性损益总额的比例分别为 11.30%、8.23% 和 3.59%。可见，非流动资产损益项目的列报比较普遍，金额逐年减少，企业利用该项目调节利润的可能性逐年下降。

（四）对净利润影响为负的项目发生金额较少

解释性公告列示项目中，对净利润影响通常为负的有项目八“因不可抗力因素，如遭受自然灾害而计提的各项资产减值准备”、项目九“债务重组损益”、项目十“企业重组费用，如安置职工的支出、整合费用等”三项。126 家公司除项目八金额均为零以外，关于项目九的 2013 年至 2015 年金额分别为 -35.76 万元、-153.08 万元和 -2 000.16万元，关于项目十的 2013 年至 2015 年金额分别为 -1 412.42 万元、-633.69万元和 -720.67万元，上述金额占当期非经常性损益总额的比例均为 -0.8% ~ -0.1%，占当期净利润的比例均在 -0.09% ~0%，对净利润的影响可谓微乎其微。除以上两个项目以外，126 家公司合计金额没有为负值的项目。

（五）“其他符合非经常性损益定义的损益项目”发生额不断增加

126 家公司关于解释性公告列示的项目二十一“其他符合非经常性损益定义的损益项目”有发生金额的共 28 家，其中 2013 年至 2015 年有发生金额的分别为 10 家、15 家和 19 家，2013 年至 2015 年的金额分别为 1.68 亿元、5.53 亿元和 -1.68亿元，占当期非经常性损益总额的比例分别为 8.35%、20.47% 和 -5.35%。从统计数据看，该项目主要集中在购买理财产品或银行固定收益产品产生的利息收益、处置长期股权投资收益、对商誉等资产项目计提的减值准备、因处置子公司部分股权而改变核算方法对股权投资价值进行调整产生的损益等方面。可见，随着上市公司业务的发展变化，解释性公告列举的 20 个具体项目已不能基本涵盖公司的非经常性损益，其他项目的发生金额日益增加。

（六）解释性公告列示的其他项目金额多为零，此类交易少有发生

在解释性公告列示的 21 个项目中，126 家公司关于项目六“非货币性资产交换损益”、项目八“因不可抗力因素，如遭受自然灾害而计提的各项资产减值准备”、项目十一“交易价格显失公允的交易产生的超过公允价值部分的损益”、项目十八“根据税收、会计等法律、法规的要求对当期损益进行一次性调整对当期损益的影响”、项目十九“受托经营取得的托管费收入”5 个项目的 2013 年至 2015 年发生金额均为零，可见此类非常规性交易在北京辖区上市公司中少有发生。

三、发现的问题

根据各方反馈意见，目前存在争议较大的项目主要包括长期股权投资核算方法转换产生的利得和损失、股份支付费用、理财产品和结构性存款收益、商誉减值准备等方面的问题。现有的解释性公告对上述问题并未进行具体明确。各上市公司对上述问题理解不一，一定程度上影响了非经常性损益列报的准确性，以及非经常性损益项目在不同公司间的可比性，项目二十一“其他符合非经常性损益定义的损益项目”的发生额不断增加，不利于报表使用者的理解和使用。

（一）长期股权投资核算方法转换产生的利得和损失

长期股权投资核算方法转换，如由于股权稀释等原因长期股权投资转换为可供出售金融资产进行核算，转换过程中产生的投资损益，其实质应为原有长期股权投资的处置损益，由于其性质特殊和偶发性，我们认为应计入非经常性损益。目前该解释性公告对此未予明确。

（二）股份支付相关成本费用

对于股权激励计划中上市公司确认的激励成本是否应确认为经常性损益问题，目前还存在一些争议。其中多数观点认为激励费用本质上是职工薪酬的一部分，应与其他形式支付的职工薪酬一样，被列示为经常性损益；但也有少数观点强调，股份支付形式较其他薪酬支付方式有明显差异，其使用频率也更加少见，具备了偶发性的特点，应当被区别列示为非经常性损益。目前该解释性公告对此未予明确。

（三）商誉减值准备

对于商誉减值准备的列示，各方的反馈意见和争论更加激烈和针锋相对。一方观点认为，商誉减值反映的是被投资单位资产质量和经营能力的下降，其实质仍是上市公司合并范围内资产和业务的贬值，减值变动金额应被列示为经营性损益；另一方观点则强调，商誉作为合并对价与被购买方可辨认净资产公允价值的差额，其性质特殊，其列示方式应与合并损益相类比，因此，商誉减值应区别于其他长期资产的减值，应作为非经常性损益。目前该解释性公告对商誉减值准备未予明确。

（四）理财产品、结构性存款等产生的收益

根据各方反馈意见，多数观点认为理财产品、结构性存款等产生的收益符合该解释性公告关于常见项目七“委托他人投资或管理资产的损益”规定，应作为非经常性损益，但是该问题仍存在争议。不同企业对理财产品持有目的不同，购买的理财产品类型不一，理财收益是否可不计入非经常性损益。目前该解释性公告对此未予明确。

（五）公司变更非经常性损益项目

个别公司存在将原先认定为“非经常性损益”的项目变更认定为“经常性损益”，并且未充分披露相关原因。

四、监管建议

虽然中国证监会通过新闻发布的方式发布了各年度的《上市公司年报会计监管报告》，对股份支付费用、商誉减值准备等个别项目进行明确，但是部分上市公司并未充分知悉监管要求，建议进一步完善解释性公告，规范非经常性损益的具体项目以及披露的要求，规范影响较大的存在争议的经常性损益项目及披露的要求，进而提高非经常性损益的列报准确性和年度报告的使用效率。具体建议如下。

（一）完善现有条款，增加明确为非经常性损益的项目

1. 长期股权投资核算方法转换产生的利得和损失

对于长期股权投资核算方法转换产生的利得和损失，我们建议，可以完善现有条款，完善第二条关于非经常性损益常见项目中的项目一“非流动性资产处置损益”和项目五“企业取得子公司、联营企业及合营企业的投资成本小于取得投资时应享有被投资单位可辨认净资产公允价值产生的收益”等项目。

2. 公司变更非经常性损益项目

对于个别公司存在将原先认定为“非经常性损益”的项目变更认定为“经常性损益”，我们建议完善该解释性公告第五条规定，要求公司对“非经常性损益项目”的认定保持一贯性，如果由于实际情况发生变化，需要变更对其的认定，要充分披露原因。

（二）增加条款，明确可作为经常性损益的项目

对于股份支付费用和商誉减值准备等项目，中国证监会现行监管要求是作为经常性损益列示，但是鉴于实务中仍存在较多争议，且部分上市公司并未充分知悉监管要求和充分理解非经常性损益的定义，我们建议改变现有解释性公告的结构，增加条款对存在争议的影响较大的经常性损益项目进行明确，适当解释其发生频率或性质特殊性。

（三）争议较大的项目，明确是否为非经常性损益

我们建议，对理财产品、结构性存款等产生的收益是否属于非经常性损益分不同情况予以明确。若是，则对该解释性公告第二条第七款“委托他人投资或管理资产的损益”规定的项目进一步明确，增加理财产品、结构性存款等列举内容；若否，可以增加条款，对常见的且存在争议的不属于非经常性损益的项目进行明确。

（林梅萍　洪亮）

优化资本市场融资环境，助力首都经济转型升级

——北京辖区直接融资情况分析报告

中国证券监督管理委员会北京监管局

近年来，多层次资本市场建设稳步推进，改革创新机遇与挑战并存，系列融资政策得以完善，融资工具更加丰富，运行机制更为高效。北京辖区企业积极通过直接融资做大做强，资本市场助力首都实体经济发展、促进转型升级的作用日益突出。

一、北京辖区近三年直接融资概况

北京辖区在全国A股市场中居于重要地位，截至2015年末，北京辖区共有264家A股上市公司，占全国A股公司总数的9.4%，排名第2位。辖区主板上市公司股本、市值占比高，创业板公司数量居全国首位，国有企业集中、体量规模大、市场关注度较高。在“新三板”市

场方面，截至2015年末北京辖区“新三板”挂牌公司总数763家，稳居全国首位。

2013年至2015年，北京辖区A股公司境内首发上市募集资金共计387.44亿元，通过增发、配股、可转债、公司债方式募集资金共计5 319.25亿元，发行优先股募集资金共计3 158.9亿元。北京辖区上市公司境内首次公开募股（IPO）及再融资募集资金共计8 865.59亿元[①]。

在H股市场方面，截至2015年末北京辖区共有66家H股公司，数量排名全国首位，其中包括25家AH股上市公司。2013年至2015年，北京有17家公司首次公开发行上市募集资金共计约1 641.10亿港元；13家公司通过增发、配股募资共计803.86亿港元。

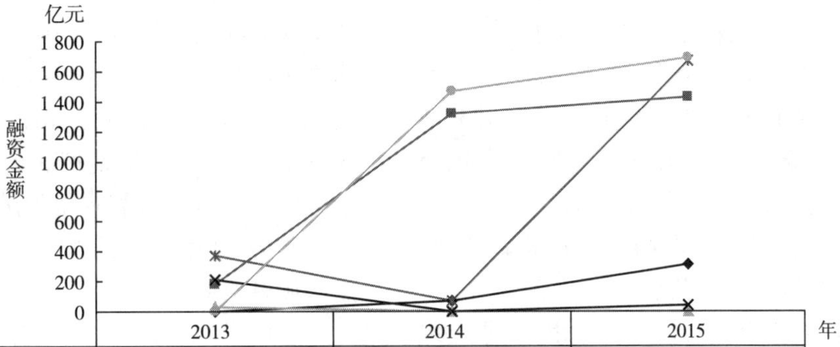

	2013	2014	2015
IPO	0	74.9	312.54
增发	180.12	1 318.98	1 423.27
配股	32.5	4.88	0
可转换债券	210	0	38
公司债	371.9	75	1 664.6
优先股	0	1 464.9	1 694

—◆— IPO —■— 增发 —▲— 配股 —×— 可转换债券 —✳— 公司债 —●— 优先股

图1　北京辖区2013～2015年直接融资情况

二、主要特点

1. 新上市公司稳步增加，市场环境影响显著

北京辖区依托科技文化创新优势，具备大量优质上市资源，近年新上市公司持续增加，募资规模快速增长。2014年新股发行融资经过“暂停期”后顺利重启，北京辖区有18家公司完成IPO，数量在全国排名第2位；2015年上半年股票市场形势良好、交易活跃，新股发行节奏较快，全国A股市场共新增220家上市公司，其中北京辖区IPO公司29家，数量比去年同期多11家，居全国第1位，IPO募集资金共计312.54亿元，同比增长超过3倍，占全国IPO募资总额的19.80%。民营企业参与资本市场也较为踊跃，占北京辖区IPO公司数量的八成以上。大型央企中国核电通过IPO募集资金

① 除特别说明外，本文数据来源为Wind资讯。

135.80 亿元，也引起了市场广泛关注。

2. 股权再融资活跃，募资规模大幅增长

活跃的二级市场为上市公司增发创造了条件。近年来北京辖区增发融资规模大幅增长，增发公司数量增加，投融资双方市场参与积极性增强。2014 年北京辖区增发募集资金同比增长约 6 倍，在辖区再融资额中占比 94.29%，增发公司数量是 2013 年数量的 2 倍。2015 年北京辖区有 64 家 A 股公司进行定向增发再融资，其中包括 14 家央属国企、6 家市属国企及 44 家民营企业，募集资金共计 1 423.27 亿元，同比增长 7.91%，占同期全国 A 股公司增发募资总额 10.79%。

3. “新三板”市场迅速扩容，便捷、灵活融资机制作用凸显

自 2013 年“新三板”市场建立以来，其小额、便捷、灵活、多元的融资机制功能得以进一步发挥，成为中小企业融资和登陆资本市场的重要选择。北京辖区各类中小企业在“新三板”挂牌公司数量、融资金额均继续稳居全国首位。截至 2015 年末，辖区“新三板”挂牌公司 763 家，占全国挂牌公司总数的 14.88%，2015 年新增挂牌公司 401 家，占新增挂牌公司数量的 11.27%。辖区累计定向发行 558 家次，发行股份 71.56 亿股，募集资金 415.84 亿元，分别占全市场总数的 20.74%、29.02% 和 32.67%。在行业分布上，信息传输、软件和信息技术服务业公司数量最多，占比 41.02%。显著高于该行业在全国市场总量中的比例。“新三板”市场有利于发挥资本市场对创新型中小企业的支持作用，因而仍具有广阔的发展空间。

4. 债券融资规模爆发式增长，非上市企业获益良多

相较 2014 年债券融资公司数量及募资额减少的情况，2015 年《公司债券发行与交易管理办法》得以全面推行，迈出了多层次资本市场建设的重要一步，交易所债券发行规模迎来爆发式增长。尤其是北京市属企业拓宽了直接融资渠道，融资积极性显著提高。2015 年北京辖区有 52 家公司累计发行公司债券 83 只，其中 26 家发行人为非上市公司，募集资金共计 1 664.60 亿元，在全国占比 16.49%，而去年同期辖区公司债发行规模仅为 75 亿元。另有 2 家 A 股公司发行可转债募集资金 38 亿元。房地产、公用事业、金融企业的大量融资需求得到满足。

5. 新型融资工具顺利推广，满足重点领域融资需求

2014 年优先股试点工作启动，满足了北京辖区上市公司大规模融资需求。如 2015 年辖区有 8 家上市公司发行优先股募集资金共计 1 694 亿元，占全国优先股募资总额的 83.18%，公司数量及融资额均位居全国首位。发行优先股成为银行业上市公司降低股权融资压力的新途径，满足了资本充足率和风险控制需要。此外，大型工程建筑业公司也通过发行优先股以达到缓解资金压力、优化财务结构的目标。

6. 中关村企业融资渠道拓宽，“双轮驱动”成效显著

2014 年以来北京辖区 IPO 企业中八成以上为中关村园区公司。2015 年辖区分别有 24 家新上市公司和 52 家增发再融资的公司属于中关村园区高新技术企业，数量占比约 80%；中关村园区上市公司 IPO 募集资金 114.45 亿元，增发募集资金 1 063.21 亿元，分别在辖区占比

36.62%、74.70%，主要涉及电子与信息、先进制造技术、新材料及应用技术、环境保护技术等领域的高新技术企业。辖区文化类企业2015年IPO募集资金45.40亿元，增发募集资金215.83亿元，分别在辖区占比14.53%、15.16%。北京市科技创新、文化创新"双轮驱动"战略成效显著，辖区市场创新发展环境进一步优化，涌现出一批获得资本市场认可的创新型公司。

7. 境外上市改革释放红利，跨境资本运作升温

在全球化背景下，近年中国证监会对境外上市机制进行了大力改革，取消境外上市财务审核，简化审批程序，缩短审批时间，对注册在北京的大型金融机构和产业企业境外资本运作有显著促进作用。2015年全国H股IPO募集资金约1 733亿元，与A股IPO融资额基本持平。北京辖区2015年H股IPO公司数量、融资金额均位居全国首位，7家企业H股首发募集资金671.91亿元，同比增长198.87%，约占全年H股首发融资额的38.77%。辖区企业H股增发再融资283.79亿元，约占全年H股增发再融资额的47.18%。中金公司、中国华融等大型金融企业通过赴港上市，享受到简政放权、便利融资的改革红利，为落实国家"走出去"战略产生了积极示范效应。

三、原因分析

1. 简政放权、深化改革，提高法治化、市场化程度

在政府简政放权、深化改革的背景下，资本市场迎来新一轮发展机遇。2013年末中国证监会发布《关于进一步推进新股发行体制改革的意见》，大幅迈出了市场化改革步伐。对注册制改革的探索有利于进一步发挥资本市场功能，IPO重启也使企业参与资本市场直接融资的主要方式之一得以恢复。

2014年5月国务院发布的《关于进一步促进资本市场健康发展的若干意见》（以下简称"新国九条"）是新时期指导我国资本市场改革发展的纲领性文件。根据"新国九条"精神，进一步落实监管转型，是推动资本市场改革创新的必然要求。监管机构致力于减少事前审批、强化事中事后监管，提高融资程序的透明度，提升了企业融资效率，推进融资机制向市场化、法治化、规范化发展。2015年，尽管境内股票市场经历了大幅波动，但多层次资本市场改革仍在不断深化，境内外融资机制逐步完善，改革创新成果显著，为各类企业提供了多元融资渠道和工具。

2. 多措并举拓宽融资渠道，发挥投融资全链条优势

根据"新国九条"中健全多层次资本市场体系的任务，覆盖各种类型、各个发展阶段企业的融资格局已初步形成。创业板市场改革取得实质进展，"新三板"市场扩展到全国，有力地支持了中小微企业发展，对于推动大众创业、万众创新具有重要意义。债券市场进一步规范，私募市场得以健全。市场结构的优化为不同类型企业创设了多元融资平台，资本市场直接融资功能得到较大提升。尤其是北京辖区上市公司群体庞大，"新三板"挂牌公司初具规模，私募股权投资和创业投资活跃发达，融资链条完整，具备显著优势和巨大发展潜力。

3. 不断优化制度环境，融资配套政策密集出台

为进一步健全融资机制，中国证监会频繁打出"政策组合拳"。例如，推动并

购重组制度改革，充分发挥资本市场在并购重组中的主渠道作用，落实《关于优化企业兼并重组市场环境的意见》，修订《上市公司重大资产重组管理办法》和《上市公司收购管理办法》，通过分道制审核建立差异化制度安排；出台《首次公开发行股票并在创业板上市管理办法》《创业板上市公司证券发行管理暂行办法》，推动创业板市场成为支持创新型、成长型企业发展的平台。科学、便捷、高效融资机制的建立健全，既可提高效率、降低成本，同时体现了扶优限劣的分类监管理念，为满足企业融资需求创建了更加良好的运作环境。

4. 推进融资工具创新发展，有效激发市场活力

资本市场的创新发展环境得到优化，新型融资工具满足了多样融资需求，为投融资双方提供更多渠道，有效激发了市场活力。随着《国务院关于开展优先股试点的指导意见》《优先股试点管理办法》以及配套文件的出台，优先股为发行人提供了更加灵活的融资渠道，利于优化财务结构，丰富并购重组支付工具；私募融资工具的发展使中小企业选择更加丰富，发挥了新兴产业助推器的功能。北京企业积极尝试使用优先股、资产证券化产品等多样融资工具，引入社会资本，满足城市基础设施、生态建设等重点领域融资需求，为实体经济转型升级和推进创业创新提供支持。

5. 交易所债券市场迎来高峰，重要性日益突出

2015 年以来中国证监会大力发展交易所债券市场，进行了一系列改革创新。《公司债券发行与交易管理办法》出台后，建立了覆盖几乎所有公司制法人的公司债发行制度，丰富债券发行方式，简化发行程序，为企业降低融资成本、优化债务结构提供了新渠道。通过交易所与证监局、北京市金融工作局（以下简称北京市金融局）等单位积极推广公司债融资新政，大力拓展债券市场，北京辖区上市公司债券融资积极性明显提高，交易所债券市场融资规模显著提升，支持实体经济的能力增强，重要性日益凸显。特别是在 2015 年股市剧烈波动、股权融资受限的情况下，交易所债券市场切实拓宽了直接融资渠道，满足企业大规模融资需求，降低企业融资成本，并为辖区非上市非挂牌企业提供了新的融资工具。

6. 借助首都区位优势，彰显科技文化特色

在北京市委、市政府的大力推动下，根据首都战略新定位和京津冀协同发展需求，结合地区科技文化特色，北京辖区企业充分利用资本市场融资渠道，大力发展新兴产业。

为了充分发挥首都经济在科技、文化和金融等领域的特色和优势，北京市加大了对地方企业的融资服务力度，加快建设科技金融与文化金融服务体系，发挥上市公司在推进实施“双轮驱动”战略中的重要作用，积极培育新兴产业。2015 年北京市出台了《北京市人民政府关于创新重点领域投融资机制鼓励社会投资的实施意见》《北京市推进文化创意和设计服务与相关产业融合发展行动计划（2015—2020 年）》等文件，进一步加强文化中心、科技创新中心建设。北京市金融局、北京市科学技术委员会、中关村管委会等部门会同证券监管机构，根据《关于中关村国家自主创新示范区建设国家科技金融中心的意见》等文件要求，

针对中关村园区的高新技术企业，继续完善符合科技创新发展需求的融资渠道。同时，在京津冀一体化协同发展战略的大背景下，北京辖区企业迎来了利用资本市场发展壮大的新机遇。

7. 积极开展培训引导，提高资本运作规范水平

近年监管机构与北京市金融局等单位进一步加强合作，结合地区特色，联合举办了北京辖区上市公司专题培训，通过对首都经济社会发展体制机制及并购重组、公司债券、内幕交易监管政策的讲解，从理论和实务方面加深了企业对资本运作的了解。

四、相关建议

北京辖区资本市场在全国具有重要地位和代表性，近年来利用资本市场开展直接融资成果显著。同时，在多种因素影响下，未来的融资工作仍然面临挑战。例如，在经济下行及特殊市场环境下，实体经济复苏缓慢，部分行业产能过剩、业绩压力较大，企业效益下滑、股价走低，严重制约其再融资活动；国有企业融资决策程序复杂、行政审批环节仍然较多、影响运作效率；非上市公司对于债券融资及其他新型融资方式认识和利用不够充分，对监管规则和政策把握不到位等。因此，建议从以下方面进行完善。

1. 关注外部环境变化，引导企业拓宽融资渠道

宏观经济下行、产业政策变化、股市行情波动等外部环境均可能对企业融资带来影响。建议加强政策跟踪和培训，引导企业结合自身实际，充分利用公司债券、资产证券化等多元融资方式，满足融资需求，支持实体经济发展。同时鼓励传统行业上市公司积极通过资本市场运作化解产能过剩，促进转型升级。

2. 推进供给侧结构性改革，助力国企优化资源配置

在经济下行的背景下，部分国有企业自身也面临着产能过剩、产品结构调整和升级换代问题，需要资本市场为其提供充足的推动力量，产业整合和供给侧结构性改革的大幕已徐徐拉开。国企改革和整合工作是高难度的系统工程，需要各方面政策支持。一是建议国有上市公司利用好国家改革政策频出的契机，优化资源配置；二是通过资产注入或吸收合并，打造具有国际竞争力的“国家品牌”，加快产能输出；三是提高企业管理整合水平，规范财务核算和内部控制，在规模扩张的同时真正发挥协同效应；四是建议加强证券监管与国资管理、行业管理部门的协作，在资本运作领域共同加强引导和监管，以持续推动国企改革进程。

3. 协同防范金融风险，为资本市场提供切实保障

建议证监、交易所等监管部门与地方政府、国资委等单位发挥各自优势，联合对地区产业特点和企业实际需求开展调研，采取针对性的政策安排和培训引导，推动辖区金融资源的集聚整合。同时规范风险监测与通报机制，发挥地方综合信息平台作用，以备忘录等形式加强市场推广和风险管控，以便保障资本市场融资功能充分发挥，对实体经济的支持力度不断提高。

4. 借助专业机构力量，提高上市公司合规水平

随着融资工具不断创新、跨境资本运作不断发展，企业开展直接融资的渠道更加丰富多元，但同时其方案设计、实施过程也趋于复杂，一旦在合规性上出现问

题，企业不但耗费大量时间和经济成本，还可能面临法律风险。因此，建议引导证券公司、律师事务所等机构积极与境外专业团队加强合作交流，逐步完善金融服务，为上市公司提供有力支持。

（王璟）

关于合同纠纷类投诉简易处理的政策建议

中国保险监督管理委员会北京监管局

近年来，监管机关接收到的涉及合同纠纷类投诉增长迅速。如何及时妥善地处理好涉及合同纠纷类的投诉，是加强保险消费者合法权益保护的大课题。中国保险监督管理委员会北京监管局（以下简称北京保监局）对此类投诉的影响进行研究分析，并结合自身处理实际提出了相关政策建议。

一、涉及合同纠纷类投诉增加带来的影响

根据中国保监会公布的投诉数据，2013 年、2014 年和 2015 年，涉及合同纠纷类投诉占比分别为 75.46%、80.37% 和 86.94%，同比增长分别为 30.83%、40.62% 和 11.94%。特别是随着保险消费者维权意识的增强，以及“12378”保险消费者投诉维权热线作用的日益发挥，本应由保险公司直接处理的涉及合同纠纷类投诉，还会进一步向监管机关转移，其带来的影响主要有以下几个方面。

（一）影响监管资源的有效利用

涉及合同纠纷的投诉事项本不属于监管机关的受理范围，但监管部门对此类投诉事项的记录、转办、督办、审核、答复等工作，极大地占用了有限的监管资源。以北京地区为例，2015 年，“12378”热线北京分中心共接听来电 21 790 个，其中涉及合同纠纷共 14 732 件，占来电总量的 67.61%。如果严格按照投诉处理要求，应对这 14 732 件投诉分别进行记录、转办、督办、审核和答复。但经分析发现，这些投诉绝大部分可以通过与保险公司协商或行业调处机制来解决。

（二）影响消费者的消费体验

涉及保险合同纠纷类投诉数量不断增多，但现行处理方式处理此类投诉效率不高，影响了消费者的体验。在实践中，监管部门从接到消费者投诉到将投诉信息传递到保险公司，大约需要 2 天时间；根据投诉处理规定，监管机关需在 10 个工作日内告知消费者是否受理。最终，消费者在等待 2 周后得到不予受理的决定，普遍比较反感。加之监管机关在个案或细节的沟通协调不够细致，消费者容易产生不满情绪。

（三）影响保险行业整体形象

2015 年，全国涉嫌保险公司违法违规类投诉 3 946 个，同比下降 30.60%。这表明，市场日趋规范，真正意义上的投诉在减少，但因涉及合同纠纷类投诉总量占比大，容易让外界误认为保险业投诉数量大且持续增长，导致真实的市场情况被忽略。另据了解，北京证监局每年处理的从 12 386 转来及各渠道接收的有效投诉近千件，同时转证券业协会处理的逾2 000件；北京银监局每年从各渠道接收的投诉事项逾10 000件，95%以上的投诉采用简易机制及时处理，形成的有效投诉仅100多件。但是，证券业和银行业一直没有向社会公开投诉相关数据，与上述两个行业相比，容易让消费者认为保险业违规现象丛生，影响行业整体形象。

二、北京保监局处理涉及合同纠纷类投诉的做法

（一）建立投诉处理绿色通道和即时联系机制

一方面，在北京保险行业建立投诉处理的绿色通道，即投诉联系人制度，要求各公司设立总经理、分管投诉的高管、投诉部门负责人、投诉处理专人四级联系人，联系人的办公电话、手机在监管部门备案并保证畅通，消费者合同纠纷类投诉可以第一时间通过绿色通道来解决。另一方面，在北京分中心增设外拨电话，把“12378”热线接到的涉及合同纠纷类事项记录后，通过电话即时转办公司，要求公司即时联系消费者协商解决问题。实践中，通常在消费者投诉后10分钟左右，就会有专人联系消费者，便于双方协商或是调解。2015年，北京保监局通过涉及合同纠纷类投诉的即时联系机制化解该类诉求13 950件，占当年该类投诉总量的94.7%，既利于消费者维权，又有效提高了监管资源使用效率。

（二）充分发挥保险公司解决自身问题的主动性

投诉处理实务中发现，一部分消费者在投诉合同纠纷时，在向监管部门反映前并未向公司投诉过；还有一大部分合同纠纷投诉，涉及的金额较小，有的甚至是保单未送达、赔款未及时到账等易于解决的问题。针对这类情况，2015年5月，北京保监局对部分保险公司进行调研，并借鉴韩国和我国台湾地区处理此类投诉的经验，推行合同纠纷类投诉简易处理方法，即先让保险公司主动解决投诉，监管部门对保险公司解决自身投诉的努力程度进行客观评价，进而督促保险公司在源头上减少投诉并妥善处理已形成的投诉。2015年，北京地区合同纠纷类的有效投诉同比下降83%。

（三）重点关注重复投诉，提高监管的针对性

重复投诉是反映保险公司解决问题努力程度和效果的重要指标。为进一步提升保险公司解决问题的积极性，“12378”北京分中心对于消费者重复拨打投诉维权热线情况进行客观记录，将重复件继续向保险公司督办，并对重复次数进行统计；同时，建立重复投诉情况通报制度，按季度将“12378”热线接听的各保险公司受话情况及重复来电的情况向行业公布，引导公司自主解决自身合同纠纷类投诉。

（四）充分发挥行业调解机制的作用

2016年1月起，北京地区投诉涉及的合同纠纷全部转由北京保险行业协会调解委员会（以下简称调解委员会）审核指导处理。截至6月30日，调解委员会共处理此类合同纠纷622件。其中，调解委员会指导公司自行协商解决345件，经调解委员会协助调解158件，另119件调解委员会给出调解建议，公司进一步调整方案与投诉人沟通。对确实无法协商解决的，调解委员会作为中立第三方帮助公司与消费者进行沟通，使消费者更容易与公司达成谅解。目前，北京保险行业投诉涉及的合同纠纷基本做到简单合同纠纷不出公司，复杂合同纠纷不出行业，有效维护

了行业形象。

三、政策建议

（一）建立合同纠纷类投诉处理的简易程序

参照中国保监会推出的《保险小额理赔服务指引（试行）》，设定简单的合同纠纷类投诉标准，把简单的合同纠纷类投诉和一般合同纠纷类投诉按简易程序和一般程序分别处理。对简易程序的投诉，可以通过“12378”热线即时转到相应保险公司投诉处理专人即时联系协商处理；对简易程序未能解决的，再转为一般程序按投诉处理流程办理。

（二）调整投诉考评指标和披露内容

为充分调动并发挥公司处理合同纠纷类投诉的主体作用，建议适当调整投诉考评指标，如增加协商解决率指标和季度投诉变化情况（增量）指标、通报数据可以只通报一般程序处理的投诉数量等。此外，对于监管部门来说，违法违规类投诉的数量及变动情况更能反映市场秩序和保险公司合规经营情况，建议借鉴相关部委的做法，对社会只披露涉及违法违规类投诉数据，避免消费者误解数据内涵。

（三）在各地行业协会建立保险合同纠纷解决中心

将合同纠纷类投诉处理、保险合同纠纷调解和诉讼调解对接集中在一起，设立保险合同纠纷解决中心。监管部门把涉及合同纠纷类投诉直接转到保险合同纠纷解决中心处理，该中心可以组织专业调解力量，先将相关投诉转保险公司处理，没有协商一致的再进入调解或是裁决程序，尽量让合同纠纷类投诉在行业内得到解决。

（李若愚）

北京市证券、基金、期货定位和扩大开放分析

北京市金融工作局

一、北京市证券公司定位和扩大开放分析

1. 北京地区券商扩大开放的劣势

北京地区券商资本和收入规模小，缺乏经营特色境外业务的发展依赖于证券公司的资本规模，而北京缺乏大型的证券公司。相比于日本、美国等国家前几大券商高的市场份额占比（70% ~80%），中国证券行业的集中度偏低，低集中度导致缺乏具有较强竞争优势的企业，在一定程度上缺乏竞争力。经营模式同质化是我国券商的普遍问题。我国券商经纪业务比重较高，投行、资管业务比重偏低。产品多元化程度低，缺乏金融衍生品的创新。业务趋于同质化，缺乏业务特色和精品业务。

2. 北京地区券商扩大开放的三点优势

北京地区券商有三大优势：领先的投行业务、高水准的券商名片、优沃的国际化环境。根据之前的分析，在京券商在投行业务方面独具优势。投行业务是国际大型券商国际化的“排头兵”业务。北京地区的中金公司已经具有很高的国际化水准和经验。北京是金融监管机构、行业自

律组织及众多国际金融机构的总部基地，这为在京券商国际化战略提供了良好的环境。

3. 券商业务转型、服务业扩大开放总纲领为在京券商扩大开放提供了机会

（1）非通道业务加快转型。除了债券承销和再融资之外，券商正积极在资产证券化、海外上市、并购重组和“转板”等加快布局，将承销业务从主板、中小板、创业板，向“新三板”乃至场外市场延伸。（2）资产证券化业务为券商带来了更大空间。因为对券商而言，资产证券化业务既拓宽了投行业务范围，也丰富了资产管理业务的产品，该项业务未来发展前景广阔。（3）资产管理业务得到发展，逐步追赶国际水平。相比于经纪业务和投行业务，资产管理业务在我国券商中还相对不成熟。

4. 激烈的国内行业竞争、经营风险构成了扩大开放的主要威胁

我国证券行业内部竞争激烈，佣金下行趋势明显；同时，证券业也面临着来自其他行业的竞争。激烈的竞争、宏观经济环境也增加了券商的经营风险，国际化本身也将带来新的风险，包括对当地法律法规不熟悉，业务开展前期大量成本投入、文化差异等。

二、北京市基金管理公司定位和扩大开放分析

（一）北京市基金管理公司定位：与上海市、深圳市对比

1. 数量低于上海，平均规模小于深圳

总体来看，北京地区证券投资基金资管业务总规模为33 971亿元，上海和深圳地区证券投资基金资管业务总规模分别为58 142亿元和51 286亿元。在资管业务总规模上，北京地区落后于上海地区主要原因是北京地区基金管理公司数量低于上海地区，落后于深圳地区的原因是基金管理公司平均管理的规模小于深圳的基金管理公司。北京地区证券投资基金资管业务总规模平均值为1 544亿元，上海和深圳地区这一数据分别为1 453亿元和2 331亿元。

2. 公募业务规模大，专户业务规模小

细分基金的业务种类，北京地区的证券投资基金公募基金总规模为16 183亿元，上海地区和深圳地区该指标为23 326亿元和13 936亿元。北京地区基金管理公司公募基金规模的平均值为736亿元，高于上海（587亿元）和深圳（633亿元）。北京地区的证券投资基金专户业务总规模为6 999亿元，低于上海地区（13 438亿元）和深圳地区（7 946亿元）。

3. 国际化顺势发展

基金管理行业的国际化分为“走出去”和“引进来”两个方面，“走出去”包括境内基金管理公司去境外设立分支机构或子公司、销售基金产品，或者在境内募集基金投向境外等方向。而“引进来”包括让境外资产管理机构在境内设立分支机构或子公司、销售基金产品，或者让境外资管产品投资于境内资产等方向。

（二）北京市基金管理公司扩大开放分析

第一，劣势在于在京基金在投资理念和投资模式上可能落后于外方，可能面临话语权丧失。从过去合资基金的运营来看，外资股东重视自己的股东角色，希望掌控更多话语权；不少合资基金管理公司需要向外方股东定期提交投资报告、风险管理报告等。而外方的确在投资理念上可

能更为先进，风险治理水平也较高。因此，“引进来”的外方可能导致中方在合资基金丧失话语权。

第二，优势在于北京的地缘优势。根据前文所述，北京地区券商国际化程度很高，也聚集了很多国际机构和组织，这在一定上说明了北京具备外资所看好北京的投资环境和营商环境，北京的基金管理公司、政府、行政单位也有和国际化单位和人员打交道的经验。

第三，提升基金管理公司治理能力的大趋势为基金扩大开放化提供了机会。基金管理公司治理是我国基金业发展中的严峻问题，但随着监管力度的加大和管理办法的相继出台，市场已经看到了相应的变化。

第四，资源主导的行业环境是外部环境中存在的首要问题。目前基金公司的利益不完全与基金投资者一致，基金管理公司的利润来自规模的扩大，而不是基金投资者收益的增加。

三、北京市期货公司定位和扩大开放分析

1. 劣势

内在竞争力欠缺，业务创新乏力。与银行等实力雄厚的大型金融机构不同，国内期货公司的自身实力、从业经验以及业务范围仍处于初级阶段。当前国内期货公司资产少、业务范围有限、盈利模式单一及专业人才稀缺，国内期货交易所的品种覆盖面仍然较为狭窄，可交易的金融期货更是只有中国金融期货交易所的沪深300股指期货一种而像国际上交易规模较大的国债期货、外汇期货、期权等品种均处于内部调研或者无上市计划的现状。业务创新不足，无法提供国际化动力。

2. 优势

我国期货市场规模大，有充分的学习和成长机会。从国际影响力看，我国商品期货市场在全球期货市场中的地位也在稳步提升，已成为仅次于美国的全球第二大商品期货市场。

3. 机会

国内企业对参与境外期货市场有较高需求。虽然我国对外开放的力度越来越大，并且自2001年加入WTO以后，国内企业与国外的联系越来越紧密，在国际贸易中企业利用期货市场进行套期保值的意义重大，因此境外期货交易放开的呼声也越来越高。

4. 期货公司面临来自券商、银行等跨业竞争者的威胁

如今金融行业进行跨界发展是主流趋势。从全球的期货经营机构来看，只有排在前几位才有发展前景，一旦被外资银行抢得先机，将对国内期货公司参与国际化竞争造成更加不利的地位，所以监管层应该尽早考虑境外经纪业务的开放，让国内的优秀期货公司抓紧进行全球网络布局。

四、北京市金融机构扩大开放的相关政策

（一）背景：稳步推行相关金融政策，促进首都金融发展

1. 2008～2014年：创新金融政策，适应金融市场发展趋势

2008年4月30日，中共北京市委、北京市政府正式发布《关于促进首都金融业发展的意见》（京发〔2008〕8号，以下简称《意见》），明确要将北京建设成为具有国际影响力的金融中心城市。

《意见》明确了首都金融业的定位和工作目标：北京是国家金融决策中心、金融管理中心、金融信息中心和金融服务中心。通过建立全方位的政策支持体系、多

层次的金融市场体系、多样化的金融组织体系、立体化的金融服务体系，不断提升首都金融业的创新力、集聚力、贡献力和辐射力，将北京建设成为具有国际影响力的金融中心城市。

按照《意见》的要求，各部门和相关区县相继就重点问题相继出台了政策措施。

表1　2008～2014年北京市金融政策梳理

政策方面	文件	政策
科技创新	京政发〔2010〕32号	建设中关村科技金融创新中心、拓展科技企业融资体系、发展股权投资服务体系
	中科园发〔2009〕26号	给予投资中关村国家资助创新示范区创业企业风险补贴
	中科园发〔2009〕28号	为园区内创业企业提供担保融资扶持基金
	中科园发〔2009〕51号	鼓励银行在园区内设立支行、信贷中心等服务机构
企业融资	京政发〔2009〕7号	推动企业利用债券融资和股权融资，鼓励企业上市、发挥国有资本投融资平台的作用
	京政办发〔2010〕35号	培育上市企业后备资源
股权基金	京金融办〔2009〕5号	符合条件的股权基金可享受金融机构的优惠
	京金融办〔2009〕163号	符合条件的外资股权基金可享受金融机构的优惠
农村金融	京政发〔2009〕7号	建设和完善首都农村金融体系

2. 2014年至今：开放金融市场，响应服务业扩大开放潮

2015年，商务部、北京市政府上报《关于北京市服务业扩大开放综合试点总体方案》（以下简称《总体方案》）。2015年5月5日，《国务院关于北京市服务业扩大开放综合试点总体方案的批复》。9月13日，商务部、北京市政府印发了《北京市服务业扩大开放综合试点实施方案》。9月14日，北京市服务业扩大开放综合试点工作动员部署大会在京召开，标志试点工作正式启动。

（二）金融机构扩大开放有关政策

《总体方案》中对金融服务业开放格局的构建是：支持符合条件的民间资本和外资进入金融服务领域。具体措施见表2。

表2　北京市金融服务业扩大开放综合试点开放措施

限制禁止项目	法律依据	开放措施
限制外商投资银行	《外商投资产业指导目录（2015年修订）》	在符合相关法规的条件下，允许外资金融机构设立外资银行、民营资本与外资金融机构共同设立中外合资银行
限制外商投资保险公司（寿险公司外资比例不超过50%）	《外商投资产业指导目录（2015年修订）》	允许设立外资专业健康医疗保险机构（外资持股比例不超过50%）。

五、北京市证券、基金和期货服务业存在的问题

（一）金融业态发展不平衡，机构结构不合理

虽然中国正积极构建多层次资本市场，股票市场和债券市场迅速发展，直接融资作用逐渐凸显，社会融资规模占比呈现不断上升趋势，但是以银行信贷为代表的间接融资依然占主导地位，北京市也是如此。

（二）金融业对经济贡献率高，区域发展不均

我国金融服务业的总体发展水平较低，在经济中的贡献率低。相比其他地区，北京市金融业发展良好。北京市金融服务业以金融街为核心增长极，但区域发展布局，整体水平有待提高，贡献率低。

（三）经营模式同质化，金融创新不足

通过对比美国、上海市和深圳市证券、基金和期货的发展水平，北京市证券、基金和期货服务业在投资理念和投资模式滞后，业务创新不足，缺乏经营特色，经营模式同质化，产品多元化程度低，金融创新能力较弱，外资金融机构在金融业务创新上具有绝对的优势。

（四）合资金融机构发展乏力

合资金融机构发展乏力。虽然从数量上看我国合资基金几乎占半壁江山，但整体发展远不及本土基金公司。另外，国内市场有效性远不及发达市场，合资基金公司在此方面也发挥不出优势。

（五）地区竞争优势减弱，金融人才流失

金融服务业员工的素质在很大程度上决定了金融机构的管理水平、服务质量和经营方式。国外金融行业非常重视人员培训，人力资本投入占金融机构支出的比重较大，因此形成了较高的生产率和良好的内控系统。

（六）监管体制有待改善，监管能力和水平有待提高

我国监管方式主要以分业经营为主，这种模式必然使监管中心与被监管者存在信息不对称性，对金融机构间的交叉业务易出现无人或过度监管、监管不一致问题、监管协调成本较高。特别是对于北京这样一个国际金融中心而言，其业务复杂化、机构国际化和创新频繁化，混业经营是一种现实选择。分业监管模式与混合经营出现脱节和错位，金融风险和市场风险加大。

六、北京市证券、基金和期货服务业扩大开放的对策建议

（一）理顺监管和服务的关系，加强金融服务部门功能

全球金融危机以来，我国金融风险不断上升，并在一些领域逐步暴露。金融机构的经营正逐步由分业转为混业，与目前分业监管、监管和服务分开的模式出现了脱节和错位。从我们的评估和研究看，我国目前还不具备实施综合监管的条件，也没有必要急于过渡到综合监管体制。主要基于以下几点考虑：第一，综合型监管体制会不恰当地带来宣示效应，有可能过度激励综合经营发展；第二，如果综合监管实施不到位，仍然无助于解决原有的问题；第三，体制变迁需要付出巨大的显性、隐性代价，必须慎重对待。

在目前阶段，建议在不改变当前监管模式的基础上，强化金融服务机构的功能，有金融服务机构协调监管跨行业事项，并识别和应对相关风险，如加强北京市金融局的监管协调机制等。具体建议如

下：积极邀请“一行三会”相关工作人员进入北京市金融局挂职，与其共同设立专门处室，作为监督协调机制，负责系统性风险的监测与预警、金融集团重要的跨行业市场准入事项与持续监管、跨行业现场检查的范围与方式的协调、非现场监管信息共享等工作。

（二）依托国家战略，重点强化三个层面

1. 提升金融战略地位，争取金融改革试点及类自贸区政策优惠

一方面，北京以“国家金融四心”作为首都金融业的定位，提出建设“具有国际影响力的金融中心城市”发展目标，与之对应，北京市应在全国金融发展角度制订发展方案，将扩大金融业开放提升至国家战略层面。

另一方面，比肩上海和深圳，争取金融改革试点及类自贸区政策优惠。相对于上海构建国际金融中心、深圳设立特区，以及划定自贸区，北京市金融业发展除享有金融普惠政策，更需要争取特殊金融扶持及试点政策优惠。

2. 依托京津冀一体化战略，整合区域金融资源

京津冀三地间金融业的发展存在着严重的不均衡局面，通过优化配置区域内金融资本，促进产业协同发展，是实现京津冀一体化的关键举措。

建议由北京市金融局牵头，成立由北京、天津、河北三方共同出资成立的统一金融资源配置平台，统筹配置区域内金融资源，有效服务于首都功能疏解、产业梯度转移及区域内产业升级，加速推进京津冀一体化国家战略。

3. 统筹全市金融普惠政策，协调各区差异化定位、平衡发展

在金融业对税收和经济的贡献逐渐提升趋势下，各区县竞相发展金融业。各区金融发展框架、支持措施同质化，金融资源竞争加剧，导致各区金融发展竞争的无序和低效。建议北京市在全市层面统筹安排金融支持的普惠政策，结合首都金融功能区各区优势及特色，差别化定位、实现协同发展，避免区域间割据发展、资源浪费和低效竞争。

（三）立足北京实际，着力推进五个方面

1. 构建良性金融生态环境，培育和吸引金融机构

一是简化审批流程，提高对金融机构行政办事效率。激发金融活力关键在于构建现代金融体系，借鉴美国、日本等发达国家的发展经验，遵循市场化改革方向，有序减少不必要的行政审批是最主要的举措。

二是进一步增加和细化奖励措施，吸引金融机构落户。与上海和深证相比，北京市针对金融机构和金融业的优惠政策和奖励措施不具备竞争优势。建议通过调研、交流，汇集目前金融机构落户北京的顾虑、发展面临的困难，进一步出台相应优惠和奖励措施，包括扩大税收优惠、增加落户奖励、提供高级人才安置优惠等方面，吸引金融机构和股权投资机构入驻。

三是争取上级监管部门更大的政策支持，加速金融业务发展。跨境金融业务、跨境投资、外汇资金管理、金融监管和相关金融机构的设立或引进。

四是强化金融服务业扩大开放的公共服务。建议金融服务部门主动承担一些金融服务业发展的前期和基础工作，如组织对重点国家或地区、重点行业的环境进行综合研究，对企业提供政策指导、综合风

险评估和安全预警等服务；搭建公共服务平台和投资促进平台，推动企业与政府、企业之间的协调合作；进一步审批手续，减少政策障碍，提升金融服务业效率。推动金融服务业整合优化，制定产业优惠政策，对北京市金融服务业的发展在财税方面给予优惠。

2. 推动证券、基金、期货发展，平衡金融业态

一是扩大金融市场开放，鼓励民资和外资进入金融服务业。《北京市服务业扩大开放综合试点总体方案》支持符合条件的民间资本和外资进入金融服务领域，这为北京市证券、基金和期货服务业扩大开放提供了机遇。建议在国内民间投资增速不断下滑的经济环境下，深化金融服务业投资管理体制改革，加快北京市金融服务业开放力度。

二是积极引导鼓励，支持证券、期货和基金公司投资实体经济。建议北京市金融局、北京银监局和其他部门互相配合，支持产融结合，鼓励引导证券、期货、基金公司在实体经济领域的投资和发展。

三是完善法律法规，优化证券、期货、基金发展环境。加快证券、期货、基金公司市场化退出机制及相关配套制度建设，并强化国家和北京地方法律法规执行力度，努力构建一个高度开放、可进可退的双向市场。主动从规范行业发展向保护金融消费者权益转变，在加快金融服务业市场开放的同时，制定高于全国标准的金融消费者权益保护标准。

四是提高监管水平，防范证券、期货、基金领域的金融风险。金融服务业扩大开放意味着风险提高，对北京市金融监管水平提出了更高的要求。在承担更多监管职责的同时，建议北京市金融监管机构积极争取更多的权限，以构建更加有效的金融监管组织框架。

五是放宽准入、加大优惠，促进创新金融业态发展。在政策允许范围内，实施政策优惠与试点，制定特殊税收优惠和落户奖励，支持融资租赁、股权基金等创新金融业态的发展与壮大。

3. 建立创新机制，鼓励金融服务及产品创新

一是构建离岸金融市场，鼓励外资金融机构进入。北京是金融监管机构、行业自律组织及众多国际金融机构的总部基地，这为在京券商国际化战略提供了良好的环境。首先，创建离岸金融市场能够吸引大批外资金融机构的进入，为北京市金融企业的海外竞争创造锻炼机会，从而尽早实现我国金融企业的跨国经营，实现国际化。

二是政策引导，鼓励金融创新。借鉴上海和深圳等区域金融创新发展经验，北京市应出台支持金融机构金融创新的政策和措施，如金融创新奖、税收优惠等，通过北京市金融局服务部门的考评，对金融创新的金融机构进行税收减免或颁发金融创新奖励，调动金融机构和金融从业人员开展金融创新的积极性，引导证券、基金和期货服务业金融创新。

三是服务于国家及城市战略，创新金融服务和产品。建议设立京津冀创新基金，推进金融服务创新。由三地金融机构牵头设立京津冀创新基金，鼓励金融机构通过产品创新、管理创新、营销创新等，统筹配置组织内部资源，服务京津冀一体化战略实施。

4. 提高金融业对外开放水平，积极探索国际化经营

一是紧随“一带一路”战略，提高

金融业对外开放水平，积极探索国际化经营。北京市金融服务业应抓住机遇，坚持以我为主、循序渐进、安全可控、竞争合作、互利共赢的方针，积极探索国际化经营，深化区域金融合作，努力提高对外开放的质量和水平，在全球范围内实现资源优化配置。

二是积极响应国家“一带一路”倡议，扶持鼓励建立各种类型的跨国并购基金和研发产业基金。并购基金是股权投资基金的发展方向。建议在国内流动性过剩、经济增速放缓、投资领域有限的大环境下，进一步放宽对各类产业投资基金的限制，引导其发挥促进社会投资和经济转型的功能和作用。

三是抓住当前国际金融中心梯度转移的机遇，创造各种优惠条件，加快集聚全球金融机构，不断扩大金融产业发展，努力培育新的跨国界的多品种的货币金融交易的市场体系，同时在选择特定金融市场或金融产品的交易制度方面与国际全面接轨，以点带面，做大做强城市金融产业，逐步发展成为与美国纽约、英国伦敦比肩的国际金融中心。

5. 构建金融机构协作机制，传导政策、交流行业信息

一是建立监管与金融机构长效沟通机制，降低行政成本、提高金融效率。建立联系人制度，构建政府部门与金融机构间的交流平台，形成固定的沟通机制。

二是建立政金企沟通协调机制，打通企业投融资渠道。建立政府监管、金融机构、实体企业交流平台，解决企业投融资、再融资需求，推动债转股、投贷联动等工作试点，提升金融机构融资服务效率、加强系统金融风险防范，助推供给侧结构性改革，建立解决科技创新企业融资的长效机制。

关于建立和完善互联网金融监测预警体系的调研报告

北京市金融工作局

近年来，互联网技术、信息通信技术不断取得突破，推动互联网与金融快速融合，促进了金融创新，提高了金融资源配置效率。作为金融创新的重要方式，我国互联网金融发展迅速，在服务小微企业、中低收入阶层投融资需求，提升金融服务质量和效率，扩大金融业对内对外开放等方面发挥了重要作用，为“大众创业，万众创新”提供了有效的金融服务支撑。但同时，由于业务监管体系尚未建立、风险防控手段缺乏，市场恶性竞争、违规经营等问题难以及时发现，也得不到及时有效的遏制和处理，一些互联网金融业态跑偏，部分领域秩序混乱，e 租宝、上海快鹿、大大集团等非法集资案件接连发生，行业发展环境恶化，互联网金融领域的风险隐患较多，亟待采取切实有效的措施予以逐步消除。近年来，北京市积极加强新技术、新方法的应用，创新风险防控和管理模式，初步构建起分层管理、协同共

治、监测预警、源头防范的互联网金融风险防控体系。

一、北京市互联网金融发展基本情况

北京互联网金融创新活跃，因良好的金融营商环境，很多行业龙头互联网金融企业在京聚集，具有明显的领先优势。第三方支付、P2P网络借贷等平台数量、交易金额等均居全国前列。2015年7月，《关于促进互联网金融健康发展的指导意见》（银发〔2015〕221号，以下简称《指导意见》），对各部门监管责任进行界定，明确了各行业监管部门。2010年中国人民银行已经制定了互联网支付行业管理办法，并实施了较为严格的行业管理；2015年中国保监会发布了《互联网保险业务监管暂行办法》（保监发〔2015〕69号）；2016年8月24日中国银监会正式发布《网络借贷信息中介机构业务活动管理暂行办法》（银监会令2016年第1号），但具体操作细节尚在完善中；股权众筹、互联网理财、互联网基金销售等业态至今没有管理办法和实施细则出台。

（一）第三方支付行业发展稳健

互联网支付机构由中国人民银行及其派出机构监管。截至目前，北京拥有第三方支付（含互联网支付）牌照的公司共55家，全国排名第一位，交易金额和交易数量均居全国前列。

（二）P2P网络借贷行业发展迅猛，问题突出

P2P网络借贷行业自产生以来，凭借低门槛、低成本、高效率的优势，行业迅速发展，业务规模不断扩大。由于没有形成有效的监管体系，网络借贷是互联网金融中风险最为突出的业态。据第三方机构相关统计数据[①]显示，截至2016年11月末，北京地区P2P网贷行业成交额为481.45亿元，环比上涨14.07%，占全国当月成交额总量的23.70%。累计平台数量501家，全国排名第三位；累计问题平台207家，全国排名第五位，占累计平台总量的41.32%。

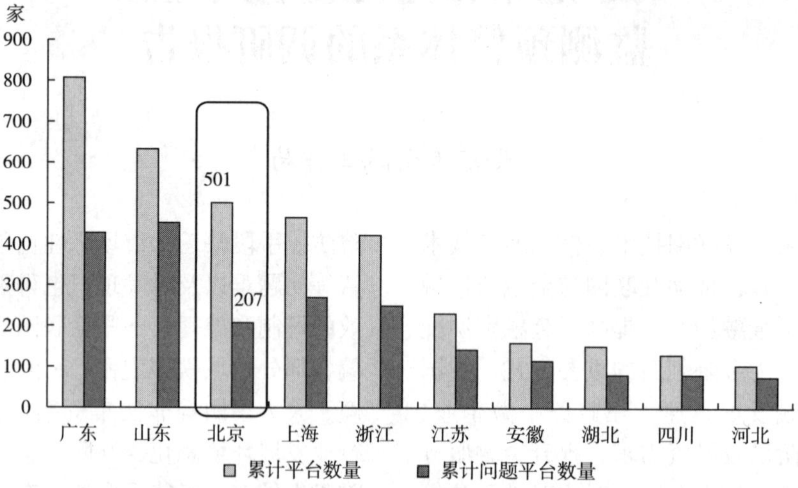

图1 北京P2P平台及问题平台数量统计（截至2016年11月）

① 本文P2P网络借贷行业相关统计数据均来自网贷天眼。

（三）股权众筹融资行业聚集效应明显

作为众筹行业的开拓地，北京地区平台聚集效应较为明显，聚集了天使汇、京东众筹、金融客咖啡等一批较为有影响力的众筹平台。据不完全统计①，截至2016年11月末，全国各类型正常运营的众筹平台总计430家，较6月增长60家，其中非公开股权融资平台120家，占各类型众筹平台的27.91%，排名第二位。北京地区众筹平台共计89家，全国排名第一位。上半年，京东东家成功筹资金额超5亿元，在非公开股权融资类众筹平台中排名第一位。其中，凹凸租车项目融资8 880万元，排名上半年非公开股权融资类第一位。但是，股权众筹融资毕竟是服务于初创期企业的高风险业态，能够创业成功的企业毕竟凤毛麟角，如果不能充分提示风险、有效监控和防范风险，将可能成为金融风险、非法集资的滋生土壤。

（四）互联网保险呈现多元化发展趋势

目前，北京市仅有一家专业互联网保险公司成立，依托互联网开展保险业务呈现多元化发展趋势。一是业务模式不断创新。除自营网络平台及第三方网络平台运营模式外，基于保险人和被保险人身份合一特点的相互保险模式逐渐兴起，并凭借针对性强、运行成本低和信息不对称小等优势，吸引一部分市场主体。2015年，中国保监会发布《相互保险组织监管试行办法》（保监发〔2015〕11号），将互联网保险中的相互保险业务模式纳入正规保险体系。二是产品类型不断丰富。除人身险、财产险外，出现基于电商场景的退货运费险、基于支付场景的银行卡盗刷险等特定场景相结合的多种创新险种。

（五）其他互联网金融业态发展情况

一是通过互联网销售基金、理财产品等机构较多。因缺乏明确行为规范及统计数据，具体从业规模无法统计。尤其是理财、资产管理等领域，没有监管部门、没有监管规则、没有准入门槛等，且机构数量庞大无法监控，存在较大的风险隐患。二是互联网信托、互联网消费金融等行业由于信托、消费金融等属于特许行业，与互联网的融合尚处于初期，天然形成了较高的门槛，目前看风险可控。

二、北京市互联网金融发展的风险隐患分析

伴随互联网金融快速发展，部分互联网金融平台在本土化运营过程中，诸多水土不服现象开始凸显，并形成多种风险隐患。

（一）互联网金融存在的主要风险隐患

互联网金融是金融与现代互联网技术有机结合的产物，其本质还是金融，并没有改变金融的风险本质，但与传统金融相比，其存在自身的特殊风险。

1. 经营风险

以P2P网络借贷为例，由于机构从业人员业务素质良莠不齐，风控技术和信息技术水平普遍不高，客户资金第三方存管机制未能普遍建立等，客户资金、信息被盗用，业务信息系统被攻击等风险事件不断爆发，投资者对P2P行业的信任不断下降，P2P平台获客成本高企、经营风

① 除工商登记注册数据外，本文众筹行业所有数据均来自网贷之家。

险进一步加大并形成恶性循环。有些互联网金融企业为营销造势，常推出认证奖励、投标奖励等活动，由此催生了伺机赚利的“羊毛客”及“羊毛”掮客们，其使用多重身份多次注册、投资，恶意组团“薅羊毛”、抹黑平台、平台挤兑现象时有发生。同时，类金融机构混业经营现象普遍，导致场外资金、民间资金进入了拥有严格防火墙的场内金融市场之中，加大了金融杠杆效应，各类业务相互交叉渗透，缺乏有效风险隔离手段，经营风险和操作风险较大，风险传导难以识别。2016年以“首付贷”为代表的金融产品，让更多的民间杠杆资金流入了房地产市场，扰乱了金融秩序。

2. 信用风险

由于市场环境不完善、社会信用体系不健全及规则缺失等，很多平台进行无原则、无底线地承诺担保增信，部分平台及借款人甚至通过恶意欺诈、虚构融资项目、夸大融资项目收益前景等手段，进行自融、庞氏骗局，碰触非法集资底线，搅乱和破坏经济秩序。2014 年 6 月，上线仅 4 个月的 P2P 网贷平台网金宝卷资潜逃，成为发生在北京的首个 P2P 卷资潜逃平台。网金宝平台声称与央行合作，以央行监管、高学历团队，百分百本息担保等为噱头，假借其他公司名义进行 ICP 备案，伪造担保信息，以最低 13% 收益率为诱饵，运用一系列虚假手段吸引数百名投资者大额投资，宣称累计成交金额超过 2.6 亿元。

3. 区域风险

各区为促进地方经济发展，近年来大力支持金融业创新，朝阳、海淀、西城等区吸引聚集了大量的金融、类金融机构，但宽松的金融营商环境也为不法分子提供了可乘之机，存在较大的互联网金融风险隐患。部分不法机构利用首都区位优势，在朝阳、海淀、西城等商业发达的中心区域注册，通过互联网开展业务，在全国实施非法集资活动，非法集资案件多，募集资金大，存在巨大的风险化解和维稳处置压力。

4. 社会风险

如图 2 所示，2016 年 11 月，全国 P2P 网贷行业贷款余额已经达到 7 221.07 亿元，其中北京地区贷款余额为 3 053.59 亿元，约占全国总量的 42%，位于全国首位。互联网金融行业投资者门槛低、具有高度涉众性，大量平台过度降低投资者适当性标准，忽视审慎原则，吸引大量较低风险偏好和风险耐受力的不适格用户投资，一旦平台发生提现困难或卷资潜逃等风险事件，将严重损害老百姓实际利益，引发严重的社会风险。2015 年初，P2P 平台“里外贷”提现困难，造成投资人损失近 10 亿元，人均待收金额 51.06 万元。2016 年 5 月，钱钱金融信息服务（北京）有限公司以涉嫌非法吸收公众存款罪被朝阳警方立案调查，涉案金额 2 亿元。

（二）风险形成的主要原因分析

1. 新兴行业发展缺陷

国内一些互联网金融企业在模仿国外互联网金融业务模式时，由于主观或客观原因，发生扭曲和异化，自身缺陷不断暴露。一是平台缺乏有效盈利模式，同质化经营现象严重，收益空间有限。例如，很多第三方支付平台以商家收取一定的手续费为盈利模式，但因成本、市场受制于银行等原因，很多平台并未实质开展业务，开展业务的支付平台违规使用备付金甚至挪用客户资金。二是互联网金融企业内控

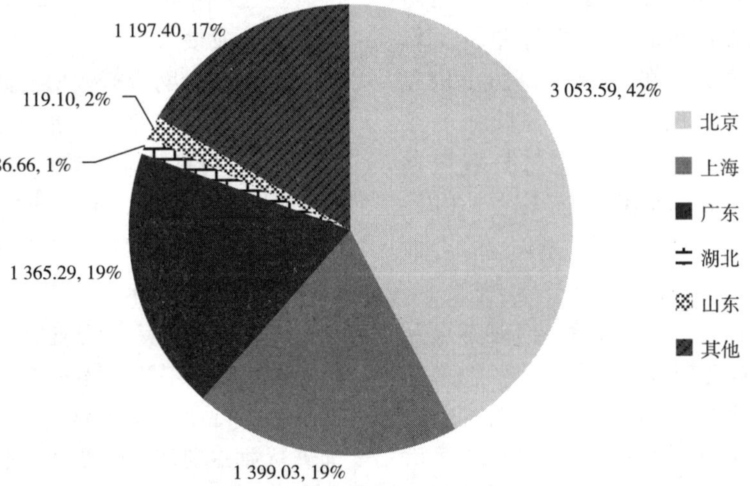

图2　北京在全国主要地区P2P网贷行业贷款比例统计（截至2016年11月，单位：亿元）

治理水平较为薄弱，与行业的快速发展情况不相称。为争夺市场资金和客户资源，部分互联网金融企业存在着片面宣传、夸大收益等现象，道德风险严重，平台风控能力相对较弱。三是鉴于行业本身的互联网属性，互联网金融机构直接对外部的各类网络连接，提供大量查询和金融交易服务，使其本身无论是数据还是系统都存在高度风险。

2. 行业标准尚未建立

目前我国互联网金融领域主要业态尚没有建立官方统一数据平台，对不同业态的资金存管、数据信息安全、信息披露、行业自律等关键环节缺少明确的制度规范和法律规定。P2P网络借贷、股权众筹等主要业态缺乏统一的产品登记和信息披露机制，平台信息不透明、投资者信息不对称情况较为普遍。例如，平台不向投资人披露借款人信息、项目信息及资金流向，甚至出现虚标、假标等，平台不公布整体经营数据及坏账率等现象普遍存在。同时，行业统计指标尚未正式建立，仅有部分第三方统计数据，由于统计口径和数据来源不同，统计结果也存在差异，无法真实反映行业运行情况，监管部门也无法充分认识和掌握互联网金融行业风险，无法及时有效跟进监管措施。

3. 政策监管存在空白

目前，除第三方支付、互联网保险以及刚刚出台的P2P网络借贷暂行办法外，互联网股权众筹、互联网理财等业态基本无监管办法出台。互联网金融专业性强、网络渗透性快、线上线下联动复杂，各类业务模式不断拓展，在现代信息技术的巨大推动作用下，市场不断创新发展出新的细分业态，部分业态难以定性，呈现出跨行业、跨市场的特性，极易在经营过程中突破业务边界，甚至触及非法集资“红线”。金融监管部门需投入大量人力和技术支持，创新监管手段，消除监管空白，动员全社会共同参与，共同消除风险隐患。

三、规范发展互联网金融主要措施

北京市把加强金融风险监测预警能力建设，防范和化解地方金融风险作为工作的重中之重。结合互联网金融风险专项整治，积极探索互联网金融风险防控的有效做法，在北京市“打非”工作领导小组及办公室的领导下，初步构建起综合性大数据风险监控和风险排查系统、金融安全宣传、风险隐患处置机制为主体，以互联网金融安全示范产业园、行业协会为支撑的“五位一体”综合性金融风险防控体系。

（一）打非办统一领导，构建本市互联网金融风险防控管理体系

按照“部门统筹、属地组织、条块结合、共同负责”的原则，由北京市“打非”工作领导小组及办公室牵头开展互联网金融专项整治工作，整合行政司法、协会社团组织及专业机构力量共同开展工作。从而建立了领导有力、责任明确、协调顺畅、工作扎实、措施有效的互联网金融风险防控管理体系。

（二）前移防控关口，构建大数据监测预警体系

一是构建“预警平台+图谱分析”的实时监测预警体系。运用互联网、大数据、云计算、可视化等先进理念和技术，针对北京市具有金融属性的企业进行全时监控，及时发现互联网金融从业机构的不规范、不合法经营行为，及早采取有效措施进行引导、警示和规范。二是建立互联网金融风险管理系统。支持互联网金融风险专项整治核查工作信息化、标准化，逐步构建起“一企一档”企业风险管理档案，为下一步建立互联网金融日常实时监管奠定基础。三是开发建设“网络借贷业务监管系统”。基于分布式存储、加密计算、交叉比对验证等技术特点，建立了网络借贷业务监管系统，作为下一步网络借贷机构监管的载体，有效降低平台经营风险及风险交叉传导。

（三）探索行业标准，引导网贷行业自律规范发展

推动北京网贷行业协会研究制定行业标准、行业自律规范标准等，实施“1+3+N”的网贷行业监管的“北京模式”：“1”是在全国最早成立网贷行业协会加强自律监管，在协会上建立党组织，发挥自律+党建综合作用；“3”是采取产品登记、信息披露、资金托管三大监管理念与监管措施；“N”是采取建立行业大数据平台、行业托管平台、加强行业培训、推进行业并购基金、加强行业自查、对风险企业约谈等一系列措施，满足网贷行业规范经营需求，督促行业合法合规经营，保护金融消费者合法权益。

（四）强化制度建设，营造行业健康发展良好政策环境

一是加强网络借贷从业机构风险内控治理，逐步明确和丰富风控要求，支持大数据存储、网络与信息安全维护等技术的运用，鼓励从业机构依法建立信用信息共享平台，提高金融信用服务水平，引导和培育信用市场。二是建立风险防控会商研判制度。共同研究和预判金融风险苗头、隐患，并就风险事件处置工作进行研讨。同时，就各方掌握的信息充分沟通共享，加强对本地区跨市场、跨行业、跨区域交叉性金融业务的监测分析和风险管理。

（五）提升服务水平，加大互联网金融安全能力建设

推动建立了北京互联网金融安全示范产业园，加强互联网金融产业安全基础设施建设，推动互联网金融技术安全、服务安全、管理安全发展。成立互联网金融安全专家顾问委员会和互联网金融安全研究院，加强互联网金融战略性、前沿性研

究，探索建立包括互联网金融安全认证、数据安全、系统安全、交易安全、应急处置有效的全产业链体系。

（六）发动群防群治，加大金融消费者宣传教育力度

一是举办以“防范和打击非法集资，保护金融消费者合法权益”为主题的首都金融安全宣传教育活动，帮助群众储备必要的金融知识，树立正确的理财理念，从源头上减少金融风险事件发生。二是开展“金融知识进万家”宣传教育活动，以《家庭CFO——财爸商妈的理财经》《投资理财——谨防被“忽悠”》为课题，深入朝阳、丰台、石景山等区，开展金融安全教育进社区活动。建立“首都金融安全”微信公众号，加强首都金融安全宣传和投资者教育。

附：

2016年专题与调研目录选编

中国人民银行营业管理部 2016年优秀调研报告

一等奖：

1. 基于宏观审慎政策框架的外债管理研究——以中关村核心区实证数据为例（中关村中心支行）

2. 关于新美元周期下我国“三元悖论”的政策选择建议的报告（跨境办）

3. 北京地区企业杠杆率调查分析——企业成本收益视角（金融稳定处）

二等奖：

1. 深化利率市场化改革进程中的商业银行利率定价机制转型问题研究（金融研究处）

2. 中关村示范区新三板挂牌企业融资情况分析与思考（中关村中心支行）

3. 京津冀产业结构调整与区域协同发展——基于比较优势理论的视角（金融研究处）

4，北京市地方债务：现状、存在的问题和相关建议（调查统计处）

5. 我国汇率通过股票价格渠道对实体经济的影响增强——基于VAR模型的实证研究（支付结算处）

6. 票据中介运作模式及其利益链分析（金融稳定处）

7. 互联网消费金融对传统消费金融：冲击与竞合（中关村中心支行）

8. 2016年房价上涨的原因及建议（货币信贷管理处）

9. 中概股回归形成的跨境资本流出压力分析及监管对策（资本项目管理处）

10. 碳排放权担保融资法律问题研究（法律事务处）

11. 银行理财纠纷行政解决的困境与出路（法律事务处）

12. 风险为本条件下反洗钱可疑交易报告制度设计及监管策略选择（反洗钱处）

13. 当前普通纪念币发行中存在的问题及解决建议（货币金银处）

14. 货币互换国的系统性风险预警体系研究：理论与实证（跨境办）

15. 跨国公司外汇资金集中运营管理框架下非现场监管探讨（外汇综合业务处）

16. 人民币加入SDR对我国货币政策框架的影响分析（货币信贷管理处）

17. 异质性选择视角下的数字货币推广应用研究（货币金银处）

18. 关于中煤集团生产经营情况的调研报告（调查统计处）

19. 全口径跨境融资改革宏观理论及政策实践研究（资本项目管理处）

20. 反洗钱人才引进、培养与管理调查报告（反洗钱处）

21. 国际大都市房地产业发展规律研究及对北京的启示（办公室）

三等奖：

1. 北京地区企业征信机构监管中存在的问题及建议（征信管理处）

2. 营改增对地方财政收入及银行业的影响（国库处）

3. 新政下北京市房地产开发类资产质量压力测试情况报告（金融稳定处）

4. 关于北京辖内财务公司资金运用情况的调研报告（货币信贷管理处）

5. 从企业模型视角对发展我国外汇衍生品市场的政策建议（国际收支处）

6. 境外个人购付汇风险点管理及建议（外汇检查处）

7. 当前形势下货物贸易本外币一体化监管的思考（经常项目管理处）

8. 外汇账户清理整合思路探讨（经常项目管理处）

9. 英国脱欧事件对在京跨国公司影响调查（外汇综合业务处）

10. 本外币跨境资本流动一体化监测和协同监管框架研究（资本项目管理处）

11. 近年来北京市现金运行变化分析及对策（货币金银处）

12. “长期停滞”理论、应对及对我国的启示（金融研究处）

13. 当前我国跨境资金流出风险评估（国际收支处）

14. 美联储加息进程、影响因素及对我国跨境资金流动影响分析（国际收支处）

15. 人民银行会计账户管理中存在的问题与建议（营业室）

16. 跨境电子商务与互联网金融的融合与监管研究（经常项目管理处）

17. 基于监督视角谈新形势下如何加强人民银行财务预算管理工作（内审处）

18. 关于对北京地区境外项目人民币贷款的调研报告（跨境办）

19. 支票使用量持续下降的影响因素研究——以北京为例（支付结算处）

20. 北京辖内商业银行2015年度会计报表分析报告（会计财务处）

21. 地方国库现金管理与政府债务管理的协调配合问题研究（国库处）

22. 共享模式下的产业链金融（清算中心）

23. 践行物有所值采购理念的做法与思考（会计财务处）

24. 营业管理部精神文明建设工作问卷调查分析报告（宣传群工部）

25. 北京地区QDII业务存在的问题及建议（外汇检查处）

26. 货币数量论在全球实践中的情况（事后监督中心）

27. 消费信托发展模式与困境分析（调查统计处）

28. 新形势下加强和改进营业管理部党员教育培训工作的思考（人事处）

29. 北京地区互联网金融风险整治相关问题研究与思考——无证经营支付业务机构风险处置问题与建议（支付结算处）

30. 加强纪律宣传和教育引导　积极营造“把纪律和规矩挺在前面”的良好氛围（纪检监察办公室）

31. 构建三位一体的风险防控体系 切实维护金融消费者合法权益（征信管理处）

32. 新时期创新思想政治工作的认识

及做法（宣传群工部）

33. 如何进一步加强退休干部的管理（离退休干部处）

34. 关于央行基层工会经审工作规范化建设的思考（内审处）

35. 数字化技术在视频监控领域中的应用和发展（保卫处）

八、统计资料

（一）金融业务综合统计

表1.1　北京市金融机构（含外资）本外币信贷收支统计

单位：亿元

项目名称	余额	比年初	项目名称	余额	比年初
一、各项存款	138 409	9 834	一、各项贷款	63 739	5 180
（一）境内存款	137 293	9 795	（一）境内贷款	59 589	4 882
1. 住户存款	29 506	1 802	1. 住户贷款	14 151	2 969
（1）活期存款	12 611	1 230	（1）短期贷款	1 696	-178
（2）定期及其他存款	16 895	572	消费贷款	770	3
2. 非金融企业存款	53 735	7 407	经营贷款	925	-181
（1）活期存款	19 101	2 130	（2）中长期贷款	12 455	3 147
（2）定期及其他存款	34 634	5 277	消费贷款	11 030	2 878
3. 广义政府存款	29 917	3 281	经营贷款	1 425	269
（1）财政性存款	1 399	-56	2. 非金融企业及机关团体贷款	44 331	1 248
（2）机关团体存款	28 517	3 337	（1）短期贷款	16 998	961
4. 非银行业金融机构存款	24 136	-2 694	（2）中长期贷款	25 016	657
（二）境外存款	1 116	38	（3）票据融资	2 061	-318
二、金融债券	1 579	591	（4）融资租赁	224	-29
其中：境外发行			（5）各项垫款	31	-23
三、卖出回购资产	86	83	3. 非银行业金融机构贷款	1 108	665
四、借款及非银行业金融机构拆入	447	92	（二）境外贷款	4 150	298
五、联行往来（净）			二、债券投资	10 052	1 563
六、应付及暂收款	2 543	70	其中：境外债券	17	14
七、各项准备	1 647	154	三、股权及其他投资	8 457	3 443
八、所有者权益	4 026	886	四、买入返售资产	684	156
其中：实收资本	954	286	五、存放非银行业金融机构款项	59	9
九、其他	9 565	1 118	六、联行往来（净）	74 158	2 449
			其中：境内存放二级准备金	4 366	-285
			七、金银占款		
			八、外汇占款		
			九、应收及预付款	646	6
			十、投资性房地产	28	26
			十一、固定资产	479	-5
资金来源总计	158 301	12 828	资金运用总计	158 301	12 828

表 1.2　北京市中资金融机构本外币信贷收支统计

单位：亿元

项目名称	余额	比年初	项目名称	余额	比年初
一、各项存款	135 510	9 346	一、各项贷款	62 492	5 211
（一）境内存款	134 590	9 313	（一）境内贷款	58 412	4 909
1. 住户存款	29 276	1 766	1. 住户贷款	13 966	2 928
（1）活期存款	12 495	1 205	（1）短期贷款	1 692	-180
（2）定期及其他存款	16 780	561	消费贷款	770	3
2. 非金融企业存款	51 490	7 002	经营贷款	922	-183
（1）活期存款	18 460	2 063	（2）中长期贷款	12 273	3 108
（2）定期及其他存款	33 029	4 939	消费贷款	10 852	2 839
3. 广义政府存款	29 916	3 280	经营贷款	1 422	269
（1）财政性存款	1 399	-56	2. 非金融企业及机关团体贷款	43 339	1 306
（2）机关团体存款	28 517	3 336	（1）短期贷款	16 461	997
4. 非银行业金融机构存款	23 909	-2 735	（2）中长期贷款	24 610	629
（二）境外存款	920	32	（3）票据融资	2 014	-267
二、金融债券	1 579	591	（4）融资租赁	224	-29
其中：境外发行			（5）各项垫款	31	-23
三、卖出回购资产	86	83	3. 非银行业金融机构贷款	1 108	675
四、借款及非银行业金融机构拆入	394	91	（二）境外贷款	4 080	302
五、联行往来（净）			二、债券投资	10 007	1 547
六、应付及暂收款	2 494	58	其中：境外债券	16	15
七、各项准备	1 624	154	三、股权及其他投资	8 454	3 441
八、所有者权益	3 791	855	四、买入返售资产	684	156
其中：实收资本	954	286	五、存放非银行业金融机构款项	49	6
九、其他	10 322	1 109	六、联行往来（净）	72 999	1 903
			其中：境内存放二级准备金	4 361	-287
			七、金银占款		
			八、外汇占款		
			九、应收及预付款	610	1
			十、投资性房地产	28	26
			十一、固定资产	476	-4
资金来源总计	155 800	12 287	资金运用总计	155 800	12 287

表 1.3　北京市外资银行本外币信贷收支统计

单位：亿元

项目名称	余额	比年初	项目名称	余额	比年初
一、各项存款	2 933	472	一、各项贷款	2 006	12
（一）境内存款	2 738	466	（一）境内贷款	1 935	15
1. 个人存款	230	36	1. 短期贷款	1 042	-11
其中：活期储蓄存款	116	25	（1）个人贷款及透支	3	2
定期储蓄存款	88	10	其中：个人消费贷款		
结构性存款	21	-4	（2）单位贷款及透支	537	-36
2. 单位存款	2 246	405	经营贷款及透支	400	-50
其中：活期存款	641	67	固定资产贷款	14	10
定期存款	603	123	并购贷款		
保证金存款	41	18	贸易融资	123	4
结构性存款	403	92	（3）非存款类金融机构贷款	501	23
3. 国库定期存款			2. 中长期贷款	845	77
4. 非存款类金融机构存款	261	25	（1）个人贷款	182	39
（二）境外存款	196	6	其中：个人消费贷款	178	39
二、代理财政性存款			（2）单位贷款	406	28
三、金融债券			经营贷款	181	-8
其中：境外发行			固定资产贷款	213	33
四、卖出回购资产			并购贷款		
五、向中央银行借款			贸易融资	13	2
六、银行业存款类金融机构往来	51	-25	（3）非存款类金融机构贷款	257	10
七、借款及非存款类金融机构拆入	53	1	3. 票据融资	48	-50
八、联行往来（净）			4. 融资租赁		
九、应付及暂收款	49	12	5. 各项垫款		
其中：应付利息	19	1	（二）境外贷款	71	-4
十、其他负债	170	36	二、债券投资	45	15
十一、所有者权益	235	31	三、股权及其他投资	3	3
其中：实收资本			四、买入返售资产		
			五、存放中央银行存款	31	4
			六、缴存中央银行财政性存款		
			七、银行业存款类金融机构往来	167	-88
			八、存放非存款类金融机构款项	10	2
			九、联行往来	1 159	546
			其中：境内存放二级准备金	5	2
			十、库存现金	2	
			十一、应收及预付款	36	6
			其中：应收利息	15	-4
			十二、投资性房地产		
			十三、固定资产	3	
			十四、其他资产	54	28
			十五、减：各项准备	23	
			其中：贷款减值准备	21	-1
资金来源总计	3 492	527	资金运用总计	3 492	527

表1.4　北京市金融机构（含外资）人民币信贷收支统计

单位：亿元

项目名称	余额	比年初	项目名称	余额	比年初
一、各项存款	132 792	9 022	一、各项贷款	56 619	6 059
（一）境内存款	132 112	9 158	（一）境内贷款	56 518	6 053
1. 住户存款	28 012	1 271	1. 住户贷款	14 147	2 969
（1）活期存款	11 763	900	（1）短期贷款	1 693	-178
（2）定期及其他存款	16 249	371	消费贷款	767	3
2. 非金融企业存款	50 998	7 146	经营贷款	925	-181
（1）活期存款	17 890	1 930	（2）中长期贷款	12 454	3 147
（2）定期及其他存款	33 108	5 215	消费贷款	11 029	2 878
3. 广义政府存款	29 751	3 462	经营贷款	1 425	269
（1）财政性存款	1 399	-56	2. 非金融企业及机关团体贷款	41 263	2 418
（2）机关团体存款	28 352	3 518	（1）短期贷款	16 066	1 541
4. 非银行业金融机构存款	23 351	-2 720	（2）中长期贷款	22 886	1 250
（二）境外存款	679	-136	（3）票据融资	2 061	-318
二、金融债券	1 579	591	（4）融资租赁	224	-29
其中：境外发行			（5）各项垫款	27	-26
三、卖出回购资产	86	83	3. 非银行业金融机构贷款	1 108	665
四、借款及非银行业金融机构拆入	246	90	（二）境外贷款	100	7
五、联行往来（净）			二、债券投资	9 983	1 535
六、应付及暂收款	2 482	68	其中：境外债券		
七、各项准备	1 298	82	三、股权及其他投资	8 457	3 443
八、所有者权益	3 883	834	四、买入返售资产	684	156
其中：实收资本	954	286	五、存放非银行业金融机构款项	19	4
九、其他	6 795	494	六、联行往来（净）	72 302	60
			其中：境内存放二级准备金	4 342	-275
			七、金银占款		
			八、外汇买卖		
			九、应收及预付款	592	-15
			十、投资性房地产	28	26
			十一、固定资产	478	-4
资金来源总计	149 161	11 265	资金运用总计	149 161	11 265

表 1.5　北京市中资金融机构人民币信贷收支统计

单位：亿元

项目名称	余额	比年初	项目名称	余额	比年初
一、各项存款	130 648	8 769	一、各项贷款	55 553	6 022
（一）境内存款	130 037	8 889	（一）境内贷款	55 464	6 015
1. 住户存款	27 889	1 269	1. 住户贷款	13 963	2 928
（1）活期存款	11 703	889	（1）短期贷款	1 689	-180
（2）定期及其他存款	16 187	380	消费贷款	767	3
2. 非金融企业存款	49 258	6 922	经营贷款	922	-183
（1）活期存款	17 593	1 961	（2）中长期贷款	12 273	3 108
（2）定期及其他存款	31 665	4 960	消费贷款	10 852	2 839
3. 广义政府存款	29 750	3 461	经营贷款	1 422	269
（1）财政性存款	1 399	-56	2. 非金融企业及机关团体贷款	40 394	2 412
（2）机关团体存款	28 351	3 517	（1）短期贷款	15 587	1 559
4. 非银行业金融机构存款	23 140	-2 763	（2）中长期贷款	22 543	1 175
（二）境外存款	611	-120	（3）票据融资	2 014	-267
二、金融债券	1 579	591	（4）融资租赁	224	-29
其中：境外发行			（5）各项垫款	26	-26
三、卖出回购资产	86	83	3. 非银行业金融机构贷款	1 108	675
四、借款及非银行业金融机构拆入	246	90	（二）境外贷款	89	8
五、联行往来（净）			二、债券投资	9 977	1 531
六、应付及暂收款	2 448	59	其中：境外债券		
七、各项准备	1 283	81	三、股权及其他投资	8 454	3 441
八、所有者权益	3 726	809	四、买入返售资产	684	156
其中：实收资本	954	286	五、存放非银行业金融机构款项	19	4
九、其他	7 333	486	六、联行往来（净）	71 581	-195
			其中：境内存放二级准备金	4 337	-277
			七、金银占款		
			八、外汇买卖		
			九、应收及预付款	576	-12
			十、投资性房地产	28	26
			十一、固定资产	476	-4
资金来源总计	147 348	10 969	资金运用总计	147 348	10 969

表1.6 北京市外资银行人民币信贷收支统计

单位：亿元

项目名称	余额	比年初	项目名称	余额	比年初
一、各项存款	2 178	237	一、各项贷款	1 726	49
（一）境内存款	2 110	253	（一）境内贷款	1 714	50
1. 个人存款	123	2	1. 短期贷款	934	-15
其中：活期储蓄存款	60	11	（1）个人贷款及透支	3	2
定期储蓄存款	39	-8	其中：个人消费贷款		
结构性存款	18	-5	（2）单位贷款及透支	479	-18
2. 单位存款	1 741	224	经营贷款及透支	361	-31
其中：活期存款	298	-31	固定资产贷款	14	10
定期存款	451	45	并购贷款		
保证金存款	39	17	贸易融资	104	3
结构性存款	403	93	（3）非存款类金融机构贷款	452	1
3. 国库定期存款			2. 中长期贷款	732	115
4. 非存款类金融机构存款	246	27	（1）个人贷款	181	39
（二）境外存款	69	-16	其中：个人消费贷款	177	39
二、代理财政性存款			（2）单位贷款	343	75
三、金融债券			经营贷款	137	36
其中：境外发行			固定资产贷款	193	32
四、卖出回购资产			并购贷款		
五、向中央银行借款			贸易融资	13	8
六、银行业存款类金融机构往来	34	-11	（3）非存款类金融机构贷款	208	1
七、借款及非存款类金融机构拆入			3. 票据融资	48	-50
八、联行往来（净）			4. 融资租赁		
九、应付及暂收款	35	10	5. 各项垫款	0	
其中：应付利息	17		（二）境外贷款	11	-1
十、其他负债	147	67	二、债券投资	6	4
十一、所有者权益	157	25	三、股权及其他投资	3	3
其中：实收资本			四、买入返售资产		
			五、存放中央银行存款	28	1
			六、缴存中央银行财政性存款		
			七、银行业存款类金融机构往来	33	-8
			八、存放非存款类金融机构款项		
			九、联行往来	722	255
			其中：境内存放二级准备金	5	2
			十、库存现金	1	
			十一、应收及预付款	16	-2
			其中：应收利息	13	-3
			十二、投资性房地产		
			十三、固定资产	2	
			十四、其他资产	31	28
			十五、减：各项准备	16	1
			其中：贷款减值准备	15	1
资金来源总计	2 551	327	资金运用总计	2 551	327

表 1.7　北京市金融机构（含外资）外汇信贷收支统计

单位：亿美元

项目名称	余额	比年初	项目名称	余额	比年初
一、各项存款	810	70	一、各项贷款	1 026	-206
（一）境内存款	747	47	（一）境内贷款	443	-210
1. 住户存款	215	67	1. 住户贷款	1	
（1）活期存款	122	42	（1）短期贷款		
（2）定期及其他存款	93	25	消费贷款		
2. 非金融企业存款	395	13	经营贷款		
（1）活期存款	174	19	（2）中长期贷款		
（2）定期及其他存款	220	-6	消费贷款		
3. 广义政府存款	24	-30	经营贷款		
（1）财政性存款			2. 非金融企业及机关团体贷款	442	-210
（2）机关团体存款	24	-30	（1）短期贷款	134	-99
4. 非银行业金融机构存款	113	-4	（2）中长期贷款	307	-112
（二）境外存款	63	23	（3）票据融资		
二、金融债券			（4）融资租赁		
其中：境外发行			（5）各项垫款	1	
三、卖出回购资产			3. 非银行业金融机构贷款		
四、借款及非银行业金融机构拆入	29	-2	（二）境外贷款	584	5
五、联行往来（净）		-82	二、债券投资	10	4
六、应付及暂收款	9		其中：境外债券	2	2
七、外汇买卖	50	8	三、股权及其他投资		
八、各项准备	21	7	四、买入返售资产		
九、所有者权益			五、存放非银行业金融机构款项	6	
其中：实收资本	399	69	六、联行往来（净）	267	267
十、其他			其中：境内存放二级准备金	4	-2
			七、应收及预付款	8	3
			八、投资性房地产		
			九、固定资产		
资金来源总计	1 318	69	资金运用总计	1 318	69

表 1.8　北京市中资金融机构外汇信贷收支统计

单位：亿美元

项目名称	余额	比年初	项目名称	余额	比年初
一、各项存款	701	41	一、各项贷款	1000	-193
（一）境内存款	656	21	（一）境内贷款	425	-199
1. 住户存款	200	63	1. 住户贷款		
（1）活期存款	114	41	（1）短期贷款		
（2）定期及其他存款	86	22	消费贷款		
2. 非金融企业存款	322	-10	经营贷款		
（1）活期存款	125	7	（2）中长期贷款		
（2）定期及其他存款	197	-17	消费贷款		
3. 广义政府存款	24	-30	经营贷款		
（1）财政性存款			2. 非金融企业及机关团体贷款	425	-199
（2）机关团体存款	24	-30	（1）短期贷款	126	-95
4. 非银行业金融机构存款	111	-3	（2）中长期贷款	298	-104
（二）境外存款	45	20	（3）票据融资		
二、金融债券			（4）融资租赁		
其中：境外发行			（5）各项垫款	1	
三、卖出回购资产			3. 非银行业金融机构贷款		
四、借款及非银行业金融机构拆入	21	-1	（二）境外贷款	575	6
五、联行往来（净）		-105	二、债券投资	4	2
六、应付及暂收款	7	-1	其中：境外债券	2	2
七、各项准备	49	8	三、股权及其他投资		
八、所有者权益	9	6	四、买入返售资产		
其中：实收资本			五、存放非银行业金融机构款项	4	
九、其他	431	66	六、联行往来（净）	204	204
			其中：境内存放二级准备金	3	-2
			七、应收及预付款	5	2
			八、投资性房地产		
			九、固定资产		
资金来源总计	1218	15	资金运用总计	1218	15

表 1.9　北京市外资银行外汇信贷收支统计

单位：亿美元

项目名称	余额	比年初	项目名称	余额	比年初
一、各项存款	109	29	一、各项贷款	40	-9
（一）境内存款	91	27	（一）境内贷款	32	-7
1. 个人存款	15	4	1. 短期贷款	16	
其中：活期储蓄存款	8	2	（1）个人贷款及透支		
定期储蓄存款	7	2	其中：个人消费贷款		
结构性存款			（2）单位贷款及透支	8	-3
2. 单位存款	73	23	经营贷款及透支	6	-3
其中：活期存款	49	12	固定资产贷款		
定期存款	22	10	并购贷款		
保证金存款			贸易融资	3	
结构性存款			（3）非存款类金融机构贷款	7	3
3. 国库定期存款			2. 中长期贷款	16	-7
4. 非存款类金融机构存款	2		（1）个人贷款		
（二）境外存款	18	2	其中：个人消费贷款		
二、代理财政性存款			（2）单位贷款	9	-8
三、金融债券			经营贷款	6	-7
其中：境外发行			固定资产贷款	3	
四、卖出回购资产			并购贷款		
五、向中央银行借款			贸易融资		-1
六、银行业存款类金融机构往来	3	-2	（3）非存款类金融机构贷款	7	1
七、借款及非存款类金融机构拆入	8		3. 票据融资		
八、联行往来（净）			4. 融资租赁		
九、应付及暂收款	2		5. 各项垫款		
其中：应付利息			（二）境外贷款	9	-1
十、其他负债	8		二、债券投资	6	1
十一、所有者权益	11		三、股权及其他投资		
其中：实收资本			四、买入返售资产		
			五、存放中央银行存款	1	
			六、缴存中央银行财政性存款		
			七、银行业存款类金融机构往来	19	-14
			八、存放非存款类金融机构款项	1	
			九、联行往来	63	41
			其中：境内存放二级准备金		
			十、库存现金		
			十一、应收及预付款	3	1
			其中：应收利息		
			十二、投资性房地产		
			十三、固定资产		
			十四、其他资产	8	5
			十五、减：各项准备	1	
			其中：贷款减值准备	1	
资金来源总计	140	26	资金运用总计	140	26

表1.10 北京市金融机构本外币存贷款总量情况

单位：亿元、亿美元、%

项目名称	余额		比年初增减	
	2016年	同比增长	2016年	2015年
一、金融机构存款				
（一）本外币存款	138 409	7.7	9 834	15 249
（二）人民币存款	132 792	7.3	9 022	15 328
其中：中资金融机构	130 648	7.2	8 769	15 498
外资金融机构	2 178	12.2	237	-142
（三）外币存款	810	9.4	70	-58
其中：中资金融机构	701	6.2	41	-71
外资金融机构	109	35.9	29	12
二、金融机构贷款				
（一）本外币贷款	63 739	8.8	5 180	4 822
（二）人民币贷款	56 619	12.0	6 059	5 021
其中：中资金融机构	55 553	12.2	6 022	5 047
外资金融机构	1 726	2.9	49	48
（三）外币贷款	1 026	-16.7	-206	-108
其中：中资金融机构	1 000	-16.2	-193	-84
外资金融机构	40	-17.4	-9	-25

表1.11 北京市金融机构存贷款总量全国占比情况

单位：亿元、亿美元、%

项目名称	北京		全国		占比	
	比年初累计增加	余额同比增长	比年初累计增加	余额同比增长	余额占比	增量占比
本外币存款	9 833.6	7.7	157 396.1	11.3	8.9	6.2
其中：人民币存款	9 022.2	7.3	148 750.1	11.0	8.8	6.1
外币存款	69.7	9.4	845.4	13.5	11.4	8.2
本外币贷款	5 180.0	8.8	127 089.4	12.8	5.7	4.1
其中：人民币贷款	6 059.4	12.0	126 496.2	13.5	5.3	4.8
外币贷款	-205.5	-16.7	-445.2	-5.4	13.1	

表 1.12　北京市金融机构贷款行业分布

单位：亿元、亿美元

项目名称	本外币		人民币		外币	
	余额	比年初	余额	比年初	余额	比年初
A. 农、林、牧、渔业	331.1	22.7	322.7	22.4	1.2	
B. 采矿业	2 285.0	-190.3	1 251.1	-116.9	149.1	-21.5
C. 制造业	6 270.2	258.4	5 808.2	332.2	66.6	-15.9
D. 电力、热力、燃气及水的生产和供应业	3 800.6	290.1	3 697.3	302.7	14.9	-3.0
E. 建筑业	1 706.8	-81.2	1 540.5	-10.1	24.0	-12.6
F. 批发和零售业	4 100.6	-852.6	3 460.0	-143.8	92.3	-115.5
G. 交通运输、仓储和邮政业	7 637.0	284.0	7 471.8	408.9	23.8	-20.9
H. 住宿和餐饮业	285.9	-6.1	285.9	-6.1		
I. 信息传输、软件和信息技术服务业	1 612.3	396.0	1 608.3	408.7	0.6	-2.0
J. 金融业	4 131.1	508.4	3 825.7	535.8	44.0	-7.2
K. 房地产业	6 015.7	360.5	5 960.8	353.5	7.9	0.5
L. 租赁和商务服务业	4 890.2	1 237.2	4 697.2	1 291.2	27.8	-10.2
M. 科学研究和技术服务业	231.8	46.8	229.8	46.7	0.3	0.0
N. 水利、环境和公共设施管理业	1 005.7	-60.6	991.1	-73.5	2.1	1.8
O. 居民服务、修理和其他服务业	59.2	-9.7	59.2	-9.7		
P. 教育	53.4	4.5	53.4	4.5		
Q. 卫生和社会工作	64.5	-3.9	64.4	-3.9		
R. 文化、体育和娱乐业	269.3	-10.1	235.8	-12.7	4.8	0.1
S. 公共管理、社会保障和社会组织	1 051.8	-104.0	1 050.1	-103.7	0.2	-0.1
T. 国际组织						
对境外贷款	4 150.3	297.9	100.5	6.7	583.8	5.0
个人贷款及透支	14 150.6	2 968.8	14 146.9	2 969.0	0.5	-0.1
贷款总计	64 103.1	5 356.7	56 860.6	6 201.9	1 044.0	-201.5

注：贷款总计不包括委托贷款、票据融资。

表 1.13　北京市存款类金融机构大中小企业贷款情况

单位：亿元

项目名称	本外币		人民币	
	余额	比年初	余额	比年初
境内大型企业				
一般贷款	24 438.2	393.5	21 953.5	1 556.5
票据贴现	286.6	-27.2	286.6	-27.2
表外授信	12 302.7	2 191.2	8 926.2	1 202.7
其中：票据承兑	1 877.5	196.2	1 877.5	196.2
境内中型企业				
一般贷款	8 864.2	434.7	8 425.1	444.8
票据贴现	159.1	-55.0	159.1	-55.0
表外授信	4 489.1	855.1	3 533.9	788.7
其中：票据承兑	1 080.1	97.5	1 080.1	97.5
境内小型企业				
一般贷款	4 938.7	737.4	4 865.1	748.4
票据贴现	107.4	-70.4	107.4	-70.4
表外授信	1 411.6	127.5	1 040.0	32.9
其中：票据承兑	403.9	20.7	403.9	20.7
境内微型企业				
一般贷款	1 422.1	385.8	1 391.7	367.0
票据贴现	29.2	12.5	29.2	12.5
表外授信	384.3	111.3	241.9	-2.8
其中：票据承兑	85.6	11.3	85.6	11.3

表 1.14 北京市银行业（含外资）本外币房地产信贷情况

单位：亿元、%

项目名称	余额		比年初增减	
	2016 年	同比	2016 年	2015 年
合计	**14 426.3**	**24.0**	**2 790.8**	**1 773.7**
一、房地产开发贷款	4 754.8	-0.2	-9.3	389.0
1. 地产开发贷款	1 930.6	12.8	219.3	-122.5
其中：政府土地储备机构贷款	538.8	-44.2	-426.3	-209.7
2. 房产开发贷款	2 824.1	-7.5	-228.6	511.5
（1）住房开发贷款	1 471.1	-16.0	-279.4	234.8
其中：保障性住房开发贷款	373.9	-48.0	-344.7	280.3
（2）商业用房开发贷款	1 034.1	4.0	40.1	131.5
（3）其他房产开发贷款	318.9	3.5	10.7	145.3
二、购房贷款	9 519.3	38.8	2 660.0	1 372.4
1. 企业购房贷款	474.3	20.9	81.8	-41.1
（1）商业用房贷款	439.8	21.2	77.0	-48.2
（2）住房贷款	34.5	16.3	4.8	7.2
2. 机关团体购房贷款		-100.0	-1.6	0.3
（1）商业用房贷款				-0.1
（2）住房贷款		-100.0	-1.6	0.4
3. 个人购房贷款	9 045.0	39.9	2 579.7	1 413.2
（1）个人商业用房贷款	716.8	25.1	143.7	41.9
（2）个人住房贷款	8 328.2	41.3	2 436.0	1 371.3
a. 新建房贷款	3 830.7	17.3	565.8	451.7
其中：抵押贷款	3 776.8	21.1	658.6	459.9
b. 再交易房贷款	4 497.5	71.2	1 870.2	919.6
三、证券化的房地产贷款	152.3	1 138.6	140.0	12.3
1. 证券化个人住房贷款	115.4	1 449.8	108.0	7.4
2. 其他证券化房地产贷款	36.9	660.8	32.1	4.9
附：个人购买保障性住房贷款	55.9	9.6	4.9	8.3
附：企业收购、租赁保障性住房贷款	28.9	10.6	2.8	6.4
附：机关团体收购、租赁购买保障性住房贷款		-100.0	-1.6	0.4

注：部分统计口径略有调整，同比仅供参考。

表 1.15　北京市银行业个人住房贷款发放、偿还情况

单位：亿元、笔

项目名称	累计	
	2016 年	2015 年
个人住房贷款发放总额	3 596.0	2 079.4
其中：发放新建房贷款	1 194.8	881.5
发放再交易房贷款	2 401.2	1 197.9
住房贷款偿付总额	1 033.4	695.0
其中：正常还款	353.2	223.2
部分提前还款	141.6	112.9
全额提前还款	538.5	359.0
批准笔数	151 128	116 835

注：以上统计表由中国人民银行营业管理部调查统计处提供。

表 1.16　北京辖区直接外债余额

单位：亿美元、%

年份	总计	为上年	中长期债务	占总计	短期债务	占总计
2011	3 114	159.69	1 154	37.06	1 960	62.94
2012	3 299	105.94	1 257	38.10	2 042	61.90
2013	4 922	149.21	1 205	24.49	3 717	75.51
2014	5 956	121.01	1 309	21.98	4 647	78.02
2015	4 142	69.55	1 276	30.81	2 866	69.20
2016	4 218	101.83	1 533	36.34	2 685	63.66

注：本统计表由国家外汇管理局北京外汇管理部资本项目管理处根据外汇局资本项目信息系统数据提供。

表 1.17　2016 年北京地区储蓄国债统计（凭证式）

单位：亿元

期　数	金　额
一期	45.84
二期	47.28
三期	48.85
四期	48.86
合计	190.83

表1.18　2016年北京地区储蓄国债统计（电子式）

单位：亿元

期　数	金　额
一期	24.21
二期	27.58
三期	32.53
四期	32.96
五期	30.58
六期	36.28
七期	29.54
八期	31.47
九期	31.3
十期	34.37
合计	310.82

注：以上统计表由中国人民银行营业管理部国库处提供。

表1.19　北京辖区上市公司情况统计（2012～2016年）　单位：亿元、家

项目	2012年	2013年	2014年	2015年	2016年
股票市价总值	108 299.26	97 040.23	158 109.31	133 059.03	122 303.34
其中：股票流通市值	67 077.95	67 570.99	108 491.60	115 451.13	107 584.50
境内上市公司数	217	217	235	264	281
其中：A股	191	191	207	238	255
A+B股	1	1	1	1	1
A+H股	25	25	27	25	25

表1.20　北京地区基金管理公司业务综合统计（2014～2016年）

指标	2016年		2015年		2014年	
	绝对值	同比增长（%）	绝对值	同比增长（%）	绝对值	同比增长（%）
主要经营地在辖区基金管理公司数（家）	31	24	25	9	23	15
其中：中外合资基金管理公司数（家）	11	0	11	-8	12	0
辖区法人基金管理公司数（家）	19	12	17	-6	18	20
其中：中外合资基金管理公司数（家）	8	—	8	-11	9	-25
辖区法人基金管理公司管理基金数（只）	514	43	360	45	249	29
其中：封闭式基金数（只）	32	300	8	33	6	-14
开放式基金数（只）	482	37	352	45	243	31
辖区法人基金管理公司管理基金季末总规模（亿份）	14 481.11	-3	14 861.69	92	7 751.18	46
其中：封闭式基金总规模（亿份）	1507.76	3361	43.57	-48	83.88	-40
开放式基金总规模（亿份）	13 373.15	-10	14 818.12	93	7 667.30	48
辖区法人基金管理公司管理基金资产季末净值（亿元）	15 529.43	-5	16 368.74	91	8 560.97	61
其中：封闭式基金资产净值（亿元）	1 529.65	2 724	54.17	-43	95.71	-33
开放式基金资产净值（亿元）	13 999.78	-14	16 314.57	93	8 465.26	63
辖区法人基金管理公司QDII总规模（亿份）	137.18	88	73.05	-47	136.62	-19
辖区法人基金管理公司QDII总净值（亿元）	140.59	65	85.1	-27	116.42	-23
辖区法人基金管理公司当年新发基金数（只）	171	28	134	103	66	20
辖区法人基金管理公司新发基金首次募集规模（亿份）	3 282.78	5	3 137.54	217	991.1	-21
辖区法人基金管理公司新发基金首次募集金额（亿元）	3 285.78	5	3 137.54	217	991.1	-21
辖区法人基金管理公司新发基金年末净值（亿元）						

注：以上统计表由中国证券监督管理委员会北京监管局提供。

表 1.21　2016 年北京市保险业务统计

单位：万元、%

指标项目	2016 年	2015 年	增长率
一、原保险保费收入	**18 389 561.55**	**14 038 901.29**	**30.99**
1. 财产险	3 692 494.00	3 446 649.51	7.13
其中：机动车辆保险	2 614 843.48	2 436 479.00	7.32
2. 意外伤害保险	449 100.06	377 053.52	19.11
3. 健康保险	3 231 773.31	2 433 213.03	32.82
4. 人寿保险	11 016 194.18	7 781 985.24	41.56
二、赔付支出	**5 966 412.88**	**5 066 180.80**	**17.77**
1. 财产保险	2 293 147.76	2 066 336.99	10.98
其中：机动车辆保险	1 509 072.67	1 430 079.26	5.52
2. 意外伤害保险	136 803.73	114 754.85	19.21
3. 健康保险	727 416.84	568 062.40	28.05
4. 人寿保险	2 809 044.54	2 317 026.56	21.23

注：1. “原保险保费收入”为按《企业会计准则（2006）》设置的统计指标，指保险企业确认的原保险合同保费收入。

2. “原保险赔付支出”为按《企业会计准则（2006）》设置的统计指标，指保险企业支付的原保险合同赔付款项。

3. 原保险保费收入、原保险赔付支出为本年累计数。

4. 上述数据来源于各公司报送的保险数据，未经审计。

表 1.22　北京市各财产保险公司业务统计（按公司）

单位：万元、%

保费收入	公司名称	本年累计			
		保费收入	同比增长	赔款支出	同比增长
中资	人保股份北京分公司	1 385 735.97	14.36	850 763.12	15.54
	平安财北京分公司	881 631.01	10.45	499 227.93	23.74
	太保财北京分公司	546 293.14	0.51	312 975.46	0.94
	国寿财产北京分公司	224 453.69	22.33	113 024.19	10.31
	中华联合北京分公司	106 400.99	0.95	67 960.90	8.32
	华泰北京分公司	101 646.02	-15.64	61 049.31	14.26
	英大财产北京分公司	78 153.60	-22.12	32 956.29	-16.04
	太平保险北京分公司	54 642.76	-22.15	39 250.57	7.79
	阳光财产北京分公司	54 491.26	2.61	28 202.64	3.95
	大地财产北京分公司	45 746.39	25.35	22 928.59	29.58
	中石油专属保险北京分公司（虚拟）	38 954.76	-6.22	9 880.18	208.20
	中银保险北京分公司	29 215.88	15.62	16 356.25	26.67
	众安财产北京分公司（虚拟）	27 576.89	142.60	12 603.08	37.35
	华安北京分公司	24 895.78	36.55	8 699.44	36.13
	永诚北京分公司	18 375.66	-1.61	9 748.42	-62.04
	安邦北京分公司	15 776.26	-9.03	9 474.16	-3.35
	信达财险北京分公司	15 010.89	108.72	2 165.28	-74.16
	永安北京分公司	14 796.02	26.50	8 518.96	24.37

续表

保费收入	公司名称	本年累计			
		保费收入	同比增长	赔款支出	同比增长
中资	长安责任北京分公司	11 761. 57	15. 62	5 826. 14	-1. 64
	富德财险北京分公司	11 394. 14	-20. 33	9 204. 53	59. 25
	安华农业北京分公司	11 096. 44	7. 74	6 246. 49	-40. 37
	天安北京分公司	8 827. 74	-59. 07	9 075. 56	-21. 80
	紫金财产北京分公司	6 285. 33	10. 43	3 622. 57	23. 98
	亚太财险北京分公司	6 141. 17	838. 34	865. 93	23. 03
	合众财产北京分公司（虚拟）	5 805. 50	1 658. 11	940. 37	5 587. 82
	华农北京分公司	5 319. 55	-2. 12	6 773. 22	51. 85
	中铁自保北京分公司（虚拟）	5 085. 94	1 391. 74	199. 17	71 031. 73
	渤海北京分公司	3 370. 21	8. 40	1 636. 43	1. 62
	长江财险北京分公司	3 025. 91	-9. 20	2 135. 11	339. 23
	安诚北京分公司	2 224. 88	950. 53	418. 05	-26. 70
	都邦北京分公司	2 101. 25	24. 74	1 961. 39	28. 54
	阳光渝融北京分公司（虚拟）	1 931. 06		73. 77	
	泰山保险北京分公司	1 592. 28	86 610. 56	143. 30	1 190. 07
	浙商财产北京分公司	874. 49	9. 05	764. 09	-63. 47
	泰康在线北京分公司（虚拟）	701. 39	43 115. 47	451. 97	
	易安财产北京分公司（虚拟）	388. 05		255. 81	
	安心财产北京分公司（虚拟）	366. 59		13. 72	
小计		3 752 090. 50	8. 68	2 156 392. 37	12. 34
外资	利宝北京分公司	43 243. 28	107. 21	25 930. 37	114. 27
	苏黎世北京分公司	38 805. 68	-11. 41	74 639. 83	397. 94
	中意财产北京分公司（虚拟）	20 485. 02	8. 10	8 918. 06	48. 92
	安盛天平北京分公司	12 033. 12	-19. 27	8 287. 35	-17. 86
	美亚北京分公司	9 930. 55	-11. 77	4 036. 99	38. 68
	现代财产北京分公司（虚拟）	9 321. 01	-14. 11	102 056. 20	-42. 55
	国泰财产北京分公司	9 151. 90	7. 85	4 663. 95	41. 27
	东京海上北京分公司	7 243. 38	3. 09	12 335. 19	244. 32
	三井北京分公司	5 203. 02	-29. 30	10 999. 24	170. 38
	三星北京分公司	4 774. 17	-9. 14	1 984. 71	4. 60
	瑞再企商北京分公司	1 924. 16	-22. 31	308. 36	-24. 04
	史带财产北京分公司	1 810. 74	47. 43	343. 22	-6. 91
	日本财产北京分公司	1 357. 20	6. 72	399. 39	-27. 96
	劳合社北京分公司	288. 28	-44. 25	59. 16	19 618. 51
小计		165 571. 50	7. 33	254 962. 02	7. 18
合计		3 917 662. 00	8. 63	2 411 354. 38	11. 77

注：虚拟是指已在北京开展业务但未设立北京分公司的保险公司。

表 1.23　北京市各财产保险公司业务统计（按险种）

单位：万元、%

险　种	保费收入	同比增长	赔款支出	同比增长
1. 企业财产保险	329 976.54	-5.43	357 609.74	16.83
2. 家庭财产保险	24 021.32	54.20	13 232.38	198.52
其中：投资型家财险	679.23	-13.05	17.24	46.18
3. 机动车辆保险	2 614 843.48	7.32	1 509 072.67	5.52
其中：交强险	459 208.02	3.89	245 259.65	11.13
4. 工程保险	75 386.15	-3.71	28 950.49	-4.75
5. 责任保险	351 760.33	42.34	174 140.79	51.29
6. 信用保险	13 784.12	-35.13	9 407.84	17.37
7. 保证保险	53 800.98	16.59	13 067.55	-18.56
其中：机动车辆消费贷款保证保险	1 357.10	85.52	13.83	759.57
其中：个人贷款抵押房屋保证保险	-175.79	17.07	-23.84	-295.20
8. 船舶保险	8 780.22	-22.11	9 629.55	-61.74
9. 货物运输保险	87 300.55	-11.58	79 401.92	52.03
10. 特殊风险保险	63 456.47	-18.66	33 998.22	29.65
11. 农业保险	60 011.74	4.54	58 322.84	27.55
12. 健康险	109 065.77	52.17	83 721.64	40.26
其中：投资型健康险				
13. 意外伤害保险	116 102.22	31.57	34 484.99	9.73
其中：投资型意外险	68.53	-53.64	599.87	38.89
14. 其他险	9 372.09	26.18	6 313.78	-7.51
合计	3 917 662.00	8.63	2 411 354.38	11.77

表 1.24　北京市各人身保险公司业务统计（按公司）

单位：万元、%

公司	原保费收入	同比	退保金	同比	赔款支出	同比	死伤医疗给付	同比	满期给付	同比	年金给付	同比
安邦人寿京分	1 758 518.59	128.93	312 759.56	923.88	2 671.73	147.04	1 569.78	45.41	1 100.53		1.41	-26.56
平安寿京分	1 646 304.49	16.55	99 162.18	-6.69	406 953.38	66.29	66 091.24	16.70	264 032.70	135.04	72 764.79	1.02
和谐健康京分	1 105 540.82	38.28	11 176.18	505.60	363.54	527.26	285.95	4 030.57				
新华京分	1 006 711.59	3.86	344 645.99	-14.19	409 467.82	15.86	24 998.68	25.37	241 636.28	29.79	120 166.78	-2.84
国寿股份京分	906 315.84	10.28	189 073.33	-44.31	558 388.92	49.09	16 984.60	-9.52	406 626.37	65.71	27 273.38	68.67
人保寿险京分	841 631.45	42.18	390 965.20	-5.38	295 266.39	123.14	58 797.60	27.30	193 532.75	336.15	4 189.43	-50.13
天安人寿京分（虚拟）	602 371.54	55.70	335 893.33	4 551.81	13 556.91	287.48	185.30	229.88			11 136.35	1 990.65
太平人寿京分	601 449.63	18.34	151 955.27	2.82	105 710.65	-42.32	5 136.72	70.54	56 305.76	-61.56	43 570.79	30.97
泰康京分	463 854.82	19.27	117 668.30	-6.75	296 979.08	-2.22	10 466.08	13.16	229 717.19	-5.82	54 496.05	42.15
太保寿京分	442 561.05	12.05	72 062.43	-23.51	210 415.85	-8.14	11 741.34	14.37	165 707.71	-11.17	28 699.74	1.29
华夏人寿京分	405 833.03	679.72	3 604.06	69.89	12 358.00	124.41	1 626.57	44.77	1 252.73	59.11	8 103.33	191.93
建信人寿京分	301 988.86	76.54	113 783.11	35.56	16 056.45	550.70	914.25	63.03	1 028.36		12 864.60	1 965.36
富德生命人寿京分	301 923.79	96.15	67 279.38	21.81	63 264.71	89.07	1 117.12	60.39	59 716.88	95.38	1.87	131.27
阳光人寿京分	141 001.74	34.09	18 708.83	-57.23	76 544.48	44.34	2 083.77	70.54	71 702.66	42.22		
国华人寿京分	139 855.98	388.34	1 770.41	-48.40	18 186.80	-12.96	147.84	178.20	15 915.74	-17.68	2 122.63	41.04
人保健康京分	130 833.54	27.49	44 802.91	37.30	71 212.79	79.89	416.28	1.89	373.59	162.41		
平安养老京分	125 901.09	21.45	102.78	-55.41	84 181.78	43.35	0.70				377.38	22.88
幸福人寿京分	123 587.77	15.68	55 792.25	0.20	35 635.40	13.44	468.43	50.35	31 923.65	14.23	339.83	15.81
弘康人寿京分（虚拟）	90 546.81	-58.68	246 231.48	28.21	598.82	-1.50	598.82	1.85				
泰康养老京分	88 275.32	62.12	210.12	-13.86	23 929.93	179.84	1 111.30	397.23	640.49	-0.05	108.46	
百年人寿京分	73 811.89	-10.52	33 442.94	154.95	11 884.24	125.64	27.09	-74.62	9 853.20	228.36	1 018.39	453.45
合众人寿京分	73 513.57	10.58	6 757.20	-42.72	24 475.24	-9.96	672.96	50.30	21 477.27	-12.04	1 167.29	13.13
农银人寿京分	72 770.07	0.95	57 211.27	427.83	23 736.03	-19.39	614.27	-24.99	22 146.68	-21.49	377.98	249.98
光大永明京分	72 277.90	59.10	4 945.77	-39.61	44 119.60	-34.65	1 337.01	-5.84	36 336.50	-38.51	992.46	247.68
君康人寿京分	69 399.19	563.69	6 854.40	237.08	5 215.37	107.26	21.30	42 397.16	4 607.51	88.75		
中邮人寿京分	63 744.53	53.23	22 554.59	12.39	23 726.24	269.35	168.63	-32.43	22 512.99	291.53	58.09	2.44
长城京分	58 109.59	208.03	4 720.75	-36.63	64 656.12	24.45	377.15	7.85	61 933.09	21.93	1 460.79	293.27
珠江人寿京分	53 333.60											
太平养老京分	45 056.95	22.24	8 768.07	-25.29	8 642.91	35.00	1 565.93	138.92	4.22			
英大人寿京分	41 829.01	-17.92	27 922.26	1 011.60	8 600.08	-43.38	417.61	17.23	2 559.63	-67.74	905.73	23.94
信泰京分	29 810.43	1 032.96	433.13	-37.38	3 162.87	-22.49	130.34	60.62	2 939.42	-22.67	89.29	36.16
国寿存续京分	24 972.18	-3.52	941.22	-21.00	46 691.54	-4.15	3 967.00	-3.41	5 610.42	6.84	37 057.45	-5.70

续表

公司	原保费收入	同比	退保金	同比	赔款支出	同比	死伤医疗给付	同比	满期给付	同比	年金给付	同比
民生人寿京分	22 518.38	-1.14	9 563.40	-27.14	5 243.15	22.80	518.94	-13.54	2 143.09	19.77	1 923.10	33.61
利安人寿京分	17 370.60	1 123.03	489.67	88 233.37	436.33	427.37					284.73	346.78
中华人寿京分（虚拟）	12 527.83		3.23		895.66		193.50					
昆仑健康京分	11 008.71	38.82	198.26	80.22	5 076.71	-24.08	71.39	36.11	237.60	76 053.71		
太保安联健康京分	1 541.12	18 625.63	0.01		430.03		82.08					
安邦养老京分	25.17	23.72			13.23	2 485.23						
中融人寿京分	11.79	-99.64	2 384.08	28.78	10.70	-39.60		-100.00			4.74	17.76
工银安盛京分	399 292.85	15.91	29 712.17	-2.46	35 671.43	178.21	1 268.54	29.33	21 898.29	15 619.25	3 242.72	14.40
友邦京分	286 498.23	27.35	7 340.85	-41.30	68 101.04	56.91	7 730.83	14.24	46 264.18	82.72	6 025.72	43.00
中美联泰京分	282 458.02	7.85	12 768.89	-16.92	68 992.68	94.34	7 871.70	20.25	56 064.40	126.37	799.42	19.64
交银康联京分	264 903.17	404.59	35 882.92	18.88	196.57	49.86	77.07	31.91	45.53	22.33	71.70	207.25
招商信诺京分	255 829.63	40.36	6 340.29	11.51	17 488.25	-63.62	1 926.51	80.14		-100.00	54.88	503.59
中意京分	238 346.77	46.59	49 608.84	45.20	190 802.98	-4.65	2 016.92	42.34	1 288.29	-91.56	164 844.82	1.30
信诚京分	233 958.74	33.37	2 825.51	-17.46	21 742.98	-9.64	3 854.53	16.27	8 139.22	-41.68	310.29	75.40
中荷人寿京分	99 329.21	36.85	6 822.42	-18.17	24 912.22	-8.76	578.77	9.12	23 548.03	-3.30	347.50	170.66
中英人寿京分	91 993.29	37.36	3 972.59	-36.97	29 141.34	-39.16	1 694.59	18.91	19 157.96	-51.21	2 167.02	18.21
长生人寿京分	71 593.80	1 388.59	1 982.09	9.07	3 211.79	212.92	60.27	310.32	2 368.94	16 346.17		
中德安联京分	55 268.92	14.89	1 806.87	98.26	6 321.09	-17.12	602.41	42.41		-100.00	3 420.61	52.71
中银三星京分	43 299.37	-15.57	20 869.72	628.34	17 354.01	439.14	260.65	6.79	14 612.84	1 374.37	701.43	-5.86
汇丰人寿京分	42 547.03	14.11	476.55	-70.18	1 082.59	71.35					1 082.59	118.73
同方全球人寿京分	33 158.21	15.18	1 017.39	-39.16	17 986.46	8.79	237.09	29.63	2 662.73	-9.89	811.48	8.34
平安健康京分	32 241.63	26.85	29.83	-45.86	25 275.64	46.06	1 863.22	12.23				
瑞泰人寿京分（虚拟）	16 434.12	-20.63	196.92	243.13	1 600.74	58.01	64.04	-52.08				
中宏人寿京分	13 198.97	27.46	441.13	-42.07	1 693.66	49.96	219.03	-21.98	46.10	125.98	348.50	177.58
恒安标准京分	10 658.72	-8.19	908.74	-63.77	8 405.52	276.52	118.71	-64.43	6 565.33		565.95	-6.42
华泰人寿京分	7 958.24	-28.03	2 663.41	-61.58	23 152.45	-48.87	289.78	-9.03	20 835.39	-50.82	414.86	8.31
中法人寿京分	6 361.41	254 356.36	1 192.60	-68.47	1 991.71	-75.61	21.48	-52.72	1 970.09	-75.74		
北大方正人寿京分	6 070.81	408.27	43.14		1 032.74	97 350.53	10.00				0.73	3.20
陆家嘴国泰人寿京分	4 250.73	60.71	37.81	21.26	959.38	8.96	20.73	319.40	0.30	-90.91	69.11	17.88
新光海航京分（虚拟）	3 834.39	-36.91	1 859.24	-42.11	8 849.33	2.36	148.13	-51.92	7 821.06	10.65	236.75	60.22
复星保德信京分	3 773.03	780.44	21.93	7 213.19	332.43	914.00					310.10	895.46
合计	14 471 899.55	38.72	2 953 659.22	22.30	3 555 058.50	22.22	245 842.52	19.43	2 166 863.71	25.35	617 383.04	12.64

注：虚拟是指已在北京开展业务但未设立北京分公司的保险公司。

表 1.25　北京市各人身保险公司业务统计（按险种）

单位：万元

险种名称	原保险保费收入	赔款支出	死伤医疗给付	满期给付	年金给付	退保金
一、寿险小计	11 016 194.18		71241.886206	2 120 419.62	617 383.04	2 758 782.74
1. 普通寿险	6 997 648.81		34 669.35	72 150.53	222 953.03	1 594 074.47
（1）定期寿险	44 721.63		10 741.88	203.60		755.24
（2）两全寿险	2 164 442.99		9 837.20	56 508.76	14 527.37	659 061.96
（3）终身寿险	347 509.62		9 559.70	426.40		5 084.16
（4）年金保险	4 440 974.57		4 530.57	15 011.77	208 425.66	929 173.11
2. 分红寿险	3 976 838.63		31 998.67	2 039 607.51	393 725.04	1 164 736.69
（1）定期寿险	—					
（2）两全寿险	2 102 085.86		24 623.03	2 032 559.06	90 078.02	902 024.60
（3）终身寿险	337 400.60		3 500.98	33.17		9 576.72
（4）年金保险	1 537 352.17		3 874.66	7 015.28	303 647.01	253 135.37
3. 投资连结保险	4 078.25		321.45	3 595.88		-1.56
4. 万能保险	37 628.50		4 252.42	5 065.70	704.97	-26.87
二、意外伤害险小计	332 997.83	102 318.75				
1. 一年期以内业务	24 251.07	1 172.69				
2. 一年期业务	245 391.53	101 146.06				
3. 一年期以上业务	63 355.23					
三、健康险小计	3 122 707.54	422 650.47	174 600.64	46 444.10		194 876.48
1. 短期业务	609 858.91	422 650.47				
2. 长期业务	2 512 848.63		174 600.64	46 444.10		194 876.48
合计	14 471 899.55	524 969.22	245 842.52	2 166 863.71	617 383.04	2 953 659.22

注：以上统计表由中国保险监督管理委员会北京监管局提供。

表 1.26　中国人民银行对金融机构存款利率

单位：年利率%

	2002-02-21	2003-12-21	2005-03-17	2008-11-27
一、金融机构存款				
准备金存款	1.89	1.89	1.89	1.62
超额准备金	1.89	1.62	0.99	0.72
欠交准备金①	按日利率万分之六计收利息	同前		
二、保险公司存款	1.89	1.89	1.89	
三、邮政储蓄转存款②	4.347	4.131		

注：①2004 年 12 月 30 日银发〔2004〕302 号文，规定金融机构未按照中国人民银行规定交存存款准备金的，按照相关法规规定处罚；依法减轻处罚的，对其欠交存款准备金不足部分按每日万分之六的比例处以罚款。

②2002 年 12 月 31 日银发〔2002〕393 号文，规定从 2003 年 1 月 1 日起邮政储蓄转存款利率暂调整为 4.131%。2003 年 9 月 1 日银发〔2003〕177 号文，规定自 2003 年 8 月 1 日起，邮政储蓄新增存款转存人民银行的部分，按照金融机构准备金存款利率（年利率为 1.89%）计息；此前的邮政储蓄在人民银行的转存款暂按现行转存款利率计息（年利率为 4.131%）。

表 1.27　中国人民银行对金融机构贷款利率

单位：年利率%

项目[①]	2010-12-26	2014-03-20	2014-12-19	2015-05-28	2015-11-05
一、流动性再贷款[②]					
1个月	3.25				2.9
3个月	3.55				3.2
6个月	3.75				3.4
1年	3.85				3.5
二、信贷政策支持再贷款					
（一）支农再贷款	③				
3个月	3.05		2.8	2.55	2.45
6个月	3.25		3.0	2.75	2.65
1年	3.35		3.1	2.85	2.75
（二）支小再贷款					
3个月		3.7	3.3	3.05	2.95
6个月		3.9	3.5	3.25	3.15
1年		4.0	3.6	3.35	3.25
三、再贴现	2.25	同前	同前	同前	同前
四、逾期贷款	按日利率万分之五计收利息	同前	同前	同前	同前

注：①2014年2月7日银发〔2014〕36号文，决定对再贷款分类予以调整，将流动性再贷款划分为流动性再贷款和信贷政策支持再贷款，金融稳定再贷款和专项政策性再贷款分类总体不变。流动性再贷款利率执行人民银行总行确定的流动性再贷款利率，信贷政策支持再贷款执行人民银行总行确定的信贷政策支持再贷款利率。

②2014年2月7日银发〔2014〕36号文指出，人民银行对全国性存款类金融机构发放的流动性再贷款，期限设置为1个月、3个月、6个月、1年四个档次。在此之前流动性再贷款期限为20天以内、3个月以内、6个月以内和1年。

③该时点利率为对农村信用社再贷款（不含紧急贷款）利率。2014年12月29日银发〔2014〕396号文指出，将正常支农再贷款各期限档次利率分别下调0.25个百分点，贫困地区支农再贷款利率在调整后的正常支农再贷款利率基础上下调1个百分点。

表 1.28　金融机构存款利率

单位：年利率%

项目	2002 - 02 - 21	2004 - 10 - 29	2006 - 04 - 28	2006 - 08 - 19	2007 - 03 - 18	2007 - 05 - 19	2007 - 07 - 21	2007 - 08 - 22	2007 - 09 - 15	2007 - 12 - 21	2008 - 10 - 09	2008 - 10 - 30	2008 - 11 - 27	2008 - 12 - 23
一、活期存款	0.72	0.72	0.72	0.72	0.72	0.72	0.81	0.81	0.81	0.72	0.72	0.72	0.36	0.36
二、定期存款														
1. 整存整取														
三个月	1.71	1.71	1.71	1.8	1.98	2.07	2.34	2.61	2.88	3.33	3.15	2.88	1.98	1.71
半年	1.89	2.07	2.07	2.25	2.43	2.61	2.88	3.15	3.42	3.78	3.51	3.24	2.25	1.98
一年	1.98	2.25	2.25	2.52	2.79	3.06	3.33	3.6	3.87	4.14	3.87	3.6	2.52	2.25
二年	2.25	2.7	2.7	3.06	3.33	3.69	3.96	4.23	4.5	4.68	4.41	4.14	3.06	2.79
三年	2.52	3.24	3.24	3.69	3.96	4.41	4.68	4.95	5.22	5.4	5.13	4.77	3.6	3.33
五年	2.79	3.6	3.6	4.14	4.41	4.95	5.22	5.49	5.76	5.85	5.58	5.13	3.87	3.6
2. 零存整取、整存零取、存本取息														
一年	1.71	1.71	1.71	1.8	1.98	2.07	2.34	2.61	2.88	3.33	3.15	2.88	1.98	1.71
三年	1.89	2.07	2.07	2.25	2.43	2.61	2.88	3.15	3.42	3.78	3.51	3.24	2.25	1.98
五年	1.98	2.25	2.25	2.52	2.79	3.06	3.33	3.6	3.87	4.14	3.87	3.6	2.52	2.25
3. 定活两便	按一年以内定期整存整取同档次利率60%执行	按一年以内定期整存整取同档次利率60%执行	同前	同前	同前	同前	同前	同前	同前	同前	同前	同前	同前	同前
三、协定存款	1.44	1.44	1.44	1.44	1.44	1.44	1.53	1.53	1.53	1.53	1.53	1.53	1.17	1.17
四、通知存款														
一天	1.08	1.08	1.08	1.08	1.08	1.08	1.17	1.17	1.17	1.17	1.17	1.17	0.81	0.81
七天	1.62	1.62	1.62	1.62	1.62	1.62	1.71	1.71	1.71	1.71	1.71	1.71	1.35	1.35

续表

项目	2009－12－31	2010－10－20	2010－12－26	2011－02－09	2011－04－06	2011－07－07	2012－06－08	2012－07－06①	2014－11－22②	2015－03－01③	2015－05－11④	2015－06－28	2015－08－26⑤	2015－10－24⑥
一、活期存款	0.36	0.36	0.36	0.40	0.50	0.50	0.40	0.35	0.35	0.35	0.35	0.35	0.35	0.35
二、定期存款														
1. 整存整取														
三个月	1.71	1.91	2.25	2.60	2.85	3.10	2.85	2.60	2.35	2.10	1.85	1.60	1.35	1.10
半年	1.98	2.2	2.5	2.80	3.05	3.30	3.05	2.80	2.55	2.30	2.05	1.80	1.55	1.30
一年	2.25	2.5	2.75	3.00	3.25	3.50	3.25	3.00	2.75	2.50	2.25	2.00	1.75	1.50
二年	2.79	3.25	3.55	3.90	4.15	4.40	4.10	3.75	3.35	3.10	2.85	2.60	2.35	2.10
三年	3.33	3.85	4.15	4.50	4.75	5.00	4.65	4.25	4.00	3.75	3.50	3.25	3.00	2.75
五年	3.6	4.2	4.55	5.00	5.25	5.50	5.10	4.75						
2. 零存整取、整存零取、存本取息														
一年	1.71	1.91	2.25	2.60	2.85	3.10	2.85	2.60	2.35	2.10	1.85	1.60	1.35	1.10
三年	1.98	2.2	2.5	2.80	3.05	3.30	3.05	2.80	2.55	2.30	2.05	1.80	1.55	1.30
五年	2.25	2.5	2.75	3.00	3.25	3.50	3.25	3.00						
3. 定活两便	同前	同前	同前	同前	同前	同前	同前	同前	同前	同前	同前	同前	同前	同前
三、协定存款	1.17	1.17	1.17	1.21	1.31	1.31	1.21	1.15	1.15	1.15	1.15	1.15	1.15	1.15
四、通知存款														
一天	0.81	0.81	0.81	0.85	0.95	0.95	0.85	0.80	0.80	0.80	0.80	0.80	0.80	0.80
七天	1.35	1.35	1.35	1.39	1.49	1.49	1.39	1.35	1.35	1.35	1.35	1.35	1.35	1.35

注：①自2012年6月8日起，金融机构存款利率浮动区间由基准利率的（0，1］倍调整为（0，1.1］倍。

②自2014年11月22日起，存款利率浮动区间的上限由基准利率的1.1倍调整为1.2倍。并且人民银行不再公布人民币五年期定期存款基准利率。

③自2015年3月1日起，人民币存款利率浮动区间的上限由基准利率的1.2倍调整为1.3倍。

④自2015年5月11日起，存款利率浮动区间上限由基准利率的1.3倍调整为1.5倍。

⑤自2015年8月26日起，一年以上（不含一年）定期存款利率浮动上限放开，其余期限品种存款利率浮动上限仍为基准利率的1.5倍。

⑥自2015年10月24日起，活期存款、一年以内（含）定期存款、协定存款、通知存款利率上限放开。

表 1.29　金融机构贷款利率

单位：年利率%

项目	2002-02-21	2004-10-29	2005-03-17	2006-04-28	2006-08-19	2007-03-18	2007-05-19	2007-07-21	2007-08-22	2007-09-15	2007-12-21	2008-09-16	2008-10-09	2008-10-30	2008-11-27	2008-12-23
一、短期贷款																
六个月以内（含六个月）	5.04	5.22	5.22	5.4	5.58	5.67	5.85	6.03	6.21	6.48	6.57	6.21	6.12	6.03	5.04	4.86
六个月至一年（含一年）	5.31	5.58	5.58	5.85	6.12	6.39	6.57	6.84	7.02	7.29	7.47	7.2	6.93	6.66	5.58	5.31
二、中长期贷款																
一至三年（含三年）	5.49	5.76	5.76	6.03	6.3	6.57	6.75	7.02	7.2	7.47	7.56	7.29	7.02	6.75	5.67	5.4
三至五年（含五年）	5.58	5.85	5.85	6.12	6.48	6.75	6.93	7.2	7.38	7.65	7.74	7.56	7.29	7.02	5.94	5.76
五年以上	5.76	6.12	6.12	6.39	6.84	7.11	7.2	7.38	7.56	7.83	7.83	7.74	7.47	7.2	6.12	5.94
三、贴现	在再贴现利率基础上，按不超过同期贷款利率（含浮动）加点	在再贴现利率基础上，按不超过同期贷款利率（含浮动）加点	同前	同前	同前	同前	同前	同前	同前	同前	同前	同前	同前	同前	同前	同前
四、个人住房贷款																
1. 个人住房公积金贷款																
五年以下（含五年）	3.60	3.78	3.96	4.14	4.14	4.32	4.41	4.5	4.59	4.77	4.77	4.59	4.32	4.05	3.51	3.33
五年以上	4.05	4.23	4.41	4.59	4.59	4.77	4.86	4.95	5.04	5.22	5.22	5.13	4.86	4.59	4.05	3.87
2. 自营性个人住房贷款①																
五年以下（含五年）	4.77	4.95	取消优惠利率，改按商业性贷款利率执行	同前	同前	同前	同前	同前	同前	同前	同前	同前	同前	同前	同前	同前
五年以上	5.04	5.31														

续表

项目	2009-12-31	2010-10-20	2010-12-26	2011-02-09	2011-04-06	2011-07-07	2012-06-08	2012-07-06	2013-07-20	2014-11-22	2015-03-01	2015-05-11	2015-06-28	2015-08-26	2015-10-24
一、短期贷款							②	③	④	⑤					
六个月以内（含六个月）	4.86	5.1	5.35	5.60	5.85	6.10	5.85	5.60	同前	5.60	5.35	5.10	4.85	4.60	4.35
六个月至一年（含一年）	5.31	5.56	5.81	6.06	6.31	6.56	6.31	6.00		5.60	5.35	5.10	4.85	4.60	4.35
二、中长期贷款							②	③	④	⑤					
一至三年（含三年）	5.4	5.6	5.85	6.10	6.40	6.65	6.40	6.15	同前	6.00	5.75	5.50	5.25	5.00	4.75
三至五年（含五年）	5.76	5.96	6.22	6.45	6.65	6.90	6.90	6.40		6.00	5.75	5.50	5.25	5.00	4.75
五年以上	5.94	6.14	6.4	6.60	6.80	7.05	6.80	6.55		6.15	5.90	5.65	5.40	5.15	4.90
三、贴现	同前	同前	同前	同前	同前	同前	同前	同前	改变贴现利率在再贴现利率基础上加点确定的方式，由金融机构自主确定④	同前	同前	同前	同前	同前	同前
四、个人住房贷款															
1. 个人住房公积金贷款															
五年以下（含五年）	3.33	3.5	3.75	4.00	4.20	4.45	4.20	4.00	同前	3.75	3.50	3.25	3.00	2.75	2.75
五年以上	3.87	4.05	4.3	4.50	4.70	4.90	4.70	4.50		4.25	4.00	3.75	3.50	3.25	3.25
2. 自营性个人住房贷款①															
五年以下（含五年） 五年以上	同前	同前	同前	同前	同前	同前	同前	同前	同前	同前	同前	同前	同前	同前	同前

注：①自 2006 年 8 月 19 日起，商业银行个人住房贷款利率的下限扩大为贷款基准利率的 0.85 倍，自 2008 年 10 月 27 日起，商业银行个人住房贷款利率的下限扩大为贷款基准利率的 0.7 倍，其他商业性贷款利率下限仍保持 0.9 倍不变。

②自 2012 年 6 月 8 日起，金融机构贷款利率的下限由基准利率的 0.9 倍调整为 0.8 倍。

③自 2012 年 7 月 6 日起，金融机构贷款利率的下限由基准利率的 0.8 倍调整为 0.7 倍。

④自 2013 年 7 月 20 日起，取消金融机构贷款利率 0.7 倍的下限，个人住房贷款利率仍保持原区间不变；取消票据贴现利率管制，改变贴现利率在再贴现利率基础上加点确定的方式，由金融机构自主确定；取消农村信用社贷款利率 2.3 倍的上限。

⑤自 2014 年 11 月 22 日起，贷款基准利率期限档次简并为一年以内（含一年）、一至五年（含五年）和五年以上三个档次。

以上统计表由中国人民银行营业管理部货币信贷管理处提供。

表 1.30　2016 年中国人民银行发行普通纪念币一览表

名称	发行日期	材质	规格	面值（元）	图案		发行数量
					正面	背面	
2016 年贺岁普通纪念币	2016－01－16	双色铜合金	直径 27mm	10	正面刊“中国人民银行”“10 元”、汉语拼音字母“SHIYUAN”及年号“2016”，底纹衬以团花图案	背面主景图案为一只传统装饰造型的猴子，抬手远眺；其上方为桃形花灯和梅花图案，币面左侧刊“丙申”字样	5 亿枚
孙中山先生诞辰 150 周年普通纪念币	2016－11－15	黄色铜合金	直径 30mm	5	正面图案为广东省中山市翠亨村孙中山先生故居，其上方刊“中华人民共和国”国名，左下方刊“孙中山故居”字样，下方刊“伍圆”及年号“2016”字样	背面图案为孙中山先生像，其上方刊“孙中山先生诞辰 150 周年”和“1866～2016”字样	3 亿枚

注：1. 孙中山先生诞辰 150 周年普通纪念币发行日期为首次对公众办理预约兑换日期。

2. 本表由中国人民银行营业管理部货币金银处提供。

（二）金融机构业务统计

表2.1 国家开发银行北京市分行人民币信贷收支统计

单位：万元

项目名称	余额	比年初	项目名称	余额	比年初
一、各项存款	10 392 057	1 566 055	一、各项贷款	59 847 261	3 925 636
（一）境内存款	10 392 054	1 566 055	（一）境内贷款	59 845 383	3 925 710
1. 个人存款			1. 短期贷款	14 933 223	1 973 243
其中：活期储蓄存款			（1）个人贷款及透支		
定期储蓄存款			其中：个人消费贷款		
结构性存款			（2）单位贷款及透支	14 933 223	1 973 243
2. 单位存款	10 374 301	1 553 216	经营贷款及透支	8 718 623	1 043 841
其中：活期存款	3 748 266	-2 094 085	固定资产贷款	6 214 600	929 402
定期存款	679 263	-144 508	并购贷款		
保证金存款	222 390	214 441	贸易融资		
结构性存款	270 000	-80 000	（3）非存款类金融机构贷款		
3. 国库定期存款			2. 中长期贷款	44 912 160	1 952 467
4. 非存款类金融机构存款	17 753	12 839	（1）个人贷款		
（二）境外存款	3		其中：个人消费贷款		
二、代理财政性存款			（2）单位贷款	44 912 160	1 952 467
三、金融债券			经营贷款	1 716 765	-10 581
其中：境外发行			固定资产贷款	42 305 350	2 200 380
四、卖出回购资产			并购贷款	435 070	-261 150
五、向中央银行借款			贸易融资	454 975	23 817
六、银行业存款类金融机构往来	541 352	-1 363 522	（3）非存款类金融机构贷款		
七、借款及非存款类金融机构拆入			3. 票据融资		
八、联行往来（净）	54 031 019	5 415 808	4. 融资租赁		
九、应付及暂收款	125 154	18 775	5. 各项垫款		
其中：应付利息	40 932	19 371	（二）境外贷款	1 878	-74
十、其他负债	166 464	96 509	二、债券投资		
十一、所有者权益	972 447	590 327	三、股权及其他投资	577 500	200 000
其中：实收资本			四、买入返售资产		
			五、存放中央银行存款	92 965	-64 606
			六、缴存中央银行财政性存款		
			七、银行业存款类金融机构往来	7 400 000	2 100 000
			八、存放非存款类金融机构款项		
			九、联行往来		
			其中：境内存放二级准备金		
			十、库存现金		
			十一、应收及预付款	173 459	46 132
			其中：应收利息	172 668	46 197
			十二、投资性房地产		
			十三、固定资产	18 687	-908
			十四、其他资产	225 849	158 167
			十五、减：各项准备	2 107 229	40 470
			其中：贷款减值准备	2 107 229	40 470
资金来源总计	66 228 492	6 323 952	资金运用总计	66 228 492	6 323 952

表 2.2 中国进出口银行北京分行人民币信贷收支统计

单位：万元

项目名称	余额	比年初	项目名称	余额	比年初
一、各项存款	43 912	-4 649	一、各项贷款	7 789 373	550 229
（一）境内存款	43 909	-4 651	（一）境内贷款	7 667 373	539 189
1. 个人存款			1. 短期贷款	1 044 441	255 333
其中：活期储蓄存款			（1）个人贷款及透支		
定期储蓄存款			其中：个人消费贷款		
结构性存款			（2）单位贷款及透支	1 044 441	255 333
2. 单位存款	43 843	-4 716	经营贷款及透支	269 091	215 791
其中：活期存款	16 029	-10 164	固定资产贷款	6 000	6 000
定期存款			并购贷款		
保证金存款	27 814	5 449	贸易融资	769 350	33 542
结构性存款			（3）非存款类金融机构贷款		
3. 国库定期存款			2. 中长期贷款	6 601 363	262 287
4. 非存款类金融机构存款	66	65	（1）个人贷款		
（二）境外存款	2	1	其中：个人消费贷款		
二、代理财政性存款			（2）单位贷款	6 601 363	262 287
三、金融债券			经营贷款	1 503 480	-1 800
其中：境外发行			固定资产贷款	2 918 646	-117 899
四、卖出回购资产			并购贷款	793 257	342 255
五、向中央银行借款			贸易融资	1 385 979	39 730
六、银行业存款类金融机构往来			（3）非存款类金融机构贷款		
七、借款及非存款类金融机构拆入			3. 票据融资		
八、联行往来（净）	7 519 413	471 206	4. 融资租赁		
九、应付及暂收款	22 460	-3 857	5. 各项垫款	21 570	21 570
其中：应付利息	8 777	-2 523	（二）境外贷款	122 000	11 040
十、其他负债	31 891	-447	二、债券投资		
十一、所有者权益	17 763	17 763	三、股权及其他投资		
其中：实收资本			四、买入返售资产		
			五、存放中央银行存款	1 159	-678
			六、缴存中央银行财政性存款		
			七、银行业存款类金融机构往来		
			八、存放非存款类金融机构款项		
			九、联行往来		
			其中：境内存放二级准备金		
			十、库存现金	3	1
			十一、应收及预付款	25 150	4 558
			其中：应收利息	24 968	4 437
			十二、投资性房地产		
			十三、固定资产	211	-50
			十四、其他资产	57	19
			十五、减：各项准备	180 514	74 063
			其中：贷款减值准备	180 457	74 036
资金来源总计	7 635 439	480 015	资金运用总计	7 635 439	480 015

表2.3　中国农业发展银行北京市分行人民币信贷收支统计

单位：万元

项目名称	余额	比年初	项目名称	余额	比年初
一、各项存款	1 435 636	52 340	一、各项贷款	3 286 922	-1 245 042
（一）境内存款	1 435 636	52 340	（一）境内贷款	3 286 922	-1 245 042
1. 个人存款			1. 短期贷款	1 180 479	-85 606
其中：活期储蓄存款			（1）个人贷款及透支		
定期储蓄存款			其中：个人消费贷款		
结构性存款			（2）单位贷款及透支	1 180 479	-85 606
2. 单位存款	1 435 636	52 749	经营贷款及透支	1 180 479	-78 606
其中：活期存款	1 127 287	6 169	固定资产贷款		-7 000
定期存款	216 812	27 568	并购贷款		
保证金存款	7 024	-2 188	贸易融资		
结构性存款			（3）非存款类金融机构贷款		
3. 国库定期存款			2. 中长期贷款	368 211	-1 044 122
4. 非存款类金融机构存款		-409	（1）个人贷款		
（二）境外存款			其中：个人消费贷款		
二、代理财政性存款	91 488	-21 012	（2）单位贷款	368 211	-1 044 122
三、金融债券			经营贷款		
其中：境外发行			固定资产贷款	368 211	-1 044 122
四、卖出回购资产			并购贷款		
五、向中央银行借款			贸易融资		
六、银行业存款类金融机构往来	8 000	5 000	（3）非存款类金融机构贷款		
七、借款及非存款类金融机构拆入			3. 票据融资	1 738 231	-115 314
八、联行往来（净）	2 792 912	-1 618 794	4. 融资租赁		
九、应付及暂收款	7 247	-1 155	5. 各项垫款		
其中：应付利息	1 461	-840	（二）境外贷款		
十、其他负债	27 745		二、债券投资		
十一、所有者权益	56 311	14 098	三、股权及其他投资		
其中：实收资本			四、买入返售资产		
			五、存放中央银行存款	7 658	1 433
			六、缴存中央银行财政性存款		
			七、银行业存款类金融机构往来	1 050 464	-290 526
			八、存放非存款类金融机构款项		
			九、联行往来		
			其中：境内存放二级准备金		
			十、库存现金	249	19
			十一、应收及预付款	9 067	5 015
			其中：应收利息	7 541	4 649
			十二、投资性房地产		
			十三、固定资产	101 212	-1 145
			十四、其他资产	1 014	-2 030
			十五、减：各项准备	37 247	37 247
			其中：贷款减值准备	37 247	37 247
资金来源总计	4 419 339	-1 569 525	资金运用总计	4 419 339	-1 569 525

表 2.4　中国工商银行北京市分行人民币信贷收支统计

单位：万元

项目名称	余额	比年初	项目名称	余额	比年初
一、各项存款	320 111 679	22 547 096	一、各项贷款	64 332 506	5 564 449
（一）境内存款	319 336 962	22 535 109	（一）境内贷款	64 282 461	5 550 548
1. 个人存款	79 599 286	4 126 130	1. 短期贷款	12 646 894	-1 879 252
其中：活期储蓄存款	31 831 404	1 951 997	（1）个人贷款及透支	119 777	19 229
定期储蓄存款	42 164 155	-1 049 729	其中：个人消费贷款	118 842	22 312
结构性存款	1 409 393	511 054	（2）单位贷款及透支	12 527 116	-1 898 480
2. 单位存款	219 774 675	24 950 718	经营贷款及透支	10 903 248	-694 320
其中：活期存款	54 291 233	7 026 877	固定资产贷款	70 706	-64 515
定期存款	110 489 843	-1 420 318	并购贷款		
保证金存款	218 433	-14 635	贸易融资	1 553 163	-1 139 645
结构性存款	3 484 795	1 346 452	（3）非存款类金融机构贷款		
3. 国库定期存款	812 000	622 000	2. 中长期贷款	50 505 224	7 195 914
4. 非存款类金融机构存款	19 151 001	-7 163 739	（1）个人贷款	16 152 561	4 162 222
（二）境外存款	774 717	11 987	其中：个人消费贷款	14 863 028	4 205 970
二、代理财政性存款	4 535 059	-1 132 815	（2）单位贷款	34 352 663	5 049 692
三、金融债券			经营贷款	4 402 393	509 676
其中：境外发行			固定资产贷款	28 996 933	4 452 632
四、卖出回购资产			并购贷款	953 337	87 385
五、向中央银行借款	2 285	2 285	贸易融资		
六、银行业存款类金融机构往来	14 035 245	-2 938 314	（3）非存款类金融机构贷款		-2 016 000
七、借款及非存款类金融机构拆入		-699	3. 票据融资	1 130 344	233 886
八、联行往来（净）			4. 融资租赁		
九、应付及暂收款	4 978 804	-1 992 552	5. 各项垫款		
其中：应付利息	3 161 725	-914 421	（二）境外贷款	50 044	13 901
十、其他负债	844 978	172 249	二、债券投资	24 279 638	-1 142 028
十一、所有者权益	3 481 287	-499 523	三、股权及其他投资	22 971 952	4 598 050
其中：实收资本			四、买入返售资产		
			五、存放中央银行存款	13 231	96
			六、缴存中央银行财政性存款	4 980 426	-1 049 529
			七、银行业存款类金融机构往来	1 791 912	1 782 327
			八、存放非存款类金融机构款项	7 312	5 289
			九、联行往来	228 692 336	6 703 342
			其中：境内存放二级准备金		
			十、库存现金	423 837	-68 690
			十一、应收及预付款	788 872	-377 817
			其中：应收利息	630 855	1 401
			十二、投资性房地产		
			十三、固定资产	568 209	-33 599
			十四、其他资产	185 235	281 975
			十五、减：各项准备	1 046 132	106 139
			其中：贷款减值准备	1 037 474	106 363
资金来源总计	347 989 335	16 157 727	资金运用总计	347 989 335	16 157 727

表2.5　中国农业银行北京市分行人民币信贷收支统计

单位：万元

项目名称	余额	比年初	项目名称	余额	比年初
一、各项存款	80 023 072	-16 366 783	一、各项贷款	26 828 903	-3 930 895
（一）境内存款	79 842 300	-16 320 892	（一）境内贷款	26 825 139	-3 930 403
1. 个人存款	25 838 340	1 639 559	1. 短期贷款	8 385 482	-1 141 564
其中：活期储蓄存款	12 546 453	1 395 771	（1）个人贷款及透支	356 825	-55 716
定期储蓄存款	11 588 404	-196 389	其中：个人消费贷款	317 988	7 353
结构性存款	85 888	-416 906	（2）单位贷款及透支	8 028 658	-1 085 847
2. 单位存款	36 878 962	2 639 043	经营贷款及透支	7 784 290	-1 136 963
其中：活期存款	14 792 681	1 094 981	固定资产贷款		-155
定期存款	10 595 297	56 393	并购贷款		
保证金存款	1 431 041	1 264 589	贸易融资	244 368	51 270
结构性存款	709 800	-636 700	（3）非存款类金融机构贷款		
3. 国库定期存款	493 000	-180 000	2. 中长期贷款	18 395 720	-2 378 433
4. 非存款类金融机构存款	16 631 998	-20 419 494	（1）个人贷款	7 319 235	1 229 942
（二）境外存款	180 772	-45 891	其中：个人消费贷款	7 124 926	1 280 857
二、代理财政性存款	1 261	-1 124	（2）单位贷款	11 076 486	-2 658 375
三、金融债券			经营贷款	2 150 580	-126 863
其中：境外发行			固定资产贷款	8 690 714	-2 438 560
四、卖出回购资产			并购贷款	235 192	-92 952
五、向中央银行借款			贸易融资		
六、银行业存款类金融机构往来	1 988 165	-312 335	（3）非存款类金融机构贷款		-950 000
七、借款及非存款类金融机构拆入			3. 票据融资	24 956	-234 461
八、联行往来（净）			4. 融资租赁		
九、应付及暂收款	1 710 670	364 176	5. 各项垫款	18 980	-175 946
其中：应付利息	1 131 952	39 176	（二）境外贷款	3 764	-492
十、其他负债	185 117	6 134	二、债券投资	235 706	63 134
十一、所有者权益	941 310	-284 272	三、股权及其他投资		
其中：实收资本			四、买入返售资产		
			五、存放中央银行存款		
			六、缴存中央银行财政性存款	5 219	-1 917
			七、银行业存款类金融机构往来		
			八、存放非存款类金融机构款项		
			九、联行往来	57 218 255	-13 180 496
			其中：境内存放二级准备金		
			十、库存现金	269 127	-4 552
			十一、应收及预付款	76 239	-1 027
			其中：应收利息	36 641	-15 807
			十二、投资性房地产		
			十三、固定资产	956 383	23 935
			十四、其他资产	331 595	250 445
			十五、减：各项准备	1 071 833	-187 168
			其中：贷款减值准备	1 011 271	-177 905
资金来源总计	84 849 595	-16 594 203	资金运用总计	84 849 595	-16 594 203

表 2.6　中国银行北京市分行人民币信贷收支统计

单位：万元

项目名称	余额	比年初	项目名称	余额	比年初
一、各项存款	68 947 497	2 005 125	一、各项贷款	34 557 977	5 000 331
（一）境内存款	67 682 869	1 912 812	（一）境内贷款	34 033 581	4 954 769
1. 个人存款	17 704 930	1 549 946	1. 短期贷款	12 612 120	2 152 162
其中：活期储蓄存款	6 653 983	775 129	（1）个人贷款及透支	876 462	42 544
定期储蓄存款	9 225 349	-474 007	其中：个人消费贷款	874 832	45 079
结构性存款			（2）单位贷款及透支	11 732 469	2 109 618
2. 单位存款	42 523 633	3 187 559	经营贷款及透支	11 345 363	1 956 938
其中：活期存款	11 644 566	571 808	固定资产贷款	155 700	155 700
定期存款	14 050 174	950 100	并购贷款		
保证金存款	483 552	79 630	贸易融资	231 406	-3 020
结构性存款			（3）非存款类金融机构贷款	3 189	
3. 国库定期存款	716 000	153 000	2. 中长期贷款	20 227 943	2 351 379
4. 非存款类金融机构存款	6 738 307	-2 977 694	（1）个人贷款	6 856 010	1 522 855
（二）境外存款	1 264 627	92 313	其中：个人消费贷款	6 255 401	1 298 120
二、代理财政性存款	1 056	-3 818	（2）单位贷款	13 275 632	828 524
三、金融债券			经营贷款	1 040 402	-717 745
其中：境外发行			固定资产贷款	11 607 110	1 611 569
四、卖出回购资产			并购贷款	363 660	12 242
五、向中央银行借款			贸易融资	264 461	-77 542
六、银行业存款类金融机构往来	3 487 845	985 713	（3）非存款类金融机构贷款	96 300	
七、借款及非存款类金融机构拆入			3. 票据融资	1 193 518	467 070
八、联行往来（净）			4. 融资租赁		
九、应付及暂收款	1 578 109	129 363	5. 各项垫款		-15 842
其中：应付利息	1 105 207	-43 932	（二）境外贷款	524 395	45 562
十、其他负债	301 614	2 110	二、债券投资	6 236	-8 783
十一、所有者权益	669 773	669 773	三、股权及其他投资		
其中：实收资本			四、买入返售资产		
			五、存放中央银行存款	409 239	-253 198
			六、缴存中央银行财政性存款	14 876	1 840
			七、银行业存款类金融机构往来		-20 000
			八、存放非存款类金融机构款项		
			九、联行往来	39 916 860	-1 205 007
			其中：境内存放二级准备金		
			十、库存现金	256 101	-1 658
			十一、应收及预付款	142 567	5 905
			其中：应收利息	80 554	-6 759
			十二、投资性房地产		
			十三、固定资产	280 504	19 857
			十四、其他资产	-27 822	-87 080
			十五、减：各项准备	570 646	-336 059
			其中：贷款减值准备	524 488	-337 905
资金来源总计	74 985 894	3 788 266	资金运用总计	74 985 894	3 788 266

表 2.7　中国建设银行北京市分行人民币信贷收支统计

单位：万元

项目名称	余额	比年初	项目名称	余额	比年初
一、各项存款	143 183 444	8 516 254	一、各项贷款	53 308 078	-2 745 700
（一）境内存款	142 685 070	8 984 435	（一）境内贷款	53 287 119	-2 744 334
1. 个人存款	35 504 128	2 191 501	1. 短期贷款	17 738 632	-5 791 344
其中：活期储蓄存款	15 420 446	2 313 780	（1）个人贷款及透支	1 423 003	52 305
定期储蓄存款	15 446 644	-467 045	其中：个人消费贷款	1 422 013	53 132
结构性存款	716 933	-687 245	（2）单位贷款及透支	16 315 628	451 851
2. 单位存款	72 054 896	9 608 408	经营贷款及透支	15 017 261	196 027
其中：活期存款	24 050 300	3 059 923	固定资产贷款	581 556	183 356
定期存款	11 198 644	-2 333 771	并购贷款		
保证金存款	800 143	-1 481 598	贸易融资	716 812	72 469
结构性存款	9 375 373	4 299 590	（3）非存款类金融机构贷款		-6 295 500
3. 国库定期存款	810 000	133 000	2. 中长期贷款	33 763 814	1 995 697
4. 非存款类金融机构存款	34 316 046	-2 948 475	（1）个人贷款	13 490 731	2 408 127
（二）境外存款	498 373	-468 181	其中：个人消费贷款	12 766 745	2 387 764
二、代理财政性存款	323 591	-104 000	（2）单位贷款	20 273 083	-12 430
三、金融债券			经营贷款	3 640 015	672 655
其中：境外发行			固定资产贷款	15 503 376	-985 023
四、卖出回购资产			并购贷款	989 150	218 955
五、向中央银行借款	5 990	5 990	贸易融资	140 541	80 983
六、银行业存款类金融机构往来	2 699 976	-4 590 480	（3）非存款类金融机构贷款		-400 000
七、借款及非存款类金融机构拆入	100 000	100 000	3. 票据融资	1 741 098	1 051 314
八、联行往来（净）			4. 融资租赁		
九、应付及暂收款	2 439 513	549 394	5. 各项垫款	43 576	
其中：应付利息	1 556 181	62 571	（二）境外贷款	20 959	-1 367
十、其他负债	733 004	-1 379 367	二、债券投资	48 354	6 438
十一、所有者权益	384 374	-72 623	三、股权及其他投资	4 243	1 262
其中：实收资本			四、买入返售资产	2 337 606	793 856
			五、存放中央银行存款		-49 587
			六、缴存中央银行财政性存款	147 880	-11 550
			七、银行业存款类金融机构往来	2 305 618	-4 146 089
			八、存放非存款类金融机构款项		
			九、联行往来	90 455 468	11 301 320
			其中：境内存放二级准备金	18 875 709	2 158 709
			十、库存现金	245 850	-12 198
			十一、应收及预付款	430 140	-90 947
			其中：应收利息	333 118	-157 014
			十二、投资性房地产		
			十三、固定资产	423 670	-15 045
			十四、其他资产	167 018	-2 005 968
			十五、减：各项准备	4 032	621
			其中：贷款减值准备	2	-28
资金来源总计	149 869 892	3 025 170	资金运用总计	149 869 892	3 025 170

表 2.8　交通银行北京市分行人民币信贷收支统计

单位：万元

项目名称	余额	比年初	项目名称	余额	比年初
一、各项存款	69 012 550	7 293 094	一、各项贷款	33 546 276	4 167 810
（一）境内存款	68 788 527	7 352 193	（一）境内贷款	33 506 185	4 162 171
1. 个人存款	12 983 290	1 170 728	1. 短期贷款	13 435 960	3 806 070
其中：活期储蓄存款	5 679 224	678 658	（1）个人贷款及透支	157 580	-256 213
定期储蓄存款	4 084 916	-192 046	其中：个人消费贷款	108 683	-244 917
结构性存款	2 360 586	291 672	（2）单位贷款及透支	10 378 380	1 162 283
2. 单位存款	28 406 531	623 369	经营贷款及透支	9 533 478	1 404 954
其中：活期存款	7 222 476	1 806 081	固定资产贷款	300	-27 295
定期存款	6 336 861	160 818	并购贷款		
保证金存款	426 786	-151 249	贸易融资	844 602	-215 376
结构性存款	5 576 698	-2 573 699	（3）非存款类金融机构贷款	2 900 000	2 900 000
3. 国库定期存款	511 000	-38 000	2. 中长期贷款	19 434 505	597 548
4. 非存款类金融机构存款	26 887 706	5 596 095	（1）个人贷款	7 400 802	875 911
（二）境外存款	224 023	-59 099	其中：个人消费贷款	6 734 545	900 339
二、代理财政性存款		-4	（2）单位贷款	12 033 702	-278 363
三、金融债券			经营贷款	2 628 518	714 367
其中：境外发行			固定资产贷款	8 708 445	-1 669 220
四、卖出回购资产			并购贷款	1 300	-18 950
五、向中央银行借款			贸易融资	695 439	695 439
六、银行业存款类金融机构往来	9 056 066	-4 426 716	（3）非存款类金融机构贷款		
七、借款及非存款类金融机构拆入			3. 票据融资	635 721	-222 920
八、联行往来（净）			4. 融资租赁		
九、应付及暂收款	1 218 415	137 720	5. 各项垫款		-18 526
其中：应付利息	1 019 112	69 712	（二）境外贷款	40 091	5 639
十、其他负债	205 171	-84 594	二、债券投资		
十一、所有者权益	906 088	461 053	三、股权及其他投资		
其中：实收资本			四、买入返售资产		
			五、存放中央银行存款	187 288	30 060
			六、缴存中央银行财政性存款	423	-800
			七、银行业存款类金融机构往来	12 295	-26 270
			八、存放非存款类金融机构款项		
			九、联行往来	44 931 524	-2 189 415
			其中：境内存放二级准备金	3 638 794	
			十、库存现金	99 425	-9 629
			十一、应收及预付款	106 556	-36 517
			其中：应收利息	93 804	-25 078
			十二、投资性房地产	274 500	274 500
			十三、固定资产	335 371	-114 534
			十四、其他资产	1 386 394	1 250 028
			十五、减：各项准备	481 764	-35 320
			其中：贷款减值准备	479 980	-35 370
资金来源总计	80 398 290	3 380 554	资金运用总计	80 398 290	3 380 554

表2.9 招商银行北京分行人民币信贷收支统计

单位：万元

项目名称	余额	比年初	项目名称	余额	比年初
一、各项存款	48 634 381	-431 182	一、各项贷款	18 822 958	1 693 043
（一）境内存款	47 538 688	-621 614	（一）境内贷款	18 800 141	1 695 845
1. 个人存款	17 609 767	-2 356 796	1. 短期贷款	5 649 320	-112 180
其中：活期储蓄存款	13 065 115	-1 428 252	（1）个人贷款及透支	501 781	-66 946
定期储蓄存款	4 175 283	-463 332	其中：个人消费贷款	196 711	33 676
结构性存款	31 665	-367 250	（2）单位贷款及透支	5 147 539	74 766
2. 单位存款	22 142 728	2 037 107	经营贷款及透支	4 640 803	-28 701
其中：活期存款	10 372 714	982 162	固定资产贷款	600	600
定期存款	4 209 103	307 827	并购贷款		
保证金存款	446 325	-42 521	贸易融资	506 136	102 867
结构性存款	2 385 514	1 250 260	（3）非存款类金融机构贷款		-120 000
3. 国库定期存款	202 000	-120 000	2. 中长期贷款	12 202 468	1 629 614
4. 非存款类金融机构存款	7 584 193	-181 925	（1）个人贷款	8 328 558	1 696 659
（二）境外存款	1 095 693	190 432	其中：个人消费贷款	6 238 317	1 668 573
二、代理财政性存款	1 551	1 493	（2）单位贷款	3 873 910	132 955
三、金融债券			经营贷款	645 116	51 264
其中：境外发行			固定资产贷款	2 641 055	-231 852
四、卖出回购资产	899 223	194 408	并购贷款	520 616	253 365
五、向中央银行借款		-12 329	贸易融资	67 123	60 178
六、银行业存款类金融机构往来	682 287	-5 389 341	（3）非存款类金融机构贷款		-200 000
七、借款及非存款类金融机构拆入			3. 票据融资	948 353	179 908
八、联行往来（净）			4. 融资租赁		
九、应付及暂收款	795 797	61 396	5. 各项垫款		-1 497
其中：应付利息	415 277	-43 517	（二）境外贷款	22 817	-2 802
十、其他负债	116 609	-299 127	二、债券投资	60 298	60 298
十一、所有者权益	583 212	-124 844	三、股权及其他投资	4 422 654	-1 465 964
其中：实收资本			四、买入返售资产		-150 000
			五、存放中央银行存款		-219 987
			六、缴存中央银行财政性存款	3 255	-329
			七、银行业存款类金融机构往来	651	-31 146
			八、存放非存款类金融机构款项	2	
			九、联行往来	28 531 565	-5 493 520
			其中：境内存放二级准备金		
			十、库存现金	125 949	-10 901
			十一、应收及预付款	59 592	-2 792
			其中：应收利息	39 899	-11 477
			十二、投资性房地产		
			十三、固定资产	41 395	-7 063
			十四、其他资产	43 578	-301 300
			十五、减：各项准备	398 837	69 865
			其中：贷款减值准备	308 359	-19 359
资金来源总计	51 713 060	-5 999 526	资金运用总计	51 713 060	-5 999 526

表 2.10　上海浦东发展银行北京分行人民币信贷收支统计

单位：万元

项目名称	余额	比年初	项目名称	余额	比年初
一、各项存款	38 358 280	1 427 811	一、各项贷款	20 695 455	10 685 306
（一）境内存款	38 263 713	1 487 676	（一）境内贷款	20 687 142	10 682 353
1. 个人存款	2 546 322	54 505	1. 短期贷款	11 058 496	8 072 684
其中：活期储蓄存款	1 281 995	302 828	（1）个人贷款及透支	301 024	-386 599
定期储蓄存款	743 067	-46 347	其中：个人消费贷款	198 509	-333 669
结构性存款	120 243	-203 586	（2）单位贷款及透支	3 497 472	1 314 283
2. 单位存款	17 438 461	1 408 888	经营贷款及透支	2 484 228	1 369 274
其中：活期存款	6 677 715	463 733	固定资产贷款	9 000	6 000
定期存款	2 393 239	186 935	并购贷款		
保证金存款	267 114	-99 643	贸易融资	1 004 244	-60 991
结构性存款	2 807 598	72 996	（3）非存款类金融机构贷款	7 260 000	7 145 000
3. 国库定期存款	129 000	-180 000	2. 中长期贷款	9 256 730	2 926 413
4. 非存款类金融机构存款	18 149 930	204 283	（1）个人贷款	4 084 146	2 636 714
（二）境外存款	94 567	-59 865	其中：个人消费贷款	3 827 662	2 551 631
二、代理财政性存款	29	-1 300	（2）单位贷款	4 172 584	-710 301
三、金融债券			经营贷款	2 465 124	153 903
其中：境外发行			固定资产贷款	1 617 673	-752 234
四、卖出回购资产	250 577	-444 533	并购贷款	89 787	-111 970
五、向中央银行借款		-11 036	贸易融资		
六、银行业存款类金融机构往来	11 129 079	2 513 659	（3）非存款类金融机构贷款	1 000 000	1 000 000
七、借款及非存款类金融机构拆入			3. 票据融资	371 916	-316 744
八、联行往来（净）			4. 融资租赁		
九、应付及暂收款	303 590	-52 007	5. 各项垫款		
其中：应付利息	250 706	-18 412	（二）境外贷款	8 313	2 953
十、其他负债	62 016	-340 915	二、债券投资	23 628 397	15 682 852
十一、所有者权益	498 544	69 507	三、股权及其他投资		
其中：实收资本			四、买入返售资产		-495 127
			五、存放中央银行存款	121 247	16 758
			六、缴存中央银行财政性存款	639	62
			七、银行业存款类金融机构往来	2 606 092	523 417
			八、存放非存款类金融机构款项		
			九、联行往来	3 465 804	-23 200 207
			其中：境内存放二级准备金		
			十、库存现金	41 999	-10 927
			十一、应收及预付款	207 267	-5 970
			其中：应收利息	183 474	71 999
			十二、投资性房地产		
			十三、固定资产	21 376	-1 621
			十四、其他资产	5 630	-1 489
			十五、减：各项准备	191 791	31 868
			其中：贷款减值准备	150 594	25 613
资金来源总计	50 602 115	3 161 186	资金运用总计	50 602 115	3 161 186

表 2.11 广发银行北京分行人民币信贷收支统计

单位：万元

项目名称	余额	比年初	项目名称	余额	比年初
一、各项存款	18 841 328	-958 388	一、各项贷款	3 523 552	241 545
（一）境内存款	18 814 429	-962 806	（一）境内贷款	3 522 929	241 328
1. 个人存款	1 018 744	-265 438	1. 短期贷款	2 264 609	721 285
其中：活期储蓄存款	547 806	-36 126	（1）个人贷款及透支	208 396	-291 025
定期储蓄存款	265 780	-14 951	其中：个人消费贷款	3 222	1 966
结构性存款	199 103	-212 764	（2）单位贷款及透支	2 056 213	1 012 310
2. 单位存款	13 130 463	-344 044	经营贷款及透支	1 993 967	961 573
其中：活期存款	2 253 536	-104 099	固定资产贷款		
定期存款	3 905 194	1 346 290	并购贷款		
保证金存款	361 585	-167 864	贸易融资	62 246	50 737
结构性存款	3 412 317	-413 185	（3）非存款类金融机构贷款		
3. 国库定期存款	148 000	83 000	2. 中长期贷款	1 075 822	-302 652
4. 非存款类金融机构存款	4 517 222	-436 324	（1）个人贷款	555 463	-98 498
（二）境外存款	26 899	4 418	其中：个人消费贷款	338 044	-6 977
二、代理财政性存款			（2）单位贷款	520 359	-204 154
三、金融债券			经营贷款	387 467	249 206
其中：境外发行			固定资产贷款	132 892	-452 310
四、卖出回购资产			并购贷款		
五、向中央银行借款			贸易融资		-1 050
六、银行业存款类金融机构往来	1 660 625	-975 285	（3）非存款类金融机构贷款		
七、借款及非存款类金融机构拆入			3. 票据融资	164 549	-190 297
八、联行往来（净）			4. 融资租赁		
九、应付及暂收款	248 606	-22 670	5. 各项垫款	17 949	12 992
其中：应付利息	227 612	-22 661	（二）境外贷款	623	217
十、其他负债	57 565	-15 896	二、债券投资	4 607	281
十一、所有者权益	216 072	-15 697	三、股权及其他投资		
其中：实收资本			四、买入返售资产		-1 754 796
			五、存放中央银行存款	150 699	90 581
			六、缴存中央银行财政性存款	49	-295
			七、银行业存款类金融机构往来	28	-1 416
			八、存放非存款类金融机构款项		
			九、联行往来	17 288 856	-540 644
			其中：境内存放二级准备金		
			十、库存现金	23 550	-2 198
			十一、应收及预付款	21 311	-8 367
			其中：应收利息	9 560	-2 262
			十二、投资性房地产		
			十三、固定资产	28 672	-1 772
			十四、其他资产	20 123	-9 879
			十五、减：各项准备	37 251	976
			其中：贷款减值准备	37 251	977
资金来源总计	21 024 196	-1 987 936	资金运用总计	21 024 196	-1 987 936

表 2.12 兴业银行北京分行人民币信贷收支统计

单位：万元

项目名称	余额	比年初	项目名称	余额	比年初
一、各项存款	31 882 844	3 098 943	一、各项贷款	13 096 875	1 951 084
（一）境内存款	31 871 113	3 098 001	（一）境内贷款	13 095 896	1 951 518
1. 个人存款	2 151 710	-19 301	1. 短期贷款	4 973 519	-1 360 426
其中：活期储蓄存款	1 267 560	30 732	（1）个人贷款及透支	841 767	-46 926
定期储蓄存款	759 792	-84 327	其中：个人消费贷款	174 365	-27 837
结构性存款	4 506	-13 547	（2）单位贷款及透支	4 128 113	593 218
2. 单位存款	16 410 840	1 128 627	经营贷款及透支	3 729 313	269 934
其中：活期存款	4 993 112	-577 101	固定资产贷款		
定期存款	6 045 223	3 549 601	并购贷款		
保证金存款	90 306	-208 506	贸易融资	398 800	323 284
结构性存款	1 367 500	353 400	（3）非存款类金融机构贷款	3 639	-1 906 718
3. 国库定期存款	446 000	-60 000	2. 中长期贷款	8 067 168	3 384 518
4. 非存款类金融机构存款	12 862 563	2 048 676	（1）个人贷款	4 246 990	2 595 342
（二）境外存款	11 731	942	其中：个人消费贷款	3 527 241	2 140 858
二、代理财政性存款		-7	（2）单位贷款	3 820 178	789 176
三、金融债券			经营贷款	1 316 084	892 196
其中：境外发行			固定资产贷款	2 057 118	-455 392
四、卖出回购资产			并购贷款	428 600	376 600
五、向中央银行借款			贸易融资	18 377	-24 227
六、银行业存款类金融机构往来	10 251 106	3 053 706	（3）非存款类金融机构贷款		
七、借款及非存款类金融机构拆入			3. 票据融资	55 210	-22 174
八、联行往来（净）			4. 融资租赁		
九、应付及暂收款	496 503	42 947	5. 各项垫款		-50 400
其中：应付利息	368 758	36 551	（二）境外贷款	979	-434
十、其他负债	352 819	247 404	二、债券投资	738 321	202 848
十一、所有者权益	172 588	-96 725	三、股权及其他投资	1 185 825	-1 664 124
其中：实收资本			四、买入返售资产	27 000	-810 050
			五、存放中央银行存款		-15 559
			六、缴存中央银行财政性存款	1 686	-154
			七、银行业存款类金融机构往来	29 968	77
			八、存放非存款类金融机构款项	1	
			九、联行往来	27 620 647	6 354 457
			其中：境内存放二级准备金		
			十、库存现金	34 187	-756
			十一、应收及预付款	270 016	13 164
			其中：应收利息	64 600	11 459
			十二、投资性房地产		
			十三、固定资产	159 031	-4 059
			十四、其他资产	315 218	253 167
			十五、减：各项准备	322 916	-66 174
			其中：贷款减值准备	190 790	-41 839
资金来源总计	43 155 860	6 346 268	资金运用总计	43 155 860	6 346 268

表 2.13 平安银行北京分行人民币信贷收支统计

单位：万元

项目名称	余额	比年初	项目名称	余额	比年初
一、各项存款	20 680 328	2 175 640	一、各项贷款	5 802 328	222 629
（一）境内存款	20 659 447	2 181 290	（一）境内贷款	5 798 951	222 837
1. 个人存款	1 651 105	76 968	1. 短期贷款	1 270 091	-612 955
其中：活期储蓄存款	911 561	77 740	（1）个人贷款及透支	531 553	-212 759
定期储蓄存款	241 339	-30 179	其中：个人消费贷款	36 023	2 914
结构性存款			（2）单位贷款及透支	738 538	-400 196
2. 单位存款	13 526 841	3 393 277	经营贷款及透支	736 171	-363 871
其中：活期存款	4 262 400	1 720 010	固定资产贷款	2 367	-30 188
定期存款	3 443 947	822 395	并购贷款		
保证金存款	1 670 604	267 725	贸易融资		-6 136
结构性存款			（3）非存款类金融机构贷款		
3. 国库定期存款	211 000	-65 000	2. 中长期贷款	4 417 705	748 716
4. 非存款类金融机构存款	5 270 501	-1 223 955	（1）个人贷款	1 797 505	562 602
（二）境外存款	20 881	-5 649	其中：个人消费贷款	1 648 360	574 676
二、代理财政性存款			（2）单位贷款	2 620 200	186 113
三、金融债券			经营贷款	712 169	-195 352
其中：境外发行			固定资产贷款	1 824 515	427 030
四、卖出回购资产			并购贷款	62 120	-1 500
五、向中央银行借款	13 815	13 815	贸易融资	21 396	-44 065
六、银行业存款类金融机构往来	1 293 527	879 574	（3）非存款类金融机构贷款		
七、借款及非存款类金融机构拆入		-12 025	3. 票据融资	52 972	31 382
八、联行往来（净）			4. 融资租赁		
九、应付及暂收款	252 123	-72 874	5. 各项垫款	58 183	55 694
其中：应付利息	197 813	-52 819	（二）境外贷款	3 376	-208
十、其他负债	54 489	7 862	二、债券投资		
十一、所有者权益	149 438	-118 916	三、股权及其他投资	329 085	-1 213 748
其中：实收资本			四、买入返售资产		
			五、存放中央银行存款		
			六、缴存中央银行财政性存款	459	81
			七、银行业存款类金融机构往来	1 440 024	859 398
			八、存放非存款类金融机构款项		
			九、联行往来	14 788 272	3 003 727
			其中：境内存放二级准备金		
			十、库存现金	38 123	4 603
			十一、应收及预付款	69 654	-71 168
			其中：应收利息	48 856	-39 563
			十二、投资性房地产		
			十三、固定资产	18 949	-1 686
			十四、其他资产	68 676	-19 260
			十五、减：各项准备	111 848	-88 501
			其中：贷款减值准备	111 402	-88 759
资金来源总计	22 443 720	2 873 077	资金运用总计	22 443 720	2 873 077

表 2.14　中信银行总行营业部人民币信贷收支统计

单位：万元

项目名称	余额	比年初	项目名称	余额	比年初
一、各项存款	61 223 563	12 549 991	一、各项贷款	26 245 585	58 614
（一）境内存款	60 170 371	12 803 595	（一）境内贷款	26 203 799	66 513
1. 个人存款	5 436 984	57 028	1. 短期贷款	7 386 868	-1 624 187
其中：活期储蓄存款	2 630 506	646 094	（1）个人贷款及透支	319 031	-592 364
定期储蓄存款	1 644 436	-370 912	其中：个人消费贷款	187 133	-160 560
结构性存款	479 993	-377 689	（2）单位贷款及透支	2 885 325	-1 566 836
2. 单位存款	43 898 352	11 119 784	经营贷款及透支	2 670 054	-1 292 114
其中：活期存款	12 671 036	3 127 529	固定资产贷款	4 747	4 747
定期存款	12 290 418	2 079 240	并购贷款		
保证金存款	794 354	-68 492	贸易融资	210 524	-279 469
结构性存款	3 061 872	850 372	（3）非存款类金融机构贷款	4 182 513	535 013
3. 国库定期存款	341 000	-60 000	2. 中长期贷款	18 504 173	2 071 527
4. 非存款类金融机构存款	10 494 036	1 686 784	（1）个人贷款	7 913 065	793 089
（二）境外存款	1 053 192	-253 605	其中：个人消费贷款	4 564 328	-521 317
二、代理财政性存款	1 625	1 221	（2）单位贷款	7 841 108	-1 471 562
三、金融债券			经营贷款	382 638	-318 711
其中：境外发行			固定资产贷款	4 831 537	-1 679 854
四、卖出回购资产			并购贷款	1 160 475	515 394
五、向中央银行借款		-5 397	贸易融资	1 466 457	11 609
六、银行业存款类金融机构往来	10 325 226	1 797 789	（3）非存款类金融机构贷款	2 750 000	2 750 000
七、借款及非存款类金融机构拆入			3. 票据融资	311 648	-381 938
八、联行往来（净）			4. 融资租赁		
九、应付及暂收款	1 031 009	224 427	5. 各项垫款	1 111	1 111
其中：应付利息	522 795	43 879	（二）境外贷款	41 786	-7 898
十、其他负债	142 527	-45 140	二、债券投资		
十一、所有者权益	797 290	91 879	三、股权及其他投资		
其中：实收资本			四、买入返售资产		-712 345
			五、存放中央银行存款		-285 242
			六、缴存中央银行财政性存款	2 387	782
			七、银行业存款类金融机构往来	6 220 343	5 000 886
			八、存放非存款类金融机构款项		
			九、联行往来	40 737 572	10 518 216
			其中：境内存放二级准备金		
			十、库存现金	84 130	-8 634
			十一、应收及预付款	348 078	-27 479
			其中：应收利息	146 892	53 620
			十二、投资性房地产		
			十三、固定资产	32 348	-3 192
			十四、其他资产	65 673	45 432
			十五、减：各项准备	214 877	-27 731
			其中：贷款减值准备	210 715	-28 180
资金来源总计	73 521 240	14 614 768	资金运用总计	73 521 240	14 614 768

表2.15　中国光大银行北京分行人民币信贷收支统计

单位：万元

项目名称	余额	比年初	项目名称	余额	比年初
一、各项存款	36 247 515	3 988 580	一、各项贷款	9 618 317	-218 605
（一）境内存款	36 148 987	3 933 817	（一）境内贷款	9 602 536	-225 133
1. 个人存款	5 053 723	496 837	1. 短期贷款	4 272 690	211 916
其中：活期储蓄存款	2 076 049	579 189	（1）个人贷款及透支	39 573	-15 939
定期储蓄存款	1 295 160	-60 266	其中：个人消费贷款	24 024	-1 660
结构性存款	1 466 533	-100 550	（2）单位贷款及透支	4 233 117	227 855
2. 单位存款	22 005 157	4 415 946	经营贷款及透支	3 604 024	320 474
其中：活期存款	3 275 746	234 388	固定资产贷款		-3 350
定期存款	8 335 281	-364 304	并购贷款		
保证金存款	1 282 720	903 505	贸易融资	629 093	-89 269
结构性存款	5 315 345	3 178 595	（3）非存款类金融机构贷款		
3. 国库定期存款	416 000	80 000	2. 中长期贷款	5 301 759	279 812
4. 非存款类金融机构存款	8 674 107	-1 058 966	（1）个人贷款	3 295 893	695 427
（二）境外存款	98 528	54 763	其中：个人消费贷款	2 499 546	903 142
二、代理财政性存款		-12 200	（2）单位贷款	2 005 866	-415 615
三、金融债券			经营贷款	335 758	-37 318
其中：境外发行			固定资产贷款	1 465 212	-433 305
四、卖出回购资产			并购贷款	4 000	4 000
五、向中央银行借款			贸易融资	200 896	51 008
六、银行业存款类金融机构往来	12 527 775	10 185 930	（3）非存款类金融机构贷款		
七、借款及非存款类金融机构拆入			3. 票据融资	1 649	-716 125
八、联行往来（净）			4. 融资租赁	15	
九、应付及暂收款	682 332	100 948	5. 各项垫款	26 423	-736
其中：应付利息	599 980	121 768	（二）境外贷款	15 781	6 528
十、其他负债	105 700	-99 181	二、债券投资	200 273	191 358
十一、所有者权益	156 141	-105 107	三、股权及其他投资		-3 034
其中：实收资本			四、买入返售资产		
			五、存放中央银行存款	116 232	57 808
			六、缴存中央银行财政性存款	347	-9 778
			七、银行业存款类金融机构往来	69 254	48 808
			八、存放非存款类金融机构款项		
			九、联行往来	39 773 799	14 013 658
			其中：境内存放二级准备金	1 860 150	211 463
			十、库存现金	52 397	3 573
			十一、应收及预付款	22 000	-13 643
			其中：应收利息	18 389	-13 588
			十二、投资性房地产		
			十三、固定资产	20 344	-2 695
			十四、其他资产	54 250	-2 814
			十五、减：各项准备	207 750	5 666
			其中：贷款减值准备	188 540	-13 279
资金来源总计	49 719 463	14 058 970	资金运用总计	49 719 463	14 058 970

表 2.16　华夏银行北京分行人民币信贷收支统计

单位：万元

项目名称	余额	比年初	项目名称	余额	比年初
一、各项存款	22 423 988	-3 105 163	一、各项贷款	12 641 950	1 342 616
（一）境内存款	22 397 359	-3 108 109	（一）境内贷款	12 637 096	1 344 480
1. 个人存款	4 015 425	-891 197	1. 短期贷款	3 924 506	366 114
其中：活期储蓄存款	2 826 708	-833 755	（1）个人贷款及透支	85 318	13 505
定期储蓄存款	891 736	1 512	其中：个人消费贷款	3 096	1 149
结构性存款		-7 120	（2）单位贷款及透支	3 829 189	372 609
2. 单位存款	13 764 373	-499 898	经营贷款及透支	3 605 209	291 940
其中：活期存款	5 644 514	-1 030 418	固定资产贷款		-1 510
定期存款	2 468 916	44 925	并购贷款		
保证金存款	1 760 453	1 118 006	贸易融资	223 980	82 180
结构性存款	327 200	-151 100	（3）非存款类金融机构贷款	10 000	-20 000
3. 国库定期存款	427 000	427 000	2. 中长期贷款	8 561 829	980 653
4. 非存款类金融机构存款	4 190 561	-2 144 015	（1）个人贷款	1 871 404	-161 520
（二）境外存款	26 629	2 946	其中：个人消费贷款	1 509 254	-134 625
二、代理财政性存款		-191	（2）单位贷款	6 690 425	1 142 173
三、金融债券			经营贷款	1 322 489	90 607
其中：境外发行			固定资产贷款	5 267 749	1 025 968
四、卖出回购资产			并购贷款		-17 900
五、向中央银行借款			贸易融资	100 187	43 498
六、银行业存款类金融机构往来	1 039 605	-261 896	（3）非存款类金融机构贷款		
七、借款及非存款类金融机构拆入			3. 票据融资	147 689	-1 687
八、联行往来（净）			4. 融资租赁		
九、应付及暂收款	921 010	385 766	5. 各项垫款	3 072	-600
其中：应付利息	195 389	-37 686	（二）境外贷款	4 854	-1 864
十、其他负债	86 466	951	二、债券投资		
十一、所有者权益	209 199	35 725	三、股权及其他投资	1 968 405	1 968 405
其中：实收资本			四、买入返售资产	100 219	-2 082 409
			五、存放中央银行存款		
			六、缴存中央银行财政性存款	3 742	1 883
			七、银行业存款类金融机构往来	2 977 627	2 976 851
			八、存放非存款类金融机构款项		
			九、联行往来	6 793 144	-7 187 107
			其中：境内存放二级准备金	1 334 988	-110 200
			十、库存现金	51 931	6 137
			十一、应收及预付款	324 745	39 280
			其中：应收利息	165	-19
			十二、投资性房地产		
			十三、固定资产	27 885	-1 350
			十四、其他资产	9 600	-784
			十五、减：各项准备	218 979	8 330
			其中：贷款减值准备	212 734	6 674
资金来源总计	24 680 268	-2 944 808	资金运用总计	24 680 268	-2 944 808

表 2.17　中国民生银行北京分行人民币信贷收支统计

单位：万元

项目名称	余额	比年初	项目名称	余额	比年初
一、各项存款	93 543 569	19 974 429	一、各项贷款	21 283 697	3 114 090
（一）境内存款	93 415 943	19 959 784	（一）境内贷款	21 268 343	3 115 514
1. 个人存款	6 518 914	-66 798	1. 短期贷款	12 197 403	1 024 538
其中：活期储蓄存款	2 230 322	173 467	（1）个人贷款及透支	4 412 514	-696 527
定期储蓄存款	1 743 214	-426 224	其中：个人消费贷款	581 880	-33 903
结构性存款	528 685	117 798	（2）单位贷款及透支	7 784 889	2 101 065
2. 单位存款	38 348 718	7 069 982	经营贷款及透支	7 513 889	1 843 065
其中：活期存款	10 969 150	1 563 121	固定资产贷款	210 000	206 000
定期存款	9 445 899	-820 158	并购贷款	61 000	61 000
保证金存款	2 461 076	807 058	贸易融资		-9 000
结构性存款	4 656 950	2 093 774	（3）非存款类金融机构贷款		-380 000
3. 国库定期存款	677 000	241 000	2. 中长期贷款	7 660 390	1 881 833
4. 非存款类金融机构存款	47 871 311	12 715 600	（1）个人贷款	2 745 230	1 712 388
（二）境外存款	127 626	14 645	其中：个人消费贷款	2 550 434	1 632 499
二、代理财政性存款		-1 771	（2）单位贷款	4 915 160	169 445
三、金融债券			经营贷款	1 692 302	86 972
其中：境外发行			固定资产贷款	2 778 047	-228 118
四、卖出回购资产	595 477	595 477	并购贷款	444 811	311 096
五、向中央银行借款	20 612	14 749	贸易融资		-505
六、银行业存款类金融机构往来	8 423 745	3 772 820	（3）非存款类金融机构贷款		
七、借款及非存款类金融机构拆入			3. 票据融资	1 397 719	287 699
八、联行往来（净）			4. 融资租赁		
九、应付及暂收款	733 941	-1 206	5. 各项垫款	12 832	-78 556
其中：应付利息	607 585	2 447	（二）境外贷款	15 354	-1 424
十、其他负债	195 852	46 298	二、债券投资		
十一、所有者权益	1 021 149	1 507 681	三、股权及其他投资		
其中：实收资本			四、买入返售资产	99 446	-2 002 111
			五、存放中央银行存款		-190 300
			六、缴存中央银行财政性存款	357	12
			七、银行业存款类金融机构往来	26 643	-321 604
			八、存放非存款类金融机构款项		
			九、联行往来	83 182 742	25 290 777
			其中：境内存放二级准备金		
			十、库存现金	87 762	21 781
			十一、应收及预付款	166 031	18 726
			其中：应收利息	118 852	18 873
			十二、投资性房地产		
			十三、固定资产	40 319	-3 778
			十四、其他资产	90 709	-2 153
			十五、减：各项准备	443 360	16 963
			其中：贷款减值准备	440 414	15 555
资金来源总计	104 534 344	25 908 476	资金运用总计	104 534 344	25 908 476

表 2.18　渤海银行北京分行人民币信贷收支统计

单位：万元

项目名称	余额	比年初	项目名称	余额	比年初
一、各项存款	5 555 821	-914 026	一、各项贷款	3 477 042	839 625
（一）境内存款	5 554 177	-912 043	（一）境内贷款	3 475 548	840 021
1. 个人存款	299 262	-43 752	1. 短期贷款	773 696	228 319
其中：活期储蓄存款	159 530	35 335	（1）个人贷款及透支	7 472	1 848
定期储蓄存款	115 884	-30 248	其中：个人消费贷款	5 288	3 348
结构性存款	22 116	-47 892	（2）单位贷款及透支	766 224	226 471
2. 单位存款	2 536 871	-707 699	经营贷款及透支	694 185	194 432
其中：活期存款	1 099 033	113 792	固定资产贷款	72 039	72 039
定期存款	439 473	-140 901	并购贷款		
保证金存款	197 230	-342 669	贸易融资		-40 000
结构性存款	78 000	-159 600	（3）非存款类金融机构贷款		
3. 国库定期存款			2. 中长期贷款	2 697 135	1 040 873
4. 非存款类金融机构存款	2 718 045	-160 592	（1）个人贷款	1 641 093	558 634
（二）境外存款	1 644	-1 982	其中：个人消费贷款	1 381 869	528 973
二、代理财政性存款			（2）单位贷款	1 056 041	482 239
三、金融债券			经营贷款	285 932	169 340
其中：境外发行			固定资产贷款	765 010	314 031
四、卖出回购资产			并购贷款		
五、向中央银行借款	1 547	1 547	贸易融资	5 099	-1 132
六、银行业存款类金融机构往来	471 260	-2 367 932	（3）非存款类金融机构贷款		
七、借款及非存款类金融机构拆入			3. 票据融资	3 592	-429 170
八、联行往来（净）	10 131 667	10 131 667	4. 融资租赁		
九、应付及暂收款	107 151	-93 146	5. 各项垫款	1 125	
其中：应付利息	92 907	-94 340	（二）境外贷款	1 494	-396
十、其他负债	15 641	-4 246	二、债券投资		
十一、所有者权益	779 378	624 838	三、股权及其他投资	13 496 846	9 911 569
其中：实收资本			四、买入返售资产		
			五、存放中央银行存款		
			六、缴存中央银行财政性存款	24	18
			七、银行业存款类金融机构往来	8 302	-198 037
			八、存放非存款类金融机构款项		
			九、联行往来		-3 185 886
			其中：境内存放二级准备金		
			十、库存现金	4 929	1 066
			十一、应收及预付款	56 029	12 039
			其中：应收利息	44 690	8 578
			十二、投资性房地产		
			十三、固定资产	17 191	-1 254
			十四、其他资产	2 103	-437
			十五、减：各项准备		
			其中：贷款减值准备		
资金来源总计	17 062 465	7 378 701	资金运用总计	17 062 465	7 378 701

表 2.19　浙商银行北京分行人民币信贷收支统计

单位：万元

项目名称	余额	比年初	项目名称	余额	比年初
一、各项存款	9 045 620	1 446 358	一、各项贷款	2 288 408	57 669
（一）境内存款	9 045 595	1 446 358	（一）境内贷款	2 288 408	57 669
1. 个人存款	47 868	11 554	1. 短期贷款	1 285 458	292 151
其中：活期储蓄存款	38 872	11 571	（1）个人贷款及透支	282 220	-59 086
定期储蓄存款	8 231	-583	其中：个人消费贷款	688	148
结构性存款			（2）单位贷款及透支	1 003 238	351 238
2. 单位存款	7 790 572	2 642 958	经营贷款及透支	738 497	111 267
其中：活期存款	1 749 033	782 778	固定资产贷款	125 000	124 100
定期存款	2 215 266	860 622	并购贷款		
保证金存款	2 726 425	705 601	贸易融资	139 741	115 871
结构性存款			（3）非存款类金融机构贷款		
3. 国库定期存款			2. 中长期贷款	943 743	263 649
4. 非存款类金融机构存款	1 207 155	-1 208 154	（1）个人贷款	94 719	75 999
（二）境外存款	26		其中：个人消费贷款	12 222	5 192
二、代理财政性存款			（2）单位贷款	849 025	187 650
三、金融债券			经营贷款	181 511	12 386
其中：境外发行			固定资产贷款	667 514	175 264
四、卖出回购资产			并购贷款		
五、向中央银行借款			贸易融资		
六、银行业存款类金融机构往来	810 075	-526 372	（3）非存款类金融机构贷款		
七、借款及非存款类金融机构拆入			3. 票据融资	59 207	-498 131
八、联行往来（净）			4. 融资租赁		
九、应付及暂收款	18 019	-10 035	5. 各项垫款		
其中：应付利息	1 782	-3 915	（二）境外贷款		
十、其他负债	10 000	-18	二、债券投资		
十一、所有者权益	98 784	66	三、股权及其他投资	6 221 168	1 821 168
其中：实收资本			四、买入返售资产		-54 932
			五、存放中央银行存款		
			六、缴存中央银行财政性存款		
			七、银行业存款类金融机构往来	733 506	-30 986
			八、存放非存款类金融机构款项		
			九、联行往来	623 778	-848 357
			其中：境内存放二级准备金	251 306	78 477
			十、库存现金	697	148
			十一、应收及预付款	35 458	14 032
			其中：应收利息	32 172	15 298
			十二、投资性房地产		
			十三、固定资产	1 243	160
			十四、其他资产	78 240	-48 902
			十五、减：各项准备		
			其中：贷款减值准备		
资金来源总计	9 982 499	909 999	资金运用总计	9 982 499	909 999

表 2.20 北京银行人民币信贷收支统计（全国）

单位：万元

项目名称	余额	比年初	项目名称	余额	比年初
一、各项存款	132 337 233	9 059 488	一、各项贷款	92 234 363	12 823 777
（一）境内存款	132 148 603	9 096 715	（一）境内贷款	92 155 178	12 791 788
1. 个人存款	22 431 058	1 885 846	1. 短期贷款	33 990 532	2 199 596
其中：活期储蓄存款	6 620 599	734 878	（1）个人贷款及透支	3 068 658	36 668
定期储蓄存款	8 580 479	-482 009	其中：个人消费贷款	778 266	-9 156
结构性存款	5 290 374	351 108	（2）单位贷款及透支	26 687 977	1 350 256
2. 单位存款	85 272 356	10 214 800	经营贷款及透支	25 850 832	993 993
其中：活期存款	36 769 379	4 518 849	固定资产贷款	48 486	-19 689
定期存款	13 614 394	1 122 506	并购贷款	1 530	-12 615
保证金存款	5 331 980	-488 796	贸易融资	787 129	388 567
结构性存款	10 486 953	1 447 825	（3）非存款类金融机构贷款	4 233 897	812 673
3. 国库定期存款	1 697 400	229 400	2. 中长期贷款	55 414 279	10 375 286
4. 非存款类金融机构存款	22 747 789	-3 233 331	（1）个人贷款	22 170 752	6 374 192
（二）境外存款	188 630	-37 227	其中：个人消费贷款	18 417 159	5 107 088
二、代理财政性存款	33	-24 837	（2）单位贷款	30 355 278	4 632 046
三、金融债券	11 784 552	2 949 526	经营贷款	8 978 665	2 540 631
其中：境外发行			固定资产贷款	17 743 005	1 287 185
四、卖出回购资产	5 113 876	485 448	并购贷款	1 329 247	412 385
五、向中央银行借款	4 300 000	3 298 546	贸易融资	2 304 361	391 845
六、银行业存款类金融机构往来	31 862 481	7 023 593	（3）非存款类金融机构贷款	2 888 249	-630 951
七、借款及非存款类金融机构拆入	50 000		3. 票据融资	2 745 367	216 906
八、联行往来（净）	17 491	17 491	4. 融资租赁		
九、应付及暂收款	2 313 483	-319 444	5. 各项垫款	5 000	
其中：应付利息	1 452 272	58 350	（二）境外贷款	79 185	31 990
十、其他负债	316 128	-226 139	二、债券投资	33 621 388	-790 937
十一、所有者权益	14 220 212	2 538 092	三、股权及其他投资	28 343 871	20 625 586
其中：实收资本	3 304 781	1 550 370	四、买入返售资产	8 273 798	-5 584 565
			五、存放中央银行存款	15 990 330	1 268 239
			六、缴存中央银行财政性存款	6 919	-2 438
			七、银行业存款类金融机构往来	23 329 370	-2 814 984
			八、存放非存款类金融机构款项	163 397	24 650
			九、联行往来		-411 494
			其中：境内存放二级准备金		
			十、库存现金	313 795	-5 632
			十一、应收及预付款	1 625 326	270 036
			其中：应收利息	1 238 212	151 622
			十二、投资性房地产	51 071	18 691
			十三、固定资产	883 828	178 219
			十四、其他资产	1 373 313	196 541
			十五、减：各项准备	3 895 278	993 927
			其中：贷款减值准备	2 861 935	580 276
资金来源总计	202 315 491	24 801 764	资金运用总计	202 315 491	24 801 764

表2.21 北京银行人民币信贷收支统计（北京）

单位：万元

项目名称	余额	比年初	项目名称	余额	比年初
一、各项存款	90 295 697	8 614 731	一、各项贷款	49 416 953	6 618 398
（一）境内存款	90 166 103	8 649 838	（一）境内贷款	49 405 200	6 612 331
1. 个人存款	18 656 092	1 622 471	1. 短期贷款	18 898 179	1 270 791
其中：活期储蓄存款	5 314 296	568 438	（1）个人贷款及透支	2 227 536	38 839
定期储蓄存款	7 519 901	-417 576	其中：个人消费贷款	706 839	-15 143
结构性存款	4 131 825	336 612	（2）单位贷款及透支	13 549 747	611 279
2. 单位存款	58 569 143	6 772 553	经营贷款及透支	13 370 784	673 726
其中：活期存款	28 555 738	2 100 803	固定资产贷款	48 183	-19 775
定期存款	8 399 223	1 228 223	并购贷款	1 530	-12 615
保证金存款	1 290 500	236 205	贸易融资	129 250	-30 057
结构性存款	7 410 955	1 308 687	（3）非存款类金融机构贷款	3 120 897	620 673
3. 国库定期存款	658 000	14 000	2. 中长期贷款	29 859 687	4 922 509
4. 非存款类金融机构存款	12 282 869	240 814	（1）个人贷款	10 416 568	3 258 469
（二）境外存款	129 594	-35 108	其中：个人消费贷款	8 769 450	2 610 094
二、代理财政性存款		-24 869	（2）单位贷款	16 910 918	1 701 039
三、金融债券	11 784 552	2 949 526	经营贷款	3 801 114	552 374
其中：境外发行			固定资产贷款	9 860 088	471 808
四、卖出回购资产	5 072 002	443 574	并购贷款	1 052 863	334 107
五、向中央银行借款	4 300 000	3 300 000	贸易融资	2 196 853	342 750
六、银行业存款类金融机构往来	23 913 614	5 017 018	（3）非存款类金融机构贷款	2 532 200	-37 000
七、借款及非存款类金融机构拆入	50 000		3. 票据融资	647 334	419 031
八、联行往来（净）			4. 融资租赁		
九、应付及暂收款	1 772 920	-380 127	5. 各项垫款		
其中：应付利息	1 086 765	62 085	（二）境外贷款	11 752	6 067
十、其他负债	387 711	-154 378	二、债券投资	33 600 730	-811 595
十一、所有者权益	13 725 840	2 706 236	三、股权及其他投资	25 034 880	22 002 542
其中：实收资本	3 304 781	1 550 370	四、买入返售资产	8 273 798	2 674 891
			五、存放中央银行存款	15 898 652	1 400 376
			六、缴存中央银行财政性存款	6 906	-2 449
			七、银行业存款类金融机构往来	10 699 648	2 018 326
			八、存放非存款类金融机构款项	163 397	24 650
			九、联行往来	7 617 668	-11 076 682
			其中：境内存放二级准备金	9 450 127	1 190 986
			十、库存现金	247 072	-13 539
			十一、应收及预付款	1 318 524	221 828
			其中：应收利息	947 335	113 224
			十二、投资性房地产	6 492	-9 855
			十三、固定资产	352 725	56 423
			十四、其他资产	1 504 722	202 960
			十五、减：各项准备	2 839 833	834 562
			其中：贷款减值准备	1 962 630	421 852
资金来源总计	151 302 334	22 471 710	资金运用总计	151 302 334	22 471 710

表 2.22 天津银行北京分行人民币信贷收支统计

单位：万元

项目名称	余额	比年初	项目名称	余额	比年初
一、各项存款	3 746 837	-507 160	一、各项贷款	1 503 238	140 672
（一）境内存款	3 746 837	-507 160	（一）境内贷款	1 503 238	140 672
1. 个人存款	196 817	-14 010	1. 短期贷款	694 331	89 238
其中：活期储蓄存款	64 724	-480	（1）个人贷款及透支	76 149	-56 749
定期储蓄存款	130 621	-14 630	其中：个人消费贷款	40 523	-30 949
结构性存款			（2）单位贷款及透支	618 183	145 988
2. 单位存款	2 107 613	502 213	经营贷款及透支	618 183	267 664
其中：活期存款	683 377	-103 087	固定资产贷款		-121 676
定期存款	853 706	222 471	并购贷款		
保证金存款	186 310	65 857	贸易融资		
结构性存款			（3）非存款类金融机构贷款		
3. 国库定期存款	31 000	-36 000	2. 中长期贷款	806 939	59 805
4. 非存款类金融机构存款	1 411 407	-959 363	（1）个人贷款	300 005	-17 230
（二）境外存款			其中：个人消费贷款	221 291	-6 099
二、代理财政性存款			（2）单位贷款	506 934	77 035
三、金融债券			经营贷款	281 127	250 854
其中：境外发行			固定资产贷款	225 807	-173 819
四、卖出回购资产			并购贷款		
五、向中央银行借款			贸易融资		
六、银行业存款类金融机构往来	1 065 141	-573 358	（3）非存款类金融机构贷款		
七、借款及非存款类金融机构拆入			3. 票据融资		-6 000
八、联行往来（净）			4. 融资租赁		
九、应付及暂收款	53 883	-11 142	5. 各项垫款	1 967	-2 372
其中：应付利息	52 466	-9 435	（二）境外贷款		
十、其他负债	16 072	-13	二、债券投资	555 548	-368 152
十一、所有者权益	32 135	-13 528	三、股权及其他投资		
其中：实收资本			四、买入返售资产	38 000	-9 000
			五、存放中央银行存款	26 801	17 702
			六、缴存中央银行财政性存款		
			七、银行业存款类金融机构往来	1 679	1 060
			八、存放非存款类金融机构款项		
			九、联行往来	2 779 078	-887 161
			其中：境内存放二级准备金		
			十、库存现金	2 039	-206
			十一、应收及预付款	1 675	-790
			其中：应收利息	1 009	-885
			十二、投资性房地产		
			十三、固定资产	2 628	262
			十四、其他资产	3 383	413
			十五、减：各项准备		
			其中：贷款减值准备		
资金来源总计	4 914 068	-1 105 201	资金运用总计	4 914 068	-1 105 201

表 2.23　大连银行北京分行人民币信贷收支统计

单位：万元

项目名称	余额	比年初	项目名称	余额	比年初
一、各项存款	2 391 950	1 262 872	一、各项贷款	1 222 115	608 523
（一）境内存款	2 391 605	1 263 010	（一）境内贷款	1 222 115	608 523
1. 个人存款	53 902	-16 695	1. 短期贷款	676 347	301 967
其中：活期储蓄存款	21 764	-1 091	（1）个人贷款及透支	7 145	-9 773
定期储蓄存款	27 786	-18 194	其中：个人消费贷款	790	790
结构性存款			（2）单位贷款及透支	669 202	311 740
2. 单位存款	1 383 685	834 788	经营贷款及透支	669 202	311 740
其中：活期存款	406 399	137 270	固定资产贷款		
定期存款	296 605	187 452	并购贷款		
保证金存款	166 462	91 098	贸易融资		
结构性存款	72 000	72 000	（3）非存款类金融机构贷款		
3. 国库定期存款			2. 中长期贷款	506 768	397 982
4. 非存款类金融机构存款	954 018	444 918	（1）个人贷款	8 368	-418
（二）境外存款	345	-138	其中：个人消费贷款	8 368	46
二、代理财政性存款			（2）单位贷款	498 400	398 400
三、金融债券			经营贷款	367 000	367 000
其中：境外发行			固定资产贷款	131 400	31 400
四、卖出回购资产			并购贷款		
五、向中央银行借款			贸易融资		
六、银行业存款类金融机构往来	1 533 000	1 303 000	（3）非存款类金融机构贷款		
七、借款及非存款类金融机构拆入			3. 票据融资	39 000	-91 426
八、联行往来（净）			4. 融资租赁		
九、应付及暂收款	19 427	-1 159	5. 各项垫款		
其中：应付利息	18 405	-1 372	（二）境外贷款		
十、其他负债	16 575	1 119	二、债券投资	12	-13
十一、所有者权益	-51 886	-52 535	三、股权及其他投资		
其中：实收资本			四、买入返售资产		
			五、存放中央银行存款		-5 599
			六、缴存中央银行财政性存款		-1
			七、银行业存款类金融机构往来	409	-94 341
			八、存放非存款类金融机构款项		
			九、联行往来	2 720 830	2 031 929
			其中：境内存放二级准备金	184 234	87 726
			十、库存现金	1 298	239
			十一、应收及预付款	3 309	1 069
			其中：应收利息	1 692	554
			十二、投资性房地产		
			十三、固定资产	381	-110
			十四、其他资产	2 553	-663
			十五、减：各项准备	41 841	27 735
			其中：贷款减值准备	41 763	27 656
资金来源总计	3 909 066	2 513 297	资金运用总计	3 909 066	2 513 297

表 2.24　杭州银行北京分行人民币信贷收支统计

单位：万元

项目名称	余额	比年初	项目名称	余额	比年初
一、各项存款	4 991 214	509 020	一、各项贷款	1 690 303	181 497
（一）境内存款	4 990 366	508 923	（一）境内贷款	1 690 303	181 497
1. 个人存款	355 975	92 780	1. 短期贷款	640 850	-37 081
其中：活期储蓄存款	110 276	27 651	（1）个人贷款及透支	115 767	-99 057
定期储蓄存款	139 719	7 582	其中：个人消费贷款	1 416	84
结构性存款	7 300	-1 843	（2）单位贷款及透支	525 083	61 976
2. 单位存款	3 400 176	243 199	经营贷款及透支	489 779	42 572
其中：活期存款	2 448 603	563 646	固定资产贷款	2 000	1 500
定期存款	715 088	-191 842	并购贷款	600	-600
保证金存款	103 731	-119 682	贸易融资	32 703	18 503
结构性存款			（3）非存款类金融机构贷款		
3. 国库定期存款	161 000	88 000	2. 中长期贷款	839 301	134 652
4. 非存款类金融机构存款	1 073 215	84 944	（1）个人贷款	96 304	16 158
（二）境外存款	848	97	其中：个人消费贷款	53 084	17 423
二、代理财政性存款			（2）单位贷款	742 997	118 495
三、金融债券			经营贷款	416 119	158 328
其中：境外发行			固定资产贷款	197 917	-79 973
四、卖出回购资产			并购贷款	77 000	-10 400
五、向中央银行借款			贸易融资	51 961	50 540
六、银行业存款类金融机构往来	473 000	-43 088	（3）非存款类金融机构贷款		
七、借款及非存款类金融机构拆入			3. 票据融资	199 969	82 094
八、联行往来（净）	872 820	872 820	4. 融资租赁		
九、应付及暂收款	43 682	-21 866	5. 各项垫款	10 183	1 831
其中：应付利息	31 647	-25 749	（二）境外贷款		
十、其他负债	14 350	2 553	二、债券投资		
十一、所有者权益	13 751	61 974	三、股权及其他投资	4 435 875	2 140 136
其中：实收资本			四、买入返售资产		
			五、存放中央银行存款		-40 740
			六、缴存中央银行财政性存款	9	8
			七、银行业存款类金融机构往来	348 345	-476 748
			八、存放非存款类金融机构款项		
			九、联行往来		-377 315
			其中：境内存放二级准备金	487 476	-11 615
			十、库存现金	7 240	1 401
			十一、应收及预付款	15 310	-14 303
			其中：应收利息	4 798	-21 051
			十二、投资性房地产		
			十三、固定资产	463	-255
			十四、其他资产	3 724	-1 053
			十五、减：各项准备	92 451	31 216
			其中：贷款减值准备	92 451	31 216
资金来源总计	6 408 817	1 381 413	资金运用总计	6 408 817	1 381 413

表 2.25　南京银行北京分行人民币信贷收支统计

单位：万元

项目名称	余额	比年初	项目名称	余额	比年初
一、各项存款	4 105 486	824 799	一、各项贷款	1 687 246	231 470
（一）境内存款	4 102 613	823 512	（一）境内贷款	1 687 159	231 383
1. 个人存款	588 389	134 947	1. 短期贷款	899 592	229 729
其中：活期储蓄存款	192 923	82 054	（1）个人贷款及透支	171 991	58 019
定期储蓄存款	337 939	-409	其中：个人消费贷款	153 397	60 058
结构性存款			（2）单位贷款及透支	727 601	171 710
2. 单位存款	2 709 607	346 323	经营贷款及透支	727 601	171 710
其中：活期存款	599 769	-63 770	固定资产贷款		
定期存款	1 239 805	586 154	并购贷款		
保证金存款	68 004	-269 736	贸易融资		
结构性存款	216 900	71 300	（3）非存款类金融机构贷款		
3. 国库定期存款	126 000	126 000	2. 中长期贷款	684 319	122 911
4. 非存款类金融机构存款	678 617	216 242	（1）个人贷款	334 791	137 093
（二）境外存款	2 873	1 287	其中：个人消费贷款	293 149	123 223
二、代理财政性存款			（2）单位贷款	349 528	-14 182
三、金融债券			经营贷款	153 499	-15 027
其中：境外发行			固定资产贷款	68 311	6 520
四、卖出回购资产			并购贷款		
五、向中央银行借款			贸易融资	127 718	-5 675
六、银行业存款类金融机构往来	153 692	-26 367	（3）非存款类金融机构贷款		
七、借款及非存款类金融机构拆入			3. 票据融资	94 253	-126 150
八、联行往来（净）			4. 融资租赁		
九、应付及暂收款	90 597	35 464	5. 各项垫款	8 995	4 893
其中：应付利息	73 834	32 311	（二）境外贷款	87	87
十、其他负债	10 000		二、债券投资		
十一、所有者权益	-57 296	-57 296	三、股权及其他投资		
其中：实收资本			四、买入返售资产		
			五、存放中央银行存款		
			六、缴存中央银行财政性存款	3	2
			七、银行业存款类金融机构往来	4 611	-485
			八、存放非存款类金融机构款项		
			九、联行往来	2 694 975	586 361
			其中：境内存放二级准备金		
			十、库存现金	3 735	394
			十一、应收及预付款	9 194	3 769
			其中：应收利息	6 567	5 139
			十二、投资性房地产		
			十三、固定资产	770	-88
			十四、其他资产	3 029	1 409
			十五、减：各项准备	101 084	46 232
			其中：贷款减值准备	101 084	46 232
资金来源总计	4 302 479	776 600	资金运用总计	4 302 479	776 600

表 2.26　盛京银行北京分行人民币信贷收支统计

单位：万元

项目名称	余额	比年初	项目名称	余额	比年初
一、各项存款	8 275 747	2 207 642	一、各项贷款	1 876 526	20 201
（一）境内存款	8 275 747	2 207 642	（一）境内贷款	1 876 513	20 188
1. 个人存款	201 942	47 687	1. 短期贷款	844 255	-33 772
其中：活期储蓄存款	22 658	7 835	（1）个人贷款及透支	525	-5 493
定期储蓄存款	103 446	-5 627	其中：个人消费贷款	25	-3
结构性存款			（2）单位贷款及透支	843 730	-28 279
2. 单位存款	3 600 324	737 567	经营贷款及透支	605 046	-266 833
其中：活期存款	1 034 128	237 416	固定资产贷款	5 000	4 870
定期存款	1 090 964	368 583	并购贷款		
保证金存款	610 817	41 647	贸易融资	233 684	233 684
结构性存款			（3）非存款类金融机构贷款		
3. 国库定期存款	416 000	416 000	2. 中长期贷款	1 032 258	53 960
4. 非存款类金融机构存款	4 057 481	1 006 388	（1）个人贷款	7 930	5 686
（二）境外存款			其中：个人消费贷款	5 484	4 494
二、代理财政性存款			（2）单位贷款	1 024 328	48 274
三、金融债券			经营贷款	783 628	4 240
其中：境外发行			固定资产贷款	240 700	44 034
四、卖出回购资产			并购贷款		
五、向中央银行借款			贸易融资		
六、银行业存款类金融机构往来		-85 346	（3）非存款类金融机构贷款		
七、借款及非存款类金融机构拆入			3. 票据融资		
八、联行往来（净）			4. 融资租赁		
九、应付及暂收款	103 147	-21 171	5. 各项垫款		
其中：应付利息	101 244	-17 171	（二）境外贷款	13	13
十、其他负债	2 640	1 294	二、债券投资		
十一、所有者权益	23 122	23 122	三、股权及其他投资		
其中：实收资本			四、买入返售资产		
			五、存放中央银行存款		-7 084
			六、缴存中央银行财政性存款		
			七、银行业存款类金融机构往来	1 343	-1 309 575
			八、存放非存款类金融机构款项		
			九、联行往来	6 497 153	3 493 040
			其中：境内存放二级准备金	29 186	1 132
			十、库存现金	1 434	-531
			十一、应收及预付款	4 264	-71 255
			其中：应收利息	3 984	-70 686
			十二、投资性房地产		
			十三、固定资产	21 043	-1 389
			十四、其他资产	2 893	2 134
			十五、减：各项准备		
			其中：贷款减值准备		
资金来源总计	8 404 656	2 125 541	资金运用总计	8 404 656	2 125 541

表 2.27　上海银行北京分行人民币信贷收支统计

单位：万元

项目名称	余额	比年初	项目名称	余额	比年初
一、各项存款	2 729 141	653 072	一、各项贷款	3 644 196	892 366
（一）境内存款	2 728 554	653 197	（一）境内贷款	3 644 196	892 366
1. 个人存款	54 979	8 981	1. 短期贷款	2 201 925	1 314 777
其中：活期储蓄存款	23 016	3 648	（1）个人贷款及透支	522 199	520 536
定期储蓄存款	30 546	4 042	其中：个人消费贷款	521 175	520 239
结构性存款			（2）单位贷款及透支	1 679 726	794 241
2. 单位存款	2 411 987	783 015	经营贷款及透支	1 643 885	1 053 879
其中：活期存款	759 853	266 975	固定资产贷款		
定期存款	406 648	−5 067	并购贷款		
保证金存款	365 852	238 090	贸易融资	35 841	−259 638
结构性存款	242 902	158 402	（3）非存款类金融机构贷款		
3. 国库定期存款			2. 中长期贷款	327 524	−24 978
4. 非存款类金融机构存款	261 588	−138 799	（1）个人贷款	73 866	62 895
（二）境外存款	587	−125	其中：个人消费贷款	72 019	61 090
二、代理财政性存款			（2）单位贷款	253 658	112 127
三、金融债券			经营贷款	211 658	133 777
其中：境外发行			固定资产贷款	42 000	−21 650
四、卖出回购资产			并购贷款		
五、向中央银行借款			贸易融资		
六、银行业存款类金融机构往来	273 918	−37 864	（3）非存款类金融机构贷款		−200 000
七、借款及非存款类金融机构拆入			3. 票据融资	1 114 747	−397 433
八、联行往来（净）	593 354	187 600	4. 融资租赁		
九、应付及暂收款	53 740	23 960	5. 各项垫款		
其中：应付利息	18 320	2 257	（二）境外贷款		
十、其他负债	10 449	448	二、债券投资		
十一、所有者权益	72 276	2 110	三、股权及其他投资		
其中：实收资本			四、买入返售资产		
			五、存放中央银行存款		−118 832
			六、缴存中央银行财政性存款	26	25
			七、银行业存款类金融机构往来	76 783	52 075
			八、存放非存款类金融机构款项		
			九、联行往来		
			其中：境内存放二级准备金		
			十、库存现金	2 602	−1 110
			十一、应收及预付款	8 896	5 656
			其中：应收利息	310	286
			十二、投资性房地产		
			十三、固定资产	1 066	−451
			十四、其他资产	1 222	−960
			十五、减：各项准备	1 913	−557
			其中：贷款减值准备	1 913	−557
资金来源总计	3 732 878	829 326	资金运用总计	3 732 878	829 326

表 2.28　江苏银行北京分行人民币信贷收支统计

单位：万元

项目名称	余额	比年初	项目名称	余额	比年初
一、各项存款	11 359 568	1 417 940	一、各项贷款	5 524 622	2 760 858
（一）境内存款	11 356 410	1 425 674	（一）境内贷款	5 524 622	2 760 858
1. 个人存款	281 924	37 509	1. 短期贷款	3 610 382	1 871 599
其中：活期储蓄存款	63 329	-16 905	（1）个人贷款及透支	199 692	82 430
定期储蓄存款	152 050	37 942	其中：个人消费贷款	72 161	34 394
结构性存款	45 382	12 274	（2）单位贷款及透支	3 410 690	1 789 169
2. 单位存款	6 368 668	1 811 756	经营贷款及透支	3 366 690	1 750 247
其中：活期存款	1 102 414	-176 781	固定资产贷款	44 000	44 000
定期存款	1 312 232	432 659	并购贷款		
保证金存款	730 823	-235 093	贸易融资		-5 078
结构性存款	1 592 490	1 050 699	（3）非存款类金融机构贷款		
3. 国库定期存款			2. 中长期贷款	1 600 544	823 582
4. 非存款类金融机构存款	4 705 818	-423 591	（1）个人贷款	329 022	106 157
（二）境外存款	3 158	-7 734	其中：个人消费贷款	229 617	49 934
二、代理财政性存款			（2）单位贷款	1 271 522	717 425
三、金融债券			经营贷款	179 201	73 241
其中：境外发行			固定资产贷款	1 092 321	648 684
四、卖出回购资产		-91 000	并购贷款		
五、向中央银行借款			贸易融资		-4 500
六、银行业存款类金融机构往来	3 627 853	1 810 842	（3）非存款类金融机构贷款		
七、借款及非存款类金融机构拆入			3. 票据融资	313 696	65 677
八、联行往来（净）			4. 融资租赁		
九、应付及暂收款	101 767	8 512	5. 各项垫款		
其中：应付利息	79 179	-2 864	（二）境外贷款		
十、其他负债	16 753	-556	二、债券投资		
十一、所有者权益	85 544	85 544	三、股权及其他投资		
其中：实收资本			四、买入返售资产		-1 150 102
			五、存放中央银行存款		-30 377
			六、缴存中央银行财政性存款	25	16
			七、银行业存款类金融机构往来	4 042	-667
			八、存放非存款类金融机构款项		
			九、联行往来	9 659 086	1 682 158
			其中：境内存放二级准备金	538 758	134 442
			十、库存现金	3 891	627
			十一、应收及预付款	17 536	1 330
			其中：应收利息	9 773	4 781
			十二、投资性房地产		
			十三、固定资产	47 380	-3 110
			十四、其他资产	-2 780	-2 164
			十五、减：各项准备	62 317	27 287
			其中：贷款减值准备	62 297	27 296
资金来源总计	15 191 485	3 231 282	资金运用总计	15 191 485	3 231 282

表 2.29　宁波银行北京分行人民币信贷收支统计

单位：万元

项目名称	余额	比年初	项目名称	余额	比年初
一、各项存款	3 126 109	1 492 498	一、各项贷款	946 320	162 033
（一）境内存款	3 124 413	1 492 068	（一）境内贷款	946 320	162 033
1. 个人存款	133 910	38 756	1. 短期贷款	783 916	308 809
其中：活期储蓄存款	60 753	15 699	（1）个人贷款及透支	406 084	170 271
定期储蓄存款	67 994	18 407	其中：个人消费贷款	391 231	157 276
结构性存款			（2）单位贷款及透支	377 832	138 538
2. 单位存款	2 657 307	1 493 212	经营贷款及透支	373 309	134 015
其中：活期存款	1 178 385	497 468	固定资产贷款		
定期存款	401 933	209 882	并购贷款		
保证金存款	364 271	260 151	贸易融资	4 523	4 523
结构性存款		-5 000	（3）非存款类金融机构贷款		
3. 国库定期存款	33 000	-40 000	2. 中长期贷款	125 793	-6 943
4. 非存款类金融机构存款	300 196	100	（1）个人贷款	4 985	-1 782
（二）境外存款	1 696	430	其中：个人消费贷款	3 042	-1 636
二、代理财政性存款			（2）单位贷款	120 808	-5 161
三、金融债券			经营贷款	52 275	5 439
其中：境外发行			固定资产贷款	68 533	-10 600
四、卖出回购资产			并购贷款		
五、向中央银行借款			贸易融资		
六、银行业存款类金融机构往来	38	-356	（3）非存款类金融机构贷款		
七、借款及非存款类金融机构拆入			3. 票据融资	27 709	-148 735
八、联行往来（净）			4. 融资租赁		
九、应付及暂收款	37 987	13 104	5. 各项垫款	8 902	8 902
其中：应付利息	20 397	12 389	（二）境外贷款		
十、其他负债	10 117	9	二、债券投资		
十一、所有者权益	12 913	-5 129	三、股权及其他投资		
其中：实收资本			四、买入返售资产		
			五、存放中央银行存款		
			六、缴存中央银行财政性存款	26	23
			七、银行业存款类金融机构往来	587	-677
			八、存放非存款类金融机构款项		
			九、联行往来	2 202 728	1 335 983
			其中：境内存放二级准备金		-408 555
			十、库存现金	2 959	1 072
			十一、应收及预付款	7 507	6 476
			其中：应收利息	1 550	1 502
			十二、投资性房地产		
			十三、固定资产	48 755	-2 625
			十四、其他资产	2 293	614
			十五、减：各项准备	24 011	2 773
			其中：贷款减值准备	24 011	2 773
资金来源总计	3 187 164	1 500 126	资金运用总计	3 187 164	1 500 126

表 2.30　包商银行北京分行人民币信贷收支统计

单位：万元

项目名称	余额	比年初	项目名称	余额	比年初
一、各项存款	6 305 420	2 145 223	一、各项贷款	1 448 011	554 235
（一）境内存款	6 304 197	2 145 266	（一）境内贷款	1 448 011	554 235
1. 个人存款	92 096	-14 816	1. 短期贷款	542 500	108 877
其中：活期储蓄存款	54 113	-13 554	（1）个人贷款及透支	44 651	11 819
定期储蓄存款	31 511	-7 348	其中：个人消费贷款	465	-452
结构性存款			（2）单位贷款及透支	447 849	47 058
2. 单位存款	2 438 099	1 302 108	经营贷款及透支	441 269	44 078
其中：活期存款	357 071	-7 091	固定资产贷款		-3 600
定期存款	863 520	453 513	并购贷款		
保证金存款	381 617	44 253	贸易融资	6 580	6 580
结构性存款			（3）非存款类金融机构贷款	50 000	50 000
3. 国库定期存款			2. 中长期贷款	841 051	441 808
4. 非存款类金融机构存款	3 774 002	857 974	（1）个人贷款	680 575	395 912
（二）境外存款	1 223	-43	其中：个人消费贷款	571 635	300 598
二、代理财政性存款			（2）单位贷款	160 476	45 896
三、金融债券			经营贷款	121 886	25 406
其中：境外发行			固定资产贷款	38 590	20 490
四、卖出回购资产			并购贷款		
五、向中央银行借款			贸易融资		
六、银行业存款类金融机构往来	1 476 400	814 900	（3）非存款类金融机构贷款		
七、借款及非存款类金融机构拆入			3. 票据融资	57 452	33 502
八、联行往来（净）			4. 融资租赁		
九、应付及暂收款	103 928	28 896	5. 各项垫款	7 008	-29 952
其中：应付利息	96 078	26 719	（二）境外贷款		
十、其他负债	14 134	-1 651	二、债券投资		
十一、所有者权益	41 392	41 392	三、股权及其他投资		
其中：实收资本			四、买入返售资产		
			五、存放中央银行存款	8 895	3 355
			六、缴存中央银行财政性存款	34	33
			七、银行业存款类金融机构往来	1	-1 999
			八、存放非存款类金融机构款项		
			九、联行往来	6 400 625	2 479 591
			其中：境内存放二级准备金		
			十、库存现金	1 685	-307
			十一、应收及预付款	7 023	649
			其中：应收利息	5 194	4 132
			十二、投资性房地产		
			十三、固定资产	81 671	-5 784
			十四、其他资产	7 379	-392
			十五、减：各项准备	14 050	621
			其中：贷款减值准备	14 050	621
资金来源总计	7 941 274	3 028 760	资金运用总计	7 941 274	3 028 760

表2.31　锦州银行北京分行人民币信贷收支统计

单位：万元

项目名称	余额	比年初	项目名称	余额	比年初
一、各项存款	6 398 439	1 892 039	一、各项贷款	1 471 560	622 709
（一）境内存款	6 361 362	1 890 888	（一）境内贷款	1 471 560	622 709
1. 个人存款	700 680	397 235	1. 短期贷款	304 957	25 017
其中：活期储蓄存款	46 834	2 414	（1）个人贷款及透支	12 881	-54 681
定期储蓄存款	653 184	395 876	其中：个人消费贷款	450	-411
结构性存款			（2）单位贷款及透支	292 076	79 698
2. 单位存款	5 583 990	1 417 040	经营贷款及透支	285 320	73 149
其中：活期存款	705 489	466 260	固定资产贷款		
定期存款	1 540 702	-17 319	并购贷款		
保证金存款	1 450 008	598 435	贸易融资	6 756	6 549
结构性存款	418 868	-130 108	（3）非存款类金融机构贷款		
3. 国库定期存款			2. 中长期贷款	1 166 603	597 692
4. 非存款类金融机构存款	76 692	76 613	（1）个人贷款	26 670	-689
（二）境外存款	37 077	1 151	其中：个人消费贷款	11 518	6 596
二、代理财政性存款			（2）单位贷款	1 139 933	598 381
三、金融债券			经营贷款	1 014 471	600 323
其中：境外发行			固定资产贷款	125 462	-1 942
四、卖出回购资产			并购贷款		
五、向中央银行借款			贸易融资		
六、银行业存款类金融机构往来	105	-102 683	（3）非存款类金融机构贷款		
七、借款及非存款类金融机构拆入			3. 票据融资		
八、联行往来（净）			4. 融资租赁		
九、应付及暂收款	95 971	6 795	5. 各项垫款		
其中：应付利息	91 180	5 321	（二）境外贷款		
十、其他负债	10 144	-2 972	二、债券投资		
十一、所有者权益	164 484	164 484	三、股权及其他投资		-768 070
其中：实收资本			四、买入返售资产		
			五、存放中央银行存款		-9 579
			六、缴存中央银行财政性存款	7	-1
			七、银行业存款类金融机构往来	852	-134
			八、存放非存款类金融机构款项		
			九、联行往来	5 151 497	2 130 936
			其中：境内存放二级准备金		
			十、库存现金	987	99
			十一、应收及预付款	4 024	-14 129
			其中：应收利息	3 465	-14 166
			十二、投资性房地产		
			十三、固定资产	36 649	-1 406
			十四、其他资产	3 567	-2 762
			十五、减：各项准备		
			其中：贷款减值准备		
资金来源总计	6 669 143	1 957 663	资金运用总计	6 669 143	1 957 663

表 2.32 厦门国际银行北京分行人民币信贷收支统计

单位：万元

项目名称	余额	比年初	项目名称	余额	比年初
一、各项存款	10 556 409	1 713 281	一、各项贷款	3 623 712	1 138 725
（一）境内存款	10 140 721	2 313 913	（一）境内贷款	3 623 712	1 138 725
1. 个人存款	350 895	179 651	1. 短期贷款	743 585	104 610
其中：活期储蓄存款	33 499	21 263	（1）个人贷款及透支	177 322	177 268
定期储蓄存款	86 271	48 628	其中：个人消费贷款	1 507	1 453
结构性存款	218 642	129 584	（2）单位贷款及透支	566 263	-72 658
2. 单位存款	7 581 576	1 293 374	经营贷款及透支	566 263	-72 658
其中：活期存款	1 073 698	-253 428	固定资产贷款		
定期存款	751 348	-144 785	并购贷款		
保证金存款	2 892 918	751 124	贸易融资		
结构性存款	2 518 569	775 561	（3）非存款类金融机构贷款		
3. 国库定期存款			2. 中长期贷款	2 873 595	1 028 481
4. 非存款类金融机构存款	2 208 250	840 889	（1）个人贷款	19 481	19 055
（二）境外存款	415 689	-600 632	其中：个人消费贷款	8 139	7 713
二、代理财政性存款			（2）单位贷款	2 854 114	1 009 426
三、金融债券			经营贷款	1 797 700	216 902
其中：境外发行			固定资产贷款	1 056 415	792 524
四、卖出回购资产			并购贷款		
五、向中央银行借款			贸易融资		
六、银行业存款类金融机构往来	127	-1 023 553	（3）非存款类金融机构贷款		
七、借款及非存款类金融机构拆入			3. 票据融资		
八、联行往来（净）			4. 融资租赁		
九、应付及暂收款	117 852	7 685	5. 各项垫款	6 532	5 634
其中：应付利息	75 851	553	（二）境外贷款		
十、其他负债	10 000		二、债券投资		
十一、所有者权益	54 669	-33 615	三、股权及其他投资	1 010 240	-2 863 341
其中：实收资本			四、买入返售资产		
			五、存放中央银行存款	11 554	-837
			六、缴存中央银行财政性存款		
			七、银行业存款类金融机构往来	2 966	-1 113 417
			八、存放非存款类金融机构款项		
			九、联行往来	6 066 745	3 519 899
			其中：境内存放二级准备金		
			十、库存现金	1 606	-42
			十一、应收及预付款	18 750	-17 789
			其中：应收利息	15 754	-18 004
			十二、投资性房地产		
			十三、固定资产	1 194	247
			十四、其他资产	2 291	353
			十五、减：各项准备		
			其中：贷款减值准备		
资金来源总计	10 739 058	663 798	资金运用总计	10 739 058	663 798

表2.33 北京农商银行人民币信贷收支统计

单位：万元

项目名称	余额	比年初	项目名称	余额	比年初
一、各项存款	53 661 700	4 135 776	一、各项贷款	29 923 577	2 012 487
（一）境内存款	53 653 953	4 132 069	（一）境内贷款	29 923 577	2 012 487
1. 个人存款	24 940 954	1 516 702	1. 短期贷款	10 306 928	2 164 872
其中：活期储蓄存款	6 081 372	951 010	（1）个人贷款及透支	213 397	51 903
定期储蓄存款	18 052 897	95 700	其中：个人消费贷款	158 845	60 009
结构性存款	190 591	4 525	（2）单位贷款及透支	6 593 044	-316 719
2. 单位存款	27 283 307	4 417 235	经营贷款及透支	6 221 820	-334 030
其中：活期存款	17 458 981	3 366 066	固定资产贷款	252 786	248 758
定期存款	4 231 620	-574 809	并购贷款		
保证金存款	137 834	46 465	贸易融资	118 438	-231 447
结构性存款	1 244 653	477 531	（3）非存款类金融机构贷款	3 500 486	2 429 688
3. 国库定期存款	433 000	-371 000	2. 中长期贷款	14 057 222	1 742 012
4. 非存款类金融机构存款	996 693	-1 430 868	（1）个人贷款	1 225 943	675 660
（二）境外存款	7 747	3 708	其中：个人消费贷款	1 195 091	689 677
二、代理财政性存款	34 473	-9 289	（2）单位贷款	12 831 279	1 185 952
三、金融债券	1 510 000	1 000 000	经营贷款	1 906 341	-359 909
其中：境外发行			固定资产贷款	9 994 417	1 179 030
四、卖出回购资产	4 150 863	1 031 258	并购贷款	549 912	549 912
五、向中央银行借款	3 714 655	3 022 155	贸易融资	380 609	-183 081
六、银行业存款类金融机构往来	3 348 432	-136 034	（3）非存款类金融机构贷款		-119 600
七、借款及非存款类金融机构拆入		-50 000	3. 票据融资	5 545 141	-1 896 514
八、联行往来（净）		-12 953	4. 融资租赁		
九、应付及暂收款	1 571 576	63 531	5. 各项垫款	14 287	2 116
其中：应付利息	1 007 143	-12 907	（二）境外贷款		
十、其他负债	297 555	-98 267	二、债券投资	16 106 654	1 269 872
十一、所有者权益	3 982 212	409 512	三、股权及其他投资	532 190	501 607
其中：实收资本	1 214 847		四、买入返售资产	2 583 632	-2 521 997
			五、存放中央银行存款	8 062 353	620 917
			六、缴存中央银行财政性存款	35 980	-14 547
			七、银行业存款类金融机构往来	14 392 968	7 503 447
			八、存放非存款类金融机构款项	11 504	-5 667
			九、联行往来	1 654	1 654
			其中：境内存放二级准备金		-6 617 950
			十、库存现金	190 246	-80 591
			十一、应收及预付款	338 251	79 894
			其中：应收利息	265 188	79 913
			十二、投资性房地产	19	-3
			十三、固定资产	607 043	24 473
			十四、其他资产	733 515	-12 602
			十五、减：各项准备	1 248 120	23 255
			其中：贷款减值准备	942 722	-46 071
资金来源总计	72 271 467	9 355 690	资金运用总计	72 271 467	9 355 690

表 2.34 北京密云汇丰村镇银行人民币信贷收支统计

单位：万元

项目名称	余额	比年初	项目名称	余额	比年初
一、各项存款	13 988	-8 434	一、各项贷款	7 263	-4 518
（一）境内存款	13 882	-8 504	（一）境内贷款	7 263	-4 518
1. 个人存款	3 433	-1 162	1. 短期贷款	6 977	-4 493
其中：活期储蓄存款	364	-983	（1）个人贷款及透支	2 761	-1 397
定期储蓄存款	3 045	-109	其中：个人消费贷款		
结构性存款			（2）单位贷款及透支	4 216	-3 096
2. 单位存款	10 449	-7 342	经营贷款及透支	4 216	-3 096
其中：活期存款	9 066	-6 648	固定资产贷款		
定期存款	921	-1 156	并购贷款		
保证金存款			贸易融资		
结构性存款			（3）非存款类金融机构贷款		
3. 国库定期存款			2. 中长期贷款	285	-25
4. 非存款类金融机构存款			（1）个人贷款	285	-25
（二）境外存款	107	70	其中：个人消费贷款	253	70
二、代理财政性存款			（2）单位贷款		
三、金融债券			经营贷款		
其中：境外发行			固定资产贷款		
四、卖出回购资产			并购贷款		
五、向中央银行借款			贸易融资		
六、银行业存款类金融机构往来			（3）非存款类金融机构贷款		
七、借款及非存款类金融机构拆入			3. 票据融资		
八、联行往来（净）			4. 融资租赁		
九、应付及暂收款	290	-54	5. 各项垫款		
其中：应付利息	158	-50	（二）境外贷款		
十、其他负债	1	-7	二、债券投资		
十一、所有者权益	4 448	28	三、股权及其他投资		
其中：实收资本	5 000		四、买入返售资产		
			五、存放中央银行存款	1 705	-569
			六、缴存中央银行财政性存款		
			七、银行业存款类金融机构往来	9 617	-3 478
			八、存放非存款类金融机构款项		
			九、联行往来		
			其中：境内存放二级准备金		
			十、库存现金	189	58
			十一、应收及预付款	86	-46
			其中：应收利息	51	20
			十二、投资性房地产		
			十三、固定资产	57	12
			十四、其他资产	44	13
			十五、减：各项准备	233	-62
			其中：贷款减值准备	233	-62
资金来源总计	18 727	-8 467	资金运用总计	18 727	-8 467

表 2.35　北京延庆村镇银行人民币信贷收支统计

单位：万元

项目名称	余额	比年初	项目名称	余额	比年初
一、各项存款	34 253	34 253	一、各项贷款	21 096	21 096
（一）境内存款	34 253	34 253	（一）境内贷款	21 096	21 096
1. 个人存款	8 982	8 982	1. 短期贷款	13 305	13 305
其中：活期储蓄存款	2 897	2 897	（1）个人贷款及透支	2 305	2 305
定期储蓄存款	6 042	6 042	其中：个人消费贷款	73	73
结构性存款			（2）单位贷款及透支	11 000	11 000
2. 单位存款	25 271	25 271	经营贷款及透支	11 000	11 000
其中：活期存款	22 441	22 441	固定资产贷款		
定期存款	2 780	2 780	并购贷款		
保证金存款	50	50	贸易融资		
结构性存款			（3）非存款类金融机构贷款		
3. 国库定期存款			2. 中长期贷款	5 916	5 916
4. 非存款类金融机构存款			（1）个人贷款	4 986	4 986
（二）境外存款			其中：个人消费贷款	3 540	3 540
二、代理财政性存款			（2）单位贷款	930	930
三、金融债券			经营贷款	930	930
其中：境外发行			固定资产贷款		
四、卖出回购资产			并购贷款		
五、向中央银行借款			贸易融资		
六、银行业存款类金融机构往来			（3）非存款类金融机构贷款		
七、借款及非存款类金融机构拆入			3. 票据融资	1 874	1 874
八、联行往来（净）			4. 融资租赁		
九、应付及暂收款	38	38	5. 各项垫款		
其中：应付利息	24	24	（二）境外贷款		
十、其他负债			二、债券投资		
十一、所有者权益	20 016	20 016	三、股权及其他投资		
其中：实收资本	20 000	20 000	四、买入返售资产		
			五、存放中央银行存款	6 139	6 139
			六、缴存中央银行财政性存款		
			七、银行业存款类金融机构往来	26 581	26 581
			八、存放非存款类金融机构款项		
			九、联行往来		
			其中：境内存放二级准备金		
			十、库存现金	312	312
			十一、应收及预付款	426	426
			其中：应收利息		
			十二、投资性房地产		
			十三、固定资产	107	107
			十四、其他资产	178	178
			十五、减：各项准备	531	531
			其中：贷款减值准备	531	531
资金来源总计	54 308	54 308	资金运用总计	54 308	54 308

表 2.36　北京怀柔村镇银行人民币信贷收支统计

单位：万元

项目名称	余额	比年初	项目名称	余额	比年初
一、各项存款	213 673	71 984	一、各项贷款	111 894	42 991
（一）境内存款	213 614	71 929	（一）境内贷款	111 894	42 991
1. 个人存款	24 111	-217	1. 短期贷款	78 195	28 098
其中：活期储蓄存款	11 034	-2 443	（1）个人贷款及透支	16 357	1 428
定期储蓄存款	12 309	2 185	其中：个人消费贷款	114	75
结构性存款			（2）单位贷款及透支	61 838	26 670
2. 单位存款	189 503	72 146	经营贷款及透支	61 838	26 670
其中：活期存款	154 888	65 175	固定资产贷款		
定期存款	30 916	11 112	并购贷款		
保证金存款	2 699	-4 141	贸易融资		
结构性存款			（3）非存款类金融机构贷款		
3. 国库定期存款			2. 中长期贷款	24 548	8 142
4. 非存款类金融机构存款			（1）个人贷款	13 543	635
（二）境外存款	58	55	其中：个人消费贷款	3 008	-1 318
二、代理财政性存款			（2）单位贷款	11 005	7 507
三、金融债券			经营贷款	11 005	7 507
其中：境外发行			固定资产贷款		
四、卖出回购资产			并购贷款		
五、向中央银行借款			贸易融资		
六、银行业存款类金融机构往来	24 000	24 000	（3）非存款类金融机构贷款		
七、借款及非存款类金融机构拆入			3. 票据融资	9 152	6 751
八、联行往来（净）			4. 融资租赁		
九、应付及暂收款	1 764	583	5. 各项垫款		
其中：应付利息	1 042	430	（二）境外贷款		
十、其他负债			二、债券投资		
十一、所有者权益	34 019	15 950	三、股权及其他投资		
其中：实收资本	20 000	10 000	四、买入返售资产		
			五、存放中央银行存款	16 652	-8 582
			六、缴存中央银行财政性存款		
			七、银行业存款类金融机构往来	112 050	78 795
			八、存放非存款类金融机构款项		
			九、联行往来	33 812	207
			其中：境内存放二级准备金		
			十、库存现金	323	-215
			十一、应收及预付款	722	175
			其中：应收利息	385	141
			十二、投资性房地产		
			十三、固定资产	195	-59
			十四、其他资产	605	91
			十五、减：各项准备	2 797	886
			其中：贷款减值准备	2 797	886
资金来源总计	273 455	112 518	资金运用总计	273 455	112 518

表 2.37 北京大兴华夏村镇银行人民币信贷收支统计

单位：万元

项目名称	余额	比年初	项目名称	余额	比年初
一、各项存款	103 308	45 919	一、各项贷款	53 330	20 405
（一）境内存款	103 308	45 919	（一）境内贷款	53 330	20 405
1. 个人存款	14 491	5 684	1. 短期贷款	34 548	7 519
其中：活期储蓄存款	5 589	3 047	（1）个人贷款及透支	8 035	2 522
定期储蓄存款	8 812	2 665	其中：个人消费贷款	102	62
结构性存款			（2）单位贷款及透支	26 512	4 997
2. 单位存款	88 817	40 235	经营贷款及透支	26 512	4 997
其中：活期存款	79 659	44 263	固定资产贷款		
定期存款	2 899	-133	并购贷款		
保证金存款	5 566	-3 208	贸易融资		
结构性存款			（3）非存款类金融机构贷款		
3. 国库定期存款			2. 中长期贷款	18 695	13 892
4. 非存款类金融机构存款			（1）个人贷款	2 375	2 289
（二）境外存款			其中：个人消费贷款	750	714
二、代理财政性存款			（2）单位贷款	16 319	11 603
三、金融债券			经营贷款	16 319	11 603
其中：境外发行			固定资产贷款		
四、卖出回购资产			并购贷款		
五、向中央银行借款		-2 741	贸易融资		
六、银行业存款类金融机构往来			（3）非存款类金融机构贷款		
七、借款及非存款类金融机构拆入			3. 票据融资		
八、联行往来（净）			4. 融资租赁		
九、应付及暂收款	1 373	398	5. 各项垫款	88	-1 006
其中：应付利息	548	197	（二）境外贷款		
十、其他负债			二、债券投资		
十一、所有者权益	12 084	-1 477	三、股权及其他投资		
其中：实收资本	12 500		四、买入返售资产		
			五、存放中央银行存款	52 527	41 029
			六、缴存中央银行财政性存款		
			七、银行业存款类金融机构往来	12 019	-17 731
			八、存放非存款类金融机构款项		
			九、联行往来	17	16
			其中：境内存放二级准备金		
			十、库存现金	512	117
			十一、应收及预付款	154	-4
			其中：应收利息	154	12
			十二、投资性房地产		
			十三、固定资产	210	-16
			十四、其他资产	1 479	792
			十五、减：各项准备	3 483	2 509
			其中：贷款减值准备	3 483	2 509
资金来源总计	116 765	42 099	资金运用总计	116 765	42 099

表 2.38　北京昌平兆丰村镇银行人民币信贷收支统计

单位：万元

项目名称	余额	比年初	项目名称	余额	比年初
一、各项存款	39 762	7 929	一、各项贷款	44 204	-669
（一）境内存款	39 762	7 929	（一）境内贷款	44 204	-669
1. 个人存款	25 918	9 038	1. 短期贷款	30 323	-583
其中：活期储蓄存款	3 932	2 671	（1）个人贷款及透支	16 039	-923
定期储蓄存款	21 986	6 667	其中：个人消费贷款	1 569	531
结构性存款			（2）单位贷款及透支	14 284	341
2. 单位存款	13 844	-1 109	经营贷款及透支	14 284	341
其中：活期存款	8 161	2 845	固定资产贷款		
定期存款	5 468	-2 006	并购贷款		
保证金存款	215	152	贸易融资		
结构性存款			（3）非存款类金融机构贷款		
3. 国库定期存款			2. 中长期贷款	13 881	-86
4. 非存款类金融机构存款			（1）个人贷款	9 606	-1 580
（二）境外存款			其中：个人消费贷款	3 229	969
二、代理财政性存款			（2）单位贷款	4 275	1 494
三、金融债券			经营贷款	4 275	1 494
其中：境外发行			固定资产贷款		
四、卖出回购资产			并购贷款		
五、向中央银行借款			贸易融资		
六、银行业存款类金融机构往来	33 200	18 200	（3）非存款类金融机构贷款		
七、借款及非存款类金融机构拆入			3. 票据融资		
八、联行往来（净）			4. 融资租赁		
九、应付及暂收款	5 775	-5 248	5. 各项垫款		
其中：应付利息	860	303	（二）境外贷款		
十、其他负债			二、债券投资		
十一、所有者权益	15 737	10 751	三、股权及其他投资		
其中：实收资本	17 200	10 200	四、买入返售资产		
			五、存放中央银行存款	4 986	452
			六、缴存中央银行财政性存款		
			七、银行业存款类金融机构往来	42 602	30 476
			八、存放非存款类金融机构款项		
			九、联行往来		
			其中：境内存放二级准备金		
			十、库存现金	1 006	545
			十一、应收及预付款	720	410
			其中：应收利息	596	396
			十二、投资性房地产		
			十三、固定资产	1 008	526
			十四、其他资产	1 053	-124
			十五、减：各项准备	1 105	-17
			其中：贷款减值准备	1 105	-17
资金来源总计	94 474	31 632	资金运用总计	94 474	31 632

表 2.39　北京大兴九银村镇银行人民币信贷收支统计

单位：万元

项目名称	余额	比年初	项目名称	余额	比年初
一、各项存款	345 358	106 718	一、各项贷款	163 557	76 148
（一）境内存款	345 358	106 718	（一）境内贷款	163 557	76 148
1. 个人存款	65 864	22 990	1. 短期贷款	99 523	39 409
其中：活期储蓄存款	30 611	17 028	（1）个人贷款及透支	70 326	31 450
定期储蓄存款	34 276	6 502	其中：个人消费贷款	4 716	3 337
结构性存款			（2）单位贷款及透支	29 197	7 960
2. 单位存款	279 494	83 728	经营贷款及透支	29 197	7 960
其中：活期存款	224 994	64 905	固定资产贷款		
定期存款	38 087	7 353	并购贷款		
保证金存款	913	-221	贸易融资		
结构性存款			（3）非存款类金融机构贷款		
3. 国库定期存款			2. 中长期贷款	22 902	16 051
4. 非存款类金融机构存款			（1）个人贷款	18 862	14 101
（二）境外存款			其中：个人消费贷款	4 081	2 803
二、代理财政性存款			（2）单位贷款	4 040	1 950
三、金融债券			经营贷款	4 040	1 950
其中：境外发行			固定资产贷款		
四、卖出回购资产			并购贷款		
五、向中央银行借款			贸易融资		
六、银行业存款类金融机构往来	55 494	48 941	（3）非存款类金融机构贷款		
七、借款及非存款类金融机构拆入			3. 票据融资	40 787	20 687
八、联行往来（净）			4. 融资租赁		
九、应付及暂收款	2 528	966	5. 各项垫款	345	
其中：应付利息	1 310	192	（二）境外贷款		
十、其他负债			二、债券投资		
十一、所有者权益	14 437	-906	三、股权及其他投资		
其中：实收资本	12 000		四、买入返售资产		
			五、存放中央银行存款	28 509	-27 200
			六、缴存中央银行财政性存款		
			七、银行业存款类金融机构往来	228 607	59 189
			八、存放非存款类金融机构款项		
			九、联行往来		
			其中：境内存放二级准备金		
			十、库存现金	1 171	-532
			十一、应收及预付款	272	96
			其中：应收利息	95	34
			十二、投资性房地产		
			十三、固定资产	803	-125
			十四、其他资产	568	51 129
			十五、减：各项准备	5 669	2 986
			其中：贷款减值准备	5 669	2 986
资金来源总计	417 817	155 719	资金运用总计	417 817	155 719

表 2.40 北京顺义银座村镇银行人民币信贷收支统计

单位：万元

项目名称	余额	比年初	项目名称	余额	比年初
一、各项存款	593 096	-49 482	一、各项贷款	309 940	82 165
（一）境内存款	593 094	-49 484	（一）境内贷款	309 940	82 165
1. 个人存款	253 280	22 789	1. 短期贷款	251 772	33 229
其中：活期储蓄存款	108 080	13 434	（1）个人贷款及透支	239 102	30 787
定期储蓄存款	144 142	8 635	其中：个人消费贷款	17 152	7 790
结构性存款			（2）单位贷款及透支	12 670	2 442
2. 单位存款	339 814	-72 273	经营贷款及透支	12 670	2 442
其中：活期存款	94 879	-67 175	固定资产贷款		
定期存款	244 829	-4 889	并购贷款		
保证金存款	106	91	贸易融资		
结构性存款			（3）非存款类金融机构贷款		
3. 国库定期存款			2. 中长期贷款	52 576	47 762
4. 非存款类金融机构存款			（1）个人贷款	52 576	47 762
（二）境外存款	2	2	其中：个人消费贷款	38 725	34 561
二、代理财政性存款			（2）单位贷款		
三、金融债券			经营贷款		
其中：境外发行			固定资产贷款		
四、卖出回购资产			并购贷款		
五、向中央银行借款			贸易融资		
六、银行业存款类金融机构往来			（3）非存款类金融机构贷款		
七、借款及非存款类金融机构拆入			3. 票据融资	5 591	1 174
八、联行往来（净）	978	581	4. 融资租赁		
九、应付及暂收款	15 523	3 719	5. 各项垫款		
其中：应付利息	13 679	3 413	（二）境外贷款		
十、其他负债	44	-4	二、债券投资		
十一、所有者权益	41 619	5 954	三、股权及其他投资		
其中：实收资本	25 000	10 000	四、买入返售资产		
			五、存放中央银行存款	54 043	-18 382
			六、缴存中央银行财政性存款		
			七、银行业存款类金融机构往来	287 664	-101 412
			八、存放非存款类金融机构款项		
			九、联行往来		
			其中：境内存放二级准备金		
			十、库存现金	2 401	276
			十一、应收及预付款	3 611	229
			其中：应收利息	3 112	178
			十二、投资性房地产		
			十三、固定资产	305	-73
			十四、其他资产	1 688	196
			十五、减：各项准备	8 392	2 229
			其中：贷款减值准备	8 368	2 218
资金来源总计	651 260	-39 231	资金运用总计	651 260	-39 231

表2.41 北京通州国开村镇银行人民币信贷收支统计

单位：万元

项目名称	余额	比年初	项目名称	余额	比年初
一、各项存款	44 802	-167 356	一、各项贷款	12 013	-1 913
（一）境内存款	44 802	-167 356	（一）境内贷款	12 013	-1 913
1. 个人存款	1 582	-328	1. 短期贷款	6 270	-2 036
其中：活期储蓄存款	15	-541	（1）个人贷款及透支	742	-1 195
定期储蓄存款	1 567	213	其中：个人消费贷款		
结构性存款			（2）单位贷款及透支	5 528	-841
2. 单位存款	43 220	-167 028	经营贷款及透支	5 528	-841
其中：活期存款	37 739	-166 956	固定资产贷款		
定期存款	5 400	266	并购贷款		
保证金存款	81	-337	贸易融资		
结构性存款			（3）非存款类金融机构贷款		
3. 国库定期存款			2. 中长期贷款	5 743	123
4. 非存款类金融机构存款			（1）个人贷款	35	-176
（二）境外存款			其中：个人消费贷款		-174
二、代理财政性存款			（2）单位贷款	5 708	298
三、金融债券			经营贷款	5 708	298
其中：境外发行			固定资产贷款		
四、卖出回购资产			并购贷款		
五、向中央银行借款			贸易融资		
六、银行业存款类金融机构往来			（3）非存款类金融机构贷款		
七、借款及非存款类金融机构拆入			3. 票据融资		
八、联行往来（净）			4. 融资租赁		
九、应付及暂收款	258	-317	5. 各项垫款		
其中：应付利息	154	13	（二）境外贷款		
十、其他负债			二、债券投资		
十一、所有者权益	14 136	672	三、股权及其他投资		
其中：实收资本	10 000		四、买入返售资产		
			五、存放中央银行存款	6 552	-119 532
			六、缴存中央银行财政性存款		
			七、银行业存款类金融机构往来	40 248	-45 253
			八、存放非存款类金融机构款项		
			九、联行往来		
			其中：境内存放二级准备金		
			十、库存现金	8	-8
			十一、应收及预付款	178	-449
			其中：应收利息	172	-450
			十二、投资性房地产		
			十三、固定资产	64	-39
			十四、其他资产	539	69
			十五、减：各项准备	405	-125
			其中：贷款减值准备	405	-125
资金来源总计	59 195	-167 001	资金运用总计	59 195	-167 001

表 2.42　北京门头沟珠江村镇银行人民币信贷收支统计

单位：万元

项目名称	余额	比年初	项目名称	余额	比年初
一、各项存款	372 021	254 739	一、各项贷款	188 521	141 747
（一）境内存款	372 021	254 739	（一）境内贷款	188 521	141 747
1. 个人存款	18 584	2 319	1. 短期贷款	157 048	112 859
其中：活期储蓄存款	3 013	-1 202	（1）个人贷款及透支	20 371	5 370
定期储蓄存款	14 886	3 772	其中：个人消费贷款	113	113
结构性存款			（2）单位贷款及透支	36 177	12 489
2. 单位存款	333 437	232 419	经营贷款及透支	36 177	12 489
其中：活期存款	188 417	164 151	固定资产贷款		
定期存款	73 385	23 991	并购贷款		
保证金存款	1 139	-99	贸易融资		
结构性存款			（3）非存款类金融机构贷款	100 500	95 000
3. 国库定期存款			2. 中长期贷款	5 951	3 366
4. 非存款类金融机构存款	20 000	20 000	（1）个人贷款	5 321	2 894
（二）境外存款			其中：个人消费贷款	1 992	793
二、代理财政性存款			（2）单位贷款	630	472
三、金融债券			经营贷款	630	472
其中：境外发行			固定资产贷款		
四、卖出回购资产			并购贷款		
五、向中央银行借款			贸易融资		
六、银行业存款类金融机构往来	64 500	14 000	（3）非存款类金融机构贷款		
七、借款及非存款类金融机构拆入			3. 票据融资	25 522	25 522
八、联行往来（净）	169	169	4. 融资租赁		
九、应付及暂收款	5 914	3 911	5. 各项垫款		
其中：应付利息	3 389	2 027	（二）境外贷款		
十、其他负债			二、债券投资		
十一、所有者权益	12 766	1 215	三、股权及其他投资	179 060	119 657
其中：实收资本	10 000		四、买入返售资产		
			五、存放中央银行存款	67 938	48 793
			六、缴存中央银行财政性存款		
			七、银行业存款类金融机构往来	20 361	-35 539
			八、存放非存款类金融机构款项		
			九、联行往来		-4
			其中：境内存放二级准备金		
			十、库存现金	648	424
			十一、应收及预付款	421	69
			其中：应收利息	419	78
			十二、投资性房地产		
			十三、固定资产	225	62
			十四、其他资产	1 040	323
			十五、减：各项准备	2 845	1 497
			其中：贷款减值准备	2 845	1 497
资金来源总计	455 370	274 035	资金运用总计	455 370	274 035

表2.43　北京房山沪农商村镇银行人民币信贷收支统计

单位：万元

项目名称	余额	比年初	项目名称	余额	比年初
一、各项存款	253 866	121 807	一、各项贷款	79 735	362
（一）境内存款	253 866	121 812	（一）境内贷款	79 735	362
1. 个人存款	29 314	6 416	1. 短期贷款	71 865	5
其中：活期储蓄存款	3 991	-3 961	（1）个人贷款及透支	10 905	1 640
定期储蓄存款	25 323	10 668	其中：个人消费贷款	10	-178
结构性存款			（2）单位贷款及透支	60 960	-1 635
2. 单位存款	224 552	115 395	经营贷款及透支	60 960	-1 635
其中：活期存款	101 943	33 817	固定资产贷款		
定期存款	17 346	-2 356	并购贷款		
保证金存款	20	19	贸易融资		
结构性存款			（3）非存款类金融机构贷款		
3. 国库定期存款			2. 中长期贷款	7 870	357
4. 非存款类金融机构存款			（1）个人贷款	3 070	1 117
（二）境外存款		-5	其中：个人消费贷款	444	-119
二、代理财政性存款			（2）单位贷款	4 800	-760
三、金融债券			经营贷款	4 800	-760
其中：境外发行			固定资产贷款		
四、卖出回购资产			并购贷款		
五、向中央银行借款		-5 000	贸易融资		
六、银行业存款类金融机构往来			（3）非存款类金融机构贷款		
七、借款及非存款类金融机构拆入			3. 票据融资		
八、联行往来（净）	24	19	4. 融资租赁		
九、应付及暂收款	1 876	572	5. 各项垫款		
其中：应付利息	1 269	465	（二）境外贷款		
十、其他负债			二、债券投资		
十一、所有者权益	16 943	2 602	三、股权及其他投资		
其中：实收资本	10 000		四、买入返售资产		
			五、存放中央银行存款	94 022	62 853
			六、缴存中央银行财政性存款		
			七、银行业存款类金融机构往来	99 029	56 472
			八、存放非存款类金融机构款项		
			九、联行往来		
			其中：境内存放二级准备金		
			十、库存现金	427	153
			十一、应收及预付款	960	471
			其中：应收利息	603	473
			十二、投资性房地产		
			十三、固定资产	110	-64
			十四、其他资产	755	-168
			十五、减：各项准备	2 328	78
			其中：贷款减值准备	2 328	78
资金来源总计	272 708	120 001	资金运用总计	272 708	120 001

表 2.44　北京平谷新华村镇银行人民币信贷收支统计

单位：万元

项目名称	余额	比年初	项目名称	余额	比年初
一、各项存款	60 121	3 757	一、各项贷款	46 627	3 080
（一）境内存款	60 121	3 757	（一）境内贷款	46 627	3 080
1. 个人存款	39 813	7 739	1. 短期贷款	20 621	1 465
其中：活期储蓄存款	2 646	-150	（1）个人贷款及透支	20 521	1 365
定期储蓄存款	35 854	7 104	其中：个人消费贷款		-31
结构性存款			（2）单位贷款及透支	100	100
2. 单位存款	20 309	-3 982	经营贷款及透支	100	100
其中：活期存款	13 142	-2 271	固定资产贷款		
定期存款	6 569	-1 118	并购贷款		
保证金存款	398	-743	贸易融资		
结构性存款			（3）非存款类金融机构贷款		
3. 国库定期存款			2. 中长期贷款	26 006	1 615
4. 非存款类金融机构存款			（1）个人贷款	25 578	1 327
（二）境外存款			其中：个人消费贷款	395	-319
二、代理财政性存款			（2）单位贷款	428	288
三、金融债券			经营贷款	428	288
其中：境外发行			固定资产贷款		
四、卖出回购资产			并购贷款		
五、向中央银行借款			贸易融资		
六、银行业存款类金融机构往来	2 051	-18	（3）非存款类金融机构贷款		
七、借款及非存款类金融机构拆入			3. 票据融资		
八、联行往来（净）			4. 融资租赁		
九、应付及暂收款	1 909	729	5. 各项垫款		
其中：应付利息	1 400	536	（二）境外贷款		
十、其他负债	45	14	二、债券投资		
十一、所有者权益	8 046	1 087	三、股权及其他投资		
其中：实收资本	3 000		四、买入返售资产		
			五、存放中央银行存款	7 376	433
			六、缴存中央银行财政性存款		
			七、银行业存款类金融机构往来	18 203	1 990
			八、存放非存款类金融机构款项		
			九、联行往来		
			其中：境内存放二级准备金		
			十、库存现金	397	52
			十一、应收及预付款	263	103
			其中：应收利息	255	95
			十二、投资性房地产		
			十三、固定资产	56	-11
			十四、其他资产	459	40
			十五、减：各项准备	1 208	119
			其中：贷款减值准备	1 202	114
资金来源总计	72 172	5 569	资金运用总计	72 172	5 569

表 2.45　中国邮政储蓄银行北京分行人民币信贷收支统计

单位：万元

项目名称	余额	比年初	项目名称	余额	比年初
一、各项存款	21 591 403	363 985	一、各项贷款	10 162 865	1 066 617
（一）境内存款	21 587 254	364 430	（一）境内贷款	10 162 865	1 066 617
1. 个人存款	13 597 732	1 001 944	1. 短期贷款	4 425 292	889 487
其中：活期储蓄存款	5 582 494	533 999	（1）个人贷款及透支	492 456	-52 698
定期储蓄存款	3 497 991	-1 395 044	其中：个人消费贷款	11 559	10 846
结构性存款			（2）单位贷款及透支	3 932 835	942 185
2. 单位存款	5 596 635	-2 258 403	经营贷款及透支	3 697 449	1 028 104
其中：活期存款	3 159 033	59 389	固定资产贷款		-1 649
定期存款	1 933 048	1 412 175	并购贷款		
保证金存款	168 452	142 156	贸易融资	235 386	-84 270
结构性存款			（3）非存款类金融机构贷款		
3. 国库定期存款	242 000	-184 000	2. 中长期贷款	4 621 496	632 162
4. 非存款类金融机构存款	2 150 887	1 804 889	（1）个人贷款	1 674 186	237 341
（二）境外存款	4 149	-445	其中：个人消费贷款	1 628 665	237 271
二、代理财政性存款			（2）单位贷款	2 947 310	394 821
三、金融债券			经营贷款	190 180	36 130
其中：境外发行			固定资产贷款	2 757 130	358 691
四、卖出回购资产			并购贷款		
五、向中央银行借款			贸易融资		
六、银行业存款类金融机构往来	5 409 919	2 942 953	（3）非存款类金融机构贷款		
七、借款及非存款类金融机构拆入			3. 票据融资	1 116 077	-455 032
八、联行往来（净）			4. 融资租赁		
九、应付及暂收款	336 125	-8 823	5. 各项垫款		
其中：应付利息	230 324	-31 928	（二）境外贷款		
十、其他负债	1 833 622	-106 734	二、债券投资		
十一、所有者权益	207 970	69 141	三、股权及其他投资	1 645 000	-713 835
其中：实收资本			四、买入返售资产		
			五、存放中央银行存款	31 375	31 038
			六、缴存中央银行财政性存款	37	4
			七、银行业存款类金融机构往来	404	-1 682
			八、存放非存款类金融机构款项		
			九、联行往来	10 318 056	-14 127 768
			其中：境内存放二级准备金	5 363 043	
			十、库存现金	109 627	8 581
			十一、应收及预付款	32 211	-62 398
			其中：应收利息	27 146	-60 318
			十二、投资性房地产		
			十三、固定资产	254 709	7 846
			十四、其他资产	6 983 683	17 053 463
			十五、减：各项准备	158 927	1 344
			其中：贷款减值准备	158 741	1 325
资金来源总计	29 379 040	3 260 522	资金运用总计	29 379 040	3 260 522

表 2.46 恒丰银行北京分行人民币信贷收支统计

单位：万元

项目名称	余额	比年初	项目名称	余额	比年初
一、各项存款	6 303 068	2 871 203	一、各项贷款	2 375 187	1 350 263
（一）境内存款	6 302 661	2 911 108	（一）境内贷款	2 375 187	1 350 263
1. 个人存款	221 361	-158 969	1. 短期贷款	1 507 516	840 318
其中：活期储蓄存款	14 730	7 175	（1）个人贷款及透支	26 422	2 895
定期储蓄存款	206 484	-164 951	其中：个人消费贷款	6 376	6 274
结构性存款			（2）单位贷款及透支	1 481 094	837 423
2. 单位存款	5 023 262	2 690 634	经营贷款及透支	1 419 800	801 200
其中：活期存款	1 259 975	840 436	固定资产贷款	1 250	1 250
定期存款	2 192 099	832 277	并购贷款		
保证金存款	1 380 569	951 201	贸易融资	60 044	34 973
结构性存款	14 068	9 068	（3）非存款类金融机构贷款		
3. 国库定期存款			2. 中长期贷款	568 207	356 884
4. 非存款类金融机构存款	1 058 038	379 443	（1）个人贷款	52 057	47 274
（二）境外存款	407	-39 905	其中：个人消费贷款	30 231	29 639
二、代理财政性存款			（2）单位贷款	516 150	309 610
三、金融债券			经营贷款	235 597	29 057
其中：境外发行			固定资产贷款	62 251	62 251
四、卖出回购资产		-104 542	并购贷款		
五、向中央银行借款			贸易融资	218 302	218 302
六、银行业存款类金融机构往来	375 633	-238 588	（3）非存款类金融机构贷款		
七、借款及非存款类金融机构拆入			3. 票据融资	299 464	153 062
八、联行往来（净）			4. 融资租赁		
九、应付及暂收款	68 853	39 806	5. 各项垫款		
其中：应付利息	62 399	37 424	（二）境外贷款		
十、其他负债	18 012	5 720	二、债券投资		
十一、所有者权益	38 126	38 126	三、股权及其他投资		
其中：实收资本			四、买入返售资产	390 038	26 350
			五、存放中央银行存款	24 209	20 869
			六、缴存中央银行财政性存款		
			七、银行业存款类金融机构往来	401	-17
			八、存放非存款类金融机构款项		
			九、联行往来	4 020 176	1 217 390
			其中：境内存放二级准备金	1 356 918	512 159
			十、库存现金	1 438	847
			十一、应收及预付款	13 280	6 888
			其中：应收利息	9 418	3 443
			十二、投资性房地产		
			十三、固定资产	1 067	-143
			十四、其他资产	2 175	-1 527
			十五、减：各项准备	24 278	9 196
			其中：贷款减值准备	24 278	9 196
资金来源总计	6 803 692	2 611 724	资金运用总计	6 803 692	2 611 724

表2.47　昆仑银行国际业务结算中心人民币信贷收支统计

单位：万元

项目名称	余额	比年初	项目名称	余额	比年初
一、各项存款	1 555 227	1 331 589	一、各项贷款	53 475	53 475
（一）境内存款	1 554 442	1 330 805	（一）境内贷款	53 475	53 475
1. 个人存款			1. 短期贷款	48 085	48 085
其中：活期储蓄存款			（1）个人贷款及透支		
定期储蓄存款			其中：个人消费贷款		
结构性存款			（2）单位贷款及透支	48 085	48 085
2. 单位存款	1 554 442	1 330 805	经营贷款及透支	885	885
其中：活期存款	1 509 961	1 308 240	固定资产贷款		
定期存款	4 430	1 029	并购贷款		
保证金存款	17 512	5 527	贸易融资	47 201	47 201
结构性存款			（3）非存款类金融机构贷款		
3. 国库定期存款			2. 中长期贷款		
4. 非存款类金融机构存款			（1）个人贷款		
（二）境外存款	785	785	其中：个人消费贷款		
二、代理财政性存款			（2）单位贷款		
三、金融债券			经营贷款		
其中：境外发行			固定资产贷款		
四、卖出回购资产			并购贷款		
五、向中央银行借款			贸易融资		
六、银行业存款类金融机构往来	50 000	50 000	（3）非存款类金融机构贷款		
七、借款及非存款类金融机构拆入			3. 票据融资	5 390	5 390
八、联行往来（净）			4. 融资租赁		
九、应付及暂收款	1 154	257	5. 各项垫款		
其中：应付利息	230	73	（二）境外贷款		
十、其他负债	10 224	224	二、债券投资		
十一、所有者权益	3 379	3 379	三、股权及其他投资		
其中：实收资本			四、买入返售资产		
			五、存放中央银行存款	1 010	7
			六、缴存中央银行财政性存款		
			七、银行业存款类金融机构往来	447	77
			八、存放非存款类金融机构款项		
			九、联行往来	1 566 199	1 333 181
			其中：境内存放二级准备金		
			十、库存现金		
			十一、应收及预付款		
			其中：应收利息		
			十二、投资性房地产		
			十三、固定资产	466	－27
			十四、其他资产		
			十五、减：各项准备	1 614	1 266
			其中：贷款减值准备	1 614	1 266
资金来源总计	1 619 984	1 385 449	资金运用总计	1 619 984	1 385 449

表 2.48　国家开发银行北京市分行外汇信贷收支统计

单位：万美元

项目名称	余额	比年初	项目名称	余额	比年初
一、各项存款	198 396	140 334	一、各项贷款	7 303 915	-727 876
（一）境内存款	144 528	136 976	（一）境内贷款	1 871 627	-1 055 984
1. 个人存款			1. 短期贷款	16 100	-490 115
其中：活期储蓄存款			（1）个人贷款及透支		
定期储蓄存款			其中：个人消费贷款		
结构性存款			（2）单位贷款及透支	16 100	-490 115
2. 单位存款	144 528	136 976	经营贷款及透支	16 100	-490 115
其中：活期存款	20 228	13 678	固定资产贷款		
定期存款	124 300	123 299	并购贷款		
保证金存款			贸易融资		
结构性存款			（3）非存款类金融机构贷款		
3. 国库定期存款			2. 中长期贷款	1 855 527	-565 869
4. 非存款类金融机构存款			（1）个人贷款		
（二）境外存款	53 868	3 357	其中：个人消费贷款		
二、代理财政性存款			（2）单位贷款	1 855 527	-565 869
三、金融债券			经营贷款	2 300	-369 478
其中：境外发行			固定资产贷款	1 660 881	-179 051
四、卖出回购资产			并购贷款	192 345	-17 341
五、向中央银行借款			贸易融资		
六、银行业存款类金融机构往来	65 219	11 095	（3）非存款类金融机构贷款		
七、借款及非存款类金融机构拆入			3. 票据融资		
八、联行往来（净）	6 564 995	-963 010	4. 融资租赁		
九、应付及暂收款	323	-759	5. 各项垫款		
其中：应付利息	323	-741	（二）境外贷款	5 432 289	328 108
十、其他负债	17 888	14 896	二、债券投资		
十一、所有者权益	41 273	13 903	三、股权及其他投资		
其中：实收资本			四、买入返售资产		
			五、存放中央银行存款		
			六、缴存中央银行财政性存款		
			七、银行业存款类金融机构往来		
			八、存放非存款类金融机构款项		
			九、联行往来		
			其中：境内存放二级准备金		
			十、库存现金		
			十一、应收及预付款	21 062	5 030
			其中：应收利息	24 316	4 350
			十二、投资性房地产		
			十三、固定资产		
			十四、其他资产	6 644	5 812
			十五、减：各项准备	443 527	66 507
			其中：贷款减值准备	443 527	66 507
资金来源总计	6 888 095	-783 541	资金运用总计	6 888 095	-783 541

表 2.49　中国进出口银行北京分行外汇信贷收支统计

单位：万美元

项目名称	余额	比年初	项目名称	余额	比年初
一、各项存款	10 708	9 435	一、各项贷款	307 790	-79 761
（一）境内存款	10 708	9 434	（一）境内贷款	282 812	-76 953
1. 个人存款			1. 短期贷款	60 002	-32 981
其中：活期储蓄存款			（1）个人贷款及透支		
定期储蓄存款			其中：个人消费贷款		
结构性存款			（2）单位贷款及透支	60 002	-32 981
2. 单位存款	10 708	9 434	经营贷款及透支	53 405	-21 045
其中：活期存款	10 648	9 724	固定资产贷款		
定期存款			并购贷款		
保证金存款	60	-290	贸易融资	6 597	-11 936
结构性存款			（3）非存款类金融机构贷款		
3. 国库定期存款			2. 中长期贷款	216 510	-50 272
4. 非存款类金融机构存款			（1）个人贷款		
（二）境外存款			其中：个人消费贷款		
二、代理财政性存款			（2）单位贷款	216 510	-50 272
三、金融债券			经营贷款	105 896	-19 131
其中：境外发行			固定资产贷款	62 995	-6 960
四、卖出回购资产			并购贷款	33 589	-11 181
五、向中央银行借款			贸易融资	14 031	-13 000
六、银行业存款类金融机构往来			（3）非存款类金融机构贷款		
七、借款及非存款类金融机构拆入	3 092	392	3. 票据融资		
八、联行往来（净）	280 994	-95 762	4. 融资租赁		
九、应付及暂收款	306	42	5. 各项垫款	6 300	6 300
其中：应付利息	239	-15	（二）境外贷款	24 979	-2 808
十、其他负债	4 321	1 161	二、债券投资		
十一、所有者权益	-1 740	-1 740	三、股权及其他投资		
其中：实收资本			四、买入返售资产		
			五、存放中央银行存款		
			六、缴存中央银行财政性存款		
			七、银行业存款类金融机构往来	182	-376
			八、存放非存款类金融机构款项		
			九、联行往来		
			其中：境内存放二级准备金		
			十、库存现金		
			十一、应收及预付款	867	330
			其中：应收利息	867	330
			十二、投资性房地产		
			十三、固定资产		
			十四、其他资产		
			十五、减：各项准备	11 159	6 665
			其中：贷款减值准备	11 159	6 665
资金来源总计	297 681	-86 472	资金运用总计	297 681	-86 472

表 2.50 中国农业发展银行北京市分行外汇信贷收支统计

单位：万美元

项目名称	余额	比年初	项目名称	余额	比年初
一、各项存款	321	264	一、各项贷款		-99
（一）境内存款	321	264	（一）境内贷款		-99
1. 个人存款			1. 短期贷款		-99
其中：活期储蓄存款			（1）个人贷款及透支		
定期储蓄存款			其中：个人消费贷款		
结构性存款			（2）单位贷款及透支		-99
2. 单位存款	321	264	经营贷款及透支		
其中：活期存款	321	264	固定资产贷款		
定期存款			并购贷款		
保证金存款			贸易融资		-99
结构性存款			（3）非存款类金融机构贷款		
3. 国库定期存款			2. 中长期贷款		
4. 非存款类金融机构存款			（1）个人贷款		
（二）境外存款			其中：个人消费贷款		
二、代理财政性存款			（2）单位贷款		
三、金融债券			经营贷款		
其中：境外发行			固定资产贷款		
四、卖出回购资产			并购贷款		
五、向中央银行借款			贸易融资		
六、银行业存款类金融机构往来			（3）非存款类金融机构贷款		
七、借款及非存款类金融机构拆入			3. 票据融资		
八、联行往来（净）		-40	4. 融资租赁		
九、应付及暂收款			5. 各项垫款		
其中：应付利息			（二）境外贷款		
十、其他负债			二、债券投资		
十一、所有者权益	1		三、股权及其他投资		
其中：实收资本			四、买入返售资产		
			五、存放中央银行存款		
			六、缴存中央银行财政性存款		
			七、银行业存款类金融机构往来		
			八、存放非存款类金融机构款项		
			九、联行往来	322	322
			其中：境内存放二级准备金		
			十、库存现金		
			十一、应收及预付款		
			其中：应收利息		
			十二、投资性房地产		
			十三、固定资产		
			十四、其他资产		
			十五、减：各项准备		
			其中：贷款减值准备		
资金来源总计	322	223	资金运用总计	322	223

表2.51 中国工商银行北京市分行外汇信贷收支统计

单位：万美元

项目名称	余额	比年初	项目名称	余额	比年初
一、各项存款	1 217 473	172 635	一、各项贷款	548 440	-56 834
（一）境内存款	1 101 475	65 166	（一）境内贷款	434 606	-81 625
1. 个人存款	504 642	158 024	1. 短期贷款	385 658	-36 991
其中：活期储蓄存款	310 002	99 083	（1）个人贷款及透支		
定期储蓄存款	192 238	58 178	其中：个人消费贷款		
结构性存款	98		（2）单位贷款及透支	385 658	-36 991
2. 单位存款	361 029	27 709	经营贷款及透支	31 536	-13 281
其中：活期存款	126 378	24 613	固定资产贷款		
定期存款	229 466	21 595	并购贷款		
保证金存款	3 035	-2 095	贸易融资	354 122	-23 710
结构性存款			（3）非存款类金融机构贷款		
3. 国库定期存款			2. 中长期贷款	48 948	-44 634
4. 非存款类金融机构存款	235 804	-120 567	（1）个人贷款		
（二）境外存款	115 998	107 469	其中：个人消费贷款		
二、代理财政性存款			（2）单位贷款	48 948	-44 634
三、金融债券			经营贷款	14 000	12 000
其中：境外发行			固定资产贷款	34 948	-56 634
四、卖出回购资产			并购贷款		
五、向中央银行借款			贸易融资		
六、银行业存款类金融机构往来	1 062 479	320 916	（3）非存款类金融机构贷款		
七、借款及非存款类金融机构拆入	21 427	-3 030	3. 票据融资		
八、联行往来（净）			4. 融资租赁		
九、应付及暂收款	22 281	4 527	5. 各项垫款		
其中：应付利息	3 314	1 636	（二）境外贷款	113 834	24 792
十、其他负债	64 300	1 945	二、债券投资		
十一、所有者权益	5 468	1 786	三、股权及其他投资		
其中：实收资本			四、买入返售资产		
			五、存放中央银行存款		
			六、缴存中央银行财政性存款		
			七、银行业存款类金融机构往来	192	-1 345
			八、存放非存款类金融机构款项	1 129	321
			九、联行往来	1 774 208	556 755
			其中：境内存放二级准备金		
			十、库存现金	25 173	6 148
			十一、应收及预付款	3 328	1 555
			其中：应收利息	1 904	736
			十二、投资性房地产		
			十三、固定资产		
			十四、其他资产	49 222	-8 398
			十五、减：各项准备	8 265	-575
			其中：贷款减值准备	8 079	-761
资金来源总计	2 393 427	498 778	资金运用总计	2 393 427	498 778

表 2.52 中国农业银行北京市分行外汇信贷收支统计

单位：万美元

项目名称	余额	比年初	项目名称	余额	比年初
一、各项存款	537 193	183 097	一、各项贷款	190 840	-89 036
（一）境内存款	535 496	182 042	（一）境内贷款	190 840	-89 036
1. 个人存款	39 085	16 941	1. 短期贷款	9 462	-48 589
其中：活期储蓄存款	22 780	11 044	（1）个人贷款及透支	549	-12
定期储蓄存款	16 173	5 813	其中：个人消费贷款	549	-12
结构性存款			（2）单位贷款及透支	8 913	-48 578
2. 单位存款	377 096	75 594	经营贷款及透支		-16 000
其中：活期存款	105 998	3 500	固定资产贷款		
定期存款	104 255	77 171	并购贷款		
保证金存款	164 343	-7 577	贸易融资	8 913	-32 578
结构性存款			（3）非存款类金融机构贷款		
3. 国库定期存款			2. 中长期贷款	181 379	-38 067
4. 非存款类金融机构存款	119 315	89 507	（1）个人贷款		
（二）境外存款	1 697	1 055	其中：个人消费贷款		
二、代理财政性存款			（2）单位贷款	181 379	-38 067
三、金融债券			经营贷款	66 500	-30 500
其中：境外发行			固定资产贷款	110 593	-11 853
四、卖出回购资产			并购贷款		
五、向中央银行借款			贸易融资	4 285	4 285
六、银行业存款类金融机构往来	22 604	16 781	（3）非存款类金融机构贷款		
七、借款及非存款类金融机构拆入	11 545	11 545	3. 票据融资		
八、联行往来（净）			4. 融资租赁		
九、应付及暂收款	-12 885	-17 748	5. 各项垫款		-2 380
其中：应付利息	3 997	2 281	（二）境外贷款		
十、其他负债	7 218	435	二、债券投资		
十一、所有者权益	-9 837	-13 010	三、股权及其他投资		
其中：实收资本			四、买入返售资产		
			五、存放中央银行存款		
			六、缴存中央银行财政性存款		
			七、银行业存款类金融机构往来		
			八、存放非存款类金融机构款项		
			九、联行往来	372 714	281 177
			其中：境内存放二级准备金		
			十、库存现金	2 728	299
			十一、应收及预付款	1 093	196
			其中：应收利息	986	135
			十二、投资性房地产		
			十三、固定资产		
			十四、其他资产		
			十五、减：各项准备	11 537	11 537
			其中：贷款减值准备	11 537	11 537
资金来源总计	555 838	181 099	资金运用总计	555 838	181 099

表2.53 中国银行北京市分行外汇信贷收支统计

单位：万美元

项目名称	余额	比年初	项目名称	余额	比年初
一、各项存款	1 017 294	-278 897	一、各项贷款	202 758	-110 021
（一）境内存款	989 151	-279 994	（一）境内贷款	114 805	-114 709
1. 个人存款	539 436	102 192	1. 短期贷款	99 220	-62 090
其中：活期储蓄存款	295 515	66 095	（1）个人贷款及透支	2 025	-276
定期储蓄存款	242 037	35 894	其中：个人消费贷款	2 025	-276
结构性存款			（2）单位贷款及透支	97 195	-61 814
2. 单位存款	384 985	-355 652	经营贷款及透支	1 132	-31 375
其中：活期存款	311 055	-123 938	固定资产贷款		
定期存款	68 480	-234 077	并购贷款		
保证金存款	5 450	2 363	贸易融资	96 063	-30 438
结构性存款			（3）非存款类金融机构贷款		
3. 国库定期存款			2. 中长期贷款	15 585	-52 620
4. 非存款类金融机构存款	64 730	-26 534	（1）个人贷款	174	-14
（二）境外存款	28 143	1 097	其中：个人消费贷款	174	-14
二、代理财政性存款			（2）单位贷款	15 411	-52 606
三、金融债券			经营贷款		-3 329
其中：境外发行			固定资产贷款	11 829	-46 555
四、卖出回购资产			并购贷款	3 581	-2 174
五、向中央银行借款			贸易融资		-547
六、银行业存款类金融机构往来	936 139	88 441	（3）非存款类金融机构贷款		
七、借款及非存款类金融机构拆入	8 334	6 292	3. 票据融资		
八、联行往来（净）			4. 融资租赁		
九、应付及暂收款	1 551	456	5. 各项垫款		
其中：应付利息	1 263	376	（二）境外贷款	87 952	4 688
十、其他负债	1 693 340	501 312	二、债券投资		
十一、所有者权益	28 111	28 111	三、股权及其他投资		
其中：实收资本			四、买入返售资产		
			五、存放中央银行存款		
			六、缴存中央银行财政性存款		
			七、银行业存款类金融机构往来		
			八、存放非存款类金融机构款项		
			九、联行往来	3 444 801	430 098
			其中：境内存放二级准备金		
			十、库存现金	23 831	4 866
			十一、应收及预付款	2 295	94
			其中：应收利息	1 753	74
			十二、投资性房地产		
			十三、固定资产		
			十四、其他资产	14 449	12 016
			十五、减：各项准备	3 363	-8 660
			其中：贷款减值准备	2 968	-8 881
资金来源总计	3 684 769	345 714	资金运用总计	3 684 769	345 714

表 2.54　中国建设银行北京市分行外汇信贷收支统计

单位：万美元

项目名称	余额	比年初	项目名称	余额	比年初
一、各项存款	638 111	133 916	一、各项贷款	382 512	-517 298
（一）境内存款	635 040	136 382	（一）境内贷款	382 512	-517 298
1. 个人存款	151 557	62 574	1. 短期贷款	64 211	-207 556
其中：活期储蓄存款	66 827	29 222	（1）个人贷款及透支	1 425	-107
定期储蓄存款	67 887	21 417	其中：个人消费贷款	1 425	-107
结构性存款			（2）单位贷款及透支	62 786	-207 449
2. 单位存款	193 378	40 287	经营贷款及透支	6 712	-42 409
其中：活期存款	111 500	2 495	固定资产贷款		
定期存款	68 009	35 760	并购贷款		
保证金存款	12 245	7 409	贸易融资	56 074	-165 040
结构性存款			（3）非存款类金融机构贷款		
3. 国库定期存款			2. 中长期贷款	318 289	-309 742
4. 非存款类金融机构存款	290 105	33 520	（1）个人贷款	2	
（二）境外存款	3 071	-2 465	其中：个人消费贷款	2	
二、代理财政性存款			（2）单位贷款	318 287	-309 742
三、金融债券			经营贷款	85 660	-186 842
其中：境外发行			固定资产贷款	210 721	-92 922
四、卖出回购资产			并购贷款	15 778	-211
五、向中央银行借款			贸易融资	6 128	-29 767
六、银行业存款类金融机构往来	278 762	-245 465	（3）非存款类金融机构贷款		
七、借款及非存款类金融机构拆入	50 545	14 430	3. 票据融资		
八、联行往来（净）			4. 融资租赁		
九、应付及暂收款	5 888	1 090	5. 各项垫款	11	
其中：应付利息	3 564	1 303	（二）境外贷款		
十、其他负债	6 302	5 914	二、债券投资		
十一、所有者权益	15 649	15 306	三、股权及其他投资		
其中：实收资本			四、买入返售资产		
			五、存放中央银行存款		
			六、缴存中央银行财政性存款		
			七、银行业存款类金融机构往来	272	-162
			八、存放非存款类金融机构款项		
			九、联行往来	592 304	434 370
			其中：境内存放二级准备金	23 885	4 802
			十、库存现金	5 240	514
			十一、应收及预付款	14 812	10 258
			其中：应收利息	1 724	-30
			十二、投资性房地产		
			十三、固定资产		
			十四、其他资产	117	-2 492
			十五、减：各项准备		
			其中：贷款减值准备		
资金来源总计	995 257	-74 810	资金运用总计	995 257	-74 810

表 2.55　交通银行北京市分行外汇信贷收支统计

单位：万美元

项目名称	余额	比年初	项目名称	余额	比年初
一、各项存款	267 575	-16 733	一、各项贷款	7 043	-18 821
（一）境内存款	265 844	-17 045	（一）境内贷款	3 448	-19 077
1. 个人存款	126 963	36 441	1. 短期贷款	1 931	-15 415
其中：活期储蓄存款	46 487	17 360	（1）个人贷款及透支		
定期储蓄存款	28 772	10 669	其中：个人消费贷款		
结构性存款	50 607	8 498	（2）单位贷款及透支	1 931	-15 415
2. 单位存款	132 423	-29 831	经营贷款及透支		
其中：活期存款	91 357	17 301	固定资产贷款		
定期存款	36 754	4 183	并购贷款		
保证金存款	3 727	-51 901	贸易融资	1 931	-15 415
结构性存款			（3）非存款类金融机构贷款		
3. 国库定期存款			2. 中长期贷款	1 517	-3 662
4. 非存款类金融机构存款	6 458	-23 655	（1）个人贷款		
（二）境外存款	1 731	312	其中：个人消费贷款		
二、代理财政性存款			（2）单位贷款	1 517	-3 662
三、金融债券			经营贷款		
其中：境外发行			固定资产贷款	1 517	-3 662
四、卖出回购资产			并购贷款		
五、向中央银行借款			贸易融资		
六、银行业存款类金融机构往来	10 440	-11 050	（3）非存款类金融机构贷款		
七、借款及非存款类金融机构拆入			3. 票据融资		
八、联行往来（净）			4. 融资租赁		
九、应付及暂收款	16 849	7 191	5. 各项垫款		
其中：应付利息	598	-1 156	（二）境外贷款	3 596	255
十、其他负债	20 587	17 274	二、债券投资		
十一、所有者权益			三、股权及其他投资		
其中：实收资本			四、买入返售资产		
			五、存放中央银行存款		
			六、缴存中央银行财政性存款		
			七、银行业存款类金融机构往来	4 478	4
			八、存放非存款类金融机构款项	2 364	1 244
			九、联行往来	298 218	26 439
			其中：境内存放二级准备金		
			十、库存现金	3 296	1 066
			十一、应收及预付款	84	-154
			其中：应收利息	71	-96
			十二、投资性房地产		
			十三、固定资产		
			十四、其他资产	56	-13 647
			十五、减：各项准备	89	-553
			其中：贷款减值准备	89	-553
资金来源总计	315 451	-3 317	资金运用总计	315 451	-3 317

表 2.56　招商银行北京分行外汇信贷收支统计

单位：万美元

项目名称	余额	比年初	项目名称	余额	比年初
一、各项存款	698 469	270 901	一、各项贷款	236 137	149 205
（一）境内存款	689 369	268 511	（一）境内贷款	236 137	149 205
1. 个人存款	324 233	148 810	1. 短期贷款	236 137	156 671
其中：活期储蓄存款	251 193	120 345	（1）个人贷款及透支		
定期储蓄存款	73 040	28 465	其中：个人消费贷款		
结构性存款			（2）单位贷款及透支	236 137	156 671
2. 单位存款	341 556	136 451	经营贷款及透支	1 721	1 721
其中：活期存款	109 762	10 738	固定资产贷款		
定期存款	23 431	19 139	并购贷款		
保证金存款	208 363	106 574	贸易融资	234 416	154 950
结构性存款			（3）非存款类金融机构贷款		
3. 国库定期存款			2. 中长期贷款		-7 466
4. 非存款类金融机构存款	23 580	-16 750	（1）个人贷款		
（二）境外存款	9 100	2 390	其中：个人消费贷款		
二、代理财政性存款			（2）单位贷款		-7 466
三、金融债券			经营贷款		
其中：境外发行			固定资产贷款		
四、卖出回购资产			并购贷款		
五、向中央银行借款			贸易融资		-7 466
六、银行业存款类金融机构往来	11 652	-151 315	（3）非存款类金融机构贷款		
七、借款及非存款类金融机构拆入	2 199	-403	3. 票据融资		
八、联行往来（净）			4. 融资租赁		
九、应付及暂收款	2 091	-3 449	5. 各项垫款		
其中：应付利息	2 086	-3 453	（二）境外贷款		
十、其他负债			二、债券投资		
十一、所有者权益	1 211	-3 965	三、股权及其他投资		
其中：实收资本			四、买入返售资产		
			五、存放中央银行存款		
			六、缴存中央银行财政性存款		
			七、银行业存款类金融机构往来	1 051	-899
			八、存放非存款类金融机构款项		
			九、联行往来	474 525	-32 798
			其中：境内存放二级准备金		
			十、库存现金	3 548	667
			十一、应收及预付款	320	-65
			其中：应收利息	304	-73
			十二、投资性房地产		
			十三、固定资产		
			十四、其他资产	4 769	-1 358
			十五、减：各项准备	4 728	2 983
			其中：贷款减值准备	4 728	2 983
资金来源总计	715 622	111 769	资金运用总计	715 622	111 769

表2.57 上海浦东发展银行北京分行外汇信贷收支统计

单位：万美元

项目名称	余额	比年初	项目名称	余额	比年初
一、各项存款	66 012	-39 012	一、各项贷款	4 954	108
（一）境内存款	65 873	-38 964	（一）境内贷款	4 954	108
1. 个人存款	25 003	7 956	1. 短期贷款	4 275	89
其中：活期储蓄存款	16 422	5 393	（1）个人贷款及透支		
定期储蓄存款	8 491	2 686	其中：个人消费贷款		
结构性存款	9	-176	（2）单位贷款及透支	4 275	89
2. 单位存款	40 733	-46 918	经营贷款及透支	738	-1 318
其中：活期存款	25 745	-59 624	固定资产贷款		
定期存款	14 665	14 611	并购贷款		
保证金存款	323	-1 905	贸易融资	3 537	1 407
结构性存款			（3）非存款类金融机构贷款		
3. 国库定期存款			2. 中长期贷款	540	-120
4. 非存款类金融机构存款	137	-2	（1）个人贷款		
（二）境外存款	139	-48	其中：个人消费贷款		
二、代理财政性存款			（2）单位贷款	540	-120
三、金融债券			经营贷款		
其中：境外发行			固定资产贷款	540	-120
四、卖出回购资产			并购贷款		
五、向中央银行借款			贸易融资		
六、银行业存款类金融机构往来	16 419	15 592	（3）非存款类金融机构贷款		
七、借款及非存款类金融机构拆入			3. 票据融资		
八、联行往来（净）			4. 融资租赁		
九、应付及暂收款	864	273	5. 各项垫款	139	139
其中：应付利息	48	27	（二）境外贷款		
十、其他负债	503		二、债券投资		
十一、所有者权益	444	391	三、股权及其他投资		
其中：实收资本			四、买入返售资产		
			五、存放中央银行存款		
			六、缴存中央银行财政性存款		
			七、银行业存款类金融机构往来	342	-120
			八、存放非存款类金融机构款项		
			九、联行往来	77 724	-23 043
			其中：境内存放二级准备金		
			十、库存现金	659	110
			十一、应收及预付款	206	
			其中：应收利息	10	
			十二、投资性房地产		
			十三、固定资产		
			十四、其他资产	357	189
			十五、减：各项准备		
			其中：贷款减值准备		
资金来源总计	84 242	-22 756	资金运用总计	84 242	-22 756

表 2.58　广发银行北京分行外汇信贷收支统计

单位：万美元

项目名称	余额	比年初	项目名称	余额	比年初
一、各项存款	236 483	140 706	一、各项贷款	28 180	-5 530
（一）境内存款	236 229	140 742	（一）境内贷款	28 180	-5 530
1. 个人存款	11 338	1 530	1. 短期贷款	26 398	-5 530
其中：活期储蓄存款	2 734	1 266	（1）个人贷款及透支		
定期储蓄存款	8 497	259	其中：个人消费贷款		
结构性存款			（2）单位贷款及透支	26 398	-5 530
2. 单位存款	103 761	18 677	经营贷款及透支	15 814	-2 913
其中：活期存款	11 212	-4 046	固定资产贷款		
定期存款	71 493	39 794	并购贷款		
保证金存款	21 056	-10 071	贸易融资	10 584	-2 617
结构性存款		-7 000	（3）非存款类金融机构贷款		
3. 国库定期存款			2. 中长期贷款	1 782	
4. 非存款类金融机构存款	121 130	120 535	（1）个人贷款		
（二）境外存款	254	-36	其中：个人消费贷款		
二、代理财政性存款			（2）单位贷款	1 782	
三、金融债券			经营贷款	1 782	1 782
其中：境外发行			固定资产贷款		-1 782
四、卖出回购资产			并购贷款		
五、向中央银行借款			贸易融资		
六、银行业存款类金融机构往来		-189	（3）非存款类金融机构贷款		
七、借款及非存款类金融机构拆入		-28	3. 票据融资		
八、联行往来（净）			4. 融资租赁		
九、应付及暂收款	1 866	546	5. 各项垫款		
其中：应付利息	1 857	551	（二）境外贷款		
十、其他负债	188	142	二、债券投资		
十一、所有者权益	1 022	-658	三、股权及其他投资		
其中：实收资本			四、买入返售资产		
			五、存放中央银行存款		
			六、缴存中央银行财政性存款		
			七、银行业存款类金融机构往来	453	67
			八、存放非存款类金融机构款项		
			九、联行往来	210 322	146 075
			其中：境内存放二级准备金		
			十、库存现金	317	-59
			十一、应收及预付款	135	-68
			其中：应收利息	110	-93
			十二、投资性房地产		
			十三、固定资产		
			十四、其他资产	152	34
			十五、减：各项准备		
			其中：贷款减值准备		
资金来源总计	239 559	140 519	资金运用总计	239 559	140 519

表2.59 兴业银行北京分行外汇信贷收支统计

单位：万美元

项目名称	余额	比年初	项目名称	余额	比年初
一、各项存款	62 966	-14 871	一、各项贷款		-50 309
（一）境内存款	62 771	-14 947	（一）境内贷款		-50 309
1. 个人存款	11 675	4 685	1. 短期贷款		-50 309
其中：活期储蓄存款	7 547	2 615	（1）个人贷款及透支		
定期储蓄存款	2 571	514	其中：个人消费贷款		
结构性存款	1 557	1 557	（2）单位贷款及透支		-50 309
2. 单位存款	26 511	-43 242	经营贷款及透支		-4 792
其中：活期存款	9 013	4 985	固定资产贷款		
定期存款	16 992	3 291	并购贷款		
保证金存款	507	-51 517	贸易融资		-45 517
结构性存款			（3）非存款类金融机构贷款		
3. 国库定期存款			2. 中长期贷款		
4. 非存款类金融机构存款	24 584	23 610	（1）个人贷款		
（二）境外存款	196	76	其中：个人消费贷款		
二、代理财政性存款			（2）单位贷款		
三、金融债券			经营贷款		
其中：境外发行			固定资产贷款		
四、卖出回购资产			并购贷款		
五、向中央银行借款			贸易融资		
六、银行业存款类金融机构往来	66	-5	（3）非存款类金融机构贷款		
七、借款及非存款类金融机构拆入		-14 373	3. 票据融资		
八、联行往来（净）			4. 融资租赁		
九、应付及暂收款	139	-506	5. 各项垫款		
其中：应付利息	97	-483	（二）境外贷款		
十、其他负债			二、债券投资		
十一、所有者权益	1 167	-2 387	三、股权及其他投资		
其中：实收资本			四、买入返售资产		
			五、存放中央银行存款		
			六、缴存中央银行财政性存款		
			七、银行业存款类金融机构往来	1 063	285
			八、存放非存款类金融机构款项		
			九、联行往来	62 943	17 670
			其中：境内存放二级准备金		
			十、库存现金	350	24
			十一、应收及预付款		-385
			其中：应收利息		-385
			十二、投资性房地产		
			十三、固定资产		
			十四、其他资产		
			十五、减：各项准备	18	-574
			其中：贷款减值准备	18	-574
资金来源总计	64 338	-32 141	资金运用总计	64 338	-32 141

表 2.60　平安银行北京分行外汇信贷收支统计

单位：万美元

项目名称	余额	比年初	项目名称	余额	比年初
一、各项存款	204 900	-129 106	一、各项贷款	57 490	-41 404
（一）境内存款	201 241	-132 557	（一）境内贷款	57 490	-41 404
1. 个人存款	9 326	5 159	1. 短期贷款	9 913	-31 129
其中：活期储蓄存款	3 036	1 611	（1）个人贷款及透支		
定期储蓄存款	6 250	3 514	其中：个人消费贷款		
结构性存款			（2）单位贷款及透支	9 913	-31 129
2. 单位存款	154 706	-127 634	经营贷款及透支	5 039	-31 572
其中：活期存款	28 894	16 789	固定资产贷款		
定期存款	39 193	38 333	并购贷款		
保证金存款	86 618	-182 756	贸易融资	4 874	443
结构性存款			（3）非存款类金融机构贷款		
3. 国库定期存款			2. 中长期贷款	47 429	-10 346
4. 非存款类金融机构存款	37 210	-10 082	（1）个人贷款		
（二）境外存款	3 659	3 451	其中：个人消费贷款		
二、代理财政性存款			（2）单位贷款	47 429	-10 346
三、金融债券			经营贷款	47 429	-10 346
其中：境外发行			固定资产贷款		
四、卖出回购资产			并购贷款		
五、向中央银行借款			贸易融资		
六、银行业存款类金融机构往来	28 000	23 848	（3）非存款类金融机构贷款		
七、借款及非存款类金融机构拆入			3. 票据融资		
八、联行往来（净）			4. 融资租赁		
九、应付及暂收款	5 125	-2 731	5. 各项垫款	148	71
其中：应付利息	2 017	-1 909	（二）境外贷款		
十、其他负债	14	3	二、债券投资		
十一、所有者权益	270	5 647	三、股权及其他投资		
其中：实收资本			四、买入返售资产		
			五、存放中央银行存款		
			六、缴存中央银行财政性存款		
			七、银行业存款类金融机构往来	169	-26
			八、存放非存款类金融机构款项		
			九、联行往来	180 764	-62 245
			其中：境内存放二级准备金		
			十、库存现金	282	45
			十一、应收及预付款	1 585	656
			其中：应收利息	1 508	613
			十二、投资性房地产		
			十三、固定资产		
			十四、其他资产		
			十五、减：各项准备	1 980	-635
			其中：贷款减值准备	1 953	-635
资金来源总计	238 309	-102 339	资金运用总计	238 309	-102 339

表 2.61　中信银行总行营业部外汇信贷收支统计

单位：万美元

项目名称	余额	比年初	项目名称	余额	比年初
一、各项存款	433 168	-186 461	一、各项贷款	72 336	632
（一）境内存款	427 872	-179 925	（一）境内贷款	62 813	3 444
1. 个人存款	56 714	17 529	1. 短期贷款	37 663	12 081
其中：活期储蓄存款	39 332	14 017	（1）个人贷款及透支		
定期储蓄存款	17 272	5 382	其中：个人消费贷款		
结构性存款		-1 981	（2）单位贷款及透支	32 663	7 081
2. 单位存款	360 286	-166 150	经营贷款及透支	30 386	30 386
其中：活期存款	153 672	16 548	固定资产贷款		
定期存款	199 131	-93 904	并购贷款		
保证金存款	7 483	-88 794	贸易融资	2 277	-23 305
结构性存款			（3）非存款类金融机构贷款	5 000	5 000
3. 国库定期存款			2. 中长期贷款	25 149	-8 637
4. 非存款类金融机构存款	10 872	-31 303	（1）个人贷款		
（二）境外存款	5 296	-6 536	其中：个人消费贷款		
二、代理财政性存款			（2）单位贷款	25 149	-8 637
三、金融债券			经营贷款	15 087	15 087
其中：境外发行			固定资产贷款		-29 748
四、卖出回购资产			并购贷款	7 737	7 737
五、向中央银行借款			贸易融资	2 325	-1 714
六、银行业存款类金融机构往来	233 130	109 017	（3）非存款类金融机构贷款		
七、借款及非存款类金融机构拆入			3. 票据融资		
八、联行往来（净）			4. 融资租赁		
九、应付及暂收款	2 455	-1 460	5. 各项垫款		
其中：应付利息	1 433	-10	（二）境外贷款	9 524	-2 812
十、其他负债	8 898	8 804	二、债券投资		
十一、所有者权益	1 252	5 567	三、股权及其他投资		
其中：实收资本			四、买入返售资产		
			五、存放中央银行存款		
			六、缴存中央银行财政性存款		
			七、银行业存款类金融机构往来	233	-890
			八、存放非存款类金融机构款项	20 293	-2 122
			九、联行往来	585 049	-55 851
			其中：境内存放二级准备金		
			十、库存现金	1 620	23
			十一、应收及预付款	392	242
			其中：应收利息	300	161
			十二、投资性房地产		
			十三、固定资产		
			十四、其他资产		-6 691
			十五、减：各项准备	1 019	-123
			其中：贷款减值准备	1 019	-123
资金来源总计	678 904	-64 533	资金运用总计	678 904	-64 533

表 2.62　中国光大银行北京分行外汇信贷收支统计

单位：万美元

项目名称	余额	比年初	项目名称	余额	比年初
一、各项存款	127 937	-149 022	一、各项贷款	21 727	7 148
（一）境内存款	126 023	-149 374	（一）境内贷款	19 712	5 133
1. 个人存款	74 180	19 212	1. 短期贷款	19 355	4 776
其中：活期储蓄存款	30 576	13 833	（1）个人贷款及透支		
定期储蓄存款	11 320	4 798	其中：个人消费贷款		
结构性存款	31 940	408	（2）单位贷款及透支	19 355	4 776
2. 单位存款	16 383	1 807	经营贷款及透支	16 550	9 197
其中：活期存款	12 860	1 610	固定资产贷款		
定期存款	3 100	1 632	并购贷款		
保证金存款	423	-1 435	贸易融资	2 805	-4 421
结构性存款			（3）非存款类金融机构贷款		
3. 国库定期存款			2. 中长期贷款	357	357
4. 非存款类金融机构存款	35 460	-170 393	（1）个人贷款		
（二）境外存款	1 914	352	其中：个人消费贷款		
二、代理财政性存款			（2）单位贷款	357	357
三、金融债券			经营贷款		
其中：境外发行			固定资产贷款		
四、卖出回购资产			并购贷款		
五、向中央银行借款			贸易融资	357	357
六、银行业存款类金融机构往来	30	-4 878	（3）非存款类金融机构贷款		
七、借款及非存款类金融机构拆入		-560	3. 票据融资		
八、联行往来（净）			4. 融资租赁		
九、应付及暂收款	224	-2 038	5. 各项垫款		
其中：应付利息	209	-2 045	（二）境外贷款	2 015	2 015
十、其他负债	1 552	-10 147	二、债券投资		
十一、所有者权益	-989	998	三、股权及其他投资		
其中：实收资本			四、买入返售资产		
			五、存放中央银行存款		
			六、缴存中央银行财政性存款		
			七、银行业存款类金融机构往来	2 602	263
			八、存放非存款类金融机构款项		
			九、联行往来	104 176	-173 106
			其中：境内存放二级准备金	5 416	-19 889
			十、库存现金	1 313	399
			十一、应收及预付款	102	20
			其中：应收利息	102	20
			十二、投资性房地产		
			十三、固定资产		
			十四、其他资产	5	4
			十五、减：各项准备	1 171	375
			其中：贷款减值准备	1 171	375
资金来源总计	128 754	-165 647	资金运用总计	128 754	-165 647

表2.63 华夏银行北京分行外汇信贷收支统计

单位：万美元

项目名称	余额	比年初	项目名称	余额	比年初
一、各项存款	34 597	-8 923	一、各项贷款	3 840	-9 802
（一）境内存款	34 247	-8 776	（一）境内贷款	3 840	-9 802
1. 个人存款	8 900	3 981	1. 短期贷款	2 799	-9 412
其中：活期储蓄存款	5 072	2 783	（1）个人贷款及透支		
定期储蓄存款	3 483	1 343	其中：个人消费贷款		
结构性存款			（2）单位贷款及透支	2 799	-9 412
2. 单位存款	25 346	-12 758	经营贷款及透支	1 450	-9 170
其中：活期存款	22 496	-956	固定资产贷款		
定期存款	240	-11 715	并购贷款		
保证金存款	2 610	-88	贸易融资	1 349	-242
结构性存款			（3）非存款类金融机构贷款		
3. 国库定期存款			2. 中长期贷款	1 041	-390
4. 非存款类金融机构存款	1		（1）个人贷款		
（二）境外存款	350	-146	其中：个人消费贷款		
二、代理财政性存款			（2）单位贷款	1 041	-390
三、金融债券			经营贷款		
其中：境外发行			固定资产贷款	1 041	-390
四、卖出回购资产			并购贷款		
五、向中央银行借款			贸易融资		
六、银行业存款类金融机构往来	1 062	559	（3）非存款类金融机构贷款		
七、借款及非存款类金融机构拆入	18 866	549	3. 票据融资		
八、联行往来（净）			4. 融资租赁		
九、应付及暂收款	707	355	5. 各项垫款		
其中：应付利息	16	-41	（二）境外贷款		
十、其他负债	63	13	二、债券投资		
十一、所有者权益	519	806	三、股权及其他投资		
其中：实收资本			四、买入返售资产		
			五、存放中央银行存款		
			六、缴存中央银行财政性存款		
			七、银行业存款类金融机构往来	80	-24
			八、存放非存款类金融机构款项		
			九、联行往来	51 075	3 182
			其中：境内存放二级准备金		
			十、库存现金	488	-3
			十一、应收及预付款	426	-94
			其中：应收利息		
			十二、投资性房地产		
			十三、固定资产		
			十四、其他资产		
			十五、减：各项准备	95	-100
			其中：贷款减值准备	95	-100
资金来源总计	55 814	-6 641	资金运用总计	55 814	-6 641

表 2.64 中国民生银行北京分行外汇信贷收支统计

单位：万美元

项目名称	余额	比年初	项目名称	余额	比年初
一、各项存款	300 463	-103 240	一、各项贷款		
（一）境内存款	266 614	-135 848	（一）境内贷款		
1. 个人存款	49 903	27 330	1. 短期贷款		
其中：活期储蓄存款	20 200	11 300	（1）个人贷款及透支		
定期储蓄存款	14 676	3 119	其中：个人消费贷款		
结构性存款	12 451	12 451	（2）单位贷款及透支		
2. 单位存款	199 334	-180 419	经营贷款及透支		
其中：活期存款	30 222	-16 500	固定资产贷款		
定期存款	64 877	-164 781	并购贷款		
保证金存款	103 935	20 106	贸易融资		
结构性存款			（3）非存款类金融机构贷款		
3. 国库定期存款			2. 中长期贷款		
4. 非存款类金融机构存款	17 377	17 241	（1）个人贷款		
（二）境外存款	33 849	32 607	其中：个人消费贷款		
二、代理财政性存款			（2）单位贷款		
三、金融债券			经营贷款		
其中：境外发行			固定资产贷款		
四、卖出回购资产			并购贷款		
五、向中央银行借款			贸易融资		
六、银行业存款类金融机构往来	17 248	16 956	（3）非存款类金融机构贷款		
七、借款及非存款类金融机构拆入			3. 票据融资		
八、联行往来（净）			4. 融资租赁		
九、应付及暂收款	1 614	-275	5. 各项垫款		
其中：应付利息	1 293	-354	（二）境外贷款		
十、其他负债	31	22	二、债券投资		
十一、所有者权益	-713	2 350	三、股权及其他投资		
其中：实收资本			四、买入返售资产		
			五、存放中央银行存款		
			六、缴存中央银行财政性存款		
			七、银行业存款类金融机构往来	10 921	-19 996
			八、存放非存款类金融机构款项		
			九、联行往来	298 844	-66 937
			其中：境内存放二级准备金		
			十、库存现金	1 766	437
			十一、应收及预付款	195	14
			其中：应收利息	184	9
			十二、投资性房地产		
			十三、固定资产		
			十四、其他资产	6 919	2 297
			十五、减：各项准备	3	2
			其中：贷款减值准备		
资金来源总计	318 642	-84 187	资金运用总计	318 642	-84 187

表2.65　渤海银行北京分行外汇信贷收支统计

单位：万美元

项目名称	余额	比年初	项目名称	余额	比年初
一、各项存款	29 953	-2 078	一、各项贷款	82 512	-18 634
（一）境内存款	29 953	-2 078	（一）境内贷款	82 512	-18 634
1. 个人存款	131	-112	1. 短期贷款	2 880	-2 872
其中：活期储蓄存款	59	-171	（1）个人贷款及透支		
定期储蓄存款	72	59	其中：个人消费贷款		
结构性存款			（2）单位贷款及透支	2 880	-2 872
2. 单位存款	29 795	-1 967	经营贷款及透支	2 880	-1 748
其中：活期存款	5 632	3 413	固定资产贷款		
定期存款	17 139	-5 379	并购贷款		
保证金存款	7 025		贸易融资		-1 123
结构性存款			（3）非存款类金融机构贷款		
3. 国库定期存款			2. 中长期贷款	79 632	-15 762
4. 非存款类金融机构存款	27		（1）个人贷款		
（二）境外存款			其中：个人消费贷款		
二、代理财政性存款			（2）单位贷款	79 632	-15 762
三、金融债券			经营贷款	79 632	-15 762
其中：境外发行			固定资产贷款		
四、卖出回购资产			并购贷款		
五、向中央银行借款			贸易融资		
六、银行业存款类金融机构往来	17 502	17 500	（3）非存款类金融机构贷款		
七、借款及非存款类金融机构拆入		-253	3. 票据融资		
八、联行往来（净）	32 484	-35 579	4. 融资租赁		
九、应付及暂收款	1 225	789	5. 各项垫款		
其中：应付利息	955	525	（二）境外贷款		
十、其他负债			二、债券投资		
十一、所有者权益	1 750	643	三、股权及其他投资		
其中：实收资本			四、买入返售资产		
			五、存放中央银行存款		
			六、缴存中央银行财政性存款		
			七、银行业存款类金融机构往来	294	-334
			八、存放非存款类金融机构款项		
			九、联行往来		
			其中：境内存放二级准备金		
			十、库存现金	8	-3
			十一、应收及预付款	100	-9
			其中：应收利息	100	-9
			十二、投资性房地产		
			十三、固定资产		
			十四、其他资产		
			十五、减：各项准备		
			其中：贷款减值准备		
资金来源总计	82 914	-18 979	资金运用总计	82 914	-18 979

表 2.66　浙商银行北京分行外汇信贷收支统计

单位：万美元

项目名称	余额	比年初	项目名称	余额	比年初
一、各项存款	66 084	24 292	一、各项贷款	49 998	-4 964
（一）境内存款	66 063	24 385	（一）境内贷款	49 998	-4 964
1. 个人存款	114	75	1. 短期贷款	33 998	-4 964
其中：活期储蓄存款	56	53	（1）个人贷款及透支		
定期储蓄存款	58	23	其中：个人消费贷款		
结构性存款			（2）单位贷款及透支	33 998	-4 964
2. 单位存款	65 949	24 310	经营贷款及透支		-3 447
其中：活期存款	3 268	-555	固定资产贷款		
定期存款	60 931	23 240	并购贷款		
保证金存款	1 750	1 625	贸易融资	33 998	-1 517
结构性存款			（3）非存款类金融机构贷款		
3. 国库定期存款			2. 中长期贷款	16 000	
4. 非存款类金融机构存款			（1）个人贷款		
（二）境外存款	20	-93	其中：个人消费贷款		
二、代理财政性存款			（2）单位贷款	16 000	
三、金融债券			经营贷款	16 000	
其中：境外发行			固定资产贷款		
四、卖出回购资产			并购贷款		
五、向中央银行借款			贸易融资		
六、银行业存款类金融机构往来	12 648	-20 058	（3）非存款类金融机构贷款		
七、借款及非存款类金融机构拆入			3. 票据融资		
八、联行往来（净）			4. 融资租赁		
九、应付及暂收款			5. 各项垫款		
其中：应付利息			（二）境外贷款		
十、其他负债	58	58	二、债券投资		
十一、所有者权益	626	506	三、股权及其他投资		
其中：实收资本			四、买入返售资产		
			五、存放中央银行存款		
			六、缴存中央银行财政性存款		
			七、银行业存款类金融机构往来	7	1
			八、存放非存款类金融机构款项		
			九、联行往来	28 988	9 751
			其中：境内存放二级准备金		
			十、库存现金	6	
			十一、应收及预付款	417	10
			其中：应收利息	417	10
			十二、投资性房地产		
			十三、固定资产		
			十四、其他资产		
			十五、减：各项准备		
			其中：贷款减值准备		
资金来源总计	79 416	4 798	资金运用总计	79 416	4 798

表 2.67　北京银行外汇信贷收支统计（全国）

单位：万美元

项目名称	余额	比年初	项目名称	余额	比年初
一、各项存款	676 298	-24 899	一、各项贷款	424 384	-335 951
（一）境内存款	668 200	-31 536	（一）境内贷款	401 924	-33 010
1. 个人存款	56 457	16 814	1. 短期贷款	399 324	-35 610
其中：活期储蓄存款	24 703	13 524	（1）个人贷款及透支	238	43
定期储蓄存款	25 760	13 152	其中：个人消费贷款	238	43
结构性存款	5 982	-9 862	（2）单位贷款及透支	370 387	-33 868
2. 单位存款	546 294	61 805	经营贷款及透支	49 258	-68 199
其中：活期存款	54 995	8 620	固定资产贷款		
定期存款	243 562	30 508	并购贷款		
保证金存款	247 738	22 727	贸易融资	321 129	34 331
结构性存款			（3）非存款类金融机构贷款	28 700	-1 785
3. 国库定期存款			2. 中长期贷款	2 600	2 600
4. 非存款类金融机构存款	65 448	-110 155	（1）个人贷款		
（二）境外存款	8 099	6 637	其中：个人消费贷款		
二、代理财政性存款			（2）单位贷款	2 600	2 600
三、金融债券			经营贷款	2 600	2 600
其中：境外发行			固定资产贷款		
四、卖出回购资产			并购贷款		
五、向中央银行借款			贸易融资		
六、银行业存款类金融机构往来	327 961	203 414	（3）非存款类金融机构贷款		
七、借款及非存款类金融机构拆入	58 061	-43 192	3. 票据融资		
八、联行往来（净）	2		4. 融资租赁		
九、应付及暂收款	15 889	6 226	5. 各项垫款		
其中：应付利息	3 145	109	（二）境外贷款	22 460	-302 941
十、其他负债	21 247	9 204	二、债券投资	43 858	21 470
十一、所有者权益	-1 297	3 210	三、股权及其他投资	15	
其中：实收资本			四、买入返售资产		
			五、存放中央银行存款	41 185	4 379
			六、缴存中央银行财政性存款		
			七、银行业存款类金融机构往来	571 002	477 191
			八、存放非存款类金融机构款项	18 130	2 192
			九、联行往来		
			其中：境内存放二级准备金		
			十、库存现金	2 413	73
			十一、应收及预付款	5 268	3 020
			其中：应收利息	5 239	3 020
			十二、投资性房地产		
			十三、固定资产		
			十四、其他资产		-18 089
			十五、减：各项准备	8 096	321
			其中：贷款减值准备	6 345	-398
资金来源总计	1 098 161	153 963	资金运用总计	1 098 161	153 963

表 2.68 北京银行外汇信贷收支统计（北京）

单位：万美元

项目名称	余额	比年初	项目名称	余额	比年初
一、各项存款	215 758	-59 089	一、各项贷款	91 243	-341 424
（一）境内存款	215 337	-59 014	（一）境内贷款	84 973	-22 293
1. 个人存款	51 007	14 391	1. 短期贷款	84 973	-22 292
其中：活期储蓄存款	21 190	11 151	（1）个人贷款及透支	238	43
定期储蓄存款	24 547	12 392	其中：个人消费贷款	238	43
结构性存款	5 264	-9 152	（2）单位贷款及透支	56 035	-20 550
2. 单位存款	113 690	8 260	经营贷款及透支	29 011	-14 558
其中：活期存款	42 828	6 365	固定资产贷款		
定期存款	69 212	2 421	并购贷款		
保证金存款	1 649	-476	贸易融资	27 025	-5 993
结构性存款			（3）非存款类金融机构贷款	28 700	-1 785
3. 国库定期存款			2. 中长期贷款		
4. 非存款类金融机构存款	50 641	-81 664	（1）个人贷款		
（二）境外存款	421	-76	其中：个人消费贷款		
二、代理财政性存款			（2）单位贷款		
三、金融债券			经营贷款		
其中：境外发行			固定资产贷款		
四、卖出回购资产			并购贷款		
五、向中央银行借款			贸易融资		
六、银行业存款类金融机构往来	58 287	50 421	（3）非存款类金融机构贷款		
七、借款及非存款类金融机构拆入	5 000	-5 418	3. 票据融资		
八、联行往来（净）		-308 046	4. 融资租赁		
九、应付及暂收款	13 253	6 256	5. 各项垫款		
其中：应付利息	645	210	（二）境外贷款	6 270	-319 131
十、其他负债	9 020	-23	二、债券投资	43 858	21 470
十一、所有者权益	3 671	5 835	三、股权及其他投资	15	
其中：实收资本			四、买入返售资产		
			五、存放中央银行存款	37 890	4 548
			六、缴存中央银行财政性存款		
			七、银行业存款类金融机构往来	74 971	-17 514
			八、存放非存款类金融机构款项	18 130	2 192
			九、联行往来	28 584	28 584
			其中：境内存放二级准备金		
			十、库存现金	1 680	67
			十一、应收及预付款	655	-380
			其中：应收利息	655	-350
			十二、投资性房地产		
			十三、固定资产		
			十四、其他资产	11 076	-7 013
			十五、减：各项准备	3 113	595
			其中：贷款减值准备	1 846	18
资金来源总计	304 989	-310 064	资金运用总计	304 989	-310 064

表2.69　天津银行北京分行外汇信贷收支统计

单位：万美元

项目名称	余额	比年初	项目名称	余额	比年初
一、各项存款	58 814	-2 065	一、各项贷款	330	-7 174
（一）境内存款	53 565	-7 233	（一）境内贷款	330	-7 174
1. 个人存款	190	103	1. 短期贷款	330	-7 174
其中：活期储蓄存款	12	7	（1）个人贷款及透支		
定期储蓄存款	178	96	其中：个人消费贷款		
结构性存款			（2）单位贷款及透支	330	-7 174
2. 单位存款	53 375	-7 336	经营贷款及透支		-6 982
其中：活期存款	896	612	固定资产贷款		
定期存款	52 479	-7 945	并购贷款		
保证金存款		-3	贸易融资	330	-192
结构性存款			（3）非存款类金融机构贷款		
3. 国库定期存款			2. 中长期贷款		
4. 非存款类金融机构存款			（1）个人贷款		
（二）境外存款	5 249	5 168	其中：个人消费贷款		
二、代理财政性存款			（2）单位贷款		
三、金融债券			经营贷款		
其中：境外发行			固定资产贷款		
四、卖出回购资产			并购贷款		
五、向中央银行借款			贸易融资		
六、银行业存款类金融机构往来			（3）非存款类金融机构贷款		
七、借款及非存款类金融机构拆入			3. 票据融资		
八、联行往来（净）			4. 融资租赁		
九、应付及暂收款	100	99	5. 各项垫款		
其中：应付利息	100	99	（二）境外贷款		
十、其他负债	49		二、债券投资		
十一、所有者权益	137	935	三、股权及其他投资		
其中：实收资本			四、买入返售资产		
			五、存放中央银行存款		
			六、缴存中央银行财政性存款		
			七、银行业存款类金融机构往来	56	17
			八、存放非存款类金融机构款项		
			九、联行往来	58 703	6 122
			其中：境内存放二级准备金		
			十、库存现金	11	4
			十一、应收及预付款		
			其中：应收利息		
			十二、投资性房地产		
			十三、固定资产		
			十四、其他资产		
			十五、减：各项准备		
			其中：贷款减值准备		
资金来源总计	59 099	-1 032	资金运用总计	59 099	-1 032

表 2.70　大连银行北京分行外汇信贷收支统计

单位：万美元

项目名称	余额	比年初	项目名称	余额	比年初
一、各项存款	1 698	71	一、各项贷款		
（一）境内存款	96	59	（一）境内贷款		
1. 个人存款	63	25	1. 短期贷款		
其中：活期储蓄存款	19	9	（1）个人贷款及透支		
定期储蓄存款	44	16	其中：个人消费贷款		
结构性存款			（2）单位贷款及透支		
2. 单位存款	34	34	经营贷款及透支		
其中：活期存款	34	34	固定资产贷款		
定期存款			并购贷款		
保证金存款			贸易融资		
结构性存款			（3）非存款类金融机构贷款		
3. 国库定期存款			2. 中长期贷款		
4. 非存款类金融机构存款			（1）个人贷款		
（二）境外存款	1 602	12	其中：个人消费贷款		
二、代理财政性存款			（2）单位贷款		
三、金融债券			经营贷款		
其中：境外发行			固定资产贷款		
四、卖出回购资产			并购贷款		
五、向中央银行借款			贸易融资		
六、银行业存款类金融机构往来			（3）非存款类金融机构贷款		
七、借款及非存款类金融机构拆入			3. 票据融资		
八、联行往来（净）			4. 融资租赁		
九、应付及暂收款	7	1	5. 各项垫款		
其中：应付利息	7	1	（二）境外贷款		
十、其他负债	100		二、债券投资		
十一、所有者权益	-15	-55	三、股权及其他投资		
其中：实收资本			四、买入返售资产		
			五、存放中央银行存款		
			六、缴存中央银行财政性存款		
			七、银行业存款类金融机构往来		-26
			八、存放非存款类金融机构款项		
			九、联行往来	1 744	13
			其中：境内存放二级准备金		
			十、库存现金	26	9
			十一、应收及预付款	20	20
			其中：应收利息		
			十二、投资性房地产		
			十三、固定资产		
			十四、其他资产		
			十五、减：各项准备		
			其中：贷款减值准备		
资金来源总计	1 790	16	资金运用总计	1 790	16

表 2.71　杭州银行北京分行外汇信贷收支统计

单位：万美元

项目名称	余额	比年初	项目名称	余额	比年初
一、各项存款	15 768	4 648	一、各项贷款	3 159	872
（一）境内存款	15 765	4 648	（一）境内贷款	3 159	872
1. 个人存款	1 695	647	1. 短期贷款	3 159	872
其中：活期储蓄存款	61	44	（1）个人贷款及透支		
定期储蓄存款	1 634	603	其中：个人消费贷款		
结构性存款			（2）单位贷款及透支	3 159	872
2. 单位存款	14 070	4 001	经营贷款及透支		
其中：活期存款	1 695	-578	固定资产贷款		
定期存款	11 495	3 699	并购贷款		
保证金存款	880	880	贸易融资	3 159	872
结构性存款			（3）非存款类金融机构贷款		
3. 国库定期存款			2. 中长期贷款		
4. 非存款类金融机构存款			（1）个人贷款		
（二）境外存款	3		其中：个人消费贷款		
二、代理财政性存款			（2）单位贷款		
三、金融债券			经营贷款		
其中：境外发行			固定资产贷款		
四、卖出回购资产			并购贷款		
五、向中央银行借款			贸易融资		
六、银行业存款类金融机构往来	153	-1 199	（3）非存款类金融机构贷款		
七、借款及非存款类金融机构拆入	1 482	1 482	3. 票据融资		
八、联行往来（净）			4. 融资租赁		
九、应付及暂收款	110	91	5. 各项垫款		
其中：应付利息	110	91	（二）境外贷款		
十、其他负债			二、债券投资		
十一、所有者权益	-130	-212	三、股权及其他投资		
其中：实收资本			四、买入返售资产		
			五、存放中央银行存款		
			六、缴存中央银行财政性存款		
			七、银行业存款类金融机构往来	49	-51
			八、存放非存款类金融机构款项		
			九、联行往来	14 067	3 912
			其中：境内存放二级准备金		
			十、库存现金	97	69
			十一、应收及预付款	11	8
			其中：应收利息	11	8
			十二、投资性房地产		
			十三、固定资产		
			十四、其他资产		
			十五、减：各项准备		
			其中：贷款减值准备		
资金来源总计	17 382	4 810	资金运用总计	17 382	4 810

表 2.72　南京银行北京分行外汇信贷收支统计

单位：万美元

项目名称	余额	比年初	项目名称	余额	比年初
一、各项存款	34 450	21 790	一、各项贷款	2 223	－13 805
（一）境内存款	32 135	19 480	（一）境内贷款	2 223	－13 805
1. 个人存款	571	372	1. 短期贷款	2 223	－13 805
其中：活期储蓄存款	98	45	（1）个人贷款及透支		
定期储蓄存款	473	327	其中：个人消费贷款		
结构性存款			（2）单位贷款及透支	2 223	－13 805
2. 单位存款	31 564	19 108	经营贷款及透支	172	－7 945
其中：活期存款	3 867	3 268	固定资产贷款		
定期存款	482	352	并购贷款		
保证金存款	1 618	－4 316	贸易融资	2 051	－5 860
结构性存款			（3）非存款类金融机构贷款		
3. 国库定期存款			2. 中长期贷款		
4. 非存款类金融机构存款			（1）个人贷款		
（二）境外存款	2 315	2 310	其中：个人消费贷款		
二、代理财政性存款			（2）单位贷款		
三、金融债券			经营贷款		
其中：境外发行			固定资产贷款		
四、卖出回购资产			并购贷款		
五、向中央银行借款			贸易融资		
六、银行业存款类金融机构往来		－1 751	（3）非存款类金融机构贷款		
七、借款及非存款类金融机构拆入		－1 514	3. 票据融资		
八、联行往来（净）			4. 融资租赁		
九、应付及暂收款	278	181	5. 各项垫款		
其中：应付利息	202	161	（二）境外贷款		
十、其他负债	16	6	二、债券投资		
十一、所有者权益	253	253	三、股权及其他投资		
其中：实收资本			四、买入返售资产		
			五、存放中央银行存款		
			六、缴存中央银行财政性存款		
			七、银行业存款类金融机构往来	17	
			八、存放非存款类金融机构款项		
			九、联行往来	32 764	32 553
			其中：境内存放二级准备金		
			十、库存现金	56	13
			十一、应收及预付款	10	－70
			其中：应收利息	10	－70
			十二、投资性房地产		
			十三、固定资产		
			十四、其他资产		
			十五、减：各项准备	73	－274
			其中：贷款减值准备	73	－274
资金来源总计	34 997	18 965	资金运用总计	34 997	18 965

表 2.73 盛京银行北京分行外汇信贷收支统计

单位：万美元

项目名称	余额	比年初	项目名称	余额	比年初
一、各项存款	6 893	1 826	一、各项贷款	29 047	8 999
（一）境内存款	6 893	1 826	（一）境内贷款	29 047	8 999
1. 个人存款	233	95	1. 短期贷款	26 855	6 807
其中：活期储蓄存款	94	30	（1）个人贷款及透支		
定期储蓄存款	139	65	其中：个人消费贷款		
结构性存款			（2）单位贷款及透支	26 855	6 807
2. 单位存款	6 660	1 731	经营贷款及透支	23 952	8 274
其中：活期存款	6 152	3 001	固定资产贷款		
定期存款	200	-1 578	并购贷款		
保证金存款	308	308	贸易融资	2 903	-1 467
结构性存款			（3）非存款类金融机构贷款		
3. 国库定期存款			2. 中长期贷款	2 192	2 192
4. 非存款类金融机构存款			（1）个人贷款		
（二）境外存款			其中：个人消费贷款		
二、代理财政性存款			（2）单位贷款	2 192	2 192
三、金融债券			经营贷款	2 192	2 192
其中：境外发行			固定资产贷款		
四、卖出回购资产			并购贷款		
五、向中央银行借款			贸易融资		
六、银行业存款类金融机构往来			（3）非存款类金融机构贷款		
七、借款及非存款类金融机构拆入			3. 票据融资		
八、联行往来（净）	21 769	6 683	4. 融资租赁		
九、应付及暂收款	18	1	5. 各项垫款		
其中：应付利息	18	1	（二）境外贷款		
十、其他负债	2	2	二、债券投资		
十一、所有者权益	484	484	三、股权及其他投资		
其中：实收资本			四、买入返售资产		
			五、存放中央银行存款		
			六、缴存中央银行财政性存款		
			七、银行业存款类金融机构往来	14	-16
			八、存放非存款类金融机构款项		
			九、联行往来		
			其中：境内存放二级准备金		
			十、库存现金	32	8
			十一、应收及预付款	73	5
			其中：应收利息	73	5
			十二、投资性房地产		
			十三、固定资产		
			十四、其他资产		
			十五、减：各项准备		
			其中：贷款减值准备		
资金来源总计	29 166	8 996	资金运用总计	29 166	8 996

表 2.74　上海银行北京分行外汇信贷收支统计

单位：万美元

项目名称	余额	比年初	项目名称	余额	比年初
一、各项存款	128 663	7 331	一、各项贷款	108 798	-44 012
（一）境内存款	89 041	-32 243	（一）境内贷款	108 057	-44 753
1. 个人存款	314	191	1. 短期贷款	88 057	-44 439
其中：活期储蓄存款	270	156	（1）个人贷款及透支		
定期储蓄存款	44	35	其中：个人消费贷款		
结构性存款			（2）单位贷款及透支	88 057	-44 439
2. 单位存款	88 418	-23 642	经营贷款及透支	3 920	-14 299
其中：活期存款	4 133	3 223	固定资产贷款		
定期存款	260	260	并购贷款		
保证金存款	84 025	-27 125	贸易融资	84 137	-30 140
结构性存款			（3）非存款类金融机构贷款		
3. 国库定期存款			2. 中长期贷款	20 000	-314
4. 非存款类金融机构存款	309	-8 792	（1）个人贷款		
（二）境外存款	39 622	39 574	其中：个人消费贷款		
二、代理财政性存款			（2）单位贷款	20 000	-314
三、金融债券			经营贷款	20 000	-314
其中：境外发行			固定资产贷款		
四、卖出回购资产			并购贷款		
五、向中央银行借款			贸易融资		
六、银行业存款类金融机构往来	156	-828	（3）非存款类金融机构贷款		
七、借款及非存款类金融机构拆入	83 793	-28 710	3. 票据融资		
八、联行往来（净）			4. 融资租赁		
九、应付及暂收款	446	237	5. 各项垫款		
其中：应付利息	358	149	（二）境外贷款	741	741
十、其他负债			二、债券投资		
十一、所有者权益	-126	390	三、股权及其他投资		
其中：实收资本			四、买入返售资产		
			五、存放中央银行存款		
			六、缴存中央银行财政性存款		
			七、银行业存款类金融机构往来	40	-16
			八、存放非存款类金融机构款项		
			九、联行往来	103 795	22 371
			其中：境内存放二级准备金		
			十、库存现金	34	19
			十一、应收及预付款	265	60
			其中：应收利息		
			十二、投资性房地产		
			十三、固定资产		
			十四、其他资产		-2
			十五、减：各项准备		
			其中：贷款减值准备		
资金来源总计	212 932	-21 580	资金运用总计	212 932	-21 580

表 2.75　江苏银行北京分行外汇信贷收支统计

单位：万美元

项目名称	余额	比年初	项目名称	余额	比年初
一、各项存款	41 888	14 493	一、各项贷款	11 477	-9 483
（一）境内存款	41 624	14 356	（一）境内贷款	11 477	-9 483
1. 个人存款	194	106	1. 短期贷款	11 477	-9 483
其中：活期储蓄存款	90	44	（1）个人贷款及透支		
定期储蓄存款	57	15	其中：个人消费贷款		
结构性存款	47	47	（2）单位贷款及透支	11 477	-9 483
2. 单位存款	41 430	27 550	经营贷款及透支	2 965	-9 100
其中：活期存款	16 894	5 900	固定资产贷款		
定期存款	10 518	9 518	并购贷款		
保证金存款	5 618	3 732	贸易融资	8 512	-383
结构性存款	6 400	6 400	（3）非存款类金融机构贷款		
3. 国库定期存款	-		2. 中长期贷款		
4. 非存款类金融机构存款		-13 300	（1）个人贷款		
（二）境外存款	264	137	其中：个人消费贷款		
二、代理财政性存款			（2）单位贷款		
三、金融债券			经营贷款		
其中：境外发行			固定资产贷款		
四、卖出回购资产			并购贷款		
五、向中央银行借款			贸易融资		
六、银行业存款类金融机构往来			（3）非存款类金融机构贷款		
七、借款及非存款类金融机构拆入			3. 票据融资		
八、联行往来（净）			4. 融资租赁		
九、应付及暂收款	76	-80	5. 各项垫款		
其中：应付利息	76	-80	（二）境外贷款		
十、其他负债	47	47	二、债券投资		
十一、所有者权益	481	481	三、股权及其他投资		
其中：实收资本			四、买入返售资产		
			五、存放中央银行存款		
			六、缴存中央银行财政性存款		
			七、银行业存款类金融机构往来	277	185
			八、存放非存款类金融机构款项		
			九、联行往来	30 640	24 301
			其中：境内存放二级准备金	5 594	379
			十、库存现金	12	2
			十一、应收及预付款	86	-64
			其中：应收利息	86	-64
			十二、投资性房地产		
			十三、固定资产		
			十四、其他资产		
			十五、减：各项准备		
			其中：贷款减值准备		
资金来源总计	42 492	14 941	资金运用总计	42 492	14 941

表 2.76　宁波银行北京分行外汇信贷收支统计

单位：万美元

项目名称	余额	比年初	项目名称	余额	比年初
一、各项存款	59 478	29 780	一、各项贷款	3 503	-3 913
（一）境内存款	57 675	28 222	（一）境内贷款	3 503	-3 913
1. 个人存款	446	313	1. 短期贷款	3 503	-3 913
其中：活期储蓄存款	306	198	（1）个人贷款及透支		
定期储蓄存款	140	115	其中：个人消费贷款		
结构性存款			（2）单位贷款及透支	3 503	-3 913
2. 单位存款	57 229	28 959	经营贷款及透支	2 683	-2 567
其中：活期存款	8 395	4 105	固定资产贷款		
定期存款	29 915	21 430	并购贷款		
保证金存款		-3 553	贸易融资	820	-1 346
结构性存款			（3）非存款类金融机构贷款		
3. 国库定期存款			2. 中长期贷款		
4. 非存款类金融机构存款		-1 050	（1）个人贷款		
（二）境外存款	1 803	1 558	其中：个人消费贷款		
二、代理财政性存款			（2）单位贷款		
三、金融债券			经营贷款		
其中：境外发行			固定资产贷款		
四、卖出回购资产			并购贷款		
五、向中央银行借款			贸易融资		
六、银行业存款类金融机构往来			（3）非存款类金融机构贷款		
七、借款及非存款类金融机构拆入			3. 票据融资		
八、联行往来（净）			4. 融资租赁		
九、应付及暂收款	81	-70	5. 各项垫款		
其中：应付利息	81	-70	（二）境外贷款		
十、其他负债	4	2	二、债券投资		
十一、所有者权益	203	-106	三、股权及其他投资		
其中：实收资本			四、买入返售资产		
			五、存放中央银行存款		
			六、缴存中央银行财政性存款		
			七、银行业存款类金融机构往来	3	-3
			八、存放非存款类金融机构款项		
			九、联行往来	56 174	33 487
			其中：境内存放二级准备金		-1 655
			十、库存现金	76	26
			十一、应收及预付款	3	3
			其中：应收利息	3	3
			十二、投资性房地产		
			十三、固定资产		
			十四、其他资产	7	6
			十五、减：各项准备		
			其中：贷款减值准备		
资金来源总计	59 766	29 606	资金运用总计	59 766	29 606

表2.77 包商银行北京分行外汇信贷收支统计

单位：万美元

项目名称	余额	比年初	项目名称	余额	比年初
一、各项存款	454	353	一、各项贷款		
（一）境内存款	453	352	（一）境内贷款		
1. 个人存款	252	152	1. 短期贷款		
其中：活期储蓄存款	54	39	（1）个人贷款及透支		
定期储蓄存款	198	113	其中：个人消费贷款		
结构性存款			（2）单位贷款及透支		
2. 单位存款	201	200	经营贷款及透支		
其中：活期存款	201	200	固定资产贷款		
定期存款			并购贷款		
保证金存款			贸易融资		
结构性存款			（3）非存款类金融机构贷款		
3. 国库定期存款			2. 中长期贷款		
4. 非存款类金融机构存款			（1）个人贷款		
（二）境外存款	1	1	其中：个人消费贷款		
二、代理财政性存款			（2）单位贷款		
三、金融债券			经营贷款		
其中：境外发行			固定资产贷款		
四、卖出回购资产			并购贷款		
五、向中央银行借款			贸易融资		
六、银行业存款类金融机构往来			（3）非存款类金融机构贷款		
七、借款及非存款类金融机构拆入			3. 票据融资		
八、联行往来（净）			4. 融资租赁		
九、应付及暂收款	1	1	5. 各项垫款		
其中：应付利息	1	1	（二）境外贷款		
十、其他负债			二、债券投资		
十一、所有者权益	1	1	三、股权及其他投资		
其中：实收资本			四、买入返售资产		
			五、存放中央银行存款		
			六、缴存中央银行财政性存款		
			七、银行业存款类金融机构往来	24	21
			八、存放非存款类金融机构款项		
			九、联行往来	392	333
			其中：境内存放二级准备金		
			十、库存现金	40	1
			十一、应收及预付款		
			其中：应收利息		
			十二、投资性房地产		
			十三、固定资产		
			十四、其他资产		
			十五、减：各项准备		
			其中：贷款减值准备		
资金来源总计	456	355	资金运用总计	456	355

表 2.78　锦州银行北京分行外汇信贷收支统计

单位：万美元

项目名称	余额	比年初	项目名称	余额	比年初
一、各项存款	3 027	2 915	一、各项贷款	32 002	-17 203
（一）境内存款	3 026	2 915	（一）境内贷款	32 002	-17 203
1. 个人存款	89	69	1. 短期贷款	32 002	-17 203
其中：活期储蓄存款	15	4	（1）个人贷款及透支		
定期储蓄存款	74	65	其中：个人消费贷款		
结构性存款			（2）单位贷款及透支	32 002	-17 203
2. 单位存款	2 937	2 846	经营贷款及透支	28 989	23 609
其中：活期存款	1 508	1 417	固定资产贷款		
定期存款	1 427	1 427	并购贷款		
保证金存款	2	2	贸易融资	3 013	-40 812
结构性存款			（3）非存款类金融机构贷款		
3. 国库定期存款			2. 中长期贷款		
4. 非存款类金融机构存款			（1）个人贷款		
（二）境外存款	1		其中：个人消费贷款		
二、代理财政性存款			（2）单位贷款		
三、金融债券			经营贷款		
其中：境外发行			固定资产贷款		
四、卖出回购资产			并购贷款		
五、向中央银行借款			贸易融资		
六、银行业存款类金融机构往来			（3）非存款类金融机构贷款		
七、借款及非存款类金融机构拆入			3. 票据融资		
八、联行往来（净）	28 926	-20 806	4. 融资租赁		
九、应付及暂收款	12	12	5. 各项垫款		
其中：应付利息	6	6	（二）境外贷款		
十、其他负债			二、债券投资		
十一、所有者权益	94	94	三、股权及其他投资		
其中：实收资本			四、买入返售资产		
			五、存放中央银行存款		
			六、缴存中央银行财政性存款		
			七、银行业存款类金融机构往来	13	10
			八、存放非存款类金融机构款项		
			九、联行往来		
			其中：境内存放二级准备金		
			十、库存现金	9	4
			十一、应收及预付款	35	-596
			其中：应收利息	35	-596
			十二、投资性房地产		
			十三、固定资产		
			十四、其他资产		
			十五、减：各项准备		
			其中：贷款减值准备		
资金来源总计	32 059	-17 785	资金运用总计	32 059	-17 785

表 2.79　厦门国际银行北京分行外汇信贷收支统计

单位：万美元

项目名称	余额	比年初	项目名称	余额	比年初
一、各项存款	111 733	41 367	一、各项贷款	5 867	-2 771
（一）境内存款	54 145	27 334	（一）境内贷款	5 867	-2 771
1. 个人存款	3 405	-1 581	1. 短期贷款		-997
其中：活期储蓄存款	34	21	（1）个人贷款及透支		
定期储蓄存款	3 369	-1 604	其中：个人消费贷款		
结构性存款			（2）单位贷款及透支		-997
2. 单位存款	50 740	29 466	经营贷款及透支		-997
其中：活期存款	16 041	-5 233	固定资产贷款		
定期存款	34 699	34 699	并购贷款		
保证金存款			贸易融资		
结构性存款			（3）非存款类金融机构贷款		
3. 国库定期存款			2. 中长期贷款	5 850	-1 791
4. 非存款类金融机构存款		-551	（1）个人贷款		
（二）境外存款	57 588	14 033	其中：个人消费贷款		
二、代理财政性存款			（2）单位贷款	5 850	-1 791
三、金融债券			经营贷款	5 850	-1 791
其中：境外发行			固定资产贷款		
四、卖出回购资产			并购贷款		
五、向中央银行借款			贸易融资		
六、银行业存款类金融机构往来			（3）非存款类金融机构贷款		
七、借款及非存款类金融机构拆入			3. 票据融资		
八、联行往来（净）			4. 融资租赁		
九、应付及暂收款	-34	199	5. 各项垫款	17	17
其中：应付利息	241	180	（二）境外贷款		
十、其他负债	8 447	8 447	二、债券投资		
十一、所有者权益	762	970	三、股权及其他投资		
其中：实收资本			四、买入返售资产		
			五、存放中央银行存款		
			六、缴存中央银行财政性存款		
			七、银行业存款类金融机构往来	164	34
			八、存放非存款类金融机构款项		
			九、联行往来	106 412	45 352
			其中：境内存放二级准备金		
			十、库存现金	17	-11
			十一、应收及预付款	2	-69
			其中：应收利息	2	-69
			十二、投资性房地产		
			十三、固定资产		
			十四、其他资产	8 447	8 447
			十五、减：各项准备		
			其中：贷款减值准备		
资金来源总计	120 909	50 983	资金运用总计	120 909	50 983

表 2.80　北京农商银行外汇信贷收支统计

单位：万美元

项目名称	余额	比年初	项目名称	余额	比年初
一、各项存款	24 909	2 686	一、各项贷款	17 146	-1 230
（一）境内存款	24 908	2 686	（一）境内贷款	17 146	-1 230
1. 个人存款	2 193	307	1. 短期贷款	3 362	-764
其中：活期储蓄存款	843	-143	（1）个人贷款及透支		
定期储蓄存款	1 351	452	其中：个人消费贷款		
结构性存款			（2）单位贷款及透支	3 362	-764
2. 单位存款	12 715	2 379	经营贷款及透支	1 500	-80
其中：活期存款	3 292	894	固定资产贷款		
定期存款	9 060	1 485	并购贷款		
保证金存款	363		贸易融资	1 862	-684
结构性存款			（3）非存款类金融机构贷款		
3. 国库定期存款			2. 中长期贷款	13 784	-467
4. 非存款类金融机构存款	10 000		（1）个人贷款		
（二）境外存款	1		其中：个人消费贷款		
二、代理财政性存款			（2）单位贷款	13 784	-467
三、金融债券			经营贷款		
其中：境外发行			固定资产贷款	2 824	-435
四、卖出回购资产			并购贷款		
五、向中央银行借款			贸易融资	10 960	-32
六、银行业存款类金融机构往来	19 800	9 315	（3）非存款类金融机构贷款		
七、借款及非存款类金融机构拆入	7 000	6 000	3. 票据融资		
八、联行往来（净）	215	-787	4. 融资租赁		
九、应付及暂收款	358	256	5. 各项垫款		
其中：应付利息	35	30	（二）境外贷款		
十、其他负债	7 000		二、债券投资		
十一、所有者权益	484	199	三、股权及其他投资		
其中：实收资本			四、买入返售资产		
			五、存放中央银行存款	431	27
			六、缴存中央银行财政性存款		
			七、银行业存款类金融机构往来	40 286	19 299
			八、存放非存款类金融机构款项	1 408	-240
			九、联行往来		
			其中：境内存放二级准备金		-258
			十、库存现金	293	189
			十一、应收及预付款	196	-373
			其中：应收利息	4	2
			十二、投资性房地产		
			十三、固定资产		
			十四、其他资产	5	-3
			十五、减：各项准备		
			其中：贷款减值准备		
资金来源总计	59 765	17 669	资金运用总计	59 765	17 669

表2.81　中国邮政储蓄银行北京分行外汇信贷收支统计

单位：万美元

项目名称	余额	比年初	项目名称	余额	比年初
一、各项存款	59 245	5 982	一、各项贷款	86 934	56 934
（一）境内存款	59 245	5 982	（一）境内贷款	86 934	56 934
1. 个人存款	4 668	1 574	1. 短期贷款	12 434	12 434
其中：活期储蓄存款	1 750	569	（1）个人贷款及透支		
定期储蓄存款	2 914	1 011	其中：个人消费贷款		
结构性存款			（2）单位贷款及透支	12 434	12 434
2. 单位存款	4 577	4 509	经营贷款及透支	12 434	12 434
其中：活期存款	4 577	4 509	固定资产贷款		
定期存款			并购贷款		
保证金存款			贸易融资		
结构性存款			（3）非存款类金融机构贷款		
3. 国库定期存款			2. 中长期贷款	74 500	44 500
4. 非存款类金融机构存款	50 000	-101	（1）个人贷款		
（二）境外存款			其中：个人消费贷款		
二、代理财政性存款			（2）单位贷款	74 500	44 500
三、金融债券			经营贷款		-30 000
其中：境外发行			固定资产贷款		
四、卖出回购资产			并购贷款	74 500	74 500
五、向中央银行借款			贸易融资		
六、银行业存款类金融机构往来			（3）非存款类金融机构贷款		
七、借款及非存款类金融机构拆入			3. 票据融资		
八、联行往来（净）	33	33	4. 融资租赁		
九、应付及暂收款	31	-129	5. 各项垫款		
其中：应付利息	27	-31	（二）境外贷款		
十、其他负债	394	-2	二、债券投资		
十一、所有者权益	2 472	1 016	三、股权及其他投资		
其中：实收资本			四、买入返售资产		
			五、存放中央银行存款		
			六、缴存中央银行财政性存款		
			七、银行业存款类金融机构往来		
			八、存放非存款类金融机构款项		
			九、联行往来		
			其中：境内存放二级准备金		
			十、库存现金	109	-95
			十一、应收及预付款	365	181
			其中：应收利息	222	182
			十二、投资性房地产		
			十三、固定资产		
			十四、其他资产	-24 627	-50 115
			十五、减：各项准备	606	6
			其中：贷款减值准备	606	6
资金来源总计	62 175	6 900	资金运用总计	62 175	6 900

表 2.82 恒丰银行北京分行外汇信贷收支统计

单位：万美元

项目名称	余额	比年初	项目名称	余额	比年初
一、各项存款	62 070	-12 286	一、各项贷款	96 641	19 131
（一）境内存款	59 675	-14 510	（一）境内贷款	72 678	-4 832
1. 个人存款	17	15	1. 短期贷款	19 354	-25 382
其中：活期储蓄存款	8	6	（1）个人贷款及透支		
定期储蓄存款	9	8	其中：个人消费贷款		
结构性存款			（2）单位贷款及透支	19 354	-25 382
2. 单位存款	4 649	3 066	经营贷款及透支	18 393	-23 257
其中：活期存款	259	-915	固定资产贷款		
定期存款	4 390	4 390	并购贷款		
保证金存款		-409	贸易融资	961	-2 126
结构性存款			（3）非存款类金融机构贷款		
3. 国库定期存款			2. 中长期贷款	53 324	20 550
4. 非存款类金融机构存款	55 009	-17 591	（1）个人贷款		
（二）境外存款	2 395	2 224	其中：个人消费贷款		
二、代理财政性存款			（2）单位贷款	53 324	20 550
三、金融债券			经营贷款	53 324	20 550
其中：境外发行			固定资产贷款		
四、卖出回购资产			并购贷款		
五、向中央银行借款			贸易融资		
六、银行业存款类金融机构往来	11 980	11 980	（3）非存款类金融机构贷款		
七、借款及非存款类金融机构拆入			3. 票据融资		
八、联行往来（净）	20 723	17 636	4. 融资租赁		
九、应付及暂收款	758	525	5. 各项垫款		
其中：应付利息	758	553	（二）境外贷款	23 963	23 963
十、其他负债	1	1	二、债券投资		
十一、所有者权益	339	339	三、股权及其他投资		
其中：实收资本			四、买入返售资产		
			五、存放中央银行存款		
			六、缴存中央银行财政性存款		
			七、银行业存款类金融机构往来		
			八、存放非存款类金融机构款项		
			九、联行往来		
			其中：境内存放二级准备金		
			十、库存现金	16	13
			十一、应收及预付款	181	18
			其中：应收利息	181	18
			十二、投资性房地产		
			十三、固定资产		
			十四、其他资产		
			十五、减：各项准备	966	966
			其中：贷款减值准备	966	966
资金来源总计	95 872	18 195	资金运用总计	95 872	18 195

表2.83　昆仑银行国际业务结算中心外汇信贷收支统计

单位：万美元

项目名称	余额	比年初	项目名称	余额	比年初
一、各项存款	4 537	968	一、各项贷款	190	-1 630
（一）境内存款	4 537	968	（一）境内贷款	190	-1 630
1. 个人存款			1. 短期贷款		
其中：活期储蓄存款			（1）个人贷款及透支		
定期储蓄存款			其中：个人消费贷款		
结构性存款			（2）单位贷款及透支		
2. 单位存款	4 537	968	经营贷款及透支		
其中：活期存款	4 537	968	固定资产贷款		
定期存款			并购贷款		
保证金存款			贸易融资		
结构性存款			（3）非存款类金融机构贷款		
3. 国库定期存款			2. 中长期贷款	190	-1 630
4. 非存款类金融机构存款			（1）个人贷款		
（二）境外存款			其中：个人消费贷款		
二、代理财政性存款			（2）单位贷款	190	-1 630
三、金融债券			经营贷款		
其中：境外发行			固定资产贷款		
四、卖出回购资产			并购贷款		
五、向中央银行借款			贸易融资	190	-1 630
六、银行业存款类金融机构往来			（3）非存款类金融机构贷款		
七、借款及非存款类金融机构拆入			3. 票据融资		
八、联行往来（净）			4. 融资租赁		
九、应付及暂收款	134	-5	5. 各项垫款		
其中：应付利息			（二）境外贷款		
十、其他负债		-77	二、债券投资		
十一、所有者权益	90	90	三、股权及其他投资		
其中：实收资本			四、买入返售资产		
			五、存放中央银行存款		
			六、缴存中央银行财政性存款		
			七、银行业存款类金融机构往来		
			八、存放非存款类金融机构款项		
			九、联行往来	4 572	2 606
			其中：境内存放二级准备金		
			十、库存现金		
			十一、应收及预付款		
			其中：应收利息		
			十二、投资性房地产		
			十三、固定资产		
			十四、其他资产		
			十五、减：各项准备		
			其中：贷款减值准备		
资金来源总计	4 762	976	资金运用总计	4 762	976

（三）机构、人员统计

表 3.1　北京辖区内金融管理机构数量与从业人员数量统计

2016 年 12 月 31 日

单位：家、人

机构名称	机构数量	职工人数
中国人民银行营业管理部	1	540
中国银行业监督管理委员会北京监管局	1	237
中国证券监督管理委员会北京监管局	1	122
中国保险监督管理委员会北京监管局	1	84
北京市金融工作局	1	71
合计	5	1 054

注：表中数据由表中各部门提供。

表 3.2　北京辖区内银行及其他金融机构数量与从业人员数量统计

2016 年 12 月 31 日

单位：家、人

机构名称	机构数			从业人员数	营业员工数
	法人机构	分行级（含总行营业部、办事处、代表处）	支行及支行以下营业网点		
国家开发银行在京营业机构		2		360	17
政策性银行合计		3	13	590	366
中国进出口银行北京分行		1		73	8
中国农业发展银行在京营业机构		2	13	517	358
国有商业银行合计		7	1 813	53 595	34 110
中国工商银行北京市分行		1	561	18 621	11 367
中国农业银行北京市分行		2	361	8 568	5 712
中国银行北京市分行		1	295	9 985	6 458
中国建设银行北京市分行		2	447	11 914	7 193
交通银行北京市分行		1	149	4 507	3 380
股份制商业银行合计		12	939	24 232	17 435
中信银行总行营业部		1	84	3 106	2 114
中国光大银行北京分行		1	122	2 794	2 055
华夏银行北京分行		1	74	2 110	1 441
广发银行北京分行		1	58	1 712	1 176
平安银行北京分行		1	67	1 857	1 369

续表

机构名称	机构数			从业人员数	营业员工数
	法人机构	分行级（含总行营业部、办事处、代表处）	支行及支行以下营业网点		
招商银行北京分行		1	113	4 526	3 758
上海浦东发展银行北京分行		1	79	1 585	1 195
兴业银行北京分行		1	63	1 806	1 372
中国民生银行北京分行		1	232	3 248	2 150
浙商银行北京分行		1	7	530	189
渤海银行北京分行		1	36	747	528
恒丰银行北京分行		1	4	211	88
城市商业银行合计	1	15	363	11 395	7 646
北京银行	1	4	246	7 087	5 148
天津银行北京分行		1	15	423	285
大连银行北京分行		1	5	234	41
杭州银行北京分行		1	15	476	311
南京银行北京分行		1	6	233	153
盛京银行北京分行		1	12	462	340
上海银行北京分行		1	5	262	94
江苏银行北京分行		1	21	593	431
宁波银行北京分行		1	6	515	191
包商银行北京分行		1	14	315	194
锦州银行北京分行		1	6	207	97
厦门国际银行北京分行		1	12	588	361
农村金融机构合计	12		720	9 654	8 590
北京农商银行	1		693	8 864	7 800
村镇银行	11		27	790	790
邮政储蓄银行北京分行		1	571	3 230	1 736
卡中心		11	1	7 052	
外资银行	9	46	66	5 540	1 278
外资银行代表处		66		183	
外资非银行代表处		15		50	
非银行金融机构合计	94	5		11 756	11 756
资产管理公司		4		237	237
企业集团财务公司	71	1		4 662	4 662
信托公司	11			2 769	2 769
金融租赁公司	3			317	317
汽车金融公司	7			3 202	3 202
消费金融公司	1			419	419
货币经纪公司	1			150	150
合计	116	183	4 486	127 637	82 934

注：1. 营业员工数指营业网点的所有员工数。

2. 中国工商银行票据营业部北京分部的数据计入“工商银行北京市分行”。

3. 本表由中国银行业监督管理委员会北京监管局提供。

表 3.3　北京辖区内证券机构数量与从业人员数量统计

2016 年 12 月 31 日

单位：人、家

<table>
<tr><th>机构类别</th><th>机构数量</th><th>从业人员数量</th><th>投资者开户数</th></tr>
<tr><td>证券公司</td><td>18</td><td>36 249</td><td>1 985</td></tr>
<tr><td>证券分公司</td><td>70</td><td rowspan="2">10 389</td><td rowspan="2">1 000</td></tr>
<tr><td>证券营业部</td><td>422</td></tr>
<tr><td>基金管理公司</td><td>31</td><td>5 407</td><td></td></tr>
<tr><td>基金分公司</td><td>54</td><td></td><td></td></tr>
<tr><td>期货经纪公司</td><td>19</td><td>4 207</td><td>60</td></tr>
<tr><td>期货营业部</td><td>96</td><td>843</td><td>12. 36</td></tr>
<tr><td>证券投资咨询公司</td><td>19</td><td>2 913</td><td>25. 53</td></tr>
<tr><td>上市公司</td><td></td><td></td><td></td></tr>
<tr><td>外资代表处</td><td>36</td><td></td><td></td></tr>
</table>

注：本表由中国证券监督管理委员会北京监管局提供。

表 3.4　北京辖区内保险机构数量与从业人员数量统计

2016 年 12 月 31 日

单位：人、家

机构类别	总公司	分公司	支公司	营业部	营销服务部	专属机构（电销中心）	公司职工	保险营销员
中资产险	12	30	142	45	71			
中资寿险	21	36	88	13	182	11		
中资再保险	3							
外资产险	3	12	1	1				
外资寿险	8	22	3		35	9		
外资再保险		3						
政策性保险	1							
资产管理公司	10							
保险集团	8							
合计	66	103	234	59	288	20		
中介法人机构								
其中：代理公司	174	438					116 706	
经纪公司	179	68					17 300	
公估公司	51	11					1 181	
总计	404	517					135 187	131 730

注：1. 总公司是指注册地在北京的保险公司总公司。

2. 本表由中国保险监督管理委员会北京监管局提供。

九、大 事 记

1月

1月1日　北京市正式开始实施预防接种异常反应保险项目试点工作，这是全国首次在预防接种异常反应补偿中引入商业保险补偿机制。该项目由中国人民健康保险公司北京分公司承办，采取“政府保基本，个人保补充”的原则，通过政府购买商业保险，对公民在北京市行政区域内接种一类疫苗引起的异常反应实施政策性补偿。同时，由保险公司进一步开发配套保险产品，受种者（或其监护人）自愿购买，获得补充风险保障。

1月4日　中国太平洋财产保险公司北京分公司签发首张诉讼财产保全责任保险保单。

1月5日　中证中小投资者服务中心有限责任公司与81家证券公司北京地区的327家营业部共同签署了关于促进北京地区证券纠纷解决的工作备忘录，在北京地区试点推出证券纠纷解决小额速调机制。

小额速调机制针对简易小额纠纷，调解机构可依据有关法律法规、行业惯例等作出调解结果。如果投资者接受该调解结果，争议双方均须自觉履行调解协议；如果投资者不同意调解结果，则调解结果对争议双方均无约束力，投资者可寻求其他救济途径。

1月21日　北京市人民政府办公厅印发《北京市进一步做好防范和处置非法集资工作的管理办法》，明确指出严格投融资类市场主体准入管理，建立行业（领域）“黑名单”制度和联合惩戒工作机制，加强行政监管性约束和惩戒，支持行业协会制定并执行行业准入和自律规则。并要求行业协会对投资理财、非融资性担保、P2P网络借贷等重点领域加强风险监控等。

华夏银行北京中关村管理部揭牌仪式暨投贷联动服务方案发布会在中关村示范区展示中心举行。在揭牌仪式上，华夏银行北京中关村管理部发布了投贷联动服务方案。华夏银行北京分行分别与中关村创投、晨光昌盛担保公司、英诺天使基金签订投贷联动合作协议，与中关村上市公司协会、中关村企业信用促进会、中关村军民融合产业联盟、中关村大数据交易产业联盟、中关村科技融资担保公司、中关村股权交易集团、京西创业公社签订战略合作协议。

1月27日　宁波银行北京分行第7家支行——石景山支行开业。当日，该行出资5万元，在石景山区慈善总会设立“展翅未来——宁波银行助学活动基金”，用于资助石景山区的贫困家庭学生。（宁波银行）

1月28日　中国银行北京市分行举行中国银行结构化融资中心（北京）揭牌仪式。6月20日，该行成功签约赞比亚卡夫拉夫塔供水系统出口买方信贷业务。

2月

2月19日　北京市人民政府与中国农业银行北京市分行共同发起设立的北京市行政副中心建设发展基金正式启动。该基金将按照政府引导、市场主导的管理模式，由中国农业银行北京市分行和北京国有资本经营管理中心国共同出资设立基金管理公司作为基金管理人。基金首期规模300亿元，总规模1 000亿元，重点用于行政副中心建设的基础设施、公共服务、生态环境、科技创新等领域。

2月26日 中华联合财产保险公司与柬埔寨国家保险公司签订《共保业务合作伙伴谅解备忘录》。中华联合财产保险公司北京分公司将在车险、人身意外险、健康险及工程保险等领域与柬埔寨国家保险公司开展共保合作。

上海浦东发展银行北京分行中标首单PPP项目——郑州市107辅道快速化工程PPP项目。

3月

3月23日 北京市人民政府办公厅印发《北京市人民政府办公厅关于加快发展商业健康保险的实施意见》（京政办发〔2016〕16号），提出了北京市加快发展商业健康保险的总体目标、重点任务和政策措施，这是当前和今后一个时期北京商业健康保险发展的纲领性文件。

3月25日 在由北京市金融工作局主办、首金网协办的2016年第一季度政金企沟通交流专题会暨“互联网金融支持小微企业发展”研讨会上，中华联合财产保险公司北京分公司与首金网签署《中小企业短期借款履约保证保险合作协议》；北京农商银行与首金网签署协议，将基于首金保（银行版）产品，为小微企业提供全面金融服务。

中信银行总行营业部联合胡润百富发布《2016留学趋势特别报告》，并同时启动“中信银行第二届留学奖学金”计划。

3月29日 太平财险保险公司北京分公司获得中铁国际集团有限公司员工意外险独家承保资格，为该公司国内员工121人、出国人员106人提供总计3.5亿元的人身意外及救援保障。

4月

4月8日 北京农商银行与中关村大街运营管理公司签署《开发性金融合作协议》。根据协议，北京农商银行将为中关村大街运营管理公司提供银团贷款、项目贷款、流动资金贷款、并购贷款、债券业务等全方位金融服务。

4月19日 汇安基金管理有限责任公司获中国证监会批复，4月25日正式成立。这是业内首家全自然人控股的公墓基金管理公司，注册资本1亿元，注册地为上海，设北京、上海双总部。

4月22日 “富民直通车，普惠京津冀”——北京银行助力三地农村经济协同发展推动会在京举行。会上，北京银行与北京市发展和改革委员会、天津市旅游发展委员、河北省发展和改革委员会等单位达成合作，针对京津冀三地农户，北京银行将逐步推广“富民直通车”产品，解决经营农户在贷款、担保、收付账款等环节遇到的难题，共同促进三地农户脱贫创收。

中国银行北京市分行与国家开发银行北京市分行签署全面战略合作协议。根据协议，双方将在银团贷款、同业业务、海外业务、金融市场、国际结算、投资理财、中小企业服务、养老金融、个人金融等多个领域开展合作，并将棚户区改造项目银团贷款、同业业务及海外业务定为下一阶段合作重点。

富邦华一银行有限公司北京分行获得中国银行业监督管理委员会北京监管局（以下简称北京银监局）批准开业，8月

5 日正式开业。该行运营资金 5 000 万元，是北京辖内第一家台资银行。

5 月

5 月 11 日 中国金融工会北京工作委员会召开 2016 年北京金融系统先进集体先进个人表彰暨北京金融先进模范讲师团成立大会。会议通报了评先创优工作情况，表彰了 21 个先进集体、19 人先进个人，并向先进模范讲师团首批 6 名代表讲师颁发了聘书。北京金融系统先进集体代表、先进个人、各会员单位工会领导、工会干部、职工代表等 110 余人参加了会议。

5 月 16 日 中国农业银行北京市分行与平谷区人民政府签署战略合作协议，承诺在未来 3 年内给予平谷区 80 亿元意向性授信额度，重点投向平谷区内重大基础设施建设、棚户区改造、一河十园工程、农村污水处理工程、生态环境监测网络建设、智能交通管理系统、马坊南区开发等领域。

5 月 26 日 华泰财产保险公司北京分公司专属保险代理门店获准经营，6 月 7 日取得工商营业执照。该公司专属保险代理门店试点工作正式全面启动。

5 月 27 日 中国银行北京市分行为亚洲基础设施投资银行设立的专属服务网点——北京武定侯街支行正式开业。

5 月 28 ~ 29 日，以“新机遇、新金融、新发展”为主题的第四届中国（北京）国际服务贸易交易会——2016 金融街论坛在北京金融街举办。本次论坛围绕“宏观经济形势与金融业改革创新”“金融促进京津冀协同发展”“世界经济增长前景与新动力”等话题进行了解读，专设演讲与对话环节。北京大学国家发展研究院副院长黄益平、清华大学经济管理学院副院长白重恩、中国人民银行货币政策委员会委员樊纲等嘉宾就“金融服务一带一路”“金融服务供给侧结构性改革”等话题展开交流对。本次论坛还设立了“十三五时期京津冀金融业创新发展”“深化新三板改革”两场分论坛，为京津冀金融协同发展、“新三板”改革创新提供新思路。

5 月 31 日 太平财险保险公司北京分公司独家承保物美集团 2016 ~ 2017 年度统保保险项目，为该集团提供包括财产一切险、雇主责任险、公众责任险以及现金险等一揽子保险保障服务。

6 月

6 月 2 日 北京银监局以“服务大局、服务大众——监管引领北京银行业提升首都金融服务质效”为主题，召开第 49 场银行业例行新闻发布会，介绍了北京银行业服务首都经济社会发展、服务市民百姓，全面助力首都“四个中心”建设和“双轮驱动”发展战略贯彻落实等情况。

6 月 6 日 中国农业银行北京市分行在平谷区首发“北京通——居民健康卡”。该卡是为市民提供政府公共服务和个人信用管理等集合应用的多功能卡，是首张符合“北京通”标准的居民健康卡。

6 月 16 日 中国银行北京市分行作为联席主承销商分别为中芯国际集成电路制造公司成功发行 1 年期短期熊猫债 6 亿元、3 年期中期熊猫债 15 亿元。该债券是中国债券市场上发行的首只集成电路产业熊猫债，也是中国银行北京市分行首次为境外红筹公司在境内发行的熊猫债。

6月27日 全国中小企业股份转让系统有限责任公司正式对挂牌公司实施分层管理，设立创新层和基础层，符合不同标准的挂牌公司分别纳入创新层或基础层管理。

6月29日 中国农业银行北京市分行作为北京新机场项目银团贷款牵头行及代理行，协调银团成员行为该项目发放首笔银团贷款，金额5 000万元。北京新机场项目是国家“十二五”期间最重要的大型基础设施项目，是全面推进京津冀协同发展的重要契机和载体。该项目银团贷款融资总额不超过400亿元，银团成员均为国内大型商业银行。

北京银行举办支持中关村“万家创客”行动计划发布仪式。根据计划，北京银行中关村小巨人创客中心将坚持服务科技、文化、绿色领域的创客，以投贷联动创新为主线，通过联动企业、机构、银行、政府等多方资源，围绕股权投资、债权融资、创业孵化，搭建一个股权投资和债权融资的联动平台，并力争在2016年底前，使创客中心会员规模达到10 000家，3年内达到20 000家。

7月

7月1日 经北京银监局核准，原中国民生银行股份有限公司总行营业部正式更名为中国民生银行股份有限公司北京分行。

7月3日 北京保险行业协会、北京保险学会联合《中国保险报》、光明网等媒体，组织业内63家保险公司在朝阳公园开展主题为“保险让生活更美好——保险相伴 呵护无限”的北京保险业“7·8全国保险公众宣传日”现场咨询活动。

7月5日 海淀区落实《北京市居家养老服务条例》失能护理互助保险新闻发布会暨启动仪式成功举办。本次活动由海淀区人民政府、中国人民人寿保险公司北京市分公司、北京市金融工作局、北京市民政局、中国保险监督管理委员会北京监管局（以下简称北京保监局）主办。根据《海淀区居家养老失能护理互助保险试点办法》规定，具有海淀区城乡户籍年满18周岁以上的居民及在海淀行政区域内各类合法社会组织工作的具有北京市户籍的人员，均可参加长期护理互助保险。

7月6日 中国人民财产保险公司北京市开发区支公司签发了第一张农民工工资支付履约保证险保单，标志着产健联动推进的农民工综合保障项目成功落地。

7月12日 中国邮储银行北京分行与中关村发展集团签署战略合作协议，双方将在资金来源、支付结算、项目推荐、项目储备、信息共享等方面开展合作。中国邮储银行北京分行向中关村发展集团提供100亿元意向性授信，用于中关村科技园区建设、科技金融创新和中小微企业一体化金融服务。

交通银行北京市分行与太平石化金融租赁公司签署《全面战略合作协议》，双方将进一步发挥各自区域、牌照和资源优势，创新金融产品模式，拓宽业务渠道，实现资源共享、优势互补、互惠互利和联动发展的战略合作关系。

7月19日 北京市遭遇连续暴雨天气，华泰财产保险公司北京分公司理赔部启动重大自然灾害应急预案，开辟理赔绿色通道，轻微损失案件实施快速理赔。

7月21日 太平财产保险公司北京

分公司独家承保中国在印度尼西亚投资的能源项目——神华国华印尼爪哇7号火电厂项目，为该项目提供工程险及其延迟完工险、货运险及其延迟完工险、雇主责任险。

7月26日 北京市金融工会、中国金融工会北京工作委员会、北京市银行业协会联合召开北京银行业集体合同签字仪式暨全面推进金融企业集体协商会议，协商双方首席代表分别在《北京银行业集体合同》《北京银行业2016年工资专项集体合同》上签字，北京金融系统80余家单位的工会及人力资源等部门的分管领导和工作人员160余人参加了会议。

7月27日 渤海银行首家智能化创新体验旗舰店——渤海银行北京通州支行正式开业。该支行将人脸识别技术与视频监控系统进一步融合，与叫号系统、客户信息系统、业务管理系统等进行系统联动，并配备多部智能终端、各类PAD、手机、网银体验电脑，提升用户智能化体验。

7月29日 中国人民财产保险公司北京市分公司与密云区京纯养蜂合作社举行支农融资项目签约放贷仪式，为该合作社提供贷款100万元，周期1年，资金将用于合作社扩大再生产和相关设施建设，北京地区支农融资项目正式启动。这是北京市保险资金直接用于涉农贷款签约的第一单。

8月

8月1日 中国建设银行北京市分行与中国华阳经贸集团有限公司签署《战略合作协议》。根据协议，双方将建立长期战略合作伙伴关系，在综合授信、实业投资、产业建设、产业园运营、跨境业务等方面发挥各自优势，在高端汽车产业园、融资租赁、石化产业、海外工程总包等领域开展合作。

8月15日 中国建设银行北京市分行首家轻型网点——育英储蓄所正式开业。

8月19日 中国人寿保险公司北京市分公司举行2016年北京市实名注册志愿者团体人身意外伤害保险项目签约仪式，惠及全市350余万名实名注册志愿者的保险保障项目将在2017年正式生效。

8月29日 上海浦东发展银行北京分行成功落地系统内首笔自营资金投资“京东白条”应收账款资产证券化业务。

8月31日 北京保险业召开2016“7·8全国保险公众宣传日”活动表彰大会，来自全行业百余家会员公司的代表近240人参会。会议向参与2016北京保险业“7·8全国保险公众宣传日”活动的63家会员公司和34位突出个人给予表彰和鼓励。

9月

9月1日 《中华人民共和国慈善法》正式实施之际，北京银行与华能信托、中航信托合作开展家族信托服务，对接家族信托管理资产发起设立国内首批慈善信托并担任监察人。北京银行私人银行客户每设立一笔家族信托，其部分信托收益、受托人及财务顾问佣金将注入慈善信托用于支持特定公益慈善项目。

9月2日 上海浦东发展银行北京分行独家主承销的北京首都开发公司12亿元资产支持票据（ABN）成功取得注册通知书，这是银行间债券市场首笔由房地产企业作为原始权益人的ABN业务。

9月6日 中国银行北京市分行举办北京地区外汇市场自律机制成立大会暨外汇和跨境人民币业务展业公约签约仪式。外汇市场自律机制是由银行间外汇市场成员组成的市场自律和协调机制，在符合国家有关汇率政策和外汇管理规定的前提下，对人民币汇率中间价报价行为，以及银行间市场和银行柜台市场交易行为进行自律管理，维护市场正当竞争秩序，促进外汇市场有序运作和健康发展。

北京农商银行与天津农商银行、河北省农村信用社联合社、农信银资金清算中心联合推出京津冀“农银通”卡。在三地农信“柜面通”全覆盖的基础上，持卡人可在三家机构所辖的覆盖京津冀的6 000余家网点的全部柜面和ATM免收京津冀三地个人客户跨区域存取款、转账手续费，实现了三地个人客户资金的跨区域无成本流通。

杭州银行北京分行与东城区国家税务局、东城区地方税务局签署“银税互动”合作框架协议。根据协议，合作三方将发挥各自优势，探索以纳税企业税务数据及信息为基础的银税合作模式，共同为辖内小微企业解决融资难问题。

9月14日 中信银行总行营业部向丰台区榆树庄村棚户区改造项目发放8.06亿元贷款。这是北京市第一笔由商业银行主导融资的政府购买棚户区改造服务项目。

9月23日 北京银行“惠淘金”同业金融交易平台上线运行。该平台将传统线下交易流程全部搬到线上，客户可以在线上获取交易需求信息，达成交易意向，并签订电子化业务合同，在线上完成资金划转和到期时间本息结算。

9月26日 中国银行北京市分行成功营销阿尔斯通（中国）投资公司叙做出口买方信贷业务，为越南国家电力公司办理首笔提款3 300万美元，保障了越南Lai Chou 4 × 300MW水电项目的顺利实施。

9月29日 中国民生银行北京分行成功发行全国首单央企绿色循环经济资产证券化项目——汇富中再资源废弃电器电子产品处理基金收益权资产支持专项计划。该项目是国内首单固体废弃物处理行业环保资产证券化业务，全国首例还款来源全部为国家环保补贴基金的项目。

10月

10月14日 中国人民财产保险公司北京市分公司与九州证券“保险+期货”创新项目签约仪式在京举行。当天，双方还与互联网平台一米信息签订合作协议，国内首个“保险+期货+互联网”创新模式正式落地。

第七届“银联杯”北京市商业服务业收银员职业技能竞赛决赛举行。此次活动由北京市商业联合会、北京市总工会、北京市妇女联合会及中国银联北京分公司共同主办，北京市各商业银行和专业化服务公司协办。从本市十多万名银联卡收银员中推荐产生的180余名参赛选手，经过笔试和机试，共决出5个一等奖、10个二等奖和15个三等奖。组委会还评选出3个获得“优秀组织奖”的收单机构和5个获得“技能竞赛优胜奖”的特约商户。

10月19日 中国农业银行北京市分行完成首笔“股权投资+信贷投放”投贷联动业务，为北京城市副中心“两站一街”项目投放首期资金63亿元。

10月20日 中国建设银行北京市分

行与北京速通公司共同研发的北京地区首家ETC一体化移动办理设备投入使用，客户足不出户即可完成签约、激活及安装全流程业务办理。

10月26日 北京农商银行与北京控股集团签署全面战略合作协议，双方将重点在通州水环境治理项目、北京市重点棚户区改造项目、农村“煤改气”工程项目等领域开展一揽子融资业务合作。北京农商银行给予北京控股集团300亿元意向性授信额度。

10月27～30日 2016北京国际金融博览会暨北京国际金融投资理财博览会在北京展览馆举办。本届博览会以“金融服务、金融发展、金融创新”为主题，共有130余家金融机构参加展览展示、高端论坛、金融惠民等活动。

11月

11月15日 北京银行正式启动“悦行国际”出国金融综合服务体系。“悦行国际”是北京银行围绕客户出国旅游、留学“全周期”需求，综合打造的“一站式”出国金融全流程服务体系。发布仪式上，北京银行与中青旅控股股份有限公司、新东方前途出国咨询公司、北京澳际教育咨询公司分别签署合作协议，将在出境旅游、出国留学领域开展深入合作，打造资源共享、优势互补、合作共赢的出国金融联盟新生态。

11月16日 北京国际信托有限公司与北京建工集团举行战略合作协议签约暨产业基金设立仪式，双方将通过联合设立产业投资基金的方式开展深度合作，优先投资于京津冀协同发展战略及基础设施产业发展战略所涉及的地区，该基金总规模200亿元。

11月28日 上海浦东发展银行北京分行首创的“表内＋表外”30亿元经营性物业综合融资业务顺利起息，标志着浦发银行系统内首笔表内外结合的经营性物业综合融资创新业务成功落地。

11月29日 中国进出口银行北京分行与国家工业和信息化部、北京市发展和改革委员会共同主办集成电路“十三五”重大项目融资对接会，来自全国的十余家集成电路行业重点龙头企业参加。

12月

12月2日 新华人寿保险公司北京分公司承保的失独家庭综合保障项目，即“暖心计划”新闻发布会在京举行。“暖心计划”由政府出资，为北京市失独老人购买包括养老金、意外伤害保险金、意外伤害医疗保险金、疾病身故保险金和女性重疾保险金在内的综合保险，投入资金3 081万元，服务失独老人11 046人。

12月7日 北京市金融学会召开第九届会员大会，选举产生了以中国人民银行营业管理部主任周学东为会长的新一届理事会、监事会，新吸收了16家团体单位会员，其中在京科研机构2家，财务公司9家，中资银行北京分行5家。会后，举办学术报告会，邀请著名经济学家厉以宁教授和对外经济贸易大学校长助理丁志杰教授分别就“供给侧结构性改革与金融的作用”“国际金融危机影响及其应对”发表演讲，学会新任会长周学东对两场演讲进行了精彩点评。

12月9日 中国邮储银行北京分行首家智慧银行——玲珑路支行开业。该行分为业务办理区、自助服务区、客户体验区，设置了智能服务机器人、自助填单机、智能叫号预处理机、智能导览台、互动营销桌、微信照片打印机等各类智能设备。

中信建投证券股份有限公司在香港联合交易所主板上市，每股发售价6.81港元，募资约70.97亿港元。

12月12日 由北京市金融工作局、北京保监局指导，《北京商报》联手北京市品牌协会主办的“2016北京金融论坛暨年度北京金融业十大品牌评选”揭晓。北京银行、北京京东金融科技控股有限公司、嘉实基金管理有限公司、中国银行北京市分行、中信银行总行营业部、中国建设银行北京市分行、中国邮储银行北京分行、中国人寿财产保险公司北京市分公司、新华人寿保险公司北京分公司、中国平安财产保险公司北京分公司荣获“北京金融业十大品牌”。

12月16日 华夏银行北京分行第60家综合性支行——大兴支行正式开业。

12月18日 中国工商银北京市分行牵头京冀两地10余家银行与北京金隅股份有限公司、冀东发展集团和唐山冀东水泥股份有限公司签署《战略合作协议》《债务优化银团合作协议》《债转股合作协议》，以“并购贷款+债务优化银团+债转股”的一揽子金融服务，向上述3家企业提供230亿元意向融资支持，助力京津冀协同发展重大并购项目。

12月19日 北京银行与内蒙古自治区人民政府签署全面战略合作协议。根据协议，北京银行将在5年内向内蒙古自治区提供1 000亿元授信，支持并参与内蒙古自治区PPP项目，为重点企业、重点项目、中小微企业提供更大的金融支持。

12月23日 中国银行北京市分行首家中小企业金融服务特色支行——宏达北路支行正式成立。

12月26日 北京农商银行与北京建工集团签署银企全面战略合作协议。根据协议，北京农商银行将给予北京建工集团200亿元意向性授信额度，并提供包括授信业务、资金管理服务、投行业务、外汇业务、对公理财业务、个人金融服务等在内的全方位金融服务。

12月27日 中国平安财产保险公司北京分公司与北京市红十字会急诊抢救中心签约，携手成立北京首个车险人伤保险理赔服务中心，双方将共同致力于为车险事故中的伤者提供医疗救治和保险理赔综合服务。

12月28日 北京地区正式全面实施机动车辆保险电子保单试点工作。机动车电子保单全面试点，是在原商业车险电子保单试点的基础上，电子化范围扩展到交强险，涵盖目前北京地区投保车险的客车、货车、特种车、摩托车、拖拉机以及农机具等全部机动车。北京地区所有经营车险业务的保险公司，不再统一印制和签发纸质保单和纸质交强险标志。电子保单及电子交强险标志的内容和格式与纸质保单、纸质交强险标志保持一致，是纸质单证的电子替代品，具有同等法律效力。

12月30日 浦发硅谷银行有限公司北京分行获得北京银监局开业批复，并于2017年3月1日正式开业，营运资金1亿元。

12月31日 中国农业银行北京市分行中标大兴区瀛海镇集体建设用地拆除腾退项目20亿元贷款承贷行资格，并实现首笔投放3 400万元。该笔投放是农业银行系统内首笔农村集体经营性建设用地入市贷款。

十、附　　录

（一）北京市金融机构名录

（截至 2016 年 12 月 31 日）

1. 金融管理机构

机构名称	地　址	邮　编	电　话
中国人民银行营业管理部	西城区月坛南街 79 号	100045	68559550
（国家外汇管理局北京外汇管理部）	（海淀区莲花池东路 39 号西金大厦）	100036	（68559918）
中国银行业监督管理委员会北京监管局	西城区金融大街 20 号交通银行大厦 B 座	100033	58391815
中国证券监督管理委员会北京监管局	西城区金融街 26 号金阳大厦 6 层	100033	88088060
中国保险监督管理委员会北京监管局	西城区金融大街 15 号鑫茂大厦北楼 9 层	100033	66060530
北京市金融工作局	西城区槐柏树街 2 号市府大楼 2 号楼	100053	63020601

2. 银行业机构

（1）中资银行

机构名称	地　址	邮　编	电　话
国家开发银行北京市分行	西城区复兴门内大街 158 号远洋大厦 8 层	100031	63223100
国家开发银行企业局	西城区太平桥大街 16 号丰融国际大厦 11 层	100032	66000900
中国进出口银行北京分行	东城区北河沿大街 77 号	100009	64099688
中国农业发展银行北京市分行	丰台区南四环西路 186 号 1 区 1 号楼 5 层	100045	68081842

中国农业发展银行总行营业部	西城区月坛北街甲2号月坛大厦南楼	100045	68081456
中国工商银行股份有限公司北京市分行	西城区复兴门南大街2号天银大厦B座	100031	66410579
中国农业银行股份有限公司北京市分行	东城区朝阳门北大街13号	100027	61128111
中国银行股份有限公司北京市分行	东城区朝阳门内大街2号凯恒中心C座、E座	100010	85121710
中国建设银行股份有限公司北京市分行	西城区宣武门西大街28号楼4门	100053	63603682
交通银行股份有限公司北京市分行	西城区金融大街22号	100033	88668000
中国建设银行股份有限公司北京中关村分行	海淀区知春路96号	100086	82118322
中国农业银行股份有限公司北京中关村分行	海淀区知春路6号	100091	82270080－1038
中信银行股份有限公司总行营业部	西城区金融大街甲27号投资广场A座	100033	66211809
中国光大银行股份有限公司北京分行	西城区宣武门内大街1号	100031	66567647
中国民生银行股份有限公司北京分行	西城区复兴门内大街2号	100032	58560626
华夏银行股份有限公司北京分行	西城区金融大街11号	100032	58598600
兴业银行股份有限公司北京分行	朝阳区朝阳门北大街20号兴业银行大厦	100020	59886666
广发银行股份有限公司北京分行	东城区东长安街甲2号	100005	65169007
平安银行股份有限公司北京分行	西城区复兴门内大街158号远洋大厦	100031	66292424
上海浦东发展银行股份有限公司北京分行	西城区太平桥大街18号丰融国际大厦	100032	84085589
招商银行股份有限公司北京分行	西城区复兴门内大街156号	100031	66426889
渤海银行股份有限公司北京分行	西城区复兴门内大街28号凯晨世贸中心东座F1	100031	66270036
浙商银行股份有限公司北京分行	西城区金融大街甲1号－1	100033	88006040
恒丰银行股份有限公司北京分行	西城区金融大街8号C座	100033	50961888
中国邮政储蓄银行股份有限公司北京分行	朝阳区建国门北大街光华路50号	100600	65217190
北京银行股份有限公司	西城区金融大街丙17号北京银行大厦	100033	66426500
北京银行股份有限公司中关村分行	海淀区中关村大街甲28号	100086	82533039
天津银行股份有限公司北京分行	西城区东河沿胡同73号宣武门大厦	100052	83175805
大连银行股份有限公司北京分行	朝阳区建国路93号万达广场B座	100022	65812510

杭州银行股份有限公司北京分行	东城区建国门内大街 26 号	100005	64088400
盛京银行股份有限公司北京分行	朝阳区光华路 4 号东方梅地亚中心 D 座	100026	85570016
南京银行股份有限公司北京分行	西城区金融大街 10 号	100033	83399001
上海银行股份有限公司北京分行	朝阳区建国门外大街丙 12 号	100022	57610006
江苏银行股份有限公司北京分行	西城区金融大街 8 号楼华融大厦 1 ~5 层	100028	56986086
宁波银行股份有限公司北京分行	海淀区西三环北路 100 号 1 ~2 层、11 ~15 层	100037	53266091
包商银行股份有限公司北京分行	朝阳区北四环东路 115 号 8 号楼	100101	64816060
锦州银行股份有限公司北京分行	东城区建国门北大街 5 号	100005	85072111
厦门国际银行股份有限公司北京分行	西城区三里河东路 5 号中商大厦	100045	68533333 –603
北京农村商业银行股份有限公司	西城区月坛南街 1 号院 2 号楼	100045	63229161
北京延庆村镇银行股份有限公司	延庆区高塔街 73 号	102199	69178738
北京密云汇丰村镇银行有限责任公司	密云区新东路 126 –1 号	101500	58120710
北京怀柔融兴村镇银行有限责任公司	怀柔区南华园 2 区甲 41 号楼	101400	61620106
北京大兴九银村镇银行股份有限公司	大兴区西红门镇欣荣北大街 18 号院 3 号	100162	80255566
北京昌平包商村镇银行有限责任公司	昌平区南环东路 32 –6 号	102200	60783888
北京大兴华夏村镇银行股份有限公司	大兴区康庄路 52 号院 14 号楼	102600	69221122
北京顺义银座村镇银行股份有限公司	顺义区西辛南区乙 62 号	101300	61408713
北京通州国开村镇银行股份有限公司	通州区杨庄南里甲 66 号	101121	52998500
北京门头沟珠江村镇银行股份有限公司	门头沟区永定镇石龙南路 8 号	102308	60865137
北京房山沪农商村镇银行股份有限公司	房山区良乡拱辰北大街 1 号	102488	61378796
北京平谷新华村镇银行股份有限公司	平谷区迎宾花园 4 号楼 1 ~3 层	101200	89999790

（2）中资银行分支机构

中国农业发展银行北京市分行

机构名称	地　址	邮　编	电　话
分行营业部	丰台区南四环西路186号汉威国际广场1区1号楼5层	100060	68081050
天坛支行	东城区东花市南里东区15号楼1层东侧	100062	87103181
西三环支行	海淀区西三环北路87号	100089	88568455
门头沟支行	门头沟区滨河路87号	102300	69828640
房山区支行	房山区良乡西路乙28号	102488	69373003
通州区支行	通州区新华北路55号	101100	69521324
昌平区支行	昌平区北环路4号	102200	89784518
顺义区支行	顺义区新顺南大街27号	101300	69449488
大兴区支行	大兴区黄村西大街51号	102622	69209352
平谷区支行	平谷区平谷镇太和园甲7号楼	101200	89980049
怀柔区支行	怀柔区后横街15号	101400	69684840
密云县支行	密云区新南路73号	101500	69040079
延庆县支行	延庆区妫水南街33号1幢	102100	69188337

中国工商银行股份有限公司北京市分行

机构名称	地　址	邮　编	电　话
分行营业部	西城区复兴门南大街2号天银大厦B座	100031	66411138
东城支行	东城区东四十条24号	100007	84020260

王府井支行	东城区王府井大街 237 号	100006	65282037
和平里支行	东城区和平里北街 14 号	100013	64216766
长安支行	西城区宣内大街乙 6 号	100031	66031114
新街口支行	西城区西直门内大街 143 号	100035	62218008
南礼士路支行	西城区阜外大街 8 号	100037	68039698
金融街支行	西城区太平桥大街丰汇园 11 号	100032	58362273
地安门支行	西城区德外大街 77 号 D 座	100088	82251116
崇文支行	东城区永定门外大街 86 号	100075	87205462
宣武支行	西城区广安门内大街 116 号	100055	63264148
广安门支行	西城区广外南滨河路 3 号楼	100055	63480658
珠市口支行	东城区珠市口东大街 15 号	100062	67050807
朝阳支行	朝阳区朝外大街 1 号	100020	65993696
九龙山支行	朝阳区广渠路甲 40 号	100022	67783294
亚运村支行	朝阳区慧忠北里 407 号	100012	64863545
望京支行	朝阳区酒仙桥路 10 号	100102	64368207
商务中心区支行	朝阳区建国路 108 号	100022	65669958
海淀支行	海淀区中关村东路 100 号	100080	62524784
海淀西区支行	海淀区北四环西路 65 号	101200	82887672
中关村支行	海淀区上地信息路 2 号	100085	82896276
翠微路支行	海淀区阜成路 79 号	100036	88127226
西客站支行	海淀区莲花池东路 39 号	100055	63955387
丰台支行	丰台区文体路 19 号	100071	63815968
方庄支行	丰台区芳城园三区 18 号楼	100078	67690160
经济技术开发区支行	北京经济技术开发区荣昌东街甲 5 号隆盛大厦 A 座 2 层	100176	67863557

石景山支行	石景山区石景山路63号	100043	68878416
门头沟支行	门头沟区新桥大街12号	102300	69844598
房山支行	房山良乡西潞北大街32号	102488	89350799
通州支行	通州区新华大街155号	101100	69546362
大兴支行	大兴区兴政街24号	102600	69269131
顺义支行	顺义区石园西路	101300	69443932
昌平支行	昌平区昌平镇鼓楼西街35号	102200	69746269
怀柔支行	怀柔区商业街23号	101400	69642388
密云支行	密云区鼓楼南大街	101500	69042424
平谷支行	平谷区府前西街14号	101200	69961425
延庆支行	延庆区延庆镇东大街37号	102100	69143392

中国农业银行股份有限公司北京市分行

机构名称	地　　址	邮　编	电　话
东城支行	东城区金宝街58号华丽大厦	100005	65283536
西城支行	西城区车公庄北街16号院1号	100044	88319655
崇文支行	东城区珠市口东大街1号新阳商务楼A座	100062	67089993－8686
宣武支行	西城区宣武门外大街甲1号	100053	53266781
朝阳支行	朝阳区朝外工体路东2号	100020	65522914
海淀支行	海淀区海淀大街37号	100080	62533651
丰台支行	丰台区东大街9号	100071	63811911
石景山支行	石景山区八角南路18号	100043	68885947
万寿路支行	海淀区西四环中路16号院6号楼	100039	68276732
亚运村支行	朝阳区安定路33号化信大厦A座8层	100029	64411280

开发区支行	北京经济技术开发区中和街 3 号	100176	56965304
海淀东区支行	海淀区学院路丁 11 号	100083	82376481
朝阳东区支行	朝阳区建外大街 8 号 IFC 大厦 B 座 31 层	100022	85660996－8017
通州支行	通州区八里桥南街 1 号院 9 号楼	101100	69542656
顺义支行	顺义区府前西街 2 号	101300	69444435
昌平支行	昌平区西环路 25 号蓝郡嘉苑 13 号楼	102200	69740107
大兴支行	大兴区兴丰南大街 128 号	102600	69243488
房山支行	房山区良乡拱辰北大街 19 号	102488	81389559
怀柔支行	怀柔区青春路 39 号	101400	69644982
平谷支行	平谷区府前街 23 号	101200	69961393
密云支行	密云区滨河路 24 号	101500	69041923
延庆支行	延庆区东外大街 73 号	102100	69141625
中关村分行	海淀区知春路 6 号锦秋国际大厦 A 座 3 层	100191	82961104
分行营业部	东城区朝阳门北大街 13 号	100010	68358266

中国银行股份有限公司北京市分行

机构名称	地　址	邮　编	电　话
王府井支行	东城区东方广场 W2 座 103 号	100738	85190600
奥运村支行	朝阳区北辰东路 8 号院 1 号楼 1 层	100101	64818119
东城支行	东城区交道口东大街 81 号	100007	64065202
西城支行	西城区阜外大街 5 号	100037	68001383
崇文支行	东城区广渠门内大街 47 号 1～4 层	100062	67027078
宣武支行	西城区南新华街 1 号	100052	63916159
朝阳支行	朝阳区东三环北路霞光里 18 号	100027	59207000

海淀支行	海淀区北四环西路58号	100080	82607378
丰台支行	丰台区西三环南路14号院1号楼	100073	53256988
房山支行	房山区良乡拱辰北大街3号	102488	89356347
首都机场支行	顺义区首都机场四纬路9号C区1层42室	100621	64558010－161
通州支行	通州区车站路44号	101100	80506044
经济技术开发区支行	北京经济技术开发区荣京东街3号1层、2层2－201号	100176	67825900
顺义支行	顺义区府前西街4号	101300	69420847
昌平支行	昌平区南环路57号	102200	69742986
密云支行	密云区密云镇鼓楼南大街24号	101500	69043818
怀柔支行	怀柔区开放路33号	101400	69644897
延庆支行	延庆区延庆镇庆园街12号	102100	69144079
商务区支行	朝阳区北三环东路8号	100028	64689535
金融中心支行	西城区金融大街7号英蓝国际中心1层	100033	66555033
使馆区支行	朝阳区三里屯路5号	100027	84429019
石景山支行	石景山区八角西街57号	100043	68864969
雅宝路支行	朝阳区雅宝路8号3号楼	100020	85662950
方庄中心支行	丰台区南三环东路23号1号楼1至2层东段商业	100078	59763751
世纪财富中心支行	朝阳区光华东里8号院1号楼	100020	85875200
大兴支行	大兴区黄村镇兴丰大街（三段）199号	102600	81291666
中关村支行	海淀区海淀大街8号中钢国际广场A座	100080	62687060
中银大厦支行	西城区复兴门内大街1号1层G区	100818	66591141
平谷支行	平谷区林荫北街11号	101200	69965648
国际贸易中心支行	朝阳区建国门外大街1号－1号院8号楼L302A	100004	65052608
中银营业部	西城区复兴门内大街1号1层	100818	66596688

中国建设银行股份有限公司北京市分行

机构名称	地　址	邮　编	电　话
中关村分行	海淀区知春路 96 号	100086	82118322
分行营业部	西城区闹市口大街 1 号院 1 号楼	100033	63603260
东四支行	东城区美术馆后街 8 号	100010	51997801
西四支行	西城区阜外大街甲 26 号	100037	51999906
前门支行	东城区西打磨厂街 1 号	100062	51992008
城建支行	丰台区方庄蒲芳路 28 号	100078	51999175
宣武支行	西城区广内大街 314 号	100053	63209509
铁道专业支行	丰台区莲花池东路 114－1 号	100055	51996540
朝阳支行	朝阳门外大街乙 10 号楼	100020	51995616
丰台支行	丰台区西四环南路 54 号	100161	63826958
石景山支行	石景山区石景山路 22 号	100043	51993506
长安支行	海淀区复兴路 33 号翠微大厦西配楼	100036	68151098
开发区支行	北京经济技术开发区景园北街 2 号 55 栋	100176	67881039
安华支行	朝阳区安定路 35 号	100029	51993427
西单支行	西城区西单北大街 34 号	100032	66035636
安慧支行	朝阳区北辰东路 8 号汇欣大厦 B 座 1 层、2 层	100101	84970085
光华支行	朝阳区光华路 7 号汉威大厦	100004	65614009
月坛支行	西城区金融大街 19 号富凯大厦 B 座	100033	66573046
鼎昆支行	西城区黄寺大街 23 号	100120	51996248
保利支行	东城区朝阳门北大街 1 号新保利大厦	100010	65263453
苏州桥支行	海淀区北三环西路 99 号西海国际中心 118 号	100086	68431720

阜成路支行	海淀区阜成路19号	100048	68726207
东大街支行	丰台区东大街25号	100071	63818305
望京支行	朝阳区花家地北里1号	100102	64729808
华贸支行	朝阳区建国路89号院18号楼北座	100025	51996592
地坛支行	东城区安定门外大街138号皇城国际大厦1层	100011	64268442
房山支行	房山区良乡拱辰北大街1号	102488	81389590
门头沟支行	门头沟区双峪路22号	102300	69835874
通州支行	通州区玉带河西街25号	101100	69543798
顺义支行	顺义区府前中街7号	101300	69443295
昌平支行	昌平区东环路95号	102200	69743173
延庆支行	延庆区东外大97号	102100	69189302
怀柔支行	怀柔区南大街22号	101400	69644594
密云支行	密云区新南路71号	101500	69044986
平谷支行	平谷文化南街19号	101200	69961565
大兴支行	大兴区兴政街25号	102600	69244497

交通银行股份有限公司北京市分行

机构名称	地　址	邮　编	电　话
分行营业部	西城区金融大街33号	100033	66101115
金融大街支行	西城区金融大街20号和22号	100033	88668030
东单支行	东城区大雅宝胡同8号	100005	65125811
东单北大街支行	东城区东单北大街乙112号	100005	65274814
王府井支行	东城区王府井大街200号	100005	65289470
工体北路支行	东城区新中街68号	100027	65521157

东大桥支行	朝阳区工体东路20号百富国际大厦南侧1层	100020	65867078
亚运村支行	朝阳区安慧里2区4号楼	100101	64912512
慧忠北里支行	朝阳区慧忠北里小区111号	100012	64800993
亚北支行	朝阳区安立路60号院润丰花园六号楼X座西段	100101	64820734
北苑支行	朝阳区北苑6号院1区102号楼公建04号房天怡家园底商首层	100012	84945329
媒体村支行	朝阳区北辰绿色家园天朗园C座1层西侧	110107	84932021
和平里支行	朝阳区外馆东街51号柳清居裙房	100011	64408101
胜古园支行	朝阳区胜古西庄胜古家园3号楼1层	100029	64426223
兴化路支行	东城区和平里兴化路11号	100013	64283083
中轴路支行	朝阳区安贞西里三区26楼	100029	84134538
西坝河支行	朝阳区西坝河西里28号英特公寓B座	100028	64476002
太阳宫支行	朝阳区太阳宫火星园10号楼	100028	84158650
阜外支行	西城区车公庄大街9号院1号楼S-3号	100044	88395396
西直门支行	海淀区高粱桥斜街59号院2号楼09号	100044	62239929
百万庄支行	西城区百万庄大街11号粮科大厦1层	100037	68342240
三里河支行	西城区三里河1区五号院8号楼首层	100034	68521075
官园支行	西城区车公庄路新华里16-3号京侨国际公馆	100044	88359267
时代之光支行	海淀区西直门北大街45号2号楼	100082	82582582
海淀支行	海淀区苏州街16号神州数码大厦1~2层	100080	82608175
双榆树支行	海淀区中关村东路123号都市网景E座1层	100086	62142618
中关村支行	海淀区成府路蓝旗营高校住宅楼西端首层	100084	62768691
万柳支行	海淀区长春桥路11号万柳亿城大厦B座北侧1层、2层	100089	58816702

西区支行	海淀区复兴路40号中国铁道建筑总公司综合办公大厦1～5层东侧	100039	52689830
永定路支行	海淀区永定路66号1层北侧	100039	68230978
翠微路支行	海淀区翠微路12号新华联商业大厦	100036	68250874
定慧寺支行	海淀区恩济庄2区北3号楼新洲商务大厦1层	100142	88119807
丰台东路支行	丰台区万芳园1区1号楼1层02号	100070	83683722
大成路支行	丰台区大成路25号	100141	88255570
三元支行	朝阳区曙光西里28号中冶大厦	100028	64686000
团结湖支行	朝阳区农展馆南路13号瑞晨国际中心首层1号铺	100125	85983575
麦子店支行	朝阳区枣营路甲4号永安宾馆	100125	65935314
水碓子支行	朝阳区水碓子北里19号楼	100026	85960974
东润支行	朝阳区南十里居28号东润枫景底商	100016	64361088
八里庄北里支行	朝阳区八里庄北里128号楼1层23号底商	100025	85852528
天坛支行	东城区天坛东里北区12号	100061	67197198
华威路支行	朝阳区华威北里20号楼	100021	67785143
崇文门支行	东城区东兴隆街56号	100062	67027608
东方庄支行	丰台区芳城东里9号楼1层	100078	87623896
西单支行	西城区西长安街甲17号	100031	66229970
北蜂窝路支行	海淀区北蜂窝路乙15号	100038	63985369
经济技术开发区支行	北京经济技术开发区隆庆街3号	100176	67883551
东高地支行	丰台区南苑路警备东路6号2区方仕国际酒店	100076	67063671
文化园西路支行	北京经济技术开发区文化园西路8号院30号楼1层108室	100176	87220063
旧宫支行	大兴区旧宫镇旧桥路1号院1号楼103室	100163	56407580

望京支行	朝阳区望京街 9 号商业楼	100102	59203677
望京中环路支行	朝阳区望京西园 304 号楼	100102	64751171
望京南湖中园支行	朝阳区望京南湖中园 K3－301 号楼	100102	84713883
望京西园支行	朝阳区望京西园 4 区 416 号楼	100102	64713569
酒仙桥支行	朝阳区酒仙桥路 10 号星城国际大厦 C 座 1 层	100016	61841796
望京东路支行	朝阳区望京东园四区 13 号楼 1 层 109 室	100102	84294178
顺义支行	顺义区仓上街 AMB 大厦 B 区 1 层	101300	89448050
顺义天竺支行	顺义区天竺花园天韵广场 109－4 商铺	101312	64578121
顺义石门支行	顺义区石门街 6 号供销社大厦	101300	60416538
东区支行	朝阳区广渠路 21 号	100124	58202964
广渠路支行	朝阳区双井 1 号优仕阁大厦 B 座、C 座首层	100022	58614207
东三环中路支行	朝阳区东三环中路 61 号商用物业	100022	59037431
双井支行	朝阳区广渠路 36 号院 5 号楼	100022	67043110
金茂支行	朝阳区广渠路 23 号院 1 号楼	100124	67043878
林萃路支行	朝阳区林萃路倚林家园 24 号楼	100192	82724866
安翔里支行	朝阳区安翔路 1 号	100101	64853146
清河支行	海淀区龙岗路清景园 4 号楼 1 层	100192	52718566
西三旗支行	昌平区建材城西路 87 号院 8 号楼新龙大厦	100096	82969345
建材城西路支行	海淀区建材城西路 27 号 1 层 116 室	100096	82463362
丰台支行	丰台区南四环西路 188 号 5 区 24 号楼	100070	63705569
玉泉营支行	丰台区草桥欣园 1 区 6 号楼 1 层 102 号	100070	87584450
长辛店支行	丰台区张郭庄 16 号	100072	83880276
丰台北路支行	丰台区丰台北路 36 号 1 号楼 1 层	100071	83897709
丰管路支行	丰台区东大街 20 号东南角楼 1 层 1112 号	100071	52598203
西三环支行	海淀区西三环北路 89 号国际财经中心	100089	88825870

紫竹桥支行	海淀区紫竹院路1号人济山庄D座裙房103号、203号	100044	88556236
阜成路支行	海淀区阜成路14号1号楼2层	100048	68768149
车公庄西路支行	海淀区车公庄西路20号	100044	68415660
通州支行	通州区九棵树街187号	101100	81511768
通州梨园支行	通州区九棵树东路156号	101100	81533398
临河里支行	通州区临河里53号楼1层116~118室	101101	81595602
世纪星支行	通州区通朝大街305号	101100	56865645
世纪城支行	海淀区蓝靛厂世纪城小区金夕园甲1号楼4段	100097	88463291
闵庄路支行	海淀区闵庄南路9号玉泉馨苑服务楼首层	100195	88403061
田村路支行	海淀区畅茜园景宜里7号楼1层	110143	88181633
观山园支行	海淀区蓝靛厂观山园5号楼	100097	88879878
半壁店支行	海淀区永定路2号院5号楼1层	100143	57797303
青年路支行	朝阳区青年路27号院1号楼	100025	56089566
常营支行	朝阳区常营丽景园6号楼1层	100024	56303350
朝阳北路支行	朝阳区朝阳北路99号楼	100123	85526505
朝阳路支行	朝阳区八里庄西里99号1层	100025	85795583
常通路支行	朝阳区常通路3号院2号楼1层112号	100024	85094930
八里庄支行	朝阳区八里庄北里219号楼1层101局部	100025	85511655
宣武支行	西城区广安门内大街319号1层及2层东侧	100055	83131682
马连道支行	西城区广外大街248号机械大厦1层	100055	63327912
右安门支行	西城区白纸坊东街10号	100054	63559939
西便门支行	西城区宣武门西大街甲129号	100031	66412659
政务中心支行	丰台区西三环南路1号	100161	89151024
东直门支行	东城区东直门外大街48号东方银座大厦	100027	84476501

春秀路支行	朝阳区春秀路甲1号	100027	64153430
和平里东街支行	东城区和平里东街民旺园31号楼1层南侧1号	100013	64484182
国土房管局大厦支行	东城区和平里北街6号1层西侧、3层西侧	100013	64409448
上地支行	海淀区上地科技路甲2号	100085	62980467
北清路支行	昌平区北清路1号院1号楼永旺国际商城购物中心1层	102208	80700790
学府树支行	海淀区学府树家园2区8－1—8－21号1层	100085	60603286
北三环中路支行	西城区北三环中路29号院2号楼1层	100029	82251033
马甸支行	西城区德胜门外大街5号	100088	62381990
北太平庄支行	海淀区花园东路32号仰源大厦1层A102～A104室	100191	82030856
德胜门支行	西城区德外关厢地区中交大厦	100088	82013556
黄寺大街支行	西城区黄寺大街23号院1号楼1层	100120	82235080
大望路支行	朝阳区西大望路3号蓝堡北区写字楼101～103号	100026	85997420
光华路支行	朝阳区光华路甲8号	100026	65832625
建国路支行	朝阳区建国路90号	100022	85891257
大兴支行	大兴区龙河街127号	102600	69206535
兴华大街支行	大兴区兴华大街2段13号院3号楼－2号	102600	80220731
西红门支行	大兴区西红门北1街1号院3号楼1层106号	100162	80220725
清城支行	大兴区富强路106号	102600	89293108
中关村园区支行	海淀区中关村新科祥园甲6号楼1层、2层东南侧	100190	82523200
五道口支行	海淀区中关村东路16号院1号楼1层108室	100083	62423913
五棵松支行	海淀区复兴路69号A1－02号房	100036	88213725

西四环中路支行	丰台区靛厂路26号12号楼底商	100039	68265676
公主坟支行	海淀区复兴路甲14号华鹰大厦1层	100036	63969655
慧忠里支行	朝阳区慧忠北里413号楼	100012	64924239
宝盛里支行	海淀区黑泉路8号1幢康健宝胜广场A座1层1002号	100192	62998836
来广营支行	朝阳区来广营西路7号院18号楼	100012	84363511
奥运村支行	朝阳区清林路1号院7号楼1层103室	100107	84940897
华贸天地支行	朝阳区清河营南街7号院7号楼	100012	84870662
芳群园支行	丰台区方庄芳群园4区23号	100078	67672631
东三环支行	朝阳区东三环北路19号嘉盛中心B2座中青大厦1~2层	100020	65869832
朝外支行	朝阳区朝阳门外大街16号中国人寿大厦108室	100021	85253857
天通苑支行	昌平区东小口镇天通苑小区203B－4单元1~2层	102218	84826491
石景山支行	石景山区石景山路29号1栋京燕饭店1层西侧	100043	68871196
璟都会支行	石景山区时代花园南路19号院20号楼1层106室	100043	68800712
海特花园支行	石景山区海特花园57号楼1层	100041	68800876
永安里支行	朝阳区建外永安东里甲3号通用时代国际中心1号写字楼	100022	65699303
育惠东路支行	朝阳区小营路12号亚运花园1层	100101	84624402
农科院支行	海淀区学院南路55号6号楼1层	100081	62119831
松榆里支行	朝阳区弘燕路周庄山水文园2期201号楼103号房屋	100022	67328200
木樨园支行	丰台区东木樨园9号	100075	67217945

福海国际支行	丰台区南苑5号金泰彤翔商厦2#楼1层1009号	100075	87275521
彩虹城支行	丰台区光彩路65号1号楼101－C底商	100075	87866609
回龙观支行	昌平区回龙观镇天龙苑25号1层	102208	81748391

招商银行股份有限公司北京分行

机构名称	地　址	邮　编	电　话
分行营业部	西城区复兴门内大街156号A座	100031	66426622
长安街支行	东城区建国门内大街11号	100736	65292024
中关村支行	海淀区中关村南大街2号数码大厦A座2层	100086	52786212
东三环支行	朝阳区东三环北路1号	100027	64623026
甘家口支行	西城区百万庄大街甲39号	100037	68365433
亚运村支行	朝阳区北辰东路8号	100101	84987476
万寿路支行	海淀区复兴路乙20号	100036	68286557
双榆树支行	海淀区白石桥路7号理工科技大厦1层	100081	62467183
小关支行	朝阳区惠新东街2号小营珠宝城1层	100101	64822450
工体支行	朝阳区新东路10号楼	100006	65272067
宣武门支行	西城区宣外大街30号	100052	63164385
西三环支行	海淀区阜成路67号	100036	68716009
朝阳门支行	东城区朝阳门北大街6号	100027	85282349
北三环支行	东城区北三环东路36号D座	100086	59575075
光华路支行	朝阳区光华路1号嘉里中心2层	100020	85296382
东方广场支行	东城区东长安街1号东方广场E3座2层	100005	85150201
崇文门支行	东城区东兴隆街58号	100062	67089468
建国路支行	朝阳区建国路116号	100022	65660168

大屯路支行	朝阳区大屯路南沙滩66号华源冠军城1号楼	100089	82884290
首体支行	海淀区西直门外大街168号腾达大厦	100044	88577116
大运村支行	海淀区知春路27号	100086	82357645
万泉河支行	海淀区万柳东路阳春光华家园甲5号	100089	82573007
方庄支行	丰台区方庄通润商务会馆B区首层	100078	87656923
金融街支行	西城区金融大街35号	100033	88091265
清华园支行	海淀区清华大学东门外紫光大厦	100084	62793655
静安里支行	朝阳区北三环东路8号	100028	64666006
德胜门支行	西城区德胜门外大街81号	100088	82065228
海淀支行	海淀区北四环西路56号	100080	62695363
世纪城支行	海淀区蓝靛厂垂虹园甲1号楼	100089	88876703
望京支行	朝阳区南湖南路15号院甲1号金隅丽港城	100102	64799870
朝外大街支行	朝阳区朝外大街26号	100020	85653253
东直门支行	东城区东直门外大街46号	100027	84608015
万达广场支行	朝阳区建国路93号万达广场7号楼	100022	58203546
慧忠北里支行	朝阳区慧忠北里305号楼	100012	64880995
北苑路支行	朝阳区北苑路168号首层	100101	84468546
建外大街支行	朝阳区东三环中路39号建外SOHO小区6号楼	100022	59000510
万通中心支行	朝阳区朝外大街甲6号万通中心1层	100020	59070211
望京西园支行	朝阳区望京西园134号楼1层	100102	64789785
大望路支行	朝阳区西大望路15号3号楼首层	100022	87723210
上地支行	海淀区农大南路1号院2号楼B座首层	100085	62667340
清华科技园支行	海淀区中关村东路1号院8号楼首层	100086	62602911
东四环支行	朝阳区东四环中路56号远洋国际中心首层	100025	59080172
清河支行	海淀区清河中街68号	100085	82810951

京广桥支行	朝阳区东三环北路38号院1号楼首层	100026	85879760
玉泉路支行	海淀区复兴路83号景藏健康大厦首层	100039	68170065
朝阳公园支行	朝阳区朝阳公园路佳隆国际大厦首层	100125	65398883
北辰大厦支行	朝阳区北辰东路8号院1号楼北辰时代大厦30层	100101	84977479
建国门支行	朝阳区建国门外大街24号京华公寓	100022	65150612
阜外大街支行	西城区阜成门外大街22号外经贸大厦1层	100037	68784023
富力城支行	朝阳区东三环中路55号楼1~2层	100022	58767070
立水桥支行	朝阳区北苑路13号院1号楼1－9号	100012	52086577
金融街中心支行	西城区金融大街16号	100033	66290749
青年路支行	朝阳区青年路西里5号院15号楼1~2层	100123	85563076
华贸中心支行	朝阳区建国路79号、81号北京华贸中心	100025	65981757
十里河支行	朝阳区东三环南路19号联合国际大厦首层	100122	87667094
西二旗支行	海淀区上地十街1号院6号楼	100085	62410167
陶然亭支行	西城区南纬路39号－1至3层3单元商业601号	100050	59362234
天通苑支行	昌平区东小口镇天通中苑F区商业楼1~2层	102218	57859588
西翠路支行	海淀区西翠路17号院	100036	68277623
太阳宫支行	朝阳区太阳宫南街21号楼	100028	84158938
西直门支行	海淀区西直门北大街32号院	100082	62252085
海淀黄庄支行	海淀区丹棱街6号	100080	57569765
丰台科技园支行	丰台区科学城中核路1号03号楼	100070	83816865
广渠门支行	东城区广渠门内大街27号	100062	87103306
北太平庄支行	海淀区北太平庄路18号	100083	82274783
回龙观支行	昌平区回龙观西大街16号院1号楼	100085	59548108
亦庄支行	北京经济技术开发区4号街区	100176	57862359

望京西路支行	朝阳区南湖中园316号楼	100102	64728174
阳光丽景社区支行	西城区黄寺大街23号-1号楼1层	100011	82235938
姚家园支行	朝阳区星火西路17号楼	100123	85855171
大成路支行	丰台区大成路8号	100141	68291432
通州支行	通州区九棵树中路1至9号（单号）	101121	56865615
天鹅湾社区支行	朝阳区雅成二里20号楼1层106	100123	59075386
后现代城社区支行	朝阳区百子湾路16号百子园5号楼C单元106号	100124	87765828
西客站支行	丰台区西客站南广场东区	100073	63301781
凤凰商街支行	朝阳区曙光西里甲5号院10号楼	100028	58668980
广渠路支行	朝阳区广渠路36号院5号楼	100022	61655881
鲁谷支行	石景山区玉泉西里一区2号楼	100040	68547146
六里桥支行	丰台区华源四里甲4号	100161	63634346
亦庄文化园支行	北京经济技术开发区文化园西路8号院30号楼	100176	87520584
公益西桥支行	丰台区城南嘉园益城园16号楼	100068	67525031
莱户营支行	丰台区丽泽路5号	100073	63384813
清华东路支行	海淀区学院路6号1号楼	100083	62313361
科荟路支行	朝阳区林萃西里16号	100192	57761780
三环新城支行	丰台区丰桥路七号院8号楼	100070	83615332
石景山支行	石景山区政达路6号院3号楼	100040	57796493
旧宫东路支行	大兴区旧宫镇旧桥路1号院3号楼	100076	57862361
小屯路支行	丰台区兆丰园三区1号楼	100040	58313193
望京利泽支行	朝阳区利泽西街8号院1号楼	100102	84676819
阳光上东支行	朝阳区东四环北路6号二区1号楼1层	100016	52509479
常营支行	朝阳区常惠路6号	100024	65406701

财富中心支行	朝阳区东三环中路5号楼	100102	65969957
彩虹城社区支行	丰台区光彩路65号院1号楼	100075	67858219
雅世合金社区支行	海淀区永定路2号院7号楼	100039	57797049
交大嘉园社区支行	海淀区交通大学路1号院5号楼1层	100044	82162436
嘉铭桐城社区支行	朝阳区北苑路86号院215号楼1层	100101	84830772
润枫欣尚社区支行	昌平区东小口镇中东路5号院7号楼1层	102208	64127326
富力又一城支行	朝阳区黄厂南里2号院12号楼1层	100121	59643762
清河橡树湾社区支行	海淀区学府树家园二区1号楼	100085	82816510
晨光家园社区支行	朝阳区晨光家园326号楼1层	100025	85852764
米市社区支行	西城区菜市口大街6号院6号楼1层	100052	83985505
万泉庄社区支行	海淀区万柳东路25号1层101	100089	82552078
惠新西街社区支行	朝阳区惠新西街9号院惠新苑7号	100029	64966375
蝶翠华庭社区支行	西城区广安门外大街305号二区	100045	63425271
世纪城观山园社区支行	海淀区蓝靛厂观山园5号楼	100097	88478710
草桥社区支行	丰台区北甲地路15号院3号楼	100068	87599915
万科红社区支行	丰台区宋庄路26号院10号楼1层109室	100079	87165104
三元桥支行	朝阳区曙光西里甲1号	100028	58220767
望京融科支行	朝阳区望京东园523号融科望京中心A座101单元	100102	64140953
上东八号社区支行	朝阳区芳园南里9号院6号楼	100016	53017495
世纪城远大园社区支行	海淀区远大路22号院西院武警小区12号楼	100097	88192271
西红门支行	大兴区欣旺北大街8号	100041	50927475
华贸城支行	朝阳区水岸南街8号院2号楼	100012	64187166
金融大街支行	西城区金融大街乙9号楼5层503－01单元	100032	

上海浦东发展银行股份有限公司北京分行

机构名称	地　址	邮　编	电　话
分行营业部	西城区太平桥大街18号丰融国际大厦	100032	57395588
金融街支行	西城区金融大街35号国际企业大厦A座	100033	88091847
宣武支行	西城区广安门内大街316号	100053	63585776
黄寺支行	东城区安德里北街21号	100120	84138702
中关村支行	海淀区海淀南路15号	100080	62550747
朝阳支行	朝阳区朝阳门外大街19号	100020	65802602
建国路支行	朝阳区建国路99号中服大厦	100020	65819177
万寿路支行	海淀区万寿路西街2号	100036	68233372
安外支行	东城区安外大街甲88号	100011	64264903
阜成支行	西城区车公庄大街3号	100044	88383590
雅宝路支行	东城区建国门北大街8号	100005	85192337
海淀园支行	海淀区北四环西路62号中国化工集团公司大厦1层	100080	82660900
西直门支行	西城区西直门外大街18号楼金贸大厦	100044	88026239
东三环支行	朝阳区曙光西里甲6号时间国际中心	100028	84584729
亚运村支行	朝阳区媒体村天畅园8号楼底商1~2层	100107	84891031
知春路支行	海淀区知春路9号蓟门坤讯大厦	100083	82319520
安华桥支行	朝阳区安贞西里3区15号凯康海油大厦	100029	64417341
东长安街支行	东城区建国门内大街28号民生金融中心B座1~2层	100000	85116060
电子城支行	朝阳区酒仙桥路10号	100016	64350556

经济技术开发区支行	北京经济技术开发区荣华南路10号院2号楼1～2层	100176	67890993
永定路支行	海淀区永定路甲51号	100039	68152005
复兴路支行	海淀区北蜂窝路5号1号楼	100038	51932666
花园路支行	海淀区花园东路10号高德大厦C座1层南侧	100191	82030630
丰盛支行	西城区广宁伯街2号1～2层	100033	52601900
紫竹院支行	海淀区紫竹院路116号嘉豪国际中心C座	100097	51709797
马连道支行	西城区红莲南路55－2号	100055	59321959
和平里支行	朝阳区和平西苑20号楼B座	100013	52081598
马家堡支行	丰台区马家堡西路15号时代风帆大厦	100068	67562966
世纪城支行	海淀区蓝靛厂晨月园甲1号楼	100097	88895800
清华园支行	海淀区中关村东路1号院5号楼文津国际酒店1层	100084	62618572
富丰路支行	丰台区西四环南路1号	100070	83208200
三里屯支行	朝阳区工体北路甲6号中宇大厦	100027	59752555
望京支行	朝阳区望京花园西区101号楼	100102	84780661
北沙滩支行	朝阳区北沙滩1号院31号楼B座	100083	64866883
德胜支行	西城区德胜门外大街乙十号1层、2层南侧	100088	82063208
东四支行	东城区东四十条68号平安发展大厦	100007	84086436
富力城支行	朝阳区东三环中路61号万丽酒店	100022	59037768
通州支行	通州区梨园镇云景东路432号隆孚大厦	101101	57902222
东花市支行	东城区东花市南里东区1号楼1层	100062	87102681
大望路支行	朝阳区西大望路3号院2号楼1层S117号	100022	85997995
慧忠支行	朝阳区慧忠北里小区214号楼北京中奥华美达酒店	100012	64872366

金台路支行	朝阳区水碓子北里1号楼-1至2层1单元1-2号1层、2层	100026	59079680
丰台支行	丰台区万柳西园8号楼1~2层	100070	63259702
方庄支行	丰台区紫芳园四区5号楼	100078	87557088
顺义支行	顺义区怡馨家园1号楼	101300	61429550
大兴支行	大兴区兴华大街2号1幢1层	102600	80220031
天华园支行	北京经济技术开发区天华园2里19号	100176	67891180
昌平支行	昌平区南环东路24号	102200	69741599
远洋自然小微支行	丰台区马家堡东路108号院10-108号	100068	58032620
荣丰社区支行	西城区小马厂路1号院4号楼1层102号	100055	52606124
赛洛城小微支行	朝阳区百子湾东里110号楼1层104号	100124	87776557
雍景四季社区支行	石景山区西黄村西里七号商业楼	100144	88701778
雅世合金小微支行	海淀区永定路2号院6号楼1层	100039	57797199
科南路小微支行	海淀区科学院南路55号	100086	62566775
流星花园社区支行	昌平区流星花园三区39号楼1层05号	102208	81733342
龙跃苑社区支行	昌平区回龙观东大街336号院2号楼1层101号	102208	80746853
橡树湾小微支行	海淀区学府家园2区7-1号至7-20号1层7-15	100085	82156706
今典花园小微支行	海淀区文慧园北路9号今典花园9号楼空间蒙太奇1层部分区域	100082	62235088
嘉铭桐城社区支行	朝阳区北苑路86号院209号楼1层01-6	100012	84835288
科兴佳园小微支行	丰台区靛厂路26号12号楼底商10-1	100036	68260095
阳光丽景小微支行	西城区黄寺大街23号1号楼105号	100011	82237797
金地名京社区支行	朝阳区力源里北街2号楼4号楼109室	100025	85723504
彩虹城小微支行	丰台区光彩路65号楼1至2层商业03号	100075	87260629

华业东方玫瑰小微支行	通州区临河里33号楼106号	101100	56865787
南湖中园小微支行	朝阳区南湖中园130号楼1层底商	100102	84787660
远洋一方社区支行	朝阳区双桥东路5号院1号楼	100121	56649255
华贸天地小微支行	朝阳区清河营南街7号院7号楼－1层136号房屋	100012	84870781
万泽御河湾社区支行	海淀区又一村路云顶水天嘉园项目3号楼102号商铺	100089	68105190
北工大软件园小微支行	北京经济技术开发区地盛北街1号院43号楼	100176	67896090
融泽嘉园社区支行	昌平区回龙观镇回龙观村龙域中路1号院7号楼105号	100085	82817820
增光路小微支行	海淀区增光路37号中海馥园3号楼108号	100037	88586283
远洋山水社区支行	石景山区玉泉西里2区4号楼1层D号	100040	68650511
大西洋新城小微支行	朝阳区南湖南路16号院4号楼101号	100102	64708355
胜古誉园社区支行	朝阳区胜古中路甲1号院4楼400815号商铺	100029	64450550
大成路小微支行	丰台区大成南里三区4号楼1层02号	100141	68165060
融科橄榄城小微支行	朝阳区望京东园513号楼	100102	84781956

广发银行股份有限公司北京分行

机构名称	地　址	邮　编	电　话
分行营业部	东城区东长安街甲2号	100005	65169303
月坛支行	西城区月坛北街2号	100045	68083556
中关村支行	海淀区中关村大街45号	100086	62510783
亚运村支行	朝阳区北辰东路8号	100101	64993863
建国路支行	朝阳区建国路112号	100022	65660210

西三环支行	海淀区西三环北路72号A座1层	100037	88415097
国展支行	朝阳区西坝河东里18号	100028	84603165
朝阳门支行	东城区朝阳门内大街288号院1号楼	100010	65255322
新外支行	海淀区新街口外大街19号	100875	62202585
西客站支行	西城区广莲路1号	100055	63954853
魏公村支行	海淀区中关村南大街甲18号院A座2层商业02－202号	100081	82481015
东直门支行	东城区东中街9号东环广场A座首层	100027	64182989
车公庄支行	海淀区车公庄西路乙19号	100044	88018701
翠微路支行	海淀区复兴路乙20号	100036	68107256
方庄支行	丰台区方庄路5号	100078	87681097
安贞支行	朝阳区安定路39号	100029	64445660
太阳宫支行	朝阳区夏家园11号楼1层03号、04号	100028	64253052
金融街支行	西城区金融大街16号	100033	63190613
京广支行	朝阳区朝外大街甲6号万通中心1层	100020	59070890
知春路支行	海淀区知春路希格玛大厦49号	100190	88099482
王府井支行	东城区王府井大街301－1号	100006	65271103
奥运村支行	朝阳区北沙滩甲1号中科电大厦首层	100083	64836760
黄寺支行	西城区德外大街12号	100011	62039133
天通苑支行	昌平区天通苑北1区甲6号楼	102218	81758219
莲花支行	西城区广莲路1号	100055	63954853
大望路支行	朝阳区西大望路15号4号楼外企大厦B座	100022	87723795
望京支行	朝阳区望京悠乐汇中心E座	100102	84787933
潘家园支行	朝阳区华威里10号	100021	87785266
上地支行	海淀区农大南路1号院4号楼	100084	82349373

东四环支行	朝阳区慈云寺北里 118 号楼 1 层	100025	85782060
中轴路支行	东城区鼓楼外大街甲 56 号	100011	84130503
广渠门支行	东城区广渠门内大街 27 号	100062	87103902
五棵松支行	海淀区西四环中路 16 号院 1 号楼	100039	68285001
万达广场支行	朝阳区建国路 93 号 B 座	100022	58205791
宣武门支行	西城区宣武门外大街甲 1 号	100052	83151388
学院路支行	海淀区学院路 30 号	100083	62660291
海淀支行	海淀区海淀大街 27 号 8 号楼	100080	62623602
日坛支行	朝阳区建国门外大街 17 号 38 ~ 39 栋	100020	85306905
西单支行	西城区复兴门内大街 45 号 1 号楼西南侧配楼	100801	88088268
动物园地铁支行	西城区西直门外大街地铁 4 号线动物园站地下 1 层元沃天地商场 A503 号	100081	88332458
大红门支行	丰台区大红门西马场甲 14 号	100076	52264037
万柳支行	海淀区万柳中路蜂鸟家园 2 号楼 1 ~ 3 层 5 号	100089	62423063
安立路支行	朝阳区慧忠北里 105 号楼 B 段	100012	84504056
东二环支行	东城区南竹杆胡同 2 号	100010	65206522
石景山支行	石景山区实兴大街 30 号院 15 号楼 1 层 102 室	100144	68809228
西直门支行	西城区西直门外大街 18 号楼金贸大厦 1 层	100044	88333595
工体支行	朝阳区新东路 12 号院 3 号楼 1 层	100027	84004115
世纪城支行	海淀区远大路 1 号居然之家 1 层	100097	88862281
朝阳北路支行	朝阳区朝阳北路 99 号 1 层 107	100123	85516207
顺义支行	顺义区仁和镇新顺南大街 8 号院 1 幢	101300	61429587
双井支行	朝阳区广渠门外大街 9 号 3 号楼 1 层裙房西部	100022	67711879
夕照寺街社区支行	东城区夕照寺街 16 号院 1 层	100061	87167574
花园路社区支行	海淀区花园路甲 2 号院 2 号楼 1 层	100191	82076761

龙旗广场社区支行	昌平区回龙观镇黄土店黄平路19号院3号楼永辉超市C0218113商铺	100096	82540396
翠城社区支行	朝阳区垡头路翠成馨园甲401号C0202136商铺	100023	56350536
文慧桥社区支行	海淀区西直门北大街41号天兆家园南部1层103号商铺	100044	62440829
马家堡社区支行	丰台区马家堡东路106号新天地写字楼1层C0220110号商铺	100068	58030019

兴业银行股份有限公司北京分行

机构名称	地　址	邮　编	电　话
分行营业部	朝阳区朝阳门北大街20号	100020	59886666
西城支行	西城区新街口外大街冰窖口胡同8号院首层	100088	66035292
广安门支行	西城区广安门内大街315号信息大厦A座首层	100053	63691537
西单支行	西城区宣武门内大街甲6号	100031	66035292
月坛支行	西城区车公庄大街9号院五栋大楼A–A03室	100044	88395672
丽泽支行	西城区马连道中新佳园二区商业楼南侧1~2层	100055	59560221
金融街支行	西城区金城坊街1号C106	100033	63134483
东城支行	东城区鼓楼外大街26号荣宝大厦1~2层	100120	84110095
东单支行	东城区东单3条8–2号	100005	65212373
永定门支行	东城区永定门外大街101–3号楼1层	100077	87803747
崇文门支行	东城区珠市口东大街5号首层	100062	67016186
东四支行	东城区朝阳门北大街5号第五广场B座	100010	64088698
东长安街支行	东城区灯市口大街50号1层底商B单元	100005	65980023
朝阳支行	朝阳区朝外大街22号2层及首层西侧03单元	100020	65883385

朝外支行	朝阳区朝外大街 77 号	100020	65522429
亚运村支行	朝阳区亚运村安慧里 16 号楼	100101	84885261
东外支行	朝阳区东直门外大街 23 号	100600	64688102
安华支行	朝阳区北三环安华桥福建大厦	100029	64450941
三元桥支行	朝阳区霄云路 21 号 1 层、4 层	100027	84540815
光华路支行	朝阳区东三环中路 25 号住总大厦 1～2 层	100020	65082570
望京支行	朝阳区望京阜荣街 15 号院 3 号楼首层	100102	68638798
海淀支行	海淀区海淀南路 30 号东侧 1～3 层	100080	82607709
甘家口支行	海淀区三里河路 19 号甘家口大厦 1 层北侧	100037	88392787
中关村支行	海淀区中关村南大街 32 号中关村科技发展大厦 A 座	100081	62140577
上地支行	海淀区农大南路 1 号院 2 号楼 B 座 102 号、103 室	100084	62960282
西客站支行	海淀区复兴路 12 号恩菲科技大厦 1 层	100038	63959951
长安支行	海淀区复兴路 65 号北京电信实业大厦首层	100036	68130944
西直门支行	海淀区西直门北大街 42 号 1 号楼节能大厦 1 层	100082	62226738
知春路支行	海淀区北四环西路 9 号 1 层 109 室、2 层 208 室	100190	62617230
花园路支行	海淀区花园东路 19 号配楼 1～3 层	100191	82247800
世纪坛支行	海淀区复兴路甲 1 号水利指挥中心南 1～3 层南	100038	68525871
中关村西区支行	海淀区丹棱街 3 号 1 层	100080	82607656
金源支行	海淀区蓝靛厂东路 2 号院 2 号楼金源时代商务中心 2 号楼	100080	88894051
首体支行	海淀区首体南路 9 号主语商务中心 2 号楼 1 层和 2 层东侧	100048	68790567
魏公村支行	海淀区中关村南大街 17 号韦伯时代中心首层	100081	88571330

丰台支行	丰台区方庄路5号	100078	87527090
方庄支行	丰台区方庄紫芳园三区5号楼	100078	87660014
石景山支行	石景山区玉泉西里二区1号楼－1～2层商业05号	100040	68638798
鲁谷支行	石景山区政达路6号院2号楼1层117～118号	100043	57796805
经济技术开发区支行	北京经济技术开发区荣京东街3号1幢1层102号	100040	67870507
大兴支行	大兴区黄村镇兴华中路9号1～2层	102600	81297431
房山支行	房山区长阳镇昊天北大街15号1幢1～2层	102041	89363966
大兴瀛海支行	大兴区瀛海镇南海家园六里5号楼101室、102室	100076	50927003
通州支行	通州区车站路39号1栋、2栋	101100	69530061
顺义支行	顺义区仁和地区裕龙花园西区9号楼1～2层	101300	64583310
通州运河支行	通州区玉带河东街2号院1号楼明珠大厦1层	101100	80542072
顺义天竺支行	顺义区天竺地区小天竺路1号埃力生商厦甲2首层	100621	64571358
昌平支行	昌平区城南街道龙水路26号龙水路22号院1号楼	102200	57700011
陶然亭支行	西城区陶然亭路2号9号楼1层108号	100050	83953697
菜市口支行	西城区菜市口大街6号院4号楼1层109－5号	1000120	83985636
国瑞城社区支行	东城区西花市大街39号	100062	67116791
新奥洋房社区支行	东城区景泰西里东区1号楼1层B07	100075	87863968
富力城社区支行	朝阳区广渠门外大街5号院13号楼11号	100022	58764588
安立花园社区支行	朝阳区安立路66号安立花园首层	100101	64907570
媒体村支行	朝阳区天溪园20号楼商业17	100107	84920906

华纺易城社区支行	朝阳区青年路 29 号院 20 号楼 1 层 20－3 号	100123	58764588
沿海赛洛城社区支行	朝阳区百子湾东里 314－07	100124	87213689
太阳宫社区支行	大兴区旧宫镇旧忠路 12 号院旧宫新苑 2 号楼 17 门	100028	84298494
碧水云天社区支行	海淀区挽留星标家园 11 号楼 1 层底商	100089	82566980
大成郡支行	丰台区大成南里四区 2 号楼 101 号	100141	68291031
怡海花园支行	丰台区怡海花园内怡海路 3 号四区 6 号铺位	100070	63710071
彩虹城社区支行	丰台区光彩路 68 号院西区 1 号楼 1 层 08	100079	87862126
苹果园社区支行	石景山区海特饭店写字楼 1 层西侧 2 号	100041	88795915

平安银行股份有限公司北京分行

机构名称	地　址	邮　编	电　话
分行营业部	西城区复兴门内大街 158 号首层	100031	66292375
神华支行	东城区安德路 16 号洲际大厦首层	100011	64485661
花园路支行	海淀区花园东路 11 号泰兴大厦首层	100029	57625289
西三环支行	海淀区复兴路甲 14 号华鹰大厦首层	100036	63954901
中关村支行	海淀区苏州街 1 号首层	100080	62547455
三元桥支行	朝阳区新源南路 9 号首层	100027	84538105
朝阳门支行	朝阳区关东店北街国安宾馆首层	100020	65061188
官园支行	西城区车公庄大街乙 1 号首层	100044	68334240
建国门支行	东城区建国门内大街 18 号首层	100005	65188100
知春路支行	海淀区知春路 113 号首层	100086	62637549
海淀支行	海淀区中关村南大街甲 32 号首层	100081	62185355
东直门支行	东城区东直门外大街 48 号首层	100027	84477761
东城支行	东城区金宝街 58 号首层	100005	65127792

和平支行	东城区和平里9区甲4号首层	100013	64464970
宣武支行	西城区南新华街甲1号首层	100051	67085906
亚运村支行	朝阳区安立路66号1号楼首层	100101	64907719
万柳支行	海淀区万柳中路35号万柳蜂鸟家园2号楼首层	100089	82871700
德胜门支行	西城区安德路81号首层	100011	82061004
光华路支行	朝阳区光华路4号东方梅地亚中心A座首层	100026	65832350
望京支行	朝阳区望京新城南湖西园125号首层	100101	84721377
花园桥支行	海淀区西三环北路87号首层	100089	88825851
东四环支行	朝阳区八里庄西里100号1号楼首层	100102	85866189
开阳桥支行	丰台区开阳路1号瀚海花园大厦首层	100069	83973756
亚奥支行	朝阳区北辰东路8号5号楼2层	100101	84982996
清华园支行	海淀区成府路113号首层	100084	62760580
丰台支行	丰台区华源四里甲4号楼首层	100073	63252082
财满街支行	朝阳区朝阳路67号5号楼首层	100084	85752317
朝外支行	朝阳区朝外大街18号首层	100020	65881991
广渠门支行	东城区广渠家园5号楼首层	100022	87512336
方庄支行	丰台区紫芳园四区5号楼5-03号首层	100078	87669591
丰盛支行	西城区丰盛胡同20号B座首层	100032	57041381
世纪金源支行	海淀区蓝靛厂东路2号院2号楼首层	100097	88877366
国贸支行	朝阳区光华路5号院2号楼首层	100020	50949248
天通苑支行	昌平区东小口镇立汤路186号甲5幢首层	102218	84675783
亦庄支行	北京经济技术开发区文化园西路6号院18号楼首层	100176	87927816
总部基地支行	丰台区南四环西路188号16区18号楼首层	100028	50949301
大红门支行	丰台区石榴庄西街232号1幢首层	100075	87862752

北苑支行	朝阳区天畅园5号楼首层	100107	84829006
金融街支行	西城区金融大街23号首层	100033	50949295
十里河支行	朝阳区东三环南路19号院1号楼首层	100122	87667376
首体南路支行	海淀区首体南路甲20号首层	100044	88356976
双井支行	朝阳区广渠门39号院2号楼首层	100022	50916385
石景山支行	石景山区石景山路2号北京台湾街C－02－10号楼首层	100040	66171701
木樨园支行	丰台区果园8号楼首层	100068	50868350
崇文门支行	东城区崇文门外大街7号、9号1幢南段首层	100062	67085906
学院南路支行	海淀区学院南路15号院10号楼首层	100082	62440786
白云路支行	西城区莲花池东路甲5号院1号楼首层	100038	63377326
大兴新航城支行	大兴区榆垡镇南十路3号首层	102602	89219451
上地支行	海淀区上地西路41号院1号楼首层	100085	50960878
通州支行	通州区临河里33号楼首层	101101	50838739
东三环支行	朝阳区新源南路1号首层	100027	57309415
大兴支行	大兴区兴华大街3段25号1层101号	102600	81290306

中信银行股份有限公司总行营业部

机构名称	地　址	邮　编	电　话
营业结算部	西城区金融大街甲27号投资广场A座	100033	66293012
国际大厦支行	朝阳区建国门外大街19号	100004	65122233－225
京城大厦支行	朝阳区新源里南路6号	100004	84865386
富华大厦支行	东城区朝阳门北大街8号富华大厦E座1层	100027	65558365
朝阳支行	朝阳区农展馆南里12号	100026	65389575

中关村支行	海淀区中关村南大街1号友谊宾馆苏园公寓13－1328号	100086	62187401
富力支行	朝阳区双花园南里二区13号楼	100022	65687793
广安门支行	西城区广安门外南滨河路1号	100055	63288394
海淀支行	海淀区海淀北一街2号首创拓展大厦1～3层	100190	62613870
东大桥支行	朝阳区工体东路18号	100020	65944950
知春路支行	海淀区知春路14号	100088	62369830
新兴支行	海淀区西三环中路17号新兴宾馆写字楼首层	100036	68212510
奥运村支行	朝阳区大屯路慧忠北里309号楼D首层	100012	64802827
酒仙桥支行	朝阳区酒仙桥路14号兆维大厦1层	100016	64319780
崇文支行	东城区东花市南里富贵园三区底商裙房	100062	67151791
西单支行	西城区复兴门内大街45号	100801	66035493
万达广场支行	朝阳区建国路93号北京万达广场东区商业B座	100022	58208406
首体南路支行	海淀区首体南路22号国兴大厦首层	100044	88354581
中粮广场支行	东城区建国门内大街8号	100005	65228710
金运大厦支行	海淀区西直门北大街甲43号1号楼	100044	62294402
上地支行	海淀区上地东里1区4号楼科贸大厦1层	100085	62969970
经济技术开发区支行	北京经济技术开发区天华园一里三区14号楼1层	100176	67874552
安贞支行	朝阳区安贞西里三区26号浙江大厦1层、5层	100029	64417162
广渠路支行	朝阳区东三环外广渠路九龙商厦1层	100022	87768422
望京支行	朝阳区望京利泽中园2区208号院内B座1层	100102	64391220
清华科技园支行	海淀区中关村东路1号清华科技园9号楼威新国际大厦1层01～02单元	100084	58722191
三元桥支行	朝阳区曙光西里甲1号首层	100028	58221129

世纪城支行	海淀区蓝靛厂垂虹园甲2号	100097	88862208
尚都国际中心支行	朝阳区东大桥路8号尚都国际中心	100020	58700920
紫竹桥支行	海淀区北洼路9号世纪新景园7号楼	100089	88583990
花园路支行	海淀区塔院志新村2号飞利信大厦1层	100031	82036521
万柳支行	海淀区万柳星标家园5－32号、5－31号、5－217号	100089	82567560
来福士支行	东城区东直门南大街1号来福士中心	100007	64008190
财富中心支行	朝阳区东三环中路7号北京财富中心一期商铺E101、E205	100020	65309351
长安支行	朝阳区东三环中路39号建外SOHO小区17号楼	100022	59002847
北辰支行	朝阳区慧忠里320号住总大厦	100101	84837995
出国中心支行	朝阳区小亮马桥西路6号院7号楼1层	100016	84551178
福码大厦支行	朝阳区广顺路北大街33号院1号楼福码大厦办公楼B座1层102室	100102	84729727
观湖国际支行	朝阳区姚家园路105号3号楼万企控股大厦102室、201室、202室	100025	59283846
太阳宫支行	朝阳区夏家园12号楼半岛国际公寓12号楼102号	100028	84419951
媒体村支行	朝阳区红军营南路北辰绿色家园天朗园C座1层	100012	84910928
国奥村支行	朝阳区林萃东路2号楼甲3号楼1层F101、2层F201	100101	84370723
通州支行	通州区翠景北里7号楼底商	101101	81593083
金泰国际支行	朝阳区广渠路11号院1号楼	100022	87213209
瑞城中心支行	朝阳区亮马桥路48号院4号楼1层	100125	60837085

丰台支行	丰台区太平路桥华源四里甲7号楼1层底商	100073	63252031
顺义支行	顺义区站前街2号办公楼	101399	60416922
回龙观支行	昌平区回龙观西大街北侧北店时代广场宜尚百货1层	102208	60728206
北苑支行	朝阳区清河营南街7号院华贸奥苑1F－S01号商铺	100012	84360115
中信城支行	西城区菜市口大街甲2号院6号楼	100052	83194420
房山支行	房山区西潞街道良乡西路26号西路时代大厦1～2层	102488	69389317
珠市口支行	东城区珠市口东大街5号楼光明日报社办公楼西侧1楼底商	100062	67029851
密云支行	密云区鼓楼东大街19号院	101500	61094656
怀柔支行	怀柔区青春路21号慧友大厦	101400	61628741
方庄支行	丰台区方庄紫芳园四区3号楼	100164	87153978
石景山支行	石景山区政达路6号4号楼、5号楼	100041	68705670
和平里支行	东城区和平里六区8号1段	100013	84504966
德外支行	西城区德胜门外大街甲10号中轻大厦	100011	62426501
八里庄支行	朝阳区八里庄东里1号A区1号楼	100025	65501797
三里屯支行	朝阳区新东路8号院3号楼	100027	84185830
大兴支行	大兴区金星西路6号兴创大厦	102627	60260012
高碑店支行	朝阳区高碑店兴隆街2号兴隆小区综合楼潮青汇百货1层东侧	100005	85787801
天桥支行	西城区天桥南大街1号天桥艺术大厦B座	100050	83132981
十里河支行	朝阳区周庄山水文园201号楼101房	100122	67480452
翠微路支行	海淀区复兴路20号	100840	68267230

金茂府支行	朝阳区广渠路23号院6号楼底商	100022	61654807
西红门支行	大兴区西红门鸿坤广场购物中心F1－18C、F2－16C	100162	80225561
南新仓支行	东城区朝阳门北大街9号东方文化大厦1层	100010	89936588
橡树湾支行	海淀区学府树家园3号楼3－1～12号	100085	62845296
宝盛广场支行	海淀区黑泉路8号宝盛广场A座1001号	100192	62740781
石韵浩庭社区支行	朝阳区广渠路33号院3号楼04号	100022	87768607
西山林语社区支行	海淀区冷泉林语山庄二区15号楼106室	100095	62469252
远洋沁山水社区支行	石景山区玉泉西里一区3号楼1层101号	100040	68686189
太阳公元社区支行	朝阳区太阳宫一街1号院太阳绿园小区10楼底商102号房	100080	84298016
椿树社区支行	西城区山西街6号院1号楼116室	100011	83166007
当代万国城社区支行	东城区香河园街1号院当代MOMA8号楼2幢S8－102号	100028	84388806
绿港家园社区支行	顺义区绿港家园一区10号楼1层部分区域	101300	60417358
官园社区支行	西直门西直门南小街141号楼1层101号	100034	66494760
阳光上东社区支行	朝阳区东四环北路6号二区5号楼1层商业02号	100016	59513856
晶都国际社区支行	朝阳区酒仙桥路26号院2号楼1层B05	100016	51306190
八里庄北里社区支行	朝阳区八里庄北里219号楼1层商业102局部	100025	85838295
紫金长安社区支行	海淀区西翠路17号院6号楼商铺6号	100036	68215366
陶然亭社区支行	西城区陶然亭路2号8号楼1层106室	100050	83910523
天翠园社区支行	朝阳区天翠园1号楼1层商业5号	100107	64129105

中国光大银行股份有限公司北京分行

机构名称	地　址	邮　编	电　话
分行营业部	西城区宣武门内大街1号	100031	66567688
朝内支行	东城区朝阳门北大街17号人保大厦1层	100010	65279078
宣武支行	西城区广安门外大街1号深圳大厦1层	100055	63271188-8697
德胜门支行	西城区黄寺大街23号北广大厦1层	100011	82236900
海淀支行	海淀区中关村大街18号科贸电子城1层	100190	82598021-800
朝阳支行	朝阳区朝外大街16号中国人寿大厦1层	100020	85252009
建国门支行	朝阳区建国门外大街甲6号中环世贸中心D座1层	100022	65630255
复兴路支行	海淀区复兴路47号天行建商务大厦	100036	51921033
学院路支行	海淀区西直门北大街56号生命人寿大厦1层	100082	63018827
天宁寺支行	西城区莲花池东路1号	100045	63489739
西城支行	西城区车公庄大街甲4号-1物华大厦	100044	68002194
中关村支行	海淀区知春路63号	100190	62563410
东城支行	东城区东四北大街337号	100010	64079747
新源支行	朝阳区新源西里中街12号	100027	64648252
安定门支行	东城区安定门外大街208号三利大厦	100011	64280003
礼士路支行	西城区南礼士路66号建威大厦	100045	68025382
亚运村支行	朝阳区惠忠路5号远大中心C座1层	100101	84891160
交大支行	海淀区西直门外上园村3号交大知行大厦	100044	62249612
阜城路支行	海淀区西三环北路100号金玉大厦1层	100037	68727490
花园路支行	海淀区花园东路10号高德大厦B段1层	100191	82038352

三里河支行	西城区月坛南街71号1层配楼1~3层	100045	68519372
工体路支行	东城区东中街46号鸿基大厦1~2层	100027	64171771
定慧桥支行	海淀区阜城路99号	100142	88504835
西直门支行	西城区德宝新园22号德宝饭店1层	100044	68332338
方庄支行	丰台区方庄芳古园1区29号楼	100078	87673414
长安支行	西城区复兴门外大街6号光大大厦	100045	68561246
长虹桥支行	朝阳区东三环北路17号恒安大厦	100027	65958221
世纪城支行	海淀区板井路59号	100097	88508844
万柳支行	海淀区万柳中路11号	100089	82362712
北太平庄支行	海淀区北太平庄路18号城建大厦B座1层	100088	62091421
惠新西街支行	朝阳区安外小关东里14号	100029	64417446
望京支行	朝阳区望京中环南路花家地街花家地商业1号楼	100102	84723281
金源支行	海淀区蓝靛厂垂虹园甲5号	100097	88878901
光华路支行	朝阳区光华路2号阳光100G座	100026	65063528
亦庄支行	北京经济技术开发区天宝园5里2区1－C2号	100176	67820492
金融街支行	西城区金融大街28号院2号楼1层	100032	66578055
石景山支行	石景山区阜石路166号泽洋大厦北座1层	100043	52638610
京广桥支行	朝阳区东三环中路7号北京财富中心写字楼A座1层E108	100020	65309889
崇文支行	东城区广渠门内大街27号	100062	87103728
苏州街支行	海淀区苏州街18号长远天地D座1层	100080	82609760
丰台支行	丰台区南四环西路168号汉威国际广场4区6号楼1层	100070	83368199
劲松桥支行	朝阳区东三环南路甲52号－1	100022	67727118
清华园支行	海淀区双青路88号华园世纪商务楼1层	100083	82527673

上地支行	海淀区上地三街9号嘉华大厦B座1层	100085	62978318
顺义支行	顺义区站前西街3号顺鑫国际商务中心1层	101300	61409500
东高地支行	丰台区东高地万源西里36栋—甲44栋航天万源广场1层	100076	68753688
东长安街支行	朝阳区建国门外大街乙12号LG双子座大厦	100022	51208555
西坝河支行	朝阳区西坝河北里23号恒川广场1层	100028	64473806
富力城支行	朝阳区双井富力城A2楼	110105	58764958
金融街丰盛支行	西城区太平桥大街25号	100032	63639100
奥运支行	朝阳区南沙滩66号院1号楼	100101	84097001
五棵松支行	海淀区西四环中路16号院1号楼	100143	59739704
望京西支行	朝阳区望京新城南湖西园125号楼	100102	64751830
和平里支行	东城区和平里东街10号院1号楼	100013	64212258
姚家园路支行	朝阳区星火西路19号楼	100025	85855778
马连道西支行	丰台区华源四里甲4号楼	100073	63259978
经济技术开发区支行	北京经济技术开发区景园北街2号59幢	100176	87163918
安慧支行	朝阳区安慧北里逸园29号楼	100101	84860620
建国门内大街支行	东城区建国门内大街18号恒基中心1层	100005	65188876
大兴金星路支行	大兴区金星路12院3号楼	102628	69221131
大兴支行	大兴区兴华南路1号	102628	81281531
通州支行	通州区新华东街296号1层	101100	80882801
双井桥支行	朝阳区广渠路39号院2号楼汉督国际中心1层02单元	100022	87759599
科技园支行	丰台区科学城恒富街2号院5号楼阳光四季2层	100070	63712533
顺义后沙浴支行	顺义区后沙浴镇安富街8号院1号楼1层103号	101300	60408695
文创园小微支行	西城区车公庄大街4号院3号楼1层109－07室	100044	68292944

四季青支行	海淀区通惠路 12 号	100195	56081878
西客站支行	西城区莲花池东路甲 5 号院白云时代大厦 1 层	100045	63385690

华夏银行股份有限公司北京分行

机构名称	地　址	邮　编	电　话
石景山支行	石景山区石景山路 66 号	100041	88294148
和平门支行	西城区前门西大街 14 号	100052	63163290
紫竹桥支行	海淀区广源闸 5 号	100081	68703275
东四支行	东城区东四十条 21 号北京一商集团大厦 1 层	100007	64019779
长安支行	西城区三里河东路 5 号	100045	68535115
中关村支行	海淀区北四环 56 号	100080	62695278
知春支行	海淀区知春路 111 号理想大厦 1 层	100086	82665348
灯市口支行	东城区灯市口大街 33 号	100006	65261075
平安支行	西城区平安里西大街 16 号	100035	66187120
安定门支行	东城区安定门外大街甲 68 号	100011	84287858
建国门支行	东城区建国门内大街 5 号	100005	65132004
朝阳门支行	朝阳区工体西路 18 号光彩国际公寓 S107 号	100020	65536200
京广支行	朝阳区东三环中路 7 号北京财富中心	100020	65330559
首体支行	海淀区西直门外大街 168 号腾达大厦 1 层	100044	88576283
公主坟支行	海淀区复兴路甲 11 号	100036	63986290
亮马河支行	朝阳区东三环北路 3 号幸福大厦 B 座	100027	64688003
东直门支行	朝阳区东土城路 14 号	100013	85271101
中轴路支行	东城区鼓楼外大街 45 号	100011	62361848
奥运村支行	朝阳区慧忠北里 410 号楼 1 层	100101	64858139

万柳支行	海淀区万柳中路29号	100089	82577095
两广支行	东城区东珠市口1号	100062	67086078
国贸支行	朝阳区双花园南里三区合生国际花园24号楼1~2层	100022	65667131
光华支行	朝阳区光华路8号	100026	65832410
魏公村支行	海淀区中关村南大街甲12号	100081	62109308
阜外支行	西城区阜外大街甲34号	100034	68528798
东单支行	东城区建内大街22号	100005	85237918
北沙滩支行	朝阳区德胜门外北沙滩1号	100083	64848676
德外支行	西城区德外大街3号	100088	82011388
西直门支行	海淀区西直门北大街60号	100088	82295260
分行营业部	西城区金融大街11号	100034	58598428
望京支行	朝阳区望京广顺大街222号	100102	84725997
世纪城支行	海淀区蓝淀厂2号金源时代商务中心2号楼A座	100089	88861768
车公庄支行	西城区车公庄大街12号核建大厦首层	100037	88306398
秀水支行	朝阳区秀水东街8号秀水市场5层	100020	65930679
东外支行	东城区东外大街35号	100027	84511042
上地支行	海淀区信息路甲28号科实大厦	100085	82771598
丰台科支行	丰台区航丰路1号时代财富天地大厦	100070	58090566
广外支行	西城区广安门外大街甲397号	100055	63328322
青年路支行	朝阳区青年路雅成一里19号世丰国际大厦1层	100025	85521533
通州支行	通州区梨园北杨洼25号商务楼	101100	81537960
北三环支行	西城区北三环中路6号	100011	58572871
亦庄支行	北京经济技术开发区荣昌东街甲5号隆盛大厦A座1层	100176	67806862

顺义支行	顺义区石园南区 33 号楼首层	101300	89443092
房山支行	房山区良乡苏庄东街 9 号	102488	69369931
怀柔支行	怀柔区青春路 26 号工会综合楼	101400	61604075
大望路支行	朝阳区百子湾南 2 路 70 号 1 层 102 号	100124	87724593
天通苑支行	昌平区天通苑北一区甲 4 号	102218	80782905
玉泉路支行	石景山区鲁谷路 74 号中国瑞达大厦 1 层	100040	68608568
方庄支行	丰台区方庄芳古园一区 28 号楼 -2 号	100078	84827482
菜户营支行	丰台区菜户营 58 号	100054	63356771
姚家园支行	朝阳区姚家园路 105 号观湖国际大厦	100025	59282276
学院路支行	海淀区学院路 30 号科技园大厦	100083	62660706
媒体村支行	朝阳区红军营南路媒体村天畅园 8 号楼 1 层	100107	84827683
新发地支行	丰台区新发地锦程园 19 号楼	100045	83790335
四道口支行	海淀区四道口 2 号	100081	82481231
陶然支行	西城区太平街 8 号院朱雀门 30 号	100050	83197751
永安支行	朝阳区建国门外大街 3 号京论饭店 1 层	100020	56765757
朝内支行	东城区朝内大街南竹杆胡同 2 号银河 SOHO1 层	100010	56765293
西客站支行	丰台区广安路 9 号国投财富广场 1 号楼 1 ~2 层	100055	83665598
大兴支行	大兴区金星西路绿地中央广场 D 座 1 层	102600	59513215

中国民生银行股份有限公司北京分行

机构名称	地　址	邮　编	电　话
木樨地支行	海淀区复兴路甲 3 号	100038	68579345
阜成门支行	西城区阜外大街 2 号万通新世界广场 B 座	100037	68588449
建国门支行	朝阳区建国门外大街 21 号国际俱乐部	100020	65325937

中关村支行	海淀区知春路113号银网中心	100086	62619096
西坝河支行	朝阳区西坝河北里甲24号首层	100028	64474590
工体北路支行	朝阳区工体北路9号	100027	64155280
安定门支行	朝阳区安外大街1号信义大厦	100011	58295809
万寿路支行	海淀区复兴路甲65号	100036	68169091
西客站支行	丰台区西客站南广场中盐大厦	100055	63485530
正义路支行	东城区正义路3号共青团中央综合楼	100006	65262023
上地支行	海淀区上地东里一区4号楼科贸大厦	100085	62971290
国贸支行	朝阳区建国路128号一航大厦	100022	65676300
首体支行	西城区西直门外大街甲143号凯旋大厦	100044	68310386
金融街支行	西城区金融街33号通泰大厦B座	100140	88087334
什刹海支行	东城区地安门东大街56号	100009	84050115
北太平庄支行	西城区新街口外大街2号金辉科技楼	100088	62382766
广安门支行	东城区广内大街338号港中旅大厦	100053	83512515
方庄支行	丰台区芳古园一区28-3号通润会馆	100078	67670385
朝阳门支行	朝阳区朝外大街22号泛利大厦	100020	65884529
紫竹支行	海淀区紫竹院路31号华澳中心嘉慧苑	100089	88510821
魏公村支行	海淀区中关村南大街16号科技出版社	100081	68937489
东单支行	东城区金鱼胡同18号丽苑公寓	100006	85110682
亚运村支行	朝阳区北四环东路131号中国藏学研究中心院内中国西藏博物馆	100101	64916864
苏州街支行	海淀区海淀南路32号中信国安数码港	100080	62526249
西直门支行	海淀区西直门大街45号时代之光名苑	100044	62266015
和平里支行	东城区青龙胡同1号歌华大厦B座	100007	84186208
崇文门支行	东城区崇外大街9号正仁大厦	100062	67089851

奥运村支行	朝阳区北辰西路8号院2号楼北辰世纪中心A座2层	100101	84377376
三元支行	朝阳区东三环北路甲2号京信大厦西南配楼	100027	84489520
西单支行	西城区西单北大街107号北京电信综合楼	100032	58503909
劲松支行	朝阳区劲松三区甲302号华腾大厦	100021	87730408
成府路支行	海淀区成府路298号中关村方正大厦	100080	82529408
德胜门支行	西城区德外大街新风街2号天成科技大厦	100088	82271439
电子城支行	朝阳区酒仙桥路14号兆维大厦	100015	58671027
首都机场支行	朝阳区航安路首都机场职工之家综合楼	100621	64595916
西二环支行	西城区平安里西大街26号新时代大厦	100034	88009826
空港支行	顺义区天竺空港工业区经纬四街9号院办公楼	101318	64595916
西长安街支行	西城区复兴门内大街2号民生银行大厦2层	100031	58560383
南二环支行	东城区永定门外大街101号百荣世贸商城A区	100077	87804382
建国门外支行	朝阳区建国门外大街甲12号新华保险大厦	100022	65693081
京广支行	朝阳区西大望路3号院2号楼	100026	65974216
航天桥支行	海淀区西三环北路100号	100048	88516466－600
中关村西区支行	海淀区海淀北二街10号泰鹏大厦	100080	62684314
望京支行	朝阳区南湖东园122号博泰国际B座	100102	64755278
环保园支行	海淀区地锦路5号中关村环保园原动力空间1号楼	100095	59738716
首体南路支行	海淀区首体南路9号中国电工大厦	100048	68790947
大兴支行	大兴区黄村镇永华路1号兴政家园	102600	69228357
东二环支行	东城区东直门南大街甲3号居然大厦	100007	64012217
顺义支行	顺义区大东路3号院27号商住楼	101300	81487783
总部基地支行	丰台区丰台镇富丰路2号星火科技大厦2－6幢	100070	83739712

世纪金源支行	海淀区蓝靛厂垂虹园甲4号楼	100097	88877430
国奥支行	朝阳区安立路66号4号楼	100101	64906808
朝阳北路支行	朝阳区朝阳北路107号院58号楼	100025	58626018
亦庄支行	北京经济技术开发区隆庆街7号1幢	100076	67879915
通州支行	通州区九棵树西路京洲园195号楼1~2层	101121	81595959
长椿街支行	西城区宣武门西大街97号2号楼	100031	88086601
光华支行	朝阳区金桐西路10号	100020	85906828
华威支行	朝阳区松榆南路38号院1号楼1层101室、2层201室	100122	87328256
顺义新城支行	顺义区顺安南路68号首层	101300	56360188
万柳支行	海淀区万柳中路6号院2号楼	100089	82362533
广渠门支行	东城区广渠家园10号楼1层101室	100022	85003233
昌平支行	昌平区白浮泉路26号院2号楼	102200	80112288－8018
房山支行	房山区拱辰街道政通路12号1号楼首层大厅	102488	60305550
陶然桥支行	东城区永定门西滨河路8号院7楼101号	100077	57837821
石景山支行	石景山区银河南街2号院1号楼1层2单元	100040	68633588
西大望路支行	朝阳区西大望路19号院1号楼1层	100022	87756735
回龙观支行	昌平区回龙观西大街16号院1号楼首层A107、2层A203	102208	60779375
媒体村支行	朝阳区天朗园C座1层01商业	100107	84923352－600
亮马桥支行	朝阳区亮马桥路48号院4号楼1层101号	100125	84401191
万丰路支行	丰台区万丰路303号梦都酒家首层	100161	63858550
林萃路支行	朝阳区林萃西里16号楼1层F1－27	100085	50866206
常营支行	朝阳区常惠路4号楼1~2层122号	100024	65774955

杏石口支行	海淀区杏石口路80号益园文化创意产业基地A区1号楼108号	100095	65884508
东坝支行	朝阳区朝新嘉园东里六区1号楼	100018	65676308
大兴新城支行	大兴区枣园东巷1号院1号楼	102611	60280088
榆垡支行	大兴区榆垡镇今荣街9号首层、2层	102602	89210011
香山支行	海淀区闵庄路3号清华科技园玉泉慧谷二期1号楼1层	100097	88405400
望京科技园支行	朝阳区望京东园五区502号楼1～2层	100102	64799009
东四支行	东城区东四北大街265号	100007	64025688
南苑支行	丰台区马家堡东路189号院2号楼首层	100077	56678898
天通苑支行	昌平区东小口镇立汤路181号院6号楼1层	102218	62382704
知春路支行	海淀区知春路13号航南大厦首层	100083	82310055
中关村软件园支行	海淀区西北旺东路10号院16号楼1层102号	100094	56647098
太阳宫支行	朝阳区太阳宫中路16号院1号楼冠捷大厦101室	100028	84629097
丽泽商务区支行	丰台区丽泽路5号1层101号－2室	100073	63384900
门头沟支行	门头沟区滨河路115号滨河大厦1层西北侧	102399	61809096

渤海银行股份有限公司北京分行

机构名称	地　　址	邮　编	电　话
分行营业部	西城区复兴门内大街28号凯晨世贸中心东C座F1层	100031	66270781
魏公村支行	海淀区中关村南大街31号神舟科技大厦	100081	68729077
商务中心区支行	朝阳区光华路15号泰达时代中心1号楼	100600	85885416

亚运村支行	朝阳区慧忠里318号	100101	64953799
朝阳门支行	朝阳区吉庆里9号、10号楼蓝筹名座E座	100020	65538038
万柳支行	海淀区长春桥路11号亿城中心4号楼	100089	62416917
望京支行	朝阳区广顺南大街21号	100102	64775011
德胜门支行	西城区德外大街36号楼德胜凯旋大厦A座	100120	82069650
京广支行	朝阳区呼家楼京广中心商务楼首层	100020	65973500
东二环支行	东城区南竹杆胡同2号银河SOHO	100010	65206625
航天桥支行	西城区莲花池东路106号汇融大厦底商	100055	63943100
西客站支行	海淀区西三环北路100号光耀东方中心底商	100048	68729121
中关村支行	海淀区海淀大街3号1幢101北侧、201北侧	100080	82696321
总部基地支行	丰台区南四环西路188号1区31号楼	100070	83203087
首体南路支行	海淀区首体南路20号4号楼、5号楼	100044	88357178
安贞支行	朝阳区安定路35号1层餐厅	100029	64443055
万寿路支行	海淀区万寿路西街2号1层北侧	100036	88175373
经济技术开发区支行	北京经济技术开发区天华北街11号院2号楼	100176	67866885
通州支行	通州区新华西街60号院1号楼1层	101100	50952500
珠江骏景社区支行	丰台区骏景园北区25号楼1层103号	100075	87805923
三环新城社区支行	丰台区丰桥路六号院甲8号1层03号	100071	83625529
清林路社区支行	朝阳区清林路1号院7号楼1层107号	100107	84913763
远洋风景社区支行	海淀区德胜门西大街15号1号楼D3区	100082	82290301
双井社区支行	朝阳区天力街16号楼8号房屋	100022	58621559
橡树湾社区支行	海淀区学府树家园2区7-1~20号7-5房屋	100085	82815613
紫金长安社区支行	海淀区西翠路17号院18号楼1层2单元商铺5房屋	100036	68212123
远洋山水社区支行	石景山区玉泉西里2区3号楼1层D号房屋	100073	68636908

林肯公园社区支行	北京经济技术开发区文化园西路8号院30号楼1层110号	100176	87925275
广顺北大街社区支行	朝阳区利泽西园306号楼1层109号房间	100102	64190260
百子湾社区支行	朝阳区百子湾路16号百子园后现代城社区5号楼1层A单元102号	100124	87765688
周庄嘉园社区支行	朝阳区周庄山水文园5号楼1层底商04	100122	67496170
国贸社区支行	朝阳区东柏街9号院2号楼1层103号	100022	87751631

浙商银行股份有限公司北京分行

机构名称	地　址	邮　编	电　话
中关村支行	海淀区中关村南大街甲12号寰太大厦	100081	62109926
丰台支行	丰台区南四环西路188号17区1号楼	100070	83739425
五方支行	朝阳区王四营甲2号观音堂文化大道观68号	100023	87661411
大洋支行	朝阳区十八里店乡大羊坊路闽龙广场	100122	67329052
朝阳支行	朝阳区东坝乡朝新嘉园东里五区18号楼	100018	65432522
大兴支行	大兴区兴华大街三段25－1号	102600	61219471

北京银行股份有限公司

机构名称	地　址	邮　编	电　话
总行营业部	西城区金融大街甲17号、乙17号	100033	66225025
北京分行	西城区复兴门内大街156号D座、B座	100031	66426708
中关村分行	海淀区彩和坊路6号首层	100080	60190041

车公庄支行	西城区车公庄大街乙8号	100044	68341546
德外支行	西城区新风街2号天成科技大厦1层	100120	82029815
西四支行	西城区西单北大街30号	100032	66072541
阜成支行	西城区阜外大街2号	100037	68032848
复兴支行	西城区月坛南街14号	100045	68525276
展览路支行	西城区西直门外南路8号	100044	68355049
三里河支行	西城区月坛南街85号	100045	68587528
月坛支行	西城区阜外大街27号1层	100037	68104632
华安支行	西城区地安门西大街171号	100034	66112950
西直门支行	北西城区冠英园西区31号楼	100035	66537790
燕京支行	西城区复兴门外大街甲19号	100045	68561704
金融街支行	西城区金融大街丁26号	100033	88087441
官园支行	西城区平安里西大街22号1层、2层	100034	66110674
慧园支行	西城区教场口街9号院7号楼及巳9号楼1层	100120	82061216
西单支行	西城区复兴门内大街156号招商国际金融中心B座	100031	66426677
长安街支行	西城区真武庙1号中国职工之家C座首层	100045	68563182
西内大街支行	西城区西直门内大街275号	100035	82141644
北三环支行	西城区北三环中路6号1幢1层、2层	100120	82087500
马连道支行	西城区马连道南街1号院2号楼	100055	63282060
百万庄社区支行	西城区百万庄大街21号院1号楼底商1~2号商铺	100037	68104621
白塔寺支行	西城区太平桥大街8号院10号楼	100034	59352616
右安门支行	西城区右安门内大街65号	100054	63514476
前门支行	西城区前门西大街正阳市场1号楼	100051	63037838

琉璃厂支行	西城区南新华街 48 号	100052	63044326
广安支行	西城区广安门外白莱湾 5 号楼 1 层	100055	63486028
报国寺支行	西城区广安门内大街甲 306－3 号	100053	63547801
天宁支行	西城区核桃园西街 36 号	100053	63041992
滨河路支行	西城区枣林前街 119 号	100053	63517012
白云支行	西城区广安门外小马厂西里 2 号	100055	63408261
陶然支行	西城区永定门内西街 5 号	100050	83162495
宣武门支行	西城区广安门内大街 6 号	100053	83513740
广源支行	西城区广安门外大街 305 号院 7 号楼 1 层	100055	63459126
陶然亭路支行	西城区陶然亭路 45 号网信鸿玺宾馆 1 层	100052	83559985
永定门支行	西城区天桥南大街 1 号 1 座 1 层 01 单元	100050	67217268
南纬路支行	西城区南纬路 35 号 1 层	100050	83150491
车公庄大街社区支行	西城区车公庄大街 9 号院 2 号楼 1 层 01 商业门厅	100044	88312860
工体北路支行	东城区新中西里 13 号巨石大厦首层	100027	51909895
和平里支行	东城区和平里东街 1 号	100013	84232251
建国支行	东城区建国门内大街乙 18 号	100005	65265285
东四支行	东城区东四北大街 303－8 号	100007	64062934
长城支行	东城区金鱼胡同 18 号万富大厦首层	100006	65258088
灯市口支行	东城区灯市口大街 50 号	100006	65248163
景山支行	东城区东四十条 24 号青蓝大厦 1 层西侧	100007	64016958
中轴路支行	东城区安德路 16 号洲际大厦首层	100011	84882626
沙滩支行	东城区北河沿大街 97 号	100006	65220219
东单支行	东城区建内大街 19 号中纺大厦 1 层	100005	65262730
安定门支行	东城区交道口南大街 16 号	100007	64075243

东直门支行	东城区东直门南大街9号4号楼1层	100007	84098610
海运支行	东城区东直门南大街5号	100007	58156081
雍和支行	东城区东直门北小街青龙胡同1号歌华大厦首层	100007	84186329
忠实里支行	东城区忠实里西区7号楼1层	100022	67799887
天桥支行	东城区珠市口东大街20号	100050	67075138
天坛支行	东城区天坛东路76号	100061	67169114
花市支行	东城区东花市北里中区甲27号楼	100062	67189320
光明支行	东城区光明路13－3号北京银行	100061	67129144
广渠门支行	东城区夕照寺街2号北京市电信工程局办公大楼1层	100061	67184883
广渠门外大街支行	东城区广渠家园5号首东国际大厦1层101号	100022	87521598
东直门外支行	东城区北二里庄44号迤南1层	100027	64606623
磁器口支行	东城区珠市口东大街3号101室	100062	67085430
白石桥支行	海淀区中关村南大街48号A座九龙商务中心	100081	62196712
北航支行	海淀区学院路35号世宁大厦首层	100191	82338398
北京大学支行	海淀区成府路298号方正大厦1层北侧	100871	82529701
北清路支行	海淀区北清路107号	100094	82789960
北太平庄支行	海淀区北三环中路戊40号	100088	62043336－8205
北洼路支行	海淀区北洼路28号	100089	68451673
翠微路支行	海淀区复兴路33号翠微大厦1层	100036	68172288
大钟寺支行	海淀区中关村南大街12号培训中心01～02层	100081	62154096－8818
阜裕支行	海淀区阜成路28号航医大厦西侧1～2层	100142	51817100
甘家口支行	海淀区三里河路39号	100037	68349787
国兴家园支行	海淀区首体南路20号	100044	88355438
海淀路支行	海淀区中关村大街22号中科大厦B座1层	100190	62628358

航天支行	海淀区海淀南路30号航天精密大厦1层	100080	82671123
金运支行	海淀区西直门北大街甲43号金运大厦	100044	52129223
清华大学支行	海淀区清华大学校内照澜院商业楼1~2层	100084	62780101
清华园支行	海淀区双清路同方大厦A座	100084	62770461
上地支行	海淀区上地信息路1号	100085	82895594
世纪城支行	海淀区板井路69号世纪金源大饭店首层东侧	100097	88462505
双秀支行	海淀区北三环中路31号泰思特大厦1层、凯奇大厦1层	100088	82005324
双榆树支行	海淀区双榆树东里甲22号	100086	82116611-152
四道口支行	海淀区西直门外大柳树路2号铁科院北区11号楼	100081	62243859
四季青支行	海淀区世纪城三区兰靛厂时雨园甲1-1	100097	88892385
万泉路支行	海淀区新建宫门路1号	100091	62872154
万寿路支行	海淀区万寿路17号综合楼B座	100036	68224508
魏公村支行	海淀区中关村南大街25号中扬大厦	100081	68937792
西客站支行	海淀区羊坊店路21号东北角	100038	63953594
新华支行	海淀区万柳中路15号1层	100089	82565337
新街口北大街支行	海淀区德胜门西大街15号远洋风景8号楼1单元102室	100082	82293543
学院路支行	海淀区学院路30号	100083	62313296
学知支行	海淀区北土城西路197号	100191	62074986
燕园支行	海淀区西草场一号硅谷电脑城南裙楼1~2层	100080	82852397
永定路支行	海淀区复兴路40号中国铁建科研大厦首层西侧	100039	52689307
永丰支行	海淀区西北旺德政路南茉莉园甲19号楼2段	100094	82403379
友谊支行	海淀区中关村南大街3号海淀科技大厦1层	100081	68945858

中关村海淀园支行	海淀区北一街2号鸿城拓展大厦1~2层	100080	62699713
中关村科技园区支行	海淀区中关村大街甲28号海淀文化艺术大厦B座1层	100086	82533000
中关村支行	海淀区中关村科学院南路12号	100086	62563804
紫竹支行	海淀区车道沟路10号兵器大厦首层	100089	58830099
田村支行	海淀区田村路畅茜园圣华里小区9号楼1层	100049	68162290
橡树湾支行	海淀区学府树家园二区1号楼1层	100085	82816756
五棵松支行	海淀区复兴路75号中央广播电视大学五棵松业务楼B座首层	100850	56765771
温泉支行	海淀区温泉路临58号1层	100095	62407990
东升科技园支行	海淀区西小口路66号中关村东升科技园B区2号楼1层B105室	100096	82830702
互联网金融中心支行	海淀区丹棱街甲1号	100080	82362040
玉渊潭支行	海淀区美丽园中路16号院5号楼	100097	88506911
西翠路社区支行	海淀区西翠路17号院1号楼	100036	68211927
中关村创业大街小微支行	海淀区海淀西大街29号院1层115号、117号	100080	61934677
苏家坨支行	海淀区苏家坨镇凤仪佳苑七里8号楼	100194	57809300
清河支行	海淀区清河清景园5号商业楼地上1层A区	100192	62990536
朝外支行	朝阳区朝外大街12号海蓝云天商城1层西门	100020	65993325
望京支行	朝阳区望京西园429号楼底商	100102	64775719
东大桥支行	朝阳区东直门外新东路甲5号	100027	64167514
酒仙桥支行	朝阳区酒仙桥路3号	100015	64382939
九龙山支行	朝阳区农光里117号	100021	67342062
芳草地支行	朝阳区东大桥路10号	100020	65867822
金台路支行	朝阳区团结湖路52号	100026	85985900

亚运村支行	朝阳区慧忠北里天创世缘309楼A座首层	100012	64802490
八里庄支行	朝阳区朝外红庙延静西里2号	100025	65949698
新源支行	朝阳区北三环东路6号	100028	64643177
安华路支行	朝阳区外馆东街51号商业楼首层	100011	64408638
樱花支行	朝阳区北三环东路15号	100029	64418052
关东店支行	朝阳区东大桥三角地	100020	65062512
北辰路支行	朝阳区北辰东路8号汇珍楼1层	100101	85803048
现代城支行	朝阳区建国路88号现代城A区S座0101室	100022	85803045
商务中心区支行	朝阳区光华路丙12号首层	100020	65083280
雅宝路支行	朝阳区雅宝路二号天雅大厦1层	100020	51362661
红星支行	朝阳区朝外大街20号	100020	65885738
北苑路支行	朝阳区北苑路172号万兴苑11号楼1层04室	100101	84854563
东长安街支行	朝阳区建国门外大街乙12号双子座大厦西塔1层	100022	65683696
健翔支行	朝阳区安翔北里甲11号北京创业大厦B座一层	100101	64889928
惠新支行	朝阳区惠新东街4号富盛大厦1层	100029	84663956
孙河支行	朝阳区孙河乡康营家园小区KY15区D8R号楼	100015	84591236
双桥支行	朝阳区双柳北街39号商业2层203号	100024	65734009
大望路支行	朝阳区广渠路28号甲201号楼1层	100022	57528618
燕莎支行	朝阳区东方东路19号亮马桥外交办公大楼1层东侧	100125	85322826
望京科技园支行	朝阳区望京西园一区134号楼101号	100102	64789992
远洋国际中心支行	朝阳区东四环中路56号远洋国际中心A座	100025	85865177
奥北支行	朝阳区天乐园1号楼1层	100107	84927536
奥东支行	朝阳区惠新西街19号	100029	51300080

高碑店支行	朝阳区高碑店北路5号	100123	51361730
奥运村支行	朝阳区北辰西路8号院2号楼	100101	84378372
富力又一城支行	朝阳区黄厂南里2号院31号楼1层	100121	59643615
电子城支行	朝阳区高家园二区14号	100015	64363756
朝阳北路支行	朝阳区朝阳北路102号楼101室、125~128室	100123	85790459
姚家园支行	朝阳区星火西路19号楼1层、2层	100025	85855636
太阳宫支行	朝阳区夏家园11号楼1层5号商业、2层11号商业	100028	84298352
国贸支行	朝阳区建国门外大街1号院1号楼58层	100004	57068900
芍药居支行	朝阳区芍药居16号楼	100029	84648865
常营支行	朝阳区朝阳北路17号楼	100024	50866270
力源里社区支行	朝阳区力源里北街2号院5号楼1层	100025	85757767
华侨城支行	朝阳区金蝉欢乐园2号院甲1号楼	100023	67366850
东四环支行	朝阳区慈云寺北里210号楼1层	100025	85886436
甘露园社区支行	朝阳区甘露园4号楼1层	100123	85773241
西坝河支行	朝阳区太阳宫火星园1号楼1层	100028	84299756
松榆南路社区支行	朝阳区松榆南路38号院1号楼B座	100021	87351792
西大望路社区支行	朝阳区西大望路19号院12号楼1层8单元	100022	57528618
崔各庄支行	朝阳区崔各庄乡京旺家园一区8号楼底商	100015	64358782
新城国际小微支行	朝阳区朝阳门外大街6号院22号楼1层商业	100020	65089280
丰台支行	丰台区丰台镇东安街1号	100071	63822841
西罗园支行	丰台区洋桥12号综合楼1层101室	100068	67253444
两桥支行	丰台区西四环南路31号	100071	63825045
方庄支行	丰台区方庄芳星园2区甲3号院6号	100078	67665046
成寿寺支行	丰台区南三环四方景园二区配套商业	100164	87647377

总部基地支行	丰台区南四环西路188号三区5号	100070	63701838
三环新城支行	丰台区丰桥路7号院8号楼28号	100070	83631804
金融港支行	丰台区南四环西路188号17区15号1层	100070	63298514
东高地支行	丰台区东高地万源西里41栋	100076	88524555
玉泉营支行	丰台区南三环西路16号3号楼1层	100068	87576150
马家堡支行	丰台区星河苑2号院9号楼01~03商业	100068	67500706
太平桥支行	丰台区华源四里甲2	100073	63380829
青塔支行	丰台区青塔西路9号	100141	68211713
丰体南路社区支行	北京市丰台区丰体南路3号	100166	63876516
政务中心支行	丰台区西三环南路1号	100073	89151001
南三环中路小微支行	丰台区南三环中路67号6号楼1层A1002~A1004	100076	67253040
光彩路社区支行	丰台区贾家花园3号院13号楼112号	100076	87822559
西马场路社区支行	丰台区西马场路6号院3号楼1层	100068	87646359
长辛店支行	丰台区杜家坎南路9号	100072	83872332
马家堡东路社区支行	丰台区马家堡东路101号院4号楼	100077	87646359
美域家园社区支行	丰台区美域家园北区8号楼1层	100166	88609078
青塔西路社区支行	丰台区青塔西路52号院8号楼	100141	63878198
京源路支行	石景山区石景山路23号中础大厦1层	100049	88706621
石景山支行	石景山区石景山路42号	100043	88706585
远洋山水支行	石景山区玉泉西里二区18号楼1层	100040	68547511
杨庄中区社区支行	石景山区杨庄中区21号楼3单元101号	100043	88706368
银河大街社区支行	石景山区双锦园16号楼1层	100043	68635090
景阳东街社区支行	石景山区景阳东街66号院3号楼1层	100043	68640650
中关村石景山园支行	石景山区实兴大街30号院16号楼	100043	68866384

昌平支行	昌平区政府街2号	102200	80103925
天通苑支行	昌平区东小口镇立汤路188号北方明珠大厦商业首层	102218	58608621
回龙观支行	昌平区回龙观镇北店时代广场商业综合楼E段地上1层	102208	80750306
龙水路支行	昌平区龙水路28－12号底商	102200	69711931
北七家支行	昌平区北七家镇立汤路58号王子大厦瑰宝商业中心	102209	89756452
西三旗支行	昌平区建材城西路87号2号楼1层	100096	82969620
宏福科技园支行	昌平区北七家镇宏福创业园商业街D栋	102209	81775199
顺义支行	顺义区站前街粮食局商办楼	101300	81482121
天竺支行	顺义区天竺地区天竺花园天韵阁1层	101312	64561937
石园支行	顺义区仁和镇石园南区33号楼102号	101300	89452683
首都国际机场支行	顺义区首都机场三号航站楼A2E3－1	100621	64532594
新国展支行	顺义区天竺空港工业区B区空港融慧园4号楼	101318	80470186
绿港国际中心支行	顺义区首都机场四纬路2号绿港国际商务中心	100621	84169602
石门支行	顺义区仁和镇前进花园石门苑甲13号国泰宏城购物广场	101300	89418302
航港支行	顺义区南法信镇顺平路566号ACLP国际大厦	101300	69479250
裕龙支行	顺义区裕龙花园三区7号楼5号	101300	89430810
顺义新城支行	顺义区佳和宜园1号楼101	101300	56441347
燕山支行	房山区燕山岗南路东一巷6号C座1层	102500	69344783
房山支行	房山区良乡月华大街3号龙建大厦首层	102488	81388783
加州水郡支行	房山区长阳镇昊天北大街48号加州水郡东区商业中心A座106室	102445	80393773

良乡支行	房山区西潞街道长虹西路 71 号	102488	60330575
通州支行	通州区新华西街 59 号 4 号楼 1 层	101100	89501576
瑞都支行	通州区九棵树街 165 号、167 号、171 号、175 号	101100	89501820
运河支行	通州区通胡大街 11 号 –1	101100	80853166
光机电园区支行	通州区次二村南 6 号 1 幢 1 层	101111	81509319
马驹桥支行	通州区马驹桥镇 245 号院 12 号商业楼 105 号	101100	60570929
国际新城支行	通州区梨园南大街 326 号	101100	81531790
新华联家园社区支行	通州区杨庄南里 8 号楼 –1	101100	81511819
梨园西里社区支行	通州区梨园西里 27 号楼 1 层 1 单元	101121	81531895
玉桥西里社区支行	通州区玉桥西里 72 号院 21 号楼商 8 号	101121	81521808
怡乐北街社区支行	通州区怡乐北街 92 号 1 层	101121	51270080
大兴支行	大兴区永华南里 1 号楼	102600	69232938
经济技术开发区支行	经济技术开发区宏达北路 12 号	100176	67873396
黄村支行	大兴区黄村镇兴华路 212 号	102600	69237798
西红门支行	大兴区西红门镇北一街 1 号院 24 号楼 1 层 103 号	100162	80258233
亦庄支行	北京经济技术开发区文化园西路 8 号院 25 号楼	100176	87925534
大兴经济开发区支行	大兴区金星路 12 号院 2 号楼 1 层西侧	102600	69261626
魏善庄支行	大兴区魏善庄镇魏北路 28 号院 18 号楼	102611	89232810
富强西路社区支行	大兴区黄村镇富强路 155 号 1 层	102600	89295219
利民西巷社区支行	大兴区黄村镇利民西巷 5 号 1 层	102600	81290176
兴华大街社区支行	大兴区兴华大街（二段）19 号院 16 号楼 1 层	102600	80250351
怀柔支行	怀柔区府前西街 2 号楼 F1 – b1	101400	69697032
门头沟支行	门头沟区双峪路 5 号	102300	69863186

石龙经济开发区支行	门头沟区石龙经济开发区永安路20号3号楼	102308	69802619
平谷支行	平谷区迎宾环岛东南角金谷园21号楼1层商铺	101200	89999875
府前街支行	平谷区平谷镇新平东路13号	101200	61995618
密云支行	密云区鼓楼东大街19－5	101500	69087741
季庄支行	密云区果园新里北区综合楼1层	101500	69026772
延庆支行	延庆区延庆镇高塔街67号2幢	102100	61125600
杨宋支行	怀柔区杨宋镇怀耿路120号院5号楼	101400	56449061
龙乡支行	昌平区回龙观镇南店村东三旗百汇分市场1号楼	100096	82989032
窦店支行	房山区大窦路257号院21号楼105～107室	102402	80320426
城关支行	房山区城关东大街4号院1号楼102房	102400	61375285

天津银行股份有限公司北京分行

机构名称	地址	邮编	电话
朝外支行	朝阳区朝外大街乙6号朝外SOHOD座0185室	100020	59004326
三元桥支行	朝阳区东三环北路乙2号圣元中心A座101号	100027	84471038
新兴桥支行	海淀区复兴路21号海育大厦首层	100036	68573491
中关村支行	海淀区海淀中街15号远中悦来大厦	100080	58730476
金融街支行	西城区2龙路甲33号新龙大厦B座	100032	66227910
丰台支行	丰台区南四环西路188号三区15号楼	100070	63706631
西直门支行	西直门北大街52号太平金融大厦1层	100082	82206728
东城支行	东城区朝内大街8号	100010	57929206
广渠门支行	东城区广渠家园3号楼	100022	87521500
东直门支行	东城区东直门外大街46号1号楼	100027	84608981
航天桥支行	海淀区西三环北路100号	100037	68456337

房山支行	房山区良乡政通西里小区1号楼、2号楼南侧	102488	60309340
大兴支行	大兴区兴业大街（三段）32号	102600	89293614
通州支行	通州区新华西街61号	101100	56865717
顺义支行	顺义区站前街1号院1号楼	101300	61426428

大连银行股份有限公司北京分行

机构名称	地　　址	邮　编	电　话
分行营业部	朝阳区建国路93号万达广场B座	100022	65813121
西城支行	西城区金融大街甲9号	100033	66016356
海淀支行	海淀区中关村南大街6号中电信息大厦1层	100086	62308122
经济技术开发区支行	北京经济技术开发区宏达北路16号	100176	87220795
丰台支行	丰台区科学城中核路1号院	100070	63713132
朝阳支行	朝阳区阜通东大街10号楼	100102	87328618

杭州银行股份有限公司北京分行

机构名称	地　　址	邮　编	电　话
分行营业部	东城区建国门内大街26号1号1层南侧	100005	64088117
安贞支行	朝阳区安定路10号中国有色大厦1层	100029	64423711
顺义支行	顺义区府前东街10号自来水公司1层	101300	60417021
朝阳支行	朝阳区甜水园东街10号	100026	65000847
中关村支行	海淀区彩和坊西小街1号中湾国际1层	100080	59260522
通州支行	通州区九棵树街177号	101100	89542750
丰台支行	丰台区周庄子望园东里28号楼	100161	63822337

大兴支行	大兴区兴华大街（2段）13号院2号楼	102606	80255721
平谷支行	平谷区新平北路南侧紫贵庄园西侧9号楼10号	101200	61997288
房山支行	房山区良乡西潞南大街8号楼1-1号	102401	69389718
昌平支行	昌平区府学路1-3号	102200	89787271
上地支行	海淀区小营西路33号金山软件大厦底层	100085	57041785
石景山文创支行	石景山区石景山路45号	100043	88952010
次渠支行	通州区次渠南里120号	101111	80823357
东城支行	东城区东花市北里西区23号楼1层23-3号	100062	87167841
顺义裕龙支行	顺义区裕龙四区甲5号	101300	61426870

南京银行股份有限公司北京分行

机构名称	地　址	邮　编	电　话
分行营业部	西城区金融大街10号	100033	83399112
车公庄支行	海淀区首体南路20号4号楼、5号楼	100044	88334001
万寿路支行	海淀区万寿路28号	100036	88619369
万柳支行	海淀区万泉庄路28号万柳新贵大厦A座1~2层	100089	58720008
中关村支行	海淀区中关村南三街6号中科资源大厦裙楼	100080	82649800
西坝河支行	朝阳区西坝河北里23号恒川广场	100028	64473898
朝阳门支行	东城区朝阳门南小街2号	100005	65267509
呼家楼支行	朝阳区呼家楼北街7号1~2层	100026	65860699
顺义支行	顺义区南法信镇华英园9号	101300	89425691
北辰支行	朝阳区北辰东路8号汇园公寓M座首层北侧	100101	84975583
通州支行	通州区滨河中路249号1层、251号1层、253号1层、253号2层	101101	80570207

方庄支行	丰台区四方景园二区配套商业 1－3 号	100078	87656026
西客站支行	丰台区华源三里 1 号楼首科商务酒店	100073	63254707

盛京银行股份有限公司北京分行

机构名称	地　址	邮　编	电　话
分行营业部	朝阳区光华路 4 号东方梅地亚中心 D 座	100026	85597777
中关村支行	海淀区海淀北 2 街 8 号 1 层 108 单元、109 单元	100080	82012999
官园支行	西城区车公庄大街 9 号院 1 号楼商业 5（德胜园区）	100044	85251177
五棵松支行	海淀区复兴路 69 号 3 号楼	100038	88199777
顺义支行	顺义区仁和镇新顺南大街 8 号院 1 幢	101399	85886222
大兴支行	大兴区兴业大街三段 26 号楼	102600	69267591
石景山支行	石景山区玉泉西里 1 区 2 号楼 1 层 107 室	100040	68636855

上海银行股份有限公司北京分行

机构名称	地　址	邮　编	电　话
营业部	朝阳区建国门外大街丙 12 号	100022	57610106
中关村支行	海淀区北四环西路 66 号	100080	62418659
安贞支行	东城区安定路 20 号	100029	84109289
学院南路支行	海淀区学院南路 15 号	100088	82418630
复兴门支行	西城区鲍家街 43 号	100031	66411223
金融街支行	西城区金融大街甲 9 号	100033	66528799

江苏银行股份有限公司北京分行

机构名称	地　址	邮　编	电　话
分行营业部	朝阳区光熙家园1号楼	100028	56986950
德胜支行	西城区德胜门外大街36号德胜凯旋大厦A座	100120	82063188
东直门支行	东城区东直门南大街甲3号居然大厦	100007	64025328
宣武门支行	西城区宣武门外大街甲1号环球财讯中心大厦	100052	63039950
西三环支行	海淀区西三环北路87号国际财经中心	100089	88824955
朝阳门支行	东城区朝阳门内大街8号朝阳首府大厦	100010	57929210
东四环支行	朝阳区百子湾东里101号楼首层	100124	67048235
马连道支行	西城区红莲南路28号楼红莲大厦A座	100055	63325956
安定门支行	东城区安定门外大街丁88号	100000	64407800
石景山支行	石景山区石景山路31号盛景国际广场	100043	57537005
中关村支行	海淀区中关村南三街6号中科资源大厦1层	100190	62631232
中关村西区支行	海淀区善缘街1号立方庭大厦1层	100080	82483853
亚运村支行	朝阳区安慧北里秀园16号楼118	100101	84468312
总部基地支行	丰台区南四环西路128号院3号楼诺德中心1层	100070	83816960
东三环支行	朝阳区东三环北路甲26号楼博瑞大厦	100011	65167590
望京支行	朝阳区望京园601号楼1层102室	100102	84766295
亦庄支行	经济技术开发区荣华南路10号院4号楼1层106室	100176	50949890
通州支行	通州区九棵树东路152号	101101	56175691
上地支行	海淀区马连洼北路亿城国际中心1层	100085	50955736
光华路支行	朝阳区光华路5号院世纪财富中心3号楼	100026	50953462
广渠门支行	东城区东花市南里东区8号尼奥大厦1层	100062	50955239

包商银行股份有限公司北京分行

机构名称	地　址	邮　编	电　话
分行营业部	朝阳区北四环东路 115 号	100101	64816060
中关村支行	海淀区彩和坊路 8 号	100080	60190675
大红门支行	丰台区马家堡东路 101 号阳光花园	100070	57704006
通州支行	通州区九棵树东路 150 号	101100	60552315
望京支行	朝阳区望京西路 47 号	100102	64790081
国贸支行	朝阳区呼家楼新苑 4 号楼锐创大厦	100020	56175308
方庄支行	丰台区方庄紫芳园四区 5 号楼 102 室	100078	56175717

宁波银行股份有限公司北京分行

机构名称	地　址	邮　编	电　话
分行营业部	海淀区西三环北路 100 号	100037	53266393
中关村支行	海淀区海淀大街 1 号 1 层、6 层	100080	53239636
丰台支行	丰台区万丰路 300 号	100161	53239556
东城支行	东城区东兴隆街 58 号 06	100062	53239518
望京支行	朝阳区酒仙桥中路 26 号院 1 号楼 1 层	100015	53231700
亚运村支行	朝阳区慧忠北里 214 号	100012	53272233
石景山支行	石景山区石景山路 2 号北京台湾街 B 区 1 号楼	100040	53272323

北京农村商业银行股份有限公司

机构名称	地址	邮编	电话
总行营业部	西城区金融大街9号楼1层、3层	100045	63229019
朝阳支行	朝阳区北苑路90号	100101	64945311
亚运村支行	朝阳区安外安立路甲56号	100012	84802802
将台支行	朝阳区酒仙桥路14号51号楼兆维华灯大厦1层A108	100015	84799322
金盏支行	朝阳区金盏乡长店组团13号综合楼1层底商	100018	84334505
来广营支行	朝阳区望京北路18号	100102	64390751
高碑店支行	朝阳区建国路29号兴隆家园9号楼	100123	85775890
和平支行	朝阳区来广营东路5号东郊农场综合服务楼	100103	84701595
光华路支行	朝阳区光华路甲14号诺安大厦1层	100020	51309953
新源支行	朝阳区新源里16号琨莎中心1座	100027	84683590
太阳宫支行	朝阳区西坝河北里15号楼	100028	64215209
商务中心区支行	朝阳区朝阳门北大街16号	100020	85605330
小红门支行	朝阳区小红门乡宋家楼4号	100176	67697520
南磨房支行	朝阳区大望路平乐园路口南300米	100022	67311917
王四营支行	朝阳区王四营乡官庄大队陶庄个体公园南侧	100023	67382042
双桥支行	朝阳区朝阳路管庄路口西20米	100021	65761658
京粮支行	朝阳区东三环中路16号	100022	51672307
丰台支行	丰台区西局南街101号	100161	63842592
成寿寺支行	丰台区四方景园2区配套商业2–11	100078	87644286
花乡支行	丰台区看丹路甲15号	100070	63736453

六里桥支行	丰台区华源1街2号楼	100073	63334756
两广路支行	西城区广安门内大街311号院2号楼1层	100053	83130710
世界公园支行	丰台区丰葆路富锦嘉园综合服务楼1层北段	100070	83623032
新发地支行	丰台区新发地京新酒店西侧	100070	83727020
政务中心支行	丰台区西三环南路1号	100161	89151011
卢沟桥支行	丰台区丰台体育中心北路1号	100166	63814573
小屯支行	丰台区卢沟桥张仪村路125号院18号	100071	63811247
王佐支行	丰台区云岗南宫路3号	100074	83318546
长辛店支行	丰台区长辛店杜家坎南路甲6号	100072	83840581
马连道支行	西城区马连道南街1号依莲轩小区D座	100055	63326122
丽泽支行	西城区北京西站南路80号院6号楼1层101室	100073	83062902
宛平支行	丰台区卢沟桥晓月中路5号楼	100165	83896722
右安门支行	丰台区右安门外大街56号2号楼底商	100069	83974591
石景山支行	石景山区杨庄东路78号	100043	68877815
八角支行	石景山区八角南路7号	100043	68872063
西山支行	石景山区西黄新村西里4号楼1层3单元	100144	88701303
京原支行	石景山区玉泉路玉泉大厦1层	100040	88255285
海淀支行	海淀区苏州街77号	100089	82518896
中关村支行	海淀区彩和坊路10号中关村瀚海国际大厦	100080	62535994
世纪城支行	海淀区蓝靛厂晴波园甲5号楼	100097	62881232
东升支行	海淀区清华东路甲1号	100083	62312130
志新路支行	海淀区志新路2里庄35号	100083	59862769
清河支行	海淀区西三旗花园三里76号1层	100192	62913272
八里庄支行	海淀区阜成路81号	100142	88130053
莲花路支行	丰台区莲花池西里6号院综合楼	100161	63957532

大钟寺支行	海淀区北三环西路甲18号中鼎大厦B座	100098	62123603
海淀新区支行	海淀区丰秀中路3号院14号楼	100094	62475162
上地支行	海淀区上地信息路7号	100085	62983467
西北旺支行	海淀区西北旺镇百旺新城A4地块6号综合办公楼	100094	82404104
上庄支行	海淀区上庄镇上庄路72号	100095	62478333
温泉支行	海淀区温泉镇温泉路59号	100095	62456901
苏家坨支行	海淀区苏家坨镇温阳路18号	100095	62454903
北安河支行	海淀区苏家坨镇北安河路5号	100095	62454950
四季青支行	海淀区板井路81号	100097	88432571
军博支行	海淀区会城门北口路东	100038	63264781
阜外支行	西城区车公庄大街9号院1号楼	100044	88312313
门头沟支行	门头沟区滨河路115号滨河大厦1层、12层	102300	69820909
斋堂支行	门头沟区斋堂镇斋堂大街43号	102300	69816714
永定支行	门头沟区永兴小区15号楼底商	102300	69809509
城龙支行	门头沟区门头沟路38号	102300	69825126
龙泉支行	门头沟区滨河路47号2幢	102300	69838943
昌平支行	昌平区东环路中医院路口往西20米少年宫对面	102200	69744185
兴昌支行	昌平区昌平镇东环路中医院对面	102200	69744889
南口支行	昌平区南口镇东大街保温瓶厂南侧	102201	69771185
小汤山支行	昌平区小汤山镇地税所西院	102211	61781226
兴寿支行	昌平区兴寿镇兴寿村709号	102211	61726064
阳坊支行	昌平区阳坊镇南阳路大都饭店北侧	102205	69760458
沙河支行	昌平区沙河镇展思门路29号	102206	69731309
马池口支行	昌平区马池口镇马池口村新街347号	102202	60772425

崔村支行	昌平区崔村镇西崔村 11 号	102212	60721355
南邵支行	昌平区南环路南邵回迁小区 11 号、12 号	102200	60732142
十三陵支行	昌平区十三陵镇胡庄	102213	89761489
北环支行	昌平区昌平镇北环路 2 号金兰大厦 1 单元地下 1 层 C1、C2	102200	69709342
天通苑支行	昌平区东小口镇中滩村东镇政府后面	102218	84811232
回龙观支行	昌平区回龙观镇昌平路 410 号	100096	62713086
北七家支行	昌平区北七家镇政府街八仙别墅北	102209	69751147
天通苑东区支行	昌平区东小口镇天通苑东苑东三区 2 号楼	102218	61765510
通州支行	通州区梨园北街 63 号、65 号	101101	69540796
永顺支行	通州区新华北街 31 号	101100	69544516
宋庄支行	通州区宋庄文化创意产业集聚区京榆旧路南公共服务平台 1～2 层	101118	69595718
潞城支行	通州区潞城镇政府东侧	101117	89581155
西集支行	通州区西集镇国防路 39 号	101108	61576524
漷县支行	通州区漷县镇漷兴 1 街北侧	101109	80586191
永乐店支行	通州区永乐店镇永乐大街 54 号	101105	69568495
张家湾支行	通州区张家湾镇光华路西侧	101113	69572793
台湖支行	通州区台湖镇政府西 200 米	101116	61532735
晶城支行	通州区通胡大街 11 号 -2	101100	89526810
梨园支行	通州区梨园镇九棵树大街 17 号	101101	81514458
翠屏北里支行	通州区翠屏北里（西区）商 11 号、12 号	101100	81510142
马驹桥支行	通州区马驹桥镇兴华南街 245 号院 12 号楼 106 号、107 号	101102	60509385

光机电支行	通州区中关村科技园区通州园区光机电1体化产业基地政府路8号	101111	81500307
顺义支行	顺义区新顺南大街15号	101300	69443744
仁和支行	顺义区石园南区33号楼	101300	89448105
建新东街支行	顺义区建南东街2号	101300	69443034
平各庄支行	顺义区顺通路20号	101300	89492041
马坡支行	顺义区马坡地区西马坡村西	101300	69402009
赵全营支行	顺义区赵全营镇政府西300米	101300	60432619
杨镇支行	顺义区杨镇顺平路杨镇段53号	101300	61451286
南彩支行	顺义区南彩镇顺平路南彩段45号	101300	89469253
北小营支行	顺义区北小营府前街11号	101300	60483974
高丽营支行	顺义区高丽营镇顺沙路高丽营段7号	101300	69455929
光明街支行	顺义区光明北街9号	101300	69429097
空港支行	顺义区天竺镇府前街37号	101312	80467224
南法信支行	顺义区华英园9号	101300	69478100
李家桥支行	顺义区李桥中心街53号	101304	81473831
后沙峪支行	顺义区后沙峪镇双裕街15号	101318	80496752
机场南路支行	朝阳区首都机场南路3号	100621	64573633
大兴支行	大兴区黄村东大街9号	102600	69255471
旧宫支行	大兴区旧宫镇旧宫东路90号	100076	87965968
西红门支行	大兴区西红门镇政府西侧1米	100076	60253045
北臧村支行	大兴区庆丰西路1号院17号楼104～105号	102609	61253449
庞各庄支行	大兴区庞各庄镇农行分理处南1米	102601	89287439
榆垡支行	大兴区榆垡镇卫生院东侧5米	102602	89217898
安定支行	大兴区安定镇农行分理处西侧1米	102607	80231261

青云店支行	大兴区青云店大东新村 B 区 47 号楼	102605	80285780
清澄支行	大兴区黄村镇清澄名苑南区 31 号楼政府综合服务大厅内	102600	81296803
采育支行	大兴区采育镇电管站西侧 2 米	102606	80271469
金星支行	大兴区西红门镇金星庄村黄亦路 50 号	100162	61285905
黄村支行	大兴区黄村镇兴华路 216 号	102600	69266642
经济技术开发区支行	北京经济技术开发区荣京东街 3 号 A 座	100176	67879275
亦庄支行	大兴区亦庄镇政府内	100176	67881644
瀛海支行	大兴区瀛海镇政府北侧 20 米	100076	69278315
房山支行	房山区良乡长虹东路 1 号	102488	69367916
燕房支行	房山区城关镇南大街 16 号	102400	69313461
阎村支行	房山区阎村镇紫园路 115 号	102412	89318563
青龙湖支行	房山区青龙湖镇豆各庄村下四区 43 号	102447	60322343
琉璃河支行	房山区琉璃河镇东街 28 号	102403	89382853
河北镇支行	房山区河北镇李各庄村	102417	60377229
长阳支行	房山区长阳镇北广阳城村西 5 号	102445	80351557
窦店支行	房山区窦店镇窦店村	102433	69391813
张坊支行	房山区张坊镇张坊村中 2 区 61 号	102409	61338351
长沟支行	房山区长沟镇长沟大街 48 号	102407	61361345
西潞支行	房山区良乡西路东里甲 1 号西潞商业大厦 1 层	102488	89368225
良乡支行	房山区良乡中路 26 号	102401	69361014
平谷支行	平谷区平谷镇新平北路平乐街 8 号	101200	89989578
东高村支行	平谷区东高村镇兴业路 6 号	101200	69900799
王辛庄支行	平谷区王辛庄镇齐各庄前街 75 号	101200	89990798
马坊支行	平谷区马坊镇西大街 17 号	101204	60995562

金海湖支行	平谷区金海湖镇韩庄北街 154 号	101201	69992097
南独乐河支行	平谷区南独乐河镇同乐路 128 号	101212	60920737
大华山支行	平谷区大华山镇大华山大街 136 号	101207	61948597
峪口支行	平谷区峪口镇峪口村西大街 2 号	101206	61906024
大兴庄支行	平谷区大兴庄镇大兴庄村东	101205	89932423
新开街支行	平谷区平谷镇林荫北街 13 号	101200	69975132
绿谷支行	平谷区光明西小区 5 号	101200	69961228
密云支行	密云区鼓楼南大街 25 号	101500	69045330
穆家峪支行	密云区穆家峪镇南穆家峪村南侧	101500	61051835
河南寨支行	密云区河南寨镇滨河工业开发区	101500	61086583
十里堡支行	密云区十里堡镇政府东侧	101500	89096276
溪翁庄支行	密云区溪翁庄镇溪翁庄村委会北楼	101512	69012347
巨各庄支行	密云区巨各庄镇巨各庄村南侧	101501	61030163
高岭支行	密云区高岭镇高岭村政府路东侧	101507	81081281
季庄支行	密云区果园西路 21 号	101500	89099803
檀州支行	密云区鼓楼东大街世豪大酒店对面	101500	69043475
怀柔支行	怀柔区迎宾北路 18 号	101400	69626174
泉河支行	怀柔区迎宾北路 32 号	101400	69646145
杨宋支行	怀柔区杨宋镇凤翔科技开发区四园 1 号	101400	61679451
雁栖支行	怀柔区雁栖镇下庄村 435 号	101407	61641348
怀北支行	怀柔区怀北镇西庄村 317 号	101408	69662627
渤海支行	怀柔区渤海镇沙峪村 350 号	101405	61631741
庙城支行	怀柔区庙城镇庙城村派出所对面	101401	60693356
桥梓支行	怀柔区桥梓镇桥梓村村北	101402	57496022
汤河口支行	怀柔区汤河口镇汤河口村 16 号	101411	89671055

富乐支行	怀柔区富乐大街乐红园小区 1 号楼	101400	89688706
青春路支行	怀柔区青春路 8 号	101400	69642910
延庆支行	延庆区东外大街 109 号	102100	69189202
夏都支行	延庆区高塔路 62 号	102100	69141623
张山营支行	延庆区张山营镇张山营村南	102115	69111994
永宁支行	延庆区永宁镇北门口	102104	60171284
八达岭支行	延庆区八达岭镇政府院内	102102	69129421
旧县支行	延庆区旧县镇村北侧	102109	61152932
南菜园支行	延庆区延庆镇南菜园开发区 17 号	102100	69171149
西城支行	西城区复兴门外大街 4 号	100045	68562977
北太平庄支行	西城区新街口外大街 12 号	100088	82083385
车公庄支行	海淀区首体南路 9 号主语家园 17 号楼	100048	68790579
西外支行	海淀区西直门北大街 32 号枫蓝国际中心商场 C 座	100082	62243267
宣武支行	西城区广安门南街 6 号广安大厦 1 层、4 层	100053	83533578
宣外大街支行	西城区前青厂胡同 66 号、68 号	100052	83152708
牛街支行	西城区牛街 20 号和 22 号	100053	83530366
东城支行	东城区北三环东路 37 号 A 座	100013	52979440
东长安支行	东城区东长安街 12 号	100742	85229650
王府井支行	东城区东单北大街 3 号	100005	65229768
工体支行	东城区工体西路工体综合楼 1 层	100025	65515361
雍和宫支行	东城区安定门东大街 28 号 2 号楼 B1、B2	100007	64097201
崇文支行	东城区崇文门外大街 9 号正仁大厦	100062	67086326
建国门支行	朝阳区东三环中路 39 号建外 SOHO12 号楼 1200 商铺	100022	58696372

尚都支行	朝阳区东大桥路8号	100020	59000362
广渠门支行	东城区东花市南里东区15号楼2－101号	100062	87101003
天坛支行	东城区光明路13号1层	100062	67167698
东四十条支行	东城区东四十条甲22号	100007	52185020

中国邮政储蓄银行股份有限公司北京分行

机构名称	地　址	邮　编	电　话
崇文支行	东城区崇文门外大街11号－7、11号－212	100078	67086252
百荣支行	东城区永外大街101号	100077	87802003
交道口东大街支行	东城区交道口东大街10号楼底商B	100007	64003719
建内大街支行	东城区站西路2号	100001	65196657
真武庙支行	西城区真武庙路四条8号院4号楼	100045	68032808
西城区支行	西城区阜成门北大街17号	100047	68334197
三里河支行	西城区月坛南街65号	100045	68539131
南滨河路支行	西城区南滨河路27号	100055	63364461
新华里支行	西城区新华里16号院2号楼商业02号	100044	88359239
金融大街支行	西城区金融大街3号A座1层2层	100808	66555571
西外大街支行	西城区西外大街德宝新园甲22号	100044	68352749
永安路支行	西城区虎坊路21－7号、21－8号	100052	51251400
西四支行	西城区西四南大街16号	100034	66176773
牛街支行	西城区牛街4号	100053	83555017
广安门支行	西城区广安门外大街172号	100055	63279593
新街口支行	西城区西内大街32号	100035	66181633

姚家园路支行	朝阳区姚家园路甲一号活力东方奥特莱斯购物广场首层	100123	51193713
双龙南里支行	朝阳区双龙南里 204 号楼	100122	87321621
三间房支行	朝阳区三间房 223 号	100024	65762454
垡头支行	朝阳区垡头一区 4 号楼东	100023	67385807
工体东路支行	朝阳区工人体育场东路甲 2 号 1 层	100027	85871416
北苑支行	朝阳区朝来绿色家园嬴秋苑 18 号楼底商	100012	84953875
吕家营支行	朝阳区观筑庭园 801 号楼	100122	87641653
南湖西园支行	朝阳区南湖西园 216 号楼 1 层	100102	64724599
杨闸支行	朝阳区朝阳路 8 号杨闸环岛西南侧朗廷大厦底商	100024	85583351
农光里支行	朝阳区农光里 102 号楼	100021	67341867
亚运村支行	朝阳区安慧里 2 区 11 号楼	100101	64938202
望京支行	朝阳区望京西园一区 120 号楼	100102	84718103
常营支行	朝阳区朝阳北路万象新天家园 426 号楼 1 层	100024	65431812
东城区支行	朝阳区光华路 50 号	100600	65217055
广渠门外大街支行	朝阳区广渠门外大街 D51 ~ D55 号住宅楼及商业 111 层商业 1117	100022	临时停业
花家地支行	朝阳区花家地北里 1 号楼	100102	64737340
十里河支行	朝阳区东三环南路 19 号嘉多丽园 A 座京门综合楼 1 层底商	100021	87641653
朝阳区支行	朝阳区西大望路 59 号甲 3 号楼	100022	67753157
广顺北大街支行	朝阳区广顺北大街 19 号 1 层	100102	64724599
左家庄中街支行	朝阳区左家庄中街 6 号院 9 号楼 1 层	100028	64628165
水碓子支行	朝阳区金台北街 6 号楼	100026	65005146
双井支行	朝阳区广渠东路 48 号楼	100022	67716753

吉庆里支行	朝阳区吉庆里6号楼102号A部分	100020	65520455
万科星园支行	朝阳区仰山路万科星园甲7号	100107	84921227
大山子支行	朝阳区酒仙桥路13号	100015	64333112
东高地支行	丰台区东高地斜街13号	100073	67994791
丰台南路支行	丰台区风格与林苑甲9号楼1层	100068	83712880
方庄支行	丰台区蒲方路22号	100078	67628469
大红门服装城支行	丰台区南苑路15号大红门服装商贸城4层	100068	87250655
开阳里支行	丰台区开阳里五区三号楼	100069	83559587
金融港支行	丰台区南四环西路188号16区21楼1层	100051	56097525
云岗支行	丰台区云岗南里2号	100074	83310974
科学城支行	丰台区帝京路5号	100070	63714433
丰台区支行	丰台区西罗园1区15号楼	100077	87255517
公益西桥支行	丰台区角门18号枫竹苑二区1号楼1层底商	100068	67500829
角门支行	丰台区马家堡路120号	100068	67528604
丰台大街支行	丰台区西四环南路94号	100071	63816717
莱户营支行	丰台区三路居路88号院18号楼1层	100073	83204657
彩虹城支行	丰台区光彩路66号院5号楼1层103号	100075	87866180
京温服装市场支行	丰台区高庄60号京温服装市场大厦地下1层	100068	87244995
长辛店支行	丰台区长辛店大街1号	100072	83876093
大瓦窑支行	丰台区大瓦窑新村住宅楼A15物管楼底商	100166	63910500
新古城支行	石景山区古城南里2-3号楼	100043	68876125
鲁谷支行	石景山区鲁谷路39号	100040	88685282
石景山区支行	石景山区琅山苗圃南园子金辉苑小区C3配套服务楼底商	100041	52651257
重兴园支行	石景山区重兴园甲1号	100040	临时停业

金顶街支行	石景山区金顶街二区甲 2 栋	100041	88713029
万寿路支行	海淀区万寿路 7 号	100036	68214390
太阳园支行	海淀区大钟寺东路 9 号	100098	82310721
北太平庄支行	海淀区马甸村 1 号	100088	62029544
上地信息产业开发区支行	海淀区上地信息产业开发区综合楼	100085	62976834
中关村支行	海淀区海淀路 87 号	100080	62610262
万寿寺支行	海淀区西三环北路 25 号	100089	88569680
育新花园支行	海淀区西三旗东路育新花园小区	100096	82908575
玲珑路支行	海淀区西四环北路 160 号 1 层二区	100039	58971472
海淀区支行	海淀区圆明园西路骚子营小区内	100091	62875156
世纪城支行	海淀区世纪城小区烟树园 1 号楼	100097	88874740
知春路支行	海淀区知春路 1 号	100083	82310721
紫竹院路支行	海淀区紫竹院路 116 号嘉豪国际中心	100097	51709058
香山支行	海淀区北辛村 5 号	100093	82592744
苏州街支行	海淀区厂洼 2 号楼	100089	68423230
上地支行	海淀区农大南路 1 号院 2 号楼	100085	62668380
文慧园西路支行	海淀区文慧园小区 15 号楼、16 号楼底商 A 段 1 层	100082	62235092
首体南路支行	海淀区首体南路 9 号主语家园 17 号楼底商 9 ~ 12 号	100048	68790664
魏公村支行	海淀区中关村南大街 17 号	100081	88578918
清河镇支行	海淀区清河三街	100085	62929688
德政路支行	海淀区西北旺德政路南百旺茉莉园底商	100094	82405177
永定路支行	海淀区永定路甲 88 号	100039	68285870
中关村南大街支行	海淀区中关村南大街甲 27 号	100081	68930703

会城门支行	海淀区北蜂窝1号	100038	63952700
晋元庄支行	海淀区建西苑晋元庄小区33号楼商业9号	100043	58971472
学院路支行	海淀区成府路17号	100083	82373385
中关村西区支行	海淀区彩和坊路10号	100080	82483432
滨河路支行	门头沟区滨河西区皓月园6号楼底商11－3	102300	69828692
永定支行	门头沟区永定镇冯村商业街1025号、1027号	102308	60804074
门头沟区支行	门头沟区河滩路6号	102300	69842927
良乡支行	房山区良乡昊天大街47号	102401	69351297
政通路支行	房山区拱辰街道政通路23号	102488	89352352
长虹东路支行	房山区良乡地区鸿顺园商业1号楼1层	102488	69387298
窦店支行	房山区窦店镇山水汇豪苑66号1层底商	102433	80307698
房山区支行	房山区良乡镇良乡西路11号	102488	89358306
农林路支行	房山区城关农林路燕宾鑫源商贸中心	102400	69323310
迎风街支行	房山区燕山迎风街43号	102500	69347148
城关支行	房山区兴房大街19号	102400	69314309
通州区支行	通州区运河东大街64号	101100	81587584
马驹桥支行	通州区马驹桥镇兴华西大街南侧潼关三区底商	101102	60597058
通胡大街支行	通州区通胡大街25号院－1至－10号	101100	89537237
中仓支行	通州区中仓小区	101100	80882381
新华支行	通州区新华大街169号	101100	69554110
永顺支行	通州区永顺西里46号楼	101100	81597149
东兴路支行	顺义区绿港家园1区9号楼	101300	89403552
双裕街支行	顺义区后沙峪镇双裕街甲7号	101300	80479883
国门支行	顺义区李桥镇李天路南半壁店段11号	101300	52132590
石园南区支行	顺义区石园南区花园路南侧新华书店1层底商	101300	89440898

顺义区支行	顺义区新顺南大街	101300	69424651
双阳南区支行	顺义区双阳南区甲 14 号楼	101300	61459196
龙水路支行	昌平区畅春阁小区龙水路 22 号院 1 号楼 1 层	102200	60741046
龙锦苑支行	昌平区回龙观龙锦苑五区	102208	80757025
天通北苑支行	昌平区天通北苑二区甲 11 号楼 1 门	102218	81771247
昌崔路支行	昌平区昌崔路 201 号大厦 1 层	102200	80107709
沙河支行	昌平区沙河镇	102206	69732648
回龙观西大街支行	昌平区回龙观西大街 118 号 1 幢	102208	59812456
黄平路支行	昌平区东小口镇上坡佳园黄平路 202 号院 1 号楼	102208	60788518
东小口支行	昌平区中滩村 6 号院 6 号楼 1 层	102218	64127938
昌平区支行	昌平区政府街	102200	69746413
北七家支行	昌平区北七家镇定泗路北侧雅安商厦 C 号商业 1 层部分底商	102209	80126276
昌平路支行	昌平区昌平路 380 号院 1 号楼底商	100096	82965230
黄村西大街支行	大兴区兴华大街中段 27 号	102600	89295357
兴华路支行	大兴区黄村镇兴华路二段 6 号院	102627	60243749
经济技术开发区支行	大兴区经济技术开发区隆庆街 4 号	100179	67882357
埝坛支行	大兴区天河西路 19 号	102629	61252695
大兴区支行	大兴区兴丰大街 22 号	102600	69243272
迎宾路支行	怀柔区滨湖小区 1 号	101400	60639501
怀柔区支行	怀柔区青春路 18 号	101400	69626806
紫贵支行	平谷区紫贵庄园 13 号楼	101200	89979702
乐园支行	平谷区平谷镇乐园西小区乙 17 号	101200	69982710
平谷区支行	平谷区旧城街 16 号	101200	69962700
果园西路支行	密云区果园西路 42 号、44 号	101500	69099490

密东广场支行	密云区鼓楼东大街19－8号	101500	临时停业
密云区支行	密云区鼓楼东大街36号1号楼1层东大厅	101500	69042963
双燕街支行	密云区双燕街6号1幢	101500	61096063
延庆区支行	延庆区东外大街79号	102100	69185122

（3）专营机构

机构名称	地址	邮编	电话
北京银行股份有限公司资金运营中心	西城区金融大街丙17号北京银行大厦21层	100033	66223690
北京银行股份有限公司信用卡中心	丰台区南四环西路188号17区15号楼	100070	63298896
昆仑银行股份有限公司国际业务结算中心	西城区金融大街1号金亚光大厦B座1层	100033	89026269
中国工商银行股份有限公司牡丹卡中心	西城区金融大街5号、甲5号	100033	66100123
中国工商银行股份有限公司票据营业部北京分部	西城区西单北大街129号9号楼3层、3号楼3层	100031	83361811
中国银行股份有限公司银行卡中心	西城区宣武门内大街8号浩阳大厦	100031	83265518
交通银行股份有限公司太平洋信用卡中心北京分中心	朝阳区望京阜荣街10号首开广场8层A区	100024	56676288
中国光大银行股份有限公司信用卡中心	石景山区政达路6号院1号楼B座	100040	56963872
中国民生银行股份有限公司信用卡中心	丰台区海鹰路6号院9号楼	100070	63628888
中国民生银行股份有限公司信用卡中心北京第一分中心	朝阳区南磨房路37号华腾北搪商务大厦12楼	100022	51905969
中国民生银行股份有限公司信用卡中心北京第二分中心	海淀区大钟寺13号院1号楼华杰大厦A座2层	100085	82133668
中国民生银行股份有限公司信用卡中心华北分中心	丰台区海鹰路8号院3号楼南楼9层	100070	63628888

华夏银行股份有限公司信用卡中心	石景山区政达路6号院6号楼	100040	63698874
华夏银行股份有限公司信用卡中心北京分中心	西城区月坛北街26号恒华国际商务中心A座	100045	56297755-6785
中信银行股份有限公司信用卡中心北京分中心	朝阳区夏家园半岛国际公寓11号楼	100028	64137759

（4）外资银行

机构名称	地　址	邮　编	电　话
德意志银行（中国）有限公司	朝阳区建国路81号德意志银行大厦28层	100025	59698888
摩根大通银行（中国）有限公司	西城区金融大街7号英蓝国际金融中心19层	100140	59318000
法国兴业银行（中国）有限公司	西城区武定侯街2号泰康国际大厦18层	100033	58513888
蒙特利尔银行（中国）有限公司	朝阳区建国路77号华贸中心3号写字楼27层	100025	85881671
友利银行（中国）有限公司	朝阳区望京东园四区13号楼A座	100102	84123000
韩亚银行（中国）有限公司	西城区西长安街88号中国人保大厦	100140	66581133
新韩银行（中国）有限公司	朝阳区工体北路甲6号中宇大厦	100027	85290101
国民银行（中国）有限公司	西城区建国门外大街甲6号1幢19层	100022	56712800
瑞士银行（中国）有限公司	西城区金融大街7号英蓝国际金融中心1217~1230单元	100140	58327000
德意志银行（中国）有限公司北京分行	朝阳区建国路81号华贸中心1号写字楼26层	100025	59698899
摩根大通银行（中国）有限公司北京分行	西城区金融大街7号英蓝国际金融中心19层	100034	59318800
法国兴业银行（中国）有限公司北京分行	西城区武定侯街2号泰康国际大厦17层	100033	58513888
蒙特利尔银行（中国）有限公司北京分行	朝阳区建国路77号华贸中心3号写字楼27层	100025	85881688
友利银行（中国）有限公司北京分行	朝阳区东三环北路丙2号天元港中心A座1层	100020	84538880
韩亚银行（中国）有限公司北京分行	朝阳区霄云路38号现代汽车大厦	100027	84581111

新韩银行（中国）有限公司北京分行	朝阳区工体北路甲6号中宇大厦首层	100027	85235555
国民银行（中国）有限公司北京分行	朝阳区建国门外大街甲6号1幢	100000	56712937
汇丰银行（中国）有限公司北京分行	朝阳区东三环中路5号财富金融中心	100005	59998888
渣打银行（中国）有限公司北京分行	朝阳区东三环中路1号环球金融中心东楼	100020	85188838
东亚银行（中国）有限公司北京分行	朝阳区光华路5号院1号楼东亚银行大厦	100020	65891000
花旗银行（中国）有限公司北京分行	西城区武定侯大街6号卓著中心	100020	59376000
瑞穗银行（中国）有限公司北京分行	朝阳区东三环中路1号环球金融中心西楼	100020	65251888
三菱东京日联银行（中国）有限公司北京分行	朝阳区东三环北路5号北京发展大厦	100004	65908888
星展银行（中国）有限公司北京分行	朝阳区东三环中路5号楼	100140	58397500
恒生银行（中国）有限公司北京分行	朝阳区光华路1号嘉里中心南办公楼18层	100027	85293601
大华银行（中国）有限公司北京分行	朝阳区景华南街5号远洋光华国际C栋	100025	65051863
三井住友银行（中国）有限公司北京分行	朝阳区光华路1号嘉里中心北楼16层和南楼16层	100020	59204600
南洋商业银行（中国）有限公司北京分行	朝阳区东三环北路霞光里18号佳程广场B座	100027	58390888
澳新银行（中国）有限公司北京分行	朝阳区建国路77号、79号	100004	65998188
法国巴黎银行（中国）有限公司北京分行	朝阳区建国门外大街1号国贸大厦20层	100004	65350851
华侨永亨银行（中国）有限公司北京分行	西城区武定侯街6号卓著中心11层	100140	59315188
中信银行国际（中国）有限公司北京分行	朝阳区东三环中路富尔大厦	100020	85911161
企业银行（中国）有限公司北京分行	朝阳区工人体育场北路8号院1号楼	100027	85270585
盘谷银行（中国）有限公司北京分行	朝阳区建国门外大街甲12号新华保险大厦1层东区	100022	65690059
东方汇理银行（中国）有限公司北京分行	朝阳区东三环北路38号院1号楼泰康金融大厦10层	100025	65004562
浦发硅谷银行有限公司北京分行	朝阳区建国门外大街1号16幢23层	100020	65350583

富邦华一银行有限公司北京分行	西城区金融大街35号国际企业大厦1层	100033	83329605
摩根士丹利国际银行（中国）有限公司北京分行	西城区太平桥大街18号丰融国际大厦11层	100032	83563019
奥地利奥合国际银行股份有限公司北京分行	朝阳区建国门外大街21号北京国际俱乐部200室	100020	65323388
加拿大皇家银行有限公司北京分行	西城区金融大街7号英蓝国际金融中心	100033	58399388
美国道富银行有限公司北京分行	朝阳区东三环中路1号环球金融中心东塔1501～1502单元	100033	66574501
美国北美信托银行有限公司北京分行	朝阳建外大街2号银泰中心C座2106B	100022	85135300
美国银行有限公司北京分行	朝阳区建国门外大街1号院1号楼国贸大厦35层	100004	58358888
美国纽约梅隆银行有限公司北京分行	西城区金融大街7号英蓝国际金融中心7层729～730室	100033	88007500
德国商业银行股份有限公司北京分行	建国门外大街乙12号双子座大厦东塔25层	100022	85676888
荷兰合作银行有限公司北京分行	朝阳区东三环中路1号环球金融中心西楼21层	100020	56951000
韩国产业银行北京分行	朝阳区建国门外大街乙12号双子座大厦西塔27层	100022	65688858
澳大利亚西太平洋银行有限公司北京分行	朝阳区东三环中路1号环球金融中心西楼14层09～11单元	100020	85877339
澳大利亚澳洲联邦银行公众股份有限公司北京分行	建国门外大街1号国贸大厦46层03C，4－6，7B室	100004	56803000
马来西亚马来亚银行有限公司北京分行	朝阳区建外大街1号国贸大厦32层02B1、03单元	100004	85351855
西班牙桑坦德银行有限公司北京分行	朝阳区光华路1号北京嘉里中心1118单元	100020	56511000
澳大利亚国民银行有限公司北京分行	朝阳区建国门外大街1号国贸写字楼1座23层26～32单元	100004	65359800

荷兰安智银行股份有限公司北京分行	朝阳区东三环北路8号亮马河大厦4号楼1507～1512室	100004	65906606
法国外贸银行股份有限公司北京分行	东城区东长安街1号东方广场东方经贸城东一办公楼12层2室	100738	69000588
美国富国银行有限公司北京分行	西城区金融大街7号英蓝国际金融中心7层F721～F723单元	100033	59407888

（5）外资银行分支机构

大华银行（中国）有限公司

机构名称	地　　址	邮　编	电　话
北京东城支行	东城区朝阳门北大街7号第五广场C座1层108单元	100020	64088699
北京燕莎中心支行	朝阳区亮马桥路50号燕莎中心1号楼	100016	84893866

东亚银行（中国）有限公司

机构名称	地　　址	邮　编	电　话
北京雅宝路支行	朝阳区朝外雅宝路12号G02	100020	85636566
北京望京支行	朝阳区望京中环南路甲2号金业大厦1层4号	100102	84720036
北京富华支行	东城区朝阳门北大街8号富华大厦A座	100027	65543110
北京中关村支行	海淀区彩和坊路8号8号楼1层109号、2层209号	100080	62682151
北京金融街支行	西城区武定侯街2号泰康国际大厦首层106单元	100004	59315060
北京经济技术开发区支行	北京经济技术开发区荣华南路12号兴基铂尔曼饭店首层103号	100176	67885198

北京首体支行	海淀区西直门外大街168号腾达大厦23层	100000	65543110

法国兴业银行（中国）有限公司

机构名称	地　址	邮　编	电　话
北京光华支行	朝阳区金桐西路10号远洋光华中心AB座1层	100600	58573701

汇丰银行（中国）有限公司

机构名称	地　址	邮　编	电　话
北京京伦支行	朝阳区建国门外大街3号京伦饭店1层西侧W－2～6单元	100020	58669866
北京中关村支行	海淀区中关村南大街2号北京科技会展中心数码大厦A座1层	100086	62159288
北京燕莎中心支行	朝阳区亮马桥路50号凯宾斯基饭店	100016	84519500
北京英蓝国际金融中心支行	西城区金融大街7号英蓝国际金融中心首层	100140	66555288
北京丽都广场支行	朝阳区将台路6号丽都A2商业楼首层商场208室	100016	64338800
北京中关村西区支行	海淀区丹棱街3号中国电子大厦B座1层	100080	59997288
北京北辰支行	朝阳区北辰东路8号北辰时代大厦首层0101单元	100101	59997711
北京远大路支行	海淀区远大路1号金源燕莎商厦首层1002单元	100097	59997888
北京华贸支行	朝阳区建国路89号院13号楼	100025	59997268
北京翠微路支行	海淀区翠微路17号B楼底商	100036	59997968

北京光华路支行	朝阳区光华路丙12号数码01大厦1层102号商铺	100020	59997999
北京中粮广场支行	东城区建国门内大街8号中粮广场A座	100005	59998859
北京东直门支行	东城区东直门南大街3号楼国华投资大厦1层102单元	100007	59996589
北京清华科技园支行	海淀区中关村东路1号院9号楼搜狐网络大厦1层07A单元	100084	59996566

花旗银行（中国）有限公司

机构名称	地　址	邮　编	电　话
北京中关村支行	海淀区北四环西路58号理想国际大厦首层	100080	82607250
北京阳光上东支行	朝阳区东四环北路6号阳光上东中环商业广场A09～A15单元	100016	51307100
北京嘉里中心支行	朝阳区光华路1号嘉里中心办公楼	100000	65009988
北京盈科中心支行	朝阳区工体北路甲2号盈科中心商场1层	100027	59272300
北京长安支行	东城区建国门内大街7号光华长安大厦101室	100005	65102458
北京亚运村支行	朝阳区慧忠里103号楼洛克时代中心C座、B座	100101	59377050

华侨永亨银行（中国）有限公司

机构名称	地　址	邮　编	电　话
北京朝阳支行	朝阳区建国路91号金地中心B座	100022	85713697

恒生银行（中国）有限公司

机构名称	地　址	邮　编	电　话
北京中关村支行	海淀区丹棱街3号中国电子大厦A座103室	100080	62500000
北京酒仙桥支行	朝阳区酒仙桥路18号1层159单元	100005	85293507
北京工体北路支行	东城区工体北路66号1号楼	100007	85293726
北京嘉里中心支行	朝阳区光华路1号嘉里中心写字楼首层03单元	100020	85293556

韩亚银行（中国）有限公司

机构名称	地　址	邮　编	电　话
北京望京新城支行	朝阳区望京街9号望京国际商业中心A座212～213室	100102	59203780
北京五道口支行	海淀区海淀中街15号远中悦来15－15～17底商	100083	62666710
北京长安街支行	东城区建国门内大街18号恒基中心办公楼2座5层	100005	65183105
北京望京支行	朝阳区望京广顺北大街33号福码大厦1层101A	100102	64721111
北京顺义支行	顺义区站前街8号院1号楼101－2号	101300	61479711

南洋商业银行（中国）有限公司

机构名称	地　址	邮　编	电　话
北京建国门支行	朝阳区建国门外大街乙八号丽晶苑1层	100022	65684728
北京中关村支行	海淀区海淀北2街8号中关村SOHO大厦1层	100080	59718565

北京五路居支行	海淀区西四环北路160号2区	100000	65684728

瑞士银行（中国）有限公司

机构名称	地　址	邮　编	电　话
北京华贸支行	朝阳区建国路79号1层	100025	59696048

三菱东京日联银行（中国）有限公司

机构名称	地　址	邮　编	电　话
北京经济技术开发区支行	北京经济技术开发区荣华中路10号亦城国际中心1号楼16层1603房间	100176	59578000

新韩银行（中国）有限公司

机构名称	地　址	邮　编	电　话
北京顺义支行	顺义区站前街三号顺鑫国际商务中心	100005	60406008
北京望京支行	朝阳区望京西园429号楼1层103号	100102	64729866

星展银行（中国）有限公司

机构名称	地　址	邮　编	电　话
北京金地中心支行	朝阳区建国路91号金地中心A座1层101单元	100022	85713303
北京三里屯支行	朝阳区工人体育场北路8号院三里屯SOHO中心1号办公商业楼	100027	57529201

北京中关村支行	海淀区海淀东三街2号欧美汇大厦1层102单元	100080	57529290
北京将台支行	朝阳区酒仙桥路18号	100016	57529336
北京金融大街支行	西城区金融大街7号英蓝国际金融中心F105~106单元	100032	57529130
北京亚运村支行	朝阳区北辰东路8号25号楼1层102单元	100101	57529051
北京东方广场支行	东城区东长安街1号北京东方广场东方新天地商场首层SS03号店铺	100078	57529552

友利银行（中国）有限公司

机构名称	地　址	邮　编	电　话
北京望京支行	朝阳区阜荣街10号1层	100102	84718866
北京顺义支行	顺义区仓上街2号AMB大厦A区1层	101300	89452220
北京三元桥支行	朝阳区东三环北路丙2号天元港中心	100027	84407177

渣打银行（中国）有限公司

机构名称	地　址	邮　编	电　话
北京燕莎中心支行	朝阳区亮马桥路50号北京燕莎中心写字楼S102B室	100016	64668803
北京中关村支行	海淀区海淀中街6号中关村金融中心B座首层	100080	62569990
北京华贸支行	朝阳区建国路77－81号华贸中心L1~L2层	100025	59627888
北京东方广场支行	东城区东长安街1号东方广场东方经贸城中一办公楼	100006	58172888
北京亚运村支行	朝阳区慧忠里103楼洛克时代中心1层	100101	59113728

北京东直门支行	东城区东直门南大街1号北京来福士中心办公楼	100007	59185986
北京金融街支行	西城区金融大街7号英蓝国际金融中心F107单元、F930单元	100033	59188966
北京永定门支行	东城区永定门西滨河路8号院7楼中海地产广场西塔2层01单元	100077	59182530
北京亦庄支行	北京经济技术开发区荣华中路10号亦城国际中心1幢裙房底商1层103号	100000	59188339

（6）资产管理公司

机构名称	地　址	邮　编	电　话
中国华融资产管理股份有限公司北京市分公司	西城区阜成门内大街293号	100034	66511186
中国长城资产管理股份有限公司北京市分公司	朝阳区工体南路东2号	100020	65528862
中国东方资产管理股份有限公司北京市分公司	东城区崇文门外大街44号大康大厦4层	100062	87559933
中国信达资产管理股份有限公司北京市分公司	东城区北三环东路36号环球贸易中心E座17～18层	100013	59025003

（7）信托公司

机构名称	地　址	邮　编	电　话
中诚信托有限责任公司	东城区安定门外大街2号	100013	84267000
中信信托有限责任公司	朝阳区新源南路6号京城大厦9层	100004	84861376

中国对外经济贸易信托有限公司	西城区复兴门内大街 28 号凯晨世贸中心中座 6 层	100031	59568855
中粮信托有限责任公司	朝阳区朝阳门南大街 8 号中粮福临门大厦 11 层	100005	85005188
中国金谷国际信托有限责任公司	西城区金融大街 33 号通泰大厦 C 座 10 层	100140	88088223
华鑫国际信托有限公司	西城区宣武门内大街 2 号中国华电大厦 B 座 11 层	100031	83568246
英大国际信托有限责任公司	东城区建国门内大街乙 18 号院 1 号楼	100005	51960225
中国民生信托有限公司	建国门内大街 28 号民生金融中心 C 座 19 层	100005	85259066
北京国际信托有限公司	朝阳区安立路 30 号院 1 号楼、2 号楼	100012	59680888
国民信托有限公司	东城区西滨河路 18 号	100011	84268088
国投泰康信托有限公司	西城区阜成门北大街 2 号楼 16 层、17 层	100037	83321800

（8）金融租赁公司

机构名称	地　址	邮　编	电　话
建信金融租赁股份有限公司	西城区闹市口大街 1 号长安兴融中心 4 号楼 6 层	100031	67594579
北银金融租赁有限公司	西城区复兴门内大街 156 号 C 座 8 层、9 层	100031	66420755
中国外贸金融租赁有限公司	海淀区三里河路 1 号西苑饭店 11 号楼	100044	68321925

（9）汽车金融公司

机构名称	地　址	邮　编	电　话
丰田汽车金融（中国）有限公司	朝阳区东三环中路 1 号环球金融中心西楼 7 层	100020	57639999
梅赛德斯－奔驰汽车金融有限公司	朝阳区望京街 8 号院 3 号楼	100102	84178297
沃尔沃汽车金融（中国）有限公司	朝阳区景华南街 5 号远洋光华中心 C 座 11 层	100020	65982199

大众汽车金融（中国）有限公司	朝阳区望京阜荣街15号院3号楼	100102	65897222
东风标致雪铁龙汽车金融有限公司	朝阳区光华路7号汉威大厦东区9A6	100004	65628288
宝马汽车金融（中国）有限公司	朝阳区东三环北路霞光里18号佳程广场B座22层	100027	84147052
北京现代汽车金融有限公司	朝阳区望京东园七区19号楼第20～25层	100102	59031169

（10）财务公司

机构名称	地址	邮编	电话
大唐电信集团财务有限公司	海淀区学院路40号1区26号楼5层北区	100191	62303239
国电财务有限公司	西城区西直门外大街18号金贸大厦D座4层	100044	58682580
国药集团财务有限公司	海淀区知春路20号中国医药大厦7层	100191	82092605
西门子财务服务有限责任公司	朝阳区望京中环南路7号	100102	64762305
北京首都旅游集团财务有限公司	朝阳区广渠路38号北京1轻大厦9层	100022	60157508
中煤财务有限责任公司	朝阳区黄寺大街1号中煤大厦6层	100120	82277109
中国移动通信集团财务有限公司	西城区丰盛胡同20号B座11～12层	100032	52601608
三峡财务有限责任公司	海淀区玉渊潭南路1号	100038	57081375
中海石油财务有限责任公司	东城区朝阳门北大街25号	100010	84527081
国投财务有限公司	西城区阜成门北大街2号18层	100034	83325069
国机财务有限责任公司	海淀区丹棱街3号A座8层	100080	82606822
海航集团财务有限公司	朝阳区霄云路甲26号海航大厦写字楼22层	100125	57583779
京能集团财务有限公司	朝阳区永安东里16号国际大厦23层	100022	85218508
中车财务有限公司	丰台区芳城园1区15号楼附楼1～5层	100078	51897068
神华财务有限公司	东城区安定门西滨河路26号北京汉华国际饭店写字楼8层、10层	100011	58131410

首都机场集团财务有限公司	顺义区首都机场四纬路9号B区3层66室	100621	64557035
亿利集团财务有限公司	西城区复兴门内大街28号凯晨世贸中心东座6层	100031	57387336
中核财务有限责任公司	西城区三里河南四巷1号	100045	68555835
北京控股集团财务有限公司	朝阳区东三环北路38号院4楼10层	100026	65879800
北京金隅财务有限公司	东城区北三环东路36号B座	100013	59575721
中油财务有限责任公司	东城区东直门北大街9号中国石油大厦A座8~12层	100007	59983617
中国石化财务有限责任公司	朝阳区朝阳门北大街22号石化大厦7层	100027	59966461
中航工业集团财务有限责任公司	朝阳区东三环中路乙10号艾维克大厦18层	100022	65675086
五矿集团财务有限责任公司	海淀区三里河路5号	100044	68495776
航天科工财务有限责任公司	海淀区紫竹院路116号嘉豪国际中心B座12层	100097	58931089
中节能财务有限公司	西城区平安里西大街26号新时代大厦	100034	83496176
中国铁路财务有限责任公司	海淀区北蜂窝路5号院1－1号楼	100038	51875809
北京汽车集团财务有限公司	丰台区汽车博物馆东路6号院4号楼G座17~19层	100160	57318958
兵工财务有限责任公司	东城区安定门外青年湖南街19号	100011	84122859
兵器装备集团财务有限责任公司	海淀区车道沟10号院3号科研办公楼5层	100089	68966776
诚通财务有限责任公司	西城区复兴门内大街158号远洋大厦12层1201~1228室	100031	83278179
中国电子财务有限责任公司	海淀区中关村东路62号科贸大厦23层、25层	100190	62672051
中国航空集团财务有限责任公司	朝阳区霄云路36号国航大厦19层	100027	64809825
中国航油集团财务有限公司	顺义区后沙峪镇安福街6号3层	101318	80476278
中国化工财务有限公司	海淀区北四环西路62号	100080	82677968
中铝财务有限责任公司	西直门北大街62号7层	100082	82298439

中外运长航财务有限公司	海淀区西直门北大街甲43号金运大厦B座18层	100044	66296319
供销集团财务有限公司	西城区宣武门外大街甲1号C座2层	100052	59338330
中国黄金集团财务有限公司	东城区安定门外大街9号1层	100010	56353750
物美商业财务有限责任公司	海淀区西四环北路158号慧科大厦	100142	88192008
首钢集团财务有限公司	石景山区古城大街36号院1号楼	100043	88295319
中船重工财务有限责任公司	海淀区昆明湖南路72号中船重工科技研发大厦3层	100097	88475391
中信财务有限公司	朝阳区新源南路6号京城大厦B座	100004	59668280
保利财务有限责任公司	东城区朝阳门北大街1号新保利大厦28层	100010	84192373
北大方正集团财务有限公司	海淀区成阜路298号方正大厦9层	100871	82529801
华联财务有限责任公司	西城区金融大街33号通泰大厦B座4层	100018	88086596－666
通用技术集团财务有限责任公司	丰台区西三环中路90号通用技术大厦6层	100055	63348328
中电投财务有限公司	西直门外大街18号金茂大厦C1座15~18层	100044	56625820
中国大唐集团财务有限责任公司	西城区菜市口大街1号13~14层	100053	83956885
中国华电集团财务公司	西城区宣武门内大街2号中国华电大厦B座10层	100031	83568005
中化工程集团财务有限公司	东城区东直门内大街2号化学工程大厦13层	100007	59765345
中远财务有限责任公司	西城区月坛北街2号月坛大厦A座19层	100045	66492505
中铁财务有限责任公司	海淀区复兴路69号中国中铁大厦C座5层	100039	51952345
清华控股集团财务有限公司	海淀区中关村东路1号院8号楼清华科技园科技大厦A座10层	100084	82159898
中国核工业建设集团财务有限公司	西城区车公庄大街12号核建大厦2层东侧	100037	88306215
中国电力财务有限公司	东城区建国门内大街乙18号院1号楼英大国际大厦	100005	51960798

中国华能财务有限责任公司	西城区复兴门南大街丙2号天银大厦C段西区7层、8层	100031	63080885
航天科技财务有限责任公司	西城区平安里西大街31号	100035	66498836
中国电子科技财务有限公司	海淀区复兴路17号国海广场A座16层	100036	59706039
中国铁建财务有限责任公司	海淀区复兴路40号中国铁建大厦10层东	100855	52689022
中建财务有限责任公司	海淀区三里河路15号	100037	88084589
中冶集团财务有限公司	朝阳区曙光西里28号中冶大厦	100028	59869863
中材集团财务有限公司	朝阳区望京北路16号中材国际大厦2层	100102	64398069
中交财务有限公司	西城区德胜门外大街83号德胜国际中心B座16层	100088	82016357
北京金融街集团财务有限公司	西城区真武庙路四条8号院	100045	68065876
中化集团财务有限责任公司	复兴门内大街28号凯晨世贸中心中座F3层	100031	59569458
中粮财务有限责任公司	朝阳区朝阳门南大街8号中粮福临门大厦19层	100020	85006324
中国电建集团财务有限责任公司	海淀区西直门外大街168号腾达大厦8层	100044	58368982
新华联控股集团财务有限责任公司	通州区台湖镇外郎营村北2号院2号楼新华联大厦	101116	80538439
北京市粮食集团财务有限公司	西城区广安门内大街316号京粮古船大厦5层	100053	83570726
联通集团财务有限公司	西城区金融大街21号中国联通大厦A座10层	100033	66257827
中国电力财务有限公司华北分公司	丰台区右安门外东滨河路6号	100069	51968076

（11）货币经纪公司

机构名称	地　址	邮　编	电　话
中诚宝捷思货币经纪有限公司	西城区太平桥大街18号丰融国际大厦1008～1010室	100032	63195000

（12）消费金融公司

机构名称	地　址	邮　编	电　话
北银消费金融有限公司	海淀区中关村大街22号中科大厦B座	100080	62521181

（13）外国银行北京代表处

机构名称	地　址	邮　编	电　话
德国巴登—符腾堡州银行北京代表处	朝阳区东三环北路8号亮马大厦2座1130室	100004	659－0166
德国中央合作银行股份有限公司北京代表处	朝阳区建国门外大街19号国际大厦22－1B室	100004	85261162
德国迈世勒银行股份公司北京代表处	朝阳区亮马桥路50号燕莎中心C502室	100125	64600458
意大利联合圣保罗银行股份有限公司北京代表处	朝阳区新源南路6号京城大厦2108室	100004	84862108
意大利西雅那银行股份有限公司北京代表处	朝阳区建国门外大街1号国贸写字楼1座	100004	65053136
意大利裕信银行股份有限公司北京代表处	朝阳区建国门外大街19号国际大厦2604室	100004	65003716
法国工商银行有限公司北京代表处	朝阳区建国门内大街7号光华长安大厦1座310室	100005	65102167
法国标致雪铁龙融资银行有限公司北京代表处	朝阳区亮马桥路50号1号楼3层C310B单元	100020	59275981
俄罗斯工业通讯银行公众式股份公司北京代表处	朝阳区建国门外大街22号赛特大厦	100004	85120068
俄罗斯外贸银行公众股份公司北京代表处	朝阳区建国门外大街19号国际大厦21BC室	100020	85262800
俄罗斯开发与对外经济银行（外经银行）国有公司北京代表处	朝阳区建国门外大街19号国际大厦20A室	100004	65928905

俄罗斯天然气工业银行股份公司北京代表处	朝阳区建国门外大街甲六号中环世贸中心C座1205室	100022	65630516
俄罗斯欧洲金融莫斯科人民银行股份公司北京代表处	东城区东直门外大街35号5号楼A104	100027	64674091
俄罗斯储蓄银行公开股份公司北京代表处	朝阳区亮马桥50号北京燕莎中心办公楼C305～306A室	100016	64627039
俄罗斯农业银行股份公司北京代表处	朝阳区建国门外大街22号赛特大厦809室	100004	65686880
白俄罗斯银行储蓄银行公开股份公司北京代表处	朝阳区建国路93号万达广场4号楼3103室	100022	59604290
瑞士苏黎世州银行北京代表处	朝阳区东三环北路38号3号楼6层705室	100125	64672539
瑞士信贷银行有限公司北京代表处	西城区金融大街甲9号金融街中心南楼11层1101B单元	100027	63916889
北欧银行瑞典有限公司北京代表处	朝阳区东三环北路5号发展大厦818室	100004	65909070
瑞典商业银行公共有限公司北京代表处	朝阳区工体北路甲2号盈科中心A栋8层802单元	100004	65004310
瑞典北欧斯安银行有限公司北京代表处	朝阳区东三环北路8号亮马大厦1座603室	100004	65900913
西班牙对外银行有限公司北京代表处	东城区建国门内大街7号7层12号	100005	65170937
西班牙萨瓦德尔银行股份有限公司北京代表处	东城区东直门外大街46号天恒大厦8层805室	100027	84608366
西班牙巴塞罗那储蓄银行北京代表处	东城区建国门内大街7号光华长安大厦1座610室、611室	100005	59111199
英国巴克莱银行有限公司北京代表处	东城区建国门北大街8号华润大厦2108室	100005	58165023
英国高盛国际银行无限责任公司北京代表处	西城区金融大街7号英蓝国际中心17层1731房间	100140	66273138
丹麦银行有限公司北京代表处	朝阳区东三环中路5号楼28层07－1单元	100020	18513730137

塞浦路斯银行公共有限公司北京代表处	朝阳区建国门外大街1号（一期）国贸写字楼1座10层	100004	65057723
巴基斯坦国民银行股份有限公司北京代表处	朝阳区新源南路2号昆仑饭店401室	100004	65903388－435
巴基斯坦哈比银行有限责任公司北京代表处	东城区东长安街1号东方广场东方经贸城西2办公楼12层12室	100738	85151500－104
巴基斯坦联合银行股份有限公司北京代表处	朝阳区建国路乙118号京汇大厦	100022	65675560
巴基斯坦艾尔哈比银行有限公司北京代表处	西城区金融街甲9号金融街中心南楼10层1019室	100033	57379677
巴基斯坦阿斯卡利银行股份有限公司北京代表处	朝阳区建国门外大街1号国贸大厦二期24层	100004	59298655
菲律宾首都银行及信托有限公司北京代表处	东城区建国门内大街18号恒基中心办公1楼1座1410室	100005	65183359
菲律宾金融银行股份有限公司北京代表处	朝阳区建国门外大街1号国贸大厦一期16幢24层09～10单元	100004	65053793
哈萨克斯坦人民储蓄银行股份公司北京代表处	朝阳区东四环中路41号嘉泰国际大厦A座2006室	100025	84532708
韩国输出入银行北京代表处	朝阳区大望京科技商务园区宏泰东街浦项中心A栋29层2901室	100102	64653371
韩国农协银行股份公司北京代表处	朝阳区阜东大街6号院3号楼26层2608室	100102	84783510
日本三菱日联信托银行股份有限公司北京代表处	朝阳区建国门外大街甲26号长富宫办公楼304室	100022	65139016
日本住友信托银行股份有限公司北京代表处	朝阳区建国门外大街甲26号长富宫办公楼7009室	100022	65139020
日本农林中央金库有限公司北京代表处	朝阳区建国门外大街甲26号长富宫办公楼601室	100022	65130858

泰国开泰银行（大众）有限公司北京代表处	朝阳区建国门外大街19号国际大厦22层C室	100004	65008333
泰国汇商银行大众有限公司北京代表处	朝阳区建国门外大街1号国贸大厦三期15层	100004	57372681
合作金库商业银行股份有限公司北京代表处	东城区建国门内大街18号恒基中心办公室1座1805室	100005	65188175
中国信托商业银行股份有限公司北京代表处	朝阳区光华路甲8号和乔大厦B座111室	100026	65813700
印度银行北京代表处	朝阳区西大望路3号院蓝堡国际中心1209室	100022	85997447
印度联合银行北京代表处	朝阳区建国门外大街乙12号双子座大厦东塔1层0A2单元	100022	51235066
伊朗德佳拉特银行北京代表处	朝阳区亮马桥路50号燕莎中心写字楼C208室	100125	84551116
蒙古国郭勒穆特银行有限公司北京代表处	朝阳区建国门外大街19号中信国际大厦A座10E室	100004	65033876
阿联酋国民银行股份有限公司北京代表处	朝阳区亮马桥路50号燕莎中心C519室	100125	64650056
摩洛哥外贸银行股份有限公司北京代表处	东城区建国门内大街18号东城区建国门内大街18号恒基中心1座1203层	100005	65182364
喀麦隆非洲第一银行有限公司北京代表处	朝阳区建国路93号院1号楼1903室	100025	51149178
尼日利亚第一银行股份有限公司北京代表处	东城区建国门内大街8号中粮广场B座1431室	100005	65286820
尼日利亚詹尼斯银行股份有限公司北京代表处	朝阳区建国门外大街1号国贸大厦三期15层1559室	100004	57372661
加纳西非商业银行有限公司北京代表处	西城区武定侯街2号6层601－11室	100033	66290098
加拿大帝国商业银行有限公司北京代表处	朝阳区建国门外大街乙12号双子座大厦西塔11层1107室	100022	65667071－103
加拿大丰业银行有限公司北京代表处	东城区建国门北大街8号华润大厦503室	100005	85192050
美国远东国民银行有限公司北京代表处	朝阳区建国门外大街22号赛特大厦9层911房间	100004	65159115

美国华美银行股份有限公司北京代表处	东城区建国门内大街7号光华长安大厦6楼609室	100005	65101551
古巴国民银行北京代表处	朝阳区建国门外大街丙24号京泰大厦706室和708室	100022	65156586
智利银行股份有限公司北京代表处	朝阳区建国门外大街乙12号双子座大厦西塔606室	100022	58794301
阿根廷国民银行北京代表处	朝阳区建国门外大街1号国贸写字楼2座7层719室	100004	65051661
俄罗斯信贷商业银行北京代表处	朝阳区建国门外大街24号京泰大厦1703室	100022	65159517
巴基斯坦联盟银行有限公司北京代表处			15811403206

（14）外国非银行金融机构北京代表处

机构名称	地址	邮编	电话
大来信用证国际（香港）有限公司北京代表处	西城区武定侯街六号卓著中心1602室	100033	59376888
比利时欧洲清算银行有限公司北京代表处	西城区武定侯街六号卓著中心308室	100032	58543266
瑞士利顺金融公司北京代表处	西城区武定侯街六号卓著中心1210室	100033	65182775
英国路透集团交易服务有限公司北京代表处	西城区复兴门内大街28号凯晨世茂中心中座F2层	100031	66271288
英国公共有限公司北京代表处	东城区东长安街1号东方广场E座19层	100005	85200021
美国万事达卡国际组织北京代表处	东城区建国门北大街8号华润大厦701~702室	100005	85199300
西联金融服务公司北京代表处	朝阳区建国门外大街乙12号双子座大厦东塔22层2208A	100000	85165900
中银信用卡（国际）有限公司北京代表处	朝阳区永安东利8号华彬国际大厦901B	100022	85288101

韩国货币经纪株式会社北京代表处	朝阳区建国门外大街甲6号中环世贸中心C座29层2923室	100000	65639965
美国嘉盛集团北京代表处	朝阳区建国门外大街甲6号中环世贸中心C座29层2909室	100000	65639945
美国威士国际组织（亚太）有限公司北京代表处	朝阳区光华路5号世纪财富中心2号楼1804室	100020	85873015
日本国际信用卡公司北京代表处	朝阳区建国路乙118号京汇大厦2006室	100022	65675595
昆仑国际（新西兰）有限公司北京代表处	朝阳区东三环北路霞光里18号佳程广场A座11层11027室	100027	59222088
英国银星速汇有限公司北京代表处	朝阳区新源里16号琨莎中心1座1003室	100027	84683286
宝捷思资本市场（香港）有限公司北京代表处	海淀区科学院南路2号5层506室	100086	59822102

3. 证券业机构

（1）证券公司

机构名称	地　　址	邮　编	电　话
北京高华证券有限责任公司	西城区金融大街7号英蓝国际金融中心18层	100033	4006508356
第一创业摩根大通证券有限责任公司	西城区武定侯街6号卓著中心10层	100033	63212001
东兴证券股份有限公司	西城区金融大街5号新盛大厦B座12～15层	100033	66555835
高盛高华证券有限责任公司	西城区金融大街7号英蓝国际金融中心18层	100033	66273358
国都证券股份有限公司	东城区东直门南大街3号国华投资大厦9～10层	100007	4008188118
国开证券有限责任公司	西城区阜成门外大街29号	100037	51789114
华融证券股份有限公司	西城区金融大街8号A座5层	100033	95390

民生证券股份有限公司	东城区建国门内大街28号民生金融中心A座16~18层	100005	4006198888
瑞信方正证券有限责任公司	西城区金融大街甲9号金融街中心南楼15层	100033	66538666
瑞银证券有限责任公司	西城区金融大街7号英蓝国际金融中心15层	100033	4008878827
首创证券有限责任公司	西城区德胜门外大街115号德胜尚城E座	100088	4006200620
新时代证券股份有限公司	海淀区北三环西路99号西海国际中心1号楼15层	100086	4006989898
信达证券股份有限公司	西城区闹市口大街9号院1号楼信达金融中心	100031	4008008899
中德证券有限责任公司	朝阳区建国路81号华贸中心写字楼1座22层	100025	59026663
中国国际金融股份有限公司	朝阳区建国门外1号国贸大厦2座28层	100004	65051166
中国民族证券有限责任公司	朝阳区北四环中路27号院5号楼北京盘古大观写字楼40~43层	100101	4008895618
中国银河证券股份有限公司	西城区金融大街35号国际企业大厦C座	100033	4008888888
中信建投证券股份有限公司	东城区朝内大街188号	100010	95587

（2）证券分公司

机构名称	地址	邮编	电话
安信证券股份有限公司北京分公司	西城区金融大街5号新盛大厦B座1901室	100033	66581818
渤海证券股份有限公司北京分公司	西城区西直门外大街甲143号C座第F2层M单元	100044	88016557
财达证券股份有限公司北京分公司	海淀区花园路2号3号楼2层	100191	62355006
长城证券股份有限公司北京分公司	西城区西直门外大街112号阳光大厦10层	100044	88362851
长江证券股份有限公司北京分公司	西城区金融大街17号中国人寿中心606室	100033	68358232
川财证券有限责任公司北京分公司	西城区平安里西大街28号12层	100034	66495966

大同证券有限责任公司北京分公司	朝阳区光华东里 8 号院 2 号楼 11 层	100000	88086040
德邦证券股份有限公司北京分公司	西城区西直门外大街 1 号楼 15 层 17B1 ~ B4	100020	85715277
东北证券股份有限公司北京分公司	西城区锦什坊街 28 号	100045	63210855
东莞证券股份有限公司北京分公司	海淀区万柳中路 11 号派顿大厦 7 层 708 室	100080	58472833
东吴证券股份有限公司北京分公司	西城区金融大街 19 号富凯大厦 B 座 1003 室	100033	66573700
第一创业证券股份有限公司北京分公司	西城区金融大街 9 号楼等 2 幢甲 9 号楼 8 层 801C	100032	63197788
方正证券股份有限公司北京分公司	西城区丰盛胡同 28 号楼 10 层 1001B	100032	59355841
方正证券股份有限公司北京证券自营分公司	西城区阜外大街甲 34 号方正证券大厦 7 层	100000	68585030
方正证券股份有限公司北京资产管理分公司	西城区丰盛胡同 28 号太平洋保险大厦 10 层	100032	57398012
光大证券股份有限公司北京分公司	西城区月坛北街 2 号月坛大厦东配楼 5 层	100045	68081186
广发证券股份有限公司北京分公司	西城区月坛北街 2 号月坛大厦 18 层	100045	59136733
广州证券股份有限公司北京分公司	西城区武定侯街 2 号、4 号 15 层	100033	68521889
国海证券股份有限公司北京分公司	海淀区西直门外大街 168 号腾达大厦 1509 室	100044	88576898
国联证券股份有限公司北京分公司	海淀区首体南路 9 号主语国际 4 号楼 12 层	100048	63170199
国融证券股份有限公司北京分公司	西城区闹市口大街 1 号长安兴融中心西楼 11 层	100031	83991888
国盛证券有限责任公司北京分公司	西城区德胜门外大街 83 号德胜国际中心 B 座 3 层	100088	62657337
国泰君安证券股份有限公司北京分公司	海淀区知春路 7 号致真大厦 202 室	100191	82311188 - 8731
国信证券股份有限公司北京分公司	海淀区三里河路 13 号 12 层	100034	68330110
国元证券股份有限公司北京分公司	东城区东直门外大街 46 号天恒大厦 21 层 A	100027	84608712
海通证券股份有限公司北京分公司	海淀区中关村南大街甲 56 号方圆大厦	100044	88027068
宏信证券有限责任公司北京分公司	朝阳区广渠路 38 号 1 轻大厦 1 层	100022	56715711
华安证券股份有限公司北京分公司	西城区西直门南大街 2 号成铭大厦 C 座 21 层	100035	67765152

华宝证券有限责任公司北京分公司	朝阳区建国门外大街丙12号楼1层东北侧及15层1501单元	100022	57610088
华创证券有限责任公司北京分公司	海淀区复兴路21号1幢8层805~808室	100036	68053239
华福证券有限责任公司北京分公司	朝阳区北三环中路安贞西里三区11号福建大厦4层	100029	64427093
华林证券股份有限公司北京分公司	西城区金融大街35号1栋1501~1504室	100035	88091460
华龙证券股份有限公司北京分公司	西城区金融街通泰大厦B座603室	100033	88086668
华融证券股份有限公司北京分公司	西城区金融大街8号3层	100033	58568139
华泰证券股份有限公司北京分公司	西城区太平桥大街丰盛胡同28号太平洋保险大厦15层	100032	63211377
华英证券有限责任公司北京分公司	朝阳区建国门外大街8号10层1002~1003单元	100032	85201212
金元证券股份有限公司北京分公司	海淀区新家口外大街19号1区6层	100875	62200539
九州证券股份有限公司北京分公司	西城区金融大街7号-4~19层	100032	66555496
开源证券股份有限公司北京分公司	西城区锦什坊街35号院1号楼2层201室	100033	58080588
联讯证券股份有限公司北京分公司	朝阳区红军营南路媒体村天畅园6号2层	100107	64408535
南京证券股份有限公司北京分公司	东城区南竹杆胡同6号楼4层	100010	87820582
平安证券股份有限公司北京分公司	西城区金融大街23号平安大厦10层	100140	66299501
山西证券股份有限公司北京分公司	海淀区大柳树富海中心2号楼7层701室	100081	62235588
申万宏源证券承销保荐有限责任公司北京分公司	朝阳区劲松9区909楼	100021	67737485
申万宏源证券有限公司北京分公司	西城区太平桥大街19号恒奥中心	100033	88085558
申万宏源证券有限公司北京资产管理分公司	西城区太平桥大街19号恒奥中心	100033	88085558
世纪证券有限责任公司北京分公司	东城区东四十条68号3层301房间	100007	59833005
首创证券有限责任公司北京分公司	朝阳区北辰东路8号8号楼2层212室	100101	84975825
太平洋证券股份有限公司北京分公司	西城区北展北街5~17号（单号）	100044	88321933

天风证券股份有限公司北京证券承销分公司	西城区佟麟阁路36号1幢1201～1230室	100045	65522557
万和证券股份有限公司北京分公司	东城区东直门外大街48号1幢11层办公楼11H	100007	84367691
网信证券有限责任公司北京分公司	朝阳区建国门外大街8号楼23层2305A	100022	56372000
西部证券股份有限公司北京第二分公司	海淀区中关村南大街1号友谊宾馆苏园写字楼	100081	68945225
西部证券股份有限公司北京第一分公司	西城区月坛南街59号3层317室	100045	95582
西南证券股份有限公司北京分公司	西城区金融大街35号国际企业大厦A座4层	100035	62015677
湘财证券股份有限公司北京承销与保荐分公司	西城区太平桥丰盛胡同28号太平洋保险大厦A座9层	100032	56510920
湘财证券股份有限公司北京资产管理分公司	西城区太平桥丰盛胡同28号太平洋保险大厦A座9层	100032	56510777
新时代证券股份有限公司北京分公司	海淀区中关村东路66号楼21层	100190	62672771
信达证券股份有限公司北京分公司	石景山区八角西街68号1层、2层	100000	68887451
兴业证券股份有限公司北京分公司	西城区锦什坊街35号院1号楼502室	100000	66290199
银河金汇证券资产管理有限公司北京分公司	西城区金融大街35号1号楼626室	100033	66568068
中国银河证券股份有限公司北京分公司	西城太平桥大街111号4层414～416室	100032	58872713
招商证券股份有限公司北京分公司	西城区金融大街1号金融街中心6层	100140	65682299
浙江浙商证券资产管理有限公司北京分公司	西城区广安门外大街1号深圳大厦	100052	65682299
中泰证券股份有限公司北京分公司	石景山区石景山路31号院盛景国际广场3号楼6层617室	100037	66553309
中国中投证券有限责任公司北京分公司	西城区太平桥大街18号丰融国际大厦12层、15层	100032	84976181
中信证券股份有限公司北京分公司	东城区建国门北大街5号金城建国5号4层	100027	84683886
中银国际证券有限责任公司北京分公司	西城区西单北大街110号7层	100033	66229287
中邮证券有限责任公司北京证券资产管理分公司	西城区西直门内大街56号生命人寿大厦9层	100082	68858133

中原证券股份有限公司北京分公司	西城区广安门外大街168号1栋8~9层	100055	83067928

(3) 证券营业部

机构名称	地　址	邮　编	电　话
爱建证券有限责任公司北京朝阳门内大街证券营业部	东城区朝阳门内大街298号盈地大厦601室	100032	85112998
爱建证券有限责任公司北京科学院南路证券营业部	海淀区中关村新科祥园甲3号楼2层	100080	61934401
安信证券股份有限公司北京滨河路证券营业部	门头沟区滨河路115号滨河大厦1407室	102300	69828227
安信证券股份有限公司北京东升科技园证券营业部	海淀区西小口路66号中关村东升科技园北领地B-2号楼1层	100192	62928212
安信证券股份有限公司北京丰科路证券营业部	丰台区南四环西路186号1区1号楼4层17单元	100070	83688930
安信证券股份有限公司北京阜成门证券营业部	西城区阜成门北大街2号楼7层701~703号	100034	83321499
安信证券股份有限公司北京阜荣街证券营业部	朝阳区望京园601号楼9层1009室	100102	84766301
安信证券股份有限公司北京复兴门外大街证券营业部	西城区复兴门外大街A2号中化大厦11层	100045	68616000
安信证券股份有限公司北京建国门外大街证券营业部	朝阳区建国门外大街乙24号1层N101	100021	88893661
安信证券股份有限公司北京青塔西路证券营业部	丰台区青塔西路52号院10号楼1~2层2单元甲37	100071	68616020

安信证券股份有限公司北京石佛营路证券营业部	朝阳区八里庄北里129号院10号楼115室	100025	85815155
安信证券股份有限公司北京万柳华府北街证券营业部	海淀区万柳华府龙园2号楼1层4单元S－11－8	100089	62198879
安信证券股份有限公司北京西环路证券营业部	昌平区城北街道西环路16号1幢2层	102200	60774588
安信证券股份有限公司北京小武基北路证券营业部	朝阳区金蝉欢乐园2号院甲1号楼101内N1－F2－06	100028	68616020
安信证券股份有限公司北京远大路证券营业部	海淀区远大路1号金源购物中心2期B区写字楼1203室	100097	88893680
安信证券股份有限公司北京政通路证券营业部	房山区拱辰街道政通路12号501室、502室	102401	88874666
安信证券股份有限公司北京中关村南大街证券营业部	海淀区中关村南大街甲32号中关村科技发展大厦B座2层	100081	62140234
北京高华证券有限责任公司北京金融大街证券营业部	西城区金融大街7号英蓝国际金融中心18层	100034	66273000
渤海证券股份有限公司北京大兴三中西巷证券营业部	大兴区黄村镇三中西巷9号	102600	69224995
渤海证券股份有限公司北京广顺北大街证券营业部	朝阳区广顺北大街33号福码大厦A座705～706室	100102	64776858
渤海证券股份有限公司北京慧忠里证券营业部	朝阳区北辰东路8号1号楼A0101～A1102室	100101	64892168
渤海证券股份有限公司北京西外大街证券营业部	西城区西直门外大街甲143号凯旋大厦C座2层	100044	88016458
财达证券股份有限公司北京花园路证券营业部	海淀区花园路2号牡丹集团院内	100083	62356660

财达证券股份有限公司北京首体南路证券营业部	海淀区首体南路20号国兴家园D座	100044	88354677
财富证券有限责任公司北京德胜门外大街证券营业部	西城区德胜门外大街13号院1号楼305室	100037	68003001
财富证券有限责任公司北京东三环中路证券营业部	朝阳区东三环中路39号院14号楼11层1203室	100022	85659245
财富证券有限责任公司北京中关村东路证券营业部	海淀区中关村东路89号3层301室	100080	62617176
财通证券股份有限公司北京朝阳北路证券营业部	朝阳区朝阳北路润枫嘉尚底商202室	100025	85518655
财通证券股份有限公司北京成府路证券营业部	海淀区成府路28号优盛大厦D座15层	100083	62660158
长城国瑞证券有限公司北京工体南路证券营业部	朝阳区工体南路西4楼京九旅馆内25号、23号	100020	50947395
长城国瑞证券有限公司北京远大路证券营业部	海淀区远大路22号B区11号楼101号	100097	88596635
长城国瑞证券有限公司北京月坛北街证券营业部	西城区月坛北街2号月坛大厦C座3层	100045	68086500
长城证券股份有限公司北京通胡大街证券营业部	通州区通胡大街25号10号楼2号	101100	89529069
长城证券股份有限公司北京望京西路证券营业部	朝阳区望京西路甲50号1号楼卷石天地大厦A座7层	100102	64561190
长城证券股份有限公司北京西直门外大街证券营业部	西城区西直门外大街18号金贸大厦1030~1031室	100037	68338376
长城证券股份有限公司北京中关村大街证券营业部	海淀区中关村大街甲28号海淀文化艺术大厦B座11层	100086	82533168

长城证券股份有限公司北京中核路证券营业部	丰台区中核路1号3号楼2层201室、203室	100070	83670701
长江证券股份有限公司北京百万庄证券营业部	西城区百万庄大街22号院	100037	88372631
长江证券股份有限公司北京北清路证券营业部	昌平区回龙观镇北清路1号院6号楼	102200	95579
长江证券股份有限公司北京广渠门内大街证券营业部	东城区广渠门内大街80号11层	100062	95579
长江证券股份有限公司北京万柳东路证券营业部	海淀区长春桥路11号亿城中心A座9层	100089	95579
长江证券股份有限公司北京望京西路证券营业部	朝阳区南湖西园甲205楼1层	100000	52091558
长江证券股份有限公司北京新源里证券营业部	朝阳区新源里16号琨莎中心B座	100027	95579
大通证券股份有限公司北京建国路证券营业部	朝阳区建国路93号万达广场9号楼2层	100022	58207416
大同证券有限责任公司北京西四环中路证券营业部	海淀区西四环中路39－7号万地名苑大厦1层	100039	68155388
德邦证券股份有限公司北京朝阳北路证券营业部	朝阳区朝阳北路237号复星国际中心2508层	100020	65085758
第一创业证券股份有限公司北京阜石路证券营业部	石景山区阜石路165号院3号楼	100043	88956766
第一创业证券股份有限公司北京海淀证券营业部	海淀区蓝靛厂东路金源时代商务中心2号楼A座18F	100097	88866799
第一创业证券股份有限公司北京新街口北大街证券营业部	西城区新街口北大街3号6层605室、606室	100035	51651688

东北证券股份有限公司北京朝外大街证券营业部	朝阳区朝外大街乙6号20层	100020	59000715
东北证券股份有限公司北京三里河东路证券营业部	西城区三里河东路5号中商大厦4层	100045	68573836
东方证券股份有限公司北京安苑路证券营业部	朝阳区小关北里45号世纪嘉园5号楼5层	100029	84896400－410
东方证券股份有限公司北京学院路证券营业部	海淀区学院路30号科大天工大厦B座12层	100083	62660253
东海证券股份有限公司北京安苑北里证券营业部	朝阳区安苑北里25号长白山国际酒店3层	100101	64993238
东海证券股份有限公司北京西三环北路证券营业部	海淀区西三环北路89号9层4－902～906室	100089	84892358
东莞证券股份有限公司北京兴华大街证券营业部	大兴区黄村镇富强路97号1～2层	100000	62699600
东吴证券股份有限公司北京安德里北街证券营业部	东城区鼓楼外大街27号万网大厦2层	100120	84117711
东吴证券股份有限公司北京陶然桥证券营业部	东城区永定门西滨河路8号院7楼10层1101室	100077	57724917
东吴证券股份有限公司北京亦庄证券营业部	经济技术开发区荣华中路5号院1号楼4层407室	100172	87520531
东兴证券股份有限公司北京北四环中路证券证券营业部	海淀区北四环中路229号海泰大厦2层	100083	82884280
东兴证券股份有限公司北京大望路证券营业部	朝阳区西大望路15号院4号楼外企大厦B座4层	100022	67771888
东兴证券股份有限公司北京复兴路证券营业部	海淀区复兴路20号翠微商业楼2段	100036	88218659

东兴证券股份有限公司北京金融大街证券营业部	西城区金融大街 5 号、甲 5 号 6 层 5 号 601 室	100033	66555236
方正证券股份有限公司北京阜外大街证券营业部	西城区阜外大街甲 34 号	100037	68583728
方正证券股份有限公司北京和平里东街证券营业部	东城区和平里东街 6 区 8 号	100013	84215535
方正证券股份有限公司北京回龙观西大街证券营业部	昌平区回龙观西大街 18 号 1 段 1－102 室	102208	57766997
方正证券股份有限公司北京玉带河东街证券营业部	通州区玉带河东街 105 号 1～2 层	101100	57965907
光大证券股份有限公司北京东中街证券营业部	东城区东中街 29 号东环广场 B 座写字楼 2 层	100027	64182858
光大证券股份有限公司北京广顺北大街证券营业部	朝阳区广顺北大街 17 号 2 层 A13 号	100102	64182898
光大证券股份有限公司北京金融大街证券营业部	西城区武定侯街 2 号、4 号 6 层 F2－1（B）601－2 室	100026	68081301
光大证券股份有限公司北京丽泽路证券营业部	丰台区广安门外莱户营东街 60 号北京哈特商务酒店 1～2 层	100054	83067056
光大证券股份有限公司北京天通苑证券营业部	昌平区东小口镇立汤路 188 号院北方明珠大厦 1 号楼	102218	58607586
光大证券股份有限公司北京通州证券营业部	通州区新华西街 58 号院 3 号楼 24 层 2407～2409 室	101100	58554907
光大证券股份有限公司北京小营路证券营业部	朝阳区小营路 25 号房地置业大厦 1 层、7 层	100029	59046206
光大证券股份有限公司北京玉渊潭证券营业部	海淀区晾果厂 6 号 3 层	100036	68081266

光大证券股份有限公司北京月坛北街证券营业部	西城区月坛北街2号月坛大厦东配楼5层	100045	68081286
光大证券股份有限公司北京中关村大街证券营业部	海淀区海淀北2街10号2层201室	100080	59851080
广发证券股份有限公司北京安立路证券营业部	朝阳区安立路68号飘亮阳光广场3层	100027	63281999
广发证券股份有限公司北京朝阳门证券营业部	东城区朝阳门银河SOHOA座2层	100007	85282382
广发证券股份有限公司北京阜成门南大街证券营业部	西城区阜成门南大街甲3号	100037	68022088
广发证券股份有限公司北京广安门内大街证券营业部	西城区广安门内大街316号京粮大厦6层	100053	63547165
广发证券股份有限公司北京建外大街证券营业部	朝阳区建外大街19号国际大厦A座3层	100004	65155163
广发证券股份有限公司北京鲁谷路证券营业部	石景山区鲁谷路74号中国瑞达大厦F606－F609	100040	68609562
广发证券股份有限公司北京中关村东路证券营业部	海淀区中关村东路8号东升大厦A座6层	100083	82527515
广州证券有限责任公司北京三里河东路证券营业部	西城区月坛南街49号2幢2层	100036	68521889
国都证券股份有限公司北京北三环中路证券营业部	西城区北三环中路23号燕莎盛世大厦8层	100029	64890703
国都证券股份有限公司北京朝阳路证券营业部	朝阳区八里庄西里97号97号楼1506号	100025	65505078
国都证券股份有限公司北京大望路证券营业部	朝阳区建国路93号院10号楼3层306室	100022	56409125

国都证券股份有限公司北京阜外大街证券营业部	西城区阜外大街22号外经贸大厦1幢3层301室	100037	68329055
国都证券股份有限公司北京工体北路证券营业部	东城区工体北路北京工人体育馆南区2层	100027	65533232
国都证券股份有限公司北京九棵树街证券营业部	通州区翠景北里2号楼2层九棵树街109号、113号、117号	101100	59392161
国都证券股份有限公司北京鲁谷路证券营业部	石景山区鲁谷路74号中国瑞达大厦10层F1008~1010室	100040	68176013
国都证券股份有限公司北京三元西桥证券营业部	朝阳区曙光西里甲6号院9号楼2层	100025	59762885
国都证券股份有限公司北京双峪路证券营业部	门头沟区双峪路5号楼5层2号	102300	69829803
国都证券股份有限公司北京西直门外大街证券营业部	西城区西直门外大街110号中糖大厦101室	100044	59812666
国都证券股份有限公司北京中关村南大街证券营业部	海淀区中关村南大街9号理工科技大厦303室	100081	68949680
国海证券股份有限公司北京和平街证券营业部	朝阳区和平街11区38号楼	100013	64283164
国金证券股份有限公司北京长椿街证券营业部	西城区长椿街3号2-101	100033	66215599
国金证券股份有限公司北京朝内大街证券营业部	东城区南竹杆胡同2号1幢6层	100010	4006600109
国开证券有限责任公司北京西四环北路证券营业部	海淀区西四环北路15号15号楼1层102号、103号	100000	63385671
国开证券有限责任公司北京中关村南大街证券营业部	海淀区中关村南大街6号中电信息大厦5层	100086	82168390

国开证券有限责任公司北京珠市口东大街证券营业部	东城区珠市口东大街14号2层	100062	67072600
国联证券股份有限公司北京朝阳门南大街证券营业部	东城区南竹竿胡同2号银河SOHO中心1层D座	100010	59576205
国联证券股份有限公司北京建材城西路证券营业部	昌平区建材西路87号上奥世纪2号楼21层	100096	57391101
国联证券股份有限公司北京石景山路证券营业部	石景山区石景山路乙18号院2号楼12层	100040	88685951
国联证券股份有限公司北京首体南路证券营业部	海淀区首体南路9号主语国际4号楼1202室	100048	63170199
国融证券股份有限公司北京北辰东路证券营业部	朝阳区北辰东路8号12号楼3层2号	100101	84981104
国融证券股份有限公司北京东四环中路证券营业部	朝阳区东四环中路82号2－2座1层101室	100022	52088310－803
国融证券股份有限公司北京三元桥证券营业部	朝阳区曙光西里甲1号1～2层商业	100028	56098057
国融证券股份有限公司北京西直门证券营业部	西城区西直门外大街甲143号	100044	88017777
国融证券股份有限公司北京宣武门西大街证券营业部	西城区宣武门西大街甲129号11层1107～1110室	100031	66418320
国融证券股份有限公司北京中关村大街证券营业部	海淀区中关村大街甲59号文化大厦2层203室	100086	82200303
国盛证券有限责任公司北京德胜门外大街证券营业部	西城区德胜门大街83号德胜门国际中心B座3层	100088	62631969
国盛证券有限责任公司北京乐园路证券营业部	大兴区乐园路4号院2号楼1单元301室	102600	80223383

国泰君安证券股份有限公司北京朝内大街证券营业部	东城区南竹杆胡同2号银河SOHO中心2层10203室	100010	50953121
国泰君安证券股份有限公司北京德外大街证券营业部	西城区德外大街13号院1号楼	100088	62034788
国泰君安证券股份有限公司北京方庄路证券营业部	丰台区方庄路1号	100078	67638335
国泰君安证券股份有限公司北京怀柔府前街证券营业部	怀柔区府前街3号	101400	69680303
国泰君安证券股份有限公司北京建国路证券营业部	朝阳区建国路93号院5号楼119室	100022	50953118
国泰君安证券股份有限公司北京金融街证券营业部	西城区金融街28号盈泰中心2号楼首层、2层203~204室	100140	59312793
国泰君安证券股份有限公司北京金桐西路证券营业部	朝阳区金桐西路12号1层	100020	50953130
国泰君安证券股份有限公司北京鲁谷路证券营业部	石景山区鲁谷路35号电科大厦裙楼1层	100040	68659759
国泰君安证券股份有限公司北京通州新华西街证券营业部	通州区新华西街60号院1号楼1层101室	101100	69542299
国泰君安证券股份有限公司北京亦庄宏达北路证券营业部	北京经济技术开发区宏达北路16号101室	100176	51062201
国泰君安证券股份有限公司北京知春路证券营业部	海淀区知春路7号致真大厦B座1层105室、2层204室	100083	82311880
国泰君安证券股份有限公司北京中关村大街证券营业部	海淀区海淀北2街8号1层107室	100080	50953100
国信证券股份有限公司北京昌平西环路证券营业部	昌平区北街道西环路29号楼4层29-4室	102299	95536

国信证券股份有限公司北京朝阳北路证券营业部	朝阳区呼家楼北街7号楼	100026	95536
国信证券股份有限公司北京成府路证券营业部	海淀区成府路28号11层3－1107室	100083	95536
国信证券股份有限公司北京马家堡西路证券营业部	丰台区马家堡西路15号1－1101室	100068	95536
国信证券股份有限公司北京三里河东路证券营业部	海淀区三里河路13号中国建筑文化中心北塔楼1层	100034	95536
国信证券股份有限公司北京石景山阜石路证券营业部	石景山阜石路300号1层125号	100041	95536
国信证券股份有限公司北京顺义新顺南大街证券营业部	顺义区仁和镇新顺南大街18号	101320	95536
国信证券股份有限公司北京通州九棵树证券营业部	通州区翠景北里21号楼金成中心708室	101101	95536
国信证券股份有限公司北京亚运村证券营业部	朝阳区慧忠北里309号楼2层	100101	95536
国元证券股份有限公司北京东直门外大街证券营业部	东城区东直门外大街46号天恒大厦9层	100027	84608839
国元证券股份有限公司北京通州新华大街证券营业部	通州区新华西街甲56号	101199	80885658
国元证券股份有限公司北京西坝河南路证券营业部	朝阳区西坝河南路1号金泰大厦409室	100028	64402348
海通证券股份有限公司北京阜外大街证券营业部	西城区阜成门外大街2号A2010室	100037	88026896
海通证券股份有限公司北京工人体育场北路证券营业部	东城区工体北路66号瑞士公寓A3层	100028	64620913

海通证券股份有限公司北京光华路证券营业部	朝阳区光华路甲8－1号合乔大厦C座3层	100026	65831381
海通证券股份有限公司北京亮马桥路证券营业部	朝阳区亮马桥路50号1号楼S109A	100125	65831388
海通证券股份有限公司北京密云鼓楼东大街证券营业部	密云区鼓楼东大街19号密云广场	101500	89081200
海通证券股份有限公司北京平谷金乡路证券营业部	平谷区金乡路1号1层、3层	101200	89999236
海通证券股份有限公司北京知春路证券营业部	海淀区知春路甲63号卫星大厦5层	100080	82625096
海通证券股份有限公司北京中关村南大街证券营业部	海淀区中关村南大街甲56号方圆大厦5层	100044	88027676
恒泰证券股份有限公司北京北辛庄路证券营业部	海淀区四季青镇北辛庄路北软双新科创园A座308房间	100093	62592609
恒泰证券股份有限公司北京朝阳八里庄西里证券营业部	朝阳区八里庄西里99号2层210室	100025	85772321
恒泰证券股份有限公司北京东三环北路证券营业部	朝阳区东三环北路丙2号5层	100020	57851503
恒泰证券股份有限公司北京东三环中路证券营业部	朝阳区百子湾南2路76号院乐成国际5号楼1层11A、2层11B	100022	87751481
恒泰证券股份有限公司北京东直门内北小街证券营业部	东城区东直门内北小街16号	100011	84128825
恒泰证券股份有限公司北京建材城西路证券营业部	昌平区回龙观镇建材城西路87号院2号楼9层2单元907室	100085	82916166
恒泰证券股份有限公司北京建国路证券营业部	朝阳区建国路93号院19号楼117号、118号	100025	59603202

恒泰证券股份有限公司北京金融大街证券营业部	西城区金融大街33号C座5层507室	100041	56673868
恒泰证券股份有限公司北京南滨河路证券营业部	西城区广安门外南滨河路1号高新大厦2层、5层	100055	63429711
恒泰证券股份有限公司北京南湖南路证券营业部	朝阳区南湖南路16号院4号楼102室	100102	64738862
恒泰证券股份有限公司北京青年路证券营业部	朝阳区青年路7号达美中心广场T3－1804	100020	85836277
恒泰证券股份有限公司北京上地三街证券营业部	海淀区上地信息产业基地三街3号楼1层3门102室	100085	57851503
恒泰证券股份有限公司北京苏州街证券营业部	海淀区苏州街29号11－16幢	100080	62423585
恒泰证券股份有限公司北京万丰路证券营业部	丰台区万丰路316号万开中信A座2层A2－13单元	100161	83669825
恒泰证券股份有限公司北京西四环北路证券营业部	海淀区西四环北路160号1层1区109室	100031	57851503
红塔证券股份有限公司北京板井路证券营业部	海淀区板井路69号世纪金源酒店1层西侧	100097	88464659
红塔证券股份有限公司北京于家园南街证券营业部	怀柔区于家园南街6号院2号楼4号1层	101499	69642666
宏信证券有限责任公司北京朝阳门证券营业部	东城区朝阳门内大街8号2层208室	100000	59417641
宏信证券有限责任公司北京广渠路证券营业部	朝阳区广渠路38号楼1层102号	100037	64406698
宏信证券有限责任公司北京石佛营证券营业部	朝阳区八里庄北里129号院10号楼	100025	85857235

华安证券股份有限公司北京东三环中路营业部	朝阳区广渠路39号院2号楼3层	100022	67765100
华安证券股份有限公司北京慧忠北里证券营业部	朝阳区慧忠北里305号	100012	64849373
华安证券股份有限公司北京太阳宫证券营业部	朝阳区火星园10-205	100028	84298021
华安证券股份有限公司北京万柳中路证券营业部	海淀区万柳中路11号609室	100089	82449958
华安证券股份有限公司北京中关村大街证券营业部	海淀区中关村大街27号13层	100037	88820169
华创证券有限责任公司北京东三环中路证券营业部	朝阳区东三环中路24号乐成中心B座1501室	100061	59370923
华创证券有限责任公司北京万寿路证券营业部	海淀区复兴路47号1204室	100036	53553968
华创证券有限责任公司北京新兴桥证券营业部	海淀区复兴路21号1幢6层、8层801室、802室	100036	59370992
华福证券有限责任公司北京北四环东路证券营业部	朝阳区安慧里四区16号楼1层101室、103室	100101	4008896326
华福证券有限责任公司北京车公庄大街证券营业部	西城区车公庄大街9号院2号楼商业3内201室、202室	100044	4008896326
华福证券有限责任公司北京方庄路证券营业部	丰台区方庄路5号2层201~205室	100078	4008896326
华福证券有限责任公司北京海淀南路证券营业部	海淀区海淀南路30号1层	100080	89926933
华金证券有限责任公司北京呼家楼证券营业部	朝阳区东三环北路88号院1号楼1层101内3室、9层1001内15室	100061	85879639

华金证券有限责任公司北京万柳中路证券营业部	海淀区万柳蜂鸟家园2号楼3层103室	100089	82871515
华林证券股份有限公司北京北三环东路证券营业部	朝阳区北三环东路28号易亨大厦2层	100013	64405985
华林证券股份有限公司北京太平桥大街证券营业部	西城区太平桥大街8号院2号楼1~2层17号	100034	59352968
华林证券股份有限公司北京新华西街证券营业部	通州区新华西街58号院1号楼1~2层	101199	60568891
华龙证券股份有限公司北京安外大街证券营业部	东城区安外大街191号天鸿宝景大厦西配楼3层	100101	64401206
华融证券股份有限公司北京朝外大街证券营业部	朝阳区天福园8号楼底商16号	100020	85619001
华融证券股份有限公司北京金融大街证券营业部	西城区金融大街8号1~2层	100033	58568052
华融证券股份有限公司北京石景山路证券营业部	石景山区石景山路22号A座长城大厦A－1	100043	68687503
华融证券股份有限公司北京太平桥路证券营业部	丰台区太平桥路华源四里2号楼2层22022~22023室	100073	63380688
华融证券股份有限公司北京文慧园证券营业部	海淀区文慧园北路9号今典花园9号楼1层北侧	100082	62440060
华泰证券股份有限公司北京广渠门内大街证券营业部	东城区广渠门内大街43号雍贵中心4层43－(04)01室	100045	63433789
华泰证券股份有限公司北京苏州街证券营业部	海淀区苏州街29号18号楼维亚大厦9层901~903室	100080	62526229
华泰证券股份有限公司北京西三环北路证券营业部	海淀区西三环北路72号中经大厦3层	100037	68733706

华泰证券股份有限公司北京雍和宫证券营业部	东城区安定门东大街28号F座5层501室	100013	84273969
华泰证券股份有限公司北京月坛南街证券营业部	西城区月坛南街甲12号万丰怡和商务会馆3层	100045	68010996
华泰证券股份有限公司北京中关村南大街证券营业部	海淀区中关村南大街11号光大国信大厦3层	100081	68733973
华西证券股份有限公司北京广渠路证券营业部	朝阳区广渠路28号223号楼1层	100124	4008888818
华西证券股份有限公司北京彰化路证券营业部	海淀区彰化路5号楼1层	100000	4008888818
华西证券股份有限公司北京紫竹院路证券营业部	海淀区紫竹院路31号华澳中心2层	100089	68716366
华鑫证券有限责任公司北京菜市口大街证券营业部	西城区菜市口西大街2号院中信城底商	100052	88306959
华鑫证券有限责任公司北京阜成门外大街证券营业部	西城区阜成门外大街甲28号西楼	100037	88306678
华鑫证券有限责任公司北京平安大街证券营业部	西城区平安里西大街31号1层	100000	82830860
江海证券有限公司北京朝阳路证券营业部	朝阳区八里庄西里99号3层310室	100025	65447141
江海证券有限公司北京东三环南路证券营业部	朝阳区东三环南路58号富顿中心A座2层	100022	58674977
江海证券有限公司北京慧忠里证券营业部	朝阳区慧忠里103号洛克中心B座707室	100101	58674977
江海证券有限公司北京团结湖证券营业部	朝阳区农展馆南路13号5层603	100026	65915177
金元证券股份有限公司北京广渠门内大街证券营业部	东城区广渠门内大街121号搜宝崇文大厦1层106室	100062	67656001

金元证券股份有限公司北京新外大街证券营业部	海淀区新外大街19号京师大厦6层	100875	62200539
开源证券股份有限公司北京金鱼池证券营业部	东城区金鱼池中街2号楼1~2层11~35室	100069	83570869
开源证券股份有限公司北京西直门外大街证券营业部	西城区西直门外大街18号楼14层6单元1708室	100044	88333633
联储证券有限责任公司北京望京阜安西路证券营业部	朝阳区望京西园1区134号楼2层215房间－1号	100102	64789928
联讯证券股份有限公司北京北辰东路证券营业部	朝阳区北辰东路8号3号楼8层东区	100101	62279238
联讯证券股份有限公司北京北苑证券营业部	朝阳区媒体村天畅园6号楼1层	100011	644089001
联讯证券股份有限公司北京房山西路证券营业部	房山区良乡地区西潞东里甲1号楼2层	102488	61378408
民生证券股份有限公司北京北蜂窝路证券营业部	海淀区北蜂窝路5号院1号写字楼2层	100038	63980641
民生证券股份有限公司北京菜市口大街证券营业部	西城区菜市口大街1号3层301室	100053	83555905
民生证券股份有限公司北京工体北路证券营业部	朝阳区工体北路甲六号中宇大厦501室	100027	85236010
民生证券股份有限公司北京航丰路证券营业部	丰台区航丰路1号院2号楼507室	100070	58090966
民生证券股份有限公司北京顺义府前东街证券营业部	顺义区府前东街2号1号楼顺建大厦8楼	101300	69465097
南京证券股份有限公司北京东三环南路证券营业部	朝阳区东三环南路19号院1号楼4层	100021	64913500

南京证券股份有限公司北京南大街证券营业部	怀柔区南大街25号楼1－25－1室	100000	52412658
平安证券股份有限公司北京东花市证券营业部	崇文区东花市北里西区23号楼B座	100062	67172171
平安证券股份有限公司北京知春路证券营业部	海淀区知春路108号1号楼1808室	100043	59731820
瑞银证券有限责任公司北京金融大街证券营业部	西城区金融街7号英蓝国际金融中心15层	100140	58328117
山西证券股份有限公司北京太平庄证券营业部	海淀区太平庄13号	100081	62235588
上海证券有限责任公司北京和平里北街证券营业部	东城区和平里北街16号楼院北京和平里大酒店	100007	84085505
上海证券有限责任公司北京万寿路证券营业部	海淀区万寿路翠微中里14号楼	100036	68254012
申万宏源证券有限公司北京安定路证券营业部	朝阳区安定路39长新大厦3层	100029	64448210
申万宏源证券有限公司北京东四环中路证券营业部	朝阳区东四环中路25号远洋国际中心A座25层	100025	82031568
申万宏源证券有限公司北京丰北路证券营业部	丰台区丰北路望园东里28号楼2层	100073	63898151
申万宏源证券有限公司北京金融大街证券营业部	西城区太平桥大街19号	100140	88085853
申万宏源证券有限公司北京劲松九区证券营业部	朝阳区劲松九区909楼	100021	021－962505
申万宏源证券有限公司北京紫竹院路证券营业部	海淀区紫竹院路116号嘉豪国际A座西侧2～3层	100089	88511326

世纪证券有限责任公司北京南礼士路证券营业部	西城区南礼士路66号1号楼2层	100045	68085325
世纪证券有限责任公司北京平安大街营业部	东城区东十四条68号平安发展大厦3层	100020	65868567
首创证券有限责任公司北京北辰东路证券营业部	朝阳区北辰东路8号汇园公寓Q座1层、2层	100101	84976731
首创证券有限责任公司北京长阳昊天北大街证券营业部	房山区长阳镇昊天北大街48号加州水郡东区商业中心A301－18	102401	4006200620
首创证券有限责任公司北京海淀中关村东三街证券营业部	海淀区丹棱街6号丹棱SOHO101室	100060	57569555
首创证券有限责任公司北京五道口证券营业部	海淀区成府路蓝旗营小区1号楼东2层	100084	62793481
首创证券有限责任公司北京延庆东顺城街证券营业部	延庆区延庆镇东街2号南侧5层	102199	84976731
首创证券有限责任公司北京雍和宫证券营业部	东城区安定门东大街28号1号楼B单元507号	100013	84292611
太平洋证券股份有限公司北京北展北街证券营业部	西城区北展北街5～17号（单号）6层	100044	88321939
太平洋证券股份有限公司北京海淀大街证券营业部	海淀区彩和坊路11号华1控股大厦18层1805室	100080	82602867
太平洋证券股份有限公司北京志新东路证券营业部	海淀区卧虎桥甲六号工作区南65号楼602室	100000	89055131
天风证券股份有限公司北京海淀长春桥证券营业部	海淀区长春桥路11号1号6楼605室	100089	58816940
天风证券股份有限公司北京佟麟阁路证券营业部	西城区佟麟阁路36号1幢1103～1105室	100031	66012258

万联证券有限责任公司北京上地创业路证券营业部	海淀区上地创业路17号楼1层北区	100031	66062626
网信证券有限责任公司北京朝阳门南大街证券营业部	东城区南竹杆胡同2号1幢2层	100020	65206036
网信证券有限责任公司北京霄云路证券营业部	朝阳区霄云路28号院2号楼1层108室	100027	89929917
五矿证券有限公司北京广安门外大街证券营业部	西城区广安门内大街248号机械大厦508室	100055	63367231
五矿证券有限公司北京将台路证券营业部	朝阳区将台路甲2号燕翔饭店内2603室	100016	64373949
西部证券股份有限公司北京德胜门外大街证券营业部	西城区德胜门外大街乙10号泰富大厦4层	100088	62013151
西部证券股份有限公司北京学院南路证券营业部	海淀区大柳树路富海中心2号楼301室	100081	62120091
西藏东方财富证券股份有限公司北京建国路证券营业部	朝阳区建国路93号院万达广场12号楼1205室	100022	58208817
西藏东方财富证券股份有限公司北京陶然亭路证券营业部	西城区陶然亭路16号	100054	83537678
西南证券股份有限公司北京北三环中路证券营业部	西城区北三环中路27号商房大厦4层	100011	62015677
西南证券股份有限公司北京昌平证券营业部	昌平区城北街道中山口路31号	102200	69725243
西南证券股份有限公司北京东城证券营业部	东城区朝阳北大街8号富华大厦A座11层0室	100010	69720922
西南证券股份有限公司北京房山证券营业部	房山区天星街1号院8号楼903~905室	102488	56216462
西南证券股份有限公司北京海淀证券营业部	海淀区四季青镇杏石路口65号院东配楼3层	100195	59217930
西南证券股份有限公司北京平谷证券营业部	平谷区紫贵庄园8号楼1~2层02号	101200	69717491
西南证券股份有限公司北京西城证券营业部	西城区太平街6号6层D721室	100050	63180369

湘财证券股份有限公司北京北四环东路证券营业部	朝阳区芍药居北里101号世奥国际中心7层703室	100025	84646666
湘财证券股份有限公司北京朝外大街证券营业部	朝阳区朝外大街10号A1区8层	100020	85638510
湘财证券股份有限公司北京建国门内大街证券营业部	东城区建国门内大街7号16层17室	100025	65586162
湘财证券股份有限公司北京首体南路证券营业部	海淀区首体南路9号主语国际5号楼3层	100089	82518108
湘财证券股份有限公司北京顺义站前街证券营业部	顺义区仁和镇站前街1号院1号楼6层	101300	81496902
新时代证券股份有限公司北京北三环西路证券营业部	海淀区北三环西路99号院1号楼2层201室	100086	83561157
新时代证券股份有限公司北京车公庄大街证券营业部	西城区车公庄大街9号院5号楼303室、304室	100044	88312597
新时代证券股份有限公司北京东三环北路证券营业部	朝阳区东三环北路17号新时代证券大厦11层	100027	83561141
新时代证券股份有限公司北京管庄路证券营业部	朝阳区鑫兆佳园15号楼3层0301内西侧	100024	62672766
新时代证券股份有限公司北京马家堡西路证券营业部	丰台区星河苑2号院22号楼3层	100067	67528236
新时代证券股份有限公司北京南礼士路证券营业部	西城区南礼士路3号海通大厦3~4层	100037	68025299
新时代证券股份有限公司北京天通苑证券营业部	昌平区东小口镇天通苑405号楼2层	102218	84819718
新时代证券股份有限公司北京田村中街证券营业部	海淀区田村路雪芳里1号楼底商06号	100049	68608501

新时代证券股份有限公司北京中关村东路证券营业部	海淀区中关村东路66号世纪科贸大厦B座25层	100190	62672766
信达证券股份有限公司北京北辰东路证券营业部	朝阳区北辰东路8号院1号楼12层1215～1217室	100100	85983698
信达证券股份有限公司北京朝阳路证券营业部	朝阳区朝阳路67号8号楼2层272室	100025	85786680
信达证券股份有限公司北京朝阳门证券营业部	东城区南竹杠胡同2号银河SOHO中心50210室	100010	59576718
信达证券股份有限公司北京古城路证券营业部	石景山区八角西街68号	100043	68843741
信达证券股份有限公司北京科丰桥证券营业部	丰台区南四环西路188号十五区17号楼1层101室	100070	18811198614
信达证券股份有限公司北京前门证券营业部	东城区东交民巷28号红都商务会馆B座1室、2层	100006	65285638
信达证券股份有限公司北京万寿路证券营业部	海淀区万寿路十七号A座三层301～320室	100036	68252099
信达证券股份有限公司北京西单北大街证券营业部	西城区华远北街2号通港大厦1层、4层	100032	66127193
信达证券股份有限公司北京裕民路证券营业部	朝阳区裕民路12号中国国际科技会展中心C座4层	100029	82253889
兴业证券股份有限公司北京朝阳公园路证券营业部	朝阳区朝阳公园19号佳隆国际大厦	100125	65397039
兴业证券股份有限公司北京青年路证券营业部	朝阳区朝阳北路103号第14层1712单元、1715单元	100123	85830850
兴业证券股份有限公司北京太阳宫中路证券营业部	朝阳区太阳宫中路12号楼14层	100028	84299378

兴业证券股份有限公司北京西直门北大街证券营业部	海淀区西直门北大街 32 号院 1 号楼 6 层	100088	82000172
银泰证券有限责任公司北京马甸路证券营业部	海淀区马甸路 2 号冠城园 8 号楼冠海大厦 1 层	100006	65287668
银泰证券有限责任公司北京南横东街证券营业部	西城区菜市口大街 6 号院 2 号楼 1 层 102 室	100052	4008505505
英大证券有限责任公司北京东直门证券营业部	东城区海运仓胡同 1 号 5 层 520 室	100007	84002095
招商证券股份有限公司北京安立路证券营业部	朝阳区安立路甲 56 号 2 层	100088	62073496
招商证券股份有限公司北京安外大街证券营业部	东城区安定门外大街 2 号安贞大厦	100013	64287707
招商证券股份有限公司北京北三环东路证券营业部	朝阳区北三环东路西坝河东里 18 号三元大厦 2 层	100028	84603492
招商证券股份有限公司北京北苑路证券营业部	朝阳区北苑路甲 13 号院 2 号楼 01 层 101 内 105B	100107	84920966
招商证券股份有限公司北京朝外大街证券营业部	朝阳区朝外大街 6 号新城国际 5 号楼 1 ~5 层	100088	51603108
招商证券股份有限公司北京车公庄西路证券营业部	海淀区车公庄西路甲 19 号华通大厦 A 座 3 层	100044	68488335
招商证券股份有限公司北京东三环北路证券营业部	朝阳区东三环北路 19 号楼 2 层 201 室	100020	65860272
招商证券股份有限公司北京东四十条证券营业部	东城区东四十条甲 22 号南新仓国际大厦 A301	100007	65951602
招商证券股份有限公司北京方庄路证券营业部	丰台区紫芳园四区 2 号楼 1 ~2 层 202 室	100078	87608097

招商证券股份有限公司北京光明路证券营业部	东城区光明路天玉大厦5层	100006	67119776
招商证券股份有限公司北京建国路证券营业部	朝阳区建国路118号招商局大厦8层	100022	65684890
招商证券股份有限公司北京金融大街证券营业部	西城区金融大街33号通泰大厦C座605室	100140	88086655
招商证券股份有限公司北京上地农大南路证券营业部	海淀区农大南路1号院2号楼5层办公B－522	100084	62667620
招商证券股份有限公司北京顺义仓上街证券营业部	顺义区仓上街2号AMB智能大厦B座8层	101300	89452551
招商证券股份有限公司北京望京阜安西路证券营业部	朝阳区阜通东大街1号院6号楼2层2218室	100102	64715286
招商证券股份有限公司北京西直门北大街证券营业部	海淀区西直门北大街60号首钢国际大厦6层	100088	82291140
招商证券股份有限公司北京颐和园路证券营业部	海淀区颐和园路1号北大资源燕园宾馆1层、2层	100080	62641188
招商证券股份有限公司北京远大路证券营业部	海淀区远大路39号1号楼418室	100000	65860272
招商证券股份有限公司北京知春东里证券营业部	海淀区知春东里15号楼	100086	82137708
招商证券股份有限公司北京中核路证券营业部	丰台区中核路3号院3号楼607室、608室	100070	63789056
浙商证券股份有限公司北京朝阳门北大街证券营业部	东城区朝阳门北大街8号富华大厦E座4层	100027	65546300
浙商证券股份有限公司北京广安门外大街证券营业部	西城区广安门外大街1号深圳大厦4－411室	100052	83555728

中国国际金融股份有限公司北京建国门外大街证券营业部	朝阳区建国门外大街甲6号A、B座爱思开大厦1层	100022	85679888
中国国际金融股份有限公司北京科学院南路证券营业部	海淀区科学院南路2号院1号楼13层1309~1311单元	100000	82861086
中国民族证券有限责任公司北京安慧东里券营业部	朝阳区安慧东里36号4号楼	100039	68188538
中国民族证券有限责任公司北京彩和坊路证券营业部	海淀区彩和坊路8号1层101室、102室	100080	51727044
中国民族证券有限责任公司北京丰台东大街证券营业部	丰台区西局欣园南区3号楼	100071	51129702
中国民族证券有限责任公司北京佟麟阁路证券营业部	西城区佟麟阁路95号尚信大厦6~7层	100031	66413223
中国民族证券有限责任公司北京望京证券营业部	朝阳区望京街9号商业楼3层	100028	64222168
中国银河证券股份有限公司北京朝阳门北大街证券营业部	东城区朝阳门北大街5号第五广场B座6层	100037	68362033
中国银河证券股份有限公司北京大望路证券营业部	朝阳区建国路88号7－10号楼1~2层	100022	58872641
中国银河证券股份有限公司北京方庄南路证券营业部	丰台区方庄南路2号1层、4层	100078	57539008
中国银河证券股份有限公司北京阜成路证券营业部	海淀区阜成路67号银都大厦3层	100036	88411327
中国银河证券股份有限公司北京广渠门大街证券营业部	东城区广渠门内大街27号7层	100062	87103775
中国银河证券股份有限公司北京呼家楼证券营业部	朝阳区向军北里甲6号楼2层	100020	65912966

中国银河证券股份有限公司北京黄寺大街证券营业部	西城区黄寺大街21号中银利华大厦1～2层	100120	51297760
中国银河证券股份有限公司北京建国路证券营业部	朝阳区建国路126号瑞赛大厦1层、3层	100078	65662092
中国银河证券股份有限公司北京金融街证券营业部	西城区太平桥大街111号湘西大厦3～4层	100032	58872889
中国银河证券股份有限公司北京太阳宫证券营业部	朝阳区夏家园11号楼1层2号商业、2层9号商业	100013	64464775
中国银河证券股份有限公司北京陶然桥证券营业部	丰台区马家堡东路1号9层901～906房	100068	67578176
中国银河证券股份有限公司北京通州九棵树证券营业部	通州区九棵树街100号1～2层	101100	81599108
中国银河证券股份有限公司北京望京证券营业部	朝阳区望京阜通东大街12号宝能中心2层	100102	64748888
中国银河证券股份有限公司北京学清路证券营业部	海淀区学清路甲38号金码大酒店7层	100083	82838908
中国银河证券股份有限公司北京学院南路证券营业部	海淀区学院南路34号1～3层	100082	62276491
中国银河证券股份有限公司北京亦庄荣京东街证券营业部	大兴区北京经济技术开发区荣京东街3号1栋B座4层	100176	58357979
中国银河证券股份有限公司北京中关村大街证券营业部	海淀区中关村南大街甲18号院1－4号楼D座03－3D	100081	62512318
中国中投证券有限责任公司北京北三环东路证券营业部	东城区北三环东路36号环球贸易中心A座1～2层	100101	58257705
中国中投证券有限责任公司北京朝阳路证券营业部	朝阳区朝阳路延静里中街3号长信大厦3层	100025	65082922

中国中投证券有限责任公司北京阜安西路证券营业部	朝阳区望京西园1区134号楼1层109－1室	100040	88684886
中国中投证券有限责任公司北京阜成门外大街证券营业部	西城区阜成门外大街2号A1101室	100037	68019608
中国中投证券有限责任公司北京酒仙桥路证券营业部	朝阳区酒仙桥路13号151号楼106室	100016	64312866
中国中投证券有限责任公司北京丽泽路证券营业部	丰台区丽泽路5号3层301	100073	63363666
中国中投证券有限责任公司北京顺义站前街证券营业部	顺义区站前街8号院1号楼正华国贸财富中心513室	101300	81460288
中国中投证券有限责任公司北京宋庄路证券营业部	丰台区宋庄路71号院1号楼11~12层	100078	67642201
中国中投证券有限责任公司北京万寿路证券营业部	海淀区万寿路西街2号2号楼3层南段	100036	67642201
中国中投证券有限责任公司北京中关村南大街证券营业部	海淀区中关村南大街已12号院1号楼22层2601室	100081	82168126
中航证券有限公司北京慧忠路证券营业部	朝阳区慧忠路5号A座9层	100012	84801300
中山证券有限责任公司北京车公庄大街证券营业部	西城区车公庄大街乙1号富通大厦2层	100044	68348878
中泰证券股份有限公司北京安慧里证券营业部	朝阳区安慧里四区15号楼5层519室及1层大厅	100101	58603999
中泰证券股份有限公司北京百万庄大街证券营业部	西城区百万庄大街16号	100040	66553309
中泰证券股份有限公司北京朝外大街证券营业部	朝阳区朝外大街20号联合大厦2层	100020	65882608

中泰证券股份有限公司北京方庄南路证券营业部	丰台区方庄南路9号院7号楼谱田大厦410室	100078	53352219
中泰证券股份有限公司北京高粱斜街证券营业部	海淀区高粱桥斜街59号院2号楼3层2－310室	100044	53370636
中泰证券股份有限公司北京广渠路证券营业部	朝阳区广渠路36号院5号楼2层206室	100022	87728790
中泰证券股份有限公司北京建国门外大街证券营业部	朝阳区建国门外大街22号赛特大厦6层610室	100022	65158517
中泰证券股份有限公司北京苏州桥证券营业部	海淀区北三环西路99号1号楼2层	100086	82887698
中泰证券股份有限公司北京信息路证券营业部	海淀区信息路甲28号7层A座07B	100044	62985995
中天证券股份有限公司北京北四环证券营业部	朝阳区将台乡驼房营路8号新华科技大厦14层1415室	100000	67607279
中天证券有限责任公司北京朝阳证券营业部	朝阳区百子湾西里403号楼2层206室	100124	57193917
中信建投证券股份有限公司北京安立路证券营业部	朝阳区安立路66号安立花园C座	100101	64906210
中信建投证券股份有限公司北京北辰西路证券营业部	朝阳区北土城西路7号1层6单元101室	100029	82994802
中信建投证券股份有限公司北京昌平昌崔路证券营业部	昌平区城北街道昌崔路203号楼1层	102200	89787158
中信建投证券股份有限公司北京朝外大街证券营业部	朝阳区朝外大街乙12号办公楼29号商铺	100020	50866396
中信建投证券股份有限公司北京大柳树路证券营业部	海淀区上园村3号交大科技大厦101－1室	100044	62440568

中信建投证券股份有限公司北京大屯路证券营业部	朝阳区南沙滩66号院1号楼1层	100101	58739503
中信建投证券股份有限公司北京大兴金星西路证券营业部	大兴区金星西路6号院1号楼1层102室、8层801室	102600	60295066
中信建投证券股份有限公司北京丹棱街证券营业部	海淀区丹棱街18号1层108号与2层整层	100030	82666938
中信建投证券股份有限公司北京东三环中路证券营业部	朝阳区东三环中路9号	100020	85911109
中信建投证券股份有限公司北京东直门南大街证券营业部	东城区东直门南大街6号	100027	64172758
中信建投证券股份有限公司北京方庄路证券营业部	丰台区紫芳园四区1号楼202室	100078	87161717
中信建投证券股份有限公司北京富丰路证券营业部	丰台区丰台镇富丰路2号星火科技大厦1层	100070	83739065
中信建投证券股份有限公司北京广渠门内大街证券营业部	东城区广渠门内大街35号1层111A、112A	100062	67187108
中信建投证券股份有限公司北京怀柔府前街证券营业部	怀柔区府前街3号3–51层、2层	101499	60685098
中信建投证券股份有限公司北京回龙观西大街证券营业部	昌平区回龙观镇西大街85号	102208	57536727
中信建投证券股份有限公司北京金融大街证券营业部	西城区金融大街5号、甲5号501A室	100033	66555976
中信建投证券股份有限公司北京酒仙桥路证券营业部	朝阳区酒仙桥路甲10号3号楼1层	100015	53805898
中信建投证券股份有限公司北京良乡拱辰南大街证券营业部	房山区拱辰南大街1号1层105室	102401	69389199

中信建投证券股份有限公司北京马家堡西路证券营业部	丰台区马家堡西路15号时代风帆大厦1层	100068	67578532
中信建投证券股份有限公司北京南大红门路证券营业部	丰台区南大红门路15号梅源市场南段	100076	68759942
中信建投证券股份有限公司北京农大南路证券营业部	海淀区农大南路1号硅谷亮城2A座1层	100084	82349798
中信建投证券股份有限公司北京青年路证券营业部	朝阳区青年路29号院11号楼1层	100123	58777809
中信建投证券股份有限公司北京三里河路证券营业部	海淀区三里河39号	100037	88381545
中信建投证券股份有限公司北京时代花园南路证券营业部	石景山区时代花园南路17号1层102室	100043	88980277
中信建投证券股份有限公司北京顺义站前街证券营业部	顺义区站前街顺鑫国际商务中心7层	101300	61490987
中信建投证券股份有限公司北京太平桥路证券营业部	丰台区太平桥路华源四里13号楼F09	100073	63259608
中信建投证券股份有限公司北京太阳宫中路证券营业部	朝阳区太阳宫火星园8号楼205门	100028	84150996
中信建投证券股份有限公司北京通州通朝大街证券营业部	通州区翠屏西路10号1～2层	101121	50952289
中信建投证券股份有限公司北京望京中环南路证券营业部	朝阳区望京中环南路9号望京大厦3号楼7层、2号楼1层部分	100102	64723010
中信建投证券股份有限公司北京西翠路证券营业部	海淀区西翠路17号院20号楼1层商铺	100036	68186626
中信建投证券股份有限公司北京小营路证券营业部	朝阳区小营路5号楼1层101室	100101	80698312

中信建投证券股份有限公司北京宣武门外大街证券营业部	西城区宣武门外大街26～30号（双号）2幢A308室、309室	100052	63175505
中信建投证券股份有限公司北京燕山燕房路证券营业部	房山区燕房路临99号燕山金融楼	102500	81337718
中信建投证券股份有限公司北京亦庄荣华中路证券营业部	北京经济技术开发区荣华中路10号A座	100176	57780069
中信建投证券股份有限公司北京远大路证券营业部	海淀区蓝靛厂金源时代购物中心B区5G室	100097	88871811
中信建投证券股份有限公司北京知春路证券营业部	海淀区知春路6号锦秋国际大厦1层B02单元	100015	82666371
中信证券股份有限公司北京安外大街证券营业部	朝阳区安定门外大街1号信义大厦1层	100011	84122033
中信证券股份有限公司北京北三环中路证券营业部	海淀区北三环中路43－3号	100088	82013236
中信证券股份有限公司北京北苑证券营业部	朝阳区天朗园C座1层商业内1－015号	100107	84840192
中信证券股份有限公司北京东三环中路证券营业部	朝阳区广渠路39号院2号楼7层01单元	100078	87645762
中信证券股份有限公司北京东直门证券营业部	东城区东直门外大街48号1幢4层04－商业－05	100027	95548
中信证券股份有限公司北京复外大街证券营业部	西城区白云路1号3层、8层	100045	63261166
中信证券股份有限公司北京国贸证券营业部	朝阳区建国路甲92号世茂大厦B座5层	100020	85890121
中信证券股份有限公司北京好运街证券营业部	朝阳区亮马桥甲40号1幢8层802内15～18室	100000	84447478
中信证券股份有限公司北京呼家楼证券营业部	朝阳区光华路9号楼1层125室、2层226室	100020	57602571

中信证券股份有限公司北京建国门证券营业部	东城区建国门北大街5号金成建国5号4层	100191	4008895548
中信证券股份有限公司北京建外大街证券营业部	朝阳区建国门外大街19号1号楼20层BCD室	100022	59400588
中信证券股份有限公司北京金融大街证券营业部	西城区金融大街35号1层107单元	100033	95548
中信证券股份有限公司北京京城大厦证券营业部	朝阳区新源南路1号1号楼2404室	100027	4008895548
中信证券股份有限公司北京三元桥证券营业部	朝阳区曙光西里甲5号院16号楼102单元	100028	84554110
中信证券股份有限公司北京天通苑证券营业部	昌平区天通北苑1区甲4号楼102室	102218	80127369
中信证券股份有限公司北京望京证券营业部	朝阳区阜通东大街6号方恒国际C座1603室	100102	84785403
中信证券股份有限公司北京远大路证券营业部	海淀区远大路1号1层J－1042号	100097	95548
中信证券股份有限公司北京中关村大街证券营业部	海淀区丹棱街1号院1号楼102单元	100071	52217106
中信证券股份有限公司北京中关村东路证券营业部	海淀区中关村东路8号东升大厦B座503B室、807B室	100083	95548
中信证券股份有限公司北京紫竹院路证券营业部	海淀区紫竹院路69号中国兵器大厦9层	100089	68966606
中信证券股份有限公司北京总部证券营业部	朝阳区亮马桥路48号院4号楼1层101内A1	100026	60838721
中银国际证券有限责任公司北京北四环西路证券营业部	海淀区北四环西路9号1502室	100190	82525151
中银国际证券有限责任公司北京宣外大街证券营业部	西城区宣武门外大街甲1号1层103室	100052	63109966

中邮证券有限责任公司北京宣武门东大街证券营业部	西城区宣武门东大街2号2幢1层东侧、2层东侧	100082	82291798
中原证券股份有限公司北京广安门外大街证券营业部	西城区广安门外大街168号朗琴国际大厦8层	100055	83067928
中原证券股份有限公司北京酒仙桥路证券营业部	朝阳区酒仙桥路14号51号楼1层A158室	100016	58671108

（4）基金管理公司

机构名称	地　址	邮　编	电　话
华夏基金管理有限公司	西城区金融大街33号通泰大厦B座8层	100032	4008186666
嘉实基金管理有限公司	东城区建国门北大街8号华润大厦8层	100005	4006008800
长盛基金管理有限公司	海淀区北太平庄路18号北京城建大厦A座20～22层	100088	4008882666
银华基金管理有限公司	东方广场东方经贸城C2办公楼10层2～8室	100738	4006783333
泰达宏利基金管理有限公司	西城区金融大街8号英蓝国际金融中心2～3层	100034	4006988888
东方基金管理有限责任公司	西城区锦什坊街28号1～4层	100033	4006285888
工银瑞信基金管理有限公司	西城区金融大街丙17号北京银行大厦8层	100033	4008119999
建信基金管理有限责任公司	西城区金融大街7号英蓝国际金融中心16层	100034	4008195533
华商基金管理有限公司	西城区平安里西大街28号中海国际中心19层	100035	4007008880
益民基金管理有限公司	西城区宣外大街6号庄胜广场中央办公楼南翼13A	100052	4006508808
中邮创业基金管理股份有限公司	海淀区西直门北大街60号首钢国际大厦10层	100088	4008801618
方正富邦基金管理公司	西城区太平桥大街18号丰融国际大厦北区11层	100032	4008180990
国金基金管理有限公司	海淀区西三环北路87号国际财经中心D座14层	100089	4000200018

英大基金基金管理有限公司	朝阳区环球金融中心西塔 22 楼 2201 室	100020	4008905288
江信基金管理有限公司	海淀区北三环西路 99 号西海国际中心 A 座 20 层	100086	57380888
中加基金管理有限公司	丰台区南四环西路 188 号 17 区 15 号北京银行大楼	100070	4000095526
中融基金管理有限公司	东城区建国门外大街 28 号民生金融中心 A 座 7 层	100005	85003210
国开泰富基金管理有限责任公司	东城区朝阳门北大街 7 号五矿广场 C 座 10 层	100010	59363299
中信建投基金管理有限公司	东城区朝内大街 2 号凯恒中心 E 座 2 层	100010	4009108108
国寿安保基金管理有限公司	西城区金融大街 28 号盈泰商务中心 2 号楼 11 层、12 层	100033	50850888
中金基金管理有限公司	朝阳区建国门外大街 1 号国贸写字楼 2 座 26 层 05 室	100020	63211122
北信瑞丰基金管理有限公司	海定区首体南路 9 号主语国际大厦 4 座 3 层	101299	68619400
九泰基金管理有限公司	西城区广宁伯街 2 号金泽大厦 6 楼	100033	52601666
泓德基金管理有限公司	西城区德胜门外大街 125 号	100088	59850188
新沃基金管理有限公司	海淀区丹棱街 3 号中国电子大厦 B 座 16 层	100080	58290600
汇安基金管理有限责任公司	东城区东直门南大街 5 号中青旅大厦 1401 室	100007	65711600
先锋基金管理有限公司	朝阳区建国门外大街 8 号楼 23 层 2306～2307 单元	100022	58239898
中航基金管理有限公司	朝阳区安立路 78 号、80 号 11 层 1101 内 1105 室	100101	56793180
鹏扬基金管理有限公司	西城区复兴门外大街 A2 号中化大厦 F16	100045	4009686688
格林基金管理有限公司	西城区金融大街 27 号投资广场 B 座	100033	4001000501
南华基金管理有限公司	东城区东直门南大街甲 3 号居然大厦 3 层	100007	58965805

（5）基金子公司

机构名称	地址	邮编	电话
	专户子公司		
华夏资本管理有限公司	西城区金融大街33号通泰大厦B座8层	100032	88066688
嘉实资本管理有限公司	建国门北大街8号华润大厦16层	100005	65215588
工银瑞信投资管理有限公司	西城区金融大街丙17号北京银行大厦8层	100033	4008119999
首誉资产管理有限公司	西城区平安里西大街28号中海国际中心6层601室	100034	83496800
银华财富资本管理（北京）有限公司	东城区东方广场东方经贸城C2办公楼10层2~8室	100738	4006783333
国泓资产管理有限公司	西城区区宣外大街6号庄胜广场中央办公楼南翼13A	100052	4006508808
北京千石创富资本管理有限公司	海淀区西三环北路87号国际财经中心D座14层	100089	4000200018
北京方正富邦创融资产管理有限公司	西城区太平桥大街18号丰融国际大厦北区11层	100032	4008180990
建信资本管理有限责任公司	西城区金融大街7号英蓝国际金融中心16层	100034	4008195533
东方汇智资产管理有限公司	西城区锦什坊街28号1~4层	100033	4006285888
中融（北京）资产管理有限公司	东城区建国门外大街28号民生金融中心A座7层	100005	85003210
长盛创富资产管理有限公司	海淀区北太平庄路18号北京城建大厦A座20~22层	100088	4008882666
北银丰业资产管理有限公司	丰台区南四环西路188号17区15号北京银行大楼	100070	4000095526
北京国开泰富资产管理有限公司	东城区朝阳门北大街7号五矿广场C座10层	100010	59363299
国寿财富管理有限公司	西城区金融大街17号中国人寿中心17层	100033	66221116
上海北信瑞丰资产管理有限公司	海淀区首体南路9号主语国际4号楼3层	100048	4000617297

深圳英大资本管理有限公司	朝阳区东三环中路1号环球金融中心西塔22楼	100020	59112013
元达信资本管理（北京）有限公司	东城区朝内大街2号凯恒中心E座2层	100010	59100288
	销售子公司		
九泰基金销售（北京）有限公司	西城区华远北街2号通港大厦8层818室	100032	4006280606
嘉实财富管理有限公司	朝阳区建国路91号金地中心A座6层	100022	4000218850
上海国金通用财富资产管理有限公司	上海市浦东新区芳甸路1088号紫竹国际大厦1703室	201204	021－60870952
上海华夏财富投资管理有限公司	上海市虹口区东大名路687号1幢2楼268室	200080	88066632

（6）基金分公司

机构名称	地　址	邮　编	电　话
国泰基金管理有限公司北京分公司	西城区金融大街7号第5层525~530单元	100034	66553055
南方基金管理有限公司北京分公司	西城区武定侯街6号卓著中心1603室	100140	66573399
华夏基金管理有限公司北京分公司	西城区复兴门金融街33号通泰大厦B座12层	100033	4008186666
华安基金管理有限公司北京分公司	西城区金融街7号英蓝国际金融中心522室	100033	57635999
博时基金管理有限公司北京分公司	东城区建国门内大街18号恒基中心1座23层	100005	65171166
鹏华基金管理有限公司北京分公司	西城区金融大街甲9号金融街中心南楼502房	100033	88082426
嘉实基金管理有限公司北京分公司	东城区建国门北大街8号华润大厦8层	100005	4006008800
长盛基金管理有限公司北京分公司	海淀区北太平庄路18号北京城建大厦A座20~22层	100088	4008882666
大成基金管理有限公司北京分公司	西城区平安里西大街28号中海国际中心1601室	100034	88009300
富国基金管理有限公司北京分公司	西城区武定侯街6号卓著中心508室	100033	82292390
银华基金管理有限公司北京分公司	东城区东长安街1号东方广场东方经贸城中2办公楼10层	100738	58163000

易方达基金管理有限公司北京分公司	西城区金融大街19号富凯大厦B1703室	100033	4008818088
融通基金管理有限公司北京分公司	西城区金融街35号国际企业大厦C座1241室	100033	66190999
国投瑞银基金管理有限公司北京分公司	西城区金融大街7号英蓝国际金融中心815室	100033	66555550
银河基金管理有限公司北京分公司	西城区月坛西街6号院A－F座3层	100045	56086900
泰达宏利基金管理有限公司北京分公司	西城区金融大街7号，英蓝国际金融中心南楼3层	100033	66577730
金鹰基金管理有限公司北京分公司	西城区西单民丰胡同31号中水大厦303室	100085	66159951
华宝兴业基金管理有限公司北京分公司	朝阳区建国门外大街乙12号双子座大厦西塔2503室	100022	58260666
摩根士丹利华鑫基金管理有限公司北京分公司	西城区太平桥大街18号丰融国际大厦1005室	100032	66155568
海富通基金管理有限公司北京分公司	西城区英蓝国际金融中心南楼621室	100140	59379001
长信基金管理有限公司北京分公司	西城区金融大街17号中国人寿中心6层604室	100140	68042292
天治基金管理有限公司北京分公司	西城区金融街19号富凯大厦B703A	100033	66578008
景顺长城基金管理有限公司北京分公司	西城区金融大街7号英蓝国际金融中心608～610室	100033	66555001
广发基金管理有限公司北京分公司	西城区宣武门外大街甲1号环球财讯中心D座11层	100052	68083113
申万菱信基金管理有限公司北京分公司	西城区金融大街19号富凯大厦B座1006室	100033	66574388
中海基金管理有限公司北京分公司	西城区复兴门内大街158号1号楼F211B	100031	66493582
光大保德信基金管理有限公司北京分公司	西城区武定侯街6号卓著中心3层300单元	100020	66215307
上投摩根基金管理有限公司北京分公司	西城区金融街7号英蓝国际金融中心19层1925室	100033	4008894888
国海富兰克林基金管理有限公司北京分公司	西城区武定侯街2号泰康国际大厦1507室	100140	59315299
天弘基金管理有限公司北京分公司	西城区月坛北街2号月坛大厦A座20层	100140	83571789

华泰柏瑞基金管理有限公司北京分公司	西城区太平桥大街丰盛胡同28号中国太平洋保险大厦1802室	100032	66582808
新华基金管理有限公司北京分公司	海淀区西三环北路11号海通时代商务中心C1座	100089	68726666
汇添富基金管理有限管理股份有限公司北京分公司	西城区金融大街19号富凯大厦B座1703室	100033	2128932768
交银施罗德基金管理有限公司北京分公司	西城区金融大街7号英蓝国际金融中心1105室	100140	66584999
益民基金管理有限公司北京分公司	西城区宣武门外大街10号庄胜广场中央办公楼南翼13A	100052	63101218
信达澳银基金管理有限公司北京分公司	西城区阜成门外大街22号1幢11层1101－9至1101－11号	100045	58569988
泰信基金管理有限公司北京分公司	西城区广成街4号金宸国际公寓1号楼305室、306室	100033	66215978
中银基金管理有限公司北京分公司	西城区西单北大街110号西单汇大厦8层	100033	88000688
招商基金管理有限公司北京分公司	西城区丰盛胡同28号太平洋保险大厦2层西侧	100140	7.5583E+10
建信基金管理有限公司北京分公司	西城区金融大街7号英蓝国际金融中心16层	100033	66228888
长城基金管理有限公司北京分公司	西城区金融大街7号英蓝国际金融中心916～917室	100033	88091157
中欧基金管理有限公司北京分公司	西城区复兴门南大街2号天银大厦A座9层A306室	100031	63082766
兴业全球基金管理有限公司北京分公司	西城区锦什坊街35号6层615室	100033	66290189
工银瑞信基金管理有限公司北京分公司	西城区金融大街丙17号北京银行大厦8层805室	100033	66583239
安信基金管理有限公司北京分公司	西城区金融大街15号鑫茂大厦北楼406室	100033	4008088088
东方基金管理有限公司北京分公司	西城区锦什坊街28号楼2层201室	100033	66295888
东海基金管理有限北京分公司	海淀区西三环北路87号15层4－1502室	100048	88825682

国联安基金管理有限公司北京代表处	西城区金融大街28号盈泰中心2号楼10层	100033	59312803
前海开源基金管理有限管理有限公司北京分公司	东城区东直门南大街11号中汇广场C座1102室	10007	4001666998
财通基金管理有限管理有限公司北京分公司	西城区广成街4号院3号楼5单元404室	100033	4008209888
国寿安保基金管理有限公司北京分公司	西城区金融大街17号中国人寿中心17层	100033	50850888
万家基金管理有限公司北京分公司	西城区丰盛胡同28号太平洋保险大厦4层401～09单元	100032	59013764
泓德基金管理有限公司北京分公司	西城区德胜门外大街125号3层	100088	4009100888
华福基金管理有限责任公司北京分公司	朝阳区朝阳门北大街20号兴业大厦22层	100027	4000096326

（7）基金管理公司理财中心

机构名称	地　址	邮　编	电　话
大成基金管理有限公司投资理财中心	东城区东直门南大街5号中青旅大厦105～106室	100007	88009300
诺安基金管理有限公司投资理财中心	朝阳区光华路甲14号901室	100026	59027888
华夏基金管理有限公司北京海淀投资理财中心	海淀区中关村南大街11号光大国信大厦1层	100081	68458598
华夏基金管理有限公司北京朝阳投资理财中心	朝阳区东三环中路39号建外SOHOB座0104室	100022	67718453
华夏基金管理有限公司北京东中街投资理财中心	东城区东中街29号东环广场B座1层	100027	64185187
华夏基金管理有限公司北京科学院南路投资理财中心	海淀区中关村科学院南路新科祥园甲3号	100080	82523195
华夏基金管理有限公司北京崇文投资理财中心	东城区安化寺幸福家园1层	100062	67133687

华夏基金管理有限公司北京西三环投资理财中心	海淀区西三环北路甲35号	100089	52723129
华夏基金管理有限公司北京世纪城投资理财中心	海淀区蓝靛厂时雨园甲2~4号	100089	88892837
华夏基金管理有限公司北京望京投资理财中心	朝阳区望京南湖东园122楼博泰国际商业广场1层F-36号	100102	64742505
华夏基金管理有限公司北京亚运村投资理财中心	朝阳区惠中里103号洛克时代中心1层	100101	84871039
华夏基金管理有限公司北京东四环投资理财中心	朝阳区八里庄西里100号1幢103号	100025	85869663
华夏基金管理有限公司北京朝外大街投资理财中心	朝阳区朝外大街6号新城国际6号楼101号	100020	65336597

（8）证券投资咨询公司

机构名称	地　址	邮　编	电　话
北京博星证券投资顾问有限公司	海淀区中关村南大街乙56号方圆大厦10层	100035	88029811
北京鼎信汇金投资管理有限公司	海淀区中关村东路1号院8号楼C座1701室	100084	65541328
北京东方高圣投资顾问有限公司	朝阳区东四环中路41号嘉泰国际大厦A座17层	100026	65842004
北京海问咨询有限公司	朝阳区东大桥路8号尚都国际中心1101室	100020	58700055
北京和众汇富咨询有限公司	海淀区上地三街金隅嘉华大厦A806室	100066	57615532
北京盛世华商投资咨询有限公司	海淀区北四环西路58号理想国际大厦1610室	100080	64920429
北京首证投资顾问有限公司	东城区东四十条甲22号南新仓商务大厦B座1021室	100007	51690109
北京股商证券投资顾问有限公司	海淀区巨山路燕西台嘉苑甲15号楼3层3015室、3016室	100093	57327758

北京金美林投资顾问有限公司	西城区金融大街27号投资广场B1604室	100033	84497361
天一星辰（北京）科技有限公司	朝阳区姚家园路105号观湖国际1座7层	100007	59282978
北京中方信富投资管理咨询有限公司	朝阳区东三环北路甲19号嘉盛中心706室	100022	59671057
北京中富金石咨询有限公司	朝阳区工体东路20号6层1单元603室	100022	53597888
北京中和应泰财务顾问有限公司	西城区阜外大街甲28号京润大厦1102室	100081	62129358
北京中资北方投资顾问有限公司	朝阳区北四环中路华严北里8号院1号楼1204房间	100029	52968888
天相投资顾问有限公司	西城区新街口外大街28号C座505室	100010	66045666
和讯信息科技有限公司	朝阳区朝阳门大街22号泛利大厦10层	100022	85650909
北京指南针科技发展股份有限公司	朝阳区望京东路8号锐创国际2号楼4层	100020	59282978
北京盛世创富证券投资顾问有限公司	朝阳区芍药居北里101号1幢18层1座2109室	100044	84351198
北部资产经营股份有限公司	西城区金融大街甲239平房1－9单元	100033	62506008

（9）期货公司

机构名称	地　址	邮　编	电　话
北京首创期货有限责任公司	西城区闹市口大街1号长安兴融中心4号楼11层	100031	4007009595
第一创业期货有限责任公司	西城区新街口北大街3号6层603室、604室	100035	4008881888
方正中期期货有限公司	朝阳区东三环北路38号院1号楼泰康金融大厦22层2201室	100026	4008802277
格林大华期货有限公司	朝阳区光华东里8号中海广场中楼6层	100020	4007009898
冠通期货有限公司	朝阳区朝阳门外大街甲6号万通中心4座18层	100020	4007007588
国都期货有限公司	东城区东直门南大街3号国华投资大厦8层、10层	100007	4007007588

国元期货有限公司	东城区东直门外大街46号1号楼19层1901室	100027	4008888218
宏源期货有限公司	西城区太平桥大街19号4层4B	100034	4006008899
九州期货有限公司	海淀区西直门北大街甲43号1号楼1－26－1418号	100044	82211853
金鹏期货经纪有限公司	西城区复兴门内金融街投资广场B座9层	100033	66211412
首创京都期货有限公司	朝阳区北辰东路8号辰运大厦2层B区	100101	59366004
民生期货有限公司	东城区建国门内大街28号民生金融中心D座7层	100005	85127599
银河期货有限公司	朝阳区朝外大街16号1幢13层1302单元	100020	4008867799
中天期货有限责任公司	丰台区方庄芳古园1区29号楼	100078	4006963852
英大期货有限公司	朝阳区呼家楼京广中心3层301室	100020	4000188688
中钢期货有限公司	海淀区海淀大街8号A座19层	100080	4007006700
中国国际期货有限公司	朝阳区建国门外光华路14号1幢	100020	95162
中粮期货有限公司	东城区东直门南大街5号中青旅大厦15层	100007	4007060158
中衍期货有限公司	朝阳区东四环中路82号金长安大厦B座7层	100022	4006881117

（10）期货营业部

机构名称	地　址	邮　编	电　话
宝城期货有限责任公司北京营业部	朝阳区望京西路甲50号1号楼7层1－09内701～02单元	100102	4006181199
北京首创期货有限责任公司北京北辰东路营业部	朝阳区北辰东路8号亚运村1号门	100101	4007009595
北京首创期货有限责任公司北京长虹桥营业部	朝阳区东三环北路19号楼15层1501内06室	100020	4007009595

倍特期货有限公司北京营业部	东城区南竹杆胡同 2 号 1 幢 3 层 30301 室	100013	4006661333
渤海期货股份有限公司北京营业部	朝阳区朝外大街乙 6 号朝外 SOHO23 层 2306 室	100020	4007700686
财达期货有限公司北京首体南路营业部	海淀区首体南路 20 号国兴大厦 D 座 2 层	100044	4008171181
长江期货有限公司北京海淀区营业部	海淀区中关村南大街 1 号北京友谊宾馆 20810 室	100036	95579
长江期货有限公司北京建国门北大街营业部	东城区建国门北大街 8 号华润大厦 1 层 103 单元	100005	95579
大地期货有限公司北京分公司	海淀区车公庄西路乙 19 号 6 层 621 室	100048	4008840077
大地期货有限公司北京营业部	海淀区万寿路 2 号西翠宾馆 601 室、603 房间	100089	4008840077
大有期货有限公司北京营业部	朝阳区东三环北路甲 2 号楼 1221 室	100029	58772051
道通期货经纪有限公司北京蓝靛厂东路营业部	海淀区蓝靛厂东路 2 号院 2 号楼 2 单元 B 座 2F	100097	88596865
东方汇金期货有限公司北京分公司	东城区永定门西滨河路 8 号院 7 楼东塔 5 层 07 单元	100077	4008756757
东海期货有限责任公司北京花园桥营业部	海淀区西三环北路 87 号 5 层 3－501 室	100089	95531
东海期货有限责任公司北京西三环北路营业部	海淀区西三环北路 87 号 15 层 4－1505 室	100089	95531
东兴期货有限责任公司北京营业部	东城区安定门东大街 28 号 2 号楼 8 层 802 室	100007	66553323
方正中期期货有限公司北京彩和坊路营业部	海淀区彩和坊路 8 号 2 层 213 室	100080	95571
方正中期期货有限公司北京阜外大街营业部	西城区阜成门外大街甲 34 号 2 楼	100037	95571
格林大华期货有限公司北京建国门外大街营业部	朝阳区光华东里 8 号院 2 号楼 501 内 602 室	100022	4007009898
冠通期货有限公司北京营业部	海淀区知春路 118 号知春大厦 A 座 1001A 室	100086	62578153
光大期货有限公司北京营业部	西城区月坛北街 2 号月坛大厦东配楼 5 层	100045	68084131
广发期货有限公司北京营业部	朝阳区安慧里四区 15 号楼院 2 号楼 12 层 1201～1209 室	100101	64923490
广州期货股份有限公司北京营业部	西城区月坛北街 26 号写字楼 410 室	100045	58565351

国金期货有限责任公司北京长椿街营业部	西城区长椿街3号3号楼1层	100053	66218298
国联期货股份有限公司北京营业部	朝阳区北辰西路69号8至9层3单元1009室	100101	58773608
国泰君安期货有限公司北京建国门外大街营业部	朝阳区建国门外大街乙12号双子座大厦东塔7层06单元	100022	58795788
国投安信期货有限公司北京分公司	西城区广安门外南滨河路1号8~9层	100034	58747657
国信期货有限责任公司北京营业部	朝阳区北辰东路8号汇欣大厦1号楼B0801室	100101	84988801
海航期货股份有限公司北京营业部	朝阳区芍药居北里101号1幢13层1座1612室、1615室	100029	65974969
海通期货股份有限公司北京南礼士路营业部	西城区南礼士路66号院1号楼9层908室	100045	4008209133
海通期货股份有限公司华北分公司	西城区南礼士路66号1号楼9层907室	100045	4008209133
弘业期货股份有限公司北京营业部	东城区安定门外大街丁88号9层	100011	68014686
宏源期货有限公司北京西直门北大街营业部	海淀区西直门北大街甲43号1幢6层	100044	62296655
华金期货有限公司北京朝阳路营业部	朝阳区东三环北路38号院1号楼9层1001内16室	100026	4009955889
华泰期货有限公司北京分公司	西城区丰盛胡同28号楼15层1501~1511室	100013	4006280888
华泰期货有限公司北京营业部	朝阳区北三环东路28号易亨大厦1209室	100013	4006280888
华闻期货有限公司北京营业部	通州区新华西街58号2号楼27层2713号	100005	84464135
华西期货有限责任公司北京营业部	东城区建国门内大街18号1103－1104	100005	65174391
华信万达期货股份有限公司华北分公司	西城区德胜门外大街125号2层201B－A	100088	59321087
徽商期货有限责任公司北京南竹杆胡同营业部	东城区南竹杆胡同6号楼4层07室	100010	58641775
混沌天成期货股份有限公司北京营业部	丰台区广安路9号院3号楼1311~1315号	100055	4001100166
集成期货股份有限公司北京营业部	朝阳区高碑店乡半壁店村惠河南街1111号国投尚科大厦1层113单元	100124	85270316

建信期货有限责任公司北京营业部	西城区宣武门大街28号大成广场7门5层501室	100101	84970661
江海汇鑫期货有限公司北京营业部	海淀区西三环北路105号科原大厦A座9层910房间	100020	58697671
金鹏期货经纪有限公司东城营业部	东城区灯市口大街33号	100005	66212370
金鹏期货经纪有限公司丰台营业部	丰台区汽车博物馆东路1号院4号楼北座902室	100070	66212370
金瑞期货股份有限公司北京营业部	东城区安定门东大街28号1号楼D单元1206号	100007	66555673
锦泰期货有限公司北京营业部	朝阳区日坛北路17号院1号楼9层925室、926室	100020	85653839
鲁证期货股份有限公司北京营业部	海淀区北三环西路99号院1号楼02层	100086	82194421
迈科期货股份有限公司北京朝阳门北大街营业部	东城区朝阳门北大街1号新保利大厦11层C	100010	64082006
美尔雅期货有限公司北京长虹桥营业部	朝阳区农展馆南路12号通广大厦5012室	100125	84463679
民生期货有限公司北京营业部	西城区裕民路18号5层502室	100029	82270085
南华期货股份有限公司北京分公司	西城区宣武门外大街28号2幢	100052	57286025
南华期货股份有限公司北京营业部	西城区宣武门外大街28号2幢	100052	57286026
瑞达期货股份有限公司北京大柳树路营业部	海淀区大柳树路17号富海中心3号楼602室	100081	62156260
上海大陆期货有限公司北京营业部	海淀区知春路9号坤询大厦3层301号	100044	65180889
上海东证期货有限公司北京安苑路营业部	朝阳区小关北里45号世纪嘉园5号楼6层	100029	95503
上海东证期货有限公司北京朝阳门营业部	朝阳区三丰北里7号楼17层1702室	100020	95503
上海中财期货有限公司北京海淀营业部	海淀区莲花苑5号楼11层	100044	82205991
上海中期期货有限公司北京广安路营业部	丰台区广安路9号4号楼1711～1713号	100055	59714689
申银万国期货有限公司北京劲松九区营业部	朝阳区劲松九区909楼4层	100021	67780608
神华期货有限公司北京营业部	海淀区苏州街18号院长远天地大厦4号楼3A01室	100080	82613279

晟鑫期货经纪有限公司北京营业部	昌平区东小口镇立汤路186甲4号楼11层1106室	100000	84608408
天风期货股份有限公司北京营业部	朝阳区安贞西里26楼5层503~505室	100026	64414066
天富期货有限公司北京营业部	东城区东中街40号1号楼3层01号	100027	64178233
五矿经易期货有限公司北京广安路营业部	丰台区广安路9号院6号楼408室、409室	100055	64185322
五矿经易期货有限公司北京首体南路营业部	海淀区首都体育馆南路6号3号楼12层1253室	100081	68331355
新湖期货有限公司北京分公司	东城区海运仓胡同1号9层901号	100007	64001136
新纪元期货股份有限公司北京东四十条营业部	东城区东四十条68号平安发展大厦4层407室	100027	84261653
信达期货有限公司北京裕民路营业部	朝阳区裕民路12号中国国际科技会展中心A座506室	100029	82252929
兴业期货有限公司北京营业部	朝阳区朝阳门北大街20号1~25层101内2503室	100020	69000897
兴证期货有限公司北京西直门北大街营业部	海淀区西直门北大街32号院1号楼6层706室	100044	62237670
一德期货有限公司北京北三环东路营业部	东城区北三环东路36号E栋7层02~03房间	100013	88312828
银河期货有限公司北京朝外大街营业部	朝阳区朝外大街16号1幢13层1307单元	100020	4008867799
银河期货有限公司北京分公司	朝阳区朝外大街16号1幢13层1303~1306单元	100020	4008867799
银河期货有限公司北京营业部	朝阳区曙光西里甲5号院16号楼第23层2303~2305单元	100026	4008867799
英大期货有限公司北京东三环中路营业部	朝阳区京广中心3层301室	100020	4000188688
永安期货股份有限公司北京分公司	东城区金宝街58号6层	100005	65120600
云晨期货有限责任公司北京分公司	海淀区羊坊店路18号1幢5层533室、534室	100038	63942169
招金期货有限公司北京朝阳北路营业部	朝阳区朝阳北路237号楼26层3001~3003室	100125	85951297
招商期货有限公司北京西直门北大街营业部	海淀区西直门北大街60号首钢国际大厦5层0507~0508室	100082	82292293

浙江新世纪期货有限公司北京营业部	东城区南竹竿胡同2号1幢2层10212室	100011	82232818
浙商期货有限公司北京光华路营业部	朝阳区光华路甲14号1幢12层1202室、1203室	100020	65083926
中大期货有限公司北京营业部	东城区安定门外大街138号地坛大厦A	100011	65086889
中电投先融期货股份有限公司北京营业部	朝阳区东大桥路8号院3号楼11层1106室	100020	023-63799068
中钢期货有限公司北京安外大街营业部	东城区安定门外大街甲88号中联大厦701室	100011	64251379
中国国际期货有限公司北京中关村大街营业部	海淀区中关村大街27号6层609室、610号	100080	51905951
中金期货有限公司北京建外大街营业部	朝阳区建国门外大街甲6号爱思开大厦3807A、3808室	100022	85679699
中粮期货有限公司北京分公司	东城区东滨河路甲1号大象投资大厦4层	100007	4007060158
中粮期货有限公司北京营业部	朝阳区北辰东路8号汇欣大厦A608室	100101	4007060158
中融汇信期货有限公司北京营业部	朝阳区东三环中路20号楼10层03单元	100022	67766695
中投天琪期货有限公司北京营业部	朝阳区朝阳门外大街18号15层1501B、1502A	100020	65880648
中信建投期货有限公司北京朝阳门北大街营业部	东城区朝阳门北大街6号首创大厦207室	100027	85282866
中信期货有限公司北京分公司	东城区广渠门内大街47号7层47-（07）701	100007	57762888
中信期货有限公司北京营业部	东城区广渠门内大街47号7层47-（07）702	100007	57762888

（11）外国证券机构北京代表处

机构名称	地　　址	邮　编	电　话
布朗兄弟哈里曼（香港）有限公司北京代表处	朝阳区建国门外大街1号（一期）16幢14层96室	100020	57832369
城市信贷投资银行有限公司北京代表处	东城区东水井胡同11号楼5层6C06市	100010	58642566

德国商业银行股份有限公司（证券业务）北京代表处	朝阳区建国门外大街乙－12号双子座大厦东塔2507室	100022	65673233
德意志银行股份有限公司（证券业务）北京代表处	朝阳区建国路81号德意志银行大厦28层	100025	59698008
法国巴黎资本（亚洲）有限公司北京代表处	朝阳区建国门外大街1号院1号楼20层2021C室	100020	65353336
高盛（中国）有限责任公司北京代表处	西城区金融街7号英蓝国际金融中心17层	100034	66273261
韩国金融投资株式会社北京代表处	朝阳区景华南街5号远洋光华国际C1505室	100020	85906388
韩国三星证券公司北京代表处	朝阳区建国路乙118号京汇大厦910单元	100022	65221855－7891
韩国未来资产证券株式会社北京代表处	朝阳区东三环北路2号2层01～12室内A018室	100027	64136231
花旗环球金融中国有限公司北京代表处	西城区武定侯街6号16层、18层	100033	59376655
汇富金融服务有限公司北京代表处	朝阳区东三环中路7号财富中心写字楼A801室	100022	65308792
交银国际控股有限公司北京代表处	西城区平安里西大街28号10层	100035	88009788
京华山一国际（香港）有限公司北京代表处	东城区建国门内大街18号办公楼1座1101室	100005	65182871
洛希尔中国控股有限公司北京代表处	西城区金融大街7号英蓝国际金融中心9层912A	100034	63212900
美国富瑞金融集团北京代表处	朝阳区建国门外大街1号国贸大厦（一期）写字楼14层98室	100004	57379013
美国科本资本市场公司北京代表处	朝阳区建国门外大街1号国贸大厦（一期）16幢12层26单元	100020	18611704683
美林国际有限公司北京代表处	朝阳区建国门外大街1号院1号楼35层3501～3503室	100020	58780200
蒙特利尔银行利时证券公司北京代表处	朝阳区建国路77号华贸中心3号写字楼27层02A～03A单元	100022	85881700

摩根士丹利亚洲有限公司北京代表处	西城区太平桥大街18号丰融国际中心1座12层3B单元	100034	83563858
日本大和证券株式会社北京代表处	朝阳区光华路1号北楼3层301~302单元	100026	65006688
日本摩乃科斯证券股份有限公司北京代表处	朝阳区建国门外大街26号2号楼8007室	100022	65281955
日本瑞穗证券股份有限公司北京代表处	朝阳区建国门外大街甲26号长富宫办公楼8011室	100020	65234779
日本三井住友信托银行股份有限公司（证券业务）北京代表处	朝阳区建国门外大街26号长富宫办公楼5层5011室	100020	65598556
日本野村证券株式会社北京代表处	朝阳区东三环北路5号北京发展大厦1212室	100020	58661888
瑞士信贷（香港）有限公司北京代表处	西城区金融大街甲9号1101单元	100033	88090988
瑞银证券亚洲有限公司北京代表处	西城区金融大街7号英蓝国际金融中心1119室	100034	58327618
三菱日联证券控股股份有限公司 北京代表处	朝阳区东三环北路5号北京发展大厦1018室	100020	65908770－102
台湾富邦综合证券股份有限公司北京代表处	朝阳区建国路81号华贸中心1座701C室	100022	59695800
台湾华南永昌综合证券股份有限公司北京代表处	朝阳区建国门外大街1号国贸写字楼1座3628室	100020	65052591
台湾元大证券股份有限公司北京代表处	建内大街7号光华长安大厦2座1722室	100005	65101266
香港第一上海融资有限公司北京代表处	东城区建国门内大街7号光华长安大厦1座507B	100005	65102588
香港摩根大通证券（亚太）有限公司－北京代表处	西城区金融街7号北京英蓝国际金融中心	100034	59318888
香港上海汇丰银行有限公司（证券业务）北京代表处	朝阳区东三环中路5号财富金融中心16层1604室	100022	59998260
香港致富证券有限公司北京代表处	西城区金融大街5号新盛大厦B座5层D单元	100033	66555862

新百利国际融资有限公司北京代表处	东城区建国门内大街7号光华长安大厦2座1725室	100005	65179186
中银国际控股有限公司北京代表处	西城区西单北大街110号8层	100032	83262151

（12）外国资产管理类机构北京代表处

机构名称	地　　址	邮　编	电　话
宏富投资管理有限公司北京代表处	朝阳区光华路7号汉威大厦A座11A16室	100004	85261820
美国先锋投资管理公司北京代表处	朝阳区建国门外大街22号赛特大厦810室	100022	65157288
邓普顿国际股份有限公司北京代表处	西城区武定侯街6号卓著中心1100室	100033	88091365
信安环球投资有限公司北京代表处	朝阳区建国门外大街1号16幢4层414B室、415室	100004	64637989
标准人寿投资公司北京代表处	东城区建国门北大街8号华润大厦1201－01室	100005	58111700
法国东方汇理基金管理公司北京代表处	朝阳区建外大街乙12号双子座大厦西塔办公楼1101B	100022	65632498
香港景顺投资管理有限公司北京代表处	西城区金融大街7号英蓝国际金融中心6层F627单元	100034	66555866
香港摩根资产管理有限公司北京代表处	西城区金融大街7号英蓝国际金融中心19层1926单元	100034	59318486
香港威灵顿环球投资管理有限公司北京代表处	西城区武定侯街6号卓著中心19层1906室	100033	66227600
富达基金（香港）有限公司北京代表处	西城区金融大街7号英蓝国际金融中心9层F905A	100034	66553282
香港贝莱德资产管理北亚有限公司北京代表处	朝阳区建国门外大街1号国贸大厦（一期）16幢16层30～32单元	100032	66190586

法国法盛全球资产管理公司北京代表处	朝阳区工体北路甲6号中宇大厦2001室	100027	59752825
澳大利亚罗素投资集团有限公司北京代表处	朝阳区建国门外大街1号国贸写字楼1座21层2105室	100004	65058006
新加坡摩根士丹利投资管理公司北京代表处	西城区太平桥大街18号12层8B室	100035	83563893
美国桥水投资公司北京代表处	朝阳区建外大街1号国贸大厦47层4701室	100004	57061666
法国安盛投资管理巴黎公司北京代表处	西城区武定侯街6号卓著中心1207室	100033	66525880
领航投资香港有限公司北京代表处	朝阳区建国路77号24层2425～2426室	100020	85880130

4. 保险业机构

（1）中资保险公司

机构名称	地　　址	邮　编	电　话
中国人民财产保险股份有限公司北京市分公司	东城区朝阳门北大街17号	100010	58195885
中国大地财产保险股份有限公司北京分公司	海淀区西直门北大街54号伊泰大厦4层、5层	100082	61043999
中华联合财产保险股份有限公司北京分公司	东城区安外西滨河路18号首府大厦3号楼	100011	64519985
中国太平洋财产保险股份有限公司北京分公司	西城区复兴门内大街158号远洋大厦F6层	100031	66414787
中国平安财产保险股份有限公司北京分公司	西城区金融大街23号平安大厦15层	100140	59700010
天安财产保险股份有限公司北京分公司	海淀区万寿路西街2号文博大厦2层201室	100036	68423636
华安财产保险股份有限公司北京分公司	海淀区紫竹院路81号院3号楼北方地产大厦12A	100089	88829888
永安财产保险股份有限公司北京分公司	朝阳区朝阳北路145号红领巾公园南门西侧办公楼	100022	65733606

太平财产保险有限公司北京分公司	西城区太平桥大街丰汇园11号楼丰汇时代大厦东翼9层	100032	66532288
亚太财产保险有限公司北京分公司	东城区永定门西滨河路8号院7楼6层701－01单元	100038	82299969
中银保险有限公司北京分公司	东城区朝阳门内大街2号凯恒中心E座7层701～705单元	100010	85290888
永诚财产保险股份有限公司北京分公司	海淀区知春路甲48号1号楼25A、25B、26A	100062	58721599
安华农业保险股份有限公司北京分公司	朝阳区望京西路50号卷石天地大厦1号楼11层	100102	64393120
阳光财产保险股份有限公司北京分公司	通州区永顺镇商通大道1号院2号楼4层401～402室	101121	60558371
都邦财产保险股份有限公司北京分公司	海淀区玉渊潭南路晾果厂6号都邦大厦9层	100027	68097828
渤海财产保险股份有限公司北京分公司	西城区南滨河路27号7号楼17层1717～1719室	100077	82294377
华农财产保险股份有限公司北京市分公司	海淀区万泉庄路28号万柳新贵B座6层东侧	100089	58720456
中国人寿财产保险股份有限公司北京市分公司	朝阳区朝外大街16号	100020	85253888
安诚财产保险股份有限公司北京分公司	东城区白桥大街22号北京工商联大厦2层	100062	59095559
长安责任保险股份有限公司北京市分公司	西城区西站南路80号院6号楼1层101室	100073	63370171－8039
英大泰和财产保险股份有限公司北京分公司	西城区西单北大街111号西单国际大厦9层	100022	51967360
紫金财产保险股份有限公司北京分公司	海淀区复兴路65号电信实业大厦2层	100039	88612831
浙商财产保险股份有限公司北京分公司	东城区东花市南里东区8号楼4层402室	100062	87101409
信达财产保险股份有限公司北京分公司	丰台区六里桥1号11层	100082	63885118
华泰财产保险有限公司北京分公司	西城区德胜门外大街125号	100088	59375999
安邦财产保险股份有限公司北京分公司	朝阳区东三环中路55号富力城双子座B座8层	100020	59229888
富德财产保险股份有限公司北京分公司	海淀区西直门北大街56号6层	100082	58978228

长江财产保险股份有限公司北京分公司	西城区西直门外大街 18 号金贸大厦 C2 座 12 层	100044	58687360
泰山财产保险股份有限公司北京分公司	西城区西直门外大街 1 号院 3 号楼 23D1 ~ D3A 室	100000	50838504
珠峰财产保险股份有限公司北京分公司	门头沟区双峪路 35 号院 2 号楼 9 层	102300	83367372
中国人寿保险股份有限公司北京市分公司	朝阳区朝外大街 16 号 1 号楼 23 ~ 32 层	100020	85659860
中国太平洋人寿保险股份有限公司北京分公司	西城区复兴门内大街 158 号	100031	66414860
中国平安人寿保险股份有限公司北京分公司	西城区金融街 23 号平安大厦	100140	59730008
新华人寿保险股份有限公司北京分公司	东城区东四十条 68 号平安发展大厦	100007	84189449
泰康人寿保险有限责任公司北京分公司	朝阳区东三环中路 39 号建外 SOHO23 号楼	100026	85919766
太平人寿保险有限公司北京分公司	海淀区西直门北大街 52 号太平金融大厦 1 层北栋 0101 室	100082	82299688
建信人寿保险股份有限公司北京分公司	朝阳区光华路 15 号院 1 号楼 1801 ~ 1808 室	100000	56502613
光大永明人寿保险有限公司北京分公司	丰台区西三环南路 14 号院 2 号楼 9 层	100005	59128000
民生人寿保险股份有限公司北京分公司	朝阳区东三环北路 38 号院 2 号楼民生大厦 6 层	100026	59206622
富德生命人寿保险股份有限公司北京分公司	海淀区西直门北大街 56 号生命人寿大厦 4 层	100082	82290099
平安养老保险股份有限公司北京分公司	西城区金融街 23 号平安大厦	100140	59730058
合众人寿保险股份有限公司北京分公司	朝阳区朝外大街乙 12 号昆泰国际大厦 20 层	100022	58797755
太平养老保险股份有限公司北京分公司	西城区宣武门外大街 6 号 16 层	100700	59579000
中国人民健康保险股份有限公司北京分公司	西城区阜外大街 7 号国投大厦	100037	58696688
华夏人寿保险股份有限公司北京分公司	西城区宣武门外大街 6 号	100101	63106600
君康人寿保险股份有限公司北京分公司	东城区永定门西滨河路 8 号院 7 楼东塔 0305 室	100077	68293311
信泰人寿保险股份有限公司北京分公司	西城区宣武门西大街甲 127 号大成大厦 5 层	100031	52612077
农银人寿保险股份有限公司北京分公司	海淀区苏州街 3 号大恒科技大厦北座 16 层 1601 室	100081	82827788

长城人寿保险股份有限公司北京分公司	西城区高粱桥路6号1层1A1号及2层A区02A1号	100044	59238900
昆仑健康保险股份有限公司北京分公司	朝阳区建华南路6号院1号楼103室、2号楼101室	100022	59719600
和谐健康保险股份有限公司北京分公司	朝阳区东三环中路55号楼7层802~803室	100022	59229348
中国人民人寿保险股份有限公司北京市分公司	海淀区首体南路38号创景大厦	100037	50826600
国华人寿保险股份有限公司北京分公司	朝阳区朝阳北路237号复星国际中心5层	100020	59272266
中国人寿养老保险股份有限公司北京市分公司	朝阳区朝外大街16号中国人寿大厦19层南区	100020	63635860
英大泰和人寿保险股份有限公司北京分公司	西城区宣武门外大街26~30号（双号）2幢10层	100052	58684101
泰康养老保险股份有限公司北京分公司	东城区东长安街1号东方广场西3座办公楼3层	100031	85159118
幸福人寿保险股份有限公司北京分公司	东城区珠市口东大街13号1层101室	100050	63505098
阳光人寿保险股份有限公司北京分公司	通州区云景北里53号C座16层	101101	59753565
百年人寿保险股份有限公司北京分公司	东城区东直门南大街11号华普中心大厦1段A座16层	100007	56759488
中邮人寿保险股份有限公司北京分公司	西城区阜成门北大街19号	100037	65123009
中融人寿保险股份有限公司北京分公司	海淀区首体南路22号楼19层	100033	57503508
安邦人寿保险股份有限公司北京分公司	朝阳区东三环中路55号楼6层701~702室	100022	59229719
利安人寿保险股份有限公司北京分公司	西城区复兴门外大街A2号1层108室	100000	59012668
安邦养老保险股份有限公司北京分公司	海淀区彩和坊路11号	100080	85286650
太保安联健康保险股份有限公司北京分公司	东城区东长安街1号东方广场东方经贸城中1办公楼5层1室	100005	58045303
珠江人寿保险股份有限公司北京分公司	朝阳区广渠路28号223号楼7层	100124	87141658

（2）中资保险公司分支机构

中国人民财产保险股份有限公司北京市分公司

机构名称	地　　址	邮　编	电　话
昌平支公司	昌平区城区镇北环路 21 号	100010	80100933
昌平支公司回龙观营业部	昌平区回龙观镇龙腾苑六区 41 号楼 41－3 号	100010	80100933
昌平支公司南口营销服务部	昌平区南口镇道北中区综合服务楼第 1 层 711 号	102200	58195039
昌平支公司沙河营业部	昌平区巩华镇巩华城大街 76 号	100010	80726075
朝阳支公司	朝阳区霄云里 4 号楼	100016	84485276
崇文支公司	东城区左安门内大街 5 号	100061	67199988
大兴支公司	大兴区黄村兴政路 26 号	100010	69244765
大兴支公司庞各庄营销服务部	大兴区庞各庄镇御园小区民生路 2 号院 1 号楼	102600	58195039
东城支公司	东城区王家园胡同 16 号阳光国际大厦主楼 2～5 层	100027	65548718
房山支公司	房山区良乡政通路 6 号	100010	89369586
房山支公司房山城关营业部	房山区房山农林路 3 号	100010	89369586
百子湾营销服务部	朝阳区百子湾东里 227 号楼 1 层 103 室	100000	58195122
朝阳营业部	朝阳区晨光家园 306 号楼 5 层	100010	58195039
大兴国际机场营业部	大兴区榆垡镇中国联通榆垡分局营业厅南侧	100010	13601165202
大兴营业部	大兴区旧宫镇科技路 10 号	100010	58195039
大型商业风险营业部	东城区朝阳门北大街 17 号 5 层	100010	58195009
电子商务营销服务部	朝阳区广渠路 66 号百环家园 19 号楼 1 层	100022	87511094
电子商务营业部	密云区经济开发区云西一街 16 号 12 层	100010	58195189
东城营业部	东城区东直门外大街 42 号 10 层 1001 室	100010	58195189

东二环营销服务部	东城区朝阳门北大街 17 号首层	100010	58195195
广渠路营业部	朝阳区广渠路 11 号院 1 号楼金泰国际大厦 10 层	100010	58195039
国际业务营业部	朝阳区工人体育场北路 13 号院 1 号楼 19 层	100027	66119368
海淀营业部	海淀区黄庄中关村大厦 1 层 106～109 室	100080	82856779
海淀中关村营销服务部	海淀区知春路 111 号理想大厦 507～508 号	100086	82670737
集团客户营业部	通州区京洲园 411 号楼商 6 号	100000	58195039
金融街营业部	西城区宣武门西大街甲 129 号金隅大厦 901 号	100031	66410024
劲松营业部	朝阳区华威里 10 号楼	100021	13511171171
九五五一八营销服务部	朝阳区广渠路 66 号百环家园 19 号楼 1 层	100022	87511094
科学城营业部	丰台区科学城中核路 1 号 03 号楼	100010	58195189
空港营业部	顺义区天竺镇府前一街 32 号	101312	69444715
商务中心区	朝阳区东三环北路 19 号 7 层 707～708 室	100022	58691439
涉外业务营业部	朝阳区安定路 39 号 1 幢 305 室	100010	84485263
特殊风险营业部	朝阳区驼房营西里甲 3 号楼	100016	84981988
天通苑营业部	昌平区北七家镇天通苑东苑三区 2 号楼 29 门	100010	58195039
学院路营业部	海淀区学院南路乙 68 号 7 层、8 层	100010	82912470
分公司营业部	东城区朝阳门北大街 17 号 1～3 层	100010	58195671
责任险营销服务部	西城区教场口街 9 号院 2－2 号	100120	13911267332
责任险营业部	西城区教场口街 9 号院 2－2 号	100011	13911267332
中关村营业部	海淀区学院南路乙 68 号 5 层、6 层	100010	58195189
重点客户营业部	东城区朝阳门北大街 17 号 5 层	100010	58195101
重要客户营业部	东城区朝阳门北大街 17 号 5 层	100010	58195039
丰台支公司	丰台区丰台镇东大街 11 号	100071	63812311
丰台支公司方庄营业部	丰台区南三环中路 18 号	100010	63812311
丰台支公司云岗营业部	丰台区云岗北区西里甲 8 号楼 101 房间	100010	58195189

海淀支公司	海淀区阜成路81号	100010	88130263
海淀支公司会城门营业部	海淀区北蜂窝甲4号	100010	62973649
海淀支公司上地营业部	海淀区上地东里4区1号楼	100010	62973649
怀柔支公司	怀柔区青春路21号	101400	69655446
怀柔支公司桥梓营销服务部	怀柔区桥梓镇前桥梓村590号	101414	58195039
怀柔支公司杨宋营销服务部	怀柔区杨宋镇凤翔科技开发区和平路甲1号楼	101414	58195039
经济技术开发区支公司	经济技术开发区同济中路2号303单元	100176	67883277
门头沟支公司	门头沟区新桥大街18号	102300	69842253
门头沟支公司永定营销服务部	门头沟区永定镇冯村商业街1021号	102300	58195039
密云支公司	密云区密云镇鼓楼南大街41号	100010	69051830
密云支公司太师屯营销服务部	密云区太师屯镇永安街149号	101503	58195039
密云支公司溪翁庄营销服务部	密云区溪翁庄镇密溪路6号楼8号楼0120号、0220号	101503	58195039
平谷支公司	平谷区城关镇府前西街16号	100010	69962161
平谷支公司平谷镇营业部	平谷区南独乐河镇同乐路29号	101200	69962161
石景山支公司	石景山区时代花园南路17号	100043	13801033360
顺义支公司	顺义区新顺南大街	100010	69441295
顺义支公司李桥营销服务部	顺义区李桥镇吴庄村沿河商业街路南	101300	58195039
顺义支公司杨镇营销服务部	顺义区杨镇地区沙子营村村委会南1000米	101300	58195039
通州支公司	通州区玉带河大街4号	100010	60560602
通州支公司漷县营销服务部	通州区漷县镇长陵营A商14号AB座721室	101100	58195039
通州支公司张家湾营销服务部	通州区张家湾镇光华路9号	101100	58195039
西城支公司	西城区德外大街73号	100010	82027358
西二环营销服务部	西城区金融大街7号英蓝国际金融中心首层108单元	100010	58195005

宣武支公司	西城区菜市口南大街平原里小区 20 号楼	100010	83526336
宣武支公司菜市口营业部	西城区菜市口南大街平原里小区 20 号楼 223 室	100054	63559066
宣武支公司广安门营业部	西城区红居街 11 号楼 1 层 4 号	100050	63478847
延庆支公司	延庆区延庆镇妫水北街 70 号	102100	69177923
延庆支公司康庄营销服务部	延庆区康庄镇兴隆商业街 174 号	102103	58195039
延庆支公司永宁营销服务部	延庆区永宁镇永宁大街 40 号临 1 号	102103	58195039
燕山支公司	房山区燕山迎风街三里金融综合楼	100010	69348877
直属支公司	西城区西直门南大街 2 号	100035	66119343
直属支公司国贸营业部	朝阳区建外大街 1 号国贸中心 1 座 316 室	100004	65055209
中关村科技支公司	海淀区学院南路乙 68 号	100000	58195039

中国太平洋财产保险股份有限公司北京分公司

机构名称	地　址	邮　编	电　话
房山区营销服务部	房山区良乡长虹西路 29 号楼 1 层西侧大厅	102488	89310246
航港营销服务部	顺义区南法信镇机场北街 8 号院 2 幢航港国际大厦 122 号	101300	83506175
商务中心区营业部	朝阳区百子湾路 18 号楼 1 层	100022	67716793
分公司营业部	西城区复兴门内大街 158 号 F101 室	100052	83506161
昌平支公司	昌平区高科技园区创新路 6 号	102200	83507709
朝阳支公司	朝阳区左家庄路 2 号 3 层	100016	83507506
东城支公司	朝阳区东土城路 13 号	100013	83507185
东四环南路营销服务部	朝阳区世纪东方嘉园 204 楼 4－18 号	100023	13031080722
丰台支公司	西城区广外大街 87 号	100055	83507206
海淀支公司	西城区新外大街 2 号	100088	83507907

黄村营销服务部	大兴区兴华大街（二段）3号院3号楼122室	102627	69265546
回龙观营销服务部	昌平区昌平路380号院1号楼1~2层7单元103室	100096	82465180
经济技术开发区支公司	北京经济技术开发区宏达北路16号1号楼201室	100176	83507072
蓝龙家园营销服务部	门头沟区蓝龙家园6号楼1层	102300	69838865
平谷支公司	平谷区迎宾环岛东南角1号楼商铺-8	101200	69975876
石景山支公司	石景山区古城大街首特创业基地A座1层139号	100043	83507678
顺义支公司	顺义区仁和地区平各庄村顺通路27号	101300	83507606
通州支公司	通州区通惠北路25号	101100	83507818
西城支公司	西城区展览馆路3号	100037	88380075
西上园营销服务部	通州区西上园一区10号楼商-6	102627	60569258

中国平安财产保险股份有限公司北京分公司

机构名称	地　址	邮　编	电　话
第一营业部	西城区金融大街23号15层南侧	100033	57997062
第二营业部	朝阳区光华路5号院2号楼	100020	59710226
崇文支公司	东城区白桥大街22号4层408~413室	100062	67166067
丰台支公司	丰台区海鹰路5号101室	100070	59710222
房山支公司	房山区良乡政通路8号	102488	89363579
怀柔支公司	怀柔区府前街3号楼3-2号	101499	69682585
通州营销服务部	通州区富河园4号楼4-107号	101125	60530412
大兴营销服务部	大兴区黄村镇兴业大街（三段）76号-1	102611	59731929
顺义支公司	顺义区南法信镇华英园9号楼1031~1034室	101300	89429126

昌平营销服务部	昌平区龙水路28号楼－1～2层	102299	57859106
平谷支公司	平谷区平谷镇东方国际公寓2号楼1～2层商业5	101299	56916564
密云支公司	密云区银河花园37号6单元、7单元	101599	82128675
延庆支公司	延庆区延庆镇恒安小区28号楼1～2层4单元28－7室	102199	59700308
门头沟支公司	门头沟区滨河路127号	102399	69832096
石景山支公司	石景山区石景山路20号11层	100040	88605280

华泰财产保险有限公司北京分公司

机构名称	地　址	邮　编	电　话
西城支公司	西城区德胜门外大街125号101B、401B～601B	100088	59375588
东城支公司	东城区龙潭路甲3号翔龙大厦	100061	67113332
朝阳支公司	朝阳区博大路25号院2号楼S02号	100028	58616743
海淀支公司	海淀区四季青镇常润路11号院北1号	100195	88436588
通州支公司	通州区梨园路23号	101101	81573903
顺义支公司	顺义区港馨家园50号楼1层2单元	101320	89441566
房山支公司	房山区体育场路6号院体育培训中心楼底商1层4号	102401	89362879
大兴支公司	大兴区永华南里12号楼1层04号	102611	69244880
复兴门营业部	西城区金融大街35号1幢17层1715－1单元	100032	59371988

太平财产保险有限公司北京分公司

机构名称	地　址	邮　编	电　话
丰台支公司	丰台区南四环西路188号15区12号楼2层	100071	83670899
海淀支公司	海淀区蓝靛厂东路2号金源时代商务中心2号楼2单元3A01室	100097	88893759
通州支公司	通州区新华西街58号院3号楼7层718~720室	101100	81556790
西城支公司	西城区南滨河路27号7号楼18层1810~1811室	100055	63319920
宣武支公司	西城区宣武门大街20号办公1001号	100052	83157370

中华联合财产保险股份有限公司北京分公司

机构名称	地　址	邮　编	电　话
崇文支公司	东城区夕照寺中街4号星海宏昌大厦A座1层	100061	87194139
西城支公司	西城区莲花池东路106号汇融大厦B座901室	100055	63952008
宣武支公司	西城区广安门外马连道11号1001号	100055	63342601
朝阳支公司	朝阳区朝阳北路雅成一里19号楼603室	100123	85512057
丰台支公司	丰台区新宫体育健身休闲园8号中福丽宫品牌基地2号楼306	100076	63899123
石景山支公司	石景山区城兴街225号院1号楼中海大厦B座3层6单元	100043	68888002
海淀支公司	海淀区西四环北路15号依斯特大厦101室	100195	88432170
房山支公司	房山区拱辰街道政通路23号-B座5层	102488	89354988

昌平支公司	昌平区科技园区振兴路36号首科凯奇基地2号楼3层301～310号	102299	69749500
顺义支公司	顺义区怡馨家园29号楼1层101室	101300	69461367
通州支公司	通州区梨园镇梨园村委会南500米梨园创意产业楼	101100	60549180
怀柔支公司	怀柔区富乐小区北里25号	101400	69632621
大兴支公司	大兴区黄村镇富强路175号	102600	61219197
经济技术开发区支公司	经济技术开发区地盛西路6号BDA国际广场中改传媒大厦4层	100176	50980618
密云支公司	密云区新中街189号	101500	89036987
平谷支公司	平谷区文化南街9号	101200	89987899

永安财产保险股份有限公司北京分公司

机构名称	地　址	邮　编	电　话
朝阳北路营销服务部	朝阳区朝阳北路145号红领巾公园南门西侧办公楼2层210～211房间	100061	65733688
朝阳支公司	朝阳区朝阳北路145号红领巾公园南门西侧办公楼3层东侧	100025	65733667
丰台支公司	丰台区南方庄71号708室	100081	63332768

天安财产保险股份有限公司北京分公司

机构名称	地　址	邮　编	电　话
海淀支公司	海淀区西三环中路莲花苑5号楼华宝大厦4层413室	100036	88574706

朝阳营销服务部	朝阳区望京中环南路甲2号21层B2307室	100102	13801081092
顺义营销服务部	顺义区仁和镇平各庄村顺通路27号4幢	101399	18612618057
平谷营销服务部	平谷区金谷园小区住宅21号楼-9号	101299	88574795
万寿路营销服务部	海淀区万寿路西街2号寰岛博雅大酒店2层205室	100036	88574687
房山营销服务部	房山区西潞南大街5号同方大厦2层217室	102400	18611232576

中国大地财产保险股份有限公司北京分公司

机构名称	地　址	邮　编	电　话
第一营销服务部	海淀区西直门北大街54号伊泰大厦	100082	67168278
丰台支公司	海淀区西直门北大街54号伊泰大厦	100082	82277922
朝阳支公司	海淀区西直门北大街54号伊泰大厦	100082	64916586
顺义支公司	顺义区南法信大街118号院天博中心C座	101300	69450846
大兴支公司	大兴区永华南里12号楼1层06号	102600	69246690
平谷支公司	平谷区平谷镇新平东路140号	101200	61993266
房山支公司	房山区良乡政通路12号拱辰楼宇招商基地B座	102408	60305871
通州支公司	通州区砖厂南里46号楼华远好天地A座10层	101121	80873600

华安财产保险股份有限公司北京分公司

机构名称	地　址	邮　编	电　话
海淀支公司	海淀区紫竹院路81号院3号楼北方地产大厦6层604室	100089	58031290
朝阳支公司	朝阳区世纪东方嘉园104号楼1层3单元	100023	52097103

昌平支公司	昌平区回龙观镇科协家园住宅小区 29 号楼 B 座 1 层 2 单元	102208	82945885
丰台支公司	丰台区丰体南路 3 号丰体时代大厦 C 座 2 层 202 号	100071	63878976
通州支公司	通州玉桥西里 87 号 1 层底商 46 号	101101	52101085
朝阳第一营销服务部	朝阳区世纪东方嘉园 104 楼 1 层 3 单元	100023	52097103
丰台第一营销服务部	丰台区马家堡东路 108 号院 10 号楼 1 层	100068	58031291
顺义区营销服务部	顺义区仁和镇望泉家园 12 号楼 1 层 2 单元商业 23	101300	89402473
丰台马家堡东路营销服务部	丰台区马家堡东路 108 号院 10 号楼 1 层	100068	58031290

安邦财产保险股份有限公司北京分公司

机构名称	地　址	邮　编	电　话
昌平支公司	昌平区白浮泉路甲 12 号 1 层	102200	13911932868
朝阳支公司	朝阳区东三环中路 55 号富力城双子座 B 座 8 层	100020	13910608634
崇文支公司	东城区幸福大街 57 号	100000	13910608634
大兴支公司	大兴区兴华大街 2 段 3 号院波普中心 3 号楼 121 室	102600	18601015962
东城支公司	东城区东水井胡同 5 号楼 7 层 822 室	100011	13910625833
房山支公司	房山区良乡拱辰南大街 42 号楼 A 座 8 层 801 ~ 802 室	102401	18601352139
丰台支公司	丰台区航丰路 1 号院 2 号楼时代财富大厦 1303 室	100070	18611098721
海淀支公司	海淀区西直门北大街 32 号院枫蓝国际大厦 1 号楼 7 层 811 室	100088	15810585817

怀柔支公司	怀柔区青春路61号院1号楼－1层13号	101400	69659836
密云支公司	密云区密云区长城大厦A段1～2层北侧西	101500	13311552556
平谷支公司	平谷区平谷镇东方国际公寓5号楼1～2层	101200	13501027057
石景山支公司	石景山区阜石路166号1号楼7层708～709号	100043	18901060107
顺义支公司	顺义区前进花园石门苑18号楼3单元101室	101300	13911699923
通州支公司	通州区云景南大街144号1～2层	101100	15811122333
西城支公司	西城区太平街6号8层E－906	100053	63135727

永诚财产保险股份有限公司北京分公司

机构名称	地　址	邮　编	电　话
昌平营销服务部	昌平区西环路16号豪恒大厦4层	102200	89783620
海淀营销服务部	海淀区知春路甲48号1号楼26A房间	100142	13811195578
西城支公司	西城区半步桥街48号5层508房间	100031	13581873829

阳光财产保险股份有限公司北京分公司

机构名称	地　址	邮　编	电　话
北京经济技术开发区营销服务部	北京经济技术开发区宏达北路10号1幢	100176	67884003
昌平营销服务部	昌平区鼓楼北街5－1至5－20号楼1～2层	102200	69746061
大兴营销服务部	大兴区观音寺南里海北路1号楼	102699	69243065
东城营销服务部	东城区安德路甲61号	100011	84129896
房山营销服务部	房山区良乡嘉瑞通小区3号楼3－4号、3－5号	102401	69351831
丰台营销服务部	丰台区西四环南路72号11层1101～1112房间	100071	51039406
平谷营销服务部	平谷区迎宾花园小区31号楼10号商铺	101200	69976001

顺义营销服务部	顺义区仓上小区 37 号楼 1~2 层 2 单元	101300	69440345
通州营销服务部	通州区云景东路甲 437 号	101100	81571169
延庆营销服务部	延庆区延庆镇石河营建材城综合楼南大 2 号	102100	69187890
朝阳支公司	海淀区晾果厂 6 号 9 层 908 室	100022	56406700
怀柔支公司	怀柔区金台园 2 号	101400	61625606

都邦财产保险股份有限公司北京分公司

机构名称	地　址	邮　编	电　话
海淀支公司	海淀区晾果厂 6 号 9 层 908 室	100027	68097908

安盛天平财产保险股份有限公司北京分公司

机构名称	地　址	邮　编	电　话
第一支公司	东城区东直门外大街 46 号 26 层 2603 室	100000	57453291
东城营销服务部	东城区东花市南里东区 3 号楼 B07、BF07 底商	100062	84608888
怀柔支公司	怀柔区于家园南街 6 号院 2 号楼 3 号	100000	60686636

渤海财产保险股份有限公司北京分公司

机构名称	地　址	邮　编	电　话
昌平营销服务部	昌平区西环路 21 号院内 3 栋 B203 号	102200	69715836
朝阳营销服务部	朝阳区松榆南路 54 号 3 层旌凯写字楼	100000	87325700
顺义支公司	顺义区府前东街 2 号 1 号楼顺建大厦 10 层 1002 室	110300	81492122

安华农业保险股份有限公司北京分公司

机构名称	地　址	邮　编	电　话
昌平营销服务部	昌平区西环路29号楼3层29-3室	102200	64393098
房山营销服务部	房山区良乡拱辰南大街42号楼1层~2层08号	100102	64393007
平谷营销服务部	平谷区平谷镇新平南路211号楼	101204	89979005
通州营销服务部	通州区潞通大街188号-1层	101100	80854850
延庆营销服务部	延庆区康安小区30号-03商业楼	102100	69148706
大兴支公司	大兴区富强路2号1层102室	102600	64393093
分公司营业部	朝阳区望京西路甲50号1号楼卷石天地大厦A座11层1103单元	100102	64393218
怀柔支公司	怀柔区于家园南街6号院6号楼1层	100102	60685911
密云支公司	密云区东莱园环岛东北侧长城大厦商务楼3层331室	101500	69070966
顺义支公司	顺义区双兴北区甲3号楼3层	101300	69440128

亚太财产保险有限公司北京分公司

机构名称	地　址	邮　编	电　话
东城支公司	东城区永定门西滨河路8号院7楼6层	100082	82299999
平谷支公司	平谷区平谷镇西环南路1号楼3单元2号	101200	89988225

中国人寿财产保险股份有限公司北京市分公司

机构名称	地　址	邮　编	电　话
朝阳支公司	朝阳区静安里 26 号通成达大厦 6 层	100028	64823368
崇文支公司	东城区鼓楼外大街 27 号万网大厦 4 层	100120	84130362
大兴支公司	大兴区兴业街 26 号 5 层	100000	85253888
东城支公司	东城区鼓楼外大街 27 号万网大厦 4 层	100120	84130362
房山支公司	房山区良乡西潞北大街 26 号	102400	89369695
分公司营业部	朝阳区广渠路 3 号中水电国际大厦 7 层 701～705 室	100000	13901054249
丰台支公司	丰台区南四环西路 128 号院 4 号楼	100078	67680198
海淀支公司	通州区云景北里 52 号楼 1215 房间	100083	82885253
顺义支公司	顺义区双兴北区 33 号楼 1 层	101300	69427867
通州支公司	通州区云景东路 417 号	101100	81573960
西城支公司	西城区半步桥街 48 号 1 层 1101 房间	100054	63365157
宣武支公司	西城区半步桥街 48 号 1 层 1101 房间	100054	63362328

华农财产保险股份有限公司北京市分公司

机构名称	地　址	邮　编	电　话
房山支公司	房山区拱辰街道政通路 12 号 1 号楼 5 层 512 室、514 室	102488	60342185
昌平营销服务部	昌平区昌平镇振兴路 28 号	102200	80113236
密云营销服务部	密云区鼓楼东大街 3 号山水大厦 3 层西侧	110228	69089777
平谷营销服务部	平谷区平三路临 1 号	101200	51327238

顺义营销服务部	顺义区宏城花园12号楼1层5单元102室	101100	89418290
通州营销服务部	通州区张家湾镇通州工业开发区光华路16号北京方和正圆综合楼A栋521号	101100	58720450

长安责任保险股份有限公司北京市分公司

机构名称	地　址	邮　编	电　话
朝阳营销服务部	朝阳区黄寺大街4号楼1层136室	100102	13051275391
丰台支公司	西城区西站南路80号院6号楼1层	100070	13911348911
通州支公司	通州区玉带河东街153号1~2层	100082	18910729166

利宝保险有限公司北京分公司

机构名称	地　址	邮　编	电　话
昌平营销服务部	昌平区城区镇城角西路9号	102200	89783382

英大泰和财产保险股份有限公司北京分公司

机构名称	地　址	邮　编	电　话
英大泰和财产保险股份有限公司营业部	东城区建国门内大街乙18号院1号楼英大国际大厦7层	100005	51968825
亦庄营销服务部	北京经济技术开发区永昌北路13号1幢5层北侧	100176	51967588
昌平支公司	昌平区北环路2号	102299	51967588
大兴支公司	大兴区富强路2号1层104室	102600	51967588
海淀支公司	海淀区厂洼街3号B2028室	100089	51967588

怀柔支公司	怀柔区富乐小区北里25号	101400	51967588
平谷营销服务部	平谷区平谷镇林荫南街9号楼9－64号	101200	69955722
顺义支公司	顺义区府前东街2号1号楼顺建大厦6层	101321	51967588
通州支公司	通州区八里桥南街89号	101199	52047599

紫金财产保险股份有限公司北京分公司

机构名称	地　址	邮　编	电　话
海淀区复兴路支公司	海淀区复兴路65号电信实业大厦12层1205室	101200	88612868
海淀支公司	海淀区复兴路65号电信实业大厦2层	100036	88612831

信达财产保险股份有限公司北京分公司

机构名称	地　址	邮　编	电　话
昌平支公司	昌平区西关路20号4号楼15层4－1816	102200	58072866
丰台支公司	丰台区槐房西路318号院南庭新苑底商B4－10号	102600	13911376350
顺义支公司	顺义区华英园9号5031室	100082	89425675

浙商财产保险股份有限公司北京分公司

机构名称	地　址	邮　编	电　话
东城营销服务部	东城区东花市南里东区8号楼4层402室	100000	18611021202

富德财产保险股份有限公司北京分公司

机构名称	地址	邮编	电话
朝阳支公司	朝阳区东四环中路78号楼10层11A06室	100102	84164186

易安财产保险股份有限公司北京分公司

机构名称	地址	邮编	电话
北京营业部	海淀区西土城路1号院1号楼泰富酒店写字楼5层	100191	53916197

中国人寿保险股份有限公司北京市分公司

机构名称	地址	邮编	电话
西城后广平营销服务部	西城区后广平胡同36号	100035	66168576
西城南大安营销服务部	西城区南大安胡同6号中宏大厦	100035	66117760
西城阜成门营销服务部	西城区阜外大街3号东润时代大厦	100037	68001517
丰台支公司海鹰路营业部	房山区长阳镇加州水郡120号住宅楼1层3号	100070	68001517
昌平东小口营销服务部	丰台区银地家园8号楼1层	102208	68001517
海淀万柳中路营销服务部	朝阳区南沙滩66号院1号楼1层1－112号	100070	68001517
海淀区世纪城营销服务部	海淀区冷泉林语山庄二区11号楼108号	100097	68001517
西城支公司	西城区后广平胡同36号	100035	66168779
金融大街营销服务部	西城区金融大街12号1层	100032	66575339
中关村大街支公司	海淀区中关村大街40号北京当代商城9层	100086	62573189

海淀支公司温泉营业部	海淀区温泉镇白家疃西口温泉农机厂院内平房	100095	51799313
第七营销服务部	海淀区西三环北路72号院B座29层	100048	88820495
朝阳三元桥营销服务部	朝阳区东三环北路辛2号迪阳大厦	100027	84536263
知春路营销服务部	海淀区知春路6号锦秋国际大厦B座502室	100098	82800967
海淀黄庄营销服务部	海淀区中关村大街32号16层	100086	88820495
海淀支公司	海淀区知春路20号	100088	62056697
第六营销服务部	海淀区西三环北路72号世纪经贸大厦B座29层1～10号	100078	88820495
东城支公司	东城区东直门外东中街32号楼	100027	65005998
朝阳支公司	朝阳区朝外市场街20号11～13层	100020	65880125
朝阳金台北街营销服务部	朝阳区金台北街7号	100026	65005998
朝阳朝外营销服务部	朝阳区金台北街7号1幢2层	100020	85992497
电话销售中心	朝阳区朝外市场街20号中保大厦	100020	59646677
金台路营销服务部	朝阳区金台北街7号1号楼5层、6层	100026	65005998
分公司营业部	朝阳区朝外市场街20号16层	100020	85613417
金台路营业部	朝阳区金台北街7号1号楼1层	100020	65022591
北京经济技术开发区支公司	北京经济技术开发区经海五路58号院5号楼3层307室	100023	65005998
石景山营销服务部	石景山区玉泉西里二区2号楼1层商业07单元	100049	88255987
石景山支公司	石景山区玉泉路玉泉大厦	100049	69855044
丰台西四环南路营销服务部	石景山区鲁谷路74号中国瑞达大厦	100040	68867453
北纬路营业部	西城区北纬路1号	100050	83160092
北纬路营销服务部	西城区北纬路1号	100050	83160952
丰台支公司	丰台区王佐镇福宫路8号第2～4层	100074	83319230
阜成门支公司	西城区阜成门外大街3号国宾花园6号楼3～4层	100044	68001517

丰台云岗营销服务部	丰台区王佐镇福官路8号	100074	83315147
房山支公司	房山区良乡西潞北大街26号	102488	89350159
房山兴房营销服务部	房山区城关街道兴房大街2号院	102488	89350161
房山良乡营销服务部	房山区良乡西潞北大街26号	102488	89350161
门头沟支公司	门头沟区滨河路64号	102300	69855044
门头沟滨河营销服务部	门头沟区滨河路64号	102300	69861404
门头沟清水营销服务部	门头沟区清水镇下清水村东街105号	102300	69861404
密云支公司	密云区滨河路22号	101500	69025757
密云滨河路营销服务部	密云区滨河路22号	101500	69053372
密云东邵渠营销服务部	密云区东邵渠镇政府大街道南50米处	101500	69053372
密云新城子营销服务部	密云区新城子镇新城子村	101506	69024089
密云十里堡营销服务部	密云区明珠花园6号楼1层4单元101室	101500	69041890
密云巨各庄营销服务部	房山区良乡西潞北大街26号1幢4层	102488	69024089
密云太师屯营销服务部	密云区太师屯镇永安街149号楼9号	101500	69053372
密云河南寨营销服务部	房山区良乡西潞北大街26号1幢3层	102488	69024089
密云卸甲山营销服务部	密云区西田各庄镇卸甲山村	101511	69024089
平谷支公司	平谷区金谷园21号楼16号	101200	69984204
平谷府前大街营销服务部	平谷区金谷园21号楼16号	101200	89980552
顺义支公司	顺义区府前东街2号	101300	69466735
顺义站前街营销服务部	顺义区府前东街2号	101300	81481249
通州支公司	通州区玉带河大街22号	101100	69545575
通州马驹桥营销服务部	通州区马驹桥镇潼关一区311号	101102	69516373
通州次渠营销服务部	通州区次二村南6号1幢501室	101111	69516373
通州张家湾营销服务部	通州区张家湾镇太玉园B区028店铺	101100	69516371
通州漷县营销服务部	门头沟区滨河路64号1幢3层	102399	69516371

通州西集营销服务部	朝阳区金台北街7号楼1幢3层	10020	69516371
通州永乐店营销服务部	门头沟区滨河路64号1幢2层	102399	69516371
昌平支公司	昌平区创新路5号	102200	69723494
昌平鼓楼营销服务部	昌平区昌平镇创新路5号	102200	69723494
昌平政府街营销服务部	昌平区政府街18号	102200	69746602
南口营销服务部	昌平区昌平镇创新路5号2层202室	102200	69723494
昌平小汤山营销服务部	昌平区昌平镇创新路5号4层405号	102200	69723494
昌平十三陵营销服务部	昌平区科技园区创新路5号4楼第四职场	102200	69723494
昌平天通苑营销服务部	昌平区东小口镇天通苑二区1号楼7门	102200	69746402
昌平回龙观营销服务部	昌平区回龙观东大街336号院2号楼1层102	102208	69723494
海淀西三旗营销服务部	昌平区科技园区创新路5号2楼第一职场	102200	69723494
安贞营销服务部	东城区安定路20号5号楼329室	100029	64450657
怀柔支公司	怀柔区商业街2号	101400	69648447
怀柔商业街营销服务部	怀柔区商业街2号	101400	69641944
延庆支公司	延庆区东外大街62号	102100	69180493
延庆东外大街营销服务部	延庆区东外大街62号4层	102100	69176734
大兴红星营销服务部	大兴区旧宫镇旧宫东路	102600	69295431
大兴黄村营销服务部	大兴区黄村镇兴业大街三段26号楼2～3层	102600	69295431
大兴支公司	大兴区黄村镇兴业大街三段26号楼1层	102600	69295431

中国太平洋人寿保险股份有限公司北京分公司

机构名称	地　　址	邮　编	电　话
东城支公司	东城区和平里东街民旺园小区31楼强佑大厦8层	100010	83955386

海淀支公司	海淀区复兴路甲23号城乡华懋13层	100036	68298258
朝阳支公司	朝阳区安贞桥北金瓯大厦2层	100029	83954508
通州支公司	通州区新华南路64号3层	101100	83954608
顺义支公司	顺义区仁和镇仓上街2号智能大厦B区10层1010室	101300	83954017
昌平支公司	昌平区昌平镇西环路29号5层	102200	83954188
中关村支公司	海淀区中关村南大街甲10号银海大厦5层	100081	68910665
大兴支公司	大兴区金星西路兴创大厦15层	102600	83954201
密云支公司	密云区新中街42号外贸大厦4层	101500	83954251
西城支公司	西城区西直门外大街新兴东巷15号金泰鑫侨大厦	100044	83954466
安定门营销服务部	东城区安定门外东河沿乙5号楼	100010	83955858
劲松营销服务部	朝阳区广和南里二条16号院3号楼2层	100021	83954336

中国平安人寿保险股份有限公司北京分公司

机构名称	地　址	邮　编	电　话
长春桥营销服务部	海淀区远大路6号1号楼2~5层	100081	56316316
延庆板泉路营销服务部	延庆区延庆镇板泉路26号鑫妫川购物中心4层	102100	60305940
昌平永安营销服务部	昌平区西环路16号1层、1层06号房间	102200	60305940
昌平天通苑营销服务部	昌平区东小口镇天通北苑北1区甲5号楼	102218	60305940
大兴区兴政营销服务部	大兴区黄村镇兴政大街南区政府对面	102600	69264270
丰台科丰桥营销服务部	丰台区科学城中核路1号03号楼3层、5层	100070	83834281
朝阳健德门桥营销服务部	朝阳区裕民路12号1号楼	100029	88392258
西城西单营销服务部	西城区背阴胡同甲35号3幢2~5层	100032	65131128

海淀甘家口营销服务部	海淀区三里河路17号甘家口大厦13层	100037	88392258
海淀北太平庄营销服务部	海淀区北太平庄路2号7号楼德恒商务会馆A座	100088	61993701
国峰营销服务部	朝阳区常惠路6号楼4单元	100123	53956866
鲁谷路营销服务部	石景山区鲁谷路74号中国瑞达大厦5层531～541房间	100025	53956866
东城雍和宫营销服务部	东城区藏经馆路11号	100007	84047556
海淀苏州桥营销服务部	海淀区小南庄路怡秀园甲1号楼3～4层	100086	56316501
海淀区寰太营销服务部	海淀区中关村南大街甲12号1幢11层	100081	56709755
朝阳亮马桥营销服务部	朝阳区新源南路1－3号B座5～6层	100027	56316119
东城鼓楼营销服务部	东城区东水井胡同5号楼6层701室	100010	58646620
房山城关营销服务部	房山区城关街道农林路1号3层	102400	89361738
房山良乡营销服务部	房山区拱辰街道政通路12号1号楼	102488	89361738
密云鑫盛营销服务部	密云区新南路新中街规划路西侧金地来酒店	101500	56316737
怀柔梅苑营销服务部	怀柔区青春路梅苑小区8号楼2门、3门	101400	56316737
平谷金乡路营销服务部	平谷区平谷镇金乡路1号雅美奇商场	101200	13911589658
顺义龙府营销服务部	顺义区站前北街78号1号	101300	13911589658
通州恒通营销服务部	通州区九棵树东路107号	101100	53956862
通州西海子营销服务部	通州区九棵树东路117号	101100	
东城恒基中心营销服务部	东城区建国门内大街18号恒基中心3层L3－015	100005	56316600
西城区宣武门营销服务部	西城区宣武门东大街24号宣武门商务酒店南楼4～7层	100051	13718061090
方庄营销服务部	丰台区方庄芳古园1区28号楼	100078	13718061090
东城东方广场营销服务部	东城区东单三条8号东方广场东配楼6～9层	100005	13683249673
东城东四营销服务部	东城区前炒面胡同33号16号楼6～7层	100010	84258600

东城建国门营销服务部	东城区建国门南大街5号金龙大厦4号楼	100005	56316011
石景山玉泉路营销服务部	石景山区石景山路3号玉泉大厦2层、3层西侧	100039	88255946
房山良乡政通路营销服务部	房山区拱辰街道政通路12号1号楼	102488	89361738
丰台开阳桥营销服务部	丰台区开阳路1号院瀚海花园大厦8～10层	100069	56316000

新华人寿保险股份有限公司北京分公司

机构名称	地址	邮编	电话
西城支公司	西城区西直门外大街112号3层307室	100035	66008198
通州支公司	通州区云景东路1号3～4层	101100	59782788
顺义支公司	顺义区仓上街2号智能大厦B区9层	101300	69426445
石景山支公司	石景山区石景山路23号院16号楼B座4层	100040	88683951
平谷支公司	平谷区平谷镇府前西街5号渔阳大厦	101200	89992338
海淀支公司冠城营业部	海淀区马甸东路17号17层	100086	53890606
海淀支公司	海淀区马甸东路17号16层	100088	53890888
丰台支公司	丰台区莲花池西里11号3层	100073	84189000
房山支公司	房山区拱辰街道西潞南大街5号3层301房间	102400	89368614
东城支公司	东城区崇外大街新怡家园甲3号楼7层	100062	67087388
大兴支公司	大兴区金苑路3金融大厦2层B01室	102628	69242196
朝阳支公司	朝阳区团结湖南里15号恒祥大厦写字楼6层	100026	51399518
昌平支公司	昌平区西环南路78号	102200	89712145
延庆营销服务部	延庆区延庆镇高塔街58号5层	102100	69180810
西城新外大街营销服务部	西城区黄寺大街甲23号院1号楼	100088	53890909
潘家园营销服务部	朝阳区松榆北路7号院11号楼2层	100021	67498962
密云鼓楼营销服务部	密云区果园新里北区综合楼东侧1层	101500	69083545

莲花桥营销服务部	海淀区莲花苑5号楼2层东侧房间及7层722房间	100036	88485699
回龙观营销服务部	昌平区回龙观西大街118号龙冠置业大厦A座1层A103－3号	102208	59812418
怀柔营销服务部	怀柔区迎宾北路1号2幢201～205室	101400	69603008
和平里支公司	朝阳区东土城路14号建达大厦	100013	85271957
公益桥营业部	丰台区方庄芳群园四区21号楼2层东段201室	100078	67642256
丰台南苑营销服务部	丰台区和义东里三区9号楼1层、3层	100076	67987989
东四十条营销服务部	东城区东四十条68号1号楼2层	100055	84189218
德外营业部	西城区黄寺大街甲23号院1号楼2层	100875	53890866
保福寺营业部	海淀区中关村东路18号财智国际大厦1号楼3层	100083	52725350

泰康人寿保险有限责任公司北京分公司

机构名称	地　址	邮　编	电　话
朝阳广渠路支公司	朝阳区东三环南路98号1幢6层	100022	58611786
窦店支公司	房山区窦店镇窦店村京南嘉园小区4号楼	102402	69390236
西集营销服务部	朝阳区东三环北路38号院1号楼10层1101室	101106	15382006033
管庄营销服务部	朝阳区建东苑18号楼	100024	85730093
西北旺营销服务部	海淀区马连洼梅园甲3号楼3单元102号	100085	63287695
四季青营销服务部	朝阳区吉庆里6号楼3层309室	100020	13717715000
溪翁庄营销服务部	密云区溪翁庄镇碧水花园1楼	101512	13241631663
上地营销服务部	海淀区北四环西路67号大地科技大厦0511～0513室	100038	85730093

杨镇营销服务部	顺义区杨镇地区一街村委会南500米	101399	81484491
回龙观营销服务部	昌平区建材路西城87号2号楼19层2单元1901~1902室	123003	66428866
燕化星城营销服务部	昌平区昌平镇鼓楼西街11号楼	102425	85730093
燕山营业部	房山区燕山迎风南路甲6号楼	102500	69390236
河南寨营销服务部	密云区河南寨镇政府北侧	101500	13681433084
西城第三营销服务部	西城区高粱桥路6号3A2	100031	66428806
西城第二营销服务部	西城区西直门南大街2号成铭大厦C2205室	100035	85730093
天通苑营销服务部	昌平区东小口镇立汤路188号院北方明珠大厦1号楼18层1816~1817室	100031	66428866
西城第一营销服务部	西城区西直门外大街1号院1号楼13层	100035	85730093
朝阳安定路营销服务部	东城区东水井胡同5号楼1216~1218室	100000	66428866
宣武支公司	宣武区广安门内广义街7号10层	100053	66428866
房山支公司	房山区良乡西潞南大街8号3层南侧	102488	89362945
平谷支公司	平谷区平谷镇新开街23号房屋2~3层	101299	69985771
延庆支公司	延庆区延庆镇高塔楼66号3层	102100	69181004
门头沟支公司	石景山区体育场南路2号628室	102399	69852175
昌平支公司	昌平区龙水路22号院1~13号楼	102299	69724975
大兴支公司	大兴区金苑路3号B21A房间	102628	61106110
顺义支公司	顺义区站前东街商业楼2号楼	101300	81484491
丰台支公司	丰台区宋庄路71号院1号楼13层1601~1602室	100079	59627207
海淀支公司	海淀区中关村南大街2号B座1105室	100086	51626811
石景山支公司	海淀区莲花池东路39号8层803~804室	100040	68655969
朝阳第二支公司	朝阳区东三环北路17号13层1306号	100027	65000898

长安支公司	东城区建国门内大街18号北京恒基中心商场2层00Z号铺位	100005	65184611
西城支公司	西城区高梁桥路6号5号楼	100000	13051998359
朝阳支公司	朝阳区东三环中路39号建外SOHO23号楼	100031	66428866
怀柔支公司	怀柔区南大街18号2层	101400	69460252
电话销售中心	东城区建国门内大街18号恒基中心商场2层00Z号	100005	65181107
通州支公司	通州区通惠南路6号	101199	89501672
大孙各庄营销服务部	顺义区大孙各庄镇府前街7号	101308	81484491
密云支公司	密云区鼓楼东大街山水大厦1~2层	101599	69087811
城关营销服务部	房山区城关街道农林路1号1层05号	102499	13716208585

太平人寿保险有限公司北京分公司

机构名称	地　址	邮　编	电　话
海淀支公司	海淀区西直门北大街52号北栋0101号3~7层	100082	82299568
东城支公司	东城区朝阳门北大街6号首创大厦5层	100022	85283536
大兴支公司	大兴工业开发区金苑路3号多元商务大厦3层西侧	102600	52338222
平谷营销服务部	平谷区平谷镇新开街30号楼	101200	69985817
昌平营销服务部	昌平区水库路G5号配套公建楼4层	102200	69985817
密云营销服务部	密云区鼓楼东区1号楼	101500	85282407
顺义营销服务部	顺义区仁和地区府前东街2号1号楼8层	101300	81490702
良乡营销服务部	房山区拱辰街道政通路12号1号楼1层、5层部分	102488	69371789

通州营销服务部	通州区通惠南路6号8号楼3层1~2室	101100	52338222

民生人寿保险股份有限公司北京分公司

机构名称	地　址	邮　编	电　话
朝阳营销服务部	朝阳区东三环北路38号院2号楼5层	100026	59206571
顺义营销服务部	顺义区站前街8号院1号楼4层	101399	69427824
西城营销服务部	西城区羊皮市胡同乙1号221房间	100034	59206274
海淀支公司	海淀区苏州街1号8层830A	100080	59206570
通州营销服务部	通州区新华西街58号院3号楼1211房间	101199	80886731
平谷营销服务部	平谷区平谷区新平北路51号第4层	101299	69989152
密云营销服务部	密云区车站路28号209~212房间	101599	69080153
怀柔支公司	怀柔区金台园甲56号	101499	69698467
房山营销服务部	房山区拱辰大街98号8层1023室	102488	69363879
昌平营销服务部	昌平区东小口镇天通苑东一区3号	102218	59206131

富德生命人寿保险股份有限公司北京分公司

机构名称	地　址	邮　编	电　话
延庆营销服务部	延庆区妫水北街39号1幢B座1层	102119	58978166
通州营销服务部	通州区云景北里52号楼1709~1712号	101100	18135139189
石景山营销服务部	石景山区鲁谷路35号10层东侧	100082	68668323
门头沟营销服务部	门头沟区滨河绮霞苑1号楼1~2层底商1号2层	102308	69856351

海淀支公司	海淀区西直门北大街56号生命人寿大厦3层308室	100081	58978302
房山营销服务部	房山区天星街1号院15号楼15层1801~1802室	102200	58978171
东城营销服务部	东城区王家园胡同10号2层	110101	65516830
大兴营销服务部	大兴区金苑路3号1幢4层D06	102600	61273570
朝阳营销服务部	朝阳区北苑路13号院1号楼4层B单元402室	100025	58978171

光大永明人寿保险股份公司北京分公司

机构名称	地　址	邮　编	电　话
西城营销服务部	西城区广安门外大街168号1幢7层1-809室	100055	57837200
顺义营销服务部	顺义区石园南区33号楼4单元13层1304室	101300	89448534
顺义第二营销服务部	顺义区石园南区33号楼4单元301室	101300	89440377
良乡营销服务部	房山区拱辰街道西潞南大街5号同方大厦5层F515~521室	102488	69351736
宏海营销服务部	朝阳区朝外大街22号9层908~909室	100027	64152828
丰台第二营销服务部	丰台区西三环南路14号院2号楼1层0101室	100079	57837363

合众人寿保险股份有限公司北京分公司

机构名称	地　址	邮　编	电　话
通州营销服务部	通州区翠景北里1号楼1011号	101100	52102550
顺义营销服务部	顺义区府前东街2号1号楼6层605室	101300	69440460
神路街营销服务部	东城区东水井胡同11号楼4层5A11室	100010	58797755

平谷营销服务部	平谷区平谷镇新平东路7号	101200	89981078
海淀营销服务部	海淀区杏石口路9号1幢1层101室	100195	58797755
房山营销服务部	房山区拱辰街道西潞南大街5号4层401~404号	102488	89369147
大兴营销服务部	大兴区黄村镇兴丰大街三段89号5层5020号	102600	69261418
朝阳门营销服务部	朝阳区朝外大街乙12号昆泰国际大厦21层	100020	58797755
昌平营销服务部	昌平区天通苑东一区6号楼	102218	13601331948
合众人寿保险股份有限公司北京电话销售中心	海淀区莲花苑5号楼3层	100195	59949733

中国人民健康保险股份有限公司北京分公司

机构名称	地　址	邮　编	电　话
密云营业部	密云区密云镇鼓楼南大街41号	101500	59867903
怀柔营销服务部	怀柔区青春路21号402室、411室	101400	69687796
房山营销服务部	房山区良乡拱辰南大街42号楼A座商住楼9层6单元901室	102401	59867888
第一营销服务部	西城区阜外大街7号国投大厦7层712~713室	100037	59867903
第五营销服务部	顺义区仓上街2号智能大厦A区2层209室	101300	59867903
第三营销服务部	通州区新城东里7号楼2层	101100	59867888
第二营销服务部	平谷区建设西街17号1幢	101200	89999305

长城人寿保险股份有限公司北京分公司

机构名称	地　址	邮　编	电　话
良乡营销服务部	房山区良乡拱振大街47号拱振大厦6层	102401	69375838

中国人民人寿保险股份有限公司北京市分公司

机构名称	地　址	邮　编	电　话
西城支公司	西城区北三环中路6号伦洋大厦10层1002房间	100120	13401024501
通州支公司	通州区通惠南路6号10号楼3层5－1号室	101100	52338008
石景山支公司	石景山区阜石路166号1号楼1208房间	100000	18611583555
平谷支公司	平谷区平谷镇保安街61号	110226	69963291
怀柔支公司	怀柔区青春路21号6层	101400	69688589
海淀支公司	海淀区上地信息产业基地上地三街1号楼4层A段409号房间	100085	58892518
丰台支公司	丰台区花乡四合庄1516－16地块T1办公商业楼8层905～906室	100073	57128971
延庆区营销服务部	延庆区龙庆南路6号2幢	102100	60168368
顺义区营销服务部	顺义区马坡镇复兴四街3号金蝶软件园A座3层305室	101300	13051380170
密云区营销服务部	密云区鼓楼东大街27号信远大厦写字楼4层	101500	89086316
大兴区营销服务部	大兴区康庄路28号12层07～08号	102600	13811571846
房山支公司	房山区良乡政通路8号1号楼西侧302室	102488	15001366766
东城支公司	东城区东四北大街343号瑞城亿兴大厦9层	100010	13601131937
朝阳支公司	朝阳区甜水园东街18号楼3层北侧	100013	13910847173
昌平支公司	昌平区科技园区凉水河路8号楼4层401～419室	102200	13661318151
北京经济技术开发区支公司	北京经济技术开发区宏达北路12号创业园区A座一区3层315～316房间	100176	67879877

昆仑健康保险股份有限公司北京分公司

机构名称	地址	邮编	电话
电话销售中心	通州区北苑南路16号13栋2号201室	100026	59296105
第二营销服务部	朝阳区建国门外永安里中街25号2幢	100024	13661275950

华夏人寿保险股份有限公司北京分公司

机构名称	地址	邮编	电话
通州营销服务部	通州区翠景北里9号楼1－3号商业	100052	63106600
平谷营销服务部	平谷区迎宾街1号院9号楼5～6层	101200	13501075665
海淀营销服务部	海淀区中关村南大街6号	100086	63106600
朝阳营销服务部	朝阳区北苑路176号		
华夏人寿保险股份有限公司北京电话销售中心	朝阳区高碑店乡西店村1069号1号楼	100010	4008004008

平安养老保险股份有限公司北京分公司

机构名称	地址	邮编	电话
中关村支公司	海淀区海淀北二街8号3层310室	100190	59733453

英大泰和人寿保险股份有限公司北京分公司

机构名称	地址	邮编	电话
西城第一营销服务部	西城区宣武门外大街26～30号（双号）2幢10层09室	100080	58977852

西城第二营销服务部	西城区宣武门外大街26～30号（双号）2幢3层05室	100022	13910091746
昌平营销服务部	昌平区西环路32－1至32－11号	102200	13911737317

信泰人寿保险股份有限公司北京分公司

机构名称	地　址	邮　编	电　话
西城营销服务部	西城区宣武门西大街甲127号5层503室	100037	52612004
通州营销服务部	通州区云景北里52号楼12层1213号、1215号	101121	18701328566
大兴营销服务部	大兴区乐园路4号院2号楼13层1单元	102627	13810506001

阳光人寿保险股份有限公司北京分公司

机构名称	地　址	邮　编	电　话
北京通州保险电话销售中心	通州区通胡大街25号10号楼第4层	101117	57240682
东城支公司	东城区灯市口大街50号好润大厦5层A1、B2及9层B单元	100006	65268111
顺义支公司	顺义区站前街1号院1号楼6层	101300	65268111
石景山支公司	石景山区石景山路22号万商大厦1210～1212房间	100043	68651225
朝阳营销服务部	朝阳区广渠路28号223号楼L310室	100022	65268111
阳光人寿保险股份有限公司北京保险电话销售中心	通州区永顺镇商通大道1号及1号院2号楼1层	100022	59046980

幸福人寿保险股份有限公司北京分公司

机构名称	地　址	邮　编	电　话
海淀支公司	海淀区西直门北大街32号院2号楼409房间	100082	85239988
第一营销服务部	东城区珠市口东大街13号1层102室	100050	67094550

百年人寿保险股份有限公司北京分公司

机构名称	地　址	邮　编	电　话
东城营业部	东城区东直门南大街11号华普中心大厦1段A座16层1601室	100007	56759488

建信人寿保险股份有限公司北京分公司

机构名称	地　址	邮　编	电　话
第一营销服务部	通州区中山大街59号院1号楼1105室	100000	56459061

和谐健康保险股份有限公司北京分公司

机构名称	地　址	邮　编	电　话
朝阳支公司	朝阳区东三环中路55号楼5层605室	100022	13910633133

安邦人寿保险股份有限公司北京分公司

机构名称	地　址	邮　编	电　话
朝阳支公司	朝阳区青年路27号院2号楼2号底商	100025	59229989

（3）外资保险公司

机构名称	地　址	邮　编	电　话
史带财产保险股份有限公司北京分公司	东城区建国门南大街7号北京万豪酒店A座	100005	50868399
美亚财产保险有限公司北京分公司	朝阳区建国路79号华贸中心2号写字楼10层	100004	59692888
东京海上日动火灾保险（中国）有限公司北京分公司	朝阳区新源南路3号平安国际金融中心A座23层01单元	100022	84442567
瑞再企商保险有限公司北京分公司	朝阳区建国门外大街乙12号双子座大厦东塔25层01单元	100044	59096188
三井住友海上火灾保险（中国）有限公司北京分公司	朝阳区东三环北路5号北京发展大厦1601室	100004	85598000
三星财产保险（中国）有限公司北京分公司	建国路118号招商局大厦25层	100022	65685828
日本财产保险（中国）有限公司北京分公司	朝阳区东三环北路5号北京发展大厦416室	100020	59817500
利宝保险有限公司北京分公司	朝阳区广渠路39号院2号楼3层03单元	100025	59100788
安盛天平财产保险股份有限公司北京分公司	东城区东直门外大街46号天恒大厦26层2603室	100027	84608888
国泰财产保险有限责任公司北京分公司	北京经济技术开发区荣华中路8号院4号楼1002室	100052	59336888
劳合社保险（中国）有限公司北京分公司	朝阳区建国门外大街1号国贸写字楼1座	100004	85264801
苏黎世财产保险（中国）有限公司北京分公司	朝阳区曙光西里甲5号院21号楼凤凰置地广场F座6层603C、607C	100028	84547828
中宏人寿保险有限公司北京分公司	西城区复兴门外大街中化大厦4层	100045	58511881

中德安联人寿保险有限公司北京分公司	石景山去石景山路乙18号院2号楼13层	100025	59216000
工银安盛人寿保险有限公司北京分公司	东城区东四十条24号青蓝大厦	100022	81026688
信诚人寿保险有限公司北京分公司	东城区王府井大街138号北京新东安广场第3座10层第1001～1027号	100738	85181888
交银康联人寿保险有限公司北京市分公司	朝阳区安慧北里逸园1号楼	100034	50838942
中意人寿保险有限公司北京分公司	朝阳区光华路5号院1号楼	100020	59303388
友邦保险有限公司北京分公司	朝阳区建国门外大街8号国际财源中心西塔A座、B座5层	100022	57835556
中荷人寿保险有限公司北京分公司	东城区东长安街1号东方广场东方经贸城东1办公楼5层	100738	65216685
中英人寿保险有限公司北京分公司	朝阳区永安东里16号CBD国际大厦8层	100022	85672888
同方全球人寿保险有限公司北京分公司	海淀区五道口王庄路1号清华同方科技大厦A座10层1003房间	100027	58164868
招商信诺人寿保险有限公司北京分公司	朝阳区建国路79号华贸中心2号写字楼	100022	85809055
长生人寿保险有限公司北京分公司	西城区平安里西大街28号中海国际中心	100034	63220122
恒安标准人寿保险有限公司北京分公司	东城区新怡家园甲3号楼8层	100016	59235588
华泰人寿保险股份有限公司北京分公司	西城区德胜门外大街125号德胜尚城大厦B座	100088	59375566
陆家嘴国泰人寿保险有限责任公司北京分公司	东城区白桥大街15号4层407～408室	100062	59620678
中美联泰大都会人寿保险有限公司北京分公司	东城区东长安街1号东方广场东2办公楼12层	100738	85180966
平安健康保险股份有限公司北京分公司	西城区金融大街23号6层610室	100032	59733211
中银三星人寿保险有限公司北京分公司	朝阳区霄云路36号1幢第9层03～07号房间	100027	58201621
汇丰人寿保险有限公司北京分公司	朝阳区建国门外大街8号国际财源中心A座11层1102单元	100022	59860000

北大方正人寿保险有限公司北京分公司	海淀区北四环西路 52 号 16 层 1606 室	100000	62837230
复星保德信人寿保险有限公司北京分公司	朝阳区朝阳北路 237 号楼	100020	56300706
中法人寿保险有限责任公司北京分公司	朝阳区工体东路 18 号 2 号楼 4 层	100020	56678601

（4）外资保险公司分支机构

中意财产保险有限公司北京分公司

机构名称	地　址	邮　编	电　话
营业部	朝阳区建国门外大街乙 12 号双子座大厦西塔 26 层	100022	59601818

国泰财产保险有限责任公司北京分公司

机构名称	地　址	邮　编	电　话
海淀支公司	海淀区西郊半壁店 59 号 1886 室	100143	59336888

工银安盛人寿保险有限公司北京分公司

机构名称	地　址	邮　编	电　话
国贸营销服务部	东城区东四十条 24 号青蓝大厦 12 层 R 部分	100022	84057168

信诚人寿保险有限公司北京分公司

机构名称	地　址	邮　编	电　话
信诚人寿保险有限公司北京电话销售中心	朝阳区京顺路 5 号曙光大厦 C 座 4 层	100020	85878699 - 6610

新东安营销服务部	东城区王府井大街138号新东安办公楼第3座	100006	65888885
王府井营销服务部	东城区王府井大街138号新东安办公楼第3座	100006	85111958
海淀第一营销服务部	海淀区高梁桥斜街59号院1号楼14层	100044	85181888
昌平营销服务部	昌平科技园区超前路甲1号11号楼6层608室	102200	85181888
平谷营销服务部	平谷区平谷镇新开街33号楼18－3号	101200	89999578

中意人寿保险有限公司北京分公司

机构名称	地　址	邮　编	电　话
中意人寿保险有限公司北京电话销售中心	朝阳区光华路5号院1号楼11层1201内2单元	100026	65097028
东恒营销服务部	东城区东四北大街265号5层502室	100027	58190088
大成营销服务部	东城区东直门外大街46号天恒大厦B座25层2508B	100027	58190088
国贸营销服务部	朝阳区建国门外大街乙12号东塔9层01～06单元	100027	58190088

友邦保险有限公司北京分公司

机构名称	地　址	邮　编	电　话
东城长安营销服务部	东城区东直门南大街甲3号居然大厦8层801室	100006	85117775
朝阳太阳宫营销服务部	朝阳区太阳宫中路12号楼2层202室	100028	64718760
朝阳建国路营销服务部	朝阳区建华南路6号院1号楼5层	100022	65666331
朝阳永安里营销服务部	朝阳区建华南路6号院1号楼5层03单元	100022	65666331
海淀中关村营销服务部	海淀区知春路106号10层1004～1006号	100022	65666331
朝阳劲松营销服务部	朝阳区建华南路6号院1号楼5层01单元	100022	65666331

东城东直门第一营销服务部	东城区东直门南大街甲3号8层803室	100007	64619828
朝阳长虹桥营销服务部	朝阳区东三环北路17号11层1104室	100027	65301269
东城东直门第二营销服务部	东城区东直门南大街甲3号8层804室	100007	64619828
朝阳光华路营销服务部	朝阳区建华南路6号院1号楼5层05单元	100022	65666331
通州营销服务部	通州区梨园地区梨园村轻轨南侧1号楼1号	101101	60557166
昌平营销服务部	昌平区回龙观镇龙泽苑小区东门商业楼北楼3层	100029	58907888

中荷人寿保险有限公司北京分公司

机构名称	地　址	邮　编	电　话
东方广场营销服务部	东城区东长安街1号东方广场中2办公楼7层1室、2室	100738	65216685
第二营销服务部	朝阳区建外大街永安东里甲3号通用时代国际中心1号楼2层	110105	58793777

中英人寿保险有限公司北京分公司

机构名称	地　址	邮　编	电　话
中英人寿保险有限公司北京电话销售中心	朝阳区西大望路3号院2号楼1层、2层	100011	82235892
中英人寿保险有限公司北京朝阳电话销售中心	朝阳区西大望路3号院2号楼1层HS09－1	100022	85672888－257
朝阳区营销服务部	朝阳区永安东里16号CBD国际大厦812室	100022	13718214831

同方全球人寿保险有限公司北京分公司

机构名称	地　　址	邮　编	电　话
朝外大街营销服务部	朝阳区工人体育场北路甲 2 号盈科中心 A 座 12 层	100027	58164868

恒安标准人寿保险有限公司北京分公司

机构名称	地　　址	邮　编	电　话
第一营销服务部	东城区新怡家园甲 3 号新怡商务楼 B 座 8 层 801～802 室	100062	59235588
盈泰支公司	昌平区天通苑西三区 26 号楼 18 门 1011 层	102218	13910011703

华泰人寿保险股份有限公司北京分公司

机构名称	地　　址	邮　编	电　话
东城营销服务部	西城区德胜门外大街 125 号德胜尚城大厦 B 座 3 层	100088	59375566
西城营销服务部	西城区德胜门外大街 125 号德胜尚城大厦 B 座 2 层	100088	59375566
北太平庄营销服务部	西城区德胜门外大街 125 号 401B－8	100088	59375522
房山营销服务部	房山区拱辰街道拱辰大街 53 号	102488	59375158
昌平营销服务部	昌平区八街双井胡同八街 3 号住宅楼 1 层 6 单元 102 室	100000	69726203

中美联泰大都会人寿保险有限公司北京分公司

机构名称	地　址	邮　编	电　话
中美联泰大都会人寿保险有限公司北京第一电话销售中心	朝阳区管庄周家井大院内世通大厦B座6～7层	100022	85180966
中美联泰大都会人寿保险有限公司北京第二电话销售中心	朝阳区管庄周家井大院内世通大厦B座4～5层	100007	85180966
中美联泰大都会人寿保险有限公司北京睿祺电话销售中心	朝阳区管庄周家井大院内世通大厦B座8～9层	100738	85180966－86300
东三环中路营销服务部	朝阳区东三环中路20号A座17层	100022	85180966
东三环中路第二营销服务部	朝阳区东三环中路24号B座16层	100738	85180966

中银三星人寿保险有限公司北京分公司

机构名称	地　址	邮　编	电　话
朝阳第一营销服务部	朝阳区东三环北路甲2号8号楼19层1931～39房间	100027	58201780

复星保德信人寿保险有限公司北京分公司

机构名称	地　址	邮　编	电　话
通州支公司	通州区新华西街58号院2号楼11层1107～1110室	101100	60531090
昌平营销服务部	昌平区振兴路28号7层B707室、B708室	102200	56300811

新光海航人寿保险有限责任公司

机构名称	地　址	邮　编	电　话
新光海航人寿保险有限责任公司电话销售中心	朝阳区建国路7号正嘉大厦6层A604、A605	100033	59216666
朝阳支公司	朝阳区建国门外大街乙12号双子座大厦东塔8层802~803室	100022	57593666

招商信诺人寿保险有限公司

机构名称	地　址	邮　编	电　话
招商信诺人寿保险有限公司北京电话销售中心	朝阳区建国路79号华贸中心2号写字楼8层07号	100000	85809055

（5）保险代理公司

机构名称	地　址	邮　编	电　话
安惠国际保险代理（北京）有限公司	东城区东四十条甲22号1号楼A710室	100007	4006786070
安途保险代理（北京）有限公司	昌平区回龙观镇黄平路19号院2号6层611室	100088	82086115
保通时空（北京）保险代理有限公司	海淀区紫竹院路116号嘉豪国际中心D座606室	100024	58931833
葆和（北京）保险代理有限公司	东城区安定门外大街183号4层N401	100020	56087928
北京爱马社保险代理有限公司	房山区良乡长虹西路翠柳东街1号	102488	56192574
北京安邦保险代理有限责任公司	西城区六铺炕街1号1层	100120	82032385
北京安平保险代理有限公司	西城区德胜门内西顺城街46号东101A	100035	66126609

北京佰阳保险代理有限公司	朝阳区建国路89号院4号楼19层2205室	100080	56200171
北京宝力诚保险代理有限责任公司	朝阳区安慧北里安园10号楼H座202室	100044	51667471
北京保佳保险销售有限责任公司	西城区月坛北街26号恒华国际商务中心B座415号	100033	51079873
北京北盛联合保险代理有限责任公司	朝阳区高碑店乡半壁店村惠河南街1008－B四惠大厦6045～6046房间	100080	65884700
北京斌凝祥融保险代理有限公司	西城区广义街5号3层3－301室	100024	83117976
北京博瑞和铭保险代理有限公司	朝阳区南新园西路6号15层18B6	100029	67332018
北京财富之舟保险代理有限公司	大兴区大兴生物医药产业基地天华大街5号院13号楼5层507室	102600	60297165
北京财鑫保险代理有限公司	大兴区盛坊路4号1幢	100028	64475227
北京长久汽车保险销售有限公司	顺义区北京空港物流基地物流园八街1号2层B2－005房屋	101300	65732999
北京辰洋保险代理有限公司	海淀区北洼路西里19号A503室	100089	80793268
北京诚成保险代理有限公司	朝阳区东大桥路8号1楼321室	100020	58701778
北京诚信保险代理有限公司	朝阳区东三环南路甲52号楼5层6C	100083	51660599
北京诚信通保险代理有限公司	平谷区贾各庄村东南街甲6号	101200	89997999
北京德信保险代理有限公司	朝阳区安慧里四区16号化工大厦916室	101200	84885211
北京丰裕保险代理有限公司	东城区东中街58号1号楼2单元303室	100022	65544788
北京富邦保险代理有限公司	东城区胜古中路1号20号楼2层218室	100723	15801057070
北京高晟财富保险代理股份有限公司	朝阳区朝外大街甲6号4座23层2301内2305室	100070	58170806
北京格林保险代理有限公司	平谷区中关村科技园区平谷物流基地5号－050	101200	62366843
北京广安保险代理有限责任公司	平谷区平谷镇谷丰东路8号	101200	69988080
北京国诚国际保险代理有限公司	朝阳区东风乡将台洼甲80号院内甲8号	100010	67713603

北京国恒保险代理有限公司	东城区建国门内大街18号办122层04室	100078	65181028
北京国济保险代理有限公司	西城区北三环中路甲29号院2号楼华尊大厦B座1501室	100029	62356665
北京国民保险代理有限公司	西城区香炉营头条33号院2号楼3层3－325室	100016	62538000
北京国人保险代理有限公司	朝阳区建国门外大街丙24号楼18层2103室	100010	65666680
北京国泰保险代理有限公司	朝阳区幸福1村甲55号	100029	64162696
北京海商保险代理有限公司	朝阳区东四环中路60号楼305室	100044	65568680
北京恒荣汇彬保险代理股份有限公司	朝阳区光华路7号19层19B10单元	100022	57264419
北京恒泰保险代理有限公司	朝阳区秀水街1号建国门外外交公寓7－1－14号	100027	85322837
北京恒信保险代理有限公司	怀柔区怀北镇西庄村308号	100010	84929744
北京红枫鑫保险代理有限公司	朝阳区王四营乡道口村白鹿司6号－2层	100079	67376379
北京宏安信保险代理有限公司	石景山区西井路17号1号楼3层305房间	100200	82600499－801
北京宏利保险代理有限公司	朝阳区建国门外大街1号国贸大厦（1期）16幢14层59室	100122	65350177
北京华诚保险代理有限公司	海淀区北三环西路32号恒润国际大厦809室	100010	82624648
北京华创明德保险代理有限公司	西城区广安门外大街248号机械大厦1号楼13层1303号	100083	56280923
北京华夏经纬保险代理有限公司	朝阳区东三环中路59号楼601室	100004	58241666
北京华谊保险销售股份有限公司	丰台区广安路9号院3号楼420号	100086	65387075
北京环宇康泰保险代理有限公司	丰台区丰管路22号院12栋105号	100022	63339582
北京汇通金隆保险代理有限公司	石景山区双园路1号1号楼608室、610室	100010	51625028
北京汇祥保险代理有限公司	朝阳区晨光家园306号楼9层901内9007室	100022	68211690
北京吉顺佳保险代理有限公司	丰台区西四环南路46号国润商务大厦A座310室	100062	51661563

北京佳盛保险代理有限公司	昌平区科技园区何营路 8 号院 6 号楼 5 层 502 室	100073	60748979
北京嘉信保险代理有限公司	朝阳区百子湾南 2 路 88 号 1 幢 6 层 623 室	100041	84012449
北京嘉泽保险代理有限公司	朝阳区建国路 93 号院 3 号楼 1505 室	100036	58205506
北京交广保险代理有限公司	朝阳区幸福三村北街 1 号	100010	84515731
北京金鼎涛保险代理有限公司	朝阳区酒仙桥东路 9 号院 2 号楼	102200	88840744
北京金汉保险代理有限公司	海淀区四季青镇柴家坟 78 号	100025	68359251
北京金宏保险代理有限责任公司	西城区红莲南路 28 号 6－1 幢 B 座 0309 号	100026	64130456
北京金瑞卓森汽车保险代理有限公司	朝阳区利泽东园 306 号	100027	64392288
北京金石保险代理有限公司	朝阳区亚运村北小营欧陆经典北区 C 座 8 层 0902 室	100076	84850879
北京金隅民生保险代理有限公司	朝阳区八里庄北里 1 号 7 号楼 4 层 401 室	100097	58917195
北京金宇四越保险代理有限责任公司	昌平区昌平镇西环路 78 号 4 层 418 室	100055	60741812
北京京安保险代理有限公司	西城区西直门南小街国英 1 号	100102	58561057
北京京安恒信保险代理有限公司	丰台区纪家庙 8 号 22 号楼 158 室	100101	83554701
北京京广保险代理有限公司	朝阳区朝阳北路 235 号楼 4 层 502 室	102208	85715028
北京京恒福保险代理有限公司	海淀区学院路 7 号 3 层 309 室	102200	62186351
北京京铁保险代理有限公司	丰台区莲花池东路 120－1 号北京西站西附楼 5301 室	100035	51935012
北京精诚信联保险销售有限公司	西城区黄寺大街 26 院 6 号楼 2 层 02018 室	100053	67195677
北京精欣保险代理有限公司	朝阳区望京东园 523 号楼 4 层 10509 室	100020	64140848
北京开诚保险代理有限公司	丰台区星火路 1 号 5 层	100083	63861768
北京开元保险代理有限公司	海淀区巴沟南路 35 号京江阳光 A 座 310 号	100055	82551322
北京康硕保险代理有限公司	丰台区南苑北里 2 区 6 号楼 2 层 201 室	100062	59273405
北京康泰保险代理有限公司	西城区灵境胡同 42 号 1 号楼 4218 室	100071	58042817
北京可为保险代理有限公司	朝阳区西坝河西里 28 号 1 号楼 B0903 室	100089	64475477

北京乐百家保险代理有限公司	大兴区西红门镇宏业路9号院5号楼12层1209室	102600	83724926
北京乐融保险代理有限公司	东城区南竹杆胡同2号银河搜侯中心10层11106室	100074	56893300
北京立康保险代理有限公司	朝阳区静安里26号楼501内5005室	100028	59456934
北京丽华保险代理有限公司	丰台区丰台镇北大街14号1号楼203室	100055	84124980
北京利信保险代理有限公司	东城区王府井大街201号7层706	100044	64097126
北京利亚保险代理有限公司	海淀区中关村南大街2号数码大厦A座2706室	100081	51727665
北京美安保险销售有限公司	朝阳区亮马桥路32号10层1115室	100071	64646393
北京美日保险代理有限公司	密云区经济开发区康宝路10－3号	101500	65387031
北京名阳保险代理有限公司	通州区宋庄镇1号楼徐辛庄大街1号331室	101149	65155189
北京铭信保险代理有限公司	西城区黄寺大街24号院19号楼B420	100088	82081236
北京品今保险销售有限公司	朝阳区东三环中路39号院13号楼13层1603室	100062	51299166
北京平和保险代理有限公司	西城区阜成门外大街6号212室	100033	68008261
北京启鑫保险代理有限公司	西城区莲花池东路106号汇融大厦B座1105室	100035	63958492
北京钱袋网保险代理有限责任公司	海淀区太月园1号楼5层504室	100037	82800993
北京乾安保险销售有限公司	海淀区海淀南路30号B座3层303室	100055	88438561
北京仁怡保险代理有限公司	东城区中剪子巷17号329A室	100088	84012608
北京瑞安鸿泰保险代理有限公司	怀柔区杨宋镇凤瑞1园1号院和平路甲8号1层14单元101室	100055	61665978
北京瑞宝寿康保险代理有限公司	朝阳区小关北里45号世纪嘉园1号楼17A	100007	84896216
北京瑞金恒邦保险销售服务股份有限公司	朝阳区东三环南路19号院1号楼－2至15层101内11层B1111室	100022	68029246
北京睿峰都保险代理有限责任公司	房山区城关街道顾八路1区1号－W18	100029	89358985
北京润昌保险代理有限公司	朝阳区东大桥路8号院3号楼15层1707室	100022	57417232

北京润康保险代理有限公司	西城区新街口外大街 8 号金丰和写字楼 A 座 415 室	100038	67186620
北京赛保通保险代理有限公司	东城区广渠门内大街 16 号 906 室	100022	67186899
北京赛福特保险代理有限公司	朝阳区安立路 60 号院 2 号住宅楼 1502 室	100097	64827061
北京申根保险代理有限公司	东城区东大地街 1 号 24 号楼 2 层 B204 室	100088	64174035
北京胜易保险代理有限公司	东城区永定门内东街中里 9－17 号楼 3030 室	100062	67018888
北京世纪隆盛保险代理有限公司	海淀区板井路 69 号世纪金源国际公寓东区 10H	100101	88460345
北京市金诚华夏保险代理有限公司	丰台区科技园区 3A 地块工商联科技大厦	100020	63743368
北京市神舟保险代理有限公司	西城区新街口外大街 8 号综合楼 4 层 404 室	100010	82358474
北京市玉林保险代理有限责任公司	房山区西潞街道良乡西路苏庄三里 17 号楼 11 号	102488	69312808
北京双诚保险代理有限公司	东城区东花市南里东区 8 号楼 1 单元 615 室	100070	87758893
北京泰铭保险代理有限责任公司	西城区莲花池东路甲 5 号院 1 号楼 11 层 2 单元 1104 室	100033	51289200
北京泰洋保险代理有限公司	朝阳区吉庆里 6 号佳汇中心 B 座 407 号	100020	65531761
北京天地保险代理有限公司	海淀区中关村北 2 条 13 号 6 幢 4 层 400 号	100022	82671691
北京天岳保险代理有限公司	怀柔区青春路 21 号 404 室	101400	58773792
北京万家保险代理有限公司	海淀区阜成路 115 号北京印象 1 号楼 205 房间	100012	88128735
北京网信保险销售有限公司	朝阳区霄云路 28 号院 2 号楼 903 室	100020	0515－83067768
北京祥龙博瑞汽车保险代理有限公司	东城区长青园 7 号 1 栋 3216 室	100190	64650148
北京昕盈保险代理有限公司	丰台区万丰路 317 号	100071	86639611
北京新月保险代理有限责任公司	昌平区科技园区永安路 26 号	100088	80119100
北京信安保险代理有限公司	朝阳区北辰西路 69 号峻峰华亭 C 座 2202 室	100061	58772233
北京信泰保险代理有限公司	海淀区昌运宫 4 号豪柏公寓 B1－701 号	100039	88420460
北京阳光干线保险代理有限公司	海淀区祁家豁子甲 2 号建德商务楼 117 室	102200	62369090

北京耀莱汽车保险代理有限公司	朝阳区幸福2村40号楼-1至4层40-1内3层307室	100029	84389713
北京易品保险代理有限公司	朝阳区东三环中路39号院18号楼23层2706室	100044	85718581
北京银华同邦保险代理有限公司	西城区宣武门西大街28号大成广场9门1917~1920室	100024	83139918
北京永通保险代理有限公司	平谷区山东庄镇府前路9号	101200	89982282
北京钰城保险代理有限责任公司	东城区和平里中街甲27号2幢甲608室	100020	88027726
北京远安保险代理有限公司	朝阳区霞光里66号院3号楼商业C06-2	100027	82231008
北京运通国瑞保险代理有限公司	密云经济开发区兴盛南路8号院1号楼110室、116室	101500	67863577
北京致用保险代理有限公司	西城区广安门南滨河路25号403室	100026	51656544-806
北京中金同安保险代理有限公司	海淀区永定路甲4号5号楼百乐宾馆永定路分公司2323室	100052	88591798
北京中联信保险销售服务有限公司	朝阳区工人体育场北路甲6号中宇大厦1层010C	101200	85235948
北京中天嘉华保险代理有限公司	石景山区八大处高科技园区内6-C号地3号楼4层409室	100043	58276875
北京中逸保险代理有限公司	海淀区北三环西路48号1号楼A座12B	100027	51627409
北京众合四海保险代理有限公司	朝阳区安华里2区13号楼101室	101500	59221533
北京众恒保险代理有限责任公司	大兴区黄村镇车站北里51号楼1层102室	102600	69208553
北京众联荣盛保险代理有限公司	东城区夕照寺街14号4号楼3层	102600	59790423
北京资本动力保险代理有限公司	朝阳区东三环中路12号1号楼1401室	100027	87710095
大童保险销售服务有限公司	朝阳区朝阳北路237号楼10层1107~1110室	100086	57382999
鼎鼎保险代理有限公司	丰台区南四环西路186号1区1号楼2层25~26单元	100071	53656837

鼎泽保险代理有限公司	丰台区西三环南路 59 号 518 室	100072	63829393
泛海在线保险代理有限公司	朝阳区慈云寺 1 号院 3 号楼 1 层、2 层	100025	85259987
泛华联兴保险销售股份公司	朝阳区建国路 93 号院 9 号楼 4 层 405 室	100022	51311855－210
富德保险销售有限公司	丰台区赵公口甲 13 号 2 号楼 2 层	100071	87809700
国福家庭保险销售服务有限责任公司	西城区莲花池东路 106 号 2 单元 705 室	100045	66290713
航联保险销售（北京）有限公司	东城区东直门南大街 5 号中青旅大厦 8 层 801～803 室	100027	58157000
和谐保险销售有限公司	朝阳区东三环中路 55 号楼 20 层 2302 室	100082	85257278
宏大保险销售服务有限公司	经济技术开发区荣华中路 8 号院 4 号楼 10 层 1102 室	100055	0431－88592807
华夏在线保险代理服务有限公司	东城区王府井大街 201 号 9 层 901 室	100007	65280291
汇银林泰（北京）保险代理有限公司	海淀区北三环西路 99 号院 3 号楼 7 层 803 室	100020	82553362
金惠家保险代理有限公司	海淀区东升园公寓 1 号楼 1 层南部	100080	56320543
康宏碧升保险代理有限公司	西城区西直门外大街 1 号院 3 号楼 18 层 D8	100010	58085688
康盛（北京）保险销售有限公司	平谷区林荫北街 13 号信息大厦 1207 室、1208 室	101200	58614829
乐信保险代理有限公司	丰台区角门 18 号枫竹苑 2 区 1 号楼 406 室	100044	57183631
利星行宝汇汽车保险代理（北京）有限公司	朝阳区望京街 8 号院 1 号楼 801 室	101299	84778000
纳捷奥保险代理（北京）有限公司	海淀区车公庄西路乙 19 号华通大厦 B 座北塔 10 层 1027 室	100102	51666898
全天候保险代理（北京）有限公司	顺义区仁和镇顺通路 25 号 5 幢 511－2 室	101300	69421005
融汇保险销售有限公司	朝阳区建国路甲 92 号－4 至 24 层内 14 层 1409 室	100024	85660977
盛世保险代理（北京）有限公司	东城区建国门南大街 7 号 C 座北京万豪酒店 15 层 1501 室	100026	56896377

盛世合众保险销售有限公司	海淀区杏石口路9号1幢2层201室	100195	59949002
盛唐融信保险代理（北京）有限公司	海淀区中关村南大街1号北京友谊宾馆60834室	100086	68949820
盛源兴保险代理（北京）有限责任公司	平谷区平谷镇王辛庄镇B34地块C－2号商务办公楼13层1302室	101200	56866615
世捷开元保险代理有限公司	石景山区八大处高科技园区西井路3号3号楼8737室	100043	57273371
太和（北京）保险代理有限公司	朝阳区关东店南街2号0511室	100873	57282792
太阳联创保险代理（北京）有限公司	北京经济技术开发区文化园西路6号院8号楼8层801室	100027	87925664
泰瑞保险代理有限责任公司	朝阳区望京中环南路甲2号17层B1903室	100050	84721125
天安佰盈保险销售有限公司	海淀区西翠路17号院24号楼3层303室	100054	56138448
天勤保险代理（北京）有限公司	朝阳区幸福1村55号1号楼1层8101室	100078	87665917
天圆地方（北京）保险代理有限公司	东城区珠市口东大街4号	100020	65818246
五星在线保险销售有限公司	石景山区鲁谷路74号瑞达大厦12层M1203号	100043	50949658
新宝宇业（北京）保险代理有限公司	丰台区成寿寺路5号楼5层512室	100071	87527425
阳光保险代理有限公司	西城区阜成门外大街1号16层1643B室	100022	83988722
阳光一家家庭综合保险销售服务有限公司	朝阳区朝外大街乙12号1号楼昆泰国际大厦9层	100027	58289877
阳光之音保险销售服务有限公司	通州区梨园镇小街三队综合楼3层A区	100070	81593211
洋坤（北京）保险代理有限公司	怀柔区怀北镇西庄村308号	101200	82026960
宜信博诚保险销售服务（北京）股份有限公司	朝阳区建国路88号8号楼12层1505室	100020	57951600
英硕伦斯保险代理（北京）有限责任公司	西城区裕中西里42号楼303室、304室	100088	67759836
中安风尚（北京）保险代理有限公司	昌平区回龙观镇科星西路106号院4号楼5层516室	100085	53380539

中驰保险代理（北京）有限公司	石景山区石景山路乙18号院3号楼6层702室	100041	67089666
中国人寿保险销售有限责任公司	海淀区知春路128号1号楼2层	100086	66190478
中佳保险代理有限公司	西城区南滨河路27号院7号楼307室	100055	63453588
中京国际保险销售（北京）有限公司	平谷区南岔子街1号	101200	69982586
中利保险销售有限公司	朝阳区吉庆里14号楼	100124	59694588

（6）保险经纪公司

机构名称	地　址	邮　编	电　话
安润国际保险经纪（北京）有限公司	西城区阜成门外大街2号A1010	100037	68060129
安世联合保险经纪有限公司	朝阳区东三环北路19号楼2301内04室、05室	100131	85385566
安行保险经纪（北京）有限公司	西城区三里河1区5号院7号楼群房5－3号3层301室	100045	65387022
北京安华保险经纪有限公司	门头沟区城子大街73－3号	102300	58790790
北京安康保险经纪有限公司	朝阳区西坝河西里28号B205室	100028	64477610
北京安平中鼎保险经纪有限公司	丰台区科技园富丰路4号工商联科技大厦B座2004室	100070	63784045
北京鞍汇联保险经纪有限公司	朝阳区东三环中路39号建外SOHO15号楼805室	100022	58695890
北京奥创保险经纪有限公司	朝阳区天溪园20号楼2层商业33号	100107	84938008
北京百川保险经纪有限公司	西城区天宁寺前街2号北院19幢205A	100055	63319211
北京邦恒保险经纪有限公司	丰台区南四环西路188号15区15号楼6层01号	100070	57345109
北京大唐泰信保险经纪有限公司	西城区菜市口大街1号13层1311室	100052	83956356
北京大特保险经纪有限公司	朝阳区慧忠里103楼B座11层1103室	100101	80698111

北京大童保险经纪有限公司	平谷区林荫北街13号信息大厦802室	101200	57382999
北京鼎立保险经纪有限责任公司	海淀区知春路51号慎昌大厦5层5079室	100086	88851866
北京鼎盛保险经纪有限责任公司	朝阳区酒仙桥路甲4号3号楼1003室	100125	65065338
北京东方保险经纪有限公司	朝阳区东三环中路39号院18号楼18－2801室	100021	51900712
北京东方华信保险经纪有限公司	西城区高井胡同16号北京惠福园宾馆203房间	100033	68366080
北京方和万金保险经纪有限公司	海淀区北小马厂6号906室	100038	63345039
北京丰融保险经纪有限公司	朝阳区朝阳路71号2层215室	100027	84476292
北京富诚保险经纪有限公司	东城区广渠门南小街3号1单元1002室	100061	67169146
北京关爱保险经纪有限公司	朝阳区建国门外大街22号赛特大厦12层1210室	100123	65158580
北京广发保险经纪有限公司	密云区经济开发区兴盛南路8号开发区办公室501室－615	101500	69472620
北京国采保险经纪有限公司	东城区东直门外大街48号1幢10层办公楼10K	100027	84477169
北京国中保险经纪有限公司	朝阳区建国门外大街18号D702号	100022	65691466
北京海力保险经纪有限公司	丰台区政馨园1区2号楼8层822室	100071	56127490
北京合利仁保险经纪有限公司	朝阳区建国路77号2418～2419室	100025	58220292
北京和政保险经纪有限公司	朝阳区静安里26号楼501内5004室	100101	65301358
北京恒丰保险经纪有限公司	西城区西四南大街砖塔胡同40号宝塔宾馆308室	100034	88891941
北京华川恒健保险经纪有限公司	海淀区永泰庄北路9号永泰绿色生态园V6号院	100027	51582188
北京华汇保险经纪有限公司	西城区半步桥街48号1幢3层307室	100192	60250099
北京华融保险经纪有限公司	西城区阜成门外大街11号国宾大厦808室	100033	68002927
北京华夏保险经纪有限公司	石景山区石景山路31号院盛景国际广场3号楼711室	100043	65179916 65179915
北京华育保险经纪有限公司	朝阳区广顺北大街16号院2号楼6层603室	100102	65545008

北京环球保险经纪有限公司	西城区西直门内南小街国英1号楼516室、518室	100035	58561188
北京汇金保险经纪有限公司	朝阳区建国门外大街1号国贸大厦（1期）16号楼422～425室	100600	51660028
北京惠邦保险经纪有限公司	朝阳区裕民路12号中国国际科技会展中心C座901室	100600	82252371
北京惠保保险经纪有限公司	北京经济技术开发区同济南路19号2号楼4层B区	100176	57063999
北京吉泰保险经纪有限公司	海淀区紫竹院路81号院3号楼北方地产大厦6层609室	100085	88580566
北京嘉信保险经纪有限公司	朝阳区百子湾南2路88号1幢7层704室	100089	84012135
北京江山保险经纪有限公司	朝阳区霄云路28号院2号楼9层	100125	0411－28786351
北京金诚国际保险经纪有限公司	海淀区西三环北路91号7号楼3层C02号房间	100048	52961111
北京金浩保险经纪有限公司	朝阳区亮马桥路39号1号楼6层A602室	100125	84534522
北京金甲保险经纪有限公司	西城区西直门内南小街国英园1号楼707室	100035	58561769
北京金泰华保险经纪有限公司	顺义区南法信镇金关北2街3号院3号楼11层1119室	101300	024－66778150
北京金永泰保险经纪有限责任公司	海淀区西八里庄北里56号院西钓鱼台庄园3号楼4门401室	100142	88122415
北京京泰安保险经纪有限公司	海淀区阜外亮甲店1号恩济西园10号楼西3门3305室	100025	68177335
北京康信保险经纪有限公司	朝阳区工人体育场北路8号院1号楼13层	100028	85861166
北京联合保险经纪有限公司	朝阳区静安里26号楼8层、9层	100048	64680488
北京美邦保险经纪有限公司	海淀区中关村南大街6号7层703室	100086	84473181
北京盟联保险经纪有限公司	海淀区翠微路12号5层1单元501室	100085	0755－25985060

北京木易保险经纪有限责任公司	西城区西直门外大街 18 号楼 18 层 1 单元 2139 室	100035	52963666
北京普华盛世保险经纪有限公司	丰台区航丰路 1 号院 2 号楼 15 层 1513 室	100071	57126871
北京乾泰保险经纪有限公司	西城区平原里小区 20 号楼 413 室	100032	63180208
北京秦华保险经纪有限公司	西城区广安门外大街 168 号中座 1010 室	100032	63985525
北京仁信智合保险经纪有限公司	丰台区南四环西路 128 号院 3 号楼 1816 室	100071	83609322
北京容海保险经纪有限公司	西城区半步桥街 48 号金泰开阳大厦 1 幢 343 室	100054	83172500
北京瑞和保险经纪有限公司	朝阳区东三环中路 55 号楼 20 层 2306 室	100101	85257153
北京润得保险经纪有限公司	朝阳区北小营欧陆经典万兴苑 11 座 4 层 A 室	100024	84851002
北京润盛保险经纪有限公司	朝阳区东方东路 8 号	100038	64681372
北京赛福哈博保险经纪有限公司	海淀区八里庄路 62 号院 1 号楼 2 层 234 室	100086	63378585
北京三角洲保险经纪有限责任公司	海淀区青云里满庭芳园小区 9 号楼青云当代大厦 1811 号	100088	62124086
北京神州安泰保险经纪有限公司	通州区潞城镇宝佳路 66 号 –010 室	101149	88727711
北京盛安国际保险经纪有限公司	海淀区中关村东路 18 号 1 号楼 11 层 A – 1201 室	100086	82600498 – 801
北京盛唐保险经纪有限公司	朝阳区朝阳路 71 号 9 层 1015 室	100010	56145295
北京泰丰保险经纪有限公司	东城区东水井胡同 11 号楼 3 层 3C02 室	100143	67281839
北京天道保险经纪有限责任公司	海淀区西郊半壁店 59 号 1 号楼 4 层 4288 室	100029	51502735
北京天和保险经纪有限公司	朝阳区北土城西路 7 号 F 座 802 室	100083	82275811
北京天时国际保险经纪有限公司	海淀区清华园街道清华大学 33 区 12 楼 3 层 301 室	100142	88578257
北京文晟保险经纪有限公司	朝阳区新源南路 6 号 1 号楼 43 层 4303 室	100073	84865183
北京问鼎保险经纪有限公司	朝阳区胜古中路 2 号院 6 号楼 2 层 209 室	100022	58691652
北京物融保险经纪有限公司	西城区阜成门外大街甲 9 号国宾酒店 9 层 902 室	100037	68008302
北京小米保险经纪有限公司	海淀区清河朱房路临 66 号 E 栋 1 单元	100055	51401796

北京协荣保险经纪有限公司	西城区南滨河路 27 号 7 号楼 18 层 1806 室	100029	83126679
北京新城保险经纪有限公司	朝阳区北土城西路 7 号国恒基业大厦 D 座 804 室	100062	51663231
北京新域保险经纪有限公司	东城区崇文门外大街 11 号 9 层 908 室	100044	67092376
北京信成和盛保险经纪有限责任公司	东城区灯市口大街 50 号 8 层 C 单元	100124	63036418
北京信德保险经纪有限公司	海淀区昌运宫 4 号豪柏国际公寓 A1 座 2402 室、2403 室	100048	68436261
北京信诺保险经纪有限公司	朝阳区望京中环南路 9 号 3 号楼 8 层 1－5 号	100033	029－88344163
北京亚泰胜达保险经纪有限责任公司	西城区金融街通泰大厦 703 室	100040	58626666
北京阳光三泰保险经纪有限公司	石景山区政达路 2 号 3 层 1 单元 3－06 室	100080	59497070
北京银河时空保险经纪有限责任公司	海淀区北四环西路 9 号银谷大厦 812 室	100083	82525388
北京永诚保险经纪有限公司	海淀区中关村南大街 2 号科技会展中心数码银座 803 室	100027	80812570
北京远安保险经纪有限公司	朝阳区东三环北路 2 号 2 层 2FB072 室	100121	82231008
北京指南针保险经纪有限公司	朝阳区湖光北街 9 号 03 层 301 内 3062 室	100089	82559883
北京中兵保险经纪有限公司	海淀区紫竹院路 69 号 17 层 1707 单元	100080	68966743
北京中海联合保险经纪有限公司	海淀区北四环西路 52 号 15 层 1506 房间	100010	51721189
北京中金保险经纪有限公司	海淀区昆明湖南路 9 号南区 7 号楼 5 层	100097	88400426
北京中联恒信保险经纪有限公司	西城区太平街 6 号 6 层 E－711 室	100050	59361219
北京中瑞惠银国际保险经纪股份有限公司	朝阳区东三环南路甲 52 号顺迈金钻大厦 15 层 18C	100022	87729970
北京中体保险经纪有限公司	东城区天坛东路 50 号国家体育总局训练局院内	100052	67162121
北京中天保险经纪有限公司	西城区闹市口大街 1 号院 2 号楼长安兴融中心 6C	100061	59799818
北京中卫保险经纪有限公司	朝阳区北辰东路 8 号院 16 号楼 806 内 B0809 号、B0810 号	100031	85285599

北京中兴保险经纪有限公司	西城区广安门内大街6号8门502室	100054	87874667
博维保险经纪有限公司	西城区西直门外大街1号院2号楼10层10C9A室	100053	68567166
财富亿家（北京）保险经纪有限公司	东城区朝阳门南小街2号楼3层336室	100020	58643561
诚合保险经纪有限公司	海淀区复兴路40号中国铁建大厦8层	100010	52689665
达信（中国）保险经纪有限公司	朝阳区光华路1号北京嘉里中心北楼15层1506室	100855	65334080
道可特保险经纪（北京）有限公司	朝阳区八里庄西里100号住邦20001号楼西区1601室	100020	85863605
德圣保险经纪有限公司	朝阳区南磨房路37号7层707室	100025	51908196
鼎昊（北京）国际保险经纪有限公司	丰台区南四环西路188号十区8号楼4层	100071	63703398
鼎力（北京）保险经纪有限公司	海淀区阜外亮甲店1号恩济西园10号楼西3门220室	100070	62121521
泛华博成保险经纪有限公司	通州区安顺2街1号	101149	52858652
方胜磐石保险经纪有限公司	朝阳区西大望路15号4号楼7层	101100	67771270
国安国际保险经纪股份有限公司	东城区黄寺大街甲6号天龙饭店5层	100022	64257976
国电保险经纪（北京）有限公司	西城区西直门外大街18号楼2层7单元202室	100044	58682591
国核保险经纪有限公司	西城区西直门外大街18号楼10层3单元1109室	100044	58198888
国家电投集团保险经纪有限公司	西城区西直门外大街18号楼3单元17层1701室	100044	56625687
国联（北京）保险经纪有限公司	朝阳区北苑路170号5号楼1203室	100053	63202640
国泰路安保险经纪（北京）有限公司	大兴区兴华大街（2段）3号院2号楼20层2306室	102600	63585718
国投保险经纪有限公司	西城区西直门南小街147号楼17层1701室	100034	88006481

哈保保险经纪（北京）有限公司	朝阳区建国路93号院10号楼601室	100022	58203824
海盟国际保险经纪（北京）有限公司	朝阳区东大桥路8号院3号楼4层2437室	100020	64200617
海峡联合保险经纪（北京）有限责任公司	海淀区蓝靛厂东路2号院2号楼2单元5E	100097	88878991
海亚（北京）国际保险经纪有限公司	朝阳区安慧北里小区秀园15号楼4层	100010	64912569
海正保险经纪有限责任公司	朝阳区光华路8号楼4层A428室、A436室	100022	52450450
航联保险经纪有限公司	东城区东直门南大街5号中青旅大厦9层	100007	58157000
和德（北京）保险经纪有限公司	朝阳区东三环北路丙2号14层17B08室	100027	84464608
宏达通泰保险经纪（北京）有限公司	海淀区车公庄西路甲19号华通大厦8层828室	100048	51662261
华富保险经纪有限公司	西城区金融大街35号1122室	100107	88092087
华旅（北京）保险经纪有限公司	海淀区西四环北路158号慧科大厦东区8A	100033	88592081
华泰保险经纪有限公司	西城区金融大街11号中国再保险大厦14层	100142	66576588
华信保险经纪有限公司	西城区宣武门内大街2号西楼办公1119~1124室	100033	83568356
积木保险经纪有限公司	朝阳区工人体育场北路甲2号裙房2层221单元	100031	85643600
佳达保险经纪（北京）有限公司	东城区东长安街1号东方广场东方经贸城东三办公楼1109室	100006	65334100
嘉实保汇保险经纪（北京）有限公司	朝阳区曙光西里甲5号院21号楼6层605B单元	100875	65215143
江泰保险经纪股份有限公司	门头沟区石龙经济开发区永安路20号3号楼A－0291室	102300	62202788
金安保险经纪有限公司	海淀区板井路69号世纪金源国际公寓东区11层12I	100040	88430676
金丰（北京）保险经纪有限公司	石景山区石景山路乙18号院3号楼5层613室	100043	88689990
金联安保险经纪（北京）有限公司	昌平区东小口镇立汤路186号甲1号楼10层1001室	100085	58608292
金晟保险经纪有限公司	朝阳区安定路10号中国有色大厦北楼2层	100089	64421991

九州联合（北京）保险经纪有限公司	海淀区车道沟8号5号楼A420	100034	68473708
开源（北京）国际保险经纪有限公司	西城区富国街2号富国饭店1502室	100021	66123935
康桥保险经纪有限公司	朝阳区惠新东街11号1幢5层B－1－502室	100068	64981671
昆仑保险经纪股份有限公司	西城区金融大街1号楼A座1102室	100070	87571701
鲲鹏保险经纪（北京）有限公司	西城区阜外月坛北小街13号中船宾馆8219室	100031	58221917
黎明保险经纪有限公司	石景山区石景山路31号院盛景国际广场3号楼11层1105室	100043	57126871
联华国际保险经纪（北京）有限公司	西城区金融大街23号10层1019室	100020	59731672
领航国际保险经纪有限公司	朝阳区八里庄西里61号楼16层1604室	100020	58362067
民生保险经纪有限公司	朝阳区工体西路18号光彩国际公寓1号楼3A	100004	85259865
明亚保险经纪有限公司	朝阳区朝外大街22号泛利大厦5层501～502室	100037	85658565
全景保险经纪（北京）有限责任公司	朝阳区东三环北路2号2层2FB063室	100097	64373510
融超保险经纪有限公司	西城区阜外大街2号万通新世界广场A座1705号	100038	87615005
瑞信保险经纪有限公司	朝阳区安慧里2区12号楼院2幢226－1房间	100031	84832950
赛诺保险经纪（北京）有限公司	昌平区昌平镇商业街66号1号楼2层229室	100085	80119057
三峡保险经纪有限责任公司	海淀区玉渊潭南路1号B座三峡大厦3层	100039	57081394
世纪保险经纪股份有限公司	西城区宣武门外大街6～18号（双号）10号楼1937～1943A	100021	88086600
通联保险经纪有限公司	丰台区靛厂路汉唐国际大厦3层	100044	63713236
文津国际保险经纪有限公司	朝阳区东四环中路82号金长安大厦1座08层905室	100738	57177268
五矿保险经纪（北京）有限责任公司	海淀区三里河路5号五矿大厦B座410室	100022	88821652
五洲（北京）保险经纪有限公司	东城区东长安街1号东方广场东2座1704－5A	100088	85188766
新航保险经纪（北京）有限公司	朝阳区建国路88号7号楼710室	100125	85808907

新时代保险经纪有限公司	海淀区花园路7号	100027	84979909
兴民保险经纪有限公司	海淀区车公庄西路19号37号楼2层208室	100033	56809591
扬子江保险经纪有限公司	顺义区天竺镇府右街6号	101300	57583450
宜安（北京）保险经纪有限公司	朝阳区麦子店西路3号5层527室	100052	84476603
银河保险经纪（北京）有限责任公司	西城区金融大街35号国际企业大厦C座12层	100088	66568300
银泰（北京）保险经纪有限公司	海淀区高梁桥斜街59号院1号楼17层1701室	100080	82149698
英大长安保险经纪有限公司	西城区南横东街8号都城大厦12层	100022	63411499
英硕（北京）保险经纪有限公司	门头沟区石龙经济开发区永安路20号3号楼A－3895室	102300	62200812
鹰社医加壹保险经纪有限公司	朝阳区广渠路33号院1号楼14层A单元1401室	100044	53602932
永达理保险经纪有限公司	朝阳区阜通东大街18号2层2207～2210室	100044	82647588
宇泰保险经纪（北京）有限公司	通州区潞城镇胡郎路80号110室	101149	65675665
远通（北京）保险经纪有限公司	海淀区北四环西路9号2106－148号	100044	52720502
正隆（北京）保险经纪股份有限公司	西城区佟麟阁路36号1幢1106房间	100031	027－87115465
中安联合保险经纪股份有限公司	海淀区高梁桥斜街28号7号楼503室	100022	52412269
中诚华峰保险经纪有限公司	朝阳区东三环中路甲10号4层501室	100082	6790 9568
中船保险经纪有限责任公司	海淀区昆明湖南路72号1～8层	100007	88010979
中化保险经纪（北京）有限责任公司	西城区复兴门内大街28号凯晨世贸中心中座301～302室	100081	59568326
中汇国际保险经纪股份有限公司	朝阳区东三环中路39号建外SOHO15号楼808室	100080	58691896
中捷保险经纪股份有限公司	石景山区鲁谷路74号中国瑞达大厦12层M1210室	100043	0791－8208008
中军保险经纪（北京）有限公司	朝阳区拂林路9号D座1003室	100195	64466561

中铝保险经纪（北京）股份有限公司	海淀区西直门北大街62号9层	100044	82298566
中民瀚丞保险经纪有限公司	西城区西直门外大街1号院2号楼12层12C5室	100044	68563212
中盛国际保险经纪有限责任公司	东城区安定门东大街28号雍和大厦A座11层	100007	51239700
中盛融安国际保险经纪（北京）有限公司	海淀区大柳树路富海中心3号楼1501室	100087	62138771－813
中石化保险经纪有限公司	朝阳区朝阳门北大街22号1幢19层1911室	100022	59969232
中泰国际保险经纪（北京）有限公司	海淀区海淀大街8号中钢大厦7层716室、717室	100086	62686563
中铁保险经纪有限责任公司	西城区西绒线胡同28号天安国汇14层1410室	100034	59739002
中铁汇达保险经纪有限公司	海淀区西四环北路15号1层106室、107室	100036	88436399

（7）保险公估公司

机构名称	地　址	邮　编	电　话
保勘联保险公估（北京）有限公司	丰台区玉泉营111号西边10幢204A	100075	53688065
北京爱马社保险公估有限公司	东城区忠实里南街甲6号楼A－1211	100122	87880659
北京安诚保险公估有限公司	怀柔区怀北镇西庄村308号	101400	84924025
北京安恒信保险公估有限公司	西城区南横东街8号都城大厦1106室	100022	63411487
北京邦业保险公估有限公司	朝阳区来广营西路甲8号3层	100085	85257312
北京保程保险公估有限公司	朝阳区五里桥2街1号院1号楼12层1214室	100085	52720503
北京北极星保险公估有限公司	平谷区贾各庄村东南街甲6号	101200	69919999
北京大陆保险公估有限公司	西城区车公庄大街6号3号楼468室	100044	57893588
北京大唐泰信保险公估有限公司	西城区菜市口大街1号1303室	100022	83956378
北京德仁保险公估有限公司	朝阳区北苑路170号2号楼2－1603室	100085	58691977
北京俄杰斯特保险公估有限公司	丰台区丰台科学城恒富中街2号院1号楼3188室	100071	63814081

北京格林保险公估有限公司	西城区金融大街27号20层B2005室	100033	66215066
北京国信行保险公估有限公司	丰台区花乡南三环西路万柳桥西北侧商业及行政办公综合楼13层	100079	87565219
北京合信保险公估有限公司	丰台区政馨园1区2号楼7层711室	100071	13681182658
北京和泰保险公估有限公司	海淀区复兴路乙59号巨星大厦108室	100085	62669764
北京华碧一清行保险公估有限公司	海定区苏州街1号8层	100053	62019818
北京华大保险公估有限公司	顺义区后沙峪镇安富街6号	101300	58529266
北京华泰保险公估有限公司	西城区金融大街11号中国再保险大厦8层0803室	100033	66577488
北京华信保险公估有限公司	西城区宣武门内大街2号华电大厦B座11层	100031	83568356
北京汇明保险公估有限公司	丰台区丰管路16号9号楼	100071	63870331
北京佳实德保险公估有限责任公司	海淀区复兴路40号中国铁建大厦5层东侧	100048	52689661
北京嘉诺保险公估有限公司	西城区西直门外大街1号院2号楼12层12C5	100044	68563212
北京金正保险公估有限公司	海淀区西三环北路91号7号楼C02－1号房间	100022	52961111
北京君恒保险公估有限责任公司	东城区东花市北里东区1号楼3段7层	100070	67164581
北京龙江保险公估有限公司	朝阳区东三环中路20号楼26层5室	100020	56707084
北京平信保险公估有限公司	丰台区航丰路1号院2号楼10层1017号	101300	61240198
北京普惠保险公估有限责任公司	朝阳区西大望路63号院7号楼7层	100191	59600111
北京全天候保险公估有限公司	顺义区仁和镇顺通路6号	101300	69421005
北京仁济和保险公估有限责任公司	海淀区学院路7号8层809室	100055	66130459
北京日月星保险公估有限公司	丰台区南四环西路188号十六区1号楼	100071	0351－8820258
北京首证保险公估有限公司	西城区德胜门内西顺城街46号东101	100080	66562573
北京天恒保险公估有限公司	海淀区北小马厂6号华天大厦2216室	100044	63986585
北京通宝行保险公估有限公司	石景山区政达路2号3层1单元3－07	100043	83065677
北京心海保险公估有限公司	西城区半步桥街48号1幢505室	100023	62538000－501

北京誉心保险公估有限责任公司	西城区珠市口西大街120号1号楼0605室	100022	83163518
北京正和保险公估有限公司	大兴区亦庄镇工业园科创三街富士办公楼208室	102600	67892179
北京正汇保险公估有限公司	朝阳区东三环中路39号建外SOHO15号楼802室	100071	59005459
北京中达信保险公估有限公司	丰台区丰台镇东货场路38号11栋212室	100085	68428636
北京中明保险公估有限公司	丰台区大红门西路4号	100079	63346872
北京中咨保险公估有限公司	海淀区上地信息路1号1－1幢A栋3层C区	101300	82826109
北京众信保险公估有限公司	朝阳区十里堡甲3号A座18层20D	100022	89696002
博弈中立保险公估（北京）有限公司	海淀区安宁北路昌平路临847－2号	100029	82609910
鼎信农业保险公估（北京）有限公司	顺义区金航中路1号院2号楼401室	101300	0411－84545909
嘉福（北京）保险公估有限公司	朝阳区朝外雅宝路12号14层1403室	100089	01058693424
金联安保险公估（北京）有限公司	朝阳区樱花园28号楼樱花集中办公区0279号	100048	58608356
竞胜保险公估有限公司	丰台区角门18号枫竹苑2区1号楼1201室	100071	87571701
平衡国际保险公估（北京）有限责任公司	海淀区蓝靛厂东路2号院2号楼B座5E－3室	100101	88878381
仁祥保险公估（北京）有限公司	海淀区车公庄西路乙19号3层308室	100054	68482580
盛华（北京）保险公估有限公司	北京经济技术开发区荣华南路16号1幢	100176	13363280950
中瑞国际保险公估（北京）有限公司	朝阳区安慧里2区12号楼院2幢226－2房间	100101	84832952
中至和保险公估（北京）有限公司	西城区太平街6号E座619室	100031	87877967

（8）外国保险公司北京代表处

机构名称	地　址	邮　编	电　话
安保集团北京代表处	东城区建国门内大街7号光华长安大厦2座1726室	100005	65102125
澳大利亚康联保险集团北京代表处	朝阳区建国门外大街1号国贸大厦1座2908室	100004	65055023

百慕大博纳再保险有限责任公司北京代表处	东城区长安街1号东方广场中1办公楼1211室	100738	85185780
百慕大格林控股有限公司北京代表处	西城区武定侯街6号卓著中心1202F室	100033	83064926
加拿大永明人寿保险公司北京代表处	朝阳区金桐西路10号远洋光华国际大厦AB座10层A01室	100020	85906500
加拿大人寿保险公司北京代表处	东城区建国门内大街8号中粮广场B1223室	100004	65264005
加拿大皇家银行人寿保险公司北京代表处	西城区金融街7号英蓝大厦9层927室	100033	58399366
枫信金融控股责任有限公司北京代表处	朝阳区建国门外大街2号银泰中心写字楼15层1527室	100022	65637920
法国安盛公司北京代表处	西城区金融大街7号英蓝国际金融中心907单元	100041	66555983
法国安盟保险公司北京代表处	东城区建国门内大街7号光华长安大厦2座1022	100005	65102170
法国国家人寿保险公司北京代表处	朝阳区建外大街永安里8号华彬大厦1712室	100022	85288185
法国科法斯信用保险公司北京代表处	建国门外大街1号国贸写字楼1座1201A—1202室	100004	65057092/3
法国巴黎财产保险有限公司北京代表处	朝阳区建国门外大街1号国贸三期2024室	100004	85910181
法国安盟甘寿险公司北京代表处	朝阳区建国门外大街甲6号SK大厦10层02单元	100022	85086280
德国安联保险集团北京代表处	朝阳区亮马桥路50号燕莎中心办公楼C211室	100125	64638052
德国通用再保险公司北京代表处	东城区东长安街1号东方广场东三办公楼1105室	100738	85186535
德国安顾集团股份公司驻中国总代表处	朝阳区亮马桥路50号燕莎中心1号楼C713A	100125	64627675－1032
其士保险有限公司北京代表处	西城区南礼士路丙3号楼海通大厦705室	100037	68578689
中银集团人寿保险有限公司北京代表处	西城区复兴门内大街1号中银大厦8号楼105室	100818	66533316
香港领航海上保险顾问有限公司北京代表处	朝阳区光华路1号嘉里中心北楼11层30室	100020	8610－65997927
AIA Group Limited General Representative Office	朝阳区建国门外大街IFC国际财源中心5层	100022	57835556

中国太平保险控股有限公司北京代表处	海淀区西直门北大街52号太平金融大厦6层	100082	
全球人寿保险国际公司北京代表处	朝阳区东三环北路38号安联大厦2606单元	100026	85151248
忠利保险有限公司北京代表处	朝阳区建外大街乙12号双子座大厦东塔7层03室	100022	65673598
日本第一生命控股股份有限公司北京代表处	朝阳区建国门外大街26号长富宫中心办公楼8005室	100022	65139031
东京海上日动火灾保险株式会社北京代表处	朝阳区建国门外大街甲6号爱思开大厦1105室	110022	65630180
日本明治安田生命保险公司北京代表处	朝阳区建外大街26号长富宫办公楼6003室	100022	65139815
爱和谊日生同和保险公司驻中国总代表处	朝阳区东三环北路五号北京发展大厦1607室	100004	65058960
日本生命保险公司北京代表处	朝阳区建国门外大街26号长富宫办公楼4007室	100022	13910665221
三井住友海上火灾保险公司驻中国总代表处	朝阳区东三环北路五号北京发展大厦1608室	100004	65908500
日本住友生命保险公司北京代表处	朝阳区东三环北路5号北京发展大厦1幢7层719室	100004	65616120
韩国KB财产保险有限公司北京代表处	朝阳区建国门外大街乙12号双子座大厦西塔EF层03号	100022	65632390
三星火灾海上保险公司北京代表处	朝阳区建国路118号招商局大厦25层05室	100022	65668100－6213
三星生命保险公司北京代表处	西城区西单北大街甲131号西单大悦城写字楼708室	100032	50955318
韩国贸易保险公社北京代表处	朝阳区大望京科技商务园区宏泰东街浦项中心A栋29层2902室	100102	64106439
现代海上火灾保险有限公司北京代表处	朝阳区霄云路38号现代汽车大厦518室	100027	84539071
大韩再保险公司北京代表处	朝阳区建国路118号招商局大厦10层A2	100022	65906276
韩国韩华生命保险有限公司北京代表处	朝阳区东三环北路38号院1号楼泰康金融大厦27	100020	65837900
教保生命保险株式会社北京代表处	朝阳区霄云路36号国航大厦2109室	100027	65058658

韩国东部火灾海上保险公司北京代表处	朝阳区霄云路36号国航大厦1011室	100027	84475427
韩国首尔保证保险株式会社北京代表处	朝阳区东三环北路8号亮马河大厦1座1208	100004	65900288
韩国兴国生命保险株式会社北京代表处	朝阳区霄云路36号1号楼（国航大厦）611室	100027	84475411
俄罗斯赢国斯达保险有限公司北京代表处	朝阳区亮马桥路42号光明饭店8407室	100016	64685852
俄罗斯天然气工业保险股份公司北京代表处	朝阳区建外大街甲12号15层1588室	100022	85233050
新加坡大东方人寿保险有限公司北京代表处	西城区月坛北街26号恒华国际商务中心写字楼710A	100045	58565501
西班牙曼福保险集团北京代表处	朝阳区工人体育场北路甲6号中宇大厦1801室	100027	85236259
西班牙曼福再保险公司北京代表处	朝阳区工人体育场北路甲6号中宇大厦1809室	100027	59752558
南非和德保险有限公司北京代表处	朝阳区东三环北路丙2号天元港中心B座1708A	100027	84464164
瑞士苏黎世保险公司北京代表处	朝阳区曙光西里甲5号院21号楼北京凤凰置地广场F座6层	100028	84398100
富邦产物保险股份有限公司北京代表处	朝阳区建国路81号华贸中心1号写字楼701	100025	59695476
（台湾）国泰人寿保险股份有限公司北京代表处	朝阳区东大桥路9号侨福芳草地大厦B楼6层602单元	100020	83913425－6
新光人寿保险股份有限公司北京代表处	东城区建国门内大街7号光华长安大厦2座1822室	100005	65102101
富邦人寿保险股份有限公司北京代表处	朝阳区建国路91号院8号楼12层1209室	100026	58658847
台湾人寿保险股份有限公司北京代表处	西城区西直门外大街1号院2号楼16C11室	100031	58302588
中国人寿保险股份有限公司（台湾）北京代表处	西城区闹市口大街1号院长安兴融中心3号楼619室	100032	58528115
台湾三商美邦人寿保险股份有限公司北京代表处	朝阳区建国路118号招商局大厦18楼1806室	100022	59233725
美国大都会人寿保险公司北京代表	东城区长安街1号东方广场东方经贸城东2办公楼12层1211A	100738	85189790

美国国际集团北京代表处	朝阳区建国路79号华贸中心2号写字楼10层05A单元	100033	59692981
美国信安人寿保险公司北京代表处	朝阳区建外大街1号国贸大厦1座416室	100004	64629266
美国信诺保险公司北京代表处	朝阳区建国路79号华贸中心写字楼2座1708室	100022	85809055
美国怡安保险（集团）公司北京代表处	朝阳区建外大街甲6号sk大厦1205室	100022	65630671
美国保德信保险公司北京代表处	朝阳区建国路118号招商局大厦29层290B	100022	65669800
美国北美洲保险公司北京代表处	西城区金融街35号国际企业大厦B座528室	100033	88091177
RGA美国再保险公司北京代表处	东城区东长安街1号东方广场东方经贸城西1办公楼15层1504室	100738	85182528
美国展维住房抵押贷款保险公司北京代表处	朝阳区光华路1号嘉里中心北座11层	100020	65999159
美国联合保险公司北京代表处	西城区金融街35号国际企业大厦B座527室	100033	88091175
美国柏柯莱保险集团公司北京代表处	东城区东长安街1号东方广场东方经贸城东三办公大楼19层5室	100738	85189688
美国史带公司北京代表处	朝阳区建国门外大街1号国贸写字楼1座（16幢）11层11室	100004	65350319
美国法特瑞互助保险公司北京代表处	朝阳区建国路77号华贸中心三座24层2437室、2438室、2471室	100025	85880198
美国国际金融保险公司北京代表处（拟注销）	东城区北三环东路36号环球贸易中心A座380房间	100010	50831938
美国联合健康保险公司北京代表处	朝阳区新源南路3号平安国际金融中心B座17层1701	100027	58291721
美国万凯公司北京代表处	朝阳区北苑路甲13号院北辰新纪元大厦2号楼1002B室	100107	84929668
美国韬睿惠悦特拉华控股公司北京代表处	朝阳区光华路1号北京嘉里中心南楼29层2921室	100020	58216442

美国奥德赛再保险公司北京代表处	西城区武定侯街6号F2－1（A）301A	100033	66182171
英国保诚保险有限公司北京代表处	东城区东长安街1号东方广场W1座610室	100738	85183098
英国耆卫公共有限公司北京代表处	朝阳区广渠路金茂府23号院1号楼2803室	100124	65057686
英国保柏金融公众有限公司北京代表处	朝阳区亮马桥路甲40号二十一世纪大厦3层A302室	100125	58541720
英国亚瑟J. 盖勒格英国有限公司北京代表处	朝阳区建国路乙118号京汇大厦3层A031室	100022	58902601

5. 其他

（1）小额贷款公司

机构名称	地　　址	电　话
北京农投东方小额贷款有限公司	东城区王家园胡同10号金泰商之苑600室	85283318
北京京融小额贷款股份有限公司	东城区光明路11号天玉大厦807室	51902301
北京崇信农投小额贷款股份有限公司	东城区天坛东路74号201A	67166563
北京金瑞通小额贷款有限责任公司	东城区西花市南里东区16号楼1层商业03号	87108131
北京润泽小额贷款股份有限公司	东城区朝阳门内大街298号826室	59575137
北京鑫华小额贷款有限公司	东城区海运仓一号瀚海海运仓大厦7层709号	51311833
北京祥云小额贷款有限责任公司	东城区安定门外大街136号地坛体育大厦4层A0406－145	82743638
北京文创小额贷款股份有限公司	东城区安定门东大街28号2号楼2层207室	64097387
北京居然之家小额贷款有限责任公司	东城区东直门南大街甲3号居然大厦20层2008室	84098933
北京市国旭小额贷款有限公司	西城区车公庄大街9号院2号楼2门401室	58362740
北京金正融通小额贷款有限公司	西城区西砖胡同2号院7号楼3层	83521115

北京江川小额贷款有限公司	西城区阜成门外大街7号国投大厦18层	68095633
北京邦信小额贷款股份有限公司	西城区阜成门内大街410号	66071560
北京聚亿达小额贷款股份有限公司	西城区榆树馆胡同4号	88362788
北京德盛行小额贷款有限公司	西城区西直门外大街18号楼6层1单元	83169919
北京市文化科技小额贷款股份有限公司	西城区车公庄大街4号北礼士路甲129号	68998820
北京华远小额贷款有限公司	西城区北展北街17号楼901室	88321229
北京恒源小额贷款有限公司	朝阳区望京北路9号2幢5层A505室	64391236
北京富安小额贷款有限公司	朝阳区东三环北路甲2号京信大厦2层232室	84492068
北京市中金小额贷款股份有限公司	朝阳区广顺北大街16号院2号楼9层909室	59780425
北京农投金阳小额贷款股份有限公司	朝阳区东三环北路19号楼1801内02室	59670699
北京商络小额贷款有限责任公司	朝阳区东三环中路39号院17号楼25层至26层2901室	85183671
北京凤凰小额贷款股份有限公司	朝阳区霞光里15号楼18层1单元2108室	56372222
北京朝汇通小额贷款股份有限公司	朝阳区东三环南路17号B座8层D室	67498580
北京泛华小额贷款有限公司	朝阳区向军南里2巷甲5号20层2001室	51311777
北京市森福普惠小额贷款有限责任公司	朝阳区向军南里二巷5号7号楼7209室	52906102
北京国融富安小额贷款有限公司	朝阳区朝阳公园南路1号2幢2层	84537708
北京鑫锐小额贷款有限公司	朝阳区东四环中路82号金长安大厦2座2单元906室	51311833
北京华夏汇通小额贷款有限公司	朝阳区东三环中路55号楼8层903室	59810733
北京诺安小额贷款有限责任公司	朝阳区光华路甲14号1幢1201内1502室	51309991
北京金钊源小额贷款有限公司	朝阳区潘家园南里甲21号临106号	53016888
北京市中关村小额贷款股份有限公司	海淀区西四环北路160号二区922~940室	82483630
北京农投诚兴小额贷款股份有限公司	海淀区中关村东路1号院3号楼1312房间	82607838
北京鑫泰小额贷款股份公司	海淀区北四环西路66号2003室	62682320
北京亚联财小额贷款有限公司	海淀区科学院南路2号融科资讯中心A座4层401室	62539666
北京乾元联合小额贷款有限公司	海淀区彩和坊路11号华一控股大厦1602B、1603室	82870036

北京京投信业小额贷款股份有限公司	海淀区长春桥路5号北京北纬四十度大酒店1层	51297777
北京市古今小额贷款股份有限公司	海淀区龙翔路甲1号601室、602室	82038166
北京世欣仁达小额贷款股份有限公司	海淀区丹棱街6号523房间	57569788
北京吉信小额贷款股份有限公司	海淀区海淀大街38号1层10号、2层10号	88506868
北京玺鑫小额贷款有限公司	海淀区知春路1号学院国际大厦1117室	82339666
北京京汇小额贷款有限公司	海淀区苏州街20号院银丰大厦2号楼4层	89188791
北京农信小额贷款有限公司	海淀区中关村大街27号17层1701室	62698801
北京拉卡拉小额贷款有限责任公司	海淀区丹棱街6号1幢708室	56710999－282
北京中技科融小额贷款有限公司	海淀区西四环北路9号鑫泰大厦5层A区509室	88488339
北京美通小额贷款有限公司	海淀区西四环北路158号11层	88258717
北京丰花小额贷款有限公司	丰台区花乡黄土岗甲一号	83677826
北京农投丰融小额贷款股份有限公司	丰台区汽车博物馆东路1号院3号楼2211室	63719141
北京鑫福海小额贷款有限公司	丰台区南苑路15号大红门服装城写字楼4层	87299651
北京金鹏丽行小额贷款股份有限公司	丰台区文体路58号	63351678
北京乾元汇通小额贷款有限公司	丰台区丰管路50号	83818403
北京国典永泰小额贷款股份有限公司	丰台区华源一里太平桥路17号4075室	84793608
北京丽泽创投小额贷款有限公司	丰台区益泽路1号院2号楼2层	63896666
北京金鼎盛小额贷款股份有限公司	丰台区海鹰路1号院1号楼302室	63799358
北京财富小额贷款有限公司	丰台区西四环南路8－1号1幢702－1号	84210320
北京石金小额贷款股份有限公司	石景山区体育场南路2号828室	52656198
北京金陵小额贷款有限公司	石景山区石景山路2号北京台湾街C2区5号楼－D	68647601
北京铭鑫小额贷款有限公司	石景山区石景山路31号盛景国际广场3号楼1020房间	88794608
北京市盛丰小额贷款有限责任公司	石景山区时代花园东街8号院2号楼101～104室	88937113
北京银建小额贷款股份有限公司	石景山区石府路甲2号1幢5层	87611290
北京农投京西小额贷款股份有限公司	门头沟区滨河大厦13层1315房	69866777

北京华财小额贷款有限公司	门头沟区双峪路35号院1号18层	4008368099
北京华资小额贷款有限公司	门头沟区双峪路35号院2号18层	68372928
北京世欣瑞达小额贷款有限公司	门头沟区斋堂镇政府南楼607室	69866691
北京广联达小额贷款有限公司	门头沟区永安路20号石龙高科大厦3号楼	56616887
北京大方小额贷款有限公司	房山区良乡长虹西路翠柳东街1号	69382395
北京龙盛源小额贷款有限公司	房山区良乡长虹东路2号	69378911
北京中金福小额贷款有限责任公司	房山区良乡长虹西路73号1楼101室	89360914
北京泽惠小额贷款有限责任公司	房山区燕房路临99号	69348156
北京润兴源小额贷款有限公司	房山区良乡西路26号2号楼1101室	60357065
北京睿财小额贷款有限责任公司	房山区瑞雪春堂三里1号楼	60338093
北京德信润鑫小额贷款有限公司	房山区拱辰街道政通路12号1号楼8层818室	89362966
北京紫阳福源小额贷款有限公司	房山区窦店镇山水汇豪苑62号	80307752
北京圣鑫元小额贷款有限公司	房山区窦店镇窦店村五区167号	69392076
北京国能小额贷款股份公司	顺义区赵全营镇兆丰产业基地东盈路19号	81499715
北京市旺泰小额贷款有限责任公司	顺义区赵全营镇兆丰产业基地东盈路19号3幢216~218室	65996103
北京世欣顺达小额贷款有限公司	顺义区大孙各庄镇府前街10号	61426799
北京农投顺通小额贷款股份有限公司	顺义区牛栏山镇腾仁路22号3幢206室	61429057
北京市农投首诚小额贷款股份有限公司	通州区梨园路120号	80818188
北京澳美小额贷款有限公司	通州区京洲园402号楼40号	80815517
北京银泰小额贷款有限公司	通州区云景南大街22号	81511486
北京聚隆源小额贷款有限公司	通州区运河西大街21号9号楼-1至2层	60540996
北京中融小额贷款有限公司	通州区宋庄镇草寺村村委会西南角200米205室	68373378
北京德信隆小额贷款有限公司	通州区翠景北里1号楼1707室	60520010
北京世欣通达小额贷款有限公司	通州区徐辛庄村402号1幢201室	80698401

北京兴宏小额贷款有限公司	大兴区首邑上城小区吉星德亿底商	69229131
北京市兴融小额贷款股份有限公司	大兴区兴华大街（二段）3 号院 1 号楼 8 层	69248008
北京兴瑞小额贷款有限公司	大兴区黄村镇兴丰大街三段 118 号	69222292
北京亦庄国际小额贷款有限公司	北京经济技术开发区景园北街 2 号 52 栋 7 层 709 室	87162501
北京金泰小额贷款有限公司	大兴区东大路 53 号院 2 号楼 103 室	89230873
北京葵瑞奔克小额贷款股份有限公司	北京经济技术开发区荣华南路 19 号中铁十九局 1111 室	67806572
北京汇富小额贷款股份有限公司	大兴区庞各庄镇龙景湾乙区 139 号 205 室	69233488
北京世欣智达小额贷款有限公司	大兴区青云店镇民营科技园敬业路 1 号 3 幢 3 层 301 室	69228672
北京农投小额贷款有限公司	大兴区青云店镇民营科技园敬业路 1 号 3 幢 3 层 302 室	50950834
北京菜篮子小额贷款股份有限公司	大兴区黄村镇海鑫路 8 号	63269030
北京金典小额贷款股份有限公司	昌平区龙水路 22 号院 28－6 号	69714409
北京资丰小额贷款股份有限公司	昌平区龙水路 26 号	69743290
北京农投金通小额贷款股份有限公司	昌平区东小口镇天通苑西苑 30 号楼 5 门	84820329
北京润丰元大小额贷款有限公司	昌平区东小口镇立汤路 179 号院 1 号楼	65206795
北京农投谷成小额贷款股份有限公司	平谷区金谷园小区 21 号楼商铺－9 号	69973284
北京庄子天运小额贷款有限公司	平谷区紫贵庄园 8 号楼 1～2 层 03～05 室	89978992
北京华清融鑫小额贷款有限责任公司	平谷区平谷镇新开街 26－9 号	61995656
北京万合小额贷款有限公司	平谷区府前西街 2 号楼渔阳大厦 7 层 705 室	69953690
北京宝骥骉骊小额贷款有限责任公司	平谷区黄松峪乡塔洼村杨家台 38 号	69968166
北京市利源小额贷款股份有限公司	怀柔区富乐北大街 1 号乐红园小区 1 号楼	89688893
北京世欣腾达小额贷款有限公司	怀柔区九渡河镇黄坎村 735 号 03 栋 01 室	69681030
北京汇民小额贷款有限公司	怀柔区雁栖经济开发区雁栖大街 31 号 2 幢 1 层	
北京农投国汇小额贷款股份有限公司	密云区鼓楼东大街 19－6 号	89088111
北京惠丰融金小额贷款有限公司	密云区花园小区 1－23	69029540
北京中金城开小额贷款有限公司	密云区花园小区 1－23	52723268

北京城融小额贷款有限公司	密云区鼓楼东大街27号1至2层2号1层	69062036
北京首融小额贷款有限公司	密云区鼓楼东大街27号1至2层2号2层	69062036
北京农投庆融小额贷款股份有限公司	延庆区人民商场5层	69145919
北京长江小额贷款有限公司	延庆区百泉街10号10幢118室	60168666
北京科泰金荣小额贷款有限责任公司	延庆区百泉路10号C栋117室	82815177
北京耀盛小额贷款有限公司	延庆区延庆经济开发区百泉街10号C座119室	85215368
北京中联联合小额贷款有限公司	延庆区延庆经济开发区百泉街10号C座116室	88000378

（2）个人本外币兑换特许业务机构

机构名称	地　址	电　话
艾西益商务服务（北京）有限公司	朝阳区北辰西路69号峻峰华亭嘉园C－1502室	13718668236
北京联合货币兑换有限公司	顺义区北京首都国际机场三号航站楼A4E10号	13901138800
北京渤海通汇投资咨询有限公司	西城区复兴门外大街A2号1幢1层大堂G04室	13810022128
中汇通兑投资管理有限公司	朝阳区工人体育场北路8号院3号楼1层3111－1室	18810699607
北京悠联货币汇兑有限公司	朝阳区和平街东土城路12号院2号楼405室	13426077327
北京优汇商务服务有限公司	朝阳区和平街东土城路12号院2号楼405室	13811624029
首科汇济融科技（北京）有限公司	朝阳区安翔北里甲11号院1号楼B1007室	64842523－8015
通济隆外币兑换（中国）有限公司北京分公司	顺义区首都机场二号航站楼2层E024	18600769606
天津渤海通汇投资咨询有限公司北京分公司	朝阳区金桐西路10号2单元1102室	13810022128
上海易兑货币兑换有限公司北京分公司	海淀区花园路2号28号楼2层206号	13916097812
上海汇元通商务服务有限公司北京红桥分公司	东城区天坛路46号迤北地上1层198号	15901518608
环九州信用管理（北京）有限公司水秀分公司	朝阳区秀水东街8号1号楼2层F2－0010	13811542323

（3）融资担保机构

机构名称	地 址	邮 编
中国投融资担保股份有限公司	海淀区西三环北路100号北京金玉大厦写字楼9层	100048
北京首创融资担保有限公司	西城区闹市口大街1号长安兴融中心4号楼3层03B～03G	100031
北京中关村科技融资担保有限公司	海淀区中关村南大街12号天作国际中心1号楼A座30层	100081
中鸿联合融资担保有限公司	海淀区学院路30号科大天工大厦B座13层01～15室	100083
北京瀚华融资担保有限公司	朝阳区东三环中路1号环球金融中心1单元	100020
北京资和信融资担保有限公司	平谷区兴谷工业开发区6区67号	100045
华尊融资担保有限公司	海淀区丹棱街18号创富大厦1507A室	100080
中保财富融资担保有限公司	东城区左安门内大街19号1号楼119室	100061
华诚联合融资担保有限公司	朝阳区新源南路六号京城大厦1603号	100005
中国华海融资担保有限公司	朝阳区东三环北路霞光里18号佳程广场B座15层A单元	100027
北京晨光昌盛融资担保有限公司	昌平区科技园区超前路9号502房间	102200
北京中天财智融资担保有限公司	朝阳区东三环中路7号（3号楼、4号楼）A座517室	100020
北京联合开元融资担保有限公司	西城区宣武门西大街甲129号12层1220室	100033
北京华夏兴业融资担保有限公司	西城区新街口外大街甲18号4层	100088
北京中小企业信用再担保有限公司	西城区平安里西大街28号楼17层	100034
中投国泰融资担保有限公司	房山区琉璃河镇房窑路14号104室	100086
速融融资担保有限公司	北京经济技术开发区中和街14号B座403室	100176
中元国信信用融资担保有限公司	朝阳区南新源西路松榆花园御景园2层	100021

华夏金谷融资担保有限公司	西城区金融街35号国际企业大厦B座9层	100033
保福融资担保有限公司	海淀区中关村东路66号1号楼501室	100190
北京海淀科技企业融资担保有限公司	海淀区中关村西区彩和坊路6号朔黄发展大厦13层	100080
北京燕鸿融资担保有限责任公司	房山区良乡月华大街3号龙建大厦5层	102488
金达融资担保有限责任公司	东城区安定门东大街28号雍和大厦1号楼D单元506室	100007
北京兴展融达融资担保有限公司	大兴区永华路1号院	102600
朔天通淼融资担保有限公司	朝阳区西坝河西里28号英特公寓B座2层208室	100028
北京金正光彩融资担保有限公司	西城区西砖胡同2号院7号楼311~312室	100053
北京海大富林融资担保有限公司	朝阳区光华路8号和乔大厦B座502室	100026
北京美嘉信融资担保有限公司	海淀区彩和坊路8号5层501室	100080
北京瑞宝鼎国际投资担保有限公司	西城区西直门外大街1号院1号楼17层B5~B8室	100044
北京中联华水融资担保有限公司	丰台区玉泉营111号西边14幢2层1011室	100070
北京安家世行融资担保有限公司	东城区东四十条68号平安发展大厦西区303室	100007
北京厚泽融资担保有限公司	朝阳区惠新里240号2号楼109A室	100029
中际恒瑞融资担保有限公司	丰台区南四环西路123号NO28	100073
北京中科智融资担保有限公司	朝阳区建国路91号金地中心B座21层	100022
中企信用融资担保有限公司	西城区西四南大街40号	100032
北京沃伦万联融资担保有限公司	西城区华远北街2号502室	100032
上合诚融资担保有限公司	朝阳区东四环中路78号大成国际中心	100027
中绿融资担保有限公司	东城区朝阳门北大街2号港澳中心写字楼10层	100027
仕达融资担保有限公司	朝阳区东大桥路8号尚都国际中心A座2217室	100010
中鸿基融资担保有限公司	朝阳区建国路93号院万达广场A座15层	100022
中融兴业融资担保有限公司	西城区太平桥大街丰融园15号楼4座1501室	100026
中商汇融资担保有限公司	朝阳区延静里中街3号新建科研楼508~510室	100025

中保兴业融资担保有限公司	海淀区西直门北大街60号首钢国际大厦4018室	100082
和协海峡融资担保有限公司	朝阳区建国门外大街2号院2号楼1601号单元	100028
北京市农业融资担保有限公司	大兴区西红门镇寿保庄鸿坤金融谷1号楼	100037
中硕融资担保有限公司	丰台区丰管路16号4号楼3001室	100071
北京亦庄国际融资担保有限公司	北京经济技术开发区景园北街2号BDA国际企业大道56栋	100176
兴融融资担保有限公司	海淀区西直门北大街32号院2号楼8层803室	100082
北京国雄融资担保有限公司	朝阳区建国门外大街甲6号A座、B座907室	100050
中金兴业融资担保有限公司	海淀区西三环北路87号6层1－601室	100089
联合融信（北京）融资担保有限公司	海淀区知春路6号锦秋国际大厦7层A07	100088
北京首担融资担保有限公司	海淀区彩和坊路8号5层512室	100080
中际钰贷融资担保有限公司	朝阳区朝阳公园路19号1幢1501内1506室	100020
中企达融资担保有限公司	朝阳区观筑庭园801号楼7层2单元707室	100124
中运顺通融资担保有限公司	石景山区八大处高科技园区西井路3号2号楼489室	100025
北京鼎信创伟融资担保有限公司	怀柔区雁栖经济开发区雁栖路33号1幢	101400
北京诚信佳融资担保有限公司	丰台区西四环南路55号院7号楼	100071
北京同益达融资担保有限公司	朝阳区望京南湖东园122号博泰国际大厦A座1007室	100102
北京光彩融资担保有限公司	顺义区仁和地区仓上街3号	101300
北京市住房贷款担保中心	海淀区北四环西路56号辉煌时代西座7~8层	100080
北京银达信融资担保有限责任公司	昌平区沙河镇沙阳路北侧1栋418室	102206
华夏融资担保有限公司	朝阳区芳园里小区22楼前	100015
御德金（北京）融资担保有限公司	海淀区海淀北二街8号中关村SOHO大厦1105室	100080
北京云政金融控股有限公司	密云区东源路10巷	101500
中通瑞丰融资担保有限公司	顺义区顺通路38号107室	100000

清大华智融资担保有限公司	西城区西外大街新兴东巷15号洲际华侨酒店1号楼1301室	100044
京乐融资担保有限公司	丰台区紫芳园六区5号楼2层3单元221室	100078
中吉财富融资担保有限公司	东城区永定门内东街中里9－17号8号楼	100011
中利人和融资担保有限公司	顺义区大孙各庄镇府前街16号	100089
中保信合融资担保有限公司	朝阳区亚运村汇欣公寓S座2402室	100101
北京国华文创融资担保有限公司	东城区安定门东大街28号国际版权交易中心F座203室	100007
华财正大融资担保有限公司	顺义区赵全营镇牛板路板桥段43号602室	101322
中铁融资担保有限公司	西城区华远街11号	100032
北京鑫顺融资担保有限公司	顺义区大东路6号111～120平房	101300
东方宝利（北京）融资担保有限公司	朝阳区慧忠里103号楼B座1101室	100101
国通融资担保有限公司	石景山区八大处高科技园区西井路3号2号楼237房间	100000
中合中小企业融资担保股份有限公司	西城区平安里西大街28号楼中海国际中心12层	100034
北京金成锦华融资担保有限公司	门头沟区石龙经济开发区永安路20号产业孵化中心3号科研办公楼B1－1925室	100085
汇民融资担保有限公司	海淀区紫竹院路116号嘉豪国际中心A座1109室	100044
北京宝越融资担保有限公司	西城区广安门外大街168号1幢12层1－1503室	100055
北京市融川融资担保有限公司	朝阳区光华里甲17楼	100020
北京和众汇金融资担保有限公司	顺义区腾仁路22号3幢308室	101301
北京中保国信融资担保有限公司	东城区滨河路1号8层807室	100026
北京中技知识产权融资担保有限公司	海淀区北四环西路66号中国技术交易大厦B座15层	100080
北京谷诚融资担保有限公司	平谷区乐园西小区7号	101200
北京石创同盛融资担保有限公司	石景山区石景山路31号院盛景国际广场3号楼1218室	100043
北京市文化科技融资担保有限公司	东城区东滨河路乙1号航星园一号楼	100013

中能通达融资担保有限公司	东城区隆福寺街95号北京东四福苑宾馆5层8502号	100010
民生融资担保有限公司	东城区建国门内大街28号3幢15层1703室	100005
国家农业信贷担保联盟有限责任公司	海淀区万泉庄路21号	100089
北京中融信融资担保有限公司	朝阳区朝外大街乙12号昆泰国际大厦17层	100020
北京元沣融资担保有限责任公司	朝阳区东三环中路7号4号楼3层0301室	100020
平安普惠融资担保有限公司北京融资担保分公司	西城区武定侯街6号卓著中心3层307单元	100032
重庆市三峡担保集团有限公司北京融资担保分公司	西城区宣武门西大街甲129号1704～1706室	100031
黑龙江鑫正融资担保集团有限公司北京融资担保分公司	海淀区北洼路28号－1至10层	100089
重庆进出口信用担保有限公司北京融资担保分公司	朝阳区朝阳门外大街甲6号14层3座1408室	100025

（4）支付机构

机构名称	地　址	邮编	电话
资和信电子支付有限公司	海淀区东北旺北京中关村软件园孵化器1号楼B座	100193	88665528
开联通支付服务有限公司	海淀区马甸东路17号6层706室	100088	84783057
易宝支付有限公司	石景山区八大处高科技园区西井路3号3号楼558房间	100144	59013985
北京钱袋宝支付技术有限公司	海淀区太月园1号楼5层	100080	82961015
北京数字王府井科技有限公司	东城区东四十条68号西区5层	100007	84183980
北京银联商务有限公司	海淀区车公庄西路乙19号华通大厦B座10层	100048	88019861

裕福支付有限公司	朝阳区建国路77号2801B	100025	65305555
网银在线（北京）科技有限公司	海淀区中关村南大街2号1号楼16层A座1901室	100086	89187911
拉卡拉支付股份有限公司	海淀区丹棱街6号1幢6层706室	100080	56710999
联动优势电子商务有限公司	西城区新街口外大街28号B座510室	100088	58351122
天翼电子商务有限公司	昌平区未来科技城南区中国电信集团公司院内	100022	58520458
联通支付有限公司	西城区金融大街35号901室、902室	100033	66505686
国付宝信息科技有限公司	顺义区南法信镇顺畅大道1号B－041室	101300	60195866
北京海科融通支付服务股份有限公司	海淀区人大北路33号院1号楼大行基业大厦17层北侧	100089	82685056
易智付科技（北京）有限公司	海淀区知春路113号0706室	100086	82652626
中金支付有限公司	西城区平原里小区20号楼	100052	83519761
安易联融电子商务有限公司	西城区西单北大街甲131号1105A室	100032	59716386
北京爱农驿站科技服务有限公司	朝阳区来广营西路5号2A	100012	59716386
北京首采联合电子商务有限责任公司	朝阳区雅宝路10号8层801室	100020	85635806
北京中欣银宝通支付服务有限公司	东城区珠市口东大街14号308室	100050	67077777
北京市政交通一卡通有限公司	西城区金融街33号通泰大厦B座18层	100032	88087735
北京雅酷时空信息交换技术有限公司	海淀区海淀中街16号10层6单元1010室	100080	51657126－8601
北京中投科信电子商务有限责任公司	海淀区中关村南大街1号北京友谊宾馆40123房间	100873	56809274
北京一九付支付科技有限公司	海淀区农大南路88号1号楼2层247～251室	100084	57386896
北京数码视讯软件技术发展有限公司	顺义区高丽营镇文化营村北临空二路1号	101399	82346139
汇元银通（北京）在线支付技术有限公司	海淀区人民大学北路33号院1号楼大行基业大厦1605室	100089	82684945
随行付支付有限公司	海淀区阜成路67号17层1704室	100142	52823977

北京恒信通电信服务有限公司	海淀区青龙桥后营北上坡 13 号	100091	64090016
北京和融通支付科技有限公司	海淀区中关村大街 28－1 号 9 层 903 室	100086	62353131
商银信支付服务有限责任公司	西城区平安里西大街 26 号楼等 3 幢 28 号楼 401－01 室	100034	83496600
北京市银博盛世电子商务有限公司	西城区月坛北街 26 号恒华国际商务中心 A 座 1209 室	100045	58565009
北京银通支付有限公司	西城区华远北街 2 号 303 室	100032	66510188
北京交广科技发展有限公司	朝阳区建国门外大街 14 号 4 号楼 1619 号	100022	85013399
北京华瑞富达科技有限公司	西城区百万庄大街 11 号粮科大厦 3 层 03～05 室	100037	59793377
北京高汇通商业管理有限公司	朝阳区石佛营东里 133 号内 4 号 3 层	100025	56890222－915
北京润京搜索投资有限公司	东城区永定门内东街中里 9－17 号楼 431 室	100050	58029211
银信联（北京）商务服务有限公司	朝阳区建国路甲 92 号－4 层至 24 层 11 层 1111 室	100022	85893580
北京中诚信和支付有限公司	西城区五根檩胡同 11 号金泰通华苑写字间 B101 室	100035	62269055
北京广聚福支付有限公司	朝阳区东大桥路 8 号 SOHO 尚都 2 楼 24 层 2－2703 号	100020	58697787
北京商银科技有限公司	海淀区北四环西路 66 号 1205 室、1206 室	100080	82488399
国旅（北京）信息科技有限公司	东城区东单北大街 1 号 1 号楼 721 室	100005	65228522－614
北京亚科技术开发有限责任公司	顺义区后沙峪镇裕民大街 7 号	101318	64513317
百联优力（北京）投资有限公司	朝阳区东大桥路 8 号尚都国际中心 A 座 1609 室	100020	51661203
银盈通支付有限公司	西城区宣武门外大街 6 号庄胜广场北办公楼东翼 721 室、722 室	100052	63133083
北京全顺通商贸有限公司	海淀区苏州街 3 号 7 层 703 室	100080	84885140
中信恒达支付有限公司	东城区崇文门外大街 16 号 1 幢 1503 室	100062	87555559

北京百付宝科技有限公司	海淀区上地十街10号百度大厦B座5层	100085	59928888
北京中汇金支付服务有限公司	东城区朝阳门北大街8号D座6B室	100010	84442258
北京国华汇银科技有限公司	海淀区西四环北路158号1幢7层B室	100142	53268098
北京繁星山谷信息技术有限公司	海淀区丰台区丰台镇南开西里23号楼4层404号	100070	51709888
永超源支付科技有限公司	海淀区苏州街20号2号楼2层东侧	100080	82615275
北京新浪支付科技有限公司	海淀区北四环西路58号907~908室	100080	021-61640680
邦付宝支付科技有限公司	朝阳区东三环中路55号楼5层601室	100022	65811894
北京理房通支付科技有限公司	海淀区东北旺西路8号院4号楼145号	100193	59329689
北京畅捷通支付技术有限公司	海淀区北清路68号20号楼D2003	100094	62434206
中国银联股份有限公司北京分公司	西城区闹市口大街1号院长安兴融中心南楼写字楼	100031	66275312

（5）征信机构

机构名称	地　址	邮　编	电　话
中诚信征信有限公司	海淀区中关村南大街甲10号银海大厦七层南708A	100010	57602001
考拉征信服务有限公司	海淀区丹棱街6号1幢6层703室	100084	56710999
北京宜信致诚信用管理有限公司	朝阳区建国路88号9号楼4层502室、503室	100022	59644040
网信征信有限公司	朝阳区霄云路28号网信大厦A座10层	100027	57378172
北京海智金诚信用管理有限公司	朝阳区百子湾路苹果社区北区2号楼C520	100020	57565285
中诚信源征信有限公司	海淀区车道沟一号青东商务区B座2层	100089	88510366
北京冠捷时速信用管理有限责任公司	西城区月坛南街26号院5007室	100045	68575707

中品质协（北京）质量信用评估中心有限公司	海淀区新街口外大街23号院西区办公楼2层	100082	65136954
金电联行（北京）信息技术有限公司	朝外大街乙6号朝外SOHOA座21层2105室	100020	58693750
中企评协企业征信中心（北京）有限公司	海淀区紫竹院南路17号中企联招待所118室	100048	68701836
东方安卓（北京）征信有限公司	丰台区南四环西路188号15区2号楼3层303室	100068	67668577
北京中数智汇科技有限公司	西城区德胜门外合生财富广场5层K区	100088	57729866
北京国富泰信用管理有限公司	北京经济技术开发区荣华中路11号2层	100176	67801612
北京东方金诚信用管理有限公司	西城区德胜门外大街77号等6幢83号711室、712室	100088	62299859
北京和融通征信服务有限公司	海淀区中关村大街28－1号9层	100086	62353131
全联征信有限公司	朝阳区北辰东路8号汇欣大厦B座911室	100090	62680322
元素咨询有限公司	海淀区北圬村路23号北坞创新园北区5号楼	100195	82602272
北京联信征信咨询有限责任公司	东城区东土城路8号林达大厦B座9E	100013	64466458
律城信核（北京）信用管理有限公司	海淀区上地东路1号院1号楼2层201室	100085	56291732
独角兽信用管理（北京）有限公司	海淀区北洼路甲3号	100089	66060577
厚普征信有限公司	海淀区中关村南大街理工科技大厦1406室	100081	68948552
国诚信（北京）征信有限公司	西城区木樨地北里甲11号楼1幢408室	100038	63906506
信和汇诚信用管理（北京）有限公司	朝阳区东三环中路39号建外SOHO23号楼	100022	58140952
百融（北京）金融信息服务股份有限公司	海淀区科学院南路融科资讯中心C座北楼20层	100043	82484868
北京邦银汇通征信有限公司	朝阳区建国门外大街6号安邦金融中心	100000	85256702
北京联源智信征信服务有限公司	海淀区杏石口路甲18号1幢4层西部4008号	100195	62621616
企乐汇征信有限公司	朝阳区西大望路1号温特莱中心A座16层	100022	56580666
中大信安能信用管理有限公司	海淀区中关村南大街2号A幢2909	100086	53801040
北京恒昌普惠征信有限公司	朝阳区光华路7号19层19B8	100020	57112154

绿盾征信（北京）有限公司	西城区阜成门外大街 2 号 1 幢 7 层 706 室	100011	58566449
北京百誉信征信有限公司	海淀区上地十街 10 号 1 幢 1 层 CE 区	100085	50803996
北京宸信征信有限公司	海淀区复兴路甲 65 号 – A5 号楼 1201 室	100036	62135879
天创信用服务有限公司	朝阳区朝外大街甲 6 号万通中心 D 座 7 层	100020	59017300
华财征信（北京）有限公司	海淀区西直门北大街甲 43 号 1 号楼 801 室	100044	68177808
瑞思科雷征信有限公司	朝阳区建国路 108 号 15 层 1503 室	100022	85215367
北京信构信用管理有限公司	海淀区中关村南大街 12 号科海福林大厦 506 室	100081	84109836
北京国石天韵征信有限公司	丰台区南四环西路 186 号四区 11 号楼 7 层	100036	59423665
国民征信（北京）有限公司	海淀区学院路 30 号天工大厦 B 座 18 层	100083	59447848

（6）信用评级机构

机构名称	地　址	邮　编	电　话
大公国际资信评估有限公司	朝阳区霄云路 26 号鹏润大厦 A 座 29 层	100125	51087768
中诚信国际信用评级有限责任公司	西城区复兴门内大街 156 号北京招商国际金融中心 D 座 7 层	100031	66428877
联合资信评估有限公司	朝阳区建国门外大街 2 号 PICC 大厦 17 层	100022	85679696
东方金诚国际信用评估有限公司	西城区德胜门外大街 83 号德胜国际中心 B 座 7 层	100088	62299710
北京联办旗星风险管理顾问有限公司	朝阳区朝阳门外大街 18 号丰联广场 A 座 27 层	100020	85722387
中国诚信信用管理股份有限公司	东城区礼士胡同 54 号	100010	66428855
长城金桥金融咨询有限公司	西城区月坛北街 2 号月坛大厦 B8	100045	68083498
联合信用管理有限公司北京分公司	朝阳区安慧里四区 15 号楼五矿大厦 18 层	100101	64912118
中国诚信信用管理股份有限公司北京分公司	东城区礼士胡同 54 号	100010	57602009
北京资信评级有限公司	西城区平安里西大街 28 号楼中海国际中心 8 层	100034	88366253

北京君维诚信用评估有限公司	海淀区苏州街49号盈智大厦301室	100080	62637501
北京银建资信评估事务所	西城区广安门南滨河路7号南楼406室	100055	63401197
北京中贸远大信用管理有限公司	东城区安外大街东后巷28号4号楼305~306室	100710	64260918

（7）交易机构

机构名称	地　址	邮　编	电　话
北京环境交易所有限公司	西城区丰汇园11号丰汇时代大厦3层	100032	66295537
北京金融资产交易所有限公司	西城区金融大街乙17号	100032	57896641
北京国际矿业权交易所有限公司	西城区丰汇园11号丰汇时代大厦3层	100032	56717013
中国林业产权交易所有限公司	西城区德外大街甲36号	100011	62030197
北京产权交易所有限公司	西城区金融大街甲17号	100033	66295523
中国民营企业交易中心有限公司	西城区武定侯街2号泰康国际大厦12层	100033	66290800－8219
北京黄金交易中心有限公司	西城区宣武门西大街甲127号大成大厦15层	100031	56930000
北京兰格钢铁电子交易有限公司	莲花池西里29号公交大厦1001室	100073	63966051
北京金马甲产权网络交易有限公司	西城区丰汇园丰汇时代大厦3层	100033	83954972
北京全国棉花交易市场有限责任公司	西城区宣武门外大街甲1号环球财讯中心B座15层	100052	59338641
北京国家粮食交易中心	西城区广安门南街60号荣宁园5号楼	100054	63564598
联合产权交易所有限公司	朝阳区裕民路12号中国国际科技会展中心B座905室	100029	62026510
九歌艺术品交易有限公司	朝阳区东三环中路39号建外SOHO小区15幢28层2803室	100022	58692895
北京华彬艺术品产权交易中心有限公司	朝阳区建国门外大街永安东里8号华彬国际大厦2层	100022	85289401

北京大宗商品交易所有限公司	朝阳区东四环中路41号嘉泰国际大厦A座2层	100025	85922907
北京新传德国际版权交易中心有限公司	朝阳区呼家楼京广中心商务楼507室	100020	65974890
北京中勃上达电子商务有限公司	朝阳区安慧里四区16号楼中国化工大厦西配楼4层	100101	84885669
北京邮票交易中心有限责任公司	丰台区方庄南路2号	100161	57539418－824
北京新华金融信息交易所有限公司	丰台区丽泽路9号	100073	83069806
北京新发地农产品电子交易中心有限公司	丰台区新发地京良路北侧办公楼	100160	83790858
北京特许经营权交易所有限公司	石景山区石景山路20号中铁建设大厦19层	100040	52656114
北京保险服务中心股份有限公司	朝阳区工体北路甲6号中宇大厦11层1103室	100027	85235649
北京贵金属交易所有限责任公司	大兴区西红门镇星光产业园东区4号楼6层	102600	52656227
汉唐艺术品交易所有限公司	东城区东中街58号美惠大厦C－205	100027	85728622
北京铁矿石交易中心	石景山区石景山路31号院盛景国际广场3号楼2001室	100043	57712888
北京华商储备商品交易所有限责任公司	海淀区紫竹院路116号嘉豪国际中心A座16层	100097	58931220
北京国际酒类交易所有限公司	海淀区玉泉路2号	100143	88289800
中国技术交易所有限公司	海淀区北四环西路66号1620室、1621室	100080	62679598
北京软件和信息服务交易所有限公司	海淀区海淀南路甲21号中关村知识产权大厦A座2层	100080	61136010
中国工艺艺术品交易所有限公司	西城区太平街6号富力摩根中心E310室	100050	56189890
中关村股权交易服务集团有限公司	海淀区新建宫门路2号	100080	59207227
北京粮油交易所有限责任公司	房山区良乡镇政通路6号7层	102401	89369859
北京石油交易所股份有限公司	西城区丰汇园11号丰汇时代大厦3层	100032	83957000
北京农村产权交易所有限公司	东城区王府井西街9号1层	100006	65237388－175
北京东方雍和国际版权交易中心有限公司	东城区安定门东大街28号雍和大厦E座208室	100007	64097700
北京农副产品交易所有限责任公司	朝阳区吉庆里14号佳汇国际中心A座19层	100020	65237388

北京文化产权交易中心	东城区大江胡同 111 号 113－2 至 113－6 号	100051	50851007
中新荣峰会（北京）艺术品交易中心有限公司	朝阳区科荟路 8 号	100012	58248888
北京京农商品交易服务中心有限公司	顺义区仁和镇军杜路 8 号 15 幢	100161	69424079
北京八达岭国际葡萄酒交易中心有限公司	延庆区延庆镇庆园街 65 号	102100	56766346
京津冀协同票据交易中心股份有限公司	海淀区中关村互联网金融中心 5 层	110000	58251900
北京国际浆纸交易中心有限公司	朝阳区广渠路 39 号院 1 号楼	100022	67043080
北京茶业交易中心责任有限公司	西城区金融大街 33 号 B 座 6 层 606 号	100033	52693273
北京私募股权基金交易中心有限公司	海淀区西四环北路九号鑫泰大厦 A 区 501 室	110000	
北京电力交易中心有限公司	西城区西长安街 86 号	100031	66597762
北京红木交易中心有限公司	朝阳区建国路 27 号	100020	
北京木业电子交易中心	朝阳区建国路 7 号正嘉大厦 10 层	100020	56874658
北京玉石交易中心有限公司	丰台区丰台北路 18 号院 3 号楼 1901～1914 室	100161	63850087
华融中关村金融资产交易中心	海淀区学院南路 62 号中关村资本大厦 12 层	100081	57780600
冀北电力交易中心有限公司	西城区菜市口南大街 56 号	100053	56583495
首都电力交易中心有限公司	西城区前门西大街 41 号	100031	63127299
中国水权交易所股份有限公司	西城区南线阁街 10 号基业大厦 1 层	100032	

（8）协会、学会、商会

机构名称	地　址	邮　编	电　话
北京市银行业协会	海淀区车公庄西路乙 19 号华通大厦 B 座北塔 8 层	100048	88088014
北京证券业协会	西城区金融大街 35 号国企大厦 C 座 17 层	100032	66568614

北京保险行业协会	朝阳区向军北里28号院1号楼瀚海文化大厦6层	100020	65859118
北京保险中介行业协会	西城区西直门成铭大厦B2座18H	100035	66008027
北京市金融业文化建设协会	西城区月坛南街79号	100045	68559162
北京期货商会	海淀区紫竹院路31号华澳中心嘉慧苑1216室	100089	52722016
北京金融街商会	西城区金融大街33号通泰大厦B座616室	100032	66574347
北京CBD金融商会	朝阳区京广中心商务楼9层	100020	65978750
北京市金融学会	西城区月坛南街79号	100045	68559272
北京保险学会	朝阳区向军北里28号院1号楼瀚海文化大厦6层	100020	65859118
北京市城市金融学会	西城区复兴门南大街2号天银大厦B座906室	100031	66410055－4508
北京市钱币学会	西城区月坛南街79号办公楼2001室	100045	68559317
中国金融工会北京工作委员会	西城区金融大街20号交通银行大厦B座1707室	100033	58391852
北京市金融工会	东城区台基厂大街三条3号6号楼110室	100005	65592609

（二）机构简介

富邦华一银行有限公司北京分行

富邦华一银行有限公司北京分行于2016年4月22日获得中国银行业监督管理委员会北京监管局（以下简称北京银监局）批准开业，同年8月5日正式开业，运营资金5 000万元，是北京辖内第一家台资银行。

经营范围：吸收公众存款；发放短期、中期和长期贷款；办理票据承兑与贴现；买卖政府债券、金融债券，买卖股票以外的其他外币有价证券；提供信用证服务及担保；办理国内外结算；买卖、代理买卖外汇；代理保险；从事同业拆借；从事银行卡业务；提供保管箱服务；提供资信调查和咨询服务；经国务院银行业监督管理机构批准的其他业务。

地址：北京市西城区金融大街35号国际企业大厦

邮编：100033

电话：010－83329605

传真：010－83329700

（宋翘楚）

浦发硅谷银行有限公司北京分行

浦发硅谷银行有限公司北京分行于2016年12月30日获得北京银监局开业批复，并于2017年3月1日正式开业。营运资金1亿元。

经营范围：吸收公众存款；发放短期、中期和长期贷款；办理票据承兑与贴现；买卖政府债券、金融债券，买卖股票以外的其他外币有价证券；提供信用证服务及担保；办理国内外结算；买卖、代理买卖外汇；代理保险；从事同业拆借；从事银行卡业务；提供保管箱服务；提供资信调查和咨询服务；经国务院银行业监督管理机构批准的其他业务。

地址：北京市朝阳区建国门外大街1号（一期）16幢23层

邮编：100004

电话：010－65350583

传真：010－65350599

（宋翘楚）

北京粮食集团财务有限公司

北京粮食集团财务有限公司于2015年9月10日获准筹建，2016年5月10日获准开业，注册资本金5亿元，由北京粮食集团有限责任公司100%持股。

经营范围：对成员单位办理财务和融资顾问、信用鉴证及相关的咨询、代理业务；协助成员单位实现交易款项的收付；经批准的保险代理业务；对成员单位提供担保；办理成员单位之间的委托贷款；对成员单位办理票据承兑与贴现；办理成员单位之间的内部转账结算及相应的结算、清算方案设计；吸收成员单位的存款；对成员单位办理贷款及融资租赁；从事同业拆借。

2016年末，该公司资产总额23.19

亿元，负债总额18.09亿元，所有者权益合计5.09亿元，累计实现净利润930.57万元；共有员工20人。

负责人：王国丰

地址：北京市西城区广安门内大街316号京粮古船大厦5层

邮编：100053

电话：010－83570726

传真：010－83570638

（高逕天）

联通集团财务有限公司

联通集团财务有限公司于2015年8月18日获准筹建，2016年6月13日获准开业，注册资本金30亿元，中国联合网络通信集团有限公司持股9%，中国联合网络通信有限公司持股91%。

经营范围：对成员单位办理财务和融资顾问、信用鉴证及相关的咨询、代理业务；协助成员单位实现交易款项的收付；经批准的保险代理业务；对成员单位提供担保；办理成员单位之间的委托贷款；对成员单位办理票据承兑与贴现；办理成员单位之间的内部转账结算及相应的结算、清算方案设计；吸收成员单位的存款；对成员单位办理贷款及融资租赁；从事同业拆借。

2016年末，该公司资产总额170.37亿元，负债总额139.97亿元，所有者权益合计30.40亿元，累计实现净利润4 048.51万元；共有员工46人。

负责人：李福申

地址：北京市西城区金融大街21号中国联通大厦A座

邮编：100033

电话：010－66257827

传真：010－66258767

（高逕天）

新华联控股集团财务有限责任公司

新华联控股集团财务有限责任公司于2016年3月15日获准筹建，2016年8月15日获准开业，注册资本金10亿元，由新华联控股有限公司100%出资。

经营范围：对成员单位办理财务和融资顾问、信用鉴证及相关的咨询、代理业务；协助成员单位实现交易款项的收付；经批准的保险代理业务；对成员单位提供担保；办理成员单位之间的委托贷款；对成员单位办理票据承兑与贴现；办理成员单位之间的内部转账结算及相应的结算、清算方案设计；吸收成员单位的存款；对成员单位办理贷款及融资租赁；从事同业拆借。

2016年末，该公司资产总额43.44亿元，负债总额33.40亿元，所有者权益合计10.04亿元，累计实现净利润351.81万元；共有员工23人。

负责人：张必书

地址：北京市通州区台湖镇外郎营村北2号院2号楼

邮编：101116

电话：010－80538439

传真：010－80538452

（高逕天）

汇安基金管理有限责任公司

汇安基金管理有限责任公司于2016年4月19日获中国证券监督管理委员会（以下简称中国证监会）批复，4月25日正式成立，是业内首家全自然人控股的公墓基金管理公司，注册资本 1 亿元，注册地为上海，设北京、上海双总部。

先锋基金管理有限公司

先锋基金管理有限公司成立于 2016 年 5 月 16 日，是经中国证监会批准的公募基金管理公司，注册资本 1 亿元。

经营范围：基金募集、基金销售、资产管理、特定客户资产管理和经中国证监会许可的其他业务。

中航基金管理有限公司

中航基金管理有限公司成立于 2016 年 6 月 16 日，是经中国证监会批准设立、为客户提供专业基金管理服务的全国性公募基金管理公司。注册资本金 10 000 万元，全资股东为中航证券有限公司。

经营范围：基金募集、基金销售、特定客户资产管理、资产管理和中国证监会许可的其他业务。

鹏扬基金管理有限公司

鹏扬基金管理有限公司成立于 2016 年 7 月 6 日，是经中国证监会批准成立的全国性基金管理公司，注册资本和实收资本均为 1 亿元。

格林基金管理有限公司

格林基金管理有限公司于 2016 年 10 月 8 日获得中国证监会批准设立，注册资本 1 亿元，注册地为北京。

南华基金管理有限公司

南华基金管理有限公司于 2016 年 10 月 18 日由中国证监会核准设立，是国内第一家由期货公司全资出资成立的基金管理公司，注册资本 1.5 亿元。

经营范围：基金募集、基金销售、资产管理、特定客户资产管理和中国证监会许可的其他业务。

华泰期货有限公司北京分公司

华泰期货有限公司北京分公司成立于 2016 年 8 月 17 日（筹建于 2016 年 2 月 27 日），9 月 1 日正式开业。全年实现客户权益 15 亿元。

机构设置：产业服务部、IB 部、创新业务部、财富管理部（筹）、投资咨询部、机构业务部、后台运维，共有员工 11 人，辖北京、天津、石家庄、青岛 4 家营业部。

负责人：迟敏（女）

地址：北京市西城区丰盛胡同 28 号太平洋保险大厦 B 座 18 层

邮编：100032

电话：010－64405619

五矿经易期货有限公司
北京首体南路营业部

五矿经易期货有限公司北京首体南路营业部是五矿经易期货有限公司在京分支机构，经中国证监会、北京市工商行政管理局海淀分局批准于 2016 年 3 月 23 日正式挂牌营业，共有员工 17 人，主要从事期货业务。截至年末，期货保证金规模

10.41 亿元，上缴手续费 5 713 万元。

负责人：刘积红

地址：海淀区首体南路 6 号新世纪日航写字楼 1253 室

邮编 100044

电话：010－68331355

传真：010－68332068

云晨期货有限责任公司北京分公司

云晨期货有限责任公司北京分公司筹备于 2016 年 10 月 10 日，经中国证监会批准于 12 月 5 日正式挂牌营业。共有现有员工 4 人，主要从事期货业务。

负责人：王桥

地址：北京市海淀区羊坊店路 18 号 1 幢 5 层

邮编 100044

电话：010－63942015

传真：010－63942169

东海期货有限责任公司北京花园桥营业部

东海期货有限责任公司北京花园桥营业部成立于 2016 年 10 月 11 日，是经中国证监会批准，北京市工商行政管理局登记注册的期货营业部，共有员工 3 人。

负责人：王中华

地址：北京市海淀区西三环北路 87 号国际财经中心 C 座

电话：010－88584490

（杨海庆）

金鹏期货经纪有限公司东城营业部

金鹏期货经纪有限公司东城营业部于 2016 年 11 月 19 日获得中国证监会颁发的期货经营许可证，正式成立，共有员工 5 人。

经营范围：商品期货经纪，金融期货经纪

负责人：李卫明

地址：北京市东城区灯市口大街 33 号 916 室

邮编：100006

电话（传真）：010－65220880

（曹治宇）

中法人寿保险有限责任公司北京分公司

中法人寿保险有限责任公司北京分公司于 2016 年 1 月 25 日正式成立。

经营范围：人寿保险、健康保险、意外伤害保险等各类人身保险业务；经中国保监会批准的其他业务。

机构设置：总经理室、银代业务部、业务运营部、市场开拓部、综合管理部、财务会计部，共有员工 15 人。

负责人：朱勇

地址：北京市朝阳区工体东路 18 号中复大厦 4 层

邮编：100020

电话：010－56678601

传真：010－56678600

（孙妍）

珠江人寿保险股份有限公司北京分公司

珠江人寿保险股份有限公司北京分公司于 2016 年 10 月 21 日正式成立。

经营范围：人寿保险、健康保险、意

外伤害保险等各类人身保险业务；上述业务的再保险业务；国家法律、法规允许的保险资金运用业务；经中国保监会批准的其他业务。

机构设置：人事行政部、法律合规部、财务部、运营部、银行保险部、个人业务部、团险业务部，共有员工 18 人。

负责人：程利峰

地址：北京市朝阳区广渠路 28 号 223 号楼 7 层

邮编：100124

电话：010－57783733

传真：010－57783738

（孙妍）

珠峰财产保险股份有限公司北京分公司

珠峰财产保险股份有限公司北京分公司于 2016 年 8 月 3 日获批筹建，11 月 15 日正式开业。

公司经营范围：机动车保险，包括机动车交通事故责任强制保险和机动车商业保险；企业/家庭财产保险及工程保险（特殊风险保险除外）；责任保险；船舶/货运保险；短期健康/意外伤害保险；经中国保监员会批准的其他业务。

机构设置：直销、经代、车商、微客 4 个事业部及综合管理部，销售支持部、客户服务部，共有员工 39 人。

负责人：邓毓

地址：北京市门头沟区双峪路 35 号院 2 号楼 9 层

邮编：102300

电话：010－83367372

传真：010－83367300

（席静婷）

北京紫阳福源小额贷款有限公司

成立时间：2016 年 1 月 28 日

公司类型：其他有限责任公司

注册资本金：100 000 万元

经营项目：在房山区范围内发放贷款

法人代表：马兰

地址：北京市房山区窦店镇山水汇豪苑 62 号

电话：010－80307752

北京银建小额贷款股份有限公司

成立时间：2016 年 4 月 18 日

公司类型：其他股份有限公司（非上市）

注册资本金：20 000 万元

经营项目：在石景山区范围内发放贷款

法人代表：杨华

地址：北京市石景山区石府路甲 2 号 1 幢 5 层 101 室

电话：010－87611290

北京耀盛小额贷款有限公司

成立时间：2016 年 4 月 22 日

公司类型：其他有限责任公司

注册资本金：100 000 万元

经营项目：在延庆区范围内发放小额贷款

法人代表：原旭霖

地址：010－85215368

北京居然之家小额贷款有限责任公司

成立时间：2016 年 5 月 10 日

公司类型：有限责任公司（法人独资）

注册资本金：10 000 万元

经营项目：在东城区范围内发放小额贷款

法人代表：汪林朋

地址：北京市东城区东直门南大街甲3 号居然大厦 20 层 2008 室

电话：010－84098933

北京汇民小额贷款有限公司

成立时间：2016 年 5 月 30 日

公司类型：其他有限责任公司

注册资本金：100 000 万元

经营项目：在北京市怀柔区范围内发放贷款

法人代表：鲁桂英

地址：北京市怀柔区雁栖经济开发区雁栖大街 31 号 2 幢 1 层

北京万合小额贷款有限公司

成立时间：2016 年 6 月 24 日

公司类型：其他有限责任公司

注册资本金：10 000 万元

经营项目：在平谷区范围内发放贷款

法人代表：杨志强

地址：北京市平谷区府前西街 2 号楼渔阳大厦 7 层 705 室

电话：010－69953690

北京中联联合小额贷款有限公司

成立时间：2016 年 8 月 5 日

公司类型：其他有限责任公司

注册资本金：100 000 万元

经营项目：在延庆区范围内发放小额贷款

法人代表：丁亚轩

地址：010－88000378

北京世欣通达小额贷款有限公司

成立时间：2016 年 8 月 25 日

公司类型：其他有限责任公司

注册资本金：10 000 万元

经营项目：在北京市范围内发放贷款

法人代表：潘蓉

地址：北京市通州区徐辛庄村 402 号1 幢 201 室

电话：010－80698401

北京宝骥骉骊小额贷款有限责任公司

成立时间：2016 年 9 月 8 日

公司类型：其他有限责任公司

注册资本金：5 000 万元

经营项目：在北京市范围内发放贷款

法人代表：张子谦

地址：北京市平谷区黄松峪乡塔洼村杨家台 38 号

电话：69968166

北京中技科融小额贷款有限公司

成立时间：2016 年 10 月 24 日

公司类型：其他有限责任公司
注册资本金：20 000 万元
经营项目：在北京市区域范围内发放贷款
法人代表：林屹
地址：北京市海淀区西四环北路9号鑫泰大厦5层A区509室
电话：010-88488339

北京美通小额贷款有限公司

成立时间：2016年12月1日
公司类型：有限责任公司（法人独资）
注册资本金：10 000 万元
经营项目：在北京市区域范围内发放贷款
法人代表：曲奎
地址：北京市海淀区西四环北路158号11层
电话：010-88258717

北京圣鑫元小额贷款有限公司

成立时间：2016年12月21日
公司类型：有限责任公司（法人独资）
注册资本金：5 000 万元
经营项目：在房山区范围内发放贷款
法人代表：仉锁忠
地址：北京市房山区窦店镇窦店村五区167号
电话：010-69392076

国家农业信贷担保联盟有限责任公司

国家农业信贷担保联盟有限责任公司由财政部和各省级农业信贷担保机构共同出资组建，注册资本金150亿元（3年内计划达到），首期13家股东出资40.27亿元（已到位），主营农业信贷担保再担保业务，担保业务有关的融资咨询、财务顾问的中介服务，以自有资金进行投资。

民生融资担保有限公司

民生融资担保有限公司为泛海控股股份有限公司独资成立，注册资本金20亿元，主营贷款担保、票据承兑担保等多元化融资与非融资担保业务。

元沣融资担保有限责任公司

北京元沣融资担保有限责任公司由上海元沣国际企业管理有限公司独资设立，注册资本金10.01亿元，主营贷款担保、贸易融资担保等业务，通过与银行等金融机构合作，开展清洁能源信贷、能效信贷、合同能源管理信贷等创新型业务模式。

北京中融信融资担保有限公司

北京中融信融资担保有限公司由股东北京链家房地产经纪有限公司独资设立，注册资本金5亿元，主营中小企业贷款融资担保、工程履约担保、保函担保、二手房产交易担保、房产抵押贷款担保等业务。

首都电力交易中心有限公司

首都电力交易中心有限公司于2016年7月14日注册成立，注册资本5 000万元，股东为国网北京市电力公司。

经营范围：负责北京市电力市场交易平台的建设、运营和管理，组织开展北京区内电力直接交易，提供与上述交易相关的电力交易合同管理、结算、信息披露、规则研究、咨询、培训等服务；负责市场主体的注册和相应管理。

法定代表人：程晓春

地址：北京市西城区前门西大街41号

邮编：100031

电话：010－63127299

传真：010－63128162

冀北电力交易中心有限公司

冀北电力交易中心有限公司于2016年7月14日注册成立，注册资本金1亿元，为国网冀北电力有限公司全资子公司。

经营范围：冀北电力市场交易平台的建设、运营和管理，负责冀北市场主体的注册和相应管理，组织开展冀北电网各类电力交易，协助北京电力交易中心有限公司开展涉及北京电网的跨区跨省电力交易业务，管理各类电力交易合同，提供结算依据和服务，开展冀北电力市场建设和规则的研究，提供咨询、培训等市场服务，披露和发布市场信息。

法人代表：杨威

地址：北京市西城区菜市口南大街56号

电话：010－56583495

传真：010－56583496

北京木业电子交易中心有限公司

北京木业电子交易中心有限公司2016年7月15日经北京市人民政府批准设立，是提供大宗木材与木制品现货电子交易服务的专业化平台，注册资金10 000万元。该中心以“建设木业供应链集成服务B2B平台＋区块链技术”为核心，为国内外木业产业链贸易商、生产商、第三方服务商提供会员制的交易结算、质检保险、物流仓储、供应链融资、企业征信、行业大数据等一站式在线服务解决方案，致力于构建服务于中小企业发展的木业产业链生态圈。

法定代表人：殷睿宇

地址：北京市朝阳区建国路7号正嘉大厦10层

电话：010－56874658

中国水权交易所股份有限公司

中国水权交易所股份有限公司是由水利部和北京市人民政府联合发起设立的国家级水权交易平台，注册资本6亿元。

经营范围：组织引导符合条件的用水户开展经水行政主管部门认可的水权交易，以及开展交易咨询、技术评价、信息发布、中介服务、公共服务等配套服务。交易方式为协议转让、公开交易。交易种类包括区域水权交易、取水权交易、灌溉用水户水权交易等。

法人代表：石玉波

地址：北京市西城区南线阁街10号基业大厦

电话：010－63206000

（三）协会、商会、学会、工会活动简介

北京市银行业协会

组织机构与负责人

会　长：王金山（北京农商银行党委书记、董事长）

副会长：杨书剑（北京银行副行长）

龚　萍（中国工商银行北京市分行副行长）

滕红军（花旗银行（中国）有限公司北京分行行长）

专职副会长：李　阳

监事长：马　宁（中国光大银行北京分行常务副行长）

秘书长：李　阳

会员单位

2016 年末，共有会员 93 家。其中，中资会员 49 家（银行机构 41 家，非银行金融机构 8 家）；外资会员 38 家（银行机构 37 家，非银行金融机构 1 家）；外资金融机构代表处 6 家。

联系方式

地址：北京市海淀区车公庄西路乙 19 号华通大厦 B 座北塔 8 层

邮编：100048

传真：010－88018014

电子邮箱：office@ bbanet. org

重要活动

3 月 2 日，北京市银行业协会（以下简称协会）召开金融网络查询系统座谈会，就最高人民法院主导的网络查控系统借助中国银监会金融专网不断拓展覆盖范围和北京市高级人民法院提出维持北京地区现有查控网络并拓展网络功能的情况进行讨论，21 家会员单位参会。

3 月 22 日，协会举办票据业务鉴别技能及流程风险控制培训及考试，来自 40 余家票据业务专业委员会成员单位的 110 名票据业务经理参加了培训及测试，其中 50 余名业务经理获得合格证书。

3 月 30 日，协会组织中资会员银行召开债权人委员会工作会议。会议传达了中国银监会关于债权人委员会的工作要求和北京银监局的具体工作安排，以及关于债权人联席会公约的工作进展情况和主要工作思路。

4 月 15 日，协会组织召开《债权人合作协议》研讨会，与会人员针对该协议提出修改意见。

4 月 26 日，协会专职副会长赴北京市高级人民法院参观座谈，双方就建立信息共享平台、执行联动网络查控系统升级、移动互联办公平台等相关问题进行座谈。

5 月 11 日，协会与北京银监局共同召开债权人委员会推进工作第二次会议，要求各债权银行要认真领会供给侧结构性改革对经济持续发展的重要意义，切实承担债务风险处置的主体责任，发挥债权人委员会作用，审慎合规，防范债务处置过程中的各类风险，辖内 13 家会员单位参加会议。

5 月 17 日，协会组织召开消费者权益保护工作座谈会，各会员单位就近年来

消费者权益保护工作机制建设、工作开展情况、取得的成果和工作亮点等进行了交流与研讨。

6月2日，协会专职副会长参加了第49场银行业例行新闻发布会，就北京地区银行业金融服务和金融消费者权益保护问题回答了记者的提问。

6月3日，协会印发《债权人委员会舆情应对口径》，引导相关机构正确认识此项工作，为债权委员会开展工作创造良好的舆论环境。

6月24日，协会专职副会长参加环渤海地区银行业协会第九届联席会议，就加强大额授信风险管控、推进债委会工作等内容进行了交流发言。

7月8日，协会组织召开“营改增”运行情况交流分析会，就“营改增”改革运行过程中存在的问题、税负变化情况及原因、改革所取得的成效等进行研讨，提出相关建议，并向北京市财政局进行反馈。

7月11日，协会召开资产托管业务上半年发展情况交流分析会，就基本养老保险个人账户基金托管业务发展方向进行研讨，中国工商银行北京市分行介绍了该业务的操作管理经验。

7月14日，协会法律合规委员会召开主任会议，就预缴诉讼费退还、在合同中增加约定送达条款解决“送达难”问题、债委会如何有效运作及最大限度维护债权人利益、抵押证登记的相关问题、股债结合类投资中股东借款形式问题、票据公示催告案件中的难题等进行了研探。

7月19日，协会与中国金融工会北京工作委员会、北京市金融工会共同召开北京银行业集体协商会议。银行行政方代表与工会及职工方代表围绕《北京银行业集体合同》（草案）和《北京银行业2016年度工资专项集体合同》（草案），本着相互尊重、公平合作、求同存异、兼顾双方合法权益的原则充分讨论并达成一致意见。

7月26日，协会组织召开2016年上半年银行票据业务风险防控案例分析交流会，就票据业务的风险防控进行了行业分析交流，并邀请金融票证风控专家进行专题讲座，就票据案例情况进行通报与分析。

8月9日，协会李阳副会长、王钢副秘书长与到访的北京市消费者协会副会长兼秘书长杨晓军、消费投诉与社会监督部主任陈凤翔就双方如何加强合作、进一步开展金融消费者权益保护工作进行了沟通。

8月23日，协会召开第七届理事会第十四次会议，对《关于2016年度中国银行业文明规范服务千佳示范单位候选单位及备选单位的议案》进行审议。

9月23日，协会转发北京市第四中级人民法院《金融借款合同纠纷审判白皮书》，借鉴司法机关审理金融借款合同纠纷的观点和思路，指导银行业金融机构防范经营风险、维护自身合法权益。

9月27日，协会印发《关于在业务合同中推广使用约定送达地址条款的通知》，在会员单位中推广使用约定合同送达地址示范条款，解决合同对方当事人因不诚信造成的“送达难”问题。

10月10日，协会召开第十一次会员大会。大会审议了协会2015年工作报告、2015年决算及2016年预算报告、2015年监事工作报告及《北京市银行业协会债权人联席会公约（草案）》《北京市银行业个人住房贷款业务和个人商业用房贷款业务自律公约（草案）》。

10 月 25 日，协会召开利率协调委员会 2016 年工作会议，与会代表分别就利率管理工作情况、个贷业务执行情况、LPR 业务推动情况、利率执行管理情况进行发言。

11 月 15 日，协会举办北京市银行业新闻发言人培训，中国传媒大学培训学院院长董关鹏教授、全国政协外事委员会副主任王国庆和中国银监会宣传部新闻宣传处处长尹小贝授课就全媒体舆论引导实务、企业新闻发言人的媒介素养问题、银行业新闻舆情工作等内容与各位学员进行了交流。

11 月 18 日，协会举办借款合同纠纷专题讲座，各会员单位约 50 人参加。讲座就当前金融借款纠纷在司法实务中的特点、难点问题，严格审查担保合同效力与规范登记行为、保证人约定不明问题，加强创新金融业务中的法律关系认定问题，规范诉讼权利的行使、审查诉讼请求、履行告知义务、明确利息计算方式问题及相关案例解读等阐述了法院审理借款合同纠纷的审判思路。

11 月 22 日，在北京银监局的指导下，协会组织召开北京地区债权人委员会第三次工作会议，辖内 22 家单位参加。25 日，协会汇总制作北京辖内银行业机构债权人委员会高管及工作相关人员通讯录。

11 月 24 日，协会召开“新常态、大格局”银团贷款业务发展趋势研讨会，18 家成员单位银团贷款部门负责人参加了会议。

11 月 30 日，协会与人民网北京频道共同主办“加强信息共享，助推北京供给侧结构性改革”金融研讨会。

12 月 8 日，协会举办“新常态下金融互联网 + 案例与趋势分析”研讨会，40 余家会员单位参加。

2016 年，协会投诉处理中心收到各类投诉、咨询共 4 965 件。已受理的有效投诉 1 406 件，其中涉及存贷业务 206 件、理财产品 28 件、代理业务 70 件、信用卡 920 件、电子银行 127 件、银行卡异常支付 27 件、其他 28 件。协会组织调解 66 件，调解成功达成协议 64 件。

2016 年，协会通过网络查询系统发送 95 期数据，共查询 228 848 个自然人、212 432 个法人和非法人其他组织，共有 38 家银行反馈了 515 451 个有效账户，为北京市辖法院系统的 73 566 个执行案件提供了线索，直接执结了 37 351 个执行案件。

（陈冠希）

北京证券业协会

组织机构与负责人

理事长：朱云来

秘书长：周　雷

常务副秘书长：许　慧

副秘书长：丛小路

会员单位

2016 年末，共有会员单位 568 家。其中，证券公司 18 家，基金管理公司 27 家，证券分公司 67 家，证券营业部 437 家，投资咨询公司 19 家。

联系方式

地址：北京市西城区金融大街 35 号国际企业大厦 C 座 17 层

邮编：100032

电话：010－66568614

传真：010－66568583

网址：Http：//www. sabbj. org

电子邮箱：bjzq@163. com

重要活动

1月5日，中证中小投资者服务中心有限责任公司与81家证券公司在北京地区的327家营业部共同签署了关于促进北京地区证券纠纷解决的工作备忘录，在北京地区试点推出证券纠纷解决小额速调机制。并与中国证券监督管理委员会北京监管局（以下简称北京证监局）、北京证券业协会（以下简称协会）、北京期货商会、北京上市公司协会就纠纷调解合作签署备忘录，共同创新和深化纠纷调解工作机制。

1月29日，协会邀请西城区地方税务局及金融街第四税务所、香港交易及结算所北京代表处，与西城区部分证券经营机构就“沪港通”业务财税政策进行座谈。西城区地方税务局施宏局长、香港交易及结算所北京代表处首席代表徐春萌出席了会议。

3月29日，协会召开自律规范委员会第四次全体会议，协会秘书长周雷、北京证监局机构一处监管联络员出席了会议。会议由主任委员银河证券北京分公司总经理赵宏亮主持，与会代表就未来证券经纪业务创新模式和先进理念进行了探讨。

4月15日，协会组织召开合规业务委员会第五次全体会议，北京证监局徐彬副局长、机构一处等相关领导出席了会议。会议由合规业务委员会主任委员、东兴证券副总经理许学礼主持，主要议题为新的发行承销监管环境下券商面临的法律问题、互联网证券迅速发展过程中经纪业务的合规管理问题、融资融券业务的法律纠纷与投诉问题。

5月11日，协会与上海市证券同业公会在京联合举办“主题报告会暨京沪证券业交流会”，北京和上海地区共50多家分支机构负责人及京沪两地协会相关工作人员参加了会议。会议主要内容是关于宏观经济运行和产业政策主题报告及京沪两地部分证券分支机构经纪业务交流。

5月26日，协会组织召开“第五届北京证券业人力资源经理人联席会”。会议由联席会轮值主席单位信达证券协办，北京市金融工作局相关领导出席会议，北京地区证券、基金等法人机构共60余名人力资源负责人或代表参加会议。联席会主要围绕“打造人才建设生态圈”“组织变革与激励”两个主题进行。

6月2日，协会召开北京辖区基金管理公司第十三次督察长联席会，北京证监局徐彬副局长和基金处相关人员出席会议，辖区27家基金管理公司的督察长参加了会议。会上，徐彬副局长分析了辖区基金行业发展的整体情况，介绍了过去一年来基金监管条线开展的主要工作，并对基金监管工作中集中反映的突出问题进行了通报。

6月20日，协会组织召开“2016年《首都证券之窗》通讯员培训会”。北京证监局徐彬副局长、《证券市场红周刊》谢长艳副主编应邀出席了会议，来自北京地区证券公司、分公司、证券营业部、基金管理公司、投资咨询公司的200多位通信员参加了培训。

6月24日，协会召开资管业务委员会第四次全体委员会议，北京证监局副局长徐彬、资管业务委员会全体委员及北京证监局机构一处等相关人员参加了会议。会议由资管业务委员会主任委员、中信建投执行委员会委员、董事总经理蒋月勤主持。

8 月 3 日，协会举办北京证券业人力资源经理人联席会晚间沙龙，11 家联席会成员单位人力资源或相关工作负责人共计 20 余人参加了活动。北京市劳动与社会保障法律专业委员会委员潘丽丽就女职工“三期”的界定及“三期”女职工劳动合同的解除与终止等问题进行讲解。

9 月 6 日，由北京证监局、北京市金融工作局主办的 以“理性投资、守护财富”为主题的投资者权益保护系列公益活动正式启动。11 日，协会秘书处协助组织协会自律规范委员会 22 家成员单位开展现场宣传推广公益活动，28 家证券公司在京的 40 余家证券营业部参与了现场推广宣传。活动期间，协会配合信达证券股份有限公司、光大证券股份有限公司北京分公司、银河证券股份有限公司（以下简称银河证券）开展形式多样的宣传活动，并向会员单位征集稿件和图片，出版了“理性投资、守护财富”活动特刊。12 月 28 日，协会协助北京证监局会、北京市金融工作局举办该系列公益活动总结大会，北京辖区部分开展证券经纪业务的 90 多家证券经营机构参加了会议。

9 月 26 日，协会联合中国证券业协会、香港交易所共同举办“香港证券市场与港股通业务”培训专场，近 500 名北京地区证券经营机构相关业务负责人参加了现场培训，近百名各单位业务骨干参加了在线培训。

10 月 27 日，协会与中国证券业协会联合举办北京地区证券机构投资顾问业务技能培训，邀请国泰君安证券股份有限公司金融学院赵霓老师授课，北京地区证券投资顾问共计 210 人参加了培训。

11 月 10 ~ 24 日，协会举办了二期北京地区期权投资与实战培训。北京东方睿赢公司创始人黄兴红担任主讲，就期权到期权组合策略、期权套利、期权高级策略及期权金融工程、期权结构产品设计等为学员进行讲解，北京地区 90 余家证券、基金经营机构的 400 余人参加了培训。

10 月，协会自律部编辑的《融资融券业务投诉纠纷调解案例》参加中国证券业协会案例汇编比赛，荣获二等奖。

11 月 17 日，协会举办北京地区证券机构营销团队技能专题培训。银河证券深圳分公司营销总监张骄就团队负责人的核心职责、营销人员管理、目标管理、高效团队日常管理、团队激励等方面进行讲解，来自北京地区证券机构的营销总监及团队负责人共计 184 人参加了培训。

12 月 6 日，协会召开经纪业务专业委员会第二届第四次全体会议。会议由主任委员、银河证券副总裁李祥琳主持，全体委员就“理性投资、守护财富”公益活动优秀机构评选方案、“投资者权益保护”微信公众号推广事项及投资者权益保护系列公益活动特刊等工作进行了讨论，提出了多项改进方案。

12 月，协会正式上线会员管理手机 APP，面向会员单位的各部门联系人、会刊通讯员、营销投顾备案人员、参加过协会后续培训及面授培训的学员开放使用。

2016 年，协会按照《中共北京市委办公厅、北京市人民政府办公厅关于印发〈北京市行业协会商会与行政机关脱钩工作方案〉的通知》（京办发〔2016〕28 号）的精神，配合北京证监局制订北京证券业协会脱钩实施方案，成立了由秘书长周雷任组长的脱钩工作小组，并设立脱钩工作小组办公室，负责协会资产财务、人员、党建、外事等脱钩事宜的具体落实工作。

2016年，协会共收到“12386”中国证监会热线转办工单627件。其中，受理546件，办结536件，达成和解359件，和解率66.97%。收到中证中小投资者服务中心受理纠纷28件，办结26件，达成和解24件。累计申请调解金额560.2万元，经调解累计和解金额243.5万元。其中最大申请调解金额100万元，经调解，最大和解金额80万元。收到中国证券业协会纠纷调解中心转办的纠纷调解申请19件，全部办结。其中达成和解12件，和解金额合计80.8万元。

2016年，协会完成中国证券业协会交办的10次证券从业资格考试、2次注册国际投资分析师考试和3次香港证券人员考试的巡考工作15.33万科次，完成中国证券投资基金业协会交办的3次基金从业人员全国统考工作的巡考工作20.38万科次。

2016年，协会认真做好北京地区证券从业人员培训工作，将培训课程中的《证券、期货和基金从业人员资格申请指南》，分别制作成《证券从业人员考试指引》《基金从业人员资格申请指引》微课，在协会微信公众平台中向社会公众及从业人员推送。《关注客户抱怨，减少客户投诉》课件，获得中国证券业协会培训中心优秀长课件奖。全年通过远程培训系统参加学习的单位140家，涉及培训人次12 214人。

2016年，协会出版4期会刊，发行总量近8 000册。5月，协会重新备案了会刊通讯员，通讯员达260余人。

（王永刚）

北京保险行业协会

组织机构与负责人

会　长：陈志强（北京保险行业协会）

副会长：冯贤国（中国人民财产保险公司北京市分公司总经理）

　　　　苏少军（中国太平洋财产保险公司北京分公司总经理）

　　　　李　莎（中国人寿财产保险公司北京市分公司总经理）

　　　　赵松来（中国人寿保险公司副总裁兼北京市分公司总经理）

　　　　徐敏彬（中国平安人寿保险公司北京分公司总经理）

　　　　何承周（泰康人寿保险公司助理总裁兼北京分公司总经理）

监事长：王　兵（中国平安财产保险公司北京分公司总经理）

秘书长：陈志强

副秘书长：陆秀萍

　　　　　李　枫

会员单位

2016年末，共有会员单位108家。其中，财产保险公司46家，人身保险公司61家，专业性管理公司1家。

联系方式

地址：北京市朝阳区向军北里28号院1号楼瀚海文化大厦6层

邮编：100020

电话：010－65859118

传真：010－65925010

网址：http：//www.biabii.org.cn

电子邮箱：biabiibgs@126.com

重要活动

1月起，北京保险行业协会（以下简

称协会）与《北京青年报》共同推出“保险相伴 呵护无限”专栏，旨在普及保险知识，服务京城百姓，提升行业形象。

1月30日，协会召开秘书处全体人员会议，传达中国保险监督管理委员会北京监管局（以下简称北京保监局）2016年监管工作会议精神。

4月19日，协会调解委员会制定并印发《“12378”热线转办事项处理工作流程》，明确纠纷处理的责任人、时效及处理流程。

5月13日，中国保监会消保局投诉处处长蒋巍等5人到协会调研，对“12378”保险服务热线开展情况进行指导。

6月2日，协会党支部参加北京保监局党委组织开展的党日活动——赴西柏坡革命圣地及华北军区烈士陵园参观学习。

7月1日，协会与北京市公安局交通管理局建立疑似车险欺诈案件线索查询工作机制。

7月3日，协会与北京保险学会在朝阳公园举办以“保险相伴 呵护无限”主题的全国保险公众宣传日活动，共有63家保险公司设立展台参与，现场咨询并发放保险基础知识及防范非法集资等宣传折页和小礼品。活动吸引了近万名市民参与，20余家媒体跟踪报道。

7月7日，经北京市民政局批准，协会业务主管单位由北京市发展和改革委员会变更为北京保监局。

8月26日，北京市民政局市级评估专家组组长刘芙蓉等7人到协会进行5A级社会组织第二轮现场评估。

8月31日，协会召开2016年“7·8全国保险公众宣传日”活动表彰会议，63家会员公司和34位个人受到表彰。

10月9日，在中国保险行业协会文化建设与传播专业委员会成立暨2016保险公众宣传大比武总结会上，协会荣获“2016年7·8全国保险公众宣传大比武”地方行业协会组最佳创意奖。

10月31日，由中国金融工会北京工作委员会主办，协会协办的北京金融系统技能竞赛决赛活动暨颁奖仪式在京召开。大赛共有22家公司175人参加。中国平安财产保险北京分公司的丁若木荣获“全国金融五一劳动奖章”，中国人民财产保险北京市分公司盛兰等6人荣获“北京金融五一劳动奖章”。

11月17日，协会秘书处党支部邀请北京新四军研究会副会长李晓帆老师为秘书处员工上了一堂《踏着父辈足迹前行 永葆革命青春》的党课。

12月2日，协会组织召开行业新闻发言人首期培训班。中国传媒大学互联网信息研究院总经理刘蕾、公安部宣传局局长武和平应邀主旨演讲，110家保险机构新闻发言人参会。

2016年，协会新增会员公司5家。分别是泰山财产保险公司北京分公司、安心财产保险公司、安邦养老保险公司北京分公司、天安人寿保险公司北京营业部、平安健康保险公司北京分公司。

（贾利）

北京保险中介行业协会

组织机构与负责人

会　长：李永奇（航联保险经纪有限公司董事长）

副会长：吕　阳（英大长安保险经纪有限公司副总经理）

于利民（华泰保险经纪有

限公司总经理）

黄伟坚（北京联合保险经纪有限公司董事长）

胡永庆（华信保险经纪有限公司董事长、总经理）

郭　枫（中电投保险经纪有限公司执行董事、总经理）

李　铭（达信（中国）保险经纪有限公司总经理）

张国臣（昆仑保险经纪股份有限公司董事、总经理）

钦培豪（国电保险经纪（北京）有限公司总经理）

吴云涛（泛华时代保险销售服务有限公司监事会监事）

李晓婧（大童保险销售服务有限公司副总经理）

刘国浩（北京国信行保险公估有限公司董事长、总经理）

监事长：张志安（江泰保险经纪股份有限公司副总裁）

秘书长：陶立新（专职）

会员单位

2016年末，共有会员单位211家。其中，保险代理公司87家，保险经纪公司97家，保险公估公司27家。

联系方式

地址：北京市西城区西直门成铭大厦B2座18H

邮编：100035

电话：010－66008027/010－66008028

传真：010－66113349

网址：http：www. bjbxzjxh. org. cn

电子邮箱：bjbiia@ 126. com

重要活动

1月5日，北京保险中介行业协会（以下简称协会）向北京市金融工作局保险与非银行处报送《北京市食责险试点方案》《关于在全市开展食品安全责任保险试点工作的指导意见（初稿）》。

1月22日，协会委托北京慧智宏景会计师事务所完成2015年度审计工作，并出具审计报告。

1月28日，协会召开第三届第四次会长办公会、第三届第三次常务理事会、第三届第二次理事会员大会，10家会长、副会长、监事长单位，25家常务理事单位，34家理事单位，40家会员单位参加了会议。

会长办公会审议了协会2015年工作总结和2016年工作计划、2015年财务工作和2016年财务预算，审议了调整理事和会员单位会费的意见并决定暂不调整理事和会员单位会费，同意将2015年工作总结和2016年工作计划、2015年财务工作和2016年财务预算提交常务理事会审议。

常务理事会审议通过了协会2015年工作总结和2016年工作计划、2015年财务工作和2016年财务预算，介绍了协会新任副会长华信保险经纪有限公司董事长、总经理胡永庆和昆仑保险经纪股份有限公司总经理张国臣。

理事会员大会上，协会会长李永奇报告了协会2015年工作和2016年计划，协会监事长张志安报告了协会2015年财务工作和2016年财务预算。

2月1日，协会向北京市社会建设工作办公室申请政府购买社会组织服务项目。项目类别为：京津冀社会组织协同发展创新项目。项目名称：践行“创新、协调、绿色、开放、共享”发展理念，促进京津冀保险中介行业协同发展。

2 月 26 日，协会秘书处左玉荣、王志敏参加北京市打非工作领导小组办公室举办的防范处置非法集资工作培训班。

3 月 2 日，协会向在京保险公估公司发出关于筹备建立北京车险定损中心的通知及《关于建立北京车险公共定损中心的实施意见》。

3 月 21 日 协会组织会员单位参加江泰保险经纪股份有限公司举办的“2016 中国企业走出去风险发布会暨‘一带一路’风险管理论坛”。

3 月 22 日，协会召开保险专业委员会主任会，研究各专业委员会 2016 年重点工作。协会秘书长陶立新、保险代理专业委员会主任张亚兰、保险经纪专业委员会主任杨洲、保险公估专业委员会主任刘若、兼业代理专业委员会主任刘涛、法律专业委员会主任邹晓红、自律维权专业委员会主任庞虹南、信息技术专业委员会主任冯彦成代表韩燕，各专业委员会副主任等 20 余人参加了会议。

3 月 28 日，协会举办北京保险中介风险防范培训会。北京市金融工作局打非处处长李俊霞介绍了北京市打击非法集资工作情况，中国保监会中介部制度处处长朱桃英介绍了如何加强保险中介市场风险防范工作。协会 167 家会员单位及在京保险中介机构 352 人参加了培训。

4 月 7 日，协会参加香港保险中介行业协会 2016 年理事会就职典礼。协会秘书长陶立新、常务理事单位北京国信行保险公估有限公司董事长刘国浩、北京华汇保险经纪有限公司董事长李庆生、中汇国际保险经纪股份有限公司副总经理刘国松参加典礼，并与参加典礼的中国澳门、深圳、浙江等地协会进行交流。8 日，协会与香港保险中介行业协会进行了专题交流。

4 月 14 日 北京市金融工作局副局长郝硕博、保险与非银行处处长韦似伦，北京市金融发展促进中心主任潘俐到协会调研。协会秘书长陶立新汇报了协会基本情况，参会人员就保险专业中介在参与政府社会管理和国家重点项目中发挥的作用、企业当前在各领域开展的风险管理和保险理赔等情况进行发言。韦似伦处长介绍了北京市人民政府在建立公共责任险等方面的思路和目前的进展情况。

4 月 18 日，协会举办北京保险中介行业“营改增”政策培训会，邀请陈远燕博士作专题辅导，199 家会员公司及在京保险中介机构的 430 余人参加了培训。

4 月 30 日，协会向北京市社科联报送《北京社科联所属社会组织 2010 ~ 2015 年大事记》。

5 月 24 日，协会参加北京市金融工作局举办的 2016 年保险与非银行金融机构融资服务对接会，32 家会员单位的 45 人参加了会议。

5 月 26 日，协会与北京市社会科学界联合会签署社会组织公益行项目协议书，并获得该会资助的项目资金。

6 月 7 日，协会向北京保监局报送《北京保险中介行业2015 年度外部审计审核报告》。在京 353 家保险专业中介机构提交了年度审计报告，占应报数的 90. 51% 。

6 月 27 日，协会通过北京市民政局 2015 年度社会组织年检工作。年检结论为合格。

6 月 29 日，协会召开第三届第五次会长办公会。会议审议了协会上半年工作总结和下半年重点工作，研究了协会部分副会长、常务理事的人事变动，对秘书处提交的《协会首届保险经纪论坛方案》《关于拟建立京津冀三地联合保险公估快速理赔中心的实施意见》的可行性进行了讨论。

6月30日，协会召开第三届第四次常务理事会。协会35家常务理事单位参加会议。会议审议通过了协会上半年工作总结和下半年重点工作；同意北京中达信保险经纪有限公司总经理董宝山不再担任副会长，增补北京国信行保险公估有限公司刘国浩为副会长；同意北京睿峰都保险代理有限责任公司总经理王永新、嘉福（北京）保险公估有限公司总经理李馨月、北京启盛保险代理有限公司总经理程立志不再担任常务理事，增补明亚保险经纪有限公司总经理杨臣、阳光保险代理有限公司总经理金辉、永达理保险经纪有限公司总经理高伍季为常务理事。

7月26日，英国劳合社大中华区董事长兼CEO高璁、副总经理徐君一行到访协会，双方就开展合作的方式进行了沟通。协会副会长李铭、秘书长陶立新、常务理事杨洲、五洲（北京）保险经纪有限公司董事总经理张勇参加座谈。

7月29日，协会会长李永奇、秘书长陶立新会见了到访的北京医师协会副会长徐殿祥一行，双方就签订战略合作协议的细节等问题进行了研究。

8月16日，协会向北京市社团办报送北京保险中介行业会费票据专项检查自查报告。

8月19日，协会向北京市国家税务局、北京市金融工作局、北京保监局分别报送关于保险中介行业执行营改增政策情况的报告。

8月30日，协会举办营改增财务培训会，邀请北京市国家税务局货劳处马海涛、中央财经大学财务管理系王怡璞老师分别就“营改增政策及相关问题”“营改增背景下保险中介的业务处理”进行授课，协会160多家会员单位及在京保险中介机构的256人参加了培训。

9月1日，协会与北京医师协会、北京慈诚国际医疗诊所股份有限公司签订《战略合作协议》。

9月21日，协会秘书长陶立新与到访的河北省保险中介行业协会会长丰华兵一行就京冀保险中介行业的协同发展问题进行了交流。

9月22日，由协会主办，河北保险中介行业协会、天津保险行业协会参加的京津冀保险中介协同发展座谈会北京召开。会议讨论了由北京保险中介行业协会起草的《关于拟建立京津冀三地联合保险公估灾害应急响应机制（快速理赔中心）的实施意见（修改稿）》，并达成共识。

10月24日，北京市金融工作局主办、协会承办的北京保险与非银行投资服务“一带一路”培训会在北京银龙苑宾馆举办。达信（中国）保险经纪有限公司工程部副总经理李锐以“BOT/PPP特许经营项目融资风险与保险”为题、华泰保险经纪有限公司再保险部经理张震以“再保险实务与再保险经纪”为题作专题辅导。协会77家会员单位及在京保险中介机构的160余人，在京保险、信托、资产管理、金融租赁等50余家金融机构的80余人参加了培训。

10月27日，协会举办学习领会《资产评估法》座谈会，邀请全国人大法工委行政法室副主任黄薇对《资产评估法》进行解读，协会33家会员单位及在京保险公估机构的37人参加了座谈会。

11 月 23 日，协会组织会长及部分常务理事单位赴上海中国太平洋财产保险公司学习交流。协会会长李永奇、监事长张志安，副会长吕阳、黄伟坚、胡永庆、郭枫、李铭、钦培豪、吴云涛、刘国浩，常务理事杨洲，秘书长陶立新参加了活动。

12 月 6 日，根据北京市民政局《关于开展社会组织“诚信建设行”活动方案》要求，协会按照社会组织诚信达标参考标准向北京市社团办一处报送了自查自纠报告，并制定了行业诚信自律承诺书。

12 月 15 日，根据北京市信用协会《关于组织推荐争创“诚信建设行”示范单位的通知》《关于开展“2016 年北京市行业协会社会信用体系建设项目检查”检查评估工作通知》要求，协会报送了检查评估问卷及专家评估所需材料。

12 月 20 日，根据北京社科联报送“关于收集市社科联所属社会组织2016 年工作总结及成果统计表的通知”要求，协会报送了2016 年工作总结及成果。

12 月 22 日，协会、北京医师协会、中法人寿保险公司联合召开“高端医疗服务 + 保障项目研讨会”。协会秘书长陶立新、医师协会事业部总经理颜晓晴、中法人寿总经理朱勇、安惠国际保险代理（北京）有限公司总经理滕旭参加会议。

12 月 28 日，协会召开第三届第六次会长办公会。会议审议了协会 2016 年工作总结和 2017 年工作计划、2016 年财务收支和 2017 年财务预算，审议并通过了部分副会长、常务理事的人事变动，对《关于加强行业宣传工作建立通讯员队伍的建议》进行了讨论。

12 月 29 日，根据北京市社科联“关于上报 2016 年度社科联社会组织公益行资助项目工作总结的通知”要求，协会报送了 2016 年度公益行资助项目工作总结。

（左玉荣）

北京市金融业文化建设协会

组织机构与负责人

会　长：王建红（中国工商银行北京市分行纪委书记、党委委员兼工委主任）

秘书长：王远志（中国人民银行营业管理部宣传群工部部长）

监事长：李　凡（中国建设银行北京市分行党委副书记、副行长）

会员单位

2016 年，共有会员单位 29 家，其中包括中国人民银行营业管理部、北京银监局、北京证监局、北京保监局及 18 家银行、6 家保险公司的在京机构。

联系方式

办公地点：中国人民银行营业管理部

地址：北京市西城区月坛南街 79 号

邮编：100045

电话：010 – 68559162/010 – 68559505

传真：010 – 68559084

重要活动

1 月，北京市金融业文化建设协会（以下简称协会）秘书处组织召开年度工作会议。会上，回顾与总结了 2015 年工作，对 2016 年的工作进行了研究和部署，并组织各会员单位代表就如何落实好年度工作计划、进一步加强新时期思想政治工作和文化建设进行了讨论，听取了各会员单位的意见和建议。

2 月，协会秘书处组织专人对协会章程进行修改与完善。修改后的协会章程为

7 章 35 条，共修改 39 处。同时，修订与完善了协会《财务管理暂行法》《重大事项报告制度》《工作人员奖惩制度》《关于接受和使用捐赠的管理办法》等 7 项内部管理制度，补充制定了《协会会费管理办法》《协会安全责任制度》。

3 月 10 日，协会举行第四届理事会换届选举大会。会上，对第四届理事会工作进行了全面总结，选举产生了协会第五届理事会。

协会第五届理事会召开第一次会议，选举产生了第五届常务理事会、监事会成员，提出了第五届理事会的工作目标和具体要求，确保协会工作的连续性和组织建设的有效性。

3 月，协会对各会员单位上报的《金融文化活动案例》进行了评选。共评选出一等奖 3 名、二等奖 6 名、三等奖 8 名，并对获奖的案例进行了表彰与奖励。

根据北京市政治思想工作研究会的统一部署和安排，协会积极参与第 27 届“丹柯杯”征文竞赛活动，共收到会员单位论文 13 篇，全部报送参评。其中，一等奖 3 篇，三等奖 3 篇。协会荣获“优秀组织奖”。此外，协会对 2015 年获得“丹柯杯”征文一至三等奖的 9 篇文章给予了奖励。

3～5 月，协会按照北京市社团办的要求，认真做好协会年检工作。

5 月 20 日，协会举办“当前经济形势解读与金融文化创新”培训班，邀请清华大学知名研究员、国际经济研究院顾问周世俭，北方交通大学经济管理学院教授、企业文化管理研究所所长黎群，分别就“当前国际国内经济金融形势及热点分析”“互联网环境下、金融文化建设的发展与创新”进行了集中授课。21 家会员单位，共计 46 位理事及从事金融文化建设工作的同志参加了培训。

5 月，协会参加北京市政治思想工作研究会召开的年度工作会议，汇报了协会 2015 年工作完成情况和 2016 年工作计划及安排，并就协会在加强首都金融业的意识形态工作和金融文化建设方面开展的活动及取得的效果进行了交流。

8～10 月，协会组织开展“关于意识形态与金融文化建设工作的专题调研”，围绕“加强意识形态与文化建设融合与实践之探讨”“如何实现传统文化在金融文化建设中的继承发展与创新”等主题，以征文的形式进行。截至 10 月末，共收到各会员单位上报的调研文章 27 篇。协会秘书处组织评审委员会，对 27 篇文章进行集中评审。共评出一等奖 3 名，二等 10 名，三等奖 14 名，组织奖 6 个；并对获奖个人和单位进行了统一表彰与奖励。

10 月 25 日，协会积极配合北京市社团办对协会履职情况、内部规范化建设和财务管理状况等进行的现场检查。

（山峰）

北京金融街商会

组织机构与负责人

理事长：陈耀先

会员单位

2016 年末，共有会员单位 220 家

联系方式

地址：西城区金融大街 33 号通泰大厦 B 座 616 室

邮编：100032

电话：010－66574347

传真：010－66574389

网址：http：//www. bfscc. com

电子邮箱：bfscc@163. com

重要活动

3月24日，北京金融街商会（以下简称商会）举办经济形势分析会，邀请国务院参事室特约研究员、国家统计局原总经济师姚景源，就2016年经济形势发展趋势做主题演讲，并与金融街驻区机构300多名相关人士进行交流。

5月4日，商会联合“一行三会”机关团委举办金融街青年论坛，就如何通过金融创新推动中国金融业的发展和壮大进行探讨。

7月8日，商会联合全国中小企业股份转让系统举办银企合作交流会，30家内外资银行与北京40家“新三板”市场挂牌企业进行了交流。

9月23日，商会在天津市武清区举办2016金融街人力资源管理学习交流分享会，来自驻区的50家内外资金融机构、企业集团的人力资源部门负责人参加研讨交流，分享了各自的人力资源管理经验。

11月2日，商会举办2017房地产形势研讨会，邀请国务院发展研究中心市场经济研究所所长任兴洲、清华大学房地产研究所所长刘洪玉教授作主题演讲，来自70家驻区金融机构的100余位代表参加了会议。

2016年，商会共组织各类活动25次，累计参与人数近4 000余人。金融街医疗服务共同体中心开通的人民医院和北大医院预约挂号平台，为金融街会员单位员工及家属提供预约挂号8 095人次。

2016年，商会改版推出《金融街月报》、金融街在线网站，商会微信公众号定期推送，打造金融街全方位信息交流平台。

（史瑞）

北京CBD金融商会

组织机构及负责人

会　长：李俊杰（朝阳区人民政府副区长）

副会长：付　姜（加拿大蒙特利尔银行北京分行行长）

王海宏（汇丰银行（中国）有限公司北京总部总经理）

赖祥麟（美国友邦保险控股有限公司北京代表处）

楚　钢（中国国际金融有限公司董事总经理）

姜　新（中国国际期货有限公司董事长）

王立华（北京控股集团财务有限公司董事长）

马思中（美国大都会人寿保险有限公司中国代表处首席代表）

监事长：刘雪斌（澳大利亚和新西兰银行北京分行行长）

监　事：瞿　纲（北京国际信托投资有限公司副总经理）

李門馥（现代财产保险（中国）有限公司总裁）

秘书长：赵　捷（朝阳区金融服务办公室党组书记兼主任）

会员单位

2016年末，共有会员单位117家，涵盖银行、信托、证券、保险、财务公司、汽车金融等机构

联系方式：

地址：北京市朝阳区京广中心商务楼9层

邮编：100020
电话：010－65978750
传真：010－65978988
网站：http//www. cbdjrsh. org/

重要活动

1月19日，北京CBD金融商会（以下简称商会）运动健康讲座在国际金融博物馆举办，50多位商会会员代表参加。

5月28日至6月1日，第四届中国（北京）国际服务贸易交易会在北京国家会议中心举行。金融服务板块朝阳展区，以“回顾十二五、展望新未来，丹凤朝阳展宏图”为主题，通过特色造型、视频、图片、文字等多种形式，展示朝阳区金融业国际化的特征以及在“一带一路”国家战略中的重要节点地位。

6月8日，由商会主办的“2016北京CBD金融家低碳环保健步行”活动在北京奥林匹克森林公园举行，朝阳区副区长、商会秘书长与花旗银行（中国）有限公司北京分行行长、澳新银行北京分行行长等近50名金融企业家参加了健步行活动。此次活动全程5公里，分成3个小组进行。

8月10日，商会组织召开外汇政策解读会。国家外汇管理局北京外汇管理部相关人员介绍了新推出的外汇管理政策，并就北京市服务业扩大开放试点相关外汇政策进行了解读，回答了与会企业提出的有关跨境融资、本外币资金集中运营管理、简化外汇办理程序等方面的问题。

11～12月，商会举办了4期“金台金融沙龙”、2期“翰墨朝阳·金融人才”书法讲座

2016年，共有50家金融机构落户朝阳区，注册资金超过80亿元。其中法人机构16家，分行、分公司7家，支行、代表处、营业部27家。截至年末，朝阳区金融机构总数已达1 515家，其中外资金融机构312家。

（梁晓）

北京市金融学会

组织机构与负责人

会　长：周学东（中国人民银行营业管理部主任）

监事长：王建红（中国工商银行北京市分行纪委书记）

秘书长：余　剑（中国人民银行营业管理部金融研究处处长）

会员单位

2016末，共有团体会员单位68家

联系方式

办公地点：中国人民银行营业管理部
地址：北京市西城区月坛南街79号
邮编：100045
电话：010－68559272

重要活动

3月，北京市金融学会（以下简称学会）举办“非传统货币政策——由来、趋势及其对中国的影响”学术报告会，邀请中国人民大学商学院学术委员会主任谷克鉴教授做专题演讲，来自中国人民银行营业管理部、北京市金融工作局、商业银行、高校、财务公司等27家会员单位的70余名代表参会。

8月，学会制定《北京市金融学会科研项目管理办法（试行）》，启动2016年度北京市金融学会科研项目申报工作，就供给侧改革、地方债务、互联网金融等多个金融热点问题进行课题征稿。共有12个科研项目入选。

学会组织会员参加“北京市第十四

届哲学社会科学优秀成果评奖”活动。

12月7日，学会召开第九届会员大会，选举产生了以中国人民银行营业管理部主任周学东为会长的新一届理事会、监事会，新吸收了16家团体单位会员，其中在京科研机构2家，财务公司9家，中资银行北京分行5家。

学会举办第九届理事会成立后的首场学术报告会，邀请著名经济学家厉以宁教授和对外经济贸易大学校长助理丁志杰教授分别就“供给侧结构性改革与金融的作用”“国际金融危机影响及其应对”发表演讲，学会新任会长周学东对两场演讲进行了精彩点评。

（宋晓源）

北京保险学会

组织机构与负责人

会　长：陈志强（北京保险学会）

副会长：冯贤国（中国人民财产保险公司北京市分公司总经理）

苏少军（中国太平洋财产保险公司北京分公司总经理）

李　莎（中国人寿财产保险公司北京市分公司总经理）

赵松来（中国人寿保险公司副总裁兼北京市分公司总经理）

徐敏彬（中国平安人寿保险公司北京分公司总经理）

何承周（泰康人寿保险公司助理总裁兼北京分公司总经理）

陶存文（中央财经大学保险学院副院长）

孙　健（对外经济贸易大学保险学院院长）

王雅婷（首都经济贸易大学金融学院院长助理）

王绪瑾（北京工商大学经济学院保险学系主任）

监事长：王　兵（中国平安财产保险公司北京分公司总经理）

秘书长：陆秀萍

副秘书长：李　枫

会员单位

2016年末，共有会员单位106家。其中，财产保险公司46家，人身保险公司60家。

联系方式

地址：北京市朝阳区向军北里28号院1号楼瀚海文化大厦6层

邮编：100020

电话：010－65859118

传真：010－65925010

网址：http：//www.biabii.org.cn

电子邮箱：biabiibgs@126.com

重要活动

2月26日，浙江保险学会常务副会长高红梅到北京保险学会（以下简称学会）学习交流，学会秘书长陆秀萍和学会工作部人员参加座谈。双方就当前学会的组织建设、课题研究、史志编纂等工作进行了交流。

3月16日，学会组织召开《北京保险》期刊工作座谈会，中国人民财产保险公司北京市分公司等14家公司的代表参加了会议。

3月29日，根据保险史志编纂整体工作安排，学会组织部分产险、寿险公司开展《中国保险通志》资料收集整理培训。产险、寿险各10家公司的编纂工作联系人分两批参加了培训。

4月12日，学会举办心理健康缓解工作压力讲座，邀请北京大学精神卫生博士汪冰先授课，60余家会员公司的100余名员工参加了培训。

5月19日，学会组织召开《北京保险》特约编辑座谈会，中国太平洋财产保险公司北京分公司等15家公司特约编辑代表参加了会议。

6月21日，学会组织召开《北京保险市场发展报告2016》课题编撰工作会。该课题由学会联合对外经济贸易大学保险学院共同编撰完成。

7月14日，学会主办“国学智慧与保险文化论坛”。北京保监局局长郭左践、中国保监会培训中心副主任崔范旭、北京市社科联学会管理部主任周志勇及学会会长陈志强等领导，以及各会员公司总经理室成员参加了论坛。

9月26日，学会参加由北京保监局组织行业开展“营改增对北京保险的影响”课题的调研与编写工作。

10月9日，在中国保险行业协会主办的“2016年度保险行业优秀内刊评选”中，学会主编的《北京保险》杂志荣获“最佳版面奖”。

11月22日，学会陈志强会长、陆秀萍秘书长参加中国保险学会举办的第三届东湖保险论坛暨全国省市保险学会工作会议。

2016年，学会再次获得北京市社科联2016年度政府购买社会组织管理岗位项目资助。

2016年，学会新增会员公司4家。分别是泰山财产保险公司北京分公司、安心财产保险公司、安邦养老保险公司北京分公司、天安人寿保险公司北京营业部。

（贯利）

北京市城市金融学会

组织机构与负责人

会　长：王珍军（中国工商银行北京市分行行长）

副会长：汪晓芳（中国工商银行北京市分行副行长）

监事长：王建红（中国工商银行北京市分行纪委书记）

秘书长：贯鹏华（中国工商银行北京市分行管理信息部总经理）

下设机构情况

北京市城市金融学会青年经济理论研究分会

联系方式

地址：北京市西城区复兴门南大街2号天银大厦B座906室

邮编：100031

电话：010－66410055－4508

传真：010－66411721

重要活动

一、组织开展重点研究课题的组织、评选、表彰和推广工作

1. 4月，北京城市金融学会（以下简称学会）印发《关于公布学会2015年度优秀调研课题评选结果的通知》，对92篇获奖作者和12个活动组织单位进行表彰。

2. 按照中国工商银行（以下简称总行）全国城市金融学会工作部署关于学会系统2016年度重点课题认领工作部署安排和限额规定，学会秘书处组织进行了相关认领工作。5月下旬，学会下发《关于下达2016年度总行重点课题任务事项的通知》，并通过组织参加专题讲座、请总行专家指导和专项答疑等形式进行重点

辅导。12 月下旬，向总行学会提交了认领的 5 个重点课题成果。

3. 6 月，学会组织参加第十三届全国城市金融优秀论文及调研报告评选活动，共报送参评作品 10 篇，其中 6 篇获奖（二等奖 1 篇、优秀奖 5 篇）。

4. 学会组织开展 2016 年度学术活动。共收到 49 个理事单位提交的各类调研课题成果 222 篇（含总行重点课题成果 5 篇），其中 21 个分行理事单位提交调研课题成果 42 篇，28 个支行理事单位提交调研课题成果 180 篇。

5. 2016 年，学会向北京市金融学会推送优秀成果 9 篇，发表 5 篇；通过网讯平台刊发优秀成果 42 篇。

二、开展金融消费者主题宣传教育和知识普及活动

1. 2016 年，学会积极参与“金融知识万里行”“金融知识进万家”等大型消费者权益保护公众宣教活动，协助举办各类宣教活动 500 余场。

2. 学会组织分行各部室、中心、经管支行参加总行和中国银行业协会组织的消费者权益保护网络知识竞赛。经初步统计，参与员工累计达 1.1 万人次，其中参加总行竞赛的约 9 000 人，参加中国银行业协会竞赛的 2 300 人。

三、完成学会日常管理和外联工作

1. 按照北京市社科联规定进行学会换届（含年检）审计及执照年检，积极配合接受北京市第二次社会组织评级。

2. 完成《北京市金融年鉴》“北京市城市金融学会”部分稿件的编写。

3. 组织参加北京市金融学会换届大会、专题讲座、培训等活动。

4. 配合分行财务会计部做好学会报税等工作。

5. 参加北京市社科联组织的相关参观及社会组织党建活动等。

（李杰）

北京市钱币学会

组织机构与负责人

会　长：姜再勇（中国人民银行甘肃中心支行行长）

监事长：温　桦（北京市支付清算协会秘书长）

秘书长：李　杰（中国人民银行营业管理部货币金银处处长）

会员单位

2016 年末，共有个人会员 1 270 人，团体会员 32 个。

联系方式

办公地点：中国人民银行营业管理部办公楼 2001 室

地址：北京市西城区月坛南街 79 号

邮编：100045

电话：010－68559317

传真：010－88655100

电子邮箱：zhidongli@ sina. com

重要活动

一、组织开展宣传和交流活动

2016 年，北京市钱币学会（以下简称会学）组织举办钱币专题讲座 12 期，内容涉及历史考古、钱币鉴定、外币研究鉴赏、钱币市场分析等。其中《玉皇庙文化的发现与尖首刀币的起源》《以海昏侯墓为例说说汉代金饼》《揭秘古人银锭铸造之谜》《清朝京城铸钱局的设置及相关问题研究》《邮币卡的收藏与电子盘》等受到会员好评。10 月 14 日，学会派专家为石景山文化委员会作了题目为“钱币学与钱币文化”的学术报告。

二、开展学术活动，举办钱币专题展览

2016年，学会共参与主办3个钱币展览。分别为与北京古代钱币展览馆联合主办的《金猴献瑞—迎新春邮币章展》、参展中国钱币博物馆主办的《精品荟萃，蔚为大观—清朝京局钱币精品展》与北京古代钱币展览馆和北京市文物研究所等单位联合举办的《戎刀燕币—尖首刀起源的故事展》。学会组织会员为展览提供了大量钱币展品，并赴天津、河北、山东等地向当地的钱币收藏家商借展品，保证了钱币展览的高水平。

三、坚持为会员服务

2016年，学会新增了为会员联系多种纪念币装帧卡、推荐新出版的钱币专业书籍和资料，及时向会员提供钱币拍卖信息、各种网上钱币知识讲座信息等服务项目。

8月，学会为团体会员单位代表举办钱币学术报告会，聘请著名钱币学者王永生先生作了题为“钱币文化与收藏”的学术报告。

10月，在中国钱币与银行博物馆委员会年会上，学会副秘书长李志东受邀作了题为“聚德揽胜话方圆——北京市钱币学会与北京古代钱币展览馆联合打造会员之家、泉友之家”的发言，向与会代表介绍了学会在开展活动中坚持的“服务第一、贵在坚持”的北京模式。在全国社科联第17次学会工作会议上，学会副秘书长李志东被评为全国社科联优秀学会工作者。

（李志东）

中国金融工会北京工作委员会

组织机构与负责人

主任：倪卫东

专职副主任：李君

兼职副主任：王希迎、果志刚、郭艳岭、张松山、史利国

会员单位

2016年末，共有会员单位36家，会员83 000人

联系方式

地址：北京市西城区金融大街20号交通银行大厦B座1707室

邮编：100033

电话：010－58391852

传真：010－58391880

邮箱：bj_ jrgh@ 163. com

重要活动

1～2月，中国金融工会北京工作委员会开展“两节送温暖”活动，调拨专款并赴职工工作岗位和家中走访慰问，共看望慰问困难劳模、困难职工、单身困难女职工81名。

3月1日，召开2016年工作会议，有关领导、各会员单位工会负责人、工会业务骨干80余人参加会议。会议通报了2015年主要工作情况及2016年工作安排，围绕工会特色工作探讨交流如何做好新时期工会工作。并邀请工会宣传工作专家开展“新媒体在工会信息化建设中的应用”主题培训。

3月，启动女职工关爱专项工作。向特困女职工发放帮扶金，并拨专款支持北京银监局、北京证监局、中国工商银行北京市分行、中信建投证券公司、太平人寿保险公司北京分公司等单位建设基层母婴

关爱室。

创建“北京金融工运”微信公众号，实时发布工作动态，提供财经、生活、职工权益相关资讯，展示交流工会工作，取得较好的社会影响与宣传效果。

3~4月，开展2016年北京金融系统评先创优活动，共评选出“北京金融五一劳动奖状”3个、“北京金融五一劳动奖章”3人、“北京金融先锋号”6个、“北京金融模范职工之家”3个、“北京金融道德模范集体”3个、“北京金融道德模范”6人、“北京金融系统先进工会组织”3个、“北京金融优秀工会工作者”5人、“北京金融优秀工会积极分子”5人。

5月11日，召开2016年北京金融系统先进集体先进个人表彰暨北京金融先进模范讲师团成立会议。中华全国总工会主席团委员、中国金融工会全国委员会党组主任副书记、常务副主席张东风，北京银监局党委书记、局长苏保祥，中国金融工会北京工作委员会有关领导出席会议并为先进集体代表、先进个人颁奖。会议通报了评先创优工作情况，表彰了先进集体21个、先进个人19人，并向先进模范讲师团首批6名代表讲师颁发了聘书。北京金融系统先进集体代表、先进个人、各会员单位工会领导、工会干部、职工代表等110余人参加了会议。

5月28日，举办“2016年金融系统百万职工走向健康系列活动·北京站”活动，各会员单位的600余名员工参加了活动。

6月6~7日，举办会员单位工会干部培训，邀请集体协商专家、工会财务专家、工会摄影专家向各会员单位的80余名工会领导、业务骨干开展专题培训。

6月14日，召开主任（扩大）会议。中国金融工会北京工作委员会主任、副主任、各会员单位工会办公室主任及工会代表出席会议。会议研究通过了女职工委员会主任、副主任、委员的选配名额、推荐提名人选及工作职责。

7月19日，联合北京市金融工会、北京市银行业协会开展北京银行业集体协商工作，组织民主推选了北京银行业集体协商银行行政方和工会职工方协商代表，并召开银行业集体协商会议。协商双方开展协商并达成共识。

7月26日，联合北京市金融工会、北京市银行业协会召开北京银行业集体合同签字仪式暨全面推进金融企业集体协商会议，组织签订了《北京银行业集体合同》《北京银行业2016年度工资专项集体合同》，北京金融系统80余家单位的工会及人力资源等相关部门分管领导和工作人员160余人参加会议。

10月22日，联合中国光大银行北京分行赴北京太阳村福利院开展“金秋送暖”爱心志愿服务活动。

10月26~31日，举办2016年北京金融系统“综合业务”“金融服务”技能竞赛。北京市金融系统近70家单位的648名员工参加现场角逐，另有109人、7个单位（部门）参与“金点子”服务创意方案征选。最终，143名选手、80个集体获得表彰，18个优秀方案获“金点子”服务创意竞赛奖项。其中，3名选手被现场授予“全国金融五一劳动奖章”、16名选手被授予“北京金融五一劳动奖章”。

12月22日，中国金融工会北京工作委员会女职工委员会正式恢复建立。中国金融工会北京工作委员会副主任，女职工委员会主任、副主任、委员，北京金融系统女职工干部、女职工代表等90余人出席会议。会议对女职工委员会人员组成和工作职责进行了明确，对今后工作进行了规划。并邀请心理咨询专家为女职工进行了心理关爱和职场压力疏导讲座。

2016年，中国金融工会北京工作委员先后与交通银行北京阜外支行、中国民族证券北京佟麟阁路证券营业部、中国人民人寿保险公司北京市分公司、民生银行北京分行等4家单位基层工会共建“职工之家”。

（杨帆）

北京市金融工会

组织机构及负责人

主　席：史利国

常务副主席：王兆华

副主席：张幼林（北京市金融工作局副局长）

倪卫东（中国金融工会北京工作委员会主任）

安　京

李　娟（北京银行北京分行行长助理）

会员单位

2016年末，共有会员单位58家，会员128 000人。其中，中央在京工会组织15家，市属工会组织23家，外埠在京单位17家，区金融工会联合会3家。

联系方式

地址：北京市东城区台基厂大街三条3号6号楼110室

邮编：100005

电话：010－65592609

传真：010－65230907

邮箱：jrgh2006@163.com

重要活动

3～4月，北京市金融工会组织开展劳模评选和宣传工作。北京市金融系统共评出“全国五一劳动奖章”获得者1人，“首都劳动奖章”获得者8人、“首都劳动奖状”获得单位2个、“北京市工人先锋号”获得集体3个，“北京市‘三八’红旗集体”1个、“北京市‘三八’红旗奖章”1个。

3月23日，北京市金融工会在北京市职工服务中心组织召开“一部四局四会”工作联席会。中国人民银行营业管理部、北京银监局、北京证监局、北京保监局、北京市金融工作局、北京市银行业协会、北京证券业协会、北京保险行业协会、北京期货商会分管工会工作的领导和工会负责人共计22人参会。会议通报了当前行业发展形势及需要工会重点把握关注的问题，总结交流了2015年合作成果，提出了2016年合作项目及工作建议。并就推进人才队伍建设、提升行业服务水平、推进工会组织建设、探索建立行业工会联合会等工作达成广泛共识。

5月18日，北京市金融工会第二届委员会第一次（扩大）会议在北京市职工服务中心召开。会议听取了第一届委员会的工作报告，审议通过《北京市金融工会第一届委员会经审工作报告》《关于北京市金融工会第一届委员会工作报告的决议》，选举产生了北京市金融工会第二届委员会主席、副主席、常委、委员、经审委员等。

6月15～17日，北京市金融工会举办首都金融系统工会领导干部业务培训班。中国人行营业管理部、中国金融工会北京工作委员会、北京证监局、北京保监局、北京市金融工作局、北京市银行业协会、北京证券业协会、北京保险行业协会、北京期货商会及各金融企业党政领导、工会负责人近百人参加了培训。

6月25日~7月2日，北京市金融工会联合北京市教育工会、北京市互联网行业工会共同主办了两期“真情相约、牵手未来”大型单身交友联谊活动。来自北京市金融、教育和信息产业系统的700多名单身青年参与了活动，现场牵手成功50余对。

7月26日，北京市银行业集体合同签字仪式暨全面推进金融企业集体协商会议召开。北京市金融工会、中国金融工会北京工作委员会代表工会职工方与北京市银行业协会代表的银行行政方举行了签字仪式，双方首席代表分别在《北京银行业集体合同》《北京银行业2016年工资专项集体合同》上签字；会议就下一步全面推进金融系统集体协商工作进行了部署。

8月22~24日，北京市金融工会举办首都金融系统工会经审及财务干部业务培训班，各金融企业工会经审负责人、财务主管及部分工会领导近百人参加。

11月26~27日，北京市金融工会主办、华泰保险集团公司承办的2016年首都金融系统“华泰杯”职工羽毛球比赛举行，共有27家金融企业、147名运动员参赛。华夏银行代表队获得冠军，中国银行北京市分行代表队获得亚军，中国建设银行北京市分行代表队和汇丰银行北京分行代表队并列季军。

12月8日，北京市金融工会授予中国农业银行北京天通苑东一区支行工会分会等20个单位“先进职工之家”称号；授予中国工商银行北京八里庄支行工会分会等15个单位“先进职工小家”称号；授予刘瑕等21名同志“优秀工会工作者”称号。

12月20~21日，北京市金融工会对北京市金融系统工会工作进行集中交流和考核评比，共有5家单位被评为优秀工会工作标兵单位，23家单位被评为优秀，27家单位被评为良好。

（安旭）

（四）2016年度北京市金融系统先进集体、先进个人名录

“全国五一劳动奖状”获得集体

（中华全国总工会　总工发〔2017〕7号　2017年4月27日）

中国工商银行股份有限公司北京朝阳支行

“全国五一劳动奖章”获得者

（中华全国总工会　总工发〔2017〕7号　2017年4月27日）

邹子仪　中国长城资产管理股份有限公司北京市分公司高级经理

“全国工人先锋号”获得集体

（中华全国总工会　总工发〔2017〕7 号　2017 年 4 月 27 日）

中信建投证券股份有限公司证券金融部

“全国五一巾帼标兵岗”获得集体

（中华全国总工会　总工发〔2017〕6 号　2017 年 2 月 27 日）

中国工商银行股份有限公司北京万丰路支行

“全国五一巾帼标兵”获得者

（中华全国总工会　总工发〔2017〕6 号　2017 年 2 月 27 日）

林　煊　中信建投证券股份有限公司投银行部董事总经理

“全国巾帼建功先进集体”获得集体

（中华全国妇女联合会　妇发〔2017〕17 号　2017 年 4 月 19 日）

中国工商银行股份有限公司北京通州新华分理处

“全国金融五一劳动奖状”获得单位

（中国金融工会全国委员会　金工发〔2017〕8 号　2017 年 4 月 18 日）

中国工商银行股份有限公司北京朝阳支行

中国建设银行股份有限公司北京朝阳支行

中国光大银行股份有限公司北京分行

招商银行股份有限公司北京双榆树支行

中国金融工会北京工作委员会

“全国金融五一劳动奖章”获得者

（中国金融工会全国委员会　金工发〔2017〕8 号　2017 年 4 月 18 日）

崔振海　中国保险监管管理委员会北京监管局财产保险监管处处长

郭　俊　中国工商银行股份有限公司北京翠微路支行行长

杜爱国　中国农业银行股份有限公司北京亚运村北苑支行行长

黄　飞　中国银行股份有限公司北京中银大厦支行柜员

曹　蓥　中国工商银行股份有限公司北京长安支行营业室主任

魏　杰　国家开发银行北京市分行客户二处处长

李　钧　中国人寿保险股份有限公司北京市分公司个险销售部副总经理

“全国金融先锋号”获得集体

（中国金融工会全国委员会　金工发〔2017〕8 号　2017 年 4 月 18 日）

中国光大银行股份有限公司北京金融街丰盛支行

“全国金融五一巾帼标兵岗”获得集体

（中国金融工会全国委员会　金工发〔2017〕2 号　2017 年 2 月 13 日）

国家开发银行股份有限公司北京市分

行科技金融处

中国工商银行股份有限公司北京西四支行

中国建设银行股份有限公司北京呼家楼支行

中国光大银行股份有限公司北京中关村支行

“全国金融五一巾帼标兵”获得者

（中国金融工会全国委员会　金工发〔2017〕2 号　2017 年 2 月 13 日）

胡　洁　太平人寿保险有限公司北京分公司副总经理

“全国金融模范职工之家”获得集体

（中国金融工会全国委员会　金工发〔2017〕9 号　2017 年 5 月 5 日）

中国工商银行股份有限公司北京昌平支行工会

中国东方资产管理股份有限公司北京市分公司工会

“全国金融系统优秀工会干部”获得者

（中国金融工会全国委员会　金工发〔2017〕9 号　2017 年 5 月 5 日）

刘　洪　中国建设银行股份有限公司北京通州支行工会主席

“北京金融五一劳动奖章”获得者

（中国金融工会北京工作委员会　京金工发〔2017〕4 号　2017 年 4 月 17 日）

曹　蓥　中国工商银行股份有限公司北京长安支行营业室主任

魏　杰　国家开发银行北京市分行客户二处处长

李　钧　中国人寿保险股份有限公司北京市分公司个险销售部副总经理

苏雪青　中国银行业监督管理委员会北京监管局现场检查大队副大队长

李兴蔓　中国农业银行股份有限公司北京朝阳区小营支行柜员

刘继楼　招商银行股份有限公司北京分行资产托管部、资产管理部总经理

“北京金融先锋号”获得集体

（中国金融工会北京工作委员会　京金工发〔2017〕4 号　2017 年 4 月 17 日）

中国光大银行股份有限公司北京金融街丰盛支行

中国建设银行股份有限公司北京房山窦店支行

中国民生银行股份有限公司北京成府路支行

中国银行业监督管理委员会北京监管局城市商业银行监管处

太平人寿保险有限公司北京分公司运营服务部

中国人民人寿保险股份有限公司北京市分公司顺义营销服务部

中国银河证券股份有限公司北京金融街证券营业部

中国华融资产管理公司北京市分公司业务五部

“北京金融模范职工之家”获得集体

（中国金融工会北京工作委员会　京金工发〔2017〕4 号　2017 年 4 月 17 日）

中国建设银行股份有限公司北京房山

支行工会

中国光大银行股份有限公司北京顺义支行工会

中国民生银行股份有限公司北京朝阳北路支行工会

“北京金融五一巾帼标兵岗”获得集体

（中国金融工会北京工作委员会　京金工发〔2017〕4号　2017年4月17日）

中国工商银行股份有限公司北京西四支行

国家开发银行北京市分行财会处

中国农业银行股份有限公司北京铁道支行

中国人寿保险股份有限公司北京市分公司北纬路客户服务中心

中国银行股份有限公司北京市分行营业部个人金融团队

中国人民健康保险股份有限公司北京分公司健康管理部

“北京金融五一巾帼标兵”获得者

（中国金融工会北京工作委员会　京金工发〔2017〕4号　2017年4月17日）

胡　洁　太平人寿保险有限公司北京分公司副总经理

邹　杉　中国民生银行股份有限公司北京建国门支行行长

李俊蓉　中国进出口银行北京分行贸易金融处处长

吕　春　中国大地财险股份有限公司北京分公司车险部总经理

张　媛　中国建设银行股份有限公司北京西坝河支行客户经理

高作立　中国人民人寿保险股份有限公司北京市分公司互动业务部督导

高　洁　招商银行股份有限公司北京万达广场支行公司部主管

“北京金融优秀职工之友”获得者

（中国金融工会北京工作委员会　京金工发〔2017〕4号　2017年4月17日）

李忠阳　国家开发银行北京市分行党委委员、副行长、纪委书记、工会主席

李正元　太平人寿保险有限公司北京分公司副总经理、工会主席

卢　岚　中国银行股份有限公司北京朝阳支行纪委书记、工会主席

王　俏　中国光大银行股份有限公司北京西直门支行行长、工会小组长

“北京金融系统先进工会组织”获得集体

（中国金融工会北京工作委员会　京金工发〔2017〕4号　2017年4月17日）

中国农业银行股份有限公司北京西城支行工会

交通银行股份有限公司北京天坛支行工会

中国人民人寿保险股份有限公司北京市分公司工会

中国银行股份有限公司北京怀柔支行工会

中信证券股份有限公司北京分公司工会小组

“北京金融优秀工会工作者”获得者

（中国金融工会北京工作委员会　京金工发〔2017〕4号　2017年4月17日）

张春兰　上海银行股份有限公司北京

分行党委委员、工会主席

常　永　交通银行股份有限公司北京和平里支行内控及经营管理经理、工会文体委员

白义强　中信建投证券股份有限公司工会干部

安　健　中国大地财产保险股份有限公司北京分公司党委委员、企划财务部总经理、工会副主任

郑海明　中国进出口银行北京分行办公室（人力资源处）三级经理、工会生活委员

“北京金融优秀工会积极分子”获得者

（中国金融工会北京工作委员会　京金工发〔2017〕4 号　2017 年 4 月 17 日）

刘丽荣　中国农业银行股份有限公司北京顺义支行综合管理部干部、工会委员、女工委员

张　静　中国人寿保险股份有限公司北京市分公司办公室主管、工会小组长

丁国林　招商银行股份有限公司北京分行办公室主管、工会委员

成　伟　中国东方资产管理股份有限公司北京市分公司工会组织委员

侯玉荣　中国长城资产管理股份有限公司北京市分公司青工委员

“北京金融系统优秀工会信息宣传员”获得者

（中国金融工会北京工作委员会　京金工发〔2017〕4 号　2017 年 4 月 17 日）

刘思思　交通银行股份有限公司北京市分行工会干事

杜　玫　中国建设银行股份有限公司北京市分行工会管理科科长

何　嘉　中国农业银行股份有限公司北京市分行高级工会干事

朱副润　中国光大银行股份有限公司北京分行工会副处长

曹　杨　国家开发银行北京市分行工会宣传委员

（以上先进名录由中国金融工会北京工作委员会提供）

中国人民银行全国青年文明号

（中国人民银行　银发〔2017〕114 号　2017 年 5 月 5 日）

（考核合格的全国青年文明号）

中国人民银行营业管理部清算中心技术运维科

中国人民银行青年文明号

（中国人民银行　银发〔2017〕114 号　2017 年 5 月 5 日）

中关村国家自主创新示范区中心支行办公室

中国人民银行青年文明号

（中国人民银行　银发〔2017〕114 号　2017 年 5 月 5 日）

（考核合格的中国人民银行青年文明号）

中国人民银行营业管理部办公室新闻宣传科

中国人民银行营业管理部货币信贷管理处货币信贷管理科

中国人民银行营业管理部反洗钱处银行业金融机构监督科

中国人民银行青年岗位能手

（中国人民银行　银发〔2017〕114 号　2017 年 5 月 5 日）

李文姣　中国人民银行营业管理部清算中心

中国人民银行金融法制工作先进集体

（中国人民银行办公厅　银办发〔2016〕261 号　2016 年 12 月 23 日）

中国人民银行营业管理部法律事务处

中国人民银行金融稳定工作先进集体

（中国人民银行办公厅　银办发〔2016〕261 号　2016 年 12 月 23 日）

中国人民银行营业管理部金融稳定处

中国人民银行调查统计工作先进集体

（中国人民银行办公厅　银办发〔2016〕261 号　2016 年 12 月 23 日）

中国人民银行营业管理部调查统计处

中国人民银行反洗钱工作先进集体

（中国人民银行办公厅　银办发〔2016〕261 号　2016 年 12 月 23 日）

中国人民银行营业管理部反洗钱处

中国人民银行安全保卫工作先进集体

（中国人民银行办公厅　银办发〔2016〕261 号　2016 年 12 月 23 日）

中国人民银行营业管理部保卫处

中国人民银行工会工作先进集体

（中国人民银行办公厅　银办发〔2016〕261 号　2016 年 12 月 23 日）

中国人民银行营业管理部工会办公室

中国人民银行青年工作先进集体

（中国人民银行办公厅　银办发〔2016〕261 号　2016 年 12 月 23 日）

中国人民银行营业管理部团委

中国人民银行金融法制工作先进工作者

（中国人民银行办公厅　银办发〔2016〕261 号　2016 年 12 月 23 日）

秦　瑜　中国人民银行营业管理部法律事务处

汤　旸　中国人民银行营业管理部法律事务处

中国人民银行金融稳定工作先进工作者

（中国人民银行办公厅　银办发〔2016〕261 号　2016 年 12 月 23 日）

刘文权　中国人民银行营业管理部法律金融稳定处

中国人民银行调查统计工作先进工作者

（中国人民银行办公厅　银办发〔2016〕261 号　2016 年 12 月 23 日）

王淑梅　中国人民银行营业管理部调

查统计处

中国人民银行反洗钱工作先进工作者

（中国人民银行办公厅　银办发〔2016〕261 号　2016 年 12 月 23 日）

李长卿　中国人民银行营业管理部反洗钱处

中国人民银行安全保卫工作先进工作者

（中国人民银行办公厅　银办发〔2016〕261 号　2016 年 12 月 23 日）

万　宇　中国人民银行营业管理部保卫处

中国人民银行工会工作先进工作者

（中国人民银行办公厅　银办发〔2016〕261 号　2016 年 12 月 23 日）

刘　洋　中国人民银行营业管理部工会办公室

中国人民银行青年工作先进工作者

（中国人民银行办公厅　银办发〔2016〕261 号　2016 年 12 月 23 日）

王军只　中国人民银行营业管理部会计财务处

“中国人民银行功德奖”获得者

（中国人民银行办公厅　银办发〔2017〕84 号　2017 年 4 月 1 日）

张　伟　中国人民银行营业管理部货币金银处副处长

中国人民银行优秀共青团员

（共青团中国人民银行委员会　银团发〔2017〕36 号　2017 年 5 月 4 日）

祝丽莉　中国人民银行营业管理部办公室

中国人民银行优秀共青团干部

（共青团中国人民银行委员会　银团发〔2017〕36 号　2017 年 5 月 4 日）

孙伊展　中国人民银行营业管理部团委委员

中国人民银行五四红旗团支部（总支）

（共青团中国人民银行委员会　银团发〔2017〕36 号　2017 年 5 月 4 日）

中关村国家自主创新示范区中心支行团支部

2015～2016 年度中国人民银行“女职工文明示范岗”

（中国人民银行工会工委员会　银工委〔2017〕1 号　2017 年 2 月 17 日）

中关村国家自主创新示范区中心支行金融服务科